SCHÄFFER
POESCHEL

Michael Loebbert (Hrsg.)

Professional Coaching

Konzepte, Instrumente, Anwendungsfelder

2013
Schäffer-Poeschel Verlag Stuttgart

Systemisches Management

Gedruckt auf chlorfrei gebleichtem, säurefreiem und alterungsbeständigem Papier.

Bibliografische Information der Deutschen Nationalbibliothek
Die Deutsche Nationalbibliothek verzeichnet diese Publikation in der Deutschen Nationalbibliografie; detaillierte bibliografische Daten sind im Internet über < http://dnb.d-nb.de > abrufbar.

ISBN 978-3-7910-3217-7

Dieses Werk einschließlich aller seiner Teile ist urheberrechtlich geschützt. Jede Verwertung außerhalb der engen Grenzen des Urheberrechtsgesetzes ist ohne Zustimmung des Verlages unzulässig und strafbar. Das gilt insbesondere für Vervielfältigungen, Übersetzungen, Mikroverfilmungen und die Einspeicherung und Verarbeitung in elektronischen Systemen.

© 2013 Schäffer-Poeschel Verlag für Wirtschaft · Steuern · Recht GmbH
www.schaeffer-poeschel.de
info@schaeffer-poeschel.de
Einbandgestaltung: Dietrich Ebert, Reutlingen
Lektorat: Sabine Burkhardt, MAVIS, München
Satz: Marianne Wagner
Druck und Bindung: CPI – Ebner & Spiegel GmbH, Ulm
Printed in Germany
März 2013

Schäffer-Poeschel Verlag Stuttgart
Ein Tochterunternehmen der Verlagsgruppe Handelsblatt

Vorwort und Dank

Dieses Buch ist für Menschen, die im beruflichen Kontext als Coachs tätig sind oder im Rahmen ihrer Rolle als Führungskraft, Beraterin, Lehrer, Sozialarbeiter, Projektleiterin, Personalentwickler, Personalverantwortliche, Gesundheitsdienstleister auch Coaching ausüben. Ja selbst Coachs im Sport können von vielen der dargestellten Coaching-Themen profitieren, sind doch die Grundfragen für Coachs in unterschiedlichen Praxisfeldern dieselben.

Mit diesem Buch zu für uns zentralen Konzepten, Instrumenten und Anwendungsfeldern stellen wir Wissen und Erfahrung des Coachingstudiengangs an der Fachhochschule Nordwestschweiz (FHNW) einem breiteren Leserkreis zur Verfügung. Anwender und auch Abnehmer von Coaching-Leistungen erhalten Klärung und Erklärung zu Vorgehensweisen, Modellen, Ergebnissen und Anlässen wirkungsvollen Coachings. Es ist als Hand- und Lernbuch konzipiert: Handbuch hinsichtlich der Vertiefung von aus unserer Sicht zentralen Coaching-Themen, Lernbuch für Leserinnen und Leser, die dem Lauf des Curriculums unseres Coaching Studiengangs folgen wollen.

An der FHNW bieten wir seit 15 Jahren Coaching-Weiterbildungen an. Damit gehören wir zu den erfahrensten und auch größten Ausbildungsinstituten im deutschsprachigen Raum. Vermittlung von Praxis, Theorie und aktueller Forschung verstehen wir als unsere Aufgabe und Herausforderung. Wir bilden Menschen aus, die Coaching in unterschiedlichen beruflichen Arbeitsfeldern ausüben. Sie sind mit dieser Weiterbildung in der Lage, ihre Klientinnen und Klienten in deren beruflichem Leistungsprozess und deren Entwicklung wirkungsvoll zu unterstützen, »Professional Coaching« professionell auszuüben.

Der Herausgeber dankt den beitragenden Autorinnen und Autoren für die vielfältigen Diskussionen und die durchs gemeinsame Schreiben gewonnenen Erkenntnisse; unseren Studierenden für ihre Neugier und ihre Fragen und den Kolleginnen und Kollegen an der FHNW für ihre interessierten Impulse. Namentlich erwähnen möchte ich unsere Institutsleiterin Agnès Fritze; sie hat das Projekt von Anfang an unterstützt und begleitet.

Olten im Januar 2013 *Michael Loebbert*

Inhalt

Vorwort und Dank V
Verzeichnis der Abbildungen XI

Einleitung 1
1. Ein pragmatischer Ausgangspunkt 1
2. Wie kann man Coaching lernen? 4
3. Die Gliederung des Buches 12

Teil 1: Konzeptionelle und methodische Grundlagen

Kapitel 1: Coaching als Beratung 17
1. Coaching als Prozessberatung 18
2. Die Phasen des Coachingprozesses steuern 26

Kapitel 2: Lösungsorientiertes Coaching 49
1. Lösungsorientierung – ein mentales Modell und seine Folgen 49
2. Die Phasen des lösungsorientierten Vorgehens 52
3. Lösungsorientierte Werkzeuge 57
4. Entwicklungsskizze für lösungsorientiertes Coaching 63

Kapitel 3: Coachingpsychologie im Praxiskontext 67
1. Was meint Coachingpsychologie? 67
2. Die Dynamik der Seele 72
3. Das Konzept der Übertragung in der Beratungsbeziehung 80
4. Veränderung und Entwicklung als Ansatzpunkte für Coaching 86
5. Lehrstücke psychologischer Handlungstheorie 98
6. Eine persönliche Landkarte für Coachingpsychologie entwickeln 104

Kapitel 4: Systemisches Coaching 107
1. Wahrheit ist die Erfindung eines Lügners 107
2. Beobachtung braucht die Einheit der Unterscheidung 110
3. Neutralität ist eine Frage der Wirkung, nicht der Absicht 113
4. Zeit ist nicht chronologisch 115
5. Interventionen sind das Gegenteil von Erlösung 117

Kapitel 5: Coaching mit Humor 119
1. Humor und Lachen als Coaching-Kompetenz 119
2. Humorvolle Methoden und Interventionen 121

Kapitel 6: Ein Kompass für Coaching-Interventionen 129
1. Einleitung.. 129
2. Legitimation der Einflussnahme.. 131
3. Absichtsvolles Eingreifen als dualer Prozess 133
4. Diagnosekompass für Interventionen 136
5. Grenzen der Intervention 142
6. Fazit... 145

Kapitel 7: Eine Coaching-Haltung entwickeln............................. 147
1. Warum Haltung im Coaching?... 147
2. Wie kann eine Coaching-Haltung entwickelt und ausgebildet werden?... 148
3. Welche Werte und welches Menschenbild machen
   eine Coaching-Haltung aus?... 150

Kapitel 8: Coaching und Vertrauen 153
1. Einleitung.. 153
2. Personales Vertrauen 154
3. Entscheidungen zwischen Struktur und Prozess: Das handlungs-
   theoretische Mikro-Makro-Modell nach Coleman 155
4. Fremdheit und Kontrolle 160
5. Vertrautheit und Soziales Kapital 163
6. Bekanntheit und jemandem etwas zutrauen 169
7. Vertrautheit und sich anvertrauen 172
8. Das Vertrauensmodell und seine Konsequenzen 174

Teil 2: Coaching in Organisationen

Kapitel 9: Coaching und Organisationsberatung 181
1. Coaching als Organisationsberatung... 181
2. Organigramme, Prozesse und Kulturen lesen 182
3. Rollencoaching.. 189
4. Leistungsprozesse – Performance Coaching 194
5. Coaching for Change.. 199

Kapitel 10: Verhaltenscoaching 203
1. Was meint Verhaltenscoaching?.. 203
2. Was sind wichtige Schritte im Verhaltenscoaching?..................... 207

Kapitel 11: Coaching und Gruppendynamik 215
1. Grundlagen und Definitionen 216
2. In Prozessen denken – statt den Augenblick zu fixieren 220
3. In Prozessen denken – Führung und Selbstorganisation 222
4. Strukturen respektieren – Gefühle sind nicht nur individuell 230
5. Strukturen respektieren – Zugehörigkeit, Macht, Nähe 231
6. Schluss – Forschende Haltung und Perspektivenwechsel 237

Kapitel 12: Konflikt-Coaching 239
1. Was bedeutet Coaching von Konflikten? 239
2. Ihr Verhalten in Konflikten 242
3. Coaching in Konflikten 252

Kapitel 13: Coaching von Teams 259
1. Coaching als Teamentwicklung 260
2. Funktionale Teamentwicklung 262
3. Coaching von Leistungsteams 267

Kapitel 14: Systemisches Projekt-Coaching 277
1. Projektprozesse gestalten und coachen 277
2. Perspektive Projekt-Coach 279
3. Coaching der sechs wesentlichen Projektschritte 281

Teil 3: Coaching Advanced

Kapitel 15: Angewandte Geschichten im Coaching 295
1. Was ist die Geschichte im Coaching? 295
2. Story Coaching 298
3. Narrative Interventionen 302
4. Storytelling 309

Kapitel 16: Coaching bei seelischen Störungen 313
1. Seelische Störungen 314
2. Klienten mit seelischen Störungen coachen 318
3. Endstation Stress: Burnout 323
4. Resilienz-Coaching 333
5. Zusammenfassung 335

Kapitel 17: Coaching als Managemententwicklung 337
1. Coaching in der modernen Personalentwicklung.................................. 337
2. Führungskräfte-Coaching in einem Großunternehmen......................... 339
3. Coaching als kollegiale Beratung... 345

Kapitel 18: Coaching und authentische Führung 353
1. Authentische Führung.. 354
2. Schwerpunkte im Coaching 358

Kapitel 19: Coachingkultur.. 361
1. Organisationskultur 361
2. Coaching Culture 364
3. Relevanz und Fazit... 367

Kapitel 20: Remote Coaching... 369
1. Was spricht gegen Telefon-Coaching? 370
2. Vorteile von Telefon-Coaching 375
3. Wann ist Telefon-Coaching nicht geeignet? 377
4. Welche Voraussetzungen braucht ein Telefon-Coach? 377
5. Welche Paket- und Strukturformen gibt es?.. 377
6. Welchen Einfluss haben Web 2.0 und Social Media? 378
7. Trends für die Zukunft von Remote Coaching 379

Kapitel 21: Coachingforschung 381
1. Zur Geschichte des Coachings 382
2. Funktionen der Coachingforschung... 386
3. Verbreitung von Coachingforschung, Zugang zu Forschungsergebnissen, Forschungsmethodik... 389
4. Stand der Coachingforschung: Dimensionen und Ergebnisse 394
5. Neue Coaching-Themen 405

Literaturhinweise 415
Beitragende 427

Verzeichnis der Abbildungen

Abb. 1:	Ein Wirkungsmodell für Professional Coaching	3
Abb. 2:	Modell der Anwendung praktischen Wissens	9
Abb. 3:	Phasen im Coaching als Prozessberatung	19
Abb. 4:	Kontaktprozess der Gestaltpsychologie	28
Abb. 5:	Rollen im Coaching	35
Abb. 6:	Die fünf Phasen des lösungsorientierten Vorgehens	53
Abb. 7:	Schematische Darstellung der Wunderfrage	54
Abb. 8:	Multiskalen	59
Abb. 9:	Roadmap Human-Change-Processing	64
Abb. 10:	Unbewusste Kräfte	73
Abb. 11:	Baummenschen	75
Abb. 12:	Bewusste und unbewusste Übertragung	80
Abb. 13:	Coaching im Verhältnis zu Beratung und Therapie	85
Abb. 14:	Handlungsdimensionen und Persönlichkeitstypen nach C. G. Jung	87
Abb. 15:	Psychologische Phasen der Veränderung	90
Abb. 16:	Entwicklung als Spirale	97
Abb. 17:	Rubikonmodell der Handlungsphasen	102
Abb. 18:	Kompass für Coaching-Interventionen	137
Abb. 19:	Eisbergmodell	143
Abb. 20:	Innere Haltung als Schmetterling mit einem kognitiven und einem emotionalen Flügel	148
Abb. 21:	Das Mikro-Makro-Modell der drei Handlungslogiken	156
Abb. 22:	Das Mikro-Makro-Modell der drei Handlungsdimensionen unter der Bedingung von Zuständen des Vertrauens	175
Abb. 23:	Von der Gesamtaufgabe zur formalen Organisationsstruktur (Quelle: Vahs 2009)	183
Abb. 24:	Organisationsprozesse nach Michael Porter	186
Abb. 25:	Eisbergmodell der Organisationskultur	187
Abb. 26:	Tabelle der Erwartungen (Quelle: vgl. Dahrendorf 1965, S. 41)	192
Abb. 27:	Anspruchsgruppen und ihre Erwartungen	193
Abb. 28:	Grafische Darstellung eines Leistungsprozesses	196
Abb. 29:	Konfliktquadrat	246
Abb. 30:	Konfliktverhalten	247
Abb. 31:	Stufen der Konflikteskalation nach Glasl	249
Abb. 32:	Dimensionen der Teamentwicklung	261
Abb. 33:	Leistungsrollen in einem Team	264
Abb. 34:	Tetralemmaaufstellung	273

Abb. 35: Vier Ebenen des Projektmanagements.. 278
Abb. 36: Kontextualisierung der Auftragsklärung....................................... 282
Abb. 37: Kontextualisierung des Projektstarts.. 284
Abb. 38: Kontextualisierung des Statusmeetings....................................... 286
Abb. 39: Kontextualisierung der Projektphasenbilanzierung..................... 288
Abb. 40: Kontextualisierung der Projekt-Teamentwicklung...................... 290
Abb. 41: Kontextualisierung der Erfahrungssicherung............................... 292
Abb. 42: Spannungsbogen einer Geschichte 296
Abb. 43: Symptome von Burnout (Maslach/Leiter 1997).......................... 324
Abb. 44: 7-Phasen-Modell vom Stress zur klinischen Depression
in Anlehnung an Burisch 327
Abb. 45: Anerkanntes Krankheitsmodell, welche Krankheiten
ein unbehandeltes Burnout nach sich ziehen kann 328
Abb. 46: In Anlehnung an das »The Job-Demands-Resources Model«
nach Bakker 330
Abb. 47: Interventionsschwerpunkte in der Re-Integration und dem Aufbau
von Resilienz im Burnout-Genesungsprozess............................. 333
Abb. 48: Resilienzfaktoren 334
Abb. 49: Metabalance-Modell nach Schmidt 335
Abb. 50: Das Modell der Taylor-Wanne.. 338
Abb. 51: Coaching-Landkarte... 341
Abb. 52: Organisationale Rollen und Verantwortlichkeiten für Coaching..... 342
Abb. 53: Unterscheidung von trivialen versus nicht-trivialen Maschinen..... 344
Abb. 54: Vorlage ROI-Tabelle.. 344
Abb. 55: Beispiel für ROI-Tabelle.. 344
Abb. 56: Einschätzung des ROI für Coaching 345
Abb. 57: Systemische Schleife in der kollegialen Beratung 347
Abb. 58: Dimensionen des Authentic Leadership Questionnaires (ALQ)...... 355
Abb. 59: Zusammenfassung der Auswirkungen von authentischer
Führung.. 358
Abb. 60: Modell der Kulturebenen nach Schein.. 362
Abb. 61: Das Organizational Web der Kultur.. 363
Abb. 62: Coachingkultur-Modell.. 366
Abb. 63: Types of Publications in Scholarly Literature (Quelle: Grant 2011) ... 390
Abb. 64: Übersicht der Coaching-Fachzeitschriften im englisch-
und deutschsprachigen Raum (eigene Zusammenstellung).......... 391
Abb. 65: Strukturmodell der Wirkungen beim ergebnisorientierten
Einzelcoaching (Quelle: Greif 2008, S. 277) 395

Einleitung

Michael Loebbert

Seht, mein Knecht hat Erfolg.
Jes. 52, 13

Einleitend finden Sie im ersten Abschnitt die Darstellung eines pragmatischen Ausgangspunktes für Coaching. Damit folgen Sie der Frage, welche Innovation Coaching für Beratung zu bieten hat, und warum wir Coaching für mehr halten als bloß eine schnell vergehende Mode. Der zweite Abschnitt fragt nach der Möglichkeit Coaching zu lernen und der Grenze in der autonomen Steuerung und Professionalisierung durch den Coach selbst. Damit können Sie Ihren eigenen Lernprozess als Coach reflektieren. Der dritte Abschnitt gibt schließlich einen kurzen Überblick zur Gliederung des Buches.

1. Ein pragmatischer Ausgangspunkt

An der FHNW definieren wir Coaching als ein auf den professionellen, beruflichen Leistungsprozess von Personen bezogenes Format der Beratung. Genauer sprechen wir von »Professional Coaching« und unterscheiden uns damit vom Einsatz von Coaching in anderen Handlungsfeldern wie »Sport-Coaching« oder das neuerdings immer häufiger angebotene »Life Coaching« als eine Form allgemeiner Lebensbegleitung. *Ziel ist die signifikante Verbesserung der Steuerung von Entscheidungen und Erfolgen beruflichen Handelns und beruflicher Leistungsprozesse*[1] von Einzelpersonen, Teams und Gruppen. Themen sind persönliche Verhaltensänderungen, Umgang mit Krisen und Konflikten, wirkungsvolle Kommunikation und Rollengestaltung, persönliche und organisationale Veränderungen, strategische Positionierung und Entwicklung, wirtschaftlicher Erfolg sowie Werte und Sinngebung im beruflichen Handeln.

Merkmal des von uns gepflegten »*pragmatischen*« *Coaching-Verständnisses* ist die disziplinübergreifende Berücksichtigung von Theorien, Ansätzen und Schulen vor dem Hintergrund der *Handlungstheorie der Prozessberatung*[2], die ganz

---

Anmerkung zu den Fußnoten: Ich habe die Autorinnen und Autoren dieses Buches gebeten, Verweise und weiterführende Ausblicke möglichst in den Fußnoten anzuführen, um den Haupttext flüssig lesbar zu halten und gleichzeitig zu weiteren Nachforschungen anzuregen. Interessierte Leser werden auch das Literaturverzeichnis am Ende des Buches nützlich finden.

1 Dazu zählen wir auch die Leistung von Schülern, Berufseinsteigern, Arbeitssuchenden, Menschen in beruflicher Eingliederung. Und wir nehmen in Kauf, dass der Begriff »professionell« am Rand etwas unscharf wird: Sind denn nicht auch Menschen in Ehrenämtern, Menschen ohne direkt bezahlte Arbeit und natürlich auch im Sport in (berufliche) Leistungsprozesse eingebunden?

2 Siehe Kapitel 1.

grundlegend beschreibt, wie wir uns als Coachs wirksam steuern. Nach unserem eigenen Selbstverständnis beschreiben wir mit »pragmatisch« nichts wirklich Neues, sondern nur das Selbstverständnis, wie es den meisten Coaching-Ansätzen seit der Erfindung von Coaching im Sport zugrunde liegt. Der Rückgriff auf das pragmatische Selbstverständnis eignet sich besonders gut für eine übergreifende Sichtweise, verbunden mit der Fokussierung, worum es im Coaching geht: den Erfolg des Klienten.

> **Was meint »Pragmatismus« im Coaching?**
> »An ihren Früchten werdet ihr sie erkennen.« Mit diesem Bibelzitat prägte Charles Sanders Peirce[3] den Leitsatz des Pragmatismus. Kurz gesagt ist »Pragmatismus« die philosophische Lehre, dass sich die Wahrheit von Sätzen, Vorstellungen und Theorien darin zeigt, welchen Nutzen und welche Wirkung sie für die Gestaltung unseres Handelns haben.
> In gewisser Erweiterung des Alltagsverständnisses einer unmittelbaren Handlungsorientierung (z. B. *eine pragmatische Entscheidung*) beschreibt *pragmatisch* die Vorstellung einer Beziehung von Wissen und Handeln: *Pragma*, griechisch für Handlung, ist der Rahmen und Bezugspunkt für die Organisation des Wissens. Der Philosoph Immanuel Kant spricht einmal vom *Primat der Praxis* vor aller Theorie.
> Nun gibt es ganz unterschiedliche Arten und Bereiche des Wissens. Wir haben z. B. Wissen über Methoden, Techniken und Werkzeuge, das einen relativ nahen Bezug zum Handeln hat. Wissenschaftliche Theorien sind abstrakter, etwas weiter weg davon. – Zentrale pragmatische Konzepte sind (1) *Perspektivität*, was bedeutet, dass Wissen immer Standpunkt und Blickrichtung hat; (2) *Kontextualität*, was bedeutet, dass es in Beziehung steht und (3) *Demokratie*, was bedeutet, dass über die Gültigkeit von Wissen in möglichst diskursiver Kommunikation entschieden werden sollte.
> Von Kant ausgehend wurde pragmatisches Denken besonders von nordamerikanischen Philosophen und Wissenschaftlern gepflegt. Für Handlungswissenschaften und Praxislehren in der Pädagogik, der Sozialen Arbeit sowie in Beratung und Coaching erweist sich dieser Ansatz als fruchtbar. Pragmatismus ist der selbstverständliche Denkhorizont zentraler Konzepte der Prozessberatung, von Handlungstheorie und Handlungslernen, Gruppendynamik und Organisationsentwicklung. Wir lösen damit Fragen, wie Handlungsvorstellungen und -steuerung auf wissenschaftliche Theorien und Konzepte, z. B. aus der Psychologie und Organisationstheorie, bezogen werden können. Und umgekehrt begründen wir unsere Einschätzung über die Bedeutung dieser Konzepte mit ihrer Nützlichkeit für die Praxis.
> Pragmatismus in Coaching und Beratung adressiert damit zugleich die Frage, was dabei heraus kommt. Wir halten es für nützlich und interessant, unsere wahrscheinlich unterschiedlichen Wahrnehmungen zu diskutieren, mit dem Ziel eines gemeinsamen Verständnisses von gutem Coaching und guter Beratung. Mit dieser Ordnung des Praxiswissens verknüpfen wir alltägliche Fragen mit der wissenschaftlichen Fundierung unserer Beratungspraxis.

---

3 Vgl. Peirce 1877, S. 402, Anm. 2.

Dabei gehen wir zunächst von der naiven Vorstellung[4] aus, mit Coaching, unseren Coaching-Interventionen für unsere Klientinnen und Klienten tatsächlich etwas bewirken zu können, bzw. dass Klienten mit Coaching etwas für sich selbst bewirken. Ohne eine naturwissenschaftliche Ursache-Wirkungs-Beziehung zu behaupten, nehmen wir an: In Folge oder im Zusammenhang mit einer Coaching-Sequenz sollte für unsere Klienten etwas besser werden. Der Nutzen oder Beitrag von Coaching bemisst sich nach dem Nutzen und dem Beitrag, den Klienten daraus ziehen: Veränderung von Verhalten, Verbesserung von Leistungen, Erhöhung des Wertbeitrags und, wenn es ganz gut läuft, ein kleiner Beitrag zur Verbesserung der Welt.

Ohne damit strengere wissenschaftliche Konzepte zu verbinden, denken wir, dass die Wirkung, die Coaching entfaltet, mit unserer aktuellen Selbststeuerung zu tun hat, mit den Fähigkeiten, die wir dazu einsetzen können, mit unserer Haltung, die wir erworben haben, letztlich mit uns als Person, unserer Persönlichkeit (vgl. Abb. 1). Vielleicht haben Sie auch eine etwas andere Vorstellungen davon, wie Coaching wirkt, aber vielleicht stimmt Ihr eigenes Wirkungsmodell mit unserem darin überein, dass Veränderungen der Innenwelt Veränderungen der Außenwelt bewirken können.

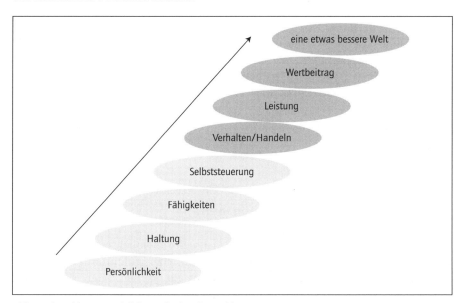

Abb. 1: Ein Wirkungsmodell für Professional Coaching

---

4 *Naive Vorstellungen* unterscheiden sich von theoretisch geklärten Konzepten. Während diese in der Regel im Alltagsgebrauch durchaus hilfreich sind, stellen theoretische Konzepte Reflexionsformen für professionelles Handeln dar. Theoretische Konzepte im Coaching, mit denen wir und unsere Klienten nicht auch an unseren Alltagsgebrauch, an unsere alltägliche Handlungssteuerung, koppeln können, sind nicht wirksam.

Aus der eingenommenen pragmatischen Perspektive geht es bei Wirkungsvorstellungen um Ergebnisse. Und zwar um Ergebnisse, die einen Unterschied darin machen, dass in der Wahrnehmung der beteiligten Menschen etwas besser geworden ist. *Coaching for better Results.* Darunter verstehen wir wirtschaftlichen Erfolg genauso wie die Verbesserung von zwischenmenschlichen Beziehungen, von Gesundheit und Lebensqualität.

Mit diesem p*ragmatischen Ansatz, der das Handeln von selbstbestimmten Personen in den Blick nimmt*, die in ihrer Welt ihre jeweiligen Vorhaben verwirklichen wollen, macht Coaching einen Unterschied zu herkömmlichen Formaten der Beratung mit eher allgemeinen Vorstellung von Ratschlägen und Konzepten. In Bezug auf bisher bekannte Formen der Beratung bedeutet die *Einführung von Coaching die Innovation*, immer auf den Leistungs- und Handlungsprozess des Klienten zu zielen: Was den Klienten nicht in seinem konkreten Handeln unterstützt und nicht von ihm selbst umgesetzt wird, ist auch kein Coaching.

Professional Coaching ist die zeitgemäße Antwort auf Entwicklungen und Veränderungen im beruflichen Handeln: die zunehmende Individualisierung von Produkten und Leistungen, die erhöhte Geschwindigkeit von Veränderungen, die Globalisierung von Leistungsprozessen, multiperspektivische Arbeits- und Lebenskontexte. Diese Herausforderungen spüren Menschen in internationalen Organisationen, die in flacheren Hierarchien und zunehmender geschäftlicher Mitverantwortung ihre Leistungen erbringen. Genauso stehen Mitarbeitende in sozialen Einrichtungen, mittelständischen Unternehmen und Verwaltungen unter dem Druck schnell veränderlicher Rahmenbedingungen moderner Gesellschaften. Menschen in beruflichen Situationen, also auch beim Verlust des Arbeitsplatzes, erleben stark erhöhte Anforderungen an ihre erfolgreiche Orientierung und die Wahrnehmung von Selbstverantwortung und Autonomie. – Und darum geht es beim Professional Coaching.

2. Wie kann man Coaching lernen?

Wer ein Buch über Coaching gelesen hat, ist wahrscheinlich noch kein Coach. Wahrscheinlich gibt es Menschen, die auch ohne eine strukturierte Ausbildung durchlaufen zu haben, ihre Sache als Coach ganz gut machen. Noch wahrscheinlicher ist es aber, dass es sich mit Coaching ähnlich verhält wie mit anderen Praxisfeldern: gründliche Ausbildung (Wissenschaft), Erfahrung (Handwerk) und ein Quäntchen Inspiration (Kunst) sind Merkmale für qualifizierte Coachs.

Unsere Aufgabe ist es, Coaching lehr- und lernbar zu machen. Dafür kann dieses Buch eine Orientierung geben. Einige didaktische Eckpunkte dürften Sie dafür in der Steuerung Ihrer eigenen Ausbildung und Ihrer Lernprozesse als Coach unterstützen.

2.1 Der Gebrauch der Vernunft

Sokrates und andere sogenannte »Sophisten« (Weisheitslehrer) finden im antiken Griechenland einen Markt und eine Nachfrage, die aufstrebende Bürgerelite bei der Übernahme von Führungsaufgaben zu beraten und vorzubereiten. Es geht um *Praxiskompetenz* als Voraussetzung für den Erfolg als Politiker oder Berater. Das griechische Wort dafür, *Areté*, kann man auch mit *Tauglichkeit* übersetzen: Das scharfe Messer taugt zum Schneiden. Doch wie werden wir tauglich für die Praxis? Ist es überhaupt möglich, Praxiskompetenz in den Handlungsfeldern Führen und Beraten so wirksam zu lehren, wie man ein Messer schärfen kann? Oder sind die Weiterbildungsangebote der Sophisten bloße Scharlatanerie? – Die Auseinandersetzung über die Lehrbarkeit von Praxiskompetenz spaltet die Diskussion: Und so unterschiedlich sind auch die Geschäftsmodelle. Manche Sophisten erzielen für Ihre Ausbildungsleistung Honorare in einer Größenordnung, die den Gegenwert eines kleinen Hauses erreichen. In der Darstellung Platons behauptet Sokrates dagegen seine These von der Unmöglichkeit einer Lehrbarkeit von Tugend (so eine weitere gängige Übersetzung von *Areté*) als *Tauglichkeit für Praxis und Verantwortung*. Darum nehme er auch keine Bezahlung an.

Gemeinsam aber sehen Sokrates und auch seine Kollegen wie Protagoras und Isokrates ihre Leistung darin, *andere Menschen in den Gebrauch der Vernunft einzuführen*: Logik, Dialektik, Rhetorik, Ethik. Das halten sie für die Basis von Praxiskompetenz. Ob das aus ihren Klienten herausgelockt wird – Sokrates vergleicht sich mit einer Hebamme – oder auch mit Wissensvermittlung und Übung unterstützt werden sollte, ist eine methodische Entscheidung.

2.2 Lehren als Modell: Master Teacher

Die antike Situation ist im westlichen kulturellen Kontext der Ausgangspunkt der Frage nach der Lehr- und Lernbarkeit von Praxisfähigkeit und damit auch von Coaching-Fähigkeit. *Zwei Selbstverständnisse* über die Möglichkeiten des Lehrens werden damit in ein kritisches Verhältnis gesetzt:

(1) Guru-Modell: Die damals wie heute verbreiteten Vorstellungen des Lernens am Vorbild: Hier kommt es darauf an, den Meister in der Behandlung von Materialien möglichst genau zu kopieren, um eine ähnliche Kunstfertigkeit erlangen zu können. Disziplin und nachahmende Übung sind die beiden wichtigsten Zutaten gelingender Ausbildung.

(2) Selbstentwicklung: Das Argument der Gegenposition zum Guru-Modell lautet, Ausbildung ist unmöglich. Nur aus sich selbst heraus, im Erfinden von individuellen Lösungen für eigentlich unvergleichbare, einzigartige Herausforderungen, gewinnen die Praktiker Tauglichkeit, Kompetenz und Haltung.

Unsere Überzeugung ist: *Das Guru-Modell funktioniert nicht ohne die Selbst-*

entwicklung des Studierenden und auch die Selbstentwicklung profitiert von den Erfahrungen und Vorbildern der Lehrer. Die übende Nachahmung von Praxisvorbildern und Rollenmodellen – Model the Master Teacher – beschleunigt besonders für Anfänger den schnellen Zuwachs an Praxiskompetenz. Die Coaching-Lehrerin, der Coaching-Lehrer als Senior Coach liefern eine Vorlage für erste Gehversuche. Zugleich geben sie Anstöße und Hinweise für Selbsterfahrung und Selbstreflexion.

In einer qualitativ guten Coaching-Weiterbildung verfügen darum die Dozierenden in der Regel über profunde Praxiserfahrung. Sie sind Master Teacher für wirksame Vorgehensweisen im Coaching: Wie sind wir unseren Klienten für ihren Erfolg und ihre autonome Handlungssteuerung nützlich? Zugleich ist der Master Teacher auch Vorbild und Rollenmodell für gelingende Selbstentwicklung.

2.3 A Fool with a Tool

Der Begriff »Tool« wird hier als Metapher gebraucht: Ein Beratungs-Tool ist die formale Vorlage für einen Handlungsablauf, die ähnlich wie ein mechanisches Werkzeug die Bewältigung einer bestimmten Aufgabe für Entwicklung und Veränderung erleichtert und verbessert. Das passt sehr gut zur pragmatischen Lernvorstellung von Coaching-Anfängern: eine Vorgehensweise erlernen, ausprobieren und am nächsten Tag möglichst umsetzen! In der Ausbildung für Coaching und Beratung sind die Toolboxes in den letzten Jahren ein Renner geworden.

Bewährte Werkzeuge und Vorgehensweisen, die von erfahrenen Coachs vorgestellt werden, bilden die ersten Sprossen im Praxisstudium. Methodische Rezepte wie z. B. die Unterscheidung von Prozessschritten in einer Coaching-Sequenz, Kontakt- und Kontraktgestaltung, Vorgehen im Lösungscoaching, Fragetechniken, systemische Aufstellungsmethoden, bestimmte NLP-Tools usw. reduzieren Komplexität zum Zweck der Bewältigung und Wiederholbarkeit in der Praxis der Coaching-Schülerinnen und -schüler durch die Beschreibung konkreter Handlungssequenzen: *Vormachen, Nachmachen, Selbermachen.* Ausgewählte Rezepte unterstützen die erfolgreiche Handlungssteuerung der angehenden Coachs am besten in der unmittelbar lebendigen Unterrichts- und Trainingserfahrung.

Die V*ermittlung von Tools eignet sich besonders in der ersten Ausbildungsphase.* Allerdings gleichen die Praxisschülerinnen und -schüler in dieser Stufe unweigerlich den sprichwörtlichen Narren, da sie in einer komplexen und chaotischen Welt daran glauben, mit vorgestanzten Vorgehensweisen Ziele zu erreichen. Die Tool-Gläubigkeit der Anfänger korrespondiert mit deren anfänglicher Handlungsunsicherheit. Wie der Kollege Wolfgang Eberling gelegentlich sagte, soll es auch immer helfen, eine Kerze anzuzünden. Und wunderbarerweise klappt das recht häufig ...

2.4 Handlungslernen

Lernende, die im Lern-Coaching zu Übungszwecken die Rolle des Klienten wahrnehmen, erleben mit ihren Coachs Momente der Befreiung und des Gelingens. Im Ausbildungskontext verbinden sich die hypnotischen Kräfte von Master Coachs und Eleven zu in der Praxis wirksamen Veränderungen. *Zugleich schafft die Reduktion von Komplexität auf Handlungsschemata Sicherheit und Selbstwirksamkeitserleben.* Und das nicht nur für den Coach-Eleven, sondern auch für seine ersten Klienten im wirklichen Leben. Sie fassen Vertrauen in die *Möglichkeit der Gestaltung und Beeinflussung* von Praxis.

Coaching lernt man durch Coaching. Das Handlungsrezept steuert ein *Übergangsritual*. Der Coaching-Eleve durchschreitet einen *Initiationsritus*. Durch das Tun, durch das Sprechen der »heiligen Worte« und durch das Praktizieren des Ritus geschieht Initiation: *Du bist einer von uns.* – Auch Klienten werden mit der Behauptung ausgeübter Selbststeuerung handlungsfähig. Das Handlungslernen in der Planung, Ausübung, Auswertung und Reflexion neuer Praktiken ist angestoßen.

Coaching-Kompetenz ist die Praxiskompetenz, andere Personen im Handeln und beim Erreichen ihrer Ziele wirksam zu beraten. *Übung wird ergänzt durch reflektierte Praxis.* Ein größerer Teil der Seminare unserer Coaching-Weiterbildung folgt einem *Trainingsdesign*, bei dem Übung und das Feedback von Kollegen und Dozierenden wesentliche Bestandteile sind. Werkzeuge und Vorgehensweisen werden in einen Interventionsrahmen gestellt: Welche Hypothese, welche Interventionsabsicht und welches Wirkungskalkül ist damit verbunden? Was hat dabei funktioniert? Was nicht? Und warum?

Reflektiert werden die Trainingssequenzen im Spiegel einer systemisch informierten Theorie der *Prozessberatung* als soziale Interaktion und als Kommunikation. Daraus bildet sich Beratungswissen als Prozess- und Handlungswissen. Handeln und was es zum erfolgreichen Handeln braucht – das ist psychologische, soziologische und philosophische Handlungstheorie. Sie bietet eine erste Theoriereferenz für die Gliederung von Beratungswissen im Coaching. Die Vorstellung von Handlungslernen, *Action Learning als systematische Verbesserung und Entwicklung der Coaching-Praxis*, leitet eine Didaktik der Gestaltung von gerahmten Handlungsräumen und der Selbsterprobung der Studierenden.

2.5 Raum für Selbsterfahrung

Bei den Coach-Aspiranten bleibt Selbsterfahrung nicht aus: Ich bin mit den Grenzen meines Könnens konfrontiert, wenn es nicht so klappt, wie ich es mir vorgestellt habe. Ich bin mit den Grenzen meiner Person konfrontiert, wenn ich die Erfahrung machen darf, wie die Dynamik von Gruppen und Organisationen mein Verhalten ohne mein Zutun beeinflusst. – Das psychoanalytische Modell der *Übertragung* beschreibt treffend, wie die Möglichkeit und Unmöglichkeit des Gelingens von Beratung von den involvierten Personen bestimmt ist. Der Klient überträgt auf den Coach seine (Er-)Lösungswünsche, der Berater überträgt auf seinen Klienten seinen Hilfewunsch (*Gegenübertragung*), gibt Ratschläge zur Lösung oder wird Tool-Lieferant geleiteter Selbsthypnosen.

Je mehr und je besser der Coach in der Lage ist, diese Dynamik für Selbstgestaltung und Zielerreichung der Klienten nutzbar zu machen, umso besser gelingt *Coaching als Zunahme der Wahlfreiheit*: »Hier stehe ich ... und kann auch anders«. Dies erreicht der Klient in der Auseinandersetzung mit seiner Selbstbestimmung: *ein Stück zurück zu treten, sich über die Schulter zu schauen und das eigene Handeln als die Wahrnehmung einer Option unter mehreren wahrzunehmen oder zu beobachten*. Das ist die erforderliche Kernkompetenz, wenn Erfolge im Kontext von Lernen und Selbstbestimmung des Klienten nachhaltig Bestand haben sollen.

Im Unterschied zu Weiterbildungen im Bereich Psychotherapie *beschränkt sich Selbsterfahrung in der Coaching-Weiterbildung der FHNW als didaktischer Baustein auf die Beziehungsgestaltung* mit Klientinnen und Klienten: Was gehört wirklich zum Klienten? Was gehört zu mir und der Situation, in der ich mich befinde? Neben der Reflexion von Gruppen- und Organisationsprozessen im Ausbildungsgang ist dafür Erfahrung unter gruppendynamischen Laborbedingungen dienlich. Es geht um die Erweiterung des persönlichen Handlungsspielraums in der Gestaltung von helfenden Beziehungen. Die Entwicklung der eigenen Persönlichkeit geschieht sozusagen nebenher.

2.6 Fallarbeit

Im Coaching spricht nichts gegen eine schnelle Lösung, einen schnellen Gewinn (Quick Win). In einer Krisenintervention ist dies sogar oft Voraussetzung, für Klienten genauso wie für die angehenden Coachs. *Die Wahrnehmung der eigenen Wirksamkeit im Handeln ist das Nadelöhr für gelingende Beziehungsgestaltung im Coaching* – für den Coach wie für den Klienten. Supervision mit einer Lehrperson und *kollegiale Intervision* sind dafür bewährte Methoden. Fallarbeit steht im Mittelpunkt. Jeder reflektierte Beratungsfall bringt unmittelbaren Zuwachs an zur Verfügung stehenden Handlungsmöglichkeiten: Was ist die Ausgangslage? Welche Ziele sind damit verbunden? Welches sind die Scheuklappen des Coachs und was gehört wirklich zum Klienten? Welche Optionen ergeben sich daraus?

Reflektierte Wege und Irrwege gehören zur *Entwicklung von Coach-Persönlichkeiten*. Fallarbeit schließt die Reflexion auf die Person mit ein. Supervision und Intervision sind Werkzeuge lebenslanger Weiterbildung für Coachs und zugleich gelebtes *Qualitätsmanagement* der in Frage stehenden Beratungsprozesse.

2.7 Didaktische Modelle

Didaktische Modelle fassen theoretische Zusammenhänge so zusammen, dass sie in der Praxis als Orientierung dienen können. In der Coaching-Weiterbildung der FHNW fungieren sie als roter Faden für die Reflexion und Steuerung von Praxissituationen. Dabei ist weniger mehr: Sie verbinden Verständlichkeit und Reichweite in der praktischen Anwendung mit wissenschaftlicher Fundierung.

Um das Verständnis für die Anwendung von didaktischen Modellen im Coaching zu schärfen, verwenden wir an der FHNW ein *didaktisches Modell der Anwendungsebenen von Theorie und Praxis* (vgl. Abb. 2):
- Ziel eines Coachings ist die Unterstützung des Handelns und des Leistungsprozesses des Klienten durch
- die Verbesserung seiner Selbststeuerung.
- Der Klient steht im Mittelpunkt der Orientierung des Handelns des Coachs und bei der Auswahl seiner Interventionen.
- Für seine eigene Selbststeuerung und die Steuerung des Beratungsprozesses nutzt der Coach die Wahrnehmungen der Klientensituation und
- sein Repertoire an Werkzeugen, Vorgehensweisen und Methoden.
- Diese sind verbunden mit und in Modellen und Konzepten der Praxislehre (didaktische Modelle),
- die ihrerseits im Kontext wissenschaftlicher Theoriebildungen und Forschungen fundiert sind.

Didaktische Modelle, wie das in der Abbildung 2 dargestellte Modell, nutzen wissenschaftliche Konzepte für die Reflexion von Vorgehensweisen und Tools in der

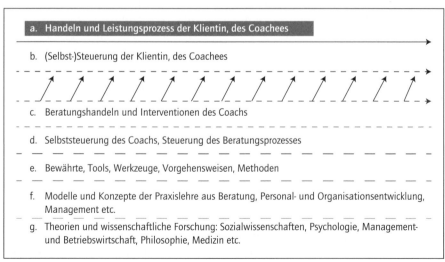

Abb. 2: Modell der Anwendung praktischen Wissens

Praxis. An der FHNW nutzen wir psychologische Modelle aus der Persönlichkeitspsychologie, Entwicklungspsychologie, Organisationspsychologie, Lernpsychologie, des Weiteren Modelle aus der Soziologie wie Rollentheorie, Systemtheorie und schließlich Modelle mit anderen wissenschaftlichen Hintergründen wie hier ein *Modell der Anwendung praktischen Wissens*.

Alle von uns gebrauchten didaktischen Modelle verstehen wir im pragmatischen Sinne als nützliche Konstruktionen. Sie sind kritisierbar und auch falsifizierbar in den Grenzen argumentierender Vernunft. Damit setzen wir uns von Heilslehren und Sektenbildung deutlich ab. Unsere Dozierenden markieren hierbei den Standpunkt klassischer Bildungstheorie und Erwachsenenbildung verbunden mit einer skeptisch-systemischen Haltung in Bezug auf alle Vorstellungen der Machbarkeit von Bildung.

2.8 Wissenschaftlich informierte Praxis

Irrwege müssen nicht noch einmal begangen werden, das Rad kein zweites Mal erfunden werden. Praktische Wissenschaften wie Psychologie, Soziologie und auch Organisationstheorie bieten bewährte Konzepte und theoretische Grundlagen für die beraterische Handlungsorientierung im Coaching. Modelle, wie z. B. jene zu Merkmalen und Entwicklung von Persönlichkeit, Steuerung von Motivation und Selbstwirksamkeitserleben, Rollen in sozialen und organisationalen Kontexten, zur Dynamik von Konflikten, zu Entwicklungsphasen von Teams und Organisationen etc. bieten hilfreiche Orientierung im Beratungshandeln.

Nicht zuletzt liefert die Erforschung von Beratung und Coaching selbst zunehmend reichhaltige Anhaltspunkte für die Steuerung der Coaching-Praxis und Gestaltung von Interventionen. *Eine zeitgemäße Coaching-Weiterbildung wird sich deshalb heute nicht mehr auf Konzepte einer psychologischen Schule verlassen, sondern die wissenschaftliche Fundierung beraterischen Handelns als Grundlage ihrer Praxislehre darstellen.* Nur so ist die Lehre selbst kritisierbar und erlaubt dem Coaching-Studierenden eine eigene kritische Position.

> **Evidence based – Was bedeutet »Wissenschaftliche Fundierung«?**
> Die an der FHNW für Coaching eingenommene pragmatische Perspektive wird im englischen Sprachraum mit dem Begriff der »Evidenz« bezeichnet: Pragmatisch evident ist eine Theorie, ein Modell, ein Werkzeug oder eine Methode, wenn sie bzw. es in der Praxis funktioniert. Sie hat sich im Gebrauch für die Erklärung, Voraussagbarkeit und Steuerung von Handeln bewährt.
> In der Geschichte der Wissenschaften sind dafür zusätzliche Kriterien formuliert worden.
> *Die erste Stufe der Evidenz* könnte auch mit »Einfachheit« bezeichnet werden. Eine wissenschaftlich fundierte Theorie, ein Modell, ein Werkzeug oder eine Methode sollte so einfach wie

möglich sein: wir glauben, eine einfache und gute Erklärung zu haben. Der nach dem Philosophen Wilhelm von Ockham genannte Satz »Ockhams Razor« besagt zusammengefasst: Eine schon ganz gute wissenschaftliche Begründung ist so beschaffen, dass sie wenigstens nicht schon bestehende Begründungen verdoppelt oder unnötig verkompliziert.
Die zweite Stufe der Evidenz wird auch als »Konsistenz« bezeichnet: Wenigstens sollten die gebrauchten theoretischen Sätze sich wechselseitig nicht widersprechen oder gar ausschließen. – An diesem Kriterium scheitern Ansätze und Rezeptologien, welche verallgemeinerbare Aussagen unabhängig von Kontextbedingungen behaupten.
Die dritte Stufe entspricht der »empirischen Haltbarkeit«: Theoretische Aussagen sollten möglichst der Erfahrung nicht widersprechen und in Einklang mit der Erfahrung bzw. mit Erfahrungssätzen stehen. Empirische Untersuchungen unterstützen theoretische Behauptungen, ohne diese auch schon beweisen zu können.
Auf der vierten Stufe von Evidenz nehmen wir zusätzlich »empirische Validität« in Anspruch. Wir behaupten starke Evidenz einer Theorie, eines Modells, eines Werkzeugs oder einer Methode, wenn viele Forschungsstudien ergeben, dass sich ein theoretisch behaupteter Zusammenhang regelmäßig bestätigen lässt.

In der Coaching-Didaktik bewegen wir uns bei Modellen und Konzepten meistens auf den Stufen eins bis drei. Wissenschaftlich fundiert nennen wir Werkzeuge, Methoden, Modelle und Theorien, die sich sowohl in der Praxis als auch in der Forschung bewährt haben. Für alle Stufen gilt der pragmatische Vorrang von Freiheit und Demokratie vor aller Theoriebildung. Das bedeutet eine klare Position gegen Psycho- und Sozialtechnologie (wie z.B. die sogenannte »Scientology«). Evidenz bewährt sich in ihrem Beitrag zu Freiheit und Demokratie.

An der FHNW ist unsere Leitvorstellung *der wissenschaftlich informierte Praktiker*. Er ist in der Lage, seine Praxis vor dem Hintergrund wissenschaftlicher Theoriebildung und Forschung zu reflektieren, und seinen Handlungsrahmen danach auszurichten.[5]

2.9 Professionalisierung

In polemischer Absicht könnte man manche gängigen Angebote der Coaching-Ausbildung beschreiben als (a) Tool-orientierte Schnellbleichen, (b) Glaubenserziehung durch psychologische Schulen und Handlungsmodelle, oder (c) geführte Wanderung im akademischen Elfenbeinturm. Wahrscheinlich kann ich – maximal wertschätzend – von allen Angeboten für meine Entwicklung zum Coach profitieren.

Ausbildungsstandards und Kompetenzprofile, die von Praktikern in Berufsorganisationen erarbeitet sind, bringen als *State of the Art* eine gewisse Ordnung

---
5 Vgl. Stober/Grant 2006, S. 6.

in die Beliebigkeit. Qualitativ hochstehende Anbieter sind in der Lage, ihre Ausbildungsgänge wissenschaftlich didaktisch zu reflektieren und zu evaluieren. Damit gestalten sie selbst einen handlungsorientierten Lernprozess – Coaching als Prozessberatung –, im Sinne von »Nicht nur davon sprechen, sondern es auch selbst tun«. Darin liegt die Professionalität einer Ausbildung, die zugleich Maßstab ist für das jeweilige eigene professionelle Profil – weniger im Sinne einer Profession als genau beschriebene gesellschaftliche Rolle als vielmehr im Sinne eines öffentlichen Bekenntnisses (lateinisch *Professio*) zur Tätigkeit und zur Haltung, als Coach zu handeln und wirksam zu werden.

Professionalität wird nicht (nur) durch Ausbildung entschieden, sondern durch das, was ich daraus mache. Ohne die Selbstgestaltung der Coach-Kandidaten, die Verantwortung und Entscheidung für die eigene Professionalisierung greifen alle Lehrversuche zu kurz. Damit trifft sich die Grenze der Lehrbarkeit mit der Grenze der Coaching-Praxis in der Autonomie der Klientinnen und Klienten. Diese Sokratische Skepsis bleibt in der Coaching-Lehre wie in der Coaching-Praxis inbegriffen.

3. Die Gliederung des Buches

Die Kapitel sind einzeln und im Zusammenhang lesbar, so dass Sie wie in einem *Handbuch* unter den thematischen Überschriften Vertiefungen zu den wichtigsten Aspekten von Professional Coaching finden. Überschneidungen mit der sonst reichlich vorhandenen Coaching-Literatur folgen unserer Vorstellung eines »State oft the Art«. Der Apparat in den Anmerkungen darf als Anregung verstanden werden, weiter zu fragen und zu forschen.

Die Kapitel wurden unabhängig voneinander geschrieben und sind auch einzeln lesbar. Sie folgen dem roten Faden des Coaching-Studiengangs der FHNW. Die Autorinnen und Autoren haben sich vorgenommen, durchaus auch neue Aspekte zur Coaching-Diskussion beizutragen: Fokussierung der Coaching-Perspektive, Integration und Ergänzung neuer Konzepte, erweiterte Instrumente und Anwendungsfelder für Professional Coaching.

In Teil 1: Konzeptionelle und methodische Grundlagen geht es um die Gestaltung einer Coaching-Beziehung und um die Gestaltung von Coaching-Interventionen im individuellen Coaching mit einem Klienten. Hier werden die Grundlagen der Handlungsfähigkeit als Coach bzw. des Einsatzes von Coaching-Interventionen in anderen Handlungskontexten wie Führung und Fachberatung skizziert. Es geht um die Entwicklung einer Coaching-Haltung und die Gestaltung von Vertrauensbeziehungen.

Teil 2: Coaching in Organisationen erweitert diesen Blickwinkel im Kontext organisationaler Rahmenbedingungen. Wie wir aus systemischer Sicht wissen, sitzt mit dem Klienten auch immer schon dessen organisationaler Kontext mit am Tisch. Dazu kommen hier spezifische Herausforderungen in Organisationen für Verhaltenscoaching, Konflikt-Coaching, Team-Coaching und Projekt-Coaching.

Teil 3: Coaching Advanced stellt weiterführende Fragestellungen und Anwendungsfelder für Professional Coaching vor: Coaching mit Geschichten als erweiterter methodischer Bezugspunkt, Coaching an den Grenzen seelischer Störungen, Führungskräfte-Coaching, Coaching am Telefon, Coachingkultur. Das letzte Kapitel gibt eine geraffte Einführung zu Stand und Entwicklung der Coachingforschung.

Teil 1:
Konzeptionelle und methodische Grundlagen

Kapitel 1:
Coaching als Beratung

Christa Wilmes und Michael Loebbert

> Coaching als Beratung geht von der Vorstellung aus, dass Coaching im Gespräch zwischen Coach und Klienten geschieht. In diesem Gespräch ereignet sich für den Klienten etwas für ihn Neues: Neue Handlungsmöglichkeiten und ungewohnte Sichtweisen werden eröffnet, die das Handeln des Klienten in seiner wirklichen Welt zum Erfolg führen.

> Coaching verstehen wir als eine auf den beruflichen Leistungsprozess von Personen bezogene Form der Beratung: *Professional Coaching* im Unterschied zum Sport-Coaching oder zu Coaching als Lebensberatung. Ziel ist die signifikante Verbesserung der *Steuerung von Entscheidungen und Erfolgen beruflichen Handelns*. Themen sind Verhaltensänderung, Umgang mit Krisen und Konflikten, wirkungsvolle Kommunikation und Rollengestaltung, berufliche und organisationale Veränderung, strategische Positionierung und Entwicklung, wirtschaftlicher Erfolg, Werte und Sinngebung.
> Merkmal unseres pragmatischen Coaching-Verständnisses ist die *Transdisziplinarität (disziplinübergreifend) von Theorien, Ansätzen und Schulen* vor dem Hintergrund einer beraterischen Interventions- und Handlungstheorie. Grundlage ist die *(systemische) Haltung* der Ressourcenorientierung, Wertschätzung und Lösungsorientierung, die einen souveränen Umgang mit unterschiedlichen Ansätzen und *Handlungsfeldern*, vom Management bis zur Unterstützung einer Arbeitsaufnahme, einschließt.

Mit der Definition von Coaching als Form der Beratung beziehen wir uns auf drei theoretische Konzepte (die im Folgenden näher erläutert werden), nämlich
1. die *Steuerung von Beratung als Prozessberatung* in
2. der *Beschreibung des sozialen Kontexts* durch die Systemtheorie (systemische Beratung) nach
3. den (Handlungs-)*Prinzipien eines humanistischen Menschenbilds,* wie es seit der Renaissance[1] zum gemeinsamen Bezugspunkt der Praxislehren für helfende Berufe in der Erziehung, der Sozialen Arbeit, der Medizin und der Beratung geworden ist.

---

1 An dieser Stelle steht als Wegzeichen Pico della Mirandola (1496): De Hominis Dignitate. – Das Argument, das uns seither bewegt, ist kurz gesagt: Es ist (ethisch) besser, Menschen als freiheitlich, selbstbestimmt, verantwortlich, nach dem Guten strebend etc. zu verstehen, als z. B. als schicksalsgesteuert, fremdbestimmt, unverantwortlich und ziellos.

1. Coaching als Prozessberatung

Der Begriff der *Prozessberatung* ist mehrdeutig. Einmal meint Prozessberatung die bewusste Steuerung des Beratungsprozesses durch die Beratungsperson, dann auch die Ausrichtung der Beratung am (Veränderungs-)Prozess des Klienten. In der Weiterentwicklung des Verständnisses von Beratung als Übertragung von Wissen und Expertise oder der Entwicklung eines angemessenen Situationsverständnisses unterstützt Prozessberatung den Klienten, seine Situation selbst zu ändern. Beratung ist erfolgreich, wenn sie mich als Klienten unterstützt, wenn sie mir »hilft« meine Situation zu verändern und zu verbessern. Diesen pragmatischen Zusammenhang von Prozessberatung und »Hilfe« hat in den letzten Jahrzehnten der Organisationswissenschaftler und Berater Edgar H. Schein in einer Vielzahl von Veröffentlichungen und Forschungen herausgearbeitet.[2] Im Unterschied zu klassischen Beratungsvorstellungen der *Expertenberatung* oder der *Therapie* ist die Voraussetzung für das Gelingen einer Prozessberatung die aktive Mitarbeit des Klienten in allen Prozessphasen. Weder wird dem Klienten eine Expertenmeinung, die in Gefahr steht, an dessen Anliegen vorbeizugehen, als Lösungsweg vorgeschlagen, noch wird in einer Weise »behandelt«, die die Inaktivität oder Betäubung des Patienten voraussetzt.

In der von Schein vorgeschlagenen Sichtweise auf »Hilfe«[3] zeigen sich auch gelingende Expertenberatung und Therapie in bestimmter Weise in Prozessberatung gerahmt: *Expertise zur Verfügung zu stellen oder einen therapeutischen Eingriff vorzunehmen, können auch im Rahmen eines Coachings hilfreiche Interventionen sein, wenn sie die Handlungsfähigkeit des Klienten verbessern*. Spezifische Fach- und Feldexpertise des Coachs, wie zum Beispiel in der Laufbahnberatung, in Management und Führung, in der Sozialpädagogik, werden also im Coaching nicht ausgeschlossen. Der Coach stellt aber sein Wissen und seine Erfahrung als Angebot zur Verfügung und wird diese Intervention nur dann erwägen, wenn daraus eine unmittelbare Unterstützung für das Vorhaben des Klienten zu erwarten ist.

Im Unterschied[4] zu anderen Formen der Prozessberatung, wie z. B. der Organisationsentwicklung, bei der es um den längerfristigen Veränderungsprozess einer Organisation geht, *bezieht sich Coaching auf die Entwicklung und Verbesserung der Selbststeuerung im konkreten Handeln von Personen. Coaching ist diejenige Form*

---

2 Vgl. Schein 1999, S. 39 ff.
3 Vgl. Schein 2009, S. 1–10.
4 Diese Vorstellung zu unterscheiden, d. h. unterschiedliche Beratungsformen zu differenzieren, findet ihren Widerhall in der zunehmenden Differenzierung von Beratungsprofilen und -rollen im beruflichen Feld. Coachs, Organisationsberater, Supervisorinnen und andere Expertenberaterinnen und -berater unterscheiden sich durch ihre spezifischen Ansätze und Beiträge. In der Praxis stellt sich damit die Frage: Wie arbeiten wir zusammen? Und nicht: Welcher Ansatz ist der richtige?

personenorientierter Prozessberatung[5], *die an der Entwicklung und Verbesserung der Selbststeuerung seiner Klientinnen und Klienten ansetzt.*[6] Dies beschreibt Tim Gallwey in seinem für Coaching wegweisenden Buch »The Inner Game of Tennis«: Die Wirksamkeit der Coaching-Intervention besteht nicht darin, dass der Klient jetzt weiß, wie er den Tennisschläger halten soll, sondern dass er eine klare Vorstellung davon hat, wo und wie der Ball im gegnerischen Feld aufschlagen soll.[7]

1.1 Der Coachingprozess

Die Phasen im Coaching finden sich in dem Modell der Prozessberatung im inneren Kreis wieder (vgl. Abb. 3):

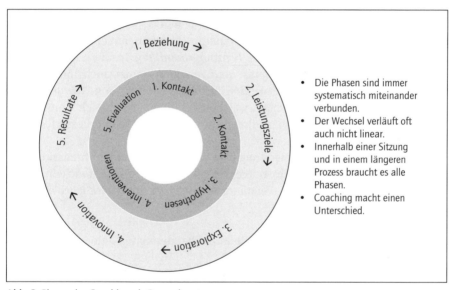

- Die Phasen sind immer systematisch miteinander verbunden.
- Der Wechsel verläuft oft auch nicht linear.
- Innerhalb einer Sitzung und in einem längeren Prozess braucht es alle Phasen.
- Coaching macht einen Unterschied.

Abb. 3: Phasen im Coaching als Prozessberatung

Kontakt mündet in den positiven Aufbau einer Coaching-Beziehung. Der Klient fasst *Vertrauen in die Fähigkeit des Coachs*, zu seiner eigenen Verbesserung und Entwicklung beizutragen.

---

5 In der folgenden Darstellung des Coachingprozesses und seiner Erfolgsbedingungen gebrauchen wir daher »Coaching« und »Beratung« gleichbedeutend: Was für Beratung im allgemeinen gilt, gilt auch für Coaching als besondere Form von Prozessberatung.
6 Siegfried Greif (2008, S. 59) meint mit »ergebnisorientierter Selbstreflexion« etwas Ähnliches, nur dass die »Ergebnisse« aus pragmatischer Sicht nicht in der Reflexion, sondern im Erreichen von Handlungszielen des Klienten liegen
7 Vgl. Gallwey 1974, S. 56 f. – Meines Wissens war Tim Gallwey einer der entscheidenden Promotoren, Coaching im Sport einzuführen. Er hat Coaching auch in der Arbeitswelt salonfähig gemacht.

Kontrakt. Eine *Arbeitsbeziehung* wird vereinbart. Meistens zeigt sich das, indem der Klient bereit ist, ein Honorar zu bezahlen. Es geht um das Erreichen von Zielen. Im Geschäftskontext ist es oft sinnvoll, einen schriftlichen Vertrag zu schließen oder mindestens ein Angebot zu erstellen, das dann Grundlage für die Zusammenarbeit ist.

Hypothesen zum Anliegen des Klienten können explizit zusammen mit dem Klienten erfolgen oder werden auch von der Beratungsperson im Sinne einer *Diagnose* allein verantwortet. Für den Klienten bedeutet das eine *Erkundung seines Handlungsraums* (Exploration). Hypothesen, die der Beratungsperson und auch die des Klienten, sind Begründungen und Ansatzpunkte für Interventionen.

Interventionen sind explizite Handlungen des Coachs, manchmal bloß eine Frage, ein Satz, welche für den Klienten eine neue Perspektive für erfolgreiches Handeln eröffnen. Wir verstehen unter einer Intervention immer eine im Kontext des Beratungsprozesses *begründbare Beratungshandlung*. Insofern ist jeder aktive Beratungsschritt vom Kontakt bis zur Evaluation immer auch Intervention. Entscheidend ist, dass die Intervention zu *Innovation für den Klienten* führt. Coaching macht einen Unterschied, welchen der Klient als hilfreich wahrnimmt, und der, noch besser, gar den Handlungserfolg in seiner Welt verbessert.

Evaluation. Die Wirkung der Beratung liegt oft außerhalb der Beratungssituation. Für die Steuerung und den Ressourceneinsatz von Beratung entwickeln Coach und Klient ein gemeinsames Verständnis *möglicher und wirklicher positiver Resultate* für den Klienten.

Für gelingende Beratung setzen die Phasen einander voraus und sind miteinander verbunden:
(1) Kontakt braucht es in jeder Phase. Bricht der Kontakt, bricht die Beratungsbeziehung.
(2) Die formelle Vereinbarung einer Arbeitsbeziehung gibt den Rahmen für das Coaching. Coaching ist immer mit einer Leistungsvereinbarung als Dienstleistung verbunden. Sie regelt Geben und Nehmen.
(3) Vom Coach wird Expertise in der Entwicklung von Hypothesen und Diagnosen erwartet. Diese können mit dem Klienten geteilt und auch gemeinsam erarbeitet werden.
(4) Daraus folgende Interventionen lassen sich im professionellen Dialog in den Grenzen argumentierender Vernunft in Bezug auf die Hypothesen und erwartbaren Resultate begründen.
(5) Die Verbindlichkeit der Evaluation bildet selbst wieder den Rahmen für die Beratungsbeziehung als Leistungsvereinbarung über Handlungsziele, Hypothesen und Interventionen.

Neben der Steuerung des Beratungsprozesses läuft der *Parallelprozess des Klienten* in
(1) der Etablierung der Beratungsbeziehung,
(2) der Bewusstwerdung von möglichen Zielen,
(3) der Exploration der Ausgangssituation und möglicher Handlungsoptionen,
(4) der Innovation durch neue Sichtweisen und Möglichkeiten und schließlich
(5) der Verwirklichung von Resultaten in der Welt des Klienten.

Das Phasenmodell der Prozessberatung[8], das wir für die Steuerung von Coachingprozessen zugrunde legen, haben wir aus didaktischen Gründen in eine Kreisform gebracht. Sie macht deutlich, dass es neben der diachronen systematischen Lesart – jede Phase ist Erfolgsbedingung für die nächste – auch eine synchrone gibt: Alle Phasen sind zugleich in einem Beratungsprozess gegenwärtig.

Wie jedes Modell vereinfacht auch das Modell der Prozessberatung die komplexere Wirklichkeit: Die expliziten Ziele ändern sich im Fortgang des Prozesses. Kontakt wird systematisch unterbrochen, um wieder neu aufgebaut zu werden. Hypothesen müssen revidiert und neu sortiert werden. Die Evaluation besteht vielleicht in nur einem Satz nach drei Wochen. *Coachen wird hier verstanden als ein Leistungsprozess.* Ziel ist die unmittelbare Sicherung, Verbesserung oder Neuentwicklung des primären Handlungs- oder Leistungsprozesses des Klienten.

1.2 Einige Annahmen systemischer Beratung[9]

Systemische Denk- und Handlungsmodelle wurden im Bereich der Beratung – und auch im Bereich Management und Führung – in den letzten Jahren intensiv aufgenommen und diskutiert.[10] Ihre Wurzeln haben diese Modelle in verschiedenen Wissenschaftsgebieten, welche die allgemeine Systemtheorie nutzen, insbesondere Physik, Biologie, Soziologie und Psychologie. Unter »systemischer Beratung« verstehen wir in diesem Sinne *systemtheoretisch informierte Beratung*. Wir stellen hier einige zentrale Annahmen vor, die für unser Denken und Handeln in Coaching und Beratung relevant sind.

---

8 Vgl. zum Phasenmodell von Beratung Gordon und Ronald Lippitt (1978) und Peter Block (1981).
9 Vgl. zu diesem Abschnitt Bernd Schmid (1989). Insgesamt verdanken wir Bernd Schmid Vieles für die intelligente Umsetzung systemischer Annahmen für die Gestaltung von alltagsrobustem Coaching und Beratungshandeln. Siehe dazu auch insgesamt Kapitel 4.
10 Eine sehr gute Einführung gibt Fritz B. Simon (2006).

Soziale Systeme als Mobiles

Organisatorische Einheiten (Bereiche, Abteilungen, Teams etc.) werden als Systeme betrachtet, die sich durch Wechselwirkungen gegenseitig in ihrer Eigenart begründen, stabilisieren und verändern. *Individuelle Verhaltensweisen* (z. B. Management- und Führungsverhalten) werden *als Teil einer komplexen Interaktion (Mobile) sozialer Systeme konzipiert.* Die Art der Vernetzung und die Regeln des Zusammenspiels entscheiden darüber, wie eine Einwirkung von außen oder eine Veränderung von innen auf das System wirken. Darin unterscheidet sich diese Sichtweise von der verbreiteten Zuschreibung von Eigenschaften auf Personen wie z. B. persönliche Leistungs- und Verhaltensprobleme. Aus einer systemischen Perspektive denken wir darüber nach, wie ein Interaktionssystem insgesamt gestaltet werden kann, damit sich ein darin eingebettetes Verhalten verändern kann. Insbesondere im Coaching von Einzelpersonen achten wir darauf, dass verändertes Verhalten von Personen immer auch mit der Veränderung der Interaktionen in ihrem System einhergehen muss, um nachhaltig erfolgreich zu sein.

Die Perspektive der Wirklichkeitskonstruktion

Menschen und Organisationen werden als wirklichkeitserzeugende Systeme verstanden. Die durch sie erzeugten Wirklichkeiten sind weniger Wahrheiten oder Sachzwänge, als vielmehr zu Gewohnheiten gewordene Überzeugungen und deren materielle Ausdrucksformen. Sie scheinen geeignet, Geschehnisse neu zu interpretieren und Reaktionen darauf erfolgreich zu organisieren – aus systemtheoretischer Sicht: soziales Überleben zu ermöglichen. Gesellschaftliche Wirklichkeiten sind gemeinschaftliche Erfindungen, die durch ihre Verbreitung und ihre »Verobjektivierungen«, z. B. in Straßennetzen, gesetzlichen Regelungen, Gehaltssystemen etc., stabilisiert werden und weitere Plausibilitäten erzeugen. Wirklichkeit als Konstruktion zu verstehen bedeutet auch, feststellen zu können, dass eine bestimmte Konstruktion nicht mehr funktioniert bzw. – pragmatisch formuliert – dass Handeln nicht mehr zum Erfolg führt.

Ressourcen- und Lösungsorientierung

In der systemischen Praxis ist der wirklichkeitskonstruktive Ansatz mit der Orientierung an Ressourcen und Lösungen des Systems verbunden. Soziale Systeme »konstruieren« Lösungen in der Nutzung ihrer Potenziale. Beratung nimmt daher in erster Linie Ressourcen und Potenziale in den Blick. Vorstellungen über Defizite und Problembeseitigung sind (nur) die Hilfskonstruktionen unseres Alltagsbewusstseins, die uns auf Fehlanpassungen und Dysfunktionalitäten aufmerksam machen. Für die systemische Beratung bedeutet das die Herausforderung, einerseits an das Alltagsbewusstsein von Klienten anzukoppeln, andererseits aber auch, mit der systemischen Sichtweise genügend große Unterschiede zur Verfügung zu stellen, die neue Handlungsmöglichkeiten eröffnen. Aus dieser Sicht werden sogar Defizite und Fehler zu Ressourcen, die neues Lernen und Handeln ermöglichen.

Muster und Musterveränderung

Soziale Systeme werden als Systeme von Interaktionen verstanden. Im Lauf der Interaktionen stabilisieren sich bestimmte Merkmale als regelmäßige Merkmalsmuster, die das Funktionieren und Überleben mit geringem Aufwand sichern. Die Steuerung über vorhandene Muster ist ökonomischer und weniger aufwendig als jede Interaktion und Handlung neu zu entwerfen.

Aus systemischer Sicht besteht das Ziel von Beratung darin, systemfunktionale Musteränderungen zu ermöglichen. Gute Beratung ermöglicht dem Klienten, seine Denk-, Gefühls- und Handlungsmuster so zu verändern, zu erweitern, neue Muster zu entwickeln, dass er im Handeln seine Ziele erreicht und erfolgreich ist. Solche Musteränderungen können sogar hirnphysiologisch erforscht und mit bildgebenden Verfahren dargestellt werden. Welche Musteränderungen des Coachs jedoch dafür notwendig sind, ist leider noch wenig erforscht. Wir gehen davon aus, dass auch der Coach sich ein ganz klein wenig ändern muss, um eine wirksame Änderung für den Klienten zu ermöglichen.

Selbstorganisation

Wirklichkeitskonstruktionen und Interaktionsmuster werden als Produkte der Selbstorganisation sozialer Systeme betrachtet. Deshalb auch der Begriff »*Autopoiese*« (griechisch: »sich selbst hervorbringen«). Veränderungen sind nur als durch ein System selbst hervorgebrachte Veränderungen möglich. Externe Einwirkungen sind höchstens Impulse für neue Formen der Selbstorganisation. Selbstorganisation kann daher nicht durch Außeneinwirkung definiert werden und ist weder vorhersagbar noch steuerbar. Lebende Systeme zeichnen sich gerade dadurch aus, dass sie ihre genuine Art der Organisation ihrer Interaktionen selbst hervorbringen, wobei sie externe Impulse durchaus nutzen *können* (aber nicht müssen).

Bernd Schmid illustriert mit folgender Geschichte, dass man lebende Systeme *nicht instruktiv* steuern kann: »Wenn man einen Stein, dessen Gewicht, Form und Größe bekannt ist, in einem bestimmten Winkel mit einer bestimmten Kraft tritt, dann kann man ziemlich genau vorhersagen, in welcher ballistischen Flugbahn der Stein fliegen und wo er landen wird. Wenn man jedoch einen Hund tritt, ist das anders.«[11]

---

11 Vgl. Schmid 1989. Schmid beruft sich mit dieser Geschichte auf Gregory Bateson, der an verschiedenen Stellen seiner Schriften Beispiele mit getretenen Hunden einflicht.

Was die Steuerung sozialer Systeme und die Vorhersage der Wirkungen von Beratung betrifft, werden wir bescheiden. Alle unsere Beratungsinterventionen sind bloß Angebote, die unsere Klientinnen und Klienten nutzen können. Doch je besser wir diese Angebote an die jeweiligen Möglichkeiten unserer Klienten, diese in ihre Konstruktionen einzubauen, anpassen (systemtheoretisch: *koppeln*), desto wirksamer können Klienten diese auch in ihrer eigenen Selbstorganisation nutzen.

Perspektivität

Wirklichkeit ist immer die Wirklichkeit vom Standpunkt eines Beobachters aus. Wirklichkeit ist daher immer perspektivisch. Selbst wenn es uns gelingt, unterschiedlichste Standpunkte einzunehmen, können wir nicht aus unserer Haut. (Klienten-)Systeme als wirklichkeitserzeugende und sich selbst organisierende Einheiten zu begreifen, führt konsequenterweise zu der Auffassung, auch uns als Coachs und Berater als Konstrukteure unserer eigenen Wirklichkeiten zu betrachten. Gewohnheiten, wie z. B. bestimmte Vorlieben, die Fragestellungen unserer Klienten aus einer bestimmten Perspektive zu betrachten, sind primär Ausdruck unserer eigenen Selbstorganisation. Diese gründet in eigenen Lernerfahrungen und Interessen. Beispielsweise sieht ein Experte für ablauforganisatorische Fragestellungen in der Organisationsberatung zuerst die Optimierungsmöglichkeiten der Ablauforganisation. Im gleichen Kontext bringt ein psychologisch orientierter Managementberater Probleme eher mit persönlichen Eigenheiten und seelischen Dynamiken der jeweiligen Funktionsträger in Zusammenhang. Diese unterschiedlichen Perspektiven und die daraus resultierenden Fokussierungen sind im beraterischen Handeln nicht als solche einseitig oder falsch. Sie können es allerdings werden, wenn sie durch das Beratungssystem unreflektiert eingenommen, plausibel gemacht und verwirklicht werden.

Evolution und Kultur

Die Selbstorganisation lebender Systeme scheint durch ein implizites Ziel getrieben zu sein: Weiterleben, Fortbestand als Individuum und/oder Gattung. Jedenfalls liefert diese Hypothese der Evolutionstheorie weitreichende Erklärungen und Evidenz für die Funktionalität und Passung von Systemen an ihre jeweilige Umwelt. Dies gilt auch für Coachs. Ihre Tätigkeit zielt natürlicherweise auf die Entwicklung der eigenen gesellschaftlichen Stellung, und sie versuchen durch Diagnosen und Dienstleistungen interessante Umwelten zu einer Abgabe von dafür geeigneten Gütern (Geld, Reputation etc.) zu bewegen. Systemische Beratung bedeutet so gesehen auch, einen Metastandpunkt gegenüber den eigenen Denk-, Handlungs- und Gefühlsgewohnheiten einnehmen zu können: »Aha, so ticken wir also!«

Dieses »Ticken« ist Ausdruck unserer Vorzugswahlen in Situationen, in denen wir auch anders entscheiden können. Menschen als lebende Systeme, die auch wählen können, bilden spezifische *kulturelle Muster* als Regeln oder Denk-, Handlungs- und Gefühlsgewohnheiten, mit denen wir im Kontext unserer sozialen Systeme meistens unser Handeln steuern. Das ist ökonomisch und effizient. Es unterstreicht zudem die Sichtweise, *dass Veränderungen von sozialen Systemen immer mit kulturellen Veränderungen einhergehen und auch einhergehen müssen.*

Systemlösungen

Lösungen für Klienten verstehen wir aus systemischer Sicht immer als Systemlösungen. Welche Perspektiven müssen wie zusammengefügt werden, damit für ein System (eine Organisation) wirksame und alltagstaugliche Lösungen zustande kommen? Dabei geht es sowohl um die passende Positionierung meines (Teil-)Beitrags als Coach – möglicherweise im Kontext anderer Beratungsbeiträge (Beratungssysteme) – als auch um die Bestimmung des Handlungsrahmens meines Klienten in seinem organisationalen Kontext. In der Praxis bedeutet das in der Regel, dass wir als Coachs und Berater immer mehr im Kontext mehrerer Perspektiven von der Fachberatung, Psychotherapie bis Managementberatung unsere Leistungen und Wertbeiträge gestalten. Kooperation und Systemdesign werden dabei zu den Stellgrößen erfolgreicher Beratungsprozesse. Unsere Klienten nehmen nicht nur unterschiedliche Beratungsleistungen in Anspruch, sie sind auch das eigentliche Steuerungszentrum für die Umsetzung in ihren organisationalen Kontexten. Egal an welcher (hierarchischen) Stelle sie arbeiten, tragen sie immer auch Gesamtverantwortung. Und daran müssen wir als Coachs ankoppeln.

1.3 Einige Folgerungen aus einem humanistischen Menschenbild für Coaching und Beratung[12]

(1) *Das dialogische Prinzip – Begegnung von Ich und Du*: Klientinnen und Klienten sind Personen, wie ich selbst. Als Coach bringe ich mich als ganze Person ein, bin ich Schwungrad für die Entwicklung und Verbesserung meines Klienten.
(2) *Das Prinzip Hier und Jetzt:* Mein Fokus als Coach ist die Gegenwart. Vergangenheit und Zukunft treffen sich in der Gegenwart dieses Augenblicks. Nur was jetzt geschieht, geschieht.
(3) *Alles hat einen Sinn:* Zu irgendetwas wird es gut sein und sei es, dass es erst mal schlechter wird. Damit ist keine Schicksalsergebenheit gemeint, sondern die Aufforderung etwas zu tun, damit sich der Sinn auch erfüllen kann.

---

12 Siehe vertiefend dazu Kapitel 7: Eine Coaching-Haltung entwickeln.

(4) *Wertschätzung:* Jede Person leistet einen Beitrag zu unserer gemeinsamen Welt. Wir interessieren uns dafür, wie sie das tut und was sie tut. Das respektieren wir als das, was dieser Person eben gerade jetzt möglich ist.

(5) *Das Prinzip der Freiheit:* Die andere Person ist ein freier Mensch wie ich selbst und für sich selbst verantwortlich. Zu Fragen des Lebens und Handelns ist jede Person ihr eigener Experte. Als Coach stelle ich nach bestem Wissen und Gewissen Hypothesen und Interventionen zur Verfügung, werde aber niemals etwas erzwingen.

(6) *Das Prinzip der Akzeptanz und des Respekts*: Meinem Klienten bin ich nur nützlich, solange und wenn ich mich (zunächst) eigener Urteile, besonders meiner moralischen Urteile, enthalte. Das bedeutet keine ethische Gleichgültigkeit, sondern die Arbeit, meinem Klienten eine eigene adäquate Wahrnehmung zu ermöglichen.

Aufgabe
a. Sicher kennen Sie ähnliche und andere Formulierungen von Handlungsprinzipien aus Ihrem eigenen oder anderen beruflichen Kontexten. Schreiben Sie auf, welche Ihnen (noch) besonders wichtig geworden sind.
b. Gegebenenfalls: Was haben Ihre Handlungsprinzipien mit Ihrem Wunsch zu tun, als Coach zu arbeiten?

2. Die Phasen des Coachingprozesses steuern

2.1 Kontakt im Coaching erfolgreich gestalten

Was heißt Kontakt?

Zur überwiegenden Zahl von Menschen haben wir keinen Kontakt. Wir finden keinen Kommunikationskanal oder wir interessieren uns einfach nicht für einander. Wir brechen den Kontakt ab, wenn wir spüren, dass es keine Verständigung gibt, das gemeinsame Interesse nicht ausreicht, oder wir haben einfach etwas Besseres vor.

Kontakt geschieht an der Grenze zwischen uns und anderen. *Das ist der Sinn der Metapher vom »Berühren« (lateinisch contingere) für die Begegnung von Menschen. Kontakt ist genau der Moment, in dem die Beteiligten, die Wahrnehmung, das (gemeinsame) Gefühl und die Überzeugung haben: Ja, das ist es. Das grundlegende Bedürfnis wird befriedigt, eine gemeinsame Welt zu teilen und miteinander verbunden zu sein. Kontakt ist der Moment gegenseitigen Vertrauens, der die Voraussetzung ist für alles, was wir gemeinsam tun können. Der Kontakt mit dem Coach ist das Medium des Kontakts des Klienten mit sich selbst.*

Ohne Kontakt entsteht kein Coaching, ist kein Kontrakt als explizite oder implizite Vereinbarung, etwas miteinander zu tun, möglich. Der Kontakt muss von den Beteiligten immer weiter aufrechterhalten werden: Ohne die periodische Wiederherstellung und die Versicherung des Kontakts bricht der Kontrakt – und damit die Verbindlichkeit. Bricht der Kontakt, bricht auch der Kontrakt – und damit die Grundlage der Zusammenarbeit. Das Konzept »Kontakt« wird somit im Coaching in zweifacher Hinsicht gebraucht,

- als Beschreibung für den Einstieg in einen Coachingprozess: Vom Gelingen des Kontakts hängt ab, ob es überhaupt zu einem Coaching kommen kann;
- als Herausforderung für die Prozessgestaltung insgesamt: Coaching gelingt nur, wenn und solange der Klient in Kontakt mit sich und seiner Fragestellung ist.

Wie lässt sich der Prozess zum Kontakt beschreiben?

Die Gestaltpsychologie in der Schule von Fritz Perls[13] hat dafür eine Prozessbeschreibung des Erlebens gegeben, die sich in der Erfahrung leicht nachvollziehen lässt und die Gesta»ltung von Kontakt gut steuert.

Der *Gestalt-Zyklus des Erlebens*[14] beschreibt den Prozess, in dem ein Mensch oder auch eine Gruppe von Menschen aus diffusen Empfindungen ein (gemeinsames) Bewusstsein der Situation schafft, Handlungen setzt und endlich mit der Situation, den beteiligten Menschen so in Kontakt kommt, dass eine neue Erlebnisweise möglich ist bzw. ganz real entsteht. Wenn wir im Kontakt sind, kann uns plötzlich klar werden, was fehlt bzw. was gebraucht wird, um die Situation zu verbessern.

Das bedeutet auch, *damit etwas Neues wahrnehmbar wird und entstehen kann, braucht es Kontakt, und sei es Kontakt mit mir selbst: Aushalten von Unsicherheit und Angst, Vertrauen in die Möglichkeit des Neuen, Umsetzung und Reflexion.* Aus Sicht der Gestaltpsychologie ist dieser Zyklus des Erlebens wichtiges Instrument des Coachs, um den Klienten zu einer effektiven Steuerung seines Erlebens anzuleiten.

Edwin C. Nevis[15] überträgt diese Beschreibung des persönlichen Erlebens auf die Interaktion von Berater und Klient. Der Gestaltzyklus des Erlebens wird zum *Zyklus der Interaktion: Nach dem Kontakt ist vor dem Kontakt.* Kontakt ist Ziel und zugleich auch Ausgangspunkt der Begegnung von Coach und Klient, im Schaffen einer gemeinsamen Ausgangsbasis und der gemeinsamen Wahrnehmung von Beratungserfolg.

---

13 Vgl. Perls et al. 1951, S. 190 ff.
14 Vgl. Nevis 1988, S. 37 ff.
15 Vgl. Nevis 1988, S. 17.

Wie kann der Coach den Kontakt praktisch steuern?

Der Gestaltzyklus kann auch als Energiekurve in der Zeit abgebildet werden (vgl. Abb. 4). Kontakt ist aus dieser Sicht der Moment gesteigerter Energie, in dem der Interaktionszyklus seinen Höhepunkt erreicht. Idealerweise treffen sich die Erlebniszyklen von Berater und Klient am energetischen Höhepunkt. Dieser fühlt sich für die Beteiligten ungefähr so an:

Klient: »Ja, ich fühle mich verstanden. Ich bin mit meinem Coach auf gleicher Wellenlänge, auf einer gemeinsamen Ebene. Ich vertraue darauf, dass es gelingt, gemeinsame Empfindung, gemeinsames Bewusstsein für meine Situation zu schaffen.«

Coach: »Ja, ich habe verstanden. Ich nehme den Klienten in seiner Situation voll an. Ich kann die Welt aus seinen Augen sehen und mich mit ihm identifizieren. Im nächsten Schritt kann ich gezielt intervenieren, den Klienten unterstützen seine Situationswahrnehmung systematisch zu erweitern.«

Ausgangspunkt ist die energetische Spannung des Klienten. Er spürt einen gewissen Problemdruck, die Notwendigkeit etwas zu tun, er bekommt eine gewisse Vorstellung davon, dass eine fremde Unterstützung für ihn nützlich sein könnte.

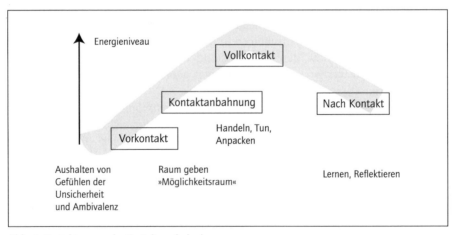

Abb. 4: Kontaktprozess der Gestaltpsychologie

»Pacing« und »Leading«[16]

Umgekehrt signalisiert der Coach eine bestimmt Offenheit für die Fragen des Klienten, die Kompetenz und Qualifikation, dem Klienten nützlich zu sein. Die Beraterin bzw. der Berater versetzt sich in die Situation des Klienten, geht ein Stück weit des Weges in seinen Schuhen, betrachtet die Welt mit seinen Augen. Die Tätigkeit des Beratenden zur Vorbereitung des Kontakts nennt man »*Pacing*«. Der Klient führt den Prozess, bis er sicher ist, dass die Beraterin, der Berater sich auf ihn eingestellt hat. Das kann sehr schnell geschehen oder es braucht eine etwas längere Zeit der Einstimmung. Der Kontakt ist die Voraussetzung für jeden weiteren Schritt des Beratungsprozesses. Erst jetzt kann die Phase des »*Leading*« beginnen, die Beratungsperson kann jetzt aktiv intervenieren und Differenzen setzen.

Dass Kontakt stattgefunden hat, kann der Coach physisch merken: Der Körper und das Gesicht der Klientin öffnen sich, die Gesichtszüge werden weicher, Augen und Muskeln sind entspannter.

Setting im Coaching

Das Wort »*Setting*« kommt aus der Theatersprache und bezeichnet dort den Schauplatz und Ort der Handlung. Das Setting ist das erste Kontraktangebot des Coachs: In diesem Raum, unter diesen Bedingungen soll das Coaching stattfinden. Wir sagen Setting, um die besondere Verantwortung des Coachs für die Rahmenbedingungen der Beratung zu betonen. Die Gestaltung des Settings ist selbst eine Intervention, welche den Klienten dabei unterstützen soll, seinen eigenen Handlungsprozess erfolgreich zu steuern: Ort, Zeit, Abstand/Intervalle von Coaching-Treffen, Art und Anzahl der Treffen.

> **Merke:**
> *Als Coach sind Sie Herrin bzw. Herr des Settings.* – Sie dürfen die Wahl natürlich auch Ihrem Klienten überlassen. Doch auch das ist eine Intervention, die in Ihre Verantwortung fällt.

---

16 »Pacing« und »Leading« ist ein Konzept aus dem sogenannten »Neurolinguistischen Programmieren« (NLP). Robert Dilts, John Grinder, Richard Bandler (1994) und andere haben in den 1970er-Jahren erfolgreiche und berühmte Psychotherapeuten bei ihrer Arbeit systematisch beobachtet. Sie wollten daraus eine allgemeine sprachliche Struktur wirksamer therapeutischer Interventionen ableiten. Dabei leitete sie die Vorstellung von Interventionen als Beeinflussung oder »Programmierung« von menschlichen Reiz-Reaktions-Ketten (darum NLP). Viele dieser Interventionstechniken und Werkzeuge halten wir heute für nützlich und hilfreich, auch wenn wir den Glauben an die unmittelbare Wirksamkeit als Programmierung nicht teilen, sondern unsere Interventionen eher als ein »Angebot« verstehen, welches Klienten annehmen können oder auch nicht.

> **Aufgabe**
> Was sind aus Ihrer Sicht 10 günstige Merkmale für ein Coaching-Setting? Was wollen Sie damit erreichen?

Was sind die häufigsten Fehler in der Kontaktphase?

(1) Die Kontaktphase beginnt schon im Vorfeld der persönlichen Begegnung von Klient und Coach. In der Gestaltung dieser Phase gehen immer noch viele Beraterinnen und Berater sehr von sich aus: Wie will ich mich darstellen? Wie will ich mich profilieren? Statt: Was muss mein Klient von mir wahrnehmen können, um den Kontakt zu mir zu suchen? Was muss ich darstellen, damit mein Klient eine Vorstellung von Zielen und Nutzen bekommt, die für ihn aus der Zusammenarbeit mit mir erwachsen können?

(2) Beraterinnen und Berater wollen oft möglichst schnell zur Sache kommen. Sie wollen ihre Kompetenz, ihre Fähigkeiten beweisen – dem Klienten und sich selbst. Interventionen werden vorschnell, d.h. ohne Kontakt und Kontrakt, gesetzt. Das verwirrt den Klienten und macht den Kontakt-Prozess zumindest schwieriger.

(3) Der Coach lässt sich vom Klienten und seiner Problemsicht »hypnotisieren«. In seinem Sich-Einlassen auf den Klienten bleibt er an dem Klienten hängen. Er übernimmt dessen Wünsche und Vorstellungen, ohne diese in Bezug auf ihren Nutzen und ihr Funktionieren für den Klienten kritisch zu überprüfen.

(4) Die fachliche Orientierung des Beraters auf den Beratungsgegenstand erfordert Konzentration. Es gibt viele Berater, die in ihrer Arbeit einfach nicht auf Kontakt achten. Der Kontakt geschieht dann mehr oder weniger zufällig. Ein Teil des vom Berater getriebenen Aufwands verpufft ohne Wirkung, da der Klient weder willens noch bereit ist, den Interventionen des Coachs zu folgen.

Aktives Zuhören[17]

Aktives Zuhören ist besonders für die Anfangsphase von Coaching-Gesprächen hilfreich. Aktives Zuhören ist die Kunst, konzentriert wahrzunehmen, was der andere denkt und fühlt. Dies beginnt bereits bei der Grundeinstellung zum Zuhören und bedeutet, dass der Coach dem Klienten Aufmerksamkeit und Interesse entgegen bringt. Mit seiner wertschätzenden Grundhaltung schafft der Berater einen wohlwollenden und angstfreien Raum, in dem sich der Klient öffnen und seine subjektiven Sichtweisen offenbaren kann.

Der Berater verzichtet dabei auf eigene Deutungen und Konfrontation sowie

---

17 Aktives Zuhören ist in der Literatur umfangreich beschrieben worden. Wahrscheinlich stammt die erste methodische Fassung von Carl Rogers (1942) in seinem Entwurf der klientenzentrierten Gesprächsführung.

aktive Lösungsorientierung. Diese Art der Gesprächsführung fördert das Selbst-Erleben, die Selbst-Klärung und fördert beim Klienten das Bewusstsein für die Selbst-Verantwortung.

Aktives Zuhören umfasst:
- sich konzentrieren auf den anderen, sich einstellen, sich in seine Lage versetzen,
- nonverbale Anteilnahme, Blickkontakt, Nicken, zugewandte Haltung,
- verbale Anteilnahme, aussprechen lassen, nicht unterbrechen, kleine Wörter: ja, aha, so,
- Erkennen der Schlüsselwörter; Mimik und Gestik wahrnehmen: Was ist dem anderen wichtig?
- Erfassen von Inhalten, Gefühlen, Strategien; Rückfragen (offene Fragen) stellen,
- Verbalisieren, die emotionale Aussage mit eigenen Worten wiederholen,
- Paraphrasieren, das Gesagte des Klienten mit eigenen Worten wiederholen, ohne es umzudeuten.

Wertschätzung

Unter Wertschätzung verstehen wir Respekt und Achtung vor dem So-Sein des Klienten, wie er gerade ist und wie er die Welt wahrnimmt – seine Wirklichkeitskonstruktion. Den Wert des Anderen zu schätzen heißt nicht loben und plötzlich alles gut finden müssen, was der andere tut oder sagt.

Verständnis

Verständnis bezieht sich hier auf den Inhalt, die Sache. Der Coach versucht die Kernaussagen des Klienten auf den Punkt zu bringen. Er fasst die wichtigsten Punkte mit eigenen Worten zusammen und überprüft, inwieweit er den Klienten richtig verstanden hat. Wenn der Klient sich nicht richtig verstanden fühlt, kann er die Dinge korrigieren. Dieser Schritt stärkt die Selbstverantwortung und Selbststeuerung des Klienten. Besonders hilfreich ist dieses Element des aktiven Zuhörens bei diffusen und chaotischen Problemschilderungen.

Einfühlungsvermögen

Einfühlungsvermögen bedeutet, sich in den Klienten hinein zu versetzen und seine Gefühlslage zu erfassen. Besonders wichtig ist es, die nonverbalen Signale wahrzunehmen und zu berücksichtigen: die Änderung des Gesichtsausdrucks, der Haltung, der Stimme, des Blicks etc. Dem Anderen aus dem Herzen sprechen: Die Rückmeldung auf der emotionalen Ebene ist für das Selbsterleben des Klienten besonders wichtig.

2.2 Kontrakte in der Beratung erfolgreich vereinbaren und fortschreiben

Was bedeutet Kontrakt in der Beratung?

Der Beratungskontrakt ist die Grundlage eines erfolgreichen Beratungsprozesses. Ausgangspunkt einer Beratung sind mindestens zwei Personen, die in Bezug auf den Beratungsgegenstand nichts oder nicht zu viel miteinander zu tun haben.

Der Kontrakt legt fest, in welcher Weise wir uns verhalten wollen, um den Beratungsprozess im Hinblick auf die Verbesserung beruflicher Handlungsfähigkeit beim Klienten voranzubringen. Aristoteles: »Beraten ist eine Weise des (gemeinsamen) Nachdenkens und Überlegens, das zu einem Entschluss führt.«

Der Kontrakt beschreibt die Rollen der an der Beratung beteiligten Personen, formuliert Erwartungen, bestimmt das Ziel, definiert mögliche Schritte des Prozesses und macht einen Vorschlag zur Erfolgskontrolle.

Dabei ist es nicht wichtig, ob und wann ein Kontrakt mündlich oder schriftlich formuliert ist, oder welche Teile des Kontrakts tatsächlich explizit vereinbart wurden. Tatsächlich sind große Teile eines Kontrakts immer informell und unbewusst. Entscheidend ist, wie auch sonst im Leben, dass die Beratung funktioniert, die beteiligten Personen ein Gefühl, eine Wahrnehmung und ein Wissen des Gelingens haben. Mögliche unterschiedliche Vorstellungen über das, was der Kontrakt ist, wird es immer geben. Sie können und müssen dann geklärt werden, wenn sie auftauchen.

Zu einem erfolgreichen Kontrakt gehört, dass er im Lauf der Beratung mit der Zunahme an Wissen und Erfahrung immer weiter entwickelt wird. Wenn mehrere Gespräche vereinbart werden, steuern die Ziele des Klienten den gesamten Prozess und die Ziele der einzelnen Sitzung.

Welche Elemente gehören zum Kontrakt?

- Beratungsrollen: Klient, Auftraggeber und Berater
- Auftrag: der realisierbare Auftrag, in bestimmten Schritten, mit bestimmten Ressourcen ein bestimmtes Ziel (selbst wenn dieses später im Laufe des Coachingprozesses revidiert wird) zu erreichen.
- Gemeinsame Kriterien für den Beratungserfolg. Der Beratungserfolg muss auch beim Kunden (ist gleich: Kundensystem mit Auftraggeber und Klienten, siehe Abb. 5, S. 35) ankommen.
- Der Ausgleich von Geben und Nehmen mittels eines Honorars oder einer anderen Gegenverpflichtung (z. B. gegenseitige Beratung).

Welche Fragen können für die Fokussierung der Ziele eines Coachings gestellt werden?

- »Was wäre anders oder besser für Sie, wenn diese Sitzung ein Erfolg für Sie gewesen wäre?«
- »Was würden Sie dann spüren oder denken?«
- »Woran würden Sie merken, dass wir unser Ziel erreicht haben? Woran noch?«
- »Welche Wirkungen würden Sie sich in Ihrem wirklichen Leben davon versprechen?«

Was geschieht, wenn der Kontrakt bricht?

Ein Beratungskontrakt ist gebrochen, wenn die Grundlage der Zusammenarbeit nicht mehr stimmt. Die Beteiligten oder einer der Beteiligten kommen zu dem Schluss, dass auch mit einer Fortschreibung des Kontrakts die angestrebten Ziele nicht mehr erreicht werden können.

Im Unterschied zu gewissen (konstruktiven) Missstimmungen, Differenzen über die Kontraktgestaltung, Versäumnissen etc. bedeutet der Bruch des Beratungskontrakts das Ende der Zusammenarbeit (zumindest für diesen Handlungszusammenhang).

Wer spielt für den Beratungskontrakt eine Rolle?

Jeder Beratungskontrakt hat einen *Initiator*, eine Person, die zuerst den Wunsch oder die Idee einer Beratung hat. Ausgangspunkt ist die Vorstellung, durch einen Beratungsprozess könnte irgendetwas besser werden, was sonst nicht so gut läuft. Oft stammt der Initiator aus dem Kundensystem. Es ist der, der den größten Problemdruck spürt. Gelegentlich wird auch der Berater durch aktive Auftragssuche zum Initiator.

Das *Beratungssystem* besteht aus einem oder mehreren *Beraterinnen und Beratern*, die mit dem Kunden zusammenarbeiten. Diese können unterschiedliche Rollenprofile einnehmen: Coach, Organisationsberater, Moderatorin, Mediator ... Sie sind selbst verbunden in ihrer Organisation, in beruflichen Verbindungen, in denen sie andere und ähnliche Rollen wahrnehmen. Die Rolle des Beraters besteht darin, dem Kunden dabei zu helfen, sein Problem zu lösen.

Im Kundensystem spielen eine Rolle:
a. Der *Auftraggeber*: Er gibt den Auftrag und bezahlt gegebenenfalls die Beratungsdienstleistung.
b. Der *Klient*: Er ist als Einzelperson, Gruppe oder Organisation unmittelbar Partner im Beratungsprozess.

Die Rollen von Auftraggeber und Klient können von unterschiedlichen Personen wahrgenommen werden. In Einzelberatungen sind Klient und Auftraggeber oft identisch. Die Klärung und Festlegung der Rollen sind ein wichtiger Teil des Beratungskontraktes.

Was sind die Folgen, wenn die Rollen nicht geklärt sind?

Klient, Auftraggeber und Berater haben unterschiedliche, oft konfligierende Interessen:

Auftraggeber: »Ich will mit möglichst wenig Investitionen und Aufwand erreichen, dass die Hemmnisse in meiner Organisation verschwinden. Dabei sollte wenigstens der Organisation nicht geschadet werden. Noch besser wäre es, die ganze Organisation würde sich mit der Lösung des Problems weiterentwickeln. Aufwand und Nutzen müssen auf jeden Fall im Verhältnis stehen.«

Klient: »Ich will für mich eine ganz konkrete Problemlösung, was ich tun kann, um die Situation für mich zu verbessern und erfolgreich zu sein.«

Coach: »Ich will dem Kundensystem helfen, für sich eine Verbesserung und einen Entwicklungsschritt zu realisieren. Diese Dienstleistung möchte ich angemessen honoriert bekommen. Dabei ist es für mich wichtig, meine eigenen professionellen Standards und Werte zu verwirklichen.«

Diese Rollen müssen im Beratungsprozess deutlich wahrgenommen und in ihren Differenzen klar ausgesprochen werden. Bleiben die Differenzen unter der Bewusstseinsschwelle, können gravierende Missstimmungen entstehen, die bis zum Bruch des Kontrakts führen können. Es gehört zu den zentralen Beratungstätigkeiten, diesen Rollenkonflikt sorgsam zu führen.

Wie wird in diesem Dreieck ein Coaching-Auftrag vereinbart?

Auftraggeber und/oder Klient äußern dem Coach gegenüber einen Beratungswunsch. Dieser unterscheidet sich jedoch vom Beratungsauftrag, der zunächst mit allen Rollenträgern des Kundensystems ausgehandelt und mit ihrer internen Beziehung vereinbar sein muss (vgl. Abb. 5).

Die Arbeit des Coachs ist es, einen *realisierbaren* Auftrag für die Zusammenarbeit mit dem Klienten zu bekommen und mit beiden Kontraktparteien abzustimmen. Er stellt sicher, dass er mit seinen Fähigkeiten und Vorgehensweisen als Coach auch wirklich zum Vorhaben des Klienten beitragen kann. – Z. B.: Das Vorhaben des Klienten ist es, ein Projekt erfolgreich abzuschließen. Der Auftrag an den Coach kann sein, den Klienten dabei zu unterstützen, Hindernisse und Risiken zu indentifizieren, Handlungoptionen abzuwägen, sein Verhaltensrepertoir zu ergänzen. Der erfolgreiche Abschluss des Projekts selbst kann nicht Teil des Auftrags sein; dieser liegt außerhalb der Reichweite der möglichen Interventionen des Coachs.

Normalerweise entsteht erst in der Diagnosephase mit dem Klienten eine

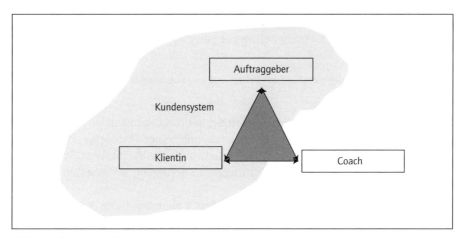

Abb. 5: Rollen im Coaching

Auftragsformulierung, die als Arbeitsgrundlage dienen kann. Es ist der Klient, der mit seinen Herausforderungen und Möglichkeiten letztlich den *Gegenstand* des Auftrags bestimmt. Geschieht das nicht, ist der Widerstand des Klienten vorprogrammiert, und ein Arbeitskontrakt kommt nicht zustande. Ein nicht sorgfältig kontraktierter Beratungsprozess führt in der Regel nicht zu positiven Ergebnissen.

Der Kontrakt tritt in Kraft mit der Bestätigung des Coachs und des Auftraggebers und des Klienten.

Warum muss der Kontrakt bei jedem Beratungsschritt fortgeschrieben werden?

Jeder Beratungsschritt bringt eine neue Sicht der Dinge, die geeigneter ist, das bestimmte Problem anzugehen und Handeln erfolgreich zu steuern. Von hier aus entsteht eine veränderte Perspektive auf die vereinbarten Ziele und Schritte der Beratung. Es gehört z. B. oft zu einem ersten Schritt der Beratung, dass der Berater eine deutliche Führungsrolle übernimmt, um die Erfolgsbedingung zu gewährleisten: Wie soll der Einstieg in den Coachingprozess geschehen? – Ein Treffen über eine Stunde oder einen Tag. Sollte eine Diagnose oder eine Analyse voraus gehen? – Ein psychologischer Test, eine Situationsanalyse durch eine externe Expertin.

Im zweiten Schritt muss der Klient mehr Verantwortung und Teilhabe bekommen, damit der Coachingprozess erfolgreich sein kann: Wieviel Coaching brauche ich für eine optimale Unterstützung? Zu welchem Zeitpunkt kann ich die Unterstützung des Coachs am besten umsetzen? – Am Anfang ist ein Klient meistens nicht in der Lage, dieses Fortschreiten seines Verantwortungsbereiches zu sehen oder gar selbst zu steuern. Deshalb muss das immer wieder neu kontraktiert werden. Coaching ist immer Hilfe zur Selbsthilfe.

Welche Rolle spielen die gesellschaftlichen und organisatorischen Rahmenbedingungen?

Die Rahmenbedingungen[18] und der Beratungskontrakt stehen in einem Verhältnis der Wechselwirkung. Schon die Fokussierung eines Problems oder einer Herausforderung für das berufliche Handeln bringt eine Vielzahl von Wirkungen im Umgebungssystem hervor: Bedeutungsveränderungen, Widerstand, Konkurrenz etc.

Diese Wechselwirkungen sind nicht selbst Gegenstand des Kontrakts. Der Klient muss aber angeleitet werden, diese Wechselwirkungen zu steuern.

Es ist Erfolgsbedingung für den Beratungsprozess, eine positive Spannung der Beratungsbeziehung mit anderen Beziehungen im Kundensystem, z. B. der internen Beziehung Auftraggeber – Klient, aufrecht zu erhalten.

In der Regel wird in einem Coachingkontrakt *Vertraulichkeit* vereinbart. Bzw. wenn der Coach Informationen an den Auftraggeber weitergeben darf, dann nur im expliziten Auftrag sowohl was die Form als auch was den Inhalt betrifft durch den direkten Klienten. Coaching ist eine »geschützte« Beratungssituation: Die Integrität des Klienten steht an erster Stelle.

Der Kontrakt ist immer durch seine Rahmenbedingungen gefährdet. Er kann brechen, wenn die Spannungen zu den sonstigen Zielen der Organisation oder zu Interessen des gesellschaftlichen Umfelds so groß werden, dass der Auftrag nicht mehr realisiert werden kann. Z. B.: Der Klient wird gekündigt, das Unternehmen ist in Wirklichkeit schon zahlungsunfähig, oder das Vorhaben des Klienten stellt sich als unrealistisch heraus. Dann werden die für den Beratungsprozess vereinbarten Ressourcen vielleicht kurzfristig umdisponiert oder die Ausstiegsbedingungen (Bezahlung, Auswertungsgespräch) kommen zum Zug.

Welches sind häufige Kontraktfehler?

Der Berater lässt sich auf »faule« Bedingungen ein, um den Auftrag zu bekommen. Wird der Kontrakt dann nicht genau nachgeführt, fehlen die Erfolgsbedingungen und die Beratungsbeziehung geht auseinander.
- Auftraggeber und Berater geraten in einen Machtkampf über die zutreffende Sicht der Dinge. Der Berater handelt, konfrontiert, ohne vorher »Rapport« zu bekommen.
- Ungeklärte informelle »geheime« Ziele widersprechen den formellen Zielen des Kontraktes.

---

18 Wir beziehen uns hier auf das Modell »Globe« der Themenzentrierten Interaktion TZI. Vgl. Cohn 1972.

- Abhängigkeitsbeziehungen von Berater und Kundensystem sind nicht aufgearbeitet. Das Verhältnis von Geben und Nehmen stimmt nicht.
- Bündnis von Klient und Berater gegen die Interessen des Auftraggebers. Der Auftraggeber sitzt (virtuell) immer mit am Tisch.
- Starre Kontrakte, Kontrakte werden nicht fortgeschrieben.
- Wenn ein Konflikt zwischen Auftraggeber und Klient besteht, muss dieser auf mittlere Sicht auch Gegenstand des Kontraktes werden. Wird dies von der Beratungsperson versäumt, besteht die große Gefahr, »zwischen den Fronten« zerrieben zu werden.
- Der Coaching-Kontrakt wird nicht beendet. Der Coach kann seinem Klienten natürlich weiter (zum Beispiel telefonisch) zur Verfügung stehen. Ein formeller Abschluss erleichtert aber das Lösen der Beziehung und die Sicherung der Ergebnisse für den Klienten.

2.3 Hypothesen und Diagnosen

Bezugspunkt und Ziel der Hypothesen des Beraters unterstützen die Exploration des Klienten. Das geschieht entweder *zeitgleich* in der gemeinsamen Erarbeitung oder auch *zeitversetzt* mittels standardisierter diagnostischer Verfahren und Tests und der vom Coach aus seiner Erfahrung entwickelten Sichtweisen. Aus systemischer Sicht verstehen wir eine *Diagnose immer als Hypothese*, die sich auch als weniger passend herausstellen kann. Sie ist verbunden mit einer Vorstellung darüber, welche Intervention den Klienten im bestimmten Fall am besten unterstützen könnte, seine Handlungsmöglichkeiten zu erweitern.

Wie bildet man Hypothesen?

Menschen orientieren sich in für sie bekannten und weniger bekannten Situationen. Dabei bilden sie immer schon Hypothesen darüber, was als nächstes kommen könnte, welche Fähigkeiten und Ressourcen sie für ihren Erfolg brauchen könnten, wer sie noch unterstützen könnte.

Coachs bilden Hypothesen zur Situation ihrer Klienten, was diese bewegt und, gegebenenfalls auch schon, was sie mit ihren Klienten erreichen können. Hypothesen verstehen wir als *Unterstellungen* (»*angenommen dass*«) oder Vermutungen über bestimmte Merkmale einer Situation und den damit verbundenen Handlungsmöglichkeiten. Sie sind mehr oder weniger gut fundiert in der Zusammenschau von einzelnen Wahrnehmungen und ihrer Einordnung in theoretisch robuste Kontexte. Ich habe z. B. die Hypothese, dass meine Klientin immer wieder auf ein Verhaltensmuster zurückgreift, mit dem sie während des Studiums sehr erfolgreich war: »Ich arbeite am besten für mich allein«. An ihrem neuen Arbeitsplatz scheint dieses Muster eher hinderlich.

In der Beratungssituation geht es spezifisch um die Erweiterung der Handlungsmöglichkeiten des Klienten. *Entscheidend für die Hypothesen des Coachs ist also nicht, ob sie zutreffen, sondern ob sie den Klienten dabei unterstützen, sein Handeln erfolgreicher zu steuern.*

Wie viel Diagnose ist nötig?

Diagnostischer Aufwand ist unendlich vervielfältigbar: Jede Diagnose kann mit noch feineren Diagnosen unterlegt und unterstützt werden. *Aus unserer pragmatischen Sicht ist im Kontext eines Beratungsprozesses nur so viel Diagnose nötig, wie im Handeln vom Klienten auch umgesetzt werden kann.* Im Mittelpunkt steht die Unterstützung der Orientierungsleistung der Klienten. Im Unterschied zur Diagnose in der reinen Expertenberatung und in der medizinischen Therapie ist die Aufmerksamkeit des Coachs bis zur Umsetzung durch den Klienten gespannt.[19] – Dieser Ansatz wird von Kritikern mit der Frage einer gewissen Oberflächlichkeit von Coaching verbunden: Wo die Gründlichkeit der Diagnose weniger tief reicht, wäre auch der Beratungserfolg gefährdet. Das mag im Einzelfall gelegentlich zutreffen. Erwähnt sei an dieser Stelle, dass es zur Verantwortung des Coachs gehört, zu verstehen, wann über seine eigene Expertise hinausgehendes Wissen und Diagnose notwendig sind, um dem Klienten wirklich weiter zu helfen.

Welche Fragen kann man stellen?

Fragen sind der Königsweg zur Exploration des Klienten. Sie unterstützen den Klienten darin, seine eigene Ausgangssituation besser zu klären, gegebenenfalls vielleicht sogar in einem neuen Licht zu sehen.

Neben den klassischen *explorativen Fragen* – also offenen und geschlossenen Fragen, W-Fragen, hypothetischen Fragen, Fragen nach Emotionen und Rahmenbedingungen etc.[20] – nutzen wir »systemische Fragen«[21], die dem Klienten den Systemzusammenhang einer Situation zugänglich machen.

---

19 Zum Bezug von Coaching, Expertenberatung und Therapie vgl. weiter Kapitel 3 in diesem Herausgeberband.
20 Trainingsbücher zu Fragetechniken gibt es u. a. im Kontext von Verhandeln und Verkaufen. Die scheinbar unschuldigen Fragen haben hier immer das Ziel, den anderen zu einem bestimmten Zugeständnis zu veranlassen. Es ist interessant zu beobachten, wie Fragestellungen davon abhängen, welche Intention der Fragende jeweils verfolgt.
21 Vgl. insgesamt zum Folgenden ausführlich bei Arist von Schlippe und Jochen Schweitzer 1996, S. 143–163; oder Schlippe/Schweitzer 2009, S. 42–60.

Fragen aus der Perspektive sozialer Systeme als Mobiles (»zirkuläre Fragen«)
»Was meint wohl Ihre Kollegin, Ihr Chef etc., was Sie darüber denken?«
»Wenn Sie an seiner/ihrer Stelle wären: Was würden Sie darüber denken?«
...

Fragen aus der Perspektive der Wirklichkeitskonstruktion
»Angenommen, Sie würden sich in dieser Situation selbstbewusst und stark fühlen: Wie würden Sie dann reagieren?«
»Was denken Sie: Wie ist es Ihnen gelungen, Ihre Emotionalität zu zeigen?«
...

Fragen nach Ressourcen- und Lösungsorientierung
»Welche Situationen fallen Ihnen ein, in denen Ihnen eine positive Ausnahme gelungen ist?«
»Was denken Sie: Wofür wäre es gut, die von Ihnen als problematisch beschriebenen Situation noch etwas länger aufrecht zu erhalten?«
...

Fragen nach Mustern und Musterveränderung
»Wann hat Ihnen das Verhalten, das Sie jetzt als problematisch beschreiben, schon einmal geholfen?«
»Welche Gefühle haben Sie normalerweise in solchen Situationen? Was wäre anders, wenn Sie andere Gefühle hätten, ohne irgendeine sonstige äußere Änderung?«
...

Fragen nach der Selbstorganisation
»Wenn Sie sich an eine ähnliche Situation in der Vergangenheit erinnern, die Sie erfolgreich bewältigt haben, was haben Sie da genau getan?«
»Wie machen Sie das genau, dass Sie das Gefühl haben, in dieser Situation erfolgreich zu sein?«
...

Fragen nach der Perspektive
»Was tun und sagen Sie, so dass Ihr Kollege sich sicherer und akzeptierter fühlen kann?«
»Wie gelingt es Ihnen, aus der Perspektive Ihrer Mitarbeiter immer wieder verlässlich und vertrauenswürdig zu scheinen?«
...

Fragen nach der Funktionalität für Evolution und Kultur
»Welche Vermutung haben Sie: Was ist die Funktion dieses Merkmals zur Stabilisierung der Situation?«
»Wie würde ein Ethnologe die Regel beschreiben, die Ihr Unternehmen dafür aufgestellt hat?«
...

Fragen nach Systemlösungen
»Wer hat noch alles beigetragen, dass sich die Situation so entwickelt hat?«
»Wer müsste noch beitragen, damit die gefundene Lösung auch Bestand hat?«
...

Fragen sind Interventionen

»Wer fragt, führt.« Wie schon diese kleine Einführung zeigt, bewirken Fragen mehr als bloß Exploration. Jede Frage ist mit einer Richtung verbunden, einem Fokus, den die oder der Fragende treffen will. Meine Fragen als Coach sind mit Hypothesen verbunden, die vielleicht den Klienten veranlassen können, sich seine eigenen Hypothesen bewusster zu machen oder auch zu hinterfragen.

> **Fragekunst als Sokratische Mäeutik**
> Darauf angesprochen, welche Art von Leistung und Beitrag von Sokrates im philosophischen Gespräch mit seinen Fragen erwartet werden könne, gebrauchte Sokrates den Vergleich mit der Arbeit einer Hebamme (Mäeutik)[22]. »Hast Du denn nicht gehört, dass ich der Sohn der tüchtigen und zupackenden Hebamme Phänarete bin?« Wie die Hebamme ja auch nicht die Kinder selbst zeugt, denen sie in die Welt hilft, so würde auch Sokrates kein eigenes Wissen, keine eigene Meinung erzeugen. Und der Platonische Sokrates hat viel Freude daran, den Vergleich mit der Geburtshilfe über die nächsten Seiten des Dialogs auszubreiten ...
> ... wie eine Hebamme kann auch Sokrates einschätzen, wie weit ein Gedanken schon gediehen ist, und wann er zur Geburt wirklich reif ist;
> ... wie eine Hebamme könne er wohl unterscheiden zwischen einer echten Schwangerschaft und einer Scheinschwangerschaft;
> ... wie eine Hebamme würde er auch zur Abtreibung raten, wenn ein Gedanke nicht lebensfähig ist;
> ... wie eine Hebamme würde er die Wehen und Unannehmlichkeiten, die dem eigenen Denken und Philosophieren verbunden sind, mildern oder auch verstärken;
> ... wie eine Hebamme würde er sich vor allem mit jungen und gebärfähigen Menschen abgeben;
> ... wie eine Hebamme, die oft auch Ehestifterinnen sind, würde er junge Leute mit Lehrern in Verbindung bringen, die ihren Geist befruchten können;
> ... wie eine Hebamme handelt auch Sokrates nicht aus eigenem Auftrag und Macht, sondern mit der Hilfe Gottes.

---

22 Platon 1986, 149 a.

Die Fähigkeit zur Stille

Wirkungsvolle Fragetechnik ist verbunden mit der Fähigkeit zur Stille. Wirksame Fragen lösen geistige und emotionale Prozesse aus. Dieses sich Auseinandersetzen und Beschäftigen braucht Zeit und Konzentration. Der Coach bietet Raum und Zeit für die Prozesse des Klienten.

Dabei können beim Coach Gefühle der Spannung und des Unwohlseins auftreten. Gedanken wie »Es sollte doch jetzt voran gehen«, »Warum sieht die Klientin, der Klient nicht das Offensichtliche?« machen den Berater ungeduldig.

Die Fähigkeit zur Stille braucht Gelassenheit und Vertrauen in die Fähigkeit der Klienten, ihre Verarbeitungsprozesse in nützlicher Zeit zu steuern. Der Klient ist der Experte für sein Handeln, seine Leistungsprozesse. Coachs achten auf körperliche Veränderungen der Klienten in der Beratungssituation. Die Verlangsamung des Atems, die Fokussierung des Blicks, muskuläre Entspannung oder die Unterbrechung des Kontakts zum Coach sind Anzeichen dafür, dass die innere Verarbeitung in Gang gekommen ist. Als Coach halte ich mich dann zurück, warte, bis die Klientin, der Klient mir wieder Offenheit signalisiert und übe die Fähigkeit zur Stille.

2.4 Intervenieren

Was bedeutet Intervenieren im Coaching?

Intervenieren (lateinisch für »dazwischen gehen«) im Coaching ist aus der von uns vertretenen Sicht jedes beraterische Handeln, das mit der *(helfenden) Intention* verbunden ist, dem Klienten nützlich zu sein und eine Verbesserung für ihn zu erreichen.

Jede Intervention ist mit einer oder mehreren *Hypothesen* darüber verbunden, was den Klienten im gegebenen Kontrakt unterstützt. Und sei es, wie in einem radikal lösungsorientierten Vorgehen, die Hypothese, dass es besser ist, keine Hypothese zu haben.

Zu jeder Intervention gehört *die Vorstellung eines möglichen Resultats, eines Ergebnisses, das evaluiert werden kann*. Hat der Klient wirklich eine Verbesserung erreicht?

> **Intervention** = Beratungshandlung verbunden mit helfender Intention + Hypothese + Vorstellung eines Resultats des Nutzens und der Verbesserung für den Klienten.

Aus systemischer Einsicht »stört« eine gelungene Intervention das Kundensystem, seine Denk-, Gefühls- und Handlungsmuster. Hintergrund ist die Vorstellung von »Musteränderung«. *Eine Intervention ist ein Angebot für autopoietische Musteränderung.*

Prozessuale und didaktische Interventionen

Wir unterscheiden prozessuale, direkt auf den Prozess des Klienten zielende Interventionen von didaktischen Interventionen, welche in diesem Kontext (neue) Lerninhalte vermitteln. *Im Coaching sind dabei didaktische Interventionen immer in die prozessualen Interventionen eingeordnet.*[23] Ziel und Fokus ist der Handlungsprozess der Klienten.

Explorative Klärung, zirkuläre Fragen, Wunderfragen, positive Ausnahmen, Skalierung, künstlerische Mittel, Geschichten etc. unterstützen den Klienten gezielt dabei, neue und wirksamere Denk-, Gefühls- und Handlungsmuster zu entwickeln. *Prozessuale Interventionstechnik gehört zum Grundhandwerkszeug im Coaching.* Sie ist in gewisser Weise unabhängig von den konkreten Inhalten des Leistungsprozesses des Klienten. Prozessuale Interventionen werden vor dem Hintergrund der Annahme gemacht, dass der Klient prinzipiell über alle Ressourcen verfügt, in seinem Handlungsfeld erfolgreich zu sein. In der puristischsten Auslegung dieser Annahme wird daher von Coachs keinerlei Feldkenntnis erwartet als eine gewisse Expertise für die Veränderung von Denk-, Gefühls- und Handlungsmustern.

Klientinnen und Klienten erbringen ihre Leistungen und gestalten ihre Handlungen in inhaltlich bestimmten Feldern, in der Führung, in helfenden Berufen, in bestimmten Typen von Organisationen und ihren Kontextbedingungen. Ebenso sind Coachs in der Regel in Feldern tätig, in denen sie Kenntnis und Erfahrung besitzen, z. B. als Management-Coachs, Projekt-Coachs oder Job-Coachs. Wir nennen Interventionen, die inhaltliche Zusammenhänge darstellen und »Theoriemodelle«, welche aus wissenschaftlicher Sicht geeignet scheinen, die Orientierungsleistung des Klienten in seiner Welt zu verbessern, *didaktische Interventionen*. Ein Coach, der z. B. mit einem Klienten das Organigramm seines Unternehmens und, davon abgeleitet, mögliche Folgen für seine Rollengestaltung diskutiert, sollte selbst über einige organisationstheoretische Erkenntnisse und Erfahrungen verfügen. »Information ist Unterschied, der einen Unterschied macht.«[24] Didaktische Interventionen fungieren als *Angebote für den Klienten, seinen eigenen Lernprozess zu steuern.*

Auch ein Vorschlag kann eine intervenierende Wirkung haben: »Sieh doch die Sache mal so und so oder von dieser Seite«. Aussagen allerdings, die als Lösungen oder Rezepte des Beraters oder Coachs ungefragt daher kommen, haben in der prozessorientierten Beratung nichts zu suchen. Hier gilt: »Ratschläge können auch Schläge sein.«[25] Zum Handlungsrahmen systemischer Beratung gehört auch

---

23 Vgl. oben im ersten Abschnitt zum systematischen Vorrang von Beratung vor dem Training im Coaching.
24 Vgl. Bateson 1981, S. 582.
25 Vgl. Radatz 2003. Den Vorschlag der Autorin allerdings, uns beim Coaching allein auf prozessuale Interventionen zu verlassen, teilen wir nicht.

und gerade *die Haltung des Coachs: Wertschätzung für den Klienten, Ressourcen- und Lösungsorientierung.* Schon allein das glaubhafte Vorleben dieser Haltung (Role Model) kann die Klientin, den Klienten zu einer Musteränderung veranlassen.

Der Coach wird als Person sichtbar – Warum ist das wichtig?

Stellung beziehen und Feedback geben
Viele Klienten bekommen in ihrem Umfeld kein aufrichtiges Feedback. Coaching ist ein geschützter Raum für ehrliche Rückmeldungen. Dies ermöglicht dem Klienten eine Erweiterung der Bewusstheit über sich selbst, ein Beleuchten des »Blinden Flecks« und kann eine Veränderung einleiten.

Der Coach sollte in der Lage sein, Beobachtungen und Wahrnehmungen zu sammeln und, getreu Scheins Grundsatz »hilfreich sein für den Klienten«, selektiv Feedback für die persönliche Entwicklung des Klienten geben können. Das Motto lautet hier: »Nimm es persönlich, ohne es persönlich zu nehmen«.

Wir gehen davon aus, dass Verhaltensweisen des Klienten auch in der Beziehung mit dem Coach sichtbar werden. Der Coach braucht die Fähigkeit wahrzunehmen, was wirklich bei ihm ausgelöst wird – also auch Gefühle, die er gegenüber seinem Klienten gar nicht fühlen will, wie z. B. Ärger, Langeweile etc. Er sollte unterscheiden können zwischen Gefühlen und Reaktionen, die durch den Klienten ausgelöst werden, und Gefühlen und Reaktionen, die zu ihm und seiner eigenen Geschichte gehören. Ein Coach muss sich folglich gut bei sich selbst auskennen, damit er dem Klienten nicht eigene Themen überstülpt. Vier Perspektiven sind es, auf die Beraterinnen und Berater die Aufmerksamkeit richten und in denen sie sich bewegen:
- Themen des Klienten,
- Erleben und innere Situation des Klienten,
- Gesprächsprozess,
- Eigene Gedanken und Gefühle.

Schwungrad sein für die Entwicklung des Klienten
Die Beraterin, der Berater mit ihrer bzw. seiner Persönlichkeit ist selbst eine Intervention. Als Coach mache ich einen Unterschied im Erleben des Klienten: Ich verhalte mich anders, als er es vielleicht gewohnt ist. Ich schlage ungewohnte Sichtweisen vor. Ich bin bei jeder Handlung in meiner Verantwortung. Ich achte auf Ressourcen und Lösungsbeiträge. Ich prüfe Ideen und Vorschläge auf ihre pragmatische Wirkungsperspektive. In kritischen Situationen bin ich ruhig und entschlossen. Ich zeige Bescheidenheit meinen eigenen Möglichkeiten gegenüber und Wertschätzung für die Lösungen meiner Klienten. Vielleicht bin ich es gewohnt, auch spirituelle Themen aufzunehmen und anzusprechen.

Als Coach stelle ich mich nicht nur als Modell, sondern als Person zur

Verfügung. Ich bin als Person für meinen Klienten präsent und fassbar. Das bedeutet nicht, dass ich meinen Klienten gegenüber Inneres und Privates nach außen kehre. Es sind eher kleine Zeichen gelebter Haltung. Manche Klienten nutzen das als Schwungrad, Coaching wird für sie zum Meilenstein ihrer eigenen persönlichen Entwicklung.

2.5 Evaluation

Evaluation als Intervention

Evaluation steht für den Transfer in den Handlungskontext des Klienten. Das ist der Ziel- und auch der Messpunkt für den Erfolg von Coaching als Dienstleistung. Was nicht evaluiert wird, hat im Handlungskontext des Klienten auch keinen (bleibenden) Wert – weder was die betriebswirtschaftliche Betrachtung von Aufwand und Nutzen, noch was das psychologische Kalkül der Wertschätzung von Coaching als Dienstleistung anbelangt.

> **Fragen zur Evaluierung von Einzelsitzungen:**
> - »Denken Sie noch einmal an Ihre zu Anfang unserer Sitzung formulierten Ziele. Auf einer Skala von 0 bis 10, 0 steht für nicht erreicht und 10 für voll erreicht, wie gut konnten Sie Ihre Ziele heute verwirklichen? – Was können wir jetzt noch tun, um, sagen wir um noch einen Skalenpunkt, voran zu kommen?«
> - »Stellen Sie sich in ein oder zwei Wochen etwas älter und erfahrener vor. Was hätten Sie getan, was müsste passiert sein, damit diese Sitzung für Sie noch immer ein Erfolg gewesen wäre? Was könnten Sie noch getan haben, um nachhaltig in Ihrem Vorhaben voran gekommen zu sein?«
> - »Angenommen, wir hätten zu Beginn unseres Gesprächs für heute ein Ziel ins Auge gefasst. Wie würden Sie das jetzt formulieren? Auf einer Skala von 0 bis 10, wie gut haben Sie es erreicht?« – Diese Frage eignet sich, wenn zu Beginn des Treffens, z. B. bei starker emotionaler Erregung des Klienten, erst einmal kein Ziel formuliert werden konnte.

Evaluation als von der Beratungsperson verantwortete Intervention hat aus dieser Sicht zwei wichtige Ziele:
(1) Sicherung von Transfer und Nachhaltigkeit der im Verlauf des Coachings erreichten Ergebnisse.
(2) Unterstützung und Weiterentwicklung von Coaching als Beratungsformat im Handlungskontext des Kundensystems.

Viele Coachs nutzen für die Evaluation von Coachingprozessen und auch in einzelnen Coaching-Sitzungen Fragebögen, in denen sie ihre Vorstellungen über Erfolgsbedingungen und Wirkungen von Coaching von ihren Klienten einschätzen lassen. Evaluation evaluiert *vorgefasste* Blickwinkel und Fragen. Diese sind abhängig von den Zielen und theoretischen Vorstellungen des Fragenden. Der Maßstab für »gutes« Coaching ist zunächst einmal ganz subjektiv. Evaluation kann so betrachten den persönlichen Lernprozess des Coachs unterstützen, seine eigenen Vorstellungen immer besser zu verwirklichen.

> **Aufgabe**
> Meine Evaluation: Welche Kriterien wären mir wichtig? Wie möchte ich in meinem Leistungsbeitrag wahrgenommen werden? – Nennen Sie 10 Merkmale, nach denen Sie gerne evaluiert werden möchten.

Evaluation für den Auftraggeber und Klienten

Auftraggeber und Klienten haben in erster Linie das Kosten-Nutzen-Verhältnis im Blick. Bekannt geworden ist die Studie von Merrill Anderson[26], die versucht hat, den Aufwand für Coaching zu einem Return on Invest (ROI) ins Verhältnis zu setzen. Andere Artikel im deutschsprachigen Raum gehen in eine ähnliche Richtung.[27] Gemeinsam ist der Versuch, Coaching aus einem betriebswirtschaftlichen Nutzenkalkül steuern zu können. Neben quantitativen Verfahren unterstützen auch qualitative Erhebungen mit Befragungen und Interviews die Evaluation.

Weiterentwicklung von Coaching und Beratung

In der Regel vereinbaren Coachs unabhängig vom Verlauf eines Coachings – manchmal gibt es auch Abbrüche und Kündigung von Vereinbarungen – eine Auswertung mit dem Klienten und Auftraggeber. Selbst wahrgenommene Misserfolge können so noch für den Auftraggeber zumindest als Lernergebnis nützlich sein. So stellt sich vielleicht heraus, dass die Interessen von Auftraggeber und Klientin im Kundensystem zu weit auseinander liegen, um das Coaching im Sinne des Auftrags zum Erfolg zu führen. Einen Abbruch oder Reformulierung des Coachings kann auch stattfinden, wenn sich herausstellt, dass die fachliche Expertise des Coachs für das spezifische Anliegen des Klienten nicht ausreicht. Der Coach kündigt einen Kontrakt, wenn der Klient seinen Verbindlichkeiten nicht nachkommt und den Erfolg des Coachings gefährdet.

Durch Evaluation lernen die an einem bestimmten Coaching direkt Beteiligten. Werden Ergebnisse zusammengefasst und publiziert, lernt auch die professionelle Gemeinschaft von Coachs und Beratenden.

---

26 Vgl. Merrill 2002.
27 Vgl. Rohmert/Schmid 2003 und Alwart 2003.

Überblick der Ansatzpunkte für Evaluation im Coaching

Evaluation, sprich die Bewertung von Wirksamkeit und Erfolgen, begleitet den Coachingprozess in jedem Schritt:
- bei der Nachfrage des Coachs in Bezug auf die beabsichtigte Wirkung seiner Intervention: »Was hat das für Sie bewirkt? Was ist daraus für Sie besser oder anders geworden?«
- bei der Schlussbewertung jedes Coaching-Gesprächs,
- bei der Auswertung eines Coachingprozesses mit den unterschiedlichen Interessensparteien Auftraggeber, Klient, System des Klienten; professionelle Peers des Coachs (Intervision),
- bei der Evaluation von Programmen und Systemen,
- bei der wissenschaftlichen Evaluation von Wirkungsvorstellungen im Kontext unterschiedlicher Coaching-Ansätze oder Programmdesigns.

Welchen Ansatzpunkt man für eine Evaluation wählt, ist abhängig von den Zielen, die dabei verfolgt werden. Zum Beispiel:
- Verbesserung der Steuerung von einzelnen Interventionen durch den Coach,
- Unterstützung der Transferleistung des Klienten,
- Sicherung der Nachhaltigkeit eines Coachingprozesses,
- Verbesserung der Umsetzung im System des Klienten,
- Qualitätssicherung und Qualitätsentwicklung sowohl von Einzelmaßnahmen als auch von Programmen,
- Überprüfung von Wirkungsvorstellungen im Kontext einzelner Interventionen und bestimmter Beratungsansätze,
- etc.

> **Aufgabe**
> Ziele für Evaluation: Welche Ziele stehen in Ihrem beruflichen Kontext auf der Tagesordnung? Formulieren Sie 3 Ziele, die Sie mit Ihrer Evaluation erreichen wollen. Welche 10 Merkmale würden Sie dann am Ende eines Coachings von maximal 5 Sitzungen in einen Fragebogen für Ihre Klientin, Ihren Klienten stellen?

Nach König/Vollmer können vier Ansatzpunkte für Evaluation unterschieden werden:[28]

1. Ziel-Evaluation
Die Ziel-Evaluation versucht die subjektiven Erfolgserwartungen des Klienten bestmöglich zu präzisieren. Dabei wird gezieltes Nachfragen mit schriftlichem

---

28 Vgl. zum Folgenden König/Vollmer 2002, S. 179 ff.

Fixieren überprüfbarer Erfolgsmerkmale zu Anfang und während des Coachings verbunden.
- Was ist das Anliegen des Klienten?
- Welche Ziele möchte er erreichen?
- Was sind konkrete oder gar messbare Merkmale, die damit verbunden sind?
- Ziel-Evaluation eignet sich für Klientinnen und Klienten, die selbst mit klaren Zielvorstellungen kommen. Besonders eignet sie sich zur Führung des Kontrakts mit dem Auftraggeber.

2. Prozess-Evaluation
Die Prozess-Evaluation evaluiert die Dienlichkeit des Coachingprozesses in Bezug auf implizite und explizite Zielvorstellungen.
- Als wie nützlich nimmt der Klient den Prozess wahr?[29]
- Welche Interventionen helfen ihm konkret weiter?
- Als wie nützlich wird der Prozess vom Coach wahrgenommen? Welche Merkmale führt er für seine Aussage an? (Terminabsagen, Erzählung des Klienten, Feedback aus dem Umfeld).

3. Input- und Output-Evaluation
Die Input-Evaluation fragt nach dem Kosten- und Zeitaufwand:
- Welche Personen wurden gecoacht?
- Wie viele Coaching-Termine mit welcher Dauer haben stattgefunden?
- Wie hoch waren die Gesamtkosten (Honorare, Arbeitszeiten, Spesen)?

Der Input (Kosten) wird ins Verhältnis gesetzt zum wahrgenommenen Nutzen (Output). Das reicht von der wahrgenommenen Verhaltensänderung, der Verbesserung von Geschäftszahlen, Rückgang von Kundenreklamationen, erfolgreicher Stellenbesetzung bis zur Verbesserung des subjektiven Wohlbefindens.

4. Outcome-Evaluation
Die Outcome-Evaluation fragt einige Zeit nach Beendigung des Coachings nach dessen längerfristigen Auswirkungen:
- Hat der Kunde, Klient und Auftraggeber, seine Ziele auch mittel- und langfristig gesehen erreicht?
- Hat der Bereich/das Projekt des Kunden (mehr) Erfolg und woran lässt sich das messen (Gewinnsteigerung, Verbesserung des Klimas am Arbeitsplatz usw.)?

---

[29] Geleitet von der systemischen Vorstellung der Wirkung von Interventionen als »Musteränderung« läuft an der FHNW in Zusammenarbeit mit Günter Schiepek, Universität Salzburg, ein Projekt zur Evaluationsforschung von Beratung, in welchem versucht wird, im Sinne eines »Monitoring« Prozessmusterwechsel von Klienten und Klientinnen laufend mit Fragebögen zu erheben. Das Verfahren ist allerdings momentan noch recht aufwendig. Für eine beispielhafte Darstellung vgl. auch Schiepek/Schönfelder 2007.

- Welches sind die Auswirkungen der Zielerreichung?
- Welche davon sind aus Sicht des Kunden erwünscht, welche davon weniger?

Evaluation als Qualitätsmanagement für Prozessberatung

Qualitative und auch quantitative Evaluationsmethoden beziehen sich auf Merkmale, die sich aus der jeweiligen Sicht der Beteiligten im Coaching verändern oder verändern sollen. Verallgemeinerbare Aussagen sind schwierig und immer an einen Kontext gebunden.

Aus der von uns gewählten handlungsorientierten pragmatischen Sicht der Prozessberatung unterstützt Evaluation auf allen Ebenen die wirksame Steuerung von Beratungshandeln in der Steuerung der Beratungsphasen und der Gestaltung des Settings bzw. des Gesamtprozesses (»Design«). Den Hintergrund bilden dabei Erfahrungen und Standards der professionellen Gemeinschaft von Coachs und Beratern (den »Peers«), von Berufsorganisationen und einschlägiger sozialwissenschaftlicher Forschung.[30] Im Kontext von Prozessberatung verstehen wir Qualität als »kooperative« Leistung der Beteiligten: Es braucht den Einsatz des Coach und seiner Kunden, damit Qualität möglich und weiter entwickelt wird: Investitionen in die Auswertungen, die wissenschaftliche Begleitung und die Erforschung von Wirkungszusammenhängen in Coachingprozessen.

Weiterführende Literatur

Block, P.: Erfolgreiches Consulting. Frankfurt 1997.
Fischer-Epe, M.: Coaching. Miteinander Ziele erreichen. Reinbek bei Hamburg 2002.
Gallwey, W. T.: Inner Game Coaching. Warum Erfahrungen der beste Lehrmeister sind. Staufen 2010.
Greif, S.: Coaching und ergebnisorientierte Selbstreflexion. Göttingen 2008.
Schein, E. H.: Prozess und Philosophie des Helfens: Grundlagen und Formen der helfenden Beziehung für Einzelberatung, Teamberatung und Organisationsentwicklung. Köln 2010.

---

30 Klassisch sind in diesem Kontext die Untersuchungen von Kurt Lewin (1948) zur Gruppendynamik. Lewins große Entdeckung war, dass die Beratungsperson Teil des Beratungs-Klienten-Systems ist. Jede Intervention verändert das Klienten- und das Beratungssystem.

Kapitel 2:
Lösungsorientiertes Coaching

Wolfgang Eberling

»Lösungsorientierung« kann als Modell, als Methode und als Werkzeugkasten für die Arbeit des Coachs verstanden werden. Im Kontext systemischer Vorstellungen nimmt lösungsorientiertes Coaching einen prominenten, d.h. hervorragenden Platz ein: der Blick aus aus aus der Zukunft in die Gegenwart in der »Wunderfrage« ist für viele Klienten ungewohnt und macht einen Unterschied, der zu neuen Handlungsvorstellungen inspiriert. Für die Weiterentwicklung und wissenschaftliche Fundierung von Coaching als Unterstützung von Menschen in Veränderung ist Lösungsorientierung ein vielversprechender Ausgangspunkt.

1. Lösungsorientierung – ein mentales Modell und seine Folgen

Lösungsorientiertes Arbeiten ist zu einem der Mainstreams in Beratung, Therapie und Coaching geworden. Viele Adepten berichten, dass es ihre Praxis »revolutioniert« oder gar einen Paradigmenwechsel bei ihnen herbeigeführt hat. Damit stellt sich die Frage, welchen Status wir diesem Vorgehen nach wissenschaftlichen und praktischen Kriterien zuschreiben dürfen. Ist es eine Theorie? Ist es ein Konzept? Ein Paradigma? Oder gar ein Forschungsprogramm?

Eine Theorie im strengen Sinne stellt *lösungsorientiertes Arbeiten* nicht dar, da es keinen Gegenstandsbereich wie zum Beispiel den der Person, des Teams oder der Organisationseinheit definiert. Sehr wohl stützt sich lösungsorientiertes Arbeiten aber auf neuere Forschung und Theoriebildung in der Psychologie und wird von dieser auch empirisch bestätigt.[1]

Wenn wir an den Begriff des *Paradigmas* von Thomas Kuhn[2] denken, so fallen uns besonders zwei Kennzeichnungen auf, die wir nutzen können: *Heuristiken* und *Musterbeispiele*. Durch die ersteren wird festgelegt, welche Suchlinien wir in einem Gegenstandsbereich verfolgen wollen, durch den zweiten Begriff wird festgelegt, wie exemplarisch vorgegangen wird (z.B. im lösungsorientierten

---
1 Zu nennen sind hier die Lerntheorie und das Konzept der Selbstwirksamkeitserwartung von Albert Bandura (1979), die Theorie der therapeutischen Wirkprinzipien von Klaus Grawe (2005), das Konzept der Persönlichkeits-System-Interaktion (PSI) von Julius Kuhl (2009) und die dem Züricher Ressourcen Modell (Storch/Krause (2010)) zugrunde liegenden Erkenntnisse der psychologischen Handlungstheorie.
2 Vgl. Kuhn 1973.

Interview mittels der sogenannten »Wunderfrage«). Dies ähnelt sehr Peter Senges Begriff der »mentalen Modelle«. *Mentale Modelle* sind explizite oder implizite innere Vorstellungen über das Wesen von Dingen; es sind Vorstellungen, die das Denken und Handeln in bestimmten Disziplinen leiten.[3]

Häufig beruhen mentale Modelle auf einem *Eisbergeffekt*: der größte Teil wirkt im Verborgenen, er muss erst ans Licht nach oben gebracht werden. Mentale Modelle eröffnen uns Möglichkeitsräume, aber sie legen uns auch Fesseln an, die uns hindern, uns gefangen halten und manchmal gar schachmatt setzen. Mentale Modelle bestimmen nicht nur, wie wir die Welt interpretieren, sondern auch, wie wir in ihr handeln. Sie können einfache Verallgemeinerungen (z. B. »Man kann keinem Menschen vertrauen«) beinhalten, als auch komplexere Theorien (z. B. bezüglich der Ursachen von Problemen: »Psychische Störungen beruhen immer auf kritischen frühkindlichen Erfahrungen«). Mentale Modelle beeinflussen also in der Regel, wie und was wir wahrnehmen. Sie legen – wie Thomas Kuhn schon in der *Paradigmadebatte* zeigte – *Heuristiken* fest, also Regeln, wie etwas *gefunden* wird. Menschen mit unterschiedlichen mentalen Modellen können ein und dasselbe Ereignis deswegen vollkommen verschieden wahrnehmen. Damit nicht genug: mentale Modelle steuern sogar unser Verhalten in unseren jeweiligen Gegenstandsbereichen. Häufig helfen sie uns in dieser Funktion anhand von *Musterbeispielen*, mit denen aufgezeigt wird, wie die Anwendung jeweils genau zu erfolgen hat. Für die konkrete Praxis fungieren sie als eine Art allgemeines Rezeptwissen: »Kartoffeln müssen gekocht werden.«, »Eine psychische Störung muss therapiert werden.«, »Wenn du etwas ändern willst, musst du die Ursachen kennen.«

Ein Wechsel des mentalen Modells *vom problemorientierten zum lösungsorientierten Arbeiten* kann also grundlegende Richtungsänderungen für einen Praxisbereich zur Folge haben.

Zwei Beispiele:

(1) Von der Pathologie zur Lösung

Im Bereich der Psychotherapie, in dem die Idee der *Lösungsorientierung* zuerst entwickelt wurde, ist und war bis anhin in der Arbeit mit Patienten die »Pathologieorientierung« dominant: die einflussreichsten Schulen der Psychotherapie arbeiten mit Konzepten, die »Störungen« und »Pathologien« an zentraler Stelle ihres mentalen Modells platzieren. Im Handeln hat das u a. zur Konsequenz, dass zunächst eine störungsbezogene Diagnostik vorgenommen wird, aus der dann der jeweilige, darauf abgestimmte Behandlungsplan abgeleitet wird. Auf einer allgemeineren Ebene führten diese mentalen Modelle dazu, dass störungsbezogene Manuale wie die International Statistical Classification of Diseases and Related Health Problems (ICD) oder das Diagnostic and Statistical Manual of

---

3   Vgl. Senge 1990, S. 213 ff.

Mental Disorders (DSM) entwickelt wurden, die Qualitätsstandards für die ganze Disziplin der Psychotherapie vorgaben.

Darüber hinaus hat das mentale Modell der Pathologieorientierung aber nicht nur eine begriffliche, sondern eine soziale Wirklichkeit erschaffen: Krankenhäuser, Krankenkassen, Etikettierungen von Personen nach »Krankheitsbildern«, z. B. »der Schizophrene«, »die Angstpatientin«, »die Bulimie« oder die »Co-Abhängige«, die in die Behandlung eines Alkoholkranken einbezogen werden muss etc. Die Sprachspiele eines mentalen Modells konstituieren – wie Steve de Shazer im Anschluss an Ludwig Wittgensteins Theorie der Sprachspiele feststellt – also eine bestimmte Praxisform. Ein mentales Modell organisiert und steuert demnach das Denken und Handeln einer Disziplin sehr grundlegend.

Die alte Annahme »Man sollte pathologische Muster ändern«, wird ersetzt durch: »Es ist leichter, ein neues Muster zu starten als ein altes zu ändern.« – Welche Konsequenzen der Wechsel des mentalen Modells für das Selbstverständnis und die soziale Organisation von Krankheit hat, ist noch gar nicht ausgedacht.

(2) Vom Ursachendenken zur Wechselwirkung

Ein weiterer Grundbaustein unseres wissenschaftlichen Denkens wird durch das lösungsorientierte Vorgehen in Frage gestellt: Das Denken in Ursache- und Wirkungszusammenhängen. Dieses hatte sich nicht zuletzt in Folge der Newtonschen Physik und der technologischen Entwicklungen in den Natur- und Ingenieurwissenschaften durchgesetzt. Die Übertragung auf den Bereich der sozialen Phänomene lag somit nahe. Ebenso war unser Alltagsdenken bereits damit durchdrungen, so dass wir häufig vom »Problemlösen« sprachen, wobei die vorgängige Analyse der Ursachen des Problems fast selbstverständlich dazugehörte. Infolge des *systemischen Paradimenwechsels* in den Sozialwissenschaften spätestens seit den 1960er-Jahren gerät dieses Denken ins Wanken: Zirkularität, Kreiskausalität, Musterbildung, multiple Ursachen und das Auftreten von Selbstorganisation sind Phänomene, die einige zentrale Aussagen des Ursachendenkens unterlaufen oder sie sogar zerstören. Eine eindeutige kausale Zuordnung von Ursachen und Wirkungen ist nicht mehr möglich. Wer beispielsweise stellt in der Familie die Ursache für eine problematisch erlebte Situation dar? – Und auch in den Naturwissenschaften ist die Vorstellung der klassischen Physik nur noch partiell von Bedeutung. Man denke z. B. an die berühmte Heisenbergsche Unschärferelation (1927), die besagt, dass im subatomaren Bereich Materie und Energie nicht mehr klar unterscheidbar sind.

Die alte Annahme »Alles hat eine Ursache«, wird ersetzt durch: »Es ist nicht nötig (und auch nicht immer möglich) die Ursachen von Problemen zu finden.« – Das hatte und hat erhebliche Konsequenzen für die konkrete Arbeit, etwa in der Familientherapie. Auch in der Physik sind dadurch in der Chaostheorie und Kosmologie ganz neue Forschungs- und Arbeitsfelder entstanden.

2. Die Phasen des lösungsorientierten Vorgehens

2.1 Überblick

»Start with the end in mind« ist ein zentrales Credo des lösungsorientierten Vorgehens, der erwünschte Zielzustand spielt von Anfang eine entscheidende Rolle.[4] Es war Milton Erickson, der bekannte Hypnotherapeut, der die Erfahrung machte, dass man unter Hypnose die Wahrnehmung der eigenen Vergangenheit im Nachhinein verändern konnte. Die von Erickson benutze Kristallkugel-Technik[5] – eine Methode, zukünftige Ressourcen vorstellbar zu machen – suggerierte den Klienten, dass sie genau von den Personen genau die Art von Zuwendung und erwünschten Verhaltensweisen erfuhren, die sie immer schmerzlich vermisst hatten und deren Fehlen dafür verantwortlich gemacht wurde, dass sie bestimmte Dinge in ihrem gegenwärtigen Leben nicht erreichen konnten. Erickson machte sich in der Hypnose den Umstand zunutze, dass in ihr nicht zwischen »Wirklichkeit« und »Vorstellung« unterschieden werden kann. Die Vorstellung wird so erlebt, »als ob« sie wirklich wäre. Dieses Grundprinzip inspirierte De Shazer (persönliche Mitteilung an den Verfasser) zu seiner Version der »Wunderfrage«, der Antizipation einer attraktiven Zukunft durch die Klienten.

Günther Bamberger hat in seinem Buch[6] wohl die stimmigste und umfassendste Darstellung des lösungsorientierten Vorgehens gegeben. Er schlägt dabei ein Phasenmodell[7] vor, das wir im Folgenden genauer beschreiben (vgl. Abb. 6):
- *Synchronisation*: einander kennenlernen, erste Orientierung, Problemverstehen, Lösungsauftrag, Kontraktbildung,
- *Lösungsvision*: Ressourcenfokussierung, Exploration von Ausnahmen, hypothetische Lösungsmöglichkeiten und sonstige Lösungspotenziale,
- *Lösungsverschreibung*: Entwurf einer geeigneten Intervention (»Nachdenkpause«), Kommunikation des Lösungsvorschlags,
- *Lösungsevaluation*: Analyse der Verbesserungen und Konzeption der weiteren Veränderungsschritte,
- *Lösungssicherung*: Verankern des Erreichten im Verhaltensrepertoire der Klienten, Beendigung der Beratung.

---

4 Vgl. dazu Eberling et al. 1998.
5 Vgl. Eberling/Heyer 2005.
6 Vgl. Bamberger 2005.
7 Vgl. Bamberger 2005, S. 46 f.

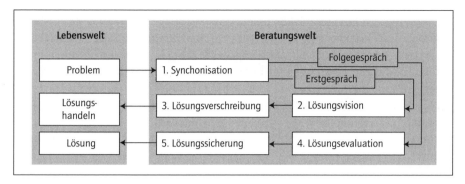

Abb. 6: Die fünf Phasen des lösungsorientierten Vorgehens[8]

2.2 Die Phasen im Einzelnen

Phase 1: Synchronisation umfasst u a. das, was Grawe »Beziehungsgestaltung« nennt.[9] Diese ist eine der entscheidenden Wirkvariablen in Veränderungsprozessen, wie Psychotherapie-Forscher gezeigt haben. Beziehungsgestaltung im lösungsorientierten Arbeiten beinhaltet unter anderem:

- Die Würdigung dessen, was Klienten schon zur Lösung ihrer Probleme unternommen haben (z. B. Konsultation anderer Berater, Therapeuten, Coachs, eigene Lösungsversuche) oder – wenn diese Versuche nicht erfolgreich waren – dass sie noch nicht aufgegeben haben.
- Die Betonung, dass dies gerade der richtige Zeitpunkt für ein Coaching oder eine Beratung oder Therapie ist.
- Den Klienten als Experten rahmen, was heißt, dass er selbst der Experte für seine Situation ist, und auch, dass seine Ideen am wichtigsten, passendsten für seine Situation und daher am angemessensten sind – oder wie Insoo Kim Berg es einmal formulierte: »The client is always right«.
- Die Ausgangsmotivation der Klienten ernst nehmen, an ihr ansetzen und fragen: ist der Klient ein Besucher, ein Klagender oder ein Kunde, und erst dann mit der Arbeit beginnen, wenn dies geklärt und ein eigener Auftrag durch die Klienten erteilt ist.
- Die Eingangsbeschreibungen der Klienten aufnehmen, was auch heißen kann, sich die Problemmuster schildern zu lassen, aus der Sicht der Klienten und aus der Sicht relevanter Beteiligter (systemisches und zirkuläres Fragen). Eine zu strikte Ablehnung oder gar Unterdrückung von »Problem-Talk« kann zu Irritationen oder gar Beziehungsabbruch führen, während »höfliche Unter-

---

8 Vgl. Bamberger 2005, S. 47.
9 Vgl. Grawe 2005.

brecher« (»Ich könnte mir vorstellen, dass Sie mir nur die Spitze des Eisbergs gezeigt haben und Sie noch viel mehr erzählen könnten«) oder Fragen (»Was ist das Wichtigste, was ich unbedingt wissen muss, damit Ihr Problem unter meiner Mithilfe gelöst werden kann?«) die Coaching-Beziehung halten und steuern können.
- Auch ist es wichtig, eine Orientierung über den Ablauf des Coachings/der Beratung zu geben und die Vorstellungen dazu mit den Klienten abzugleichen. Damit wird ein Gefühl von Sicherheit über das zu Erwartende unterstützt.
- Teil dieser Phase sollte aber auch die Setzung des lösungsorientierten Fokus sein, wie z. B. »Sie sind hierher gekommen, um Lösungen für Ihr Problem zu finden. Wir werden deswegen alles Tun, um strikt an diesen Lösungsideen und ihrer Umsetzung und Evaluation zu arbeiten«.

Phase 2: Lösungsvision umfasst die Anwendung von Techniken, die die erwünschte Zukunft systematisch und ausführlich in den Blick nimmt. An erster Stelle ist hier sicherlich die *Wunderfrage* zu nennen, die De Shazer und Kim Berg mit ihrem Team dazu kreiert haben (vgl. Abb. 7).[10] Die Wunderfrage ist nicht eine einmal zu stellende Frage, die wie ein Pfeil aus dem Köcher des Indianers abgeschossen wird und dann verbraucht ist. Mit ihr wird vielmehr ein umfassender Prozess initiiert, in dem ein Lösungsfokus erschaffen, etabliert, erhalten und permanent evaluiert wird. Die Wunderfrage ist das, was wir einen »As-if-Frame« nennen: mit ihr wird so getan, als ob der erwünschte Zustand schon erreicht ist.

Abb. 7: Schematische Darstellung der Wunderfrage

---

10 Vgl. De Shazer 1996 und Kim Berg/Szabo 2005.

Die Klienten werden dabei gezielt in die erwünschte Zukunft geführt, die sie mit eigenen Ideen, Gedanken und Beispielen auszumalen beginnen. Die Beschreibung des Wunders sollte möglichst *konkret* und *verhaltensbezogen* sein: »Was genau werden Sie in welchen Situationen wie tun?« Sie sollte die *Auswirkungen* und *Bedeutungen von Handlungen* erschließen: »Was ist dann anders zwischen Ihnen und den Kollegen/Ihnen und Ihrem Chef? Welchen Unterschied macht das für Sie in Bezug zum Zustand vor dem Wunder?«

Die Wunderfrage beinhaltet folgende Elemente:
- die Beschreibung des Wunderraumes als einen für die Klienten attraktiven Bezugspunkt und zwar aus verschiedenen Perspektiven sowie mit Hilfe von Detailbeschreibungen,
- die Identifizierung von Referenzerfahrungen, in denen es schon mal so gewesen ist wie beim Wunder (etwas Wunder),
- die Beschreibung und Analyse des jetzigen Wertes auf einer Fortschrittsskala und der Ressourcen, die ihn zustande gebracht haben,
- die Beschreibung und Analyse des nächsten zukünftigen Wertes und der Ressourcen, die ihn zustande gebracht haben,
- die Beschreibung dessen, was in der Zeit zwischen den Sitzungen besser geworden ist und was dabei geholfen hat oder auch wie eventuell auftretende Rückschläge (»Set Backs«) bewältigt wurden

Dieses Vorgehen ist Bestandteil jeder Erstsitzung bzw. der Anfangsphase, sollte es sich in der ersten Sitzung nicht erschöpfend behandeln lassen. Die Wunderfrage ist ein kreativer, schöpferischer, erfindender Prozess, nicht ein Abfragen von schon fertig gedachten Konzepten und Antworten. Sie erfordert deshalb eine geduldige und neugierige Haltung in Bezug auf die Ausführungen der Klienten, empathisches Teilnehmen und Resonanzgeben sowie Zeit und Geduld aufseiten der Coachs und Berater. Innerhalb der Lösungsvisionsphase wird also auf hypothetische Lösungsszenarien, auf in Teilen realisierte Lösungen, auf Ausnahmezeiten vom Problem und auf die eingesetzten Ressourcen fokussiert.

Phase 3: Lösungsverschreibung findet innnerhalb jeder Sitzung statt und zwar gegen Ende. Sie besteht aus einer Zusammenfassung der Handlungen, Einstellungen und Bemühungen, welche der Klient unternommen hat, um die Entwicklung in Richtung des erwünschten Zustands in Gang zu bringen. Der erste Teil der Abschlussintervention umfasst deswegen vor allem Komplimente. Im Sinne des sogenannten »Bridging Statement« (»Und weil Sie bereits unter Anwendung von x, y, z eine gute Entwicklung eingeleitet haben, sollten Sie weiterhin x, y, z tun bzw. es ausbauen...«) wird eine plausible Verbindung zur nachfolgenden Aufgabe hergestellt, damit der Fortschritt weitergehen kann. Die Fokussierung auf das Lösungshandeln soll vor allem in der alltäglichen Berufswelt der Klienten fortdauern.

Phase 4: Lösungsevaluation beinhaltet besonders ab der zweiten Sitzung die Analyse der Verbesserungen und Konzeption der weiteren Veränderungsschritte.

Häufige Praxisfehler
- In der Praxis zeigt sich, dass das relativ einfache Modell des lösungsorientierten Arbeitens nicht immer leicht umzusetzen ist. Häufige zu beobachtende Fehler sind:
- Die Diskussion von ständig neuen Themen aus dem »Problemsack« der Kunden mit der Einladung zu Beginn jeder Stunde (»Worüber möchten Sie heute mit mir reden?«), was meist wieder den Problemfokus in den Vordergrund rücken lässt, anstatt mit der Fortschrittsskala zu beginnen und den Scheinwerfer der Aufmerksamkeit darauf zu halten.
- Das intensive Analysieren von Problemmustern und das Erliegen deren Sogwirkung, anstatt die Bewältigungs- und Erfolgsmuster aktiv ins Visier zu nehmen. – Gunter Schmid nennt dies »Problemhypnose«. Eine hervorragende Möglichkeit sich davon frei zu machen, bietet die Ausnahmefrage, die als eine Art »Sofort-Umschalter« zurück zum Lösungsfokus eingesetzt werden kann (»Ihr Verhältnis zum Chef war also nicht die ganze Zeit über schwierig. Wann war es weniger schwierig? Was war dann anders zwischen Ihnen? Wie ist das zustande gekommen?«).
- Das Festhalten an ungünstigen Beratungsvorstellungen wie »Klienten müssen über ihre Probleme und die Ursachen für ihre Probleme reden können, sonst kann keine nachhaltige Veränderung passieren«.
- Das »Festkleben« auf der Verhaltensebene, indem nur neue Verhaltensweisen beschrieben werden und nicht gefragt wird, was es für die Klienten in ihrem Lebens- und Arbeitskontext bedeutet, wenn dieses neue Verhalten auftritt. Die effektivsten Veränderungstreiber sind häufig auf der Werteebene, der Ebene einer veränderten Selbstwahrnehmung (Selbstkonzept) oder der Ebene von (Lebens-)Sinn angesiedelt. Hochwirksame Motivstrukturen werden folglich verfehlt, werden nicht »Haltungsziele«[11] auf höheren logischen Ebenen bearbeitet/beachtet/berücksichtigt.
- Es wird durch das Zurück-Switchen in den Problemfokus auch ein stetiges, sich aufbauendes und selbstverstärkendes Selbstwirksamkeitserleben verhindert, da die Überstrahlung durch und das Zurückpendeln in den »Problem-Talk« kein stabiles und starkes Ressourcenbewusstsein entstehen lässt.

Phase 5: Lösungssicherung umfasst vor allem das Verankern des Erreichten im Denk-, Gefühls- und Verhaltensrepertoire der Klienten. Am Ende eines Coaching- oder Beratungsprozesses können wir häufig beobachten, dass sich alle drei Dimensionen verändert haben. Bamberger verweist auf Studien zur Evaluation von störungsspezifischen Beratungen, die unter dem Einsatz von Therapiemanualen erfolgten und häufig eine Beeinträchtigung der Beziehungsebene zur Folge hatten. Das liegt unseres Erachtens an einer zu starken Einschränkung auf die jeweilige Symptomatik und das Auskoppeln aus anderen damit verbundenen

---

11 Vgl. insgesamt zum Begriff der »Haltungsziele« Storch/Krause 2010, S. 92 f.

Lebenszusammenhängen. Die Wunderfrage sollte zwar am konkreten Problemzusammenhang ansetzen, aber keine Verbindungen zu anderen Lebensthemen und -bereichen kappen. Frühe Studien von De Shazer konnten überdies zeigen, dass sich Lösungshandeln oft generalisiert hatte, dass sich z. B. Problembereiche gebessert hatten, die nicht explizit Gegenstand der Behandlung waren.[12]

3. Lösungsorientierte Werkzeuge

Werkzeuge und Methoden aus anderen Therapie- und Beratungsschulen wie z. B. dem neurolinguistischen Programmieren können gut in ein lösungsorientiertes Vorgehen integriert werden, wenn und so lange sie den Lösungsweg unterstützen. Spezifisch lösungsorientierte Werkzeuge wurden von Coachs und Therapeuten ergänzend im lösungsorientierten Vorgehen entwickelt. Sie sind Angebote an den Klienten, seine Ressourcen zu aktivieren und seinen Lösungsfokus zu halten und weiter zu entwickeln.

3.1 Skalieren

Skalieren hilft dem Klienten kleine, kleinste und auch größere Unterschiede wahrzunehmen und miteinander in Beziehung zu setzen. Dabei kann mit einfachen Skalen und Multiskalen gearbeitet werden.

Einfaches Skalieren

Fortschrittsskala:
- »Nehmen wir eine Skala von 1 bis 10.[13] 10 Punkte stehen dafür, dass Sie Ihr Ziel vollständig erreicht haben, 1 Punkt hat die Situation, als Sie gerade angefangen haben, über Ihr Ziel nachzudenken. Wie würden Sie es einschätzen: Welche Punktzahl hat die Situation jetzt?«

Zuversichtlichkeitsskala:
- »Auf einer Skala von 1 bis 10 Punkten, wie zuversichtlich sind Sie, dass Sie Ihr Ziel erreichen werden?«
- »Welche Tatsache oder Bedingung könnte Ihre Zuversichtlichkeit noch um einen Punkt erhöhen?«

---

12 Vgl. Bamberger 2005, S. 46 f.
13 Coachs sollten darauf achten, bei Skalierungen keine Schulnoten zu verwenden.

Motivationsskala, Qualitätsskala, ...-skala etc. (hier ist die Kreativität des Coachs gefragt. Skala heißt übrigens »die Treppe«.)
- »Vertrauen Sie in das, was bereits erreicht wurde und schöpfen Sie daraus Hoffnung: Was ist schon ein wenig besser geworden? Wie ist Ihnen das gelungen?«

Nutzen Sie Grautöne und Schattierungen:
- »Was ist heute ein bisschen besser als gestern?«
- »Was muss sein, dass Sie Ihre Bewertung ein ganz klein wenig zum Besseren verändern?«

Kleine nächste Schritte:
- »Wie werden Sie bemerken, dass Sie einen Punkt mehr in Ihrer Fortschrittsskala erreicht haben?«
- »Was können Sie selbst dafür tun?«
- »Was noch?«

Frage nach Ressourcen und Unterstützung:
- »Was wird Sie dabei unterstützen, einen Schritt voran zu kommen, Ihr Ziel zu erreichen?«
- »Was könnte Ihnen noch helfen?«

Frage nach Unterschieden:
- »Welche Unterschiede bemerken Sie zwischen Stufe 3 und Stufe 4?«
- »Wie können Sie diese Unterschiede beeinflussen?«

Frage nach den Wirkungen und Konsequenzen:
- »Welche Wirkungen und Konsequenzen wird das haben, wenn Sie einen Punkt voran gekommen sind?«
- »... wenn Sie Ihr Ziel erreicht haben?«
- »Welche Wirkungen bemerken Sie schon jetzt, da Sie sich auf den Weg gemacht haben?«

Arbeit mit mehreren Skalen

Einigen Klientinnen und Klienten, vor allem aus dem technischen Bereich, macht die Arbeit mit Skalen große Freude. Im Sinne der Selbstwirksamkeit macht es einfach Spaß, konkret wahrzunehmen, wie es vorwärts geht. Ausgangsfragen für die Arbeit mit mehreren Skalen können z. B. sein:
- »Was bemerken Sie, wenn Sie Ihr Ziel erreicht haben?« Antworten können z. B. lauten:
- »Ich fühle mich entspannt.« (Merkmal 1).

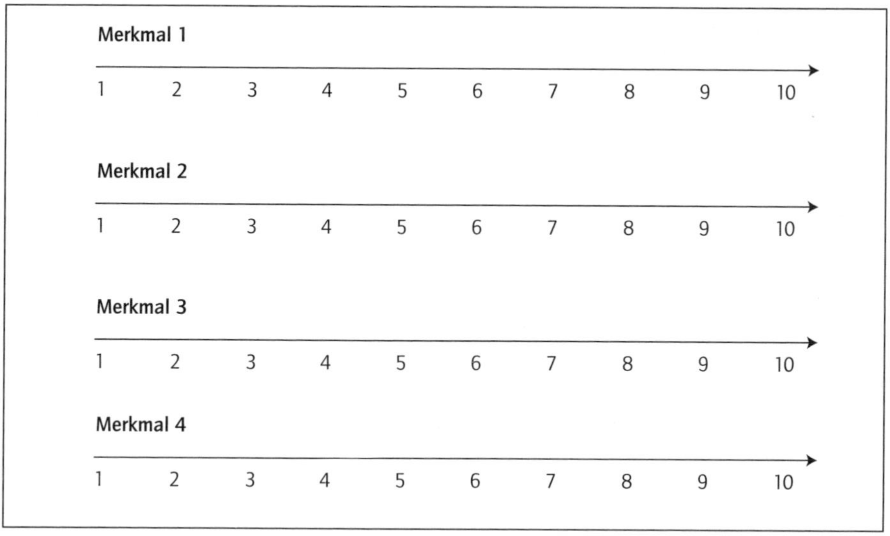

```
Merkmal 1
  1    2    3    4    5    6    7    8    9    10

Merkmal 2
  1    2    3    4    5    6    7    8    9    10

Merkmal 3
  1    2    3    4    5    6    7    8    9    10

Merkmal 4
  1    2    3    4    5    6    7    8    9    10
```

Abb. 8: Multiskalen

- »Ich vertraue in die Zukunft.« (Merkmal 2).
- »Ich freue mich morgens meine Kollegen zu treffen.« (Merkmal 3).
- ...
- »Welche Merkmale sind aus Ihrer Sicht besonders wichtig oder auch wirksam? – Machen Sie eine kleine Liste von vier bis sechs Merkmalen.«
- »Welche Punktezahl würden Sie auf einer Skala von 1 bis 10 der Ausprägung dieser Merkmale heute geben?«

In der Arbeit mit Skalen auf einem Blatt Papier oder auch unterstützt mit Kegeln, die Sie auf der Spielunterlage verschieben können, ist Ihr Klient mit Phantasie und visueller Wahrnehmung beteiligt (vgl. Abb. 8).

3.2 Lösungsspaziergang

Sie können die Wahrnehmung und Intensität für Ihren Klienten mit dem Angebot verstärken, die Skala im Raum auf dem Boden abzubilden. Nutzen Sie dafür in einem geschlossenen Raum möglichst die ganze freie Fläche und lassen Sie den Klienten bestimmen, in welche Richtung er die Skala anlegen will.

Manchmal ist es hilfreich die Skala mit Moderationskarten oder Papierschnipseln zu kennzeichnen. Der Klient bestimmt ein Thema oder ein Ziel für den Lösungsspaziergang und legt eine Skala in den Raum. Daran schließen sich folgende Schritte und dazugehörende Fragestellungen an:

1. Der Coach erfragt die Ausrichtung der Skala:
- »Wo ist die 1 auf Ihrer Skala? Wo ist die 10?«

2. Der Coach führt – körperliche Stütze am Ellenbogen links oder rechts ist erlaubt – den Klienten langsam zum Zielpunkt:
- »Was nehmen Sie hier wahr?«
- »Was hat sich in Ihrer Umgebung verändert?«
- »Was nehmen andere wahr etc.?«
- »... Nehmen Sie sich viel Zeit!«

3. Der Coach führt den Klienten auf eine Position außerhalb, quer zur Skala:
- »Was sehen Sie von hier aus?«
- »Welche Fragen tauchen in Ihnen auf?«
- etc. ...

4. Der Klient wählt einen Punkt im Raum, auf dem er heute steht. Der Coach bittet den Klienten, den Punkt genauer zu beschreiben und würdigt die Bewegung des Klienten:
- »Wie fühlt sich das an für Sie?«
- »Was haben Sie schon alles getan, diesen Punkt zu erreichen?«
- »Ich bin beeindruckt, wie es Ihnen gelungen ist ... «
- etc. ...

5. Der Coach lädt den Klienten ein, eine Stufe auf der Skala weiter zu gehen.
- »Welchen Unterschied bemerken Sie zur vorherigen Stufe?«
- »Gibt es noch weitere Unterschiede?«
- »Welche Ressourcen, Möglichkeiten und Kompetenzen haben Sie jetzt zur Verfügung, die Sie vorher nicht hatten?«
- »Was könnten Sie getan haben, hier einen Schritt vorwärts zu kommen?«
- etc. ...

6. Der Coach bleibt auf Nahdistanz (etwa 1 m) zum Klienten.
- »Was denken Sie, wollen wir noch einen Schritt weiter gehen?«
  (Der Coach geht mit dem Klienten nur solange, wie dieser das als klaren Wunsch signalisiert.)

7. Wechsel an einen Tisch oder in einen anderen Raum für die gemeinsame Auswertung:
- »Was hat Sie besonders beeindruckt?«
- »Welche Schlussfolgerungen ziehen Sie aus unserem Lösungsspaziergang?«
- etc. ...

3.3 Aufgaben und Experimente als Hausaufgaben

Hausaufgaben unterstützen die Nachhaltigkeit und Zielerreichung eines Coachings. Gute Hausaufgaben geben dem Klienten Orientierung und Kraft auf seinem Weg und motivieren ihn, auf seinem Weg zu bleiben, auch wenn gerade kein Coach ansprechbar ist. Hausaufgaben sind immer als Angebote an den Klienten zu verstehen; Verbindlichkeit entsteht, wenn der Klient sagt: Gut ich versuche es.

Drei einfache Regeln gelten für die Auswahl und Formulierung von lösungsorientierten Aufgaben:[14]
(a) Wenn etwas für den Klienten kein Problem ist, ist es auch kein Problem.
(b) Wenn das, was der Klient tut, funktioniert, ermutige ihn, mehr davon zu tun.
(c) Wenn der Klient etwas tut, was nicht funktioniert, ermutige ihn, etwas anderes zu tun.

Beobachtungsaufgaben

Beobachtungsaufgaben unterstützen den Klienten dabei, seine Aufmerksamkeit auf Dinge zu lenken, die er vorher vielleicht nicht bemerkt hat und die ihm helfen, sich selbst neu auszurichten.
- »Beobachten Sie doch in den nächsten Tagen, was in der Zusammenarbeit mit der Kollegin eigentlich schon ganz gut funktioniert. Wenn Sie 10 Dinge gefunden haben, überlegen Sie, was Sie selbst dazu beitragen. Vielleicht machen Sie sich einige Notizen, die Sie in der nächsten Sitzung mitbringen.«
- »Beobachten Sie doch in den nächsten Tagen, wann es Ihnen gelingt auf Ihrer Skala schon die Stufe 6 zu erreichen. Nehmen Sie sich am Abend doch einfach eine Minute Zeit für eine kleine Notiz in Ihrem Terminkalender. Ich bin gespannt, was Sie in unsere nächste Sitzung mitbringen.«

Beobachtungsaufgaben funktionieren in der Regel recht gut. Diese können Sie fast immer nutzen, auch wenn die Skalierung während der Coaching-Sitzung noch eine recht niedrige Punktzahl ergeben hat.

So-tun-als-ob-Aufgaben

Diese Aufgaben können direkt an die Arbeit mit der Wunderfrage anknüpfen. Sie unterstützen den Klienten dabei, seine Lösungswelt schon in seinen Alltag zu integrieren.
- »Tun Sie doch bei Ihrem nächsten Treffen mit Ihrem Chef so, als wäre Ihr Wunder, das Sie heute auf vielfältige Art beschrieben haben, schon Wirklichkeit geworden. Erzählen Sie aber niemandem davon. Was machen Sie dann an-

---
14 Vgl. für diesen Abschnitt Meier/Szabo 2008, S. 70 ff.

ders? Wie reagieren Sie anders? – Bereiten Sie sich am besten vor mit einem formelhaften Satz (z. B. ein Kompliment), den Sie Ihrem Chef gegenüber noch nie verwendet haben. Und seien Sie gespannt auf die Reaktion.«
- »Ich möchte Sie zu einem kleinen Experiment für Ihre Umsetzung einladen. Vielleicht kommt Ihnen das im Moment etwas seltsam vor. Doch tun Sie einfach während Ihrer nächsten Teambesprechung so, als ob Sie auf Ihrer Skala schon einen Schritt weiter gekommen wären. Beobachten Sie, wie Ihre Kolleginnen und Kollegen darauf reagieren. Was ist anders als vorher?«

So-tun-als-ob-Aufgaben brauchen eine gute Vorbereitung in der Coaching-Sitzung. Diese können Sie einsetzen, wenn das Vertrauen des Klienten in das Coaching schon gewachsen ist und erste Erfolge schon wahrnehmbar sind. Was wäre der Gewinn, wenn es funktionieren würde? Welche Risiken sind damit verbunden? Wie kann ich meine Aufgabe so formulieren, dass die Risiken möglichst im Rahmen bleiben. – Achten Sie darauf, dass Ihr Klient hoffnungsvoll und frohen Herzens mit der Aufgabe einverstanden ist.

Prophezeiung

Prophezeiungen – wir meinen natürlich nur positive – werden manchmal Wirklichkeit. Sie sind nicht mit Anstrengungen und zielgerichtetem Handeln des Klienten verbunden. Sie müssen nicht, sie beobachten nur.
- »Bis zu unserer nächsten Sitzung könnte ich Sie bitten, sich an jedem Abend ein mögliches Ereignis für den nächsten Tag vorzustellen, das Sie Ihrem Ziel ein wenig näher bringt. Das können Sie natürlich selbst nicht beeinflussen. Aber vielleicht hilft es Ihnen, Ihre Wahrnehmung darauf auszurichten. Es könnte ja eine Ausnahme geben. – Für jedes Ereignis, bei dem Sie richtig gelegen haben, vereinbaren Sie mit sich selbst eine Belohnung.«

Arbeiten Sie mit Ihrem Klienten mit Prophezeiungen, wenn Sie während des Coachings schon genügend Ausnahmen identifiziert haben: Wird es am nächsten Tag eine Ausnahme geben oder wird alles im alten Muster oder Fahrwasser laufen? Als Coach sollten Sie relativ sicher sein, dass Ihr Klient sich möglichst wenige Enttäuschungen produziert.

3.4 Folgesitzung

Wenn Sie eine Coaching-Sitzung nach dem lösungsorientierten Coaching gearbeitet haben, verabreden Sie in der Regel eine Folgesitzung: Welche Verbesserungen wurden erreicht? Wie wurden sie erreicht? Was hat sich besonders bewährt? Was bedeutet das für die Richtung der nächsten Schritte?

In der Folgesitzung haben Sie die Gelegenheit, den Lösungsfokus Ihres Klienten noch weiter zu unterstützen und seine Lösungsorientierung zu verstärken.
- »Was ist besser?«
- »Und was ist noch besser geworden?«
- »Und wie haben Sie das hinbekommen? Was haben Sie genau getan?«
- »Welche Veränderungen nehmen die Menschen in Ihrer Umgebung wahr?«, »Welche Rückmeldungen haben Sie bekommen?«
- »Und wenn Sie keine Rückmeldungen bekommen haben, was glauben Sie denken die Menschen in Ihrer Umgebung über Sie? Was ist anders als bei unserem letzte Treffen.«
- »Auf unserer Skala von 0 bis 10, welche Stufe haben Sie nach Ihrer Einschätzung heute erreicht?«
- »Und wenn Sie einen Rückschlag erlitten haben, was würde Sie unterstützen, wieder aufzustehen und den nächsten Schritt zu gehen?«
- »Was könnte Sie dabei unterstützen, die erreichten Verbesserungen aufrecht zu erhalten? Was noch?«

4. Entwicklungsskizze für lösungsorientiertes Coaching

In einem Ausblick soll hier kurz skizziert werden, welche sinnvollen Ergänzungen ein systemisch-lösungsorientiertes Coaching von einer umfänglicheren *Theorie- und Konzeptebene* und von einer *Forschungs- und Praxisebene* her nehmen kann. Eine »*Roadmap für Human-Change-Processing*«, eine Landkarte für die Weiterentwicklung von lösungsorientiertem Coaching (vgl. Abb. 9) kann dafür Orientierung geben.
- Auf der *Theorie-Ebene*: expliziter Anschluss an ein modernes systemisches Theoriemodell für den spezifischen Gegenstandsbereich, den das jeweilige lösungsorientierte Vorgehen beschreibt; z. B. eine systemische Theorie der Selbstorganisation, die den bestimmten Gegenstandsbereich als ein komplexes nichtlineares und dynamisches System beschreibt, welches Selbstorganisationsprinzipien realisieren kann (wie es z. B. die Hirnforschung oder die Therapieforschung tut).[15] Auf Grundlage einer existierenden Metatheorie (wie z. B. der Synergetik) könnten für verschiedene Anwendungsfelder (Chemie, Physik, Gehirn, soziale Systeme) intendierte Anwendungen eines Theoriekerns z. B. für Person/Persönlichkeit, Paare, Familien, Teams und Organisationen oder auch Netzwerke ausgearbeitet und in ihrer Interaktionsdynamik erklärt und beschrieben werden. Am Ende könnten umfassendere Theoriekonzepte stehen, wie sie z. B. in

---

15 Vgl. Haken/Schiepek 2006.

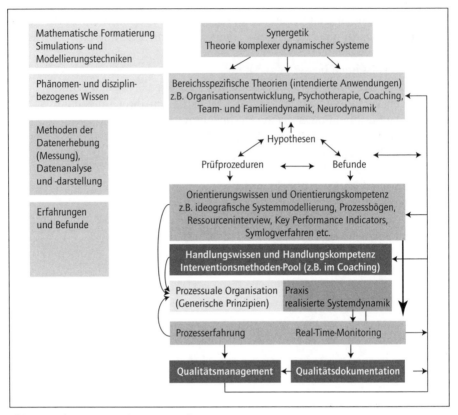

Abb. 9: Roadmap Human-Change-Processing

Ansätzen beim Salutogenese-Ansatz von Antonovsky[16] oder bei der Positiven Psychologie von Seligman[17] vorliegen, die es erlauben, Coaching-Praxis mit Gesundheitstheorie besser zu verbinden.
- Auf der Ebene des *Orientierungs- und Handlungswissens*: Auch hier sind Theorien und Konzepte heranzuziehen, die den betreffenden Bereich (z. B. Gruppen und Teams, Familien, Organisationen oder auch Lernen) unter verschiedenen relevanten Aspekten beschreiben und die sich im Diskurs der jeweiligen Wissenschaftler- oder Praktikergemeinschaft als anregend und nutzbringend erweisen.
- Auf der *Forschungs- und Praxisebene* könnte Forschung zu »Systemen in Aktion« betrieben werden, wie sie z. B. von Schiepek im Bereich Psycho-

---

16 Vgl. Antonovsky 1997.
17 Vgl. Seligman 2002, 2011 a & b.

therapie,[18] von Eberling für Coaching[19] und von Dörhöfer und Eberling für Wissensmanagement[20] beschrieben wurde. Durch diese prozessorientierten Forschungsdesigns könnten sowohl die Evaluation der Wirksamkeit von Coaching als auch die Theoriebildung wesentliche Fortschritte (auch in Richtung Akzeptanz bei Kunden und Kollegen) erzielen.

Lösungorientierung erweist sich damit als weitreichendes Modell für die Coachingpraxis und auch die Weiterentwicklung ihrer theoretischen und wissenschaftlichen Fundierung.

Weiterführende Literatur

Bamberger, G.: Lösungsorientierte Beratung. 5. Aufl., Weinheim 2009.
Kim Berg, I./Szabo, P.: Brief Coaching for Lasting Solutions. New York, London 2005.
Meier, D./Szabo, P.: Coaching erfrischend einfach – Einführung ins lösungsorientierte Kurzzeitcoaching. Bern 2008.
Radatz, S.: Beratung ohne Ratschlag. Systemisches Coaching für Führungskräfte und Beraterinnen. Wien 2003.

---

18 Vgl. Schiepek 2009, 2012.
19 Vgl. Eberling 2010.
20 Vgl. Dörhöfer/Eberling 2009.

Kapitel 3:
Coachingpsychologie im Praxiskontext

Erika Götz und Michael Loebbert

> Hm, mir scheint, dass Sie, wenn Sie [beim Pokern] ein gutes Blatt haben,
> Ihren Einsatz ganz sachte auf den Tisch legen [...] und wenn Sie bluffen,
> tun Sie genau das Gegenteil, Sie sind aggressiv und werfen Ihre Chips auf den Tisch.
> Irvin D. Yalom, *Die rote Couch*[1]

Im folgenden Kapitel wird keine neue Psychologie erfunden. In Bezug auf die Praxis von Coaching steht der Begriff »Coachingpsychologie« hier für die Frage: Welche Erkenntnisse und Modelle aus der Psychologie unterstützen Coachs (besonders gut) bei der Gestaltung ihres Beratungshandelns? – Dafür (1) stellen wir im Folgenden kurz einen pragmatischen Ansatzpunkt dar, (2) weisen auf einige aus unserer Sicht wichtige psychodynamische Konzepte und ihre Anwendung hin, (3) nehmen dann das für die Beziehungsgestaltung im Coaching zentrale Konzept der »Übertragung« in den Blick. (4) Der Überblick einiger Lehrstücke aus der Psychologie und (5) die damit mögliche Einordnung von Coaching im Zusammenhang von Therapie und Expertenberatung runden diese Einführung ab.

1. Was meint Coachingpsychologie?

1.1 Anwendung, Theorie und Praxis

Coaching als Form der Prozessberatung unterstützt Klientinnen und Klienten in der Steuerung und Gestaltung ihrer Handlungen bzw. ihrer Leistungen.[2] Einige Modelle und Vorstellungen, die Coachs benutzen, wurden in psychotherapeutischen Kontexten[3] gefunden und ausgearbeitet, andere stammen aus der Lern- und Motivationspsychologie, der Gruppendynamik und der Arbeits- und Organi-

---

1 Vgl. Yalom 1998, S. 432.
2 Vgl. unsere (pragmatische) Definition von Coaching in Kapitel 1.
3 Während im angelsächsischen Verständnis von Coaching psychologische Sichtweisen kaum eine Rolle spielen, geben wir in der mitteleuropäischen Perspektive diesen eine größere Bedeutung. Dieser Unterschied beginnt sich aber zu verwischen zugunsten einer Pragmatik von Coaching in unterschiedlichen Handlungsfeldern: Wie viel psychologisches Wissen der Coach braucht, bemisst sich an den Herausforderungen seiner Klienten. Vgl. auch Loebbert 2010, S. 89–94.

sationspsychologie. Entscheidend für die Auswahl der hier aufgenommenen psychologischen Modelle, Konzepte und Theoriestücke war
(a) die nach Einschätzung der Autoren besondere Tauglichkeit von Werkzeugen und Vorgehensweisen in der Coaching-Praxis[4],
(b) ihr Beitrag zur Schärfung der Wahrnehmung und
(c) ihre wissenschaftliche Fundierung in anerkannten wissenschaftlichen Theoriebildungen.

Coachingpsychologie beschreibt also einen pragmatischen Zusammenhang: Zu welchen Fragen und Herausforderungen im Coachingprozess – Kontakt, Kontrakt, Hypothese, Intervention, Evaluation – können psychologische Modelle und Theorien zur Steuerung des Coaching- und Beratungshandelns beitragen?

Zum Beispiel:
- Die Schilderungen meines Klienten erzeugen in mir Gefühle und innere Bilder. Welche gehören zu meiner eigenen Situation? Welche entstehen als Resonanz auf den Klienten? (Kontakt)
- Der Klient möchte Nachfolger seines Chefs werden. Bin ich der richtige Coach und Berater für dieses Thema? (Kontrakt)
- Die Klientin steckt fest in einem Teufelskreis von Problemwahrnehmungen. Was kann ich als Berater anbieten, um der Klientin einen neuen Blickwinkel zu ermöglichen? (Hypothese: Verständnis der Unterscheidung von Unbewusstem und Bewusstem, Abgrenzung zur Psychotherapie)
- Mein Klient ist irritiert und verunsichert: Immer wenn er mit seinem Kollegen spricht, hat er das Gefühl, sie reden vollkommen aneinander vorbei. Welches psychologische Erklärungsmodell könnte meinem Klienten helfen, seine Situation besser zu steuern? Welche Methoden aus dem psychotherapeutischen Methodenkoffer könnte ich sonst noch einsetzen? (Intervention)
- Mein Klient möchte eine konkrete Verhaltensänderung erreichen. Wie kann er diese nach Abschluss unserer Gesprächssequenz weiter steuern und kontrollieren? (Evaluation und Planung der Erfolgssicherung: Wie gestaltet der Klient seine eigene Veränderung in seinem sozialen Kontext?)

Wir beginnen in unserer Darstellung zunächst mit Konzepten und Modellen im Zusammenhang der *Unterscheidung von bewusst und unbewusst*. In Bezug auf die Wurzeln des Coachings in der Psychotherapie halten wir diese für zugleich einflussreich und in allen Phasen des Coachingprozesses nützlich. Daran knüpfen psychologische Konzepte an, die als ein roter Faden für die Beratung von Veränderung und Entwicklung im Sinne der Prozessberatung dienen können. Coaching rechnet mit der Möglichkeit der (Selbst-)Veränderung von Personen.

---

4 Wir beziehen uns dabei auf Erfahrungen der Professional Community in unserer Vorstellung eines State of the Art.

Ihr Ziel als Coach sollte sein, Ihre eigene Landkarte psychologischer Bezüge und Lehrstücke zu zeichnen und weiter zu entwickeln.

1.2 Die Seele aus pragmatischer[5] Sicht

> **Aufgabe**
> Vielleicht wollten Sie auch schon einmal 3 Kilo leichter werden ... Überlegen Sie: Erinnern Sie sich an drei Situationen, in denen Ihnen Psychologie im Leben schon einmal weiter geholfen hat?

Aristoteles versteht die Seele als »Urkraft des (individuellen) Lebens«[6]. Damit beschreibt er das Selbstverständnis seiner Zeit. Und die von ihm daraus hergeleitete Unterscheidung der Seele als etwas Nichtkörperlichem vom materiellen Körper begleitet uns auch heute noch bis in die Fragen der Neuropsychologie: Sind die Prozesse, die wir mittels bildgebender Verfahren im Hirn beobachten können, identisch, parallel oder völlig unabhängig von den gleichzeitig beobachtbaren psychologischen Phänomenen? Wie können wir die Wirkungen von Psychopharmaka sinnvoll beschreiben? Simulieren wir bloß die psychischen Wirkungen pharmakologischer Interventionen im Sinne einer gewissen Präferenz? Oder gibt es ursächliche Zusammenhänge? Aus der von Aristoteles eingenommenen Perspektive macht es Sinn, beim Auftreten von Gefühlen und bestimmten elektrochemischen Reaktionen einerseits von Gefühlen (Aristoteles' »Seele«) und anderseits von neuronalen Prozessen (der materielle Körper bei Aristoteles) zu sprechen.

Denken Sie an weitere Abgrenzungen und Unterscheidungen aus der Geistesgeschichte wie z. B. »Seele und Geist«, »sterbliche und unsterbliche Seele«, »Teile der Seele«. Aus systemischer Perspektive konstruieren wir unsere (jeweiligen) Wirklichkeiten über Unterschiede. Bei allen Unterschieden der Unterscheidungen scheint es aber in der westlichen Geschichte auch eine Gemeinsamkeit zu geben: Die Leistungen und Funktionen der Seele wie Wahrnehmen, Fühlen, Denken und Vorstellen stehen beim Menschen im Zusammenhang zu seinem Handeln und seiner Möglichkeit der Selbstbestimmung.

Es ist unsere gemeinsame Erfahrung, dass nicht immer alles so klappt, wie wir es wollen oder wünschen. Oft wurden seelische Prozesse dafür verantwortlich gemacht. Viele Jahrhunderte lang haben Menschen sich derartige »Abweichungen« mit dem Konzept der »*Sünde*« erklärt, *sprich:* als Verfehlung des richtigen Handelns; heute sprechen wir (zusätzlich) von »*seelischen Beeinträchtigungen*«

---

5 »Pragmatisch« ist, was für das Handeln, also die Praxis, einen Unterschied macht. Vgl. dazu auch die Einleitung in diesem Herausgeberband.
6 Vgl. Aristoteles: De Anima 402 a.6

oder »*Krankheit der Seele*«. Aristoteles geht vom möglichen *Irrtum der Seele* aus, weil alles Wahrnehmen, Fühlen und Denken mit Vorstellungen über die Welt verbunden ist, die auch falsch sein können.[7]

Einen *schwachen Willen*[8] dafür verantwortlich zu machen, wenn etwas beim Handeln nicht so gut funktioniert, wie man es sich vorstellt, halten wir für eine falsche, unethische und unpraktische Vorstellung. Menschen, die beim Misslingen einer Handlung hören müssen, dass sie *undiszipliniert* und willensschwach sind, werden sich vor allem schlecht fühlen und noch weniger motiviert sein. Das war im Übrigen ein Hintergrund für die Reformation der Psychologie, die Sigmund Freud mit der Unterscheidung von Bewusstem und Unbewusstem anbot: *Wir dürfen davon ausgehen, dass wir als Menschen unsere Handlungen nicht vollständig bewusst steuern können.* Auf diese Vorstellung beziehen sich alle psychologischen Ansätze der Psychotherapie und Beratung seither.[9]

1.3 Die Unterscheidung bewusst/unbewusst in der Beratungsbeziehung

Vom »Unbewussten« sprechen wir, wenn wir damit ausdrücken wollen, dass etwas der bewussten Steuerung nicht zugänglich ist. In der damaligen Zeit war Freuds[10] Behauptung, dass es Kräfte in uns Menschen gibt, die unbewusst auf unser Handeln wirken, eine Sensation. Aus unserer systemischen Sicht rekonstruieren wir damit unsere Alltagserfahrung, dass unsere Fähigkeit, Handlungen bewusst zu steuern, durchaus begrenzt ist. Die von Freud begründete *psychoanalytische* Arbeit, sich unbewusste Inhalte bewusst zu machen, verspricht damit eine Zunahme unserer Handlungsmöglichkeiten. Mit der bewussten Steuerung bislang unbewusster dysfunktionaler Faktoren[11] wächst unsere Fähigkeit zu gelingendem und erfolgreichem Handeln.

In der *systemischen Rahmung des psychoanalytischen Modells* werden »bewusst« und »unbewusst« als unterschiedliche Funktionsweisen der Seele beschrieben: »Bewusstsein als maximal aufwendiger Funktionsmodus, der vorab

---

7 Diese Vorstellung wird vor allem in der kognitiven Psychologie und kognitiven Wissenschaft wieder aufgenommen.
8 Spätestens wenn wir müde sind, wird unsere bewusste Steuerung nicht mehr in der Lage sein, unser Handeln zu strukturieren ... oder waren Sie noch niemals trotz guter Vorsätze abends nach 22.00 Uhr am heimischen Kühlschrank? Wenn jedoch von »Willensbildung« durch Übung gesprochen wird, um einen schwachen Willen zu »stärken«, hat das Konzept durchaus auch nützliche Seiten.
9 Und sei es, dass sie sich polemisch davon abgrenzen, wie neuere Versuche der sogenannten »positiven« Psychologie, welche, in Anknüpfung an frühere Vorstellungen psychologischer Handlungstheorie, ohne diese Unterscheidung auskommen will.
10 Vgl. zum Folgenden: Freud 1940.
11 Anzumerken ist, dass es natürlich auch Freud nicht darum ging, uns zu vollständig bewussten Menschen zu machen. »Unbewusst« meint keine summarische Betrachtung. Aus beraterischer Sicht geht es darum, das, was uns jeweils am Glück hindert, bewusst bearbeitbar zu machen.

für Neues, potenziell Gefährliches, Schwieriges oder sonst wie wichtiges reserviert bleibt, das Unbewusste [...] als Bereich maximal ökonomischen Funktionierens auf den alles Lernen und nicht zuletzt auch alle Psychotherapie hinzielt.«[12] Denken Sie an das Beispiel des Autofahrens. Da macht nicht nur Freuds Maxime »Wo es war, soll ich werden«, sondern auch ihre Umkehrung »Wo ich war, soll es werden« Sinn. Für unsere funktionale Steuerung wäre es eine komplette Überforderung, das Zusammenspiel von Gas geben, Bremsen und Kuppeln dauernd bewusst ausführen zu müssen.

Psychodynamische Vorstellungen werden so aus ihrer *Funktionalität* für die Auswahl von Bewusstseinsinhalten heraus verständlich und nützlich: *Mit Projektion, Verdrängung, Abwehr, Widerstand, Übertragung etc. sichern wir zuerst unser Überleben und unsere Handlungsfähigkeit*. Eine Störung unserer Freiheit und Möglichkeit, unser Handeln auszuwählen und zu steuern, entsteht erst in der Folge von dysfunktionalen Verfestigungen und Einseitigkeiten, die uns bewusst nicht mehr zugänglich sind. *Die Arbeit an unbewussten Inhalten im Coaching beschränkt und bezieht sich immer auf die Erweiterung der Handlungsmöglichkeiten des Klienten.* »Interveniere so, dass du zur Erweiterung der Handlungsmöglichkeiten, der Freiheitsgrade Deines Klienten beiträgst.«[13]

Das Popcorn-Experiment

In einem großen Feldversuch[14] wurden amerikanische Kinogänger in sozial sehr unterschiedlich strukturierten Regionen (Nachbarschaften) gratis mit Popcorn versorgt. Völlig willkürlich wurden kleine Packungen und 5-mal so große Megapackungen ausgegeben. Die Packungen konnten in der Kinopause beliebig oft wieder aufgefüllt werden.

Die Sache hatte nur einen kleinen Haken: das Popcorn war alt und erinnerte in der Konsistenz mehr an einen Schaumkunststoff als an ein Nahrungsmittel. Die kleineren Packungen wurden in der Regel leer gegessen und in der Pause nicht wieder aufgefüllt. Die großen Packungen auch!

Die Konsumenten der großen Packungen wurden im Anschluss gefragt, ob sie etwa so viel Popcorn gegessen haben, weil sie so große Packungen hatten. Die meisten wiesen diese Idee empört von sich: Auf solche Tricks würden sie nicht herein fallen.

So viel zur Frage, welchen Sinn die Annahme von »Unbewusstem« für die Erklärung menschlichen Handelns macht: Wir glauben, wir würden rational bzw. bewusst handeln, tun es jedoch nicht.

---

12 Vgl. Ciompi 2002, S. 42. Und insgesamt Ciompi 1982, S. 15–43.
13 Eine leichte Umformulierung des ethischen Imperativs von Heinz von Foerster (1988, verschiedene Quellen) für die Arbeit mit sozialen Systemen: »Handle stets so, dass du die Anzahl an Möglichkeiten vergrößerst.« – Aus systemischer Sicht steigt mit der Zunahme der Wahlmöglichkeiten auch die Qualität der Wahl in der zunehmenden Möglichkeit adäquater Selbstorganisation.
14 Vgl. Heath 2010. – Eine sehr gute Einführung in Lehrstücke der Psychologie der Veränderung.

2. Die Dynamik der Seele

Für Coaching sind einige Konzepte von Sigmund Freud wichtige Bezugspunkte. Viele Werkzeuge und Modelle, die wir im Coaching nutzen, rechnen mit unbewussten Kräften im Zusammenhang bewusster Handlungssteuerung. Freuds Ansätze wurden in allen späteren Theoriebildungen, sei es in der Weiterentwicklung und auch in der kritischen Abgrenzung, aufgenommen. Modernere psychologische Theorieansätze der kognitiven Theorie, Verhaltenspsychologie und Neuropsychologie nehmen explizit oder implizit auf die *psychodynamischen Vorstellungen von den in der Seele wirkenden Kräften* Bezug. Im Kontext der Coaching-Weiterbildung der FHNW sprechen wir vom »psychodynamisch informierten Coach«[15] als einer Beratungsperson, die psychodynamische Modelle in ihrer Reichweite und ihrem Nutzen einschätzen und einsetzen kann.

Psychodynamische Konzepte teilen die Vorstellung von Kräften und Gegenkräften in der Seele. Metaphern aus der Mechanik wie »Mechanismus«, »Widerstand«, »Verdrängung« haben dabei Pate gestanden. Modernere Vorstellungen der Hirnphysiologie von »neuronalen Netzen«, »Nervenverbindungen«, »An- und Ausschalten« passen ganz gut dazu. Psychodynamische Vorstellungen über seelische Vorgänge können in physiologischen Abläufen rekonstruiert werden. Vielleicht wäre es übertrieben, von einer hirnphysiologischen Rehabilitation psychodynamischer Konzepte zu sprechen. Aus unserer Sicht gibt es allerdings genügend Evidenz dafür, mindestens mit einigen dieser Konzepte im Coaching weiter zu arbeiten.

2.1 Unbewusste Kräfte

Freud definierte *drei Schauplätze, wo sich das psychische Geschehen abspielt: das Bewusstsein, das Vorbewusste, das Unbewusste.*

Das Bewusstsein
Die verschiedenen Inhalte des Bewusstseins (Vorstellungen, Gedanken, Erinnerungen, erworbene Fähigkeiten und Wahrnehmungen) können nach Belieben in den Fokus der Aufmerksamkeit gerückt und wieder beiseitegelegt werden. Das Bewusstsein ist der dem eigenen Bewusstsein zugängliche Bereich über sich selbst und die eigene Existenz.

---

15 Eine leichte Umformulierung des ethischen Imperativs von Heinz von Foerster (1988, verschiedene Quellen) für die Arbeit mit sozialen Systemen: »Handle stets so, dass du die Anzahl an Möglichkeiten vergrößerst.« – Aus systemischer Sicht steigt mit der Zunahme der Wahlmöglichkeiten auch die Qualität der Wahl in der zunehmenden Möglichkeit adäquater Selbstorganisation.

Das Vorbewusste
Im Vorbewussten sind seelische Inhalte gelagert, auf die das Bewusstsein nicht sofort zugreifen kann, die jedoch durch Suchen nach Zusammenhängen auftauchen oder einem »einfallen« (wie der Name eines länger nicht gesehenen Bekannten, den man auf der Straße trifft). Diese Inhalte sind relativ leicht zugängliche Gedächtnisinhalte. Sigmund Freud gebraucht diese Beschreibung einer *Zwischenschicht* zwischen Bewusstsein und Unbewusstem, um den Unterschied zum Unbewussten noch deutlicher zu markieren.

Das Unbewusste
Das Unbewusste des erwachsenen Menschen ist nach Freud ein System, das vor allem aus verdrängten oder abgewehrten Bewusstseinsinhalten besteht (vgl. Abb. 10).

Diese unbewussten Merkmale, wir würden heute sagen »Muster«, sind auch ohne bewusstes Wissen der Individuen handlungswirksam. Sie können sogar handlungsbestimmend und -steuernd sein. Das gilt nicht nur fürs Autofahren. Manchmal sind diese Merkmale auch in der (frühen) Kindheit erworben und bestimmen immer noch unser Handeln, obwohl sie längst nicht mehr funktional sind. So ist es für ein Kind ganz normal, sich in einer bestimmten Entwicklungsphase gegen Autoritäten aufzulehnen, nur weil sie Autoritäten sind. Das dient der Selbstwerdung. Für Erwachsene im betrieblichen Alltag dagegen ist ein sol-

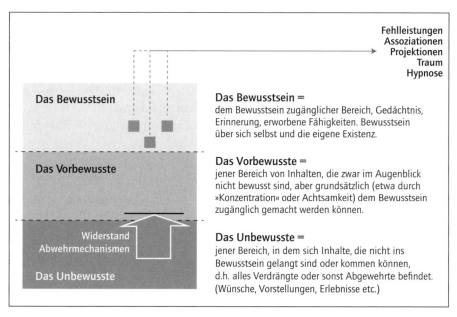

Abb. 10: Unbewusste Kräfte

ches Verhalten sehr irritierend, besonders wenn es eigentlich um fachliche Fragen geht. Weitere unbewusste Inhalte teilen sich in den Träumen symbolisch mit oder äußern sich im Alltag unter anderem durch die »Freudschen Fehlleistungen« und »Freudsche Versprecher«. Trotz willentlicher Anstrengung können sie aber oft nicht (direkt) bewusst gemacht werden. Dazu bedarf es eigener Methoden und Techniken wie z. B. die im Folgenden dargestellten »projektiven Verfahren«, »Trance und Hypnose« und »Traumdeutung«.

2.2 Zugang zum Unbewussten mit projektiven Verfahren

Mit Hilfe von projektiven Verfahren können *tieferliegende*, eventuell auch unbewusste Motive ermittelt werden. Die Idee ist, dass unbewusste und manchmal auch unangenehme und widerspruchsvolle Regungen auf andere Personen und Situationen projiziert (d. h. übertragen) werden. Projektive Verfahren machen sich diesen Mechanismus zunutze, indem sie dem Gesprächspartner »Projektionshilfen« geben, welche die bewusste Steuerung der Antworten erschweren und somit Einblicke in unbewusste Wünsche, Einstellungen, Erwartungen, Motivationen und Imagevorstellungen geben. Allen gemeinsam ist, dass die vorgegebenen Reize unbestimmt genug sind, um der Person genügend Spielraum für eine eigene Interpretation zu lassen. Meist beinhalten sie eine gewisse spielerische Komponente, die uns anregt und erlaubt, unsere bewusste Steuerung ein wenig auszusetzen.

Projektive Verfahren[16] sind besonders dann geeignet, wenn es um emotionsbeladene und persönliche Inhalte geht oder wenn die vom Klienten geschilderte Ausgangssituation wenig strukturiert und ein wenig wirr erscheint. Im Coaching nutzen wir gerne metaphorische Materialien, um die unbewusste Dynamik unserer Klientinnen und Klienten anzuregen: Malen von Zielbildern, Arbeit mit kleinen Gummitieren, spielerisches Gestalten von Skulpturen.

Die folgende Praxisübung stellt beispielhaft für ein projektives Verfahren die Arbeit mit den »Baummenschen« vor (vgl. Abb. 11).

---

16 Weitere projektive Verfahren, mit denen Sie vielleicht schon Erfahrung gemacht haben, sind der Rorschach Test, der Baum-Test oder der Thematische Apperzeptionstest (TAT).

Abb. 11: Baummenschen

Aufgabe
Machen Sie eine Coaching-Erfahrung mit den Baummenschen. Setzen Sie sich mit jemandem zu einem Coaching-Gespräch zusammen und stellen Sie einander folgende Fragen:
(a) Wenn Sie sich Ihre berufliche Situation vorstellen (im Team, in der Organisation), wo würden Sie sich auf dem Baum positionieren?
(b) Welche Position entspricht Ihrer Wunschposition?
(c) In welchen Situationen könnte diese Arbeit für Ihren Klienten hilfreich sein?

2.3 Phantasiereise

Andere Zugangsmöglichkeiten zum Unbewussten bietet die Induktion von Trancezuständen. »*Trance« verstehen wir als eine Erlebnisweise, in der die Wahrnehmung nicht bewusst gesteuert (unwillkürlich) ist.*[17] Anders als in unserem Alltagsbewusstsein finden wir in Trancezuständen leichter Zugang zu unseren sonst unbewussten Antrieben und Ressourcen. In allen Kulturen wird die Induktion von Trancezuständen dafür genutzt, unsere Erlebnismöglichkeiten zu erweitern. Das geschieht in religiösen und auch in therapeutischen Kontexten,

---

17 Vgl. Schmidt 2010 a, S. 19.

wenn es um die Erfahrung des ganz Anderen und um die Erschließung sonst nicht zugänglicher Kraftquellen geht.

Entscheidend für einen therapeutischen und auch beraterischen Einsatz der Induktion von Trancezuständen ist die Intention der Tranceinduktion als Intervention: *Im beraterischen Einsatz im Coaching soll ein Trancezustand den Klienten dabei unterstützen, einen noch besseren Zugang zu seinen (unbewussten) Ressourcen zu bekommen.* Einige Coachs nutzen dafür die sogenannte »Phantasiereise« als gezielte thematische Induktion einer milden Trance zur spezifischen Erweiterung der eigenen Erlebnismöglichkeiten. Die Kunst der Phantasiereise besteht darin, auftauchende Bilder, Vorstellungen, Assoziationen, Gefühle und Wahrnehmungen zugleich bewusst zu beobachten.

Neben der besonderen Begabung von Coachs, Klientinnen und Klienten in Phantasiereisen führen zu können, braucht es für diese Übungen Handwerkszeug, das über die Darstellung dieses praxisorientierten Überblicks hinausgeht.[18] Der Coach folgt und führt die Assoziationen seines Klienten, der sich dabei meist im Zustand einer körperlichen Entspannung befindet.

Übung: Phantasiereise mit mir selbst
Schließen Sie gerne die Augen, während Sie das lesen ein wenig, so dass Sie nur noch dem Text folgen. Nutzen Sie positive Schlüsselwörter, welche Sie mögen, wie einen Zauberspruch in Ihr Reich der Phantasie …
Eine Türe geht auf, und Sie finden sich in einem dämmrigen Licht. Die Geräusche Ihrer Umgebung verblassen langsam und Sie hören vielleicht nur noch den Klang Ihres Atems, der langsam ein- und ausgeht. Ihr Körper entspannt sich, während Ihr Geist durch die Türe geht und voller Neugier und Vorfreude zu Ihren Quellen des Beratens geht. Vielleicht befinden Sie sich jetzt in einem Wald mit hohen Bäumen … Sie hören den Gesang von Vögeln an einem Sommermorgen. Der Weg vor Ihnen öffnet sich in eine Lichtung. Von weitem schon hören Sie das leise Glucksen einer kleinen Quelle, aus der mitten in der Lichtung ein kleiner Bach entspringt. Langsam und vielleicht auch ein bisschen andächtig dürfen Sie sich jetzt Ihrer Quelle nähern … Sie schauen in das sich leicht bewegende Wasser und entdecken Bilder und Szenen, die Sie mit der Zeit immer deutlicher erkennen können. Fasziniert beobachten Sie. Vielleicht hören Sie sogar die freundlichen Stimmen … Lassen Sie sich Zeit, bis Sie alles erfahren haben, was Ihre Quelle Ihnen heute preisgeben mag …
Sie dürfen jetzt wieder aus Ihrer Trance aufwachen. Bedanken Sie sich bei Ihrer Quelle für alle Kraft, die Sie Ihnen geschenkt hat. Und wenn jetzt Ihe Augen wieder ganz geöffnet sind, sind Sie wahrscheinlich etwas geblendet. Darum verharren Sie noch ein wenig, bevor Sie jetzt ihre Arme leicht nach oben strecken, aufstehen, tief atmen und die aufscheinende Realität wieder freundlich begrüßen. Wahrscheinlich fällt jetzt Ihr Blick auf Ihr Lerntagebuch und Sie beginnen aufzuschreiben, was Sie alles aus Ihrer Quelle erfahren haben.

---

18 Zur Einführung vgl. z. B. Bieber 2011.

2.4 Das Konzept der Abwehrmechanismen

Schutz und Bewältigungsmechanismus unserer Psyche

Jeder – und zwar: jeder – Mensch besitzt eine »Abwehr«. Sie dient dazu, unlustvolle Gefühle, Affekte, Wahrnehmungen etc. vom Bewusstsein fernzuhalten bzw. diese in Schach zu halten. Es handelt sich dabei um eine Art Gewohnheit (*Mechanismus*), die unbewusst abläuft und uns schützt bzw. uns bei der Bewältigung bestimmter Aufgaben unterstützt. Die Abwehr ist also eine gute Sache – aber nicht immer.

Aus Sicht der Psychoanalyse ist die Untersuchung von Aktivitäten des Ich, die der Abwehr von Ängsten dienen, außerordentlich wichtig: Was kurzfristig der Abwehr von Ängsten und der Lebensfähigkeit dient, wird schon mittelfristig zum Problem, wenn es zur Einschränkung unserer Handlungsmöglichkeiten führt. Man interessiert sich dabei vor allem für die unbewussten Anteile der Antworten auf die folgenden vier Fragen, mit denen die Psychoanalyse das Erleben und Handeln einer Person beschreibt:
- Was wünscht sich die Person?
- Wovor hat sie Angst?
- Was unternimmt sie gegen ihre Angst?
- Welche Befriedigungsmöglichkeiten bleiben ihr?

Beispiele für Abwehrmechanismen

Unter »Abwehr« versteht man alle Operationen des Ich, die dem Schutz des Individuums vor bedrohlichen und unerträglichen Impulsen, Gefühlen und Vorstellungen dienen. Es ist der dauerhafte Ausschluss störender Wünsche und der mit ihnen verbundenen Vorstellungen und Affekte aus dem bewussten Erleben.

Das Prinzip, das den Abwehrmechanismen nach Freud zugrunde liegt, ist die Verdrängung. Denn Abwehrmechanismen verbergen die als bedrohlich empfundenen Vorstellungen und Affekte und verhindern, dass sie ins Bewusstsein gelangen.

Hier einige Beispiele für weitere Abwehrmechanismen:[19]

Regression
Um Minderwertigkeits-, Angst- oder Schuldgefühle abzubauen, greifen wir auf ein Verhaltensmuster zurück, das einer früheren Stufe der Persönlichkeitsentwicklung entspricht: z. B. hilflos spielen, weinerlich sein. Aus dem beruflichen Zusammenhang kennen wir legitime sozial geduldete Regression wie z. B.

---

19 Vgl. im Folgenden Haubl et al. 1986, S. 190 ff.

Blödeln, Witze machen, über den Chef oder die Chefin herziehen. Andere Verhaltensweisen, wie das Konsumieren alkoholischer Getränke zur Entspannung am Arbeitsplatz oder das Ziehen an Zigaretten, sind aus dieser Sicht kritischer einzuschätzen.

Reaktionsbildung
Bei der Reaktionsbildung kommt es zu einer Intensivierung von Impulsen, die den verdrängten Inhalten entgegengesetzt sind, also z. B. Liebe anstelle von Hass, Hergeben anstelle von Vereinnahmen, Kühnheit anstelle von Schüchternheit, Draufgängertum anstelle von Unzulänglichkeit etc.

> **Beispiel Reaktionsbildung**
> Vielleicht kennen Sie das als Führungskraft: Ein Mitarbeiter ist mehr als freundlich. Seine Wohltaten wie Komplimente oder kleine und größere persönliche Geschenke gehen schon fast auf die Nerven. Auf der anderen Seite ist die Arbeitsweise des Mitarbeiters gekennzeichnet durch Unselbständigkeit, fehlende Einschätzung der eigenen Leistung sowie ein ständiges Sich-selbst-herabsetzen. – Vielleicht deutet die Reaktionsbildung mit übertriebenen Komplimenten und Geschenken auf die »Abwehr« von Führung bzw. geführt werden durch den Mitarbeiter.

Projektion
Bei der Projektion werden bedrohliche Affekte und Vorstellungen dadurch verborgen, dass sie anderen Menschen zugeschrieben werden. Die Aussage »Er traut mir nicht« könnte eine Projektion der eigentlichen Aussage sein, die lautet: »Ich traue ihm nicht«, oder auch: »Ich traue mir selbst nicht«.

Rationalisierung
Wer rationalisiert, versucht Gefühlen, Gedanken und Handlungen, deren wirkliche psychische Bedingungen nicht erkannt werden sollen, einen logisch stimmigen und/oder moralisch legitimierten Zusammenhang zu geben. Beispielsweise sagen Gewohnheitstrinker, sie trinken mit ihren Freunden, um nicht ungesellig zu sein. Im beruflichen Kontext wird z. B. die Begrenzung der eigenen Fähigkeiten dem bösen Willen von Vorgesetzten zugeschrieben, die »einen nicht hochkommen lassen wollen«.

Verschiebung
Für das Ich unakzeptable (sexuelle oder aggressive) Triebregungen werden auf einen Menschen gelenkt, der psychologisch akzeptabler erscheint als diejenige Person, durch die die Triebregungen geweckt wurden. Die betroffene Person zeigt aufgrund dieser Verschiebung plötzlich einen starken Affekt gegenüber einem bis dahin neutralen Objekt, den sie sich selbst nicht erklären kann. Kinder, die nicht

wagen, ihre Wut auf die Eltern auszudrücken, tun das vielleicht, indem sie ihrem Kuscheltier oder einem Kameraden einen Tritt versetzen. Eine Mitarbeiterin, die sich über ihren Chef geärgert hat, faucht vielleicht eine Kollegin an.

Widerstand

Widerstand[20] beschreibt die Tendenz einer Person, Vorschläge, Anordnungen oder empfohlene Handlungen, die von einer anderen Person gemacht werden, zu verweigern. *In einer helfenden Beziehung[21] bezeichnen wir Freud folgend all das als Widerstand, was der Klient oder das Klientensystem der Veränderung seiner gelernten Abwehrmechanismen entgegensetzt.* Dabei handelt es sich vorwiegend um unbewusste, nicht willkürliche Kräfte, die den *dysfunktionalen* Zustand zu erhalten suchen.

Der Widerstand dient dazu, Schuldgefühle, schmerzhafte Affekte, aber auch Scham und Angst sowie konkrete Risiken neuer Handlungsmöglichkeiten zu vermeiden. Diese Abwehrmechanismen sind bewusste und unbewusste Einstellungen und Verhaltensweisen, wenn es um Veränderungen geht. Unbewusste Widerstände haben die Funktion, das seelische Gleichgewicht stabil zu halten, das durch Coaching ins Wanken gebracht werden kann.

Die erfolgreiche Thematisierung und Bearbeitung von Widerständen bewirkt, dass die darin enthaltenen Motive nach und nach verarbeitet und integriert werden können. Das Phänomen Widerstand wird überall thematisiert, wo es um Veränderung geht. Widerstand zu verstehen und zu integrieren, ist die Voraussetzung für erfolgreiche persönliche und auch organisatorische Veränderung. »Prozessberatung« bedeutet aus unserer Sicht explizit, diese Lehre der Psychoanalyse aufzunehmen und Interventionen anzubieten, die unsere Klienten unterstützen, ihren Widerstand zu integrieren.

> **Aufgabe**
> - Beschreiben Sie drei Veränderungssituationen, in denen Sie Widerstand an anderen und/oder sich selbst wahrgenommen haben.
> - Wie wurde damit umgegangen? Wann ist es erfolgreich gelungen, ihn zu integrieren? Was hat dabei geholfen?

---

20 Aus systemischer Sicht rahmen wir das Phänomen Widerstand als das erste Zeichen der Bereitschaft des Klienten an seiner Systemerhaltung zu arbeiten, auch wenn dies erst einmal mit Unwohlsein und Angst verbunden ist.

21 Auch Führungskräfte berichten alltagssprachlich vom »Widerstand« von Mitarbeitenden gegenüber Veränderungen, der bis zu Obstruktion führen kann. Die damit oft verbundene negative Bewertung teilen wir nicht. Im Gegenteil ist neben der dadurch ermöglichten Berücksichtigung wirklicher Risiken und Nebenwirkungen von Veränderung Widerstand immer ein Zeichen dafür, dass die Herausforderung, sich zu verändern, zuerst einmal wahrgenommen wird.

3. Das Konzept der Übertragung in der Beratungsbeziehung

3.1 Bewusste und unbewusste Übertragung

Eng mit der Unterscheidung von bewusst und unbewusst ist das Konzept der Übertragung verbunden. *Übertragung* und *Gegenübertragung*[22] ist ein weitreichendes Konzept im Verständnis helfender Beziehung überhaupt: *Der Klient »überträgt« seinen Wunsch nach Hilfe auf den Berater. Der Berater überträgt seinen Wunsch, Hilfe zu geben und zu unterstützen, auf den Klienten. Damit verbunden sind Wünsche nach Rettung, Erlösung und auch nach Geliebtwerden. Die Leistung der Beraterin bzw. des Beraters besteht darin, genau dieses übertragene Muster der Hilfsbedürftigkeit aus seiner starren Eingeschränktheit zu befreien und für den Klienten als Hilfe zur Selbsthilfe verfügbar zu machen.* Die klassische Übertragung ist die Kind-Eltern-Beziehung: das unselbständige Kind und die helfenden Eltern als Problemlöser für alle Notlagen.

Im Kontext von Coaching bedeutet das: Ich habe immer den Klienten, der zu mir passt. Es ist die spezifische Leistung des Klienten, mir diejenigen Eigenschaften zuzuschreiben, die er für die Unterstützung in seinem Vorhaben glaubt brauchen zu können.

»Übertragung«[23] macht die Interaktion von Klient und Berater in ihren Dimensionen des bewussten Ich und des Unbewussten auf folgende Weise verständlich (vgl. Abb. 12):

a. Auf bewusster Ebene sucht der Klient den Berater wegen einer Leistung auf und der Berater erklärt sich bereit, eine Leistung zu erbringen.
b. Unbewusst überträgt der Klient seine Erwartungen und Wünsche auf Hilfe: »Hilf du mir«, bis hin zum Wunsch nach »Erlösung«, an den Berater, welcher diese bewusst aufnehmen und für Interventionen nutzen kann.

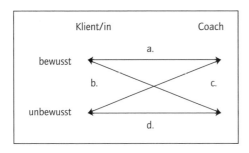

Abb. 12: Bewusste und unbewusste Übertragung

---

22 »Übertragung« ist aus systemischer Sicht immer ein wechselseitiges Geschehen (Co-Übertragung). »Gegenübertragung« und »Übertragung« zu unterscheiden, führt in ein Henne-Ei-Paradox. Umfänglich ausgeführt ist das Konzept bei Freud 1912.
23 Vgl. Jacobi 1992.

c. Das funktioniert auch umgekehrt: Auch Klienten haben eine Wahrnehmung des Beraters, die diesem selbst nicht zugänglich ist, z. B. den Wunsch, anerkannt und geliebt zu werden. Auf jeden Fall reagiert der Coach auf die Übertragungswünsche des Coachees.[24] Manchmal entstehen sogar starke Gefühle wie Liebe und Abneigung. Oft beschäftigen den Coach seine Gefühle und Gedanken in Bezug auf seinen Klienten zeitlich über die eigentliche Beratungssituation hinaus.
d. Im besten Fall gehen das Unbewusste des Klienten und das Unbewusste des Beraters ein Arbeitsbündnis ein. Wir helfen uns wechselseitig als Hilfe Gebende und Hilfe Empfangende in wechselseitiger Anerkennung und Wertschätzung mit dem gemeinsamen Ziel, die asymmetrische Übertragungsbeziehung für den Klienten nutzbar zu machen.

Auch »Gegenübertragung« ist ein normaler Bestandteil der Beratungssituation. In der helfenden Beziehung ist »Übertragung« ein wichtiges Arbeitsmittel: Hilfe kann aber nur erfolgreich sein, wenn der Helfer seine Position (auch) außerhalb des Übertragungsmusters des Klienten bestimmt: *Hilfe als Hilfe zur Selbsthilfe* besteht darin, dem Klienten einen konstruktiven Umgang mit seinen Übertragungsmustern zu ermöglichen; geht der Coach dem Klienten *an den Haken* und erliegt der *Lockung der Übertragung*, verliert er die Möglichkeit, dem Klienten sein Muster durchsichtig zu machen, und damit die Möglichkeit seiner Leistung. – Dieses *Kleben* am Klienten und die in der Folge wechselseitige Abhängigkeitsbeziehung führt in der Realität zum Bruch des Arbeitskontrakts, auch wenn das Coaching noch lange weitergeht. Der Coach ist nicht mehr nützlich. Der Bruch der Beziehung kann innerhalb der helfenden Beziehung nicht bearbeitet werden. In der Regel ist für den Coach dann externe Unterstützung notwendig. Es ist nicht nur ein gravierender professioneller Fehler, den gebrochenen Kontrakt innerhalb der Abhängigkeitsübertragung (»Symbiose«) mit Klienten weiterzuführen (z. B. Liebesbeziehung), sondern auch – gerade was sexuelle Kontakte anbetrifft – berufsethisch ausgeschlossen.

> **Aufgabe**
> Erinnern Sie sich, welche Beratungspersonen in Ihrem Leben Ihnen ganz besonders hilfreich waren. Welche Emotionen haben Sie diesen Personen gegenüber gehabt? Was hat Sie verbunden?

---

24 »Coachee« bedeutet der »Gecoachte«. Wir verwenden es im Austausch für »Klient« auch wenn im Begriff des Klienten aus seiner lateinischen Herkunft »Abhängiger« immer die Hilfebeziehung mitschwingt und uns so auf den psychologischen Aspekt unserer Beziehung aufmerksam macht.

Folgende Beispiele zeigen, was passiert, wenn die Steuerung von Übertragung und Gegenübertragung schief geht:
- Der Coach ist nicht offen für die Übertragung des Klienten, zieht sich auf seine Expertenrolle zurück, vergisst seinen Klienten in dessen Übertragung zu unterstützen und wertzuschätzen. Die Beratung wird vom Klienten nicht ernst genommen.
- Der Coach reagiert unreflektiert aus der Gegenübertragungssituation, will z. B. seine sexuellen Wünsche realisieren, genießt und verlängert die Abhängigkeit des Klienten. Im Wunsch, dem Coachee in seinem Anliegen *zu helfen*, wird der richtige Zeitpunkt für kritische Konfrontation oder die Veränderung des Kontrakts verpasst. Die Beratung bringt dem Klienten keinen Nutzen, keine neuen Perspektiven, bleibt bestenfalls ein kurzfristiges Strohfeuer, wenn mit der Gegenübertragung der Wunsch nach Erlösung[25] angefeuert wird.

Nützliche Fragen zur Steuerung von Übertragung
Welche Gefühle und Eindrücke löst die Begegnung mit der Klientin bei mir aus?
- Konzentrationsschwierigkeiten, fühle mich energielos
- stelle plötzlich bei mir eine aggressive Stimmung fest
- Lustlosigkeit für Person und Thema, Müdigkeit
- Langeweile verbunden mit der inneren Aufforderung: Sollte dich eigentlich interessieren! ... kenn ich doch schon alles
- Gefühle der Bedrohung und Verunsicherung
- Fremdheitsgefühl, Gefühl eines Fremdgefühls
- ...

Spüre ich bei mir unangemessen starke emotionale Reaktionen?
Beschäftigt mich der Klient auch nach Ende des Coachinggesprächs noch weiter?
Von welchem Bild von sich selbst möchte der Klient mich überzeugen?
Was möchte der Klient vermeiden? Was wäre für ihn bedrohlich?
Welches Verhalten sollte ich zeigen, um diesen Klienten noch stärker zu binden?

3.2 Helfersyndrom als Beziehungsrisiko für Coachs

Das Helfersyndrom[26] ist ein einzigartiges Lehrstück der Psychologie für helfende Berufe, das zeigt, wie ein Talent zu einem Fluch werden kann. Ausgangspunkt ist das Talent der Empathie und des Einfühlungsvermögens, das die meisten

---

25 Wir nennen das auch das »Guru-Phänomen«: Coachs in der Guru-Rolle halten ihre Klienten in Abhängigkeit und werden auch von diesen in (Gegen-)Abhängigkeit gehalten.
26 Vgl. Wolfgang Schmidbauer 1992. Sein Buch »Hilflose Helfer – über die seelische Problematik der helfenden Berufe« darf nach wie vor als Standardwerk zu dieser Thematik gelten.

Menschen in helfenden Berufen auszeichnet. Der Wunsch, in einem helfenden Beruf – wie eben auch Beratung und Coaching – zu arbeiten, ist mit der Fähigkeit, sich in andere hinein zu versetzen und die Welt mit ihren Augen zu sehen, eng verbunden. Empathie ist die Voraussetzung dafür, wirksame Unterstützung für die Handlungssteuerung des Coachees zu geben. Ohne das Verständnis, was der Klient in diesem Moment braucht und was ihn voran bringen kann, laufen Beratungsinterventionen ins Leere.

Im oben dargestellten Modell von Übertragung und Gegenübertragung *übertrage* ich meinen Wunsch zu helfen auf den Klienten: Ich projiziere Hilfsbedürftigkeit und den Wunsch nach Hilfe, zudem bekomme ich eine Vorstellung, was genau Hilfe und Unterstützung sein könnte. *Die Schattenseite des Empathietalents ist, dass ich manchmal über das hinausgehe, was der Klient wirklich von mir nutzen kann.* Mein Engagement wird nicht mit der nötigen Aktivität und Eigenverantwortung des Klienten erwidert, die es bräuchte, damit meine Hilfe wirklich zu Verbesserungen führt. In meinem Wunsch zu helfen kann ich in den Teufelskreis geraten, immer mehr zu tun, was der Klient immer weniger nutzen kann. Ich bin der festen Überzeugung, dass ich weiß, was richtig ist. In der Folge fühle ich mich ausgebrannt und müde, nutzlos, wenn meine Interventionen nicht die erwünschten Wirkungen zeigen. Wenn dazu noch die eigene Hilfsbedürftigkeit kommt, wenn ich meine Angewiesenheit auf das Feedback von anderen nicht wahrnehme und nicht merke, wenn ich mal übers Ziel hinausschieße, kann es zu ernsten seelischen Schwierigkeiten kommen. – In den 1980er-Jahren war es ein schwerwiegendes Problem in der Krankenpflege, dass Pflegekräfte an die Grenzen ihrer Möglichkeiten stießen und schließlich keinen Ausweg mehr sahen, als *ihre* Patienten von ihrem Leiden zu erlösen. Gleichzeitig stieg die Selbstmordrate in helfenden Berufen insgesamt.

Besonders nützlich war die Beschreibung des Helfersyndroms für die Professionalisierung helfender Berufe. Die bekannten dysfunktionalen Wirkungen helfender Arbeit kann man mithilfe von Supervision – also der Arbeit am Übertragungsgeschehen – ganz gut in den Griff bekommen.

Aufgabe
Jetzt geht es um Sie und Ihren Wunsch zu helfen – sonst hätten Sie sich ja gar nicht zum Coaching-Studium entschlossen.
- Welche Erfahrungen haben Sie bisher im Leben mit Ihrem Wunsch zu helfen gemacht?
- Was ist Ihnen dabei besonders wichtig geworden?
- Wie können Sie Ihren Wunsch zu helfen am besten fürs Coaching einsetzen?

3.3 Worin liegt der Unterschied zwischen »Therapie« und »Beratung«?

Der Therapieausbilder und Psychologe Hilarion Petzold gebraucht die Unterscheidung bewusst/unbewusst, um *Ebenen der »therapeutischen Tiefung«*[27] als mögliche Ansatzpunkte von Therapie zu unterscheiden (vgl. Abb. 13). Im Rahmen des Coaching-Studiums an der FHNW gebrauchen wir sein Modell, um die Grenzen, aber auch die Verbindungen von Fach- und Expertenberatung, Coaching als Prozessberatung und Psychotherapie aufzuzeigen.[28]

Fachberatung: Geht es dem Klienten um *inhaltliche Klärung und Reflexion* von Handlungsvorhaben und Situationen, ist die fachliche Expertise des Beraters gefragt. Zugleich sind inhaltliche Fragestellungen in Reflexions- und Klärungsprozessen des Klienten gebunden. Wirksame *Expertenberatung* ist daher in der Regel im Kontext des Prozesses des Klienten *gerahmt*. Die Kunst der Fachberatung ist, genau die Expertise bereitzustellen, welche der Klient auch wirklich brauchen kann.

Coaching: Selbst abstrakte inhaltliche Fragestellungen der Mathematik sind mit Gefühlen und Bildern verbunden. Sie ziehen uns an oder stoßen eher ab, rufen Vertrauen und Skepsis in Lösungen hervor, Gefühle der Passung, Besorgnis und Begeisterung, Motivation. Meistens sind uns diese Gefühle bewusst und zugänglich. Ein großer Anteil von Coaching arbeitet in diesem Bereich der bewussten insbesondere auch *emotionalen Steuerung von Handeln und Verhalten* im Praxisfeld des Klienten. Coaching als Dienstleistung bearbeitet den Unterschied von Erfolg und Misserfolg für den Klienten. Erfolgswahrnehmung und Erfolgsgestaltung sind wesentlich mit Emotionen und Gefühlen verbunden. Als Coachs rechnen wir dabei auch mit unbewussten Kräften und Dynamiken und unterstützen unsere Klientinnen und Klienten, diese in ihrem Sinne für sich einzusetzen.

Psychotherapie: Von »Psychotherapie« sprechen wir in der Regel, wenn ein *starker Leidensdruck* vorliegt. Medizingeschichtlich gesprochen adressieren wir mit dem Begriff der »Therapie« den Unterschied von Gesundheit und Krankheit. Es geht nicht mehr um im Einzelfall mehr oder weniger gelingende Handlungen, sondern um die generelle Fähigkeit, zu handeln und sein Leben in die Hand zu nehmen. Oft sind starke Gefühle mit autonomen Körperreaktionen verbunden, die sich einer bewussten Steuerung vollständig entziehen. Das Leiden wird verstärkt durch die eigene Unfähigkeit, selbst eine Veränderung und Verbesserung herbeizuführen.

---

27 Vgl. Petzold 1988, S. 111 ff.
28 Aus systemischer Sicht kurz zusammengefasst: Fachberatung prozessiert den Unterschied von Wissen wie (Know-how) und Nichtwissen wie, Coaching den Unterschied von erfolgreichem und nichterfolgreichem Handeln, Psychotherapie den Unterschied von Krankheit und Gesundheit.

Auf der Y-Achse der *Tiefung* von bewusster Steuerung zu unbewussten Prozessen gehen die unterscheidbaren Ansatzpunkte ineinander über. Auch Psychotherapeuten versuchen in der Therapie immer wieder die Verbindung zum Alltagshandeln ihrer Klienten herzustellen. Coachs, insbesondere therapeutisch ausgebildete Coachs, wagen sich auch daran, mit Klienten zu arbeiten, denen augenscheinlich Anteile ihrer Handlungssteuerung nicht zugänglich sind. Die Unterscheidung verschwimmt an den Rändern. Und sie unterstützt die Sichtweise einer sinnvollen Aufgabenteilung für die unterschiedlichen Rollen Fachberatung, Coaching und Therapie und damit auch der Möglichkeit der Zusammenarbeit.

Mit dem Modell der »therapeutischen Tiefung« lassen sich Unterschiede der Fragestellung und Vorgehensweisen in den Formen professioneller helfender Beziehung ganz gut verorten (vgl. Abb. 13). Zugleich ist der konkrete Arbeitsbereich im Coaching von den Kompetenzen und Erfahrungen des Coachs bestimmt.

Auf der X-Achse können Handlungsfelder mit unterschiedlichen Formaten unterschieden werden. Zum Beispiel: Projekt-Coaching und Projektberatung mit einem robusten Anteil an Projektexpertise oder Supervision als spezifisches Format für helfende Berufe mit einem vertieften Anteil von therapeutischem Wissen und therapeutischen Ansatzpunkten in der Bearbeitung von (unbewussten) Übertragungsphänomenen.

Unser jeweiliges Arbeitsprofil im Coaching aber ist persönlich. Es hängt von der einzelnen Beratungsperson ab, welche Ausbildungen sie genießen durfte, welche (Feld-)Erfahrungen sie mitbringt, welche Kompetenzen sie fokussiert hat. Ein Psychotherapeut braucht ein vertieftes Wissen und Erfahrungen in der Behand-

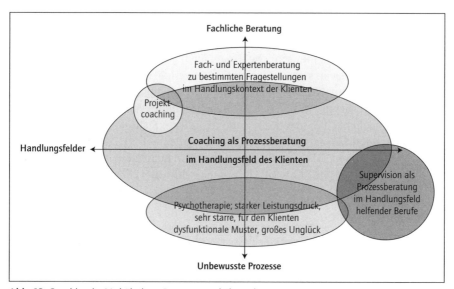

Abb. 13: Coaching im Verhältnis zu Beratung und Therapie

lung von an ihrer Seele leidenden Menschen. Coaching im beruflichen Kontext wird eine größere Unterstützung leisten können, wenn der Coach mit den Klippen und Fragestellungen in beruflichen Kontexten und Organisationen vertraut ist.

> **Aufgabe**
> Überlegen Sie: Was sind zentrale Merkmale Ihres Coaching-Profils?
> Zeichnen Sie ein Achsenkreuz wie in der Grafik oben: Wo würden Sie Ihr Coaching-Oval in etwa eintragen?

4. Veränderung und Entwicklung als Ansatzpunkte für Coaching

Neben der Unterscheidung bewusst/unbewusst im Zusammenhang mit möglichen Ansatzpunkten im Coaching steht (mindestens) gleichrangig die Vorstellung von Veränderung und Entwicklung. Menschen verändern und entwickeln sich. Coaching kann sie dabei unterstützen, diesen Prozess zu steuern. Die psychologische Perspektive reflektiert hierbei die »inneren Prozesse«, das subjektive Erleben, im Unterschied zum von außen wahrnehmbaren Verhalten.[29] Die in diesem Abschnitt dargestellten Konzepte werden in der Beratungspraxis vielfach genutzt und lassen sich in der Praxis gut miteinander verbinden.

4.1 Einseitigkeiten ausgleichen

Lebendige Systeme wie menschliche Organismen erweisen sich als weniger überlebensfähig, wenn sie in starren Einseitigkeiten verharren. Wenn sie ihr Potenzial, auf unterschiedliche Herausforderungen unterschiedlich zu antworten, nicht ausschöpfen, verlieren sie auf Dauer ihre Flexibilität. Veränderung, welche die Handlungsmöglichkeiten erweitert, kann aus dieser Sicht als ein Ausgleich von einschränkenden Einseitigkeiten verstanden werden.

Der Freudschüler Carl Gustav Jung hat dafür ein heute noch vielfach gebrauchtes Modell vorgelegt (vgl. Abb. 14). Er unterscheidet drei Handlungsdimensionen mit ihren Polaritäten als *Persönlichkeitstypen*.[30]

---

[29] Diese Unterscheidung von »Innen« als Selbstverhältnis und »Außen« als Verhältnis zu Anderem gehört zu den Ursprüngen der modernen wissenschaftlichen Psychologie in der ersten Hälfte des 19. Jahrhunderts in Deutschland.
[30] Vgl. Carl Gustav Jung (1994 a). – Das Modell ist an sich schon viel älter. Schon die alten Griechen unterscheiden Noesis – Intuition, Aisthesis – sinnliche Wahrnehmung, Analysis – analysierendes Denken und Pathos – Gefühl.

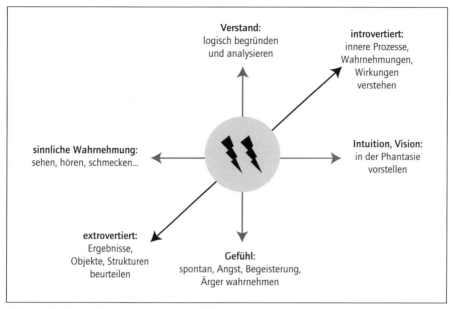

Abb. 14: Handlungsdimensionen und Persönlichkeitstypen nach C. G. Jung

1. *Die Art mit anderen Menschen zu kommunizieren* ist entweder *introvertiert* auf die innere Wahrnehmung gerichtet *oder extrovertiert* auf die äußere Wahrnehmung gerichtet. Wenn wir die Wahl haben, eher introvertiert oder eher extrovertiert zu agieren, nehmen wir das Beispiel Freizeitgestaltung, suchen introvertierte Menschen eher Situationen auf, in denen sie sich auf sich selbst beziehen können, z. B. Lesen, während extrovertierte Menschen den Kontakt mit anderen suchen, z. B. eine Party.
2. *Die bevorzugte Art, Informationen zu sammeln und zu nutzen,* ist entweder *sinnlich konkret* mit unseren fünf Sinnen *oder intuitiv visionär* in unserer Vorstellungskraft und Phantasie. Im Modus der sinnlichen Wahrnehmung beschäftigen mich vor allem die Merkmale von Gegenständen und Dingen, die intuitive Wahrnehmung ergänzt den Zusammenhang.
3. *In unserer bevorzugten Art, Entscheidungen zu treffen,* lassen wir uns eher vom *analytischen Denken leiten oder vom mehr spontanen Gefühl,* von etwas angezogen oder abgestoßen zu sein. Analytische Menschen erklären ihre Entscheidungen verstandesmäßig, Gefühlsmenschen geben Gefühle von Begeisterung oder auch Angst und Unsicherheit, einen inneren Kompass, als Gründe an.

Die Präferenzen sind eng mit unserer Persönlichkeit verbunden. Persönliche oder situative Einseitigkeiten können durch bewusstes Umschalten gesteuert werden.

Doch wir sind im Moment des Umschaltens immer auch mit unserer persönlichen Identität konfrontiert. Das war eine der wichtigsten Entdeckungen von C. G. Jung: *Beim Umschalten durchlaufen wir einen blinden Fleck der Orientierungslosigkeit verbunden mit Angst, Panik, Vergessen und Desorientierung.* Im Alltag versuchen wir das zu vermeiden und an unseren Präferenzen festzuhalten, auch wenn ein Umschalten zu besseren Ergebnissen führen würde. Es ist aus systemischer Sicht zunächst einfach ökonomischer, an Gewohnheiten festzuhalten als sie zu verändern: Statt uns mit der Außenwelt auseinander zu setzen, beschäftigen wir uns lieber mit uns selbst. Statt eine Situation zu analysieren, lassen wir lieber unsere Gefühle sprechen. Statt eine Gefühlsbeziehung einzugehen, analysieren wir lieber. Statt unserer Intuition zu vertrauen, sammeln wir lieber noch mehr Daten. Persönliche Einseitigkeiten können eine adäquate Realitätswahrnehmung verhindern, wenn es mir nicht gelingt, in schon fest gefahrenen Situationen umzuschalten und mir die Reichhaltigkeit der möglichen Handlungsdimensionen nicht zugänglich ist. Nur durch Übungen im Umschalten erlange ich Wahrnehmung, Urteil, Gefühl und Intuition, wann in welcher Dimension am besten gehandelt werden sollte.

Das entspricht der Erfahrung, dass die persönlichen Ausprägungen der Dimensionen relativ stabil miteinander verbunden sind. Darum spricht Jung auch von Persönlichkeitstypen, wie z. B. Extrovertiert-Intuition-Verstand oder Extrovertiert-Sinnlich-Gefühl. Dieses Modell der Persönlichkeitstypen ist empirisch bestens erforscht. Mathematische Testverfahren legten allerdings nahe, noch *eine weitere Dimension* in der Art, wie wir unser Leben organisieren, explizit zu unterscheiden: *Entweder neigen wir zu einem eher strukturierten und systematischen Vorgehen oder wir reagieren lieber flexibel und unvoreingenommen auf die sich stellenden Herausforderungen.*

Der von Jungschülerinnen erarbeitete Myers-Briggs-Typenindikator (MBTI) ist ein weltweit eingesetzter Test[31] zur Erfassung von Persönlichkeitsmerkmalen auf der Basis von persönlichen Beurteilungs- und Wahrnehmungspräferenzen. Er beruht auf dem Prinzip der Vorzugswahl: In welcher Dimension kommuniziere ich, wenn ich mich entscheiden soll, am liebsten? Die große Zahl der über einen langen Zeitraum (seit den 1940er-Jahren) durchgeführten Tests zeigt, *dass die Persönlichkeitstypen über längere Zeit hinweg und auch kulturübergreifend relativ stabil sind.* Das ist eine Herausforderung für Coachs, wenn es darum geht Wege, aus starken Einseitigkeiten zu finden.

---

31 Wir schlagen Coachs vor, diesen Test zu absolvieren, um den eigenen Persönlichkeitstyp einschätzen zu können. Gegebenenfalls finden Sie dabei heraus, wie nützlich ein solcher Test für Ihre eigene Praxis ist. Vielleicht bekommen Sie auch eine Idee, ob Sie sich selbst lizenzieren lassen wollen oder auf die Zusammenarbeit mit lizenzierten Kollegen zurückgreifen wollen. Ähnliche Tests sind DISC-Assessment, Herrmann Dominanz Instrument oder auch Insight (ein Teamfragebogen). – Für Coachs und Berater ergibt sich daraus die Frage: Mit welchen Tests will ich arbeiten? Will ich das überhaupt?

Aufgabe
Der Coach unterstützt seinen Klienten dabei, persönliche Einseitigkeiten und blinde Flecken auszugleichen, wo sie dysfunktional werden. Ohne jetzt ein validiertes Testverfahren zu benutzen, was denken Sie: Was sind Ihre Präferenzen? In welchen Dimensionen kommunizieren Sie am liebsten? Was unterstützt Sie dabei im kritischen Fall in eine andere Dimension zu wechseln? – Suchen Sie doch mal im Internet. Dort gibt es verkürzte und nicht validierte Persönlichkeitstests zum Ausprobieren.

4.2 Veränderung begleiten

Ein Ziel erreicht meistens derjenige am leichtesten, der den Weg dahin am besten kennt. Ein bestimmtes Ergebnis, das wir erreichen wollen, realisieren wir am ehesten, wenn wir die Bedingungen kennen, unter denen wir es erreichen können. Anknüpfend an die Darstellung von C.G. Jung im Umschalten der Wahrnehmungspolaritäten können drei psychologische Phasen der Veränderung[32] unterschieden werden. Damit tatsächlich etwas anders wird und wir uns auch selbst verändern, müssen wir als Personen diese drei Phasen durchlaufen (vgl. Abb. 15):
(1) Abschied vom alten Zustand,
(2) eine Phase der Unentschiedenheit und Verwirrung, und schließlich
(3) die Phase des Neubeginns.

(1) *Erste Phase*: Das Neue ist zwar schon wahrnehmbar. Wir haben eine Vorstellung darüber, was das Neue ist und was dadurch besser werden soll. Die alten Verhaltensmuster funktionieren aber noch. Wir müssen uns erst vom Alten verabschieden, das Alte zu Ende bringen.

(2) *Zweite Phase*: Wir tauchen ein in ein Zwischenstadium der Verwirrung und Orientierungslosigkeit. Wir gehen durch eine »Krise«, eine Entscheidungssituation, in der wir uns für das Neue entscheiden, aber auch hängen bleiben oder abstürzen können. Es ist unklar, welches Verhalten, welches Denken, Fühlen und Handeln jetzt das richtige ist. Wir wägen ab, es geht hin und her. Es kostet tatsächlich Überwindung, Neues auszuprobieren und sich auf Neues einzulassen.

(3) *Dritte Phase*: Ein neuer Anfang wird geschafft. Jedenfalls ein erster Schritt. Das Alte haben wir hinter uns gelassen. Das Neue erfüllt uns mit Energie und Kraft. Wir beginnen zielgerichtet zu denken und zu handeln. Die Veränderung wird Wirklichkeit.

---

32 Einschlägig dazu insgesamt Bridges 1980. Vgl. auch Loebbert 2006, S. 40 ff.

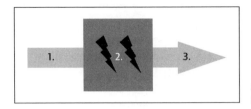

Abb. 15: Psychologische Phasen der Veränderung

Diese psychologischen Phasen sind nicht beliebig. Wir können nicht auf eine verzichten oder eine Phase auslassen: Nur wer das Alte verabschiedet, kann sich wirklich Neuem zuwenden. Jede Veränderung braucht eine kürzere oder längere Phase der Unentschiedenheit, des Hin und Her, damit überhaupt entschieden werden kann und schließlich die neue Richtung wirklich eingeschlagen wird. Wer den Neuanfang nicht wagt, bleibt im Alten stecken. Vielleicht habe ich mein Verhalten geändert, sobald meine Aufmerksamkeit aber kurz nachlässt, bin ich wieder in meinen alten Mustern.

Die drei Phasen bilden das psychologische Grundmuster gelingender Veränderung. Wie gut sie gelingt, hängt ganz wesentlich davon ab, wie gut es den Menschen, die damit befasst sind, gelingt, diese drei Phasen zu durchlaufen: Steckenbleiben und Stillstand immer wieder zu überwinden, Kurzschlussentscheidungen zu vermeiden, zu seiner Unsicherheit zu stehen und das Ziel im Blick zu behalten. – Viele Veränderungen scheitern auf der persönlichen psychologischen Ebene schon in der ersten Phase. Das Alte wird nicht abgeschlossen und verabschiedet, sondern lebt, wenn auch untergründig, weiter. Die eingefahrenen Verhaltensmuster bleiben weiterhin für das Handeln wirksam.

Die Erfahrung der drei Phasen der Veränderung gehört zum Wissen der Menschheit. Christus musste am Kreuz Abschied nehmen und in die Hölle (Zone der Verwirrung) hinab fahren, bevor er wieder auferstehen konnte. Das tibetanische Totenbuch erzählt von den Erlebnissen in diesen Übergangsschritten. Krankheits- und Sterbeforscher berichten darüber. Psychologen haben die drei Phasen erforscht und ausführlich dargestellt. [33]

Aufgabe
Welche Interventionen kennen Sie, Menschen durch Phasen der Unsicherheit und Angst zu begleiten? Ihre Kinder, Ihre Partnerin/Ihren Partner, Feunde und Freundinnen?

---

33 Die amerikanische Psychotherapeutin Elisabeth Kübler-Ross für die Übergangsphasen des Sterbens (1972). Für die Organisationsforschung die Darstellung der 3 Phasen von Kurt Lewin (1947): (1) Unfreezing, (2) Change, (3) Refreezing.

4.3 Leben als Entwicklung

Das Konzept »Leben als Entwicklung« ist der Frage gewidmet, wie Menschen sich im Laufe ihrer Lebensspanne verändern und dabei dennoch ihre Identität bewahren. Identität kann hier definiert werden als ein dauerndes »*Mit-sich-selbst-gleich-sein*« und ein dauerndes »*An-Wesenszügen-einer-Bezugsgruppe-teilhaben*«.
Erik Erikson[34] hat in diesem Zusammenhang acht Entwicklungsaufgaben formuliert, denen sich jeder Mensch im Laufe seines Lebens gegenüber sieht und auf die er/sie Antworten finden muss. Die von ihm formulierten polaren Begriffspaare markieren jeweils Gelingen und Scheitern im Umgang mit diesen Entwicklungsaufgaben.
Die Phasen und Themen der Identitäts- und Sinnfindung sind im Einzelnen:
1. Urvertrauen vs. Misstrauen (Antrieb, Hoffnung). »*Ich bin, was ich empfange.*« (1. Lebensjahr).
2. Autonomie vs. Scham und Zweifel (Selbstbeherrschung, Willenskraft). »*Ich bin, was ich bewirken kann.*« (2.–3. Lebensjahr).
3. Initiative vs. Schuldgefühl (Richtung, Zweckhaftigkeit). »*Ich bin, was ich werden könnte.*« (3.–7. Lebensjahr).
4. Leistung vs. Minderwertigkeitsgefühl (Fertigkeiten, Know-how). »*Ich bin, was ich kann.*« (8.–12. Lebensjahr).
5. Identität vs. Rollenkonfusion (Hingebung, Treue). »*Ich bin, womit ich mich identifizieren kann.*« (bis Adoleszenz).
6. Intimität vs. Isolierung (Bindung, Liebe). »*Ich bin, woran ich mich binden kann.*« (Frühes Erwachsenenalter).
7. Generativität vs. Stagnation (Produktivität, Fürsorge). »*Ich bin, was ich zur Kultur beitragen kann.*« (Erwachsenenalter). – Das ist ein zentrales Thema für Coachs und ihre Klienten. Berufliche Themen und Entscheidungssituationen haben immer auch eine Perspektive, die über den persönlichen Erfolg hinaus weist.
8. Ich-Integrität vs. Verzweiflung (Demut, Weisheit). »*Ich bin, was sich in mir fügen kann.*« (reifere Jahre).

Auch dieses Modell nutzt die Beschreibung von Polaritäten, um Veränderung als Entwicklung zu beschreiben. Persönliche Entwicklung wird verstanden als die Bewältigung von alterstypischen Lebenskrisen. Je besser es Menschen gelingt, ihre Lebenskrisen zu bewältigen, umso stärkere und ausgereiftere Persönlichkeiten können sie sein.
Empirische Ergebnisse der Life-Event-Forschung scheinen dies zu belegen. Der englische Begriff *Life Event* bedeutet ein »Lebensereignis«. Gemeint sind »kritische« Situationen, Schwellenerlebnisse wie Schulabschluss, Berufsanfang,

---
34 Erikson 1976.

feste Bindung, Geburt von Kindern, Umzug, Tod eines nahen Angehörigen. Die Forschung über solche Ereignisse versucht zu gewichten, welche äußeren Veränderungen schwerwiegende seelische Folgen haben. Insgesamt ist aus dieser Sicht das Leben eine Prüfung der Ich-Stärke; wer bereits den Auszug aus dem Elternhaus verkraftet hat, eine intime Bindung eingegangen ist und ein Universitätsexamen oder einen Lehrabschluss bestanden hat, wird bei gleichen neurotischen Symptomen bessere Erfolgsaussichten in einer Psychotherapie haben als eine Person, die solche Schritte noch nicht bewältigt hat.

Warren Bennis und Robert Thomas haben diese Beobachtung auch in der Führungsforschung[35] verifizieren können. Insbesondere Top-Führungskräfte sind in der Regel schon erfolgreich durch mehrere persönliche Krisen gegangen. Daraus ergibt sich der Wunsch nach prognostischen Aussagen. Und wir würden uns nicht wundern, wenn bei der Personalauswahl in Zukunft die vergangenen Erfolge weniger Gewicht haben als die erfolgreich durchgestandenen Krisen.

4.4 Krisenintervention

Eine Krise ist eine Situation, in der entschieden werden muss oder in der es sich entscheidet – so etwa die griechische Bedeutung des Wortes. Zum Beispiel geht der Verlauf einer Krankheit meist durch eine Krise, es gibt eine Verschlimmerung bevor es eine Verbesserung gibt (Krankheitskrise). Unserem Körper gelingt es in der Auseinandersetzung mit einer Krankheit, den Weg zu einer Besserung einzuschlagen. Die Herkunft des Begriffs aus Dramaturgie und Theater beschreibt den Höhepunkt einer dramatischen Handlung, wenn der Held oder die Heldin eine Entscheidung trifft, welche die Spannung aufzulösen beginnt und die Handlung im besten Fall zu einem guten Ende bringt.

Die moderne Handlungstheorie hat einen Ursprung im antiken griechischen Verständnis des Theaters als Darstellung von Handlungen, welche die Zuschauer im inneren Nachvollzug zur *Befreiung von falschen Vorstellungen*, zur »*Katharsis*« führt.[36] Darin bezeichnet die »Krise« genau jenen Höhepunkt, wo wir von einer falschen dysfunktionalen Vorstellung Abschied nehmen und neue Ideen, Wahrnehmungen und Gefühle entwickeln, die geeigneter scheinen, eine bestimmte Situation zu einem positiven Ende zu führen.

Aus dieser Sicht kann jedes Coaching, jede Beratung, wenn sie funktioniert, aus der Perspektive einer Krise beschrieben werden.
- Ich als Klient/Klientin spüre diffuses Unwohlsein, ein Problem, eine Störung, einen Konflikt, eine Spannung.
- Ich merke, dass meine mir zur Verfügung stehenden Handlungsstrategien ir-

---

35 Vgl. Bennis/Thomas 2002.
36 Vgl. Aristoteles 1991.

gendwie nicht greifen. So sehr ich mich auch anstrenge, es kommt zu Resultaten, die ich nicht beabsichtigt habe und die mir in der Regel auch nicht gefallen.
- Irgendwie hänge ich fest (»Stuck State«). Vielleicht befürchte ich sogar, in einen negativ Kreislauf zu kommen: Ich mache mehr von dem, was bisher funktioniert hat. Es klappt aber nicht, und ich habe dann noch weniger Kraft. Oder: Ich bin zunehmend frustriert, dass meine Anstrengungen nicht fruchten, mache dann gar nichts mehr und lasse mich hängen.
- Wenn es dann gut läuft, finde ich im Coaching eine neue Perspektive, einen ungewöhnlichen Rahmen, der mir neuartige Ideen, Wahrnehmungen und Gefühle ermöglicht.
- Ich merke in meiner wirklichen Welt, dass mir diese neuen Vorstellungen helfen, meine Herausforderungen konstruktiver und erfolgreicher zu bewältigen. Meine alten Vorstellungen verblassen allmählich und werden immer weniger wichtig.

Krisen-Coaching
1. Achten Sie auf körperliche Symptome bei Ihrem Klienten. Zeigen Sie Mitgefühl und gesunden Menschenverstand. Eine Krise ist eine Krise. Vorsicht ist geboten, um nicht in der Gegenübertragung (Mitleid) festzustecken (Deine Krise ist Deine Krise...).
2. Erst mal beruhigen bis die körperlichen Reaktionen nicht mehr ganz so heftig sind. Hören Sie ernsthaft und verständnisvoll zu. Fragen Sie nach:
    - »Was ist genau passiert?«
    - »Wie ist es dazu gekommen?«

    Helfen Sie Ihrem Klienten, selbst zu erkennen: Ja, ich bin in einer Krise. Das wirkt in der Regel schon entlastend.
3. Geben sie Wertschätzung für die Krise.
    - »Das ist wirklich interessant.«
    - »Das sind wichtige Themen und Entscheidungen, mit denen Sie sich auseinandersetzen.«
    - »Das bedeutet einen wichtigen Entscheidungsschritt für Sie.« Die Krise überhaupt wertschätzen zu können, ist der erste Schritt in Richtung einer konstruktiven Bearbeitung.
4. Ressourcenmobilisierung.
    - »Haben Sie schon mal Ähnliches erlebt?«
    - »Durch welche Krisen sind Sie sonst schon gegangen?« – »Was hat Ihnen dabei geholfen?«, »Was hat Sie dabei unterstützt?«, »Wie sind Sie damit klar gekommen?«
5. Konstruktive Bearbeitung.
    - »Welche Perspektiven und Ziele können sich für Sie aus dieser Krise ergeben?«
    - »Welche Bedeutung könnte diese Krise für Ihre Entwicklung haben?«
    - »Wie würden sie in einem Jahr auf diese schwierige Zeit zurück schauen, wenn es sich wirklich für Sie gelohnt hat, diese Krise zu überwinden?«

6. Alltagsbewältigung sicherstellen:
   - »Was sind Ihre konkreten nächsten Schritte? Wozu fühlen Sie sich in der Lage?«
   - »Was wollen Sie vielleicht lieber auf später verschieben, wenn Sie sich schon wieder etwas gefestigt haben?«

Aufgabe
Erinnern Sie sich an Krisen- und Entscheidungssituationen in Ihrem Leben. Was hat Sie wirklich weiter gebracht? Welchen Sinn macht die Krise im Rückblick heute für Sie?

4.5 Coachable Moments sind kleine Krisen

Coachable Moments sind jene kostbaren Momente im Coachingprozess, in denen die (bewusste) Steuerung des Klienten kurz aussetzt und Veränderung bzw. Entwicklung möglich wird. Wir müssen unsere alten »Muster« auslassen oder »verlassen«, damit sich Neues ereignen kann. Eine kleine Krise.

Aufgabe
»Das gab meinem Leben eine Wende.« »Als ich nicht mehr weiter wusste, war da plötzlich die Lösung.« Erinnern Sie sich an weitere 3 Metaphern oder auch Modelle, die diese Lebensweisheit beschreiben.

Im subjektiven Erleben der Klienten sind Coachable Moments oft mit eher unangenehmen Gefühlen, alltagssprachlich: »Stress«, verbunden. Einige Beispiele:
- Ich bereite mich auf ein Bewerbungsgespräch vor und habe ein irgendwie ganz schlechtes Gefühl dabei.
- Ich erreiche meine Leistungsziele nicht, und mein Zutrauen in eine positive Entwicklung ist weg.
- Ich bekomme Rückmeldungen, ich sei unfreundlich mit Kunden und Kolleginnen, schreie Mitarbeiter an, breche Gespräche unvermittelt ab, und verstehe das nicht. Meine Chefin setzt mich unter Druck mit Zielen, die ich nicht erreichen kann.
- Ich spüre irgendwie, dass mein Geschäftsmodell nicht mehr stimmig ist. Ich arbeite zu viel und bin oft müde und uninspiriert.
- Mein Chef eröffnet mir seit Jahren keine Entwicklungsmöglichkeiten.
- Ich habe gerade das Gefühl, mit meinem »Latein« am Ende zu sein.

> **Aufgabe**
> Formulieren Sie weitere 5 Beispiele für Coachable Moments. Formulieren Sie 3 Beispiele für Coachable Moments, Entwicklungsmöglichkeiten, die Sie in den letzten 12 Monaten verpasst haben. Beraten Sie sich, wenn Sie mögen, mit Ihren Kollegen.

Insbesondere im betrieblichen Zusammenhang können Klienten von Vorgesetzten oder Personalverantwortlichen »ins Coaching geschickt« werden. Andere haben nur eine vage Vorstellung, dass Coaching ihnen irgendwie weiter helfen würde. Oft ist es so, dass Klienten zunächst ein »Problem« vorschieben, das ihr wirkliches Anliegen »verdeckt«, bis es wirklich zu einem vertrauensvollen Kontakt gekommen ist. Hier ist es wichtig, zu beobachten und zu warten, bis ein *Coachable Moment* für Coach und Klient wahrnehmbar wird.

4.6 Kritische Momente für Coachs

Was für unsere Klientinnen und Klienten gilt, trifft natürlich auch auf uns Coachs zu. Kritische Situationen und Momente können bis in einzelne Coaching-Sequenzen zurückgeführt und beobachtet werden. Erik de Haan[37] hat diese kritischen Momente beschrieben und erforscht. Zum Beispiel:

- Gelingt es mir, dem Klienten die für ihn passende Leistung anzubieten, oder muss ich akzeptieren, dass ich nicht der richtige Coach für ihn bin?
- Ist Coaching überhaupt das richtige Angebot?
- Kann ich, kann Coaching die Erwartungen des Klienten erfüllen?
- Wie gelingt es mir, mich auf den Stil und die Eigenarten meines Klienten einzulassen (und meine eigenen Urteile im Hintergrund zu lassen)?
- Kann ich mit der plötzlichen Ablehnung durch meinen Coachee positiv umgehen?
- Wie kann ich überhaupt bemerken, dass ich für meinen Klienten von Nutzen bin?
- Wie viel darf ich meinem Coachee von meinem Privatleben und meinen persönlichen Überzeugungen zeigen?
- Wie soll ich das verstehen, wenn mein Coachee mehrmals unseren Termin verschiebt?
- Ich habe deutliche Gefühle der Antipathie. Ich mag meinen Coachee wirklich nicht.
- Welchen Nutzen hat eigentlich dieses ganze Wissen über Coaching, mit dem ich mich in meiner Ausbildung auseinandersetzen muss?

---

37 Vgl. de Haan 2008, S. 243–289.

- Als Coach fühle ich mich völlig machtlos angesichts der Fragen und wirklichen Probleme meiner Klienten.
- Woher nehme ich die Sicherheit, für meinen Coachee das Richtige zu tun?
- Was kann ich bloß machen, wenn mein Coachee nicht aufhört, über seine Kollegen und Vorgesetzten zu schimpfen?
- Ich habe das Gefühl, mich mit meinem Coachee im Kreise zu drehen.
- Wie viel darf ich dem Coachee über meine eigenen Zweifel sagen?
- Wie kann ich positiv damit umgehen, wenn mein Klient immer wieder nachdrücklich eine Lösungsidee von mir verlangt?
- Der emotionale Ausbruch meines Klienten erschreckt mich. Ich will nicht, dass Klienten in einer Coaching-Sitzung heulen.

Und das sind nur einige kritische Momente für Anfänger im Coaching. Auch erfahrenen Coachs bleiben kritische Momente nicht erspart: Interessante Klienten, deren Charme ich zu erliegen drohe; Klienten, die das Coaching plötzlich abbrechen und viele, viele mehr.

Aufgabe
Geben Sie 5 Beispiele für kritische Momente aus Beratungssituationen der jüngsten Zeit. Wie haben Sie diese Momente bewältigt? Was ist Ihnen dabei gut gelungen? Was hängt vielleicht noch etwas? Beraten Sie sich, wenn Sie mögen, mit einem Kollegen.

4.7 Ein Modell für die Entwicklung von Personen und Organisationen

Georg Friedrich Wilhelm Hegel beschreibt die Dialektik von Entwicklung aus Widersprüchen als ein universales (logisches) Modell in der Form einer *liegenden Spirale*[38]. Wahrscheinlich müssen Coachs gar nicht so weit gehen, daraus auch inhaltlich gesetzmäßig aufeinander folgende Stufen (metaphysisch notwendig) zu behaupten, wie neuerdings in der Wiederaufnahme von Hegels Modell durch die »Spiral Dynamics«[39]. Allerdings bietet die Form der liegenden Spirale ein hilfreiches grafisches Modell (vgl. Abb. 16), um die kritischen Punkte in Entwicklungsprozessen zu adressieren. Das sind die Wendepunkte an den Seiten der Spirale, wenn entweder mit einem Musterwechsel ein neues Niveau erreicht wird, und die Mittellinie, wo die gegensätzlichen Strebungen auf einander treffen. Dieses allgemeine und formale Modell gibt ein gute Vorstellung davon, wie

---

38 So wurde er von einigen Interpreten verstanden, auch wenn Hegel selbst den Begriff »Spirale« nicht verwendet.
39 Vgl. Beck/Cowan 2007.

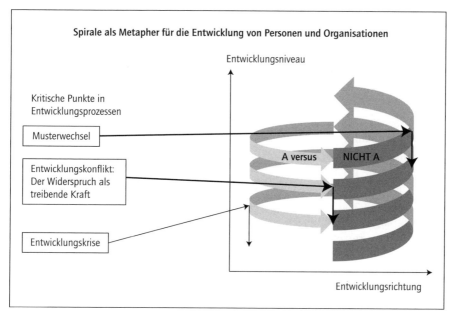

Abb. 16: Entwicklung als Sprirale

Entwicklung immer wieder über Krisen verläuft. Einfach gesagt ist jeder Entwicklungsschritt mit der Krise verbunden, den dafür notwendigen Musterwechsel zu vollziehen oder auf das alte Niveau zurück zu fallen.

Als Coachs sind wir an individuellen und konkreten Ergebnissen interessiert: Wie beschreibt der Klient konkret seine Krise oder seinen Konflikt? Welche Entwicklungsmöglichkeiten ergeben sich daraus konkret? Wie kann ich als Coach meinen Klienten am besten dabei unterstützen, den nächsten konstruktiven Entwicklungsschritt zu gehen?

Aufgabe
Suchen Sie sich eine Beraterin/einen Berater Ihres Vertrauens. Entscheiden Sie selbst, was Sie erzählen wollen. Sie haben jetzt einige Modelle für die Unterstützung in Entwicklungskrisen kennengelernt.
a. Erinnern Sie sich an zwei oder drei mehr oder weniger gravierende Entwicklungskrisen in Ihrem Leben. Vergegenwärtigen Sie sich den Grundgedanken: Krisen sind normal.
b. Wie ist es Ihnen gelungen, diese zu bewältigen? Welche Ressourcen haben Sie sich erschlossen? Welche Strategien haben Sie genutzt?
c. Auch bei der Entwicklung zum Coach bleiben Krisen nicht aus...

(a) Welche kleineren oder größeren Krisen sehen Sie jetzt schon voraus? (b) Wie werden Sie ihre bisherigen Erfahrungen dabei unterstützen, diese positiv zu bewältigen?

Abschließend sei im Kontext der Bewältigung von Krisen noch auf das Stichwort »Resilienz« verwiesen.[40] *Resilienz ist die Fähigkeit Krisen positiv für meine Entwicklung zu nutzen.* Umfangreiche Untersuchungen der *Resilienzforschung* zeigen, dass unsere Resilienzfähigkeit gestärkt wird durch:
(a) Optimismus als Vertrauen in meine Fähigkeiten, positiv durch die Krise zu kommen,
(b) Selbstwirksamkeitsgefühl – die Erfahrung, dass ich mein Leben selbst positiv gestalten kann,
(c) Humor als die Fähigkeit, über die eigenen Missgeschicke auch lachen zu können und sie ins Verhältnis zu setzen,
(d) Altruismus als Fähigkeit, von sich abzusehen und sich für andere und ihr Glück zu engagieren,
(e) Spiritualität als Fähigkeit, sich zu einem größeren umfassenderen Sinn in Beziehung zu setzen.

Daran können wir als Coachs anknüpfen, wenn wir unsere Klientinnen und Klienten unterstützen, ihre Ressourcen zu erschließen. Die sogenannte »Positive Psychologie«[41] beispielsweise will erforschen, welche Faktoren zu einem glücklichen Leben beitragen. Begriffe der »Charakterstärke« und der »Tugend« nehmen die Themen der klassischen Lebensweisheiten wieder auf: Was sind die Zutaten für ein gutes Leben? Wie können wir unsere seelischen Prozesse steuern, so dass sie dazu beitragen? Und als Coachs haben wir unsere Kunden im Blick: Wie unterstützen wir unsere Klienten insgesamt dabei, ein gutes und glückliches Leben zu führen? – Aber das sind schon philosophische Fragen, die in der Frage nach dem guten Leben das Wissen und die Erforschung der menschlichen Seele an ihren geschichtlichen Ausgangspunkt in der Philosophie der Antike zurück binden.

5. Lehrstücke psychologischer Handlungstheorie

Wenn wir im Coaching mit dem Coachee an seinen Zielen arbeiten, wenn wir Coachees dabei unterstützen, Motivation, Gefühle und Intentionen für ihr Handeln zu integrieren, dann leiten uns Vorstellungen, wie Menschen ihr Handeln organisieren. *Unsere Handlungstheorie, die Vorstellung, wie wir uns im Handeln organisieren und steuern, ist der Ziel- und Bezugspunkt für Coachingpsychologie.* Die psy-

---

40 Zum Thema Resilienz-Coaching vgl. auch den Beitrag von Miriam Schlüter in diesem Buch, S. 334 f.
41 Wir lassen den Begriff »Positive Psychologie« stehen und würdigen ihren Beitrag zur Entwicklung von Ressourcen und Stärken, vgl. Seligmann 2005. Die damit verbundene Polemik gegen andere psychologische Richtungen als »negative« Psychologie teilen wir nicht.

chologische Handlungstheorie hält dafür weitere für Coachs interessante Lehrstücke bereit.

5.1 Motivation und Handeln

»Warum tust du das?« – Motivation bedeutet auf Deutsch übersetzt etwa »Beweggrund«. Verbunden mit dem Konzept der Motivation ist immer die Vorstellung vom Zusammenhang eines geistigen Zustands, eben Motivation, mit einer tatsächlich ausgeführten Handlung. Wahrscheinlich denken Sie selbst manchmal: Je größer die Motivation, desto wahrscheinlicher wird die Handlung wirklich ausgeführt. Andere würden sagen: Manchmal tue ich etwas ganz einfach ohne Grund. – Aus systemischer Sicht sprechen wir einfach von einem engen Zusammenhang von Phänomenen, die wir unter »Motivation« zusammenfassen, und wirklich ausgeführten Handlungen. Die Motivationspsychologie[42] versorgt uns darin mit einer Vielzahl von Lehren und Aussagen, die empirisch breit erforscht sind.

Hier einige Beispiele:
- Motive sind von Mensch zu Mensch unterschiedlich ausgeprägt. Allerdings scheinen sie auch *einer gewissen Ordnung von Bedürfnissen* zu folgen, wie sie Abraham Maslow[43] dargestellt hat. »Ein leerer Bauch studiert nicht gern.«, »Erst das Fressen und dann die Moral.« Das sind volkstümliche Ausdrücke dafür, dass vor allen anderen Handlungszielen die Erfüllung physiologischer Bedürfnisse, des Bedürfnisses nach Sicherheit und sozialer Anerkennung steht.
- *Intrinsische und extrinsische Motive* können nach unterschiedlichen Anreizen unterschieden werden. Manche Menschen lassen sich eher durch eigene Werte und Ziele motivieren, andere brauchen, um ins Handeln zu kommen, Anreize und Belohnungen in ihrer Außenwelt.
- *Motivation wird im Kontext der Erziehung gelernt.* Die bestimmte Art, wie wir Motivation und Handeln zusammen bringen und darüber berichten, erwerben wir zumindest teilweise durch Vorbild und Unterweisung. So ist z. B. individuelle Leistungsmotivation nicht nur kulturell geprägt, sie ist auch abhängig von den individuellen Lernprozessen und Erfahrungsmöglichkeiten.
- *Motivation steht im Zusammenhang mit meinen Erwartungen und dem Wert, den ich ihrer Erfüllung zumesse.* Ein Ziel zu erreichen und die Wirkungen davon zu genießen, hat einen bestimmten Wert für mich. Und doch werde ich nicht alles anstreben, was mir wertvoll erscheint. Zugleich brauche ich auch die Erwartung, dass ich das Ziel erreichen kann.

---

42 Vgl. dazu auch das erstmals 1980 erschienene klassische Lehrbuch von Jutta und Heinz Heckhausen (2010).
43 Vgl. Maslow 1977.

- *Motivation stabilisiert sich beim erfolgreichen Handeln.* (Erste) Erfolge beim Handeln unterstützen das Aufrechterhalten der Motivation. Wenn ich bei etwas erfolgreich bin, ist die Tendenz größer, das Gleiche wieder zu tun. Der Hunger kommt beim Essen. Und umgekehrt vermindert sich die Motivation bei Misserfolgen.
- *Motivation wird durch Affekte reguliert.* Positive Affekte zusammen mit der Fähigkeit, positive Affekte bewusst aussetzen zu können und negative Situationen durchzustehen, stärken die Motivation. Umgekehrt schwächt die Verdrängung negativer Affekte durch die Erzeugung positiver Gefühle die Motivation.

Vielleicht unterstützen die Ergebnisse der psychologischen Handlungsforschung zunächst vor allem auch unsere Alltagserfahrungen. Und da wäre es ja auch schon ganz gut, vielfach Behauptetes – etwa dass die Höhe des Anreizes (Geld) die Motivation verbessert, dass Motivation eine Frage der willentlichen Anstrengung ist, dass Motivation ein relativ festes Wesensmerkmal des Individuums ist, dass man sich und andere möglichst belohnen soll – durch Erwiesenes zu ersetzen. Einfach zusammengefasst beobachtet der Coach:[44]
- Hat der Klient wirklich das Gefühl, dass es sich um sein eigenes Ziel handelt?
- Welchen Wert verbindet der Klient mit der Erreichung des Ziels und seiner Folgen?
- Wie zuversichtlich ist er, das Ziel auch wirklich erreichen zu können?
- Merkt er, wie er Fortschritte macht? Und kann er sich darüber wirklich freuen?
- Ist er auch darauf vorbereitet mit Rückschlägen umzugehen? Hat er sich ausreichend mit Risiken und Fallgruben beschäftigt?

5.2 Selbstwirksamkeit im Coaching

Der Begriff »Selbstwirksamkeit« beschreibt, in welchem Ausmaß ein Mensch davon überzeugt ist, seine Handlungsziele erreichen zu können. Das Spektrum reicht hier von grandiosen Machtphantasien bis zur vollkommenen (»erlernten«)[45] Hilflosigkeit.

Aus Sicht der psychologischen Handlungstheorie gehört zum psychologischen Zustand, eine bestimmte Handlung überhaupt zu beabsichtigen und zu beginnen, die Erwartung, die darin gesetzten Ziele auch zu erreichen und dabei erfolgreich zu sein. Noch wirksamer aber als die Erfolgserwartung überhaupt ist die

---

44 Vgl. Furmann/Tapani 2010, S. 14 f.
45 Mit dem Konzept der erlernten Hilflosigkeit ist Martin Seligman, der Erfinder der Positiven Psychologie, schon ab Mitte der 1970er-Jahre bekannt geworden (Seligman 1979). Er konnte zeigen, dass viele psychische Störungen in engem Zusammenhang mit dem Gefühl stehen, eine Situation nicht beeinflussen und ändern zu können.

Selbstzuschreibung (»Attribution«) eigener Kompetenzen, es aus eigener Kraft zu schaffen, seines eigenen Glückes Urheber zu sein.

Die subjektive Selbstwirksamkeitserwartung des Klienten, aus eigenen Kräften Handlungserfolge zu erreichen, ist das Nadelöhr für erfolgreiches Coaching. Derart ist die Selbstwirksamkeitserwartung eng verbunden mit der Einschätzung der eigenen Kompetenzen. Sie hilft bei der Bewertung, ob eine Herausforderung eher unterfordert, passt oder gar überfordert – wobei ich durchaus auch die Erfahrung gemacht haben darf, in Überforderungssituationen hohe Selbstwirksamkeit zu erreichen. Die Kompetenz, in solchen Situationen zu bestehen, ist selbst wieder eine zentrale Kompetenz in modernen Organisationszusammenhängen.

Und – um es noch ein wenig komplizierter zu machen – wir wissen: *In der Regel beeinflusst eine hohe Selbstwirksamkeitserwartung die ausgeführte Leistung positiv, und zwar unabhängig von den wirklichen Fähigkeiten.* Dazu ein einfaches Beispiel: Stellen Sie sich zwei Personen vor, die beide gleichermaßen nur wenig rhetorisch begabt sind. Beide Personen erhalten nun die Aufgabe, am nächsten Tag vor mehreren hundert Personen einen Vortrag zu halten. Während Person A die Selbstwirksamkeitsüberzeugung hat, das werde schon gut gehen, ist Person B besorgt, weil sie sich diese Aufgabe nicht zutraut. Person A bereitet sich seelenruhig vor, während Person B sich kaum konzentrieren kann, die Nacht über wach im Bett liegt und während des Vortrags den Faden verliert. – Die Person B mit der realistischeren Einschätzung ist hier sogar im Nachteil (!), da diese nicht zur Selbstberuhigung beiträgt und somit den Zugang zu den (ohnehin geringen) Fähigkeiten zusätzlich blockiert. Die (übertrieben) optimistische Erwartung der Person A führt hingegen zwar nicht zwangsläufig zum Erfolg, blockiert aber wenigstens nicht den Zugriff auf die eigenen Ressourcen.[46]

Andererseits kann eine hohe Selbstwirksamkeitserwartung auch blockieren. Große Selbstsicherheit verhindert Lernen und die Wahrnehmung, dass vielleicht einiges ganz anders ist. Eine Hohe Selbstwirksamkeitserwartung ist also nicht automatisch mit guten Ergebnissen verbunden, sondern kann auch zum grandiosen Scheitern verführen.

Als Coach beobachte ich die Selbstwirksamkeitseinschätzung meiner Klientin aufmerksam. Ohne eine positive Einschätzung werden keine Ergebnisse erreicht: Was braucht die Klientin für eine angemessene und positive Einschätzung ihrer Selbstwirksamkeit?

---

46 Das Beispiel habe ich von Christopher Rauen.

5.3 Das Rubikonmodell

Die psychologische Wissenschaft beobachtet bei im Alltag erfolgreichen Menschen, dass sie in ihrer Erlebniswirklichkeit davon überzeugt sind, ihr eigenes Handeln willentlich beeinflussen und steuern zu können.[47] Schülerinnen und Schüler des bedeutenden Handlungspsychologen Heinz Heckhausen[48] haben das heute zur Verfügung stehende psychologische Wissen in einem Prozessmodell des Handelns zusammengefasst (vgl. Abb. 17). Seinen Namen hat es vom italienischen Flüsschen Rubikon, das Julius Cäsar im Jahre 49 vor Christus überschritt, um seine Truppen nach Rom zu führen und dort Kaiser zu werden. Das Überschreiten des Rubikons ist die Metapher dafür, dass der Wunsch, das Motiv, zur handlungsauslösenden Intention wird.

Bedürfnis: Bedürfnisse und Wünsche, die vielleicht auch teilweise unbewusst sind, geben den Rahmen und Ausgangspunkt für erfolgreiche Handlungssteuerung. Ziele, die meinen Bedürfnissen widersprechen oder die ihren Grund nicht in meinen wirklichen Wünschen haben, sind natürlich schwieriger zu erreichen. Besonders dann, wenn ich meine unbewussten Wünsche nicht kenne. Dann merke ich in der Regel erst hinterher, dass das, was ich getan habe, gar nicht das war, was ich wollte.

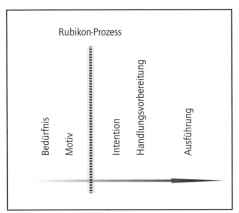

Abb. 17: Rubikonmodell der Handlungsphasen

---

47 Das scheint der psychoanalytischen Annahme unbewusster Dynamiken zunächst zu widersprechen (vgl. oben Abschnitt 1.2). Doch darum beschäftigen wir uns ja auch damit, um in unseren Alltagssituationen unser Handeln möglichst erfolgreich zu steuern

48 Wir folgen der Darstellung von Maja Storch und Frank Krause 2010, S. 63 ff. Der Motivationsphase stellen diese noch eine Bedürfnisphase voran. Das hat den Vorteil, dass damit die Unterscheidung bewusst-unbewusst in ihren individuellen Ausprägungen wieder integriert wird. Vgl. oben Abschnitt 5.1.

Motiv: Über meine Motive kann ich gegebenenfalls Auskunft geben, Kalküle und Gründe, die ich mit meinem Handeln verbinde. Darin beziehe ich mich auf Erwartungen und die Werte, die ich mit dem Erreichen meiner Ziele verbinde. Heckhausen verbindet mit dieser Phase besonders das Abwägen von Gründen und Chancen bevor es zur Formulierung einer konkreten Handlungsabsicht kommt. Und dann wird der Rubikon überschritten. Das Abwägen kommt zu einem Fazit. Nicht das Ausmaß der Klärung ist entscheidend, sondern, dass es mich zum Handeln bringt. Das Motiv wird mit einem konkreten Handlungsziel verbunden, eine feste Absicht entsteht.

Intention: Jetzt ist die Absicht gefasst. Wir verbinden uns mit positiven Gefühlen und Wahrnehmungen, mit dem Erreichen unseres Handlungszieles. Alle Einwände werden jetzt in den Hintergrund gedrängt. Entschieden ist entschieden. Alle Ressourcen werden jetzt auf das Ziel hin orientiert.

Handlungsvorbereitung: Der Plan steht. Die Schritte werden noch einmal durchgegangen: Fehlende Ressourcen, wenn möglich, ergänzt. Die Absicht richtet sich schließlich auf das genaue Wie der Ausführung, die genaue Abfolge der Handlungsschritte.

Handlung: Die Umsetzung folgt dem gefassten Plan. Interessanterweise rückt jetzt das Ziel in den Hintergrund. Die Aufmerksamkeit ist voll konzentriert auf die Ausführung. Mit der Überwindung von Hindernissen steigt weiter die Anstrengungsbereitschaft. Erste Erfolge bahnen den Weg.

Das Rubikonmodell ist die Grundlage des Selbstmanagementtrainings nach dem *Zürcher Ressourcen Modell (ZRM)*.[49] Es erlaubt auch dem Coachee, eine bewusste Beobachtung und Steuerung seiner psychologischen Handlungsphasen. Die von uns dargestellten psychologischen Konzepte und Modelle können darin eingeordnet werden. Und wir wissen aus eigener Erfahrung: Wir fallen zurück und können auch stecken bleiben. Das Modell unterstützt ein systematisches Vorgehen in der Abklärung unserer psychischen Bedingungen und Voraussetzungen im Sinne einer subjektiven Handlungstheorie. Oft sind es Rahmenbedingungen, fehlende Fähigkeiten und Kompetenzen, die Dynamik von Gruppen und Organisationen oder politische Gegebenheiten, die Hindernisse darstellen.

---

49 Das Zürcher Ressourcen Modell wurde von Maja Storch und Frank Krause an der Universität Zürich entwickelt. Es verbindet den Ansatz der psychologischen Handlungstheorie mit psychoanalytischen und neuropsychologischen Sichtweisen.

6. Eine persönliche Landkarte für Coachingpsychologie entwickeln

In der Beratungsform Coaching schauen wir, was fehlt und wie wir den Klienten im konkreten Fall unterstützen können. Dafür helfen weitere Konzepte und Modelle der Psychologie, wie z. B. Gruppendynamik, Transaktionsanalyse, Persönlichkeitspsychologie und Lernpsychologie.

Als erwachsener Mensch in Mitteleuropa Anfang des 21. Jahrhunderts haben Sie wahrscheinlich mehr oder weniger intensive Bekanntschaft mit Theorien, Modellen und Vorgehensweisen aus der Psychologie gemacht, in Schule und Ausbildung, als Klient oder Patient, als Familienangehöriger, als Angestellte in einem Unternehmen, als Leser von Sachbüchern. Vielleicht sind Sie sich nicht ganz sicher, wie und ob Sie wissenschaftlich fundierte Modelle von eher esoterischen Vorstellungen unterscheiden wollen und können. Und als Coachs haben wir klarerweise maximale Wertschätzung für alle irgendwie möglicherweise sinnvollen Ansätze. Ein Teil Ihrer Aufgabe in Ihrem Werdegang als Coach besteht darin, Ihre eigenen Ressourcen und Kompetenzen in Ihre Interventionen und Ihr Profil als Coach zu integrieren.

Für die Entwicklung und Ausbildung im Coaching stellen wir im Rahmen des Weiterbildungsprogrammes an der FHNW die persönliche Integration vor alle Versuche einer integrativen oder geschichtlichen Darstellung. Auch erfordert die Arbeit als Coach aus unserer Sicht nicht (unbedingt) ein vorgängiges Studium der wissenschaftlichen Psychologie. Mit einer psychologischen oder psychotherapeutischen Ausbildung sind Sie natürlich bestens gerüstet für Ihre persönliche Auseinandersetzung mit Coachingpsychologie, welche Werkzeuge, Methoden, Modelle und Theorien Sie im Coaching nutzen wollen. Die von uns dargestellten Lehrstücke dürfen als Ankerpunkte für Ihre eigenen Landkarten für Coachingpsychologie fungieren.

Aufgabe
1. Einzelarbeit: Mit welchen psychologischen Modellen, Theorien, Vorgehensweisen haben Sie bereits selbst Erfahrung gemacht?
2. Suchen Sie sich einen Coach oder einen Gesprächspartner. Erzählen Sie ihm von Ihren Erfahrungen mit diesen psychologischen Ansätzen. Was ist Ihnen persönlich ganz besonders wichtig geworden? Wie groß schätzen Sie den Nutzen für Ihre Arbeit als Coach?
3. Coaching: Was sind Ihre Ziele und nächsten Schritte in der Auseinandersetzung mit Coachingpsychologie?

Als Coach werden Sie Ihre Landkarte ständig weiter entwickeln. Sie sind geleitet durch Neugier, was wissenschaftliche Erkenntnisse für Ihre Praxis, die Praxis

Ihrer Klientinnen und Klienten beitragen können. Ihr praktisches Gespür und eine bescheidene kritische Wahrnehmung der im Umlauf befindlichen Ratgeberweisheiten sind gefordert.

Weiterführende Literatur

De Haan, E.: Relational Coaching – Journeys Towards Mastering one-To-One Learning. Sussex 2008.
Schmidbauer, W.: Hilflose Helfer – über die seelische Problematik der helfenden Berufe. Hamburg 1992.
Seligman, M.: Der Glücksfaktor. Warum Optimisten länger leben. Köln 2005.
Storch, M./Krause, F.: Selbstmanagement ressourcenorientiert. Bern 2010.

Kapitel 4:
Systemisches Coaching

Olaf Geramanis

> Was bedeutet es, wenn ein Coach von sich behauptet, er oder sie verfolge einen systemischen Ansatz? Was genau kann man von einem systemischen Coach erwarten und was nicht? Inwiefern handelt es sich bei »systemisch« um einen Begriff, der tatsächlich etwas Bestimmtes präzisiert?

1. Wahrheit ist die Erfindung eines Lügners

Lange Zeit war die Menschheit und vor allem die Wissenschaft damit beschäftigt, das Wahre, das Schöne und das Gute zu finden und der Wirklichkeit ihre letzten Geheimnisse zu entreißen. Allerdings setzt dies voraus, dass es so etwas wie Wahrheit und Wirklichkeit überhaupt gibt. Was aber würde passieren, wenn wir dem Satz von Heinz von Foerster[1] Glauben schenkten und anerkennen würden, dass es »die Wahrheit« gar nicht gibt, sondern diese lediglich »die Erfindung eines Lügners« ist? Dann gäbe es mindestens so viele erlogene Wahrheiten wie es Lügner gibt.

Was gewinnen und was verlieren wir, wenn wir diesem Gedanken weiter folgen? Erstens verlören wir den Glauben daran, dass es so etwas wie »das Wesentliche« oder »den Kern« eines Menschen oder einer Sache gibt. Zweitens müssten wir zugleich sämtliche Kategorien wie »richtig oder falsch« und »gut oder schlecht« abschaffen, denn dafür gäbe es keinen legitimen Maßstab mehr.[2]

Das ist viel leichter geschrieben als getan, denn Zeit unseres Lebens beschäftigen uns die Fragen, was denn nun tatsächlich richtig oder falsch ist, was das Wesen von Politik, von Religionen oder von Organisationen ist. Die philosophische Aufforderung »Erkenne dich selbst« oder »Werde zu dem, der du bist« setzt ja immer schon voraus, dass es so etwas wie einen Wesenskern tief in uns gibt, den wir nur entdecken müssten. Selbst die Angst, vor der eigenen inneren Leere, setzt die Annahme voraus, dass es Fülle und Leere im Menschen gibt und dass das eine gut und das andere eher schlecht ist.

---

1 Vgl. von Foerster/Pörksen 2011.
2 Solange wir nicht wissen, was »das Wesen« des Menschen ist, ob er tatsächlich gut oder schlecht ist, einen freien Willen hat oder nicht, solange sind alle »Wahrheiten«, die wir darüber verbreiten, gelogen. Wenn beispielsweise die Kirche verlautbaren lässt, dass Gott das, was gerade passiert, so nicht gewollt hätte, mutet der Satz doch eigenwillig an, denn wer will tatsächlich von sich behaupten, zu wissen, was Gott gewollt hat oder nicht – sofern es ihn überhaupt gibt?

Wie leicht sich solche Wahrheiten allerdings dekonstruieren lassen, lässt sich erkennen, wenn man Ursache-Wirkungszusammenhänge umdreht:
1. *»Ich bin immer so deprimiert, weil ich entlassen wurde«* oder *»Ich wurde entlassen, weil ich immer so deprimiert bin«* – was ist die Wahrheit?
2. *»Weil man nicht mehr mit mir redet, nörgle ich an allem und jedem herum«* oder *»Weil ich an allem und jedem herumnörgle, redet man nicht mehr mit mir«* – was stimmt?

Wenn Wahrheit nicht absolut ist, wenn sie sich dekonstruieren lässt, dann lässt sie sich auch konstruieren. Im Sinne einer konstruktivistischen Weltsicht existieren »die Dinge« nicht in Wahrheit. Es ist aussichtslos, sie objektiv sehen zu wollen, weil sie nicht »als solche« entdeckt werden können. Ein Denken im Sinne des Konstruktivismus hört damit auf, den Dingen im Voraus ein wahres Wesen zu unterstellen. Die Welt als Ganzes und wir in ihr, all das wird für uns selbst erst durch unsere Wahrnehmung erkannt und erschaffen. Wir selbst sind die Konstrukteure unserer eigenen Welt und entwerfen Konstrukte um uns in der Welt orientieren zu können. Aber diese Konstrukte dürfen wir nicht mit der Welt verwechseln.[3]

Durch diese Art zu denken findet ein elementarer Wechsel von Objektivität auf Subjektivität statt. Wir erfassen die Wahrheit nicht objektiv, sondern nur über das Medium unserer je subjektiven Konstruktionen – was uns jedoch meist nicht bewusst ist. Der Biologe Francisco J. Varela sagt hierzu: »Bei unserer Wahrnehmung der Welt vergessen wir alles, was wir dazu getan haben, sie in dieser Weise wahrzunehmen.« Systemisches Coaching kann dann dabei helfen, sich dessen bewusst zu werden und die Möglichkeiten zu entdecken, die sich daraus ergeben.

Wir wollen diesen Gedanken unterschiedlicher Wahrheiten und Wahrnehmungen anhand eines Beispiels erläutern. In der amerikanischen Medizinsoziologie gibt es für den deutschen Begriff »Krankheit« drei Übersetzungen: *Disease*, *Sickness* und *Illness*. Jeder Begriff beschreibt eine ganz spezifische »Wahrheit«. Nehmen wir an, ein Mann hat sich mit dem HIV-Virus infiziert. Mit »Disease« wird dann die biomedizinisch objektivierbare Krankheit benannt (faktischer Aspekt). Mithilfe von Tests lässt sich dabei nachweisen, dass medizinisch eine ganz bestimmte Infektion vorhanden ist. Mit »Sickness« wird die von anderen wahrgenommene und zugestandene Krankheit bezeichnet (sozialer Aspekt). Das

---

3 An dieser Stelle kommen gern und oft Einwände der Gestalt: »Ja, aber dieser Tisch hier ist doch wohl REAL oder etwa nicht!?« Der Tisch – und was auch immer wir so bezeichnen mögen – mag durchaus existieren. Womit wir allerdings umgehen, ist unsere Wahrnehmung und Interpretation von diesem Tisch: Welche Form hat er? Wie ist das Material? Wie alt und wertvoll ist er? Ist es ein Ziertisch oder ein Arbeitstisch? Welche Bedeutung hat er für die anderen? Alle diese Wahrnehmungen bestimmen die Art und Weise unseres Umgangs mit diesem Tisch – d. h. nicht der Tisch bestimmt, wie man »richtig« mit ihm umzugehen hat, sondern unsere Konstruktionen.

heißt, wie reagiert die Umwelt darauf? Welche familiären Dramen spielen sich ab? Wer muss alles, unabhängig vom »eigentlichen Patienten« beruhigt und getröstet werden? Welche Stigmatisierung könnte entstehen? Oder auch, was passiert, wenn gar niemand etwas von dieser Krankheit erfährt? Und drittens wird mit »Illness« die persönlich erlebte und gefühlte Krankheit ausgedrückt (psychischer Aspekt). Damit ist das ganz individuelle Empfinden gemeint. HIV-positive Menschen fühlen sich oftmals absolut gesund oder haben noch gar nichts von ihrer Infektion bemerkt, da ein Großteil der Infektionen komplett symptomfrei verläuft. Jeder dieser drei Begriffe beschreibt eine eigene Welt mit ihrer je eigenen Dynamik und »Wahrheit«. Je nachdem worauf wir unsere Aufmerksamkeit legen, werden wir völlig andere Dinge erfahren und Reaktionen auslösen, die ihrerseits ganz andere Bedeutungen nach sich ziehen. Und selbst wenn nun jemand kommt und sagt: *Aber in Wahrheit ist er doch krank*«, gibt es nicht ein Gesetz, das bestimmt, wie sich der faktische Aspekt (auf den sich vermutlich diese »Wahrheitsaussage« bezieht), auf die psychischen und sozialen Krankheitswelten auswirken *muss*.

Der Hauptfokus, unter dem systemisches Coaching »operiert«, ist die soziale Welt. Es ist der Ort, an dem Menschen miteinander in Beziehung gehen und die beiden zentralen Fragen lauten:

1. Wer beobachtet was, von wo aus?
2. Welcher Sinn, welche Bedeutung und Funktion wird der Beobachtung beigemessen?

Die Idee, statt von »Erkennen« und »Entdecken« lediglich von »Beobachten« zu sprechen, basiert darauf, dass es aus systemischer Sicht keine Wahrheit und – das bedeutet auch – keinen objektiven Standort gibt, von dem aus man »die Welt« erkennen könnte. Jedes Individuum hat einen je eigenen Standpunkt und beobachtet von dort aus seine Welt durch seine spezifische Brille. Jeder Beobachter legt (meist unbewusst) selbst fest, »was« er beobachtet und zwar durch die Art und Weise, wie und von wo aus er beobachtet. Daher geht es im systemischen Coaching viel weniger um den Gegenstand der Beobachtung selbst, sondern vielmehr um den Beobachter und seine Art und Weise zu beobachten.

Wenn dann die Art und Weise, wie sich Beobachtung vollzieht, geklärt ist, lässt sich weiterhin danach fragen, welchen Sinn der Beobachter dem unterstellt, was er beobachtet hat, und wie plausibel diese Sinngebung ist. Wird also vom Coachee das Verhalten einer Kollegin in einer bestimmtem Situation beschrieben, so ist zunächst nicht diese Kollegin tatsächlich aggressiv, emotional, rational oder liebevoll, sondern all diese Behauptungen sind Wahrnehmungskonstruktionen des Coachees und werden erst durch ihn mithilfe seiner jeweiligen Beobachtungen an diese Person herangetragen.

Erstes Fazit: Systemisches Coaching → jenseits von Wesensannahmen
Die klassische Frage nach der Wahrheit und dem Wesen, nach richtig/falsch, wahr/gelogen, gerecht/ungerecht wird ersetzt durch die Idee, dass Wahrheiten individuell konstruiert werden. All diese Konstruktionen sind nur Beschreibungen – und jede Beschreibung erzeugt, verhärtet oder verändert ihrerseits das Beschriebene. Diese Beschreibungen lassen sich im Coaching gemeinsam von Coachee und Coach offenlegen, infrage stellen und auf Plausibilität prüfen. Über diesen Prozess können Veränderungen stattfinden und neue Handlungsoptionen entdeckt werden.
Als Coach fokussiere ich vor allem die »soziale Welt«, d.h. die Art und Weise, wie Menschen miteinander »Wirklichkeit erzeugen«, in Beziehung gehen und wie sie diese Beziehungen gestalten.

Zweites Fazit: Systemisches Coaching → ein gemeinsames Ringen um Wirklichkeit
Coaching ist ein gemeinsames Ringen um soziale Wirklichkeitsdefinitionen. In »moralfreier Respektlosigkeit« gegenüber jeglicher Gewissheit, weil Gewissheit selbst nur eine Konstruktion ist. Der einzige ethische Imperativ systemischen Coachings lautet: »Handle stets so, dass Du die Anzahl der Möglichkeiten deines Coachees vergrößerst«![4]

2. Beobachtung braucht die Einheit der Unterscheidung

Das Werkzeug, mit dem ein Coach arbeitet, ist Kommunikation. Das ist eine komplexe Angelegenheit. Es fängt bei der Sprache an, denn es gibt keine objektive oder neutrale Sprache. Nehmen wir den Begriff »Wahrnehmung«: mit dem darin versteckten Wort »wahr-nehmen« wird vorausgesetzt, dass es, erstens, Wahrheit gibt, die, zweitens, genommen werden kann. Deshalb ist man im systemischen Denken dazu übergegangen, neutraler von »Beobachtung« zu sprechen. Der britische Mathematiker und Psychologe George Spencer-Brown definiert »Beobachten« als den Gebrauch einer Unterscheidung, um damit eine ganz bestimmte Seite zu bezeichnen und nicht die andere Seite. Wenn wir eine Sache beobachten und dabei Begriffe wie: erfolgreich, effizient, fürsorglich, liebevoll, witzig usw. verwenden, dann bezeichnen wir etwas Bestimmtes – und zugleich transportieren wir durch unsere Erzählungen das Ungenannte und Unbestimmte ebenso mit, nämlich dass es auch Erfolglosigkeit, Ineffizienz etc. gibt. Wer etwas Bestimmtes sagt, teilt das Unbestimmte ebenso mit:
1. *Einem Mann ein Kompliment zu seinem heute sehr vorteilhaften Anzug zu machen, lässt leicht die Vermutung aufkommen, dass die andere Seite der*

---
4 Das Orginalzitat von Heinz von Foerster (1997) auf S. 51 lautet: »Handle stets so, dass Du die Anzahl der Möglichkeiten vergrößerst«.

Unterscheidung – nämlich wie seine Anzüge an anderen Tagen aussehen – eine wichtige Rolle spielen könnte.
2. *Wenn eine Coachee ihren Chef als sehr tolerant bezeichnet, dann stellt der Begriff »Toleranz« nicht die Wahrheit über den Chef dar, sondern verweist zunächst lediglich auf die beobachtete Unterscheidung, welche der Coachee aktuell am wichtigsten ist: Toleranz vs. Intoleranz.*

Man beobachtet niemals objektiv oder neutral, sondern immer in individuell relevanten Differenzen – die einem keineswegs immer bewusst sind. Diese Differenzierungen aufzuspüren, sichtbar und reflektierbar zu machen, ist ein wichtiger Schritt im Coaching. Die Verantwortung für diese Form von Wirklichkeitskonstruktion liegt damit beim Coachee/Beobachter selbst. Die Frage lautet dann: Welches ist die Einheit der Unterscheidung, die der Beobachter anlegt?[5] – Als Coach gilt es nicht, an der »Wahrheit der Toleranz oder Intoleranz« zu arbeiten, sondern an der Differenz der Wahrnehmung: Was hat es für den Coachee mit der Beobachtung von Toleranz auf sich? Welche Erwartungen hat der Coachee vornehmlich an seinen Chef? Was wird dadurch über die Beziehung ausgesagt?

> **Drittes Fazit: Systemisches Coaching → das ganze Phänomen erfassen**
> Als Coach stehe ich zunächst völlig unwissend meinem Coachee gegenüber. Erst dieses Eingeständnis ermöglicht es mir in Offenheit und Neugier zuzuhören und zu betrachten, wie er seinerseits das Thema beobachtet und umkreist.
> Wenn ich meinem Coachee zuhöre, frage ich mich zweierlei: Erstens was ist seine Perspektive, d.h. was beobachtet er, wenn er von »Streit«, »Rollenverhalten«, »Konkurrenz im Team« oder »Verhandlungskultur« spricht? Und zweitens, welches Bild entsteht bei mir als Coach, wenn ich ihm dabei zuhöre? Also wo ist das Bild für mich nicht rund? Was irritiert mich noch, um ein klares Bild zu erhalten?

Wenn wir unserem Coachee dabei zuhören, welche Unterscheidungskriterien er anlegt, dann sind wir selbst keineswegs objektiv, sondern beobachten unsererseits ebenso unseren Coachee. Wir sind dabei das, was man im systemischen Ansatz einen »Beobachter zweiter Ordnung« nennt, weil wir unseren Coachee dabei beobachten, wie er uns von seinen unmittelbaren Beobachtungen (d.h. Beobachtung erster Ordnung) erzählt. Diese Bezeichnungen sind mehr als nur akademische Spitzfindigkeiten, sie erinnern uns daran, dass wir mit der Rolle des Coachs nicht einfach wieder Objektivität und Wahrheit durch die Hintertüre einführen: »Als Coach bin ich schließlich von all dem unbetroffen.« Nein, das bin

---

5 Nicht alle Unterscheidungen, die getroffen werden, machen einen wirklichen Unterschied. Aussagen wie: »Das ist spannend« – oder »interessant« verbergen z. B. mehr, als sie deutlich machen. Nur selten erfährt man durch Äußerungen solcher Art etwas darüber, welche Bedeutung der Beobachter der Sache beimisst.

ich eben nicht! Für uns gelten dieselben Spielregeln! Auch wir sehen nur das, was wir sehen, mit den Unterscheidungen, die wir treffen; und wir sehen nicht das, was wir nicht sehen, weil auch wir blinde Flecken haben und uns ebenfalls nicht immer unserer Unterscheidungen bewusst sind.

Das mag sich nun so anhören, als ob beide, Coach und Coachee völlig im Dunkeln herumstocherten. Und es stimmt! Wenn wir uns als Coach genau das vor Augen führen, haben wir eine weitere wichtige Lektion in Sachen systemischer Haltung gelernt: »Wir wissen niemals mehr als unser Coachee.« Was ist dann unsere Aufgabe und wie geht es weiter, wenn unser Coachee von seinem Fall berichtet hat?

Zunächst schauen wir darauf, wie er seine Welt konstruiert. Die zentrale Frage hierbei lautet: »*Wo ist der Sinn?*« Das ist übrigens die einzige »Wesensannahme« im systemischen Denken, die Unterstellung von »Sinn«. Wir unterstellen unserem Coachee, dem Team, von dem er berichtet, der Organisation, um die es geht, sinnvolles Handeln. Das mag nicht immer leicht sein und oftmals irritieren, denn auch hierbei gibt es wiederum kein objektives, sondern nur ein subjektives und beobachtungsabhängiges Kriterium für »sinnvoll«.

Hierzu ein paar Beispiele: Für manche ist es sehr sinnvoll, Überstunden nicht aufzuschreiben, wenn man Angst vor der Unterstellung hat, dass man seine Arbeit nicht zeitgerecht erledigt bekommt. Für manche Teams ist es sinnvoll, sich einen Sündenbock zu leisten, um darüber die eigenen Frustrationen besser kanalisieren zu können, auch wenn dies für die betreffende Person belastend ist. Für manche Schüler ist es sinnvoll, sich beim Lehrer unbeliebt zu machen, wenn dadurch die Aufmerksamkeit der Klasse sichergestellt ist. Für manche Arbeitnehmer ist es sinnvoll, sich in ihrem Job demütigen zu lassen, wenn sie befürchten, keine andere Anstellung mehr zu finden.

Wo genau in der jeweils dargestellten Situation der Sinn verborgen liegt und wie groß man den Kreis der Beteiligten wählen muss, damit die Konstruktion Sinn ergibt, und wie die Rahmung aussieht, innerhalb deren Sinn produziert wird – all dies ist wiederum nichts, was es aufzudecken gilt, weil darunter dann die Wahrheit liegt. Vielmehr geht es darum, eher mutig als konservativ, teils naheliegende, teils absurd anmutende Sinnangebote[6] zu machen und diese auf Plausibilität zu prüfen. Damit kommen wir zum vierten Fazit:

---

6 Allein die Frage zu stellen: »Was ist das Gute im Schlechten«, kann leicht als absurd oder zynisch interpretiert werden.

> **Viertes Fazit: Systemisches Coaching → Hypothesen bilden und prüfen**
> Als Coach gehe ich nicht davon aus, dass ich »verstehe«, was mein Coachee genau meint. Vielleicht ist ihm selbst noch unklar, ob es überhaupt einen Sinn in dem gibt, was um ihn herum passiert. Dann bin ich eher ein Sparringspartner für Realitätsentwürfe. Ich tausche mich mit ihm darüber aus, welche Muster ihm und mir ins Auge springen. Wo vermute ich Zusammenhänge? Welchen Sinn unterstellt er, welchen ich? Um dann gemeinsam nach der Plausibilität der unterschiedlichen Sinnentwürfe zu suchen.
> Dies kann auch bedeuten, die eigenen blinden Flecken als Beobachter zur Sprache zu bringen: *»Warum wird das, was mir als naheliegend erscheint, vom Coachee nicht angesprochen? Welche offensichtlichen Alternativen werden bei den Erzählungen ausgespart? Warum legt er besonderen Wert auf eine bestimmte Formulierung?«*

Welcher Kontext ist denkbar, unter dem das Problem einen positiven Sinn erhält, ja vielleicht sogar die beste Lösung wäre? Jedes Verhalten ist sinnvoll, wenn man den Kontext kennt. Es gibt keine vom Kontext losgelösten Eigenschaften einer Person. Aber heißt das nicht letztlich, dass alles beliebig ist? Ich könnte ja jede x-beliebige oder absurde Form von Sinn unterstellen. Ja, das kann ich – und Nein, beliebig ist es nicht. Es ist »kontingent«. »Kontingent« ist alles das, was möglich, aber nicht unbedingt notwendig ist, vielleicht auch nicht nahe liegt. Es ist möglich den Chef zu wechseln, aber nicht die Eltern (zumindest genealogisch!). Es ist möglich 20 % weniger zu arbeiten – es sei denn, man hat einen Kredit für ein Haus aufgenommen oder spart für eine Weltreise.

3. Neutralität ist eine Frage der Wirkung, nicht der Absicht

Nach wie vor hält sich innerhalb der systemischen Beraterzunft der Irrglaube, dass man als Coach keine eigenen Hypothesen haben darf. Nach all dem, was bisher gesagt wurde, ist es kaum möglich, dass ich als Coach dem, was ich höre, nicht selbst einen Sinn zu unterstellen versuche![7]

Allerdings ist es nicht mein Auftrag und ich darf mich auch nicht dazu verführen lassen, dem Coachee seine Sinngebung abzunehmen! Das gemeinsame Ringen um Wirklichkeitsdefinitionen hat zum Ziel, dass mein Coachee sich aus Überzeugung den eigenen Konstruktionen stellt. Oft versucht der Coachee Verbündete für seine Sache zu finden und legt es darauf an, Zustimmung, Empörung oder gemeinsam mit seinem Coach Ablehnung zu zelebrieren: *»Sie sind doch auch der Meinung, dass das so nicht geht – oder?«* Wenn wir gesagt haben, dass es das Ziel ist, meinem Coachee dabei zu helfen sich seines eigenen Standpunktes

---

[7] Wobei auch das letztlich nur eine Annahme ist. Vielleicht gibt es doch Coachs, die »sinnlos« zuhören können und frei von Hypothesen Fragen produzieren.

bewusst zu sein, anstatt diesen unsichtbar zu machen, so gilt dasselbe auch für mich als Coach. Je genauer ich weiß, wo ist selbst stehe, umso weniger wird es mir passieren, mich zur Parteinahme verführen zu lassen. Ich muss also einen eigenen – reflektierten – Standpunkt haben.

Das steht nicht im Widerspruch zur Neutralität, die einen Teil unserer Professionalität ausmacht. Neutralität ist jedoch in erster Linie eine Frage der Wirkung und nicht eine Frage der Absicht. Neutralität meint nicht kühle Distanziertheit und Unberührbarkeit. Nach Schweitzer und Schlippe lassen sich drei verschiedene Arten von Neutralität unterscheiden:[8]

Neutralität gegenüber Personen: Ich kann mich sehr wohl für alle in den Erzählungen auftauchenden Personen interessieren, auch wenn sie in den Augen meines Coachees unwichtig erscheinen oder sogar mit einem Tabu belegt sind. Neutralität bedeutet, dass ich es letztlich im Unklaren belasse, auf wessen Seite ich als Coach mehr oder weniger stehe.

Dies hilft einerseits, nicht in die Konflikte zwischen den Mitgliedern verwickelt zu werden. Es ermöglicht andererseits eine produktive »innere Distanz« zu den Einzelnen. Zudem erleichtert es, den Fokus der Aufmerksamkeit auf das »Dazwischen« bzw. auf das, was sonst noch möglich ist, zu richten.

Neutralität gegenüber den Problemen oder Symptomen: Es bleibt offen, ob ich als Coach das Symptom bzw. das Problem eigentlich für etwas Gutes oder Schlechtes halte: ob ich es gut oder eher schlecht finde, wenn jemand im Zorn die Teamsitzung verlässt, wenn Vorgesetzte weit über Hierarchiestufen hinweg intervenieren, wenn die Führungskraft nur selten persönlich vor Ort ist, wenn der Kollege trinkt, wenn die Sekretärin Valium nimmt. Zugleich bleibt offen, ob ich als Coach das Problem lieber »wegmachen« oder sogar seinen Erhalt fördern würde: ob sich das Teammitglied seine ausgeprägte Emotionalität bewahren oder sich lieber ordentlich zusammenreißen soll.

Dies fördert eine respektvoll-ambivalente Haltung gegenüber dem geschilderten Problem, die sowohl das Leiden daran als auch den möglichen Sinn des Problems für die Stabilität des Coachees und seines Umfelds würdigt und anerkennt. Wenn mein Coachee meint, dass er unbedingt eine härtere Gangart als Chef an den Tag legen muss, um in seinem Führungszirkel mehr Respekt zu erhalten, und er zugleich insgeheim Angst davor hat, dass sein Team dann nicht mehr hinter ihm steht, dann helfen allzu interventionistische, kontextunsensible »Hau-Ruck«- oder »Weg-mit ...«-Haltungen wenig.

Neutralität gegenüber Ideen: Es bleibt offen, welche von den im Gespräch vertretenen Problemerklärungen, Lösungsideen, Sinnangeboten, Werthaltungen, Mei-

---

8 Vgl. Von Schlippe/Schweitzer 1996, S. 120.

nungen ich als Coach bevorzuge. Es bleibt unklar, ob ich es gut oder schlecht finde, dass mein Coachee seit zehn Jahren denselben Job macht oder alle drei Wochen etwas Neues sucht, wenn er seinen Schreibtisch täglich aufräumt oder nur einmal im Jahr, wenn ein Team es in der Zusammenarbeit lieber heftig, laut und emotional oder lieber sachlich-rational mag. Dadurch wird der Beratungsprozess offen gehalten für andere und eventuell bessere Ideen als die des Coachs. Zudem schützt es davor, in symmetrisch eskalierende Kämpfe um die »richtigere« Problemdefinition oder das »bessere« Lösungskonzept einzusteigen.

> **Fünftes Fazit: Systemisches Coaching → Neutralität hat Parteilichkeit vor Augen**
> Systemische Neugier interessiert sich für die jedem System immanente Eigenlogik. Als systemischer Coach habe ich ständig die Frage vor Augen: »*Weiß ich schon genug?*«
> Neutralität verträgt es, sich intensiv einzumischen und eine eigene Meinung zu haben; die Kunst besteht darin, diese nicht in einer doktrinären Form einzubringen. Eine so verstandene Neutralität begünstigt eine Haltung respektvoller Neugier und diese Idee der Neugier steht einer allzu ökonomistischen Reparaturlogik entgegen.

4. Zeit ist nicht chronologisch

> »Je planmäßiger Menschen vorgehen,
> desto wirksamer vermag sie der Zufall treffen.«
> Friedrich Dürrenmatt

Als systemischer Coach stelle ich vor allem die Wahrheit in Frage und zwar die Wahrheit, die meinen Coachee in Form von »wahrhaftigen Glaubenssätzen« daran hindert, neue Chancen und Entwicklungen anzugehen. Das heißt auch, die Idee aufzugeben, dass die Vergangenheit vorüber und die Zukunft offen und gestaltbar ist. Wenn wir die Wahrheit aufgeben und Ursache und Wirkung als austauschbar behandeln, dann müssen wir auch so konsequent sein, die kausale und lineare Reihung Vergangenheit – Gegenwart – Zukunft der Vergangenheit selbst zu überlassen. Was folgt daraus?

Erstens: Zeiten sind austauschbar: »Die« Vergangenheit, so wie sie sich wirklich zugetragen hat, kann nicht verändert werden, das mag sein. Aber wer will schon von sich behaupten, sicher zu erinnern, wie sie wirklich war? Jeder Blick zurück ist geprägt von dem Fokus, unter dem ich zurückschaue. Wenn ich ausschließlich auf die Krisen und negativen Momente meiner letzten Arbeitsstelle schaue, werde ich ein völlig anderes Bild zeichnen, als wenn ich vor allem die positiven Aspekte hervorhebe. Damit hat jeder Mensch die Möglichkeit selbst zu entscheiden, welche Aspekte der Vergangenheit er aktiviert. Und je offener ich mir dabei selbst gestatte, neue Perspektiven auszuprobieren, desto mehr Beschreibungen lassen sich erzeugen. Dann haben wir nicht mehr nur eine Vergangenheit, sondern hunderte! In Konsequenz bleibt dann auch meine Zukunft nicht unberührt von der Vergangenheit, die ich mir selbst gegeben habe.

Zweitens: Die Zukunft bleibt ungewiss und riskant: Die Zukunft bietet Gelegenheiten, aber wir müssen etwas tun, um diese zu verwirklichen. Für den Coachee führt das zu einem Dilemma: Er widmet sich einer Zukunft, die er nicht kennen kann, die aber von der Gegenwart, d. h. von dem, was er hier und jetzt tut und entscheidet, abhängt. Coaching nährt damit die Illusion, vorbereitet zu sein, indem ich die nächste Sitzung oder das drohende Konfliktgespräch durchspiele. Aber die Zukunft gibt es trotz aller Konstruktionen heute noch nicht. Denn wenn sie sich verwirklicht, wird sie immer anders sein als alle imaginierten Szenarien.

Die Zukunft bleibt offen, aber die Unwägbarkeiten nehmen nicht ab, weil man im Coaching war. Im Gegenteil: sie nehmen eher zu. Gegen Unfälle oder Krankheiten versichert zu sein, garantiert nicht, dass wir nicht krank werden oder keine Unfälle erleiden – im Gegenteil, die Wahrscheinlichkeit für das Eintreten des Unglücks steigt, weil man tendenziell weniger vorsichtig handelt. In dem Moment, in dem wir unsere Erwartungen ändern, ändern sich ebenfalls die potenziellen Szenarien. Die mutmaßliche Sicherheit bedeutet vor allem, dass wir uns in der Gegenwart dem drohenden Unglück gegenüber ruhig fühlen können, weil wir denken geschützt zu sein. Und das spezifische Dilemma daran ist, dass wir mithilfe des Coachings mehr riskieren und dadurch auch neue Risiken produzieren.

Drittens: Die Folge für die Beratung: Man darf das Coaching nicht dahingehend missverstehen, die Zukunft kontrollieren und binden zu wollen. Je enger man die Zukunft macht, je weniger verfügbare Zukunft man »mental« zur Verfügung hat, desto schmerzhafter wird das Scheitern sein. Schließlich hat man sich doch so gut vorbereitet und sich so intensiv coachen lassen. Chancenreicher ist es, die eigene Bereitschaft zur kritischen Selbstbeobachtung wachzuhalten und zu fördern, sich Toleranz gegenüber Abweichungen und das Interesse am Hinterfragen des eigenen Handelns zu bewahren.

> **Sechstes Fazit: Systemisches Coaching → Vergangenheit ist wählbar und Zukunft offen**
> Systemisches Coaching ist die Chance, die Vergangenheit als individuelle Wahlhandlung zu rekonstruieren, und in dieser Bewusstheit für die eintretende Zukunft offen zu bleiben und bewusster und umsichtiger mit ihr umzugehen.

5. Interventionen sind das Gegenteil von Erlösung

Das Interventionsdilemma im systemischen Coaching dürfte nun hinreichend offensichtlich sein. Es lautet: »Handle wirksam, ohne im Voraus zu wissen, wie und was dein Handeln auslösen wird!«

Statt der »Behandlung der Ursachen«, von denen wir niemals wissen können, ob sie »wirklich« die Ursachen waren, geht es um die Vorstellung, das *gewohnte Muster des aktuellen Umgangs mit einem Problem zu unterbrechen*, d. h., so zu verstören, dass es nicht mehr wie gewohnt ablaufen kann. Damit geht es noch nicht automatisch um Zukunft, sondern um die Verhinderung von Chronifizierung und Festschreibung von (dysfunktionalen) Symptomen. Wenn ich als Coach meinen Coachee auffordere, mir mal genau zu erklären, was er tun müsste um weiterhin gemobbt zu werden, bzw. wie er seine Kollegen darin unterstützen könnte, nicht mit dem Mobbing aufzuhören, passiert genau das: Es werden die gewohnten Abläufe auf den Kopf gestellt. Statt ständig sich selbst als Opfer und in den anderen Kollegen Täter zu sehen, wird nun ein anderes Muster nötig, mithilfe dessen sich die Interaktionen um ein Problem herum völlig verändern.

Ähnliche Fragen an Führungskräfte könnten lauten:
- »Wie können Sie sich noch unentbehrlicher machen?«
- »Was müssten Sie dafür tun, dass Herr X in einem halben Jahr sicher zum Außenseiter geworden ist?«
- »Wer in Ihrem Umfeld kann Sie tatkräftig dabei unterstützen, Ihre aktuellen Gefühle von Überforderung nicht zur Kenntnis zu nehmen?«

Vielleicht drängt sich bei Lesen dieser Zeilen der Verdacht auf, dass systemisches Coaching nahe am Zynismus ist? Dieser Verdacht ist nachvollziehbar, aber unberechtigt. Zynisch ist nicht die Frage, zynisch sind bisweilen unsere Konstruktionen und Selbstbilder, mit denen wir mit Verve an uns selbst vorbeirennen. Zynisch ist ein Coaching, in dem wir uns als Coach dazu verführen lassen, unseren Coachee zielorientiert in seinen selbstgebastelten Posen zu unterstützen. Und darin ist systemisches Coaching genau nicht beliebig, sondern von seiner Haltung her humanistisch: Es geht um das Aufdecken des Zwiespalts bezüglich Verändern und Bewahren, und der Coachee trifft die Entscheidung, wie er damit umgeht, selbst. Das Ziel ist nicht Kontrolle, sondern Verstehen, nicht Erlösung, sondern Selbstreflexion.

> **Siebtes Fazit: Systemisches Coaching → nimmt das Gegenüber ernst**
> Systemisches Coaching bietet Rat-Suchenden einen günstigen Rahmen für die Möglichkeit zur Selbstveränderung. Es ermöglicht durch Vertrauen eine stabile Beratungsbeziehung und regt einen Wechsel der Präferenzen an.

Das Schwierige am systemischen Ansatz ist nicht seine Komplexität. Es gibt keine großartigen Axiome und ausschweifende Bedingungen, keine langen Formeln oder sprachlich ausgeklügelte Codes, die man erst verstanden und durchdrungen haben muss, um überhaupt mitreden zu können. Aber vielleicht ist gerade das die Herausforderung, dass wir scharf an unseren ursprünglichen Konstruktionen von Wahrheit vorbeidenken müssen:

- Es gibt keine objektive Wahrheit jenseits unserer subjektiven Beobachtung.
- Der Existenzgrund von Systemen ist es, Sinn zu produzieren, wobei jegliche Unterstellung von Sinn nichts weiter als eine Beobachtung ist.
- Es gibt keine beobachtungsunabhängige Position, so dass wir immer wieder dazu aufgefordert sind, unsere Konstruktionen gemeinsam auf Plausibilität zu prüfen.

Systemisches Coaching erschöpft sich nicht allein in der Anwendung von Methoden. Es stellt vielmehr eine Haltung dar. Als Coach ist man immer wieder als Beobachter gefragt, die eigenen Beobachtungsstandards zu prüfen und zu überprüfen. Hierbei ist man selbst niemals vor den eigenen blinden Flecken und Unsicherheiten gefeit: Ein zu starrer Fragenkatalog mit genialen systemischen Formulierungen ist ebenso hinderlich, wie eine mangelnde Hypothesenbildung oder wenn ich meinen Coachee Dank meiner großen Erfahrung zu schnell »schubladisiere«. Es ist ebenso blockierend, meine eigene Unsicherheit zu schnell durch eine verhärtete Sichtweise zu überspielen, wie irritierende Interventionen zu starten, die nur Befremden, Unwillen und Ärger auf Seiten des Coachees auslösen.

Systemisches Coaching ist vor allem eine Beziehungskompetenz. Es ist ein gemeinsames Ringen von Coach und Coachee um unterschiedliche Wirklichkeitskonstruktionen, in dem es nicht um Gewinnen oder Verlieren, sondern um Plausibilität und Verstehen geht.

Weiterführende Literatur

König, E./Vollmer, G.: Systemisches Coaching. Handbuch für Führungskräfte, Berater und Trainer. Weinheim 2002.
Luhmann, N.: Organisation und Entscheidung. Wiesbaden 2000.
Müller, G.: Systemisches Coaching. Weinheim 2003.
Simon, F. B.: Einführung in Systemtheorie und Konstruktivismus. Heidelberg 2006.
Von Schlippe, A./Schweitzer, J.: Lehrbuch der systemischen Beratung und Therapie. Göttingen 1996.
Willke, H.: Systemisches Wissensmanagement. Stuttgart 1988.

Kapitel 5:
Coaching mit Humor

Charlotte Friedli

> Humor und Lachen haben sich in den letzten Jahren unter dem Begriff des »therapeutischen Humors« hauptsächlich in der Psychiatrie und Psychotherapie durchgesetzt.[1] Das hier vorgestellte Konzept will das Potenzial des Humors und des Lachens für die Beratungs- und Coaching-Praxis zugänglich machen.[2] Ausgewählte Erkenntnisse zu Humor und Lachen aus den Bereichen der Gesundheitsforschung, der Wahrnehmungspsychologie und der Neurobiologie werden mit systemisch-konstruktivistischen Grundannahmen verknüpft.

1. Humor und Lachen als Coaching-Kompetenz

Humor und Humorhandlungen werden in professionellen Gesprächssituationen durch verschiedene Interventionen gezielt hergestellt, so dass das humorvolle Erleben für alle Beteiligten zunimmt. Humor und Humorhandlungen können im Coaching in jeder Phase des Prozesses eingesetzt werden. Dabei geht es weniger darum, stets lustig zu sein und andere zum Lachen zu bringen, als vielmehr um die Fähigkeit, Humor gezielt und wohldosiert einzusetzen. Das Potenzial des Humors eröffnet neue Perspektiven und unterstützt persönliche Veränderungen.

In diesem Sinne ist es zu kurz gegriffen, Humor bloß als Gesprächstechnik abzuhandeln. Sicher, humorvolle Methoden sind auch Techniken. Wir können sie einsetzen, wenn es passt oder eben gerade, wenn es nicht passt, um das System zu stören. Wenn Humortechniken als Instrumente zur Irritation oder Perturbation homöostatischer Zustände[3] eingesetzt werden, dienen sie dazu, neuronale Aktivitäten im Gehirn in Gang zu setzen und damit zum Denken anzuregen. Doch auch dies will gekonnt sein. Denn bleiben wir auf diesen rein technischen Aspekt des Humors und Lachens beschränkt, laufen wir Gefahr, in eine repetitive Banalität und verkrampfte Zufälligkeit zu verfallen. In der Praxis kann eine solche Reduktion beispielsweise heißen, ab und zu im Verlaufe des Gespräches, wenn es denn grad so zu passen scheint, einen witzig-lockeren Spruch zu klopfen (bestenfalls in jeder

---

1 Vgl. Wild 2012.
2 Vgl. ausführlich zum Konzept das in Kürze erscheinende Handbuch zu Humor-Coaching von Schinzilarz/Friedli 2013
3 Vgl. Maturana/Varela 1987.

Sitzung einen andern). Es kann auch vorkommen, dass, während das Gegenüber spricht, krampfhaft darüber nachgedacht wird, was denn noch Lustiges gesagt werden könnte, um einen Lacher zu erzeugen.

Während dieses Benehmen hauptsächlich die Professionalität der Coachs in Frage stellt, gibt es Verhaltensformen, die in unserer Spaßgesellschaft unter dem Etikett »Humor« daherkommen, jedoch die eigene Person und/oder das Gegenüber abwerten und bloßstellen. Dazu gehören alle Äußerungen, welche Menschen und ihr Verhalten durch Zynismus, Sarkasmus, Ironie und tendenziöse Witze/Sprüche klein machen.

Im professionellen Umgang mit Humor wird auf diese Verhaltensweisen gänzlich verzichtet. Wer sich privat ein besonderes Flair diesbezüglich antrainiert hat, tut gut daran, dieses auf der Basis folgender Prinzipien umzunutzen:
- Lachen ist ein miteinander lachen.
- Lächeln ist freundlich.
- Witze sind ressourcenorientiert und unterstützend.
- Wortspiele fördern das Vorhandene.
- Inszenierungen sind lösungsrelevant und wirkungsorientiert.
- Symbole regen die Humorperspektive an.

Wenn Humor als eine Haltung betrachtet wird, die verbunden ist mit Gefühlen des Glücks, der Begeisterung, der Leichtigkeit, die einhergeht mit Lachen und Lächeln und denkend im Alltag vertieft wird, rücken Dimensionen wie Ressourcen und Können, Potenziale und Schönheit bei sich selber und bei anderen vermehrt in den Mittelpunkt der Wahrnehmung und das eigene Handlungsrepertoire wird erweitert.

Die differenzierte und systematische Entwicklung des Humors als Haltung macht es möglich, einen verrückten Blick auf sich, die andern und die Welt zu werfen, so dass auch vermeintlich Alltägliches in neuem Lichte betrachtet werden kann. Die Orientierung an vorhandenen Ressourcen und Potenzialen bildet dabei gleichzeitig die Grundlage dafür, dass die Integrität aller Beteiligten gewahrt und die verschiedenen Persönlichkeiten geachtet werden. Vor diesem Hintergrund können professionelle Gespräche auch in schwierigen Zusammenhängen humorvoll und heiter sein und dramatische Situationen an Leichtigkeit gewinnen.

Um humorvolle Methoden professionell und im gerechten Verhältnis zu sich, zu den andern und zur Situation einsetzen zu können, braucht es also eine grundsätzliche Verortung des Humors in der eigenen Haltung. Dies wird ermöglicht, indem die eigene Humor-Kompetenz erkannt, reflektiert und trainiert wird.

Unter »Kompetenz« verstehen wir die Fähigkeiten, welche durch Personen gewollt und gezielt erworben und entwickelt werden. Eine so erlangte Humorkompetenz führt zu einer grundsätzlichen Erweiterung des Wahrnehmungs- und Bewertungssystems. Damit wird die Fähigkeit erlangt, jederzeit spontan und situationsadäquat Humorhandlungen und Humorstrategien einsetzen zu können.

Im folgenden Abschnitt werden verschiedene Fertigkeiten beschrieben, die dem Humor Ausdruck verleihen und im Coaching als humorvolle Interventionsmethoden eingesetzt werden können.

2. Humorvolle Methoden und Interventionen

Im Coaching werden Humor und Humorhandlungen auf den verschiedenen Ebenen des Beratungsprozesses eingesetzt. Dabei unterscheiden wir die Kompetenzbereiche, die miteinander in Wechselbeziehung stehen: Humorhaltung, Humor und Humormethoden als Strategien und Interventionstechniken sowie Humor und Humormethoden als Gegenstand des (gemeinsamen) Denkens.

2.1 Humor als Ausdruck der eigenen Haltung

Aus der Humorhaltung heraus üben wir uns bewusst darin, uns selber, unserem Umfeld und der Welt freundlich, heiter und achtsam zu begegnen. Freundlichkeit wird am leichtesten durch ein Lächeln symbolisiert. Humor bietet den Boden auf dem Lachen und Lächeln entsteht. Humor und Lachen sind also eng miteinander verbunden. Lachen ist eine universelle Fähigkeit, die dem Menschen angeboren ist.

Verschiedene Studien zeigen, was wir auch in unserem (Berufs-) Alltag feststellen können: Vielen erwachsenen Menschen ist das Lachen vergangen. Coolness, Verschlossenheit, Abgeklärtheit sind gefragt. Gelacht wird wohldosiert und wenn schon, dann bitte leise. Während Kinder lachen, glucksen, kichern, lächeln, haben viele erwachsene Menschen im Verlaufe ihrer Entwicklung ihr variationsreiches und spontanes Lachen und Lächeln und den damit verbundenen unbeschwerten, naiven, offenen Gesichtsausdruck eingetauscht in verschiedene gewollt gewichtige Variationen, die bestenfalls als ernsthaft bewertet werden, oft jedoch verschlossen, griesgrämig, überheblich, eisern, langweilig etc. wirken.

Der erste Schritt zur Arbeit mit Humor im Coaching ist die Überprüfung der eigenen Humor- und Lachkompetenz, um sich darauf aufbauend den Humor als Haltung (wieder) zu eigen zu machen, zu entwickeln und zu festigen. Auf diesem Boden kann Lebensfreude gedeihen und es wird uns leicht fallen, im privaten wie im professionellen Kontext die eigene Humor- und Lachkompetenz gezielt einzusetzen.

Das Einrichten der eigenen Humorhaltung gelingt am einfachsten durch:
- konsequentes Humor-Training und stetes Üben von Lachen und Lächeln,
- gezieltes Einrichten und Nutzen der passenden Gefühle,
- vertieftes Nachdenken und Reflektieren.

Durch das regelmäßige Humor-Training werden Signale auf unser Gehirn übertragen, die körperliches Wohlbefinden und Gefühle des Glücks und der Freude erzeugen, die umgekehrt wieder zurück wirken. Dieses allgemeine Wohlbefinden zeigt sich nach außen in der körperlichen Ausstrahlung (strahlende Augen, offene Mimik, freundliche Stimme, zugewandte Körperhaltung), welche auch im sozialen Kontext wahrgenommen wird und wiederum Reaktionen hervorruft, die auf uns zurückwirken. Damit machen wir uns gleich verschiedene Rückkopplungsmechanismen zu Nutze, um unsere neuronalen Verknüpfungen und Netzwerke hinsichtlich des Humors zu aktivieren und zu vergrößern. Diesen Rückkopplungseffekt nutzen wir wie folgt auch in der Coaching-Sitzung: Wir bringen unsere Humorhaltung bewusst zum Ausdruck, indem wir sie sowohl sprachlich ausdrücken als auch durch Mimik und Gestik Eigenschaften des Humors darstellen. Dies gelingt am besten, wenn wir die damit verbundenen Gefühle wahrnehmen und explizit benennen und zeigen, z. B. Wohlwollen, Freundlichkeit, heitere Gelassenheit oder Fröhlichkeit.

Das Einrichten der eigenen Humorhaltung – ein Übungsbeispiel[4]
Die folgenden drei Schritte werden täglich mehrmals während 4 Wochen im Alltag wiederholt.
1. Denken Sie so oft wie möglich das Wort Humor. Beginnen Sie damit am Morgen wenn Sie wach werden. Alternativ können Sie auch Verben denken wie lachen, grinsen, kichern, grölen, glucksen usw. Falls Sie an Schlaflosigkeit leiden, zählen Sie Humorwörter auf anstatt Schäfchen.
2. Nutzen Sie jeden Blick in den Spiegel, um sich anzulächeln. Wenn Sie ein Morgenmuffel sind, legen Sie dabei die Zahnbürste zwischen die Zähne, sofort richten sich die Mundwinkel aufwärts und Ihr Gehirn erkennt das Signal und schüttet Glückshormone aus.
3. Gehen Sie mindestens zwei Mal am Morgen und zwei Mal am Nachmittag in einen Raum mit Spiegel, um sich freundlich anzulächeln und dabei ein Kompliment zu denken oder auch laut zu sagen (z. B.: »Wow, coole Socke«). Lächeln und lachen Sie in die Gegend, mit und ohne Grund. Nutzen Sie jede Gelegenheit, Menschen, Tiere, Pflanzen, Bilder anzulächeln oder mit anderen zusammen zu lachen.

Es empfiehlt sich, den Effekt dieses täglichen Trainings in einem Humortagebuch zu notieren, die Erkenntnisse festzuhalten und Schlussfolgerungen daraus zu ziehen.
Ein weiteres mögliches Vorgehen, um Humorkompetenz als Coach zu trainieren: Denken Sie an eine gelungene Trainingseinheit. Verweilen Sie einen Augenblick bei der Erinnerung und beschreiben Sie das Gefühl, das Sie dabei empfinden. Beschreiben Sie anschließend die Handlung als Strategie (was genau haben Sie wie gemacht). Setzen Sie nun die Handlung in Bezug zu Ihrem theoretischen und Ihrem Erfahrungswissen (Erklärungs-, Interventions- und Wertewissen sowie andere Wissensformen).

---

4 Vgl. Schinzilarz/Friedli 2010.

2.2 Humor als Intervention

Hier geht es um konkrete Humor-Interventionen im Hier und Jetzt. In ihrer Wirkung werden sowohl eine humorvolle Gesprächsatmosphäre hergestellt als auch Gesprächssituationen herbeigeführt, die den Denkprozess anregen und homöostatische Zustände im System stören. Humorvolle Strategien und Interventionstechniken lassen sich mit bestehenden Beratungs- und Coaching-Ansätzen sehr gut kombinieren.

Die wohl einfachste und wirkungsvollste humorvolle Intervention ist das Lachen selber, denn Lachen ist tatsächlich ansteckend, wie es im Volksmund heißt und wie wir alle schon erfahren haben. Damit die Ansteckung auch gelingt, nutzen wir bewusst das Phänomen der Wechselwirkung und die Funktion der *Spiegelneurone*, welche für das gekonnte Gestalten von sozialen Begegnungen von großer Bedeutung sind. Diese handlungssteuernden Nervenzellen sind wesentlich für unsere empathischen Fähigkeiten verantwortlich. Durch sie sind Menschen in der Lage, beobachtete oder erzählte Handlungen und Ereignisse in ein inneres (virtuelles) Erleben zu transformieren. Diese Resonanz auf die eigene Erlebnis- bzw. Vorstellungswelt wird durch Imitation und Simulation erzeugt. Dadurch entsteht ein sogenannter »Spiegeleffekt«[5], der Rückkopplungsprozesse in Gang setzt, die als Ressource in der zwischenmenschlichen Kommunikation und in der Arbeit mit humorvollen Effekten genutzt werden können.

Wenn Menschen einander anlächeln, dann reagieren (feuern) die Spiegelneurone und signalisieren Sympathie und Freundlichkeit. Im Spiegeleffekt ziehen sich die Mundwinkel nach oben, die Augen beginnen zu strahlen, was vom Gegenüber wahrgenommen wird und wiederum einen Spiegeleffekt erzeugt. In diesem Rückkopplungsprozess beeinflussen sich die Beteiligten gegenseitig und erzeugen so eine Steigerung des Verhaltens, in diesem Fall des Lachens oder Lächelns. Die Spiegelneurone feuern auch bei kleinsten angedeuteten Aktionen, bei sprachlichen und nichtsprachlichen Zeichen und bei Symbolen.

Diese Erkenntnis führt uns zu vielen möglichen humorvollen Interventionstechniken, leisen und lauten, verbalen und nonverbalen. Auch Symbole, Zeichen, Codes sind wichtige Unterstützungsinstrumente für die humorvolle Gestaltung eines Gesprächs.

Der Sprache als zum Zweck der zwischenmenschlichen Verständigung entwickeltem Zeichensystem kommt im Coaching mit Humor ebenfalls eine besondere Bedeutung zu, da den Sprechenden nur die sich in einem bestimmten Muster bewegende Syntax zur Verfügung steht, durch die das Wahrgenommene kategorisiert und typisiert wird.[6] Dieser Umstand führt dazu, dass Sprache nicht nur in hohem Maße Verstehen und Verständigung ermöglicht, sondern auch subjektive

---

5 Vgl. Gallese/Goldman 1998.
6 Vgl. Berger/Luckmann 1987.

Bilder als vermeintliche Wirklichkeit zementiert. Dieser Umstand kann sehr lustvoll genutzt werden, indem wir konsequent Begriffe und Begriffsbilder nachfragen und diese umdefinieren.[7] Z.B. ist eine typisch Selbstaussage von Coachees »Ich habe kein Selbstvertrauen«. Hier kann nachgefragt werden: »Was ist denn da, wenn das Selbstvertrauen weg ist?« Wenn bei Abwesenheiten nachgefragt wird, was denn da ist, führt dies in der Regel zu vertierterem Nachdenken. Oftmals lautet die Antwort »ich habe Angst zu versagen« oder »ich fühle mich dann wie eine lahme Ente«. Nun nehmen wir diese Aussagen auf, um sie unter dem Aspekt des Humors zu befragen: »Was macht Spaß an der Angst« oder »was ist das Tolle an der lahmen Ente?« Die Klientin ist irritiert, fängt an zu lachen und eine neue Perspektive wird eröffnet. Mit spaßigen Bildern und Ausdrücken erlebt sich die Coachee im Coachingprozess als eine selbstbewusste Person.

Einige Beispiele humorvoller Interventionen[8]

- Einladung zum Kauderwelsch sprechen. Die Klientin kann sich alles von der Seele reden, ohne die wörtliche Sprache zu benutzen. Ziel: Selbstdistanzierung ermöglichen, vertrackte und komplizierte Situationen auflösen.
- Codes als Anker setzen (Geflügelte Worte, Sätze oder Gesten kreieren wie z. B.: Bunga Bunga; Yes, we can, Daumen hochhalten). Ziel: Lustige Situationen über die Assoziation zum gemeinsamen (Geheim-)Code ins Hier und Jetzt holen.
- Eine überraschende witzige Frage in den Raum stellen. Z.B.: »Wer hat es erfunden?« Ziel: Irritation, Perspektivenwechsel.
- Rote Nase aufsetzen. Die Coach setzt jedes Mal, wenn sie ein unterstützendes Wort oder eine stärkende Geste erkennt, eine rote Nase auf und unterstützt die Coachee damit, sich lachend ihrer Stärken bewusst zu werden. Ziel: Irritation, Auflockerung von angespannten Situationen, Leichtigkeit in Konfliktsituationen bringen, peinliche Situationen auflösen.
- Spontan (laut) lachen. Ziel: Entspannung der Situation, Veränderung der Perspektive, Erholung in stressigen Zusammenhängen.
- Symbole nutzen (z. B. Smiley). Ziel: Spiegelneurone aktivieren und zum Lächeln einladen, freundliche Atmosphäre schaffen.
- Sprachcodes knacken, die Aussagen des Klienten in witziger Weise verdrehen und karrikieren, neue Worte erfinden. Ziel: Eingefahrene Sprech- und Denkmuster stören.

2.3 Humor im Coaching

Der systemisch-konstruktivistische Ansatz bildet die Grundlage für den humorvollen Denk- und Umdeutungsprozess. Wir gehen davon aus, dass Handlungen, Äußerungen, Sachverhalte, Gefühle usw. in Abhängigkeit des inneren Kontexts

---

7 Vgl. Schinzilarz 2008.
8 Vgl. Schinzilarz/Friedli 2010.

(Bedeutungszusammenhänge und Bewertungsabläufe) und des äußeren Kontexts (physikalisches und soziales Umfeld) wahrgenommen und bewertet werden. Wirklichkeit ist dem entsprechend nicht etwas objektiv Vorhandenes, sondern eine innerhalb der psychischen und physischen Grenzen konstruierte und im interaktiven Geschehen sich fortlaufend konstruierende Realität.[9] Das gleiche Phänomen ist somit je nach Bewertungszusammenhang problematisch, erheiternd, lästig, daneben, schrecklich, komisch, schräg usw.

In der Arbeit mit Humor dient uns dieser Umstand, um durch Perspektivenwechsel auf den verschiedenen Ebenen Humor und Lachen angemessen und zielführend zu installieren und so eine Veränderung der Bewertungszusammenhänge herbeizuführen. Ausgangspunkt im Coaching sind in der Regel die konkreten (Er-)Lebensmomente und die mentalen Vorstellungen davon in gegenwärtigen, vergangenen und zukünftigen Bezugsrahmen, die miteinander interagieren. Alle am Coaching beteiligten Personen haben ihre eigenen Wirklichkeitsvorstellungen. Der bzw. die Coach ist sich dieses Umstandes bewusst und trägt die (ethische) Verantwortung für die eigenen Bilder und Bewertungen, die weder besser noch richtiger sind, sondern anders.

Im Bewusstsein, dass die beschriebenen Fakten Bilder der eigenen Wirklichkeit sind, die immer auch anders gesehen werden können, wird gleich zu Beginn des Gesprächs auf die mehrperspektivische Betrachtungsweise fokussiert. Die Erforschung linear-kausaler Zusammenhänge des beschriebenen Moments – im Sinne von verstehen, erklären und interpretieren – wird bewusst weggelassen, da dieses Vorgehen einen Ursachen-Wirkungs-Zusammenhang auf der Basis willkürlich gewählter Perspektiven herstellt.

Sowohl im Mehrpersonen-Setting als auch im Einzelsetting wird der Coachingprozess so gesteuert, dass gleichzeitig das Potenzial vielfältiger realer und imaginierter Vorstellungen sowie die Zirkularität des Systems genutzt werden, um humorvolle Perspektiven zu erschließen und erlebbar zu machen. Stellen wir uns als Beispiel den ersten beschreibenden Moment in einem Coaching-Gespräch vor. Mit den ersten Sätzen umreißt der bzw. die Coachee das Thema und offenbart in der Regel gleichzeitig die eigene Sicht der Dinge, nimmt also eine »spontane« Einordnung und Bewertung der Fakten vor, welche meist automatisch und aus der am besten vertrauten Perspektive erfolgt. – Ein Coachee beginnt die Stunde wie folgt: »Schon wieder haben wir Streit im Team. Und mir wird die Schuld zugeschoben, obwohl ich gar nichts gemacht habe. Die anderen sind die Gemeinen, die mich ärgern und ins Abseits drängen.« Hier hören wir die Ansicht des Coachee und seine Meinung über die Ansicht seiner Kollegen. In seiner Bewertung ist er derjenige, der von den anderen ausgegrenzt wird. – Im weiteren Verlauf des Coachings geht es nun darum, mit humorvollen Interventionen Multiperspektivität herzustellen und die beschriebene Situation, das beschriebe-

---

9 Vgl. Friedli 2005.

ne Verhalten neu zu betrachten und zu konstruieren. Dabei werden die beschreibende, konkrete Ebene des Geschehens und die abstrakte Ebene des Denkens und Bewertens genau unterschieden und in der (Meta-)Reflexion aufeinander bezogen. – Die Coach sagt: »Da erkenne ich doch eine heitere Komödie. Alle versuchen Alle in vielfältiger Manier in eine Falle zu locken. Das ist richtig guter Hollywoodstoff. Welcher Film fällt Ihnen dazu ein?« Der Coachee denkt nach und kommt auf die Serie Big Bang Theory. Nun stehen ihm vielfältige Ideen zur Verfügung, wie er seine Situation durchleuchten kann.

Die jeweiligen Perspektivenwechsel erfolgen sowohl im Hier und Jetzt als auch retrospektiv und prospektiv. Die Begegnung der Vergangenheit und der Zukunft in der Gegenwart führt zu einem äußerst kreativen und lustvollen Prozess.

Der bzw. die Coach setzt während des Coachingprozesses den Humor gezielt ein, um Wechselwirkungen in der Kommunikation zu nutzen. Auf diese Weise bringen humorvolle Interventionen humorvolle Beschreibungen und humorvolle Gedanken und Bilder hervor und umgekehrt. – Abwechselnd geht der Klient jetzt in die verschiedenen Rollen der Serienhelden und beschreibt aus der jeweiligen Perspektive mögliche Handlungsschritte, die er in Angriff nehmen kann. Nach jedem Rollenwechsel wird über die Begründung für die mögliche Handlung nachgedacht. So ist es möglich, die skurrilsten Handlungsideen für die konkrete eigene Situation realistisch zu übersetzen.

Gleichzeitig breitet sich in der Coachingsitzung eine heitere, beschwingte Stimmung aus, die das Imaginationspotenzial zusätzlich anregt. – In dieser Stunde wird viel gelacht. Diese Erheiterungen dienen der Erleichterung des Coachees und neue Perspektiven werden eröffnet.

Die folgenden (Trigger-)Fragen sind in verschiedenen Coachingsituationen einsetzbar. Vielleicht probieren Sie sie erst in Ihren Intervisionsgruppen aus, um die verschiedenen und möglichen Reaktionen auf diese Fragen zu testen.

Interventionsbeispiele[10]
- »Stellen Sie die Situation als Komödie dar.«
- »Welche Karikatur passt am besten zu Ihrer Situation?«
- »Was werden Sie tun, um lachend den Moment zu verändern?«
- »Welche lustigen Geschichten verbinden Sie mit Ihrem Drama?«
- »Wie bringen Sie sich selbst und andere zum Lachen?«
- »Welche humorvolle Wirkung wollen Sie erzielen?«
- »Welche lustige Geschichte wird über Sie erzählt?«
- »Welche Ihrer Fähigkeiten bezeichnen Sie als die lustigste?«
- »Wählen Sie ein Wort zum Tag, das Sie mit Humor verbinden.«
- »Welche der beteiligten Personen hat welchen Humor?«

---

10 Schinzilarz/Friedli 2010.

- »Welcher Humor gefällt Ihnen am besten? – Wie bringen sie ihn ein?«
- »Wann haben Sie das letzte Mal Tränen gelacht?«
- »Wissen Sie wie eine Kröte in Ihrer Situation lacht?«
- »Wie haben Sie Ihren letzten Lachanfall ausgekostet?«
- »Wie sieht ihr letzter (gedanklicher) Purzelbaum aus?«
- »Welchen Spaß werden Sie in den kommenden Wochen an Ihrem Arbeitsplatz haben?«

Durch humorvolle Interventionen wird der Blickwinkel verrückt, schiebt sich hin zu einer humorvollen Betrachtungsweise. Um in diesem Prozess des gemeinsamen Denkens die Wahrnehmung zu schärfen und die Aspekte des Humors deutlich herauszuarbeiten, ist es hilfreich, zwischen äußerem Kontext, innerem Kontext und Bewertungszusammenhang zu differenzieren. Damit ist es möglich, dass diese im Verlauf des Coachingprozesses als Vergleichsgrößen genutzt werden können.

Konkret werden das physische und das soziale Setting beschrieben und ausgewählte Szenen unter ausgewählten humorvollen Perspektiven betrachtet und bewertet. – Ein erfahrener Führungsmann kommt ins Coaching, um mit der folgenden Situation einen Umgang zu finden: Sein neuer und ihm gleichgestellter Kollege korrigiert ihn regelmässig und erklärt ihm die Firma. Diese Erklärungen widersprechen der Wahrnehmung des Coachee. Er versteht sich als geduldiger Mann. Doch in dieser Situation ist er zornig und aufgebracht. Er beherrscht sich und bleibt ruhig. Die Coach lacht und sagt: »Das hört sich ja spannend an. Der beherrschte Zorn – ein tolles Bild. Wie sieht denn der beherrschte Zorn aus?« Da lacht auch der Coachee und sagt: »Wie ein wildgewordener Affe in einem zu engen Käfig.«

Da es sich bei der Beschreibung um die eigenen Bilder der Wirklichkeit handelt, es also wie erläutert um mental konstruierte Inszenierungen geht, abhängig von den eigenen Bewertungszusammenhängen, eröffnen sich durch gezielte Interventionen verschiedene Blickwinkel der szenischen Darstellung. Wir nutzen dabei die Fähigkeit zur Imagination und Simulation, um die ausgewählten Begebenheiten unter verschiedenen humorvollen Aspekten mental neu und anders zu inszenieren. – Die Coach bittet den Coachee ihr den wildgewordenen Affen zu zeigen. Er springt auf, fuchtelt mit den Armen in der Luft herum und faucht. Er nimmt wieder Platz und sagt: »Das hat Spaß gemacht.« Sie fragt ihn: »Und, was wollen Sie Ihrem Kollegen morgen sagen?« »Ich frage ihn, was er eigentlich von mir will.« In der nächsten Sitzung erzählt der Klient, dass sein Kollege so gehofft hat, einen guten Kontakt zu ihm aufzubauen und sich einfach nicht getraut hat, wirklich Fragen zu stellen.

Im nächsten Schritt erfolgt die Bewertung der mentalen Inszenierungen unter Einbeziehung der Zeitdimensionen. Auf diese Weise werden die eigenen Überzeugungen (retrospektiv) und das eigene Bestreben (prospektiv) in der Gegenwart reflektiert und neu zusammengesetzt.

Systemisch gesprochen geht es darum, mit Hilfe von vergleichenden Interventionstechniken und Umdeutungen, die neuronalen Aktivitäten anzuregen und dadurch die Eigendynamik im System zu unterstützen. In der Arbeit mit Humor und humorvollen Methoden ist das relationale Vorgehen, welches auf die Zirkularität von mentalen und sozialen Prozessen aufbaut, zentral. Die Fragetechniken beziehen sich in diesem Zusammenhang auf die fünf Grundformen der vergleichenden Interventionen (zirkuläres Fragen)[11], aus denen auch die verschiedenen bekannten systemischen und lösungsorientierten Fragetechniken abgeleitet wurden.

Weiterführende Literatur

Schinzilarz, C./Friedli, Ch.: Humor in Coaching, Beratung und Training. Weinheim 2013.

---

11 Vgl. Selvini Palazzoli et al. 1981.

Kapitel 6:
Ein Kompass für Coaching-Interventionen

Olaf Geramanis

> Das Interventionsdilemma:
> »Handle wirksam, ohne im Voraus zu wissen,
> wie und was Dein Handeln auslösen wird!«

Kurz gesagt ist eine Intervention im Coaching (alles) was der Coach, in Bezug auf welches Anliegen mit welchem Ziel anbietet, um seinen Klienten bei dessen Anliegen zu unterstützen. Anliegen und Ziele von Klienten sind so vielfältig und komplex wie das wirkliche Leben. Da bewährt sich für den Coach eine Art von Kompass, der ihn bei der Wahl und Gestaltung seiner Intervention unterstützt.

1. Einleitung

Nicht erst der systemische Ansatz hat uns in Erinnerung gerufen, dass wir die Welt eigentlich nicht beherrschen und kontrollieren können, vor allem dann nicht, wenn es darum geht, etwas langfristig errichten und aufbauen zu wollen. Und dennoch haben wir das alte Kontrollideal nach wie vor nicht aufgegeben. So ist uns gerade der Interventionsbegriff sehr geläufig. Er bezieht sich zunächst vor allem auf militärische und medizinische Interventionen. In beiden Fällen ist es die Absicht, technisch geprägt einen zielgerichteten Eingriff durchzuführen, dessen Wirkung mit hoch einschätzbarer Vorhersehbarkeit verbunden ist.[1] Diese Haltung lässt sich ebenfalls im Ideal der Ökonomie wiederfinden, das von der Hoffnung auf vollkommene Information ausgeht: erst wenn diese vorliegt, scheint es möglich, optimale Entscheidungen zu treffen.

Leider hat sowohl ein technikgläubiges Verständnis der Welt als auch die Illusion vollkommenen Wissens Nebenwirkungen: Interpolation, Computersimulation und objektive Datenauswertungen statt Verantwortung heißt die Devise. Wenn sich die Entscheidung bereits von selbst entschieden hat, weil es so viele gute Gründe gibt, muss man nicht selbst wählen, sondern lediglich die Fakten sprechen lassen.

---

1 Aktuelle Kriegsberichterstattungen zielen darauf ab, den Krieg nicht mehr als eine flächendeckende Katastrophe erscheinen zu lassen, sondern die militärischen Interventionen als chirurgische Operationen mit ganz geringen Nebenwirkungen darzustellen.

Wenn wir allerdings der Versuchung widerstehen, alle menschlichen Situationen und Konflikte auf »technisch-lineare« Fragen mit eindeutigen Lösungen zu reduzieren, dann müssen wir uns einem neuen Bild von sozialer Wirklichkeit stellen, das besagt, dass wir Probleme nicht (auf-)lösen, d. h. zum Verschwinden bringen können, sondern vielleicht nur verschieben. Wer Motivationsprobleme von Angestellten allein durch finanzielle Anreizsysteme aus der Welt schaffen will, darf sich nicht wundern, wenn dadurch zugleich die Mitglieder von ihren persönlichen Bindungen an die Organisation befreit werden (Geld stinkt nicht). Wer die »beschränkte individuelle Rationalität«[2] der Mitarbeitenden ausschließlich durch formale Regeln und Entscheidungsprogramme steuern will, muss in Kauf nehmen, an die Grenzen der Rationalität eben dieser Programme selbst zu stoßen, weil diese immer neuen Koordinationsaufwand erzeugen. Wer Unsicherheit durch die Legitimation von Ignoranz absorbieren will, indem Arbeitsteilung, Zuständigkeitsverteilung und Hierarchie installiert werden, wird sich mit genau dieser Ignoranz andere Risiken einhandeln. Fazit: Interventionen erlösen uns nicht, sondern verschieben bestenfalls die Beule im Teppich.

All das soll uns in unserem Beratungshandeln keineswegs entmutigen. Vielmehr geht es darum, mit dem Anspruch und der Paradoxie zugleich umzugehen: wirksam zu intervenieren, ohne genau zu wissen, was die Intervention und ihre Nebenwirkung auslösen wird. Insofern wollen wir zunächst definieren, was wir in der personenorientierten Beratung unter einer Intervention verstehen, um dann im Fortgang des Kapitels die einzelnen Abschnitte der Definition genauer zu analysieren.

Definition:
Eine Intervention
- ist ein »Dazwischen-Kommen«, es ist die Unterbrechung einer Situation, die ansonsten »störungsfrei« fortgesetzt worden wäre. Für diese Einflussnahme bedarf es einer Legitimation;
- ist eine theorie- und indikationsbezogene, bewusste und beschreibbare sowie eine zielorientierte Handlung;
- setzt zu einem bestimmten Zeitpunkt einen Impuls, der abhängig ist von Personen, Beziehungsgeschehen und Strukturen und der eine möglichst geplante und überprüfbare Veränderung zum Ziel hat.

---

2 Hierbei handelt es sich um einen Terminus technicus aus den Wirtschaftswissenschaften. Die Idee, dass Individuen immer informiert sind und ihren Nutzen optimieren möchten, lässt sich in der Realität nicht durchhalten. Im systemischen Kontext nimmt man stattdessen an, dass Individuen immer kognitiven und motivationalen Beschränkungen ausgesetzt sind. Dementsprechend kann nicht mehr von reiner Nutzenmaximierung ausgegangen werden, was andere Steuerungs-Lösungen notwendig macht.

2. Legitimation der Einflussnahme

Interventionen in der Beratung dienen dazu, die Arbeits- und Entwicklungsfähigkeit einzelner Personen und/oder Teams zu fördern, die Dynamik lebendig zu erhalten und Erstarrungen und Fixierungen zu lockern. Für diesen Satz findet man leicht Zustimmung. Was aber berechtigt uns dazu, in Beratungssituationen und im Coaching als einer besonderen Form personenorientierter Beratung andere Personen tatsächlich zu beeinflussen und zu stören? Nun mag man sich vielleicht am Begriff des »Störens« stören; im Zeichen von Lösungs- und Ressourcenorientierung werden die Personen ja vor allem wertschätzend unterstützt und an ihre Stärken erinnert – aber auch das erfordert einen guten Grund. Auch Zwangsbeglückung ist ein aggressiver Akt und jede medizinische Operation ist zugleich eine Körperverletzung.

2.1 Der gemeinsame Kontrakt

Die Legitimation als Coach in das System des Coachees zu intervenieren, liegt zuvorderst im verbindlichen gemeinsamen Kontrakt, ihn bei seiner Zielerreichung zu unterstützen. Dieser regelt die Zusammenarbeit zwischen Coach und Coachee, zwischen Beratern und dem Kundensystem. Die Kontraktverhandlung ist bereits eine erste entscheidende Intervention. Sie öffnet den Handlungsspielraum und deckt soweit möglich unrealistische Ziele und unklare Rollenerwartungen auf. Da sich das Verhältnis zwischen Coach und Coachee im Coachingprozess auch ändern kann, muss es ebenfalls die Möglichkeit geben, Kontraktänderungen zu verhandeln; es müssen gegenseitige Erwartungen überprüft werden, und es muss darauf geachtet werden, das gemeinsam ausgehandelte Ziel nicht aus den Augen zu verlieren. Dies ist gerade dann wichtig, wenn die Zielformulierung zunächst große Ungewissheitsräume hat. Denn werden die Ziele zu detailliert formuliert, dann lassen sie keinen Spielraum zu und der gemeinsame Erfahrungsprozess kommt gar nicht erst in Gang. Sehr enge Kontrakte spiegeln demgegenüber oft die Angst der Beteiligten wider, die Situation nicht mehr kontrollieren zu können. Andererseits eröffnet der andere Pol – alles offen lassen und signalisieren, dass eigentlich alles möglich ist – nicht nur Freiräume, sondern sorgt für Beliebigkeit und Willkür, für Unverbindlichkeit und Verunsicherung und verhindert eine tragfähige, verbindliche Beratungsbeziehung.

Fast noch entscheidender für den praktischen Erfolg der Zusammenarbeit ist neben dem formalen, äußeren der innere (psychologische) Arbeitskontrakt. Er entsteht, wenn sich alle Beteiligten über die äußeren Bedingungen hinreichend klar sind und eine tragfähige Motivation für dieses Vorhaben erkennen lassen.

Der Coach ist also nicht der Alleinverantwortliche, sondern tritt in einer ebenbürtigen Beziehung auf selber Augenhöhe quasi als Sparringspartner auf. Er beschränkt sich darauf, Interventionen in Form von Gesprächsangeboten zu initiieren und Feedback zu geben anstatt zu belehren, im Wissen, dass diese Angebote vom Coachee angenommen, aber auch abgelehnt werden können, ohne dass die Beratungsbeziehung in Gefahr gerät. Diese Orientierung des Coachings an der Selbstbestimmung und Selbstverantwortung des Coachees gilt für alle Interventionen. Sie schließen Freiwilligkeit und Transparenz ein. Daher können Interventionen aus dieser Perspektive nur dann gelingen, wenn der Coachee über ihre Wirkungsweise prinzipiell aufgeklärt werden *könnte*.[3]

Nach all dem Gesagten, stellt sich die Frage, wann eine Intervention tatsächlich »dazwischen kommt«, bzw. wann sie vom Coachee als eine Unterbrechung wahrgenommen wird. Wiederum stehen wir vor dem Dilemma der »nicht-direktiv beeinflussenden Einflussnahme«. Der systemische Ansatz, wie er bisher im Rahmen dieses Buches beschrieben wurde, definiert Einflussnahme in ein System maximal als »Irritation«, weil wir nicht davon ausgehen können, die »Wahrheit des Systems« zu erkennen. Damit jedoch eine Irritation auch irritiert, muss sie dennoch vom anderen System zumindest wahrgenommen werden, um Wirkung zu erzielen. Dazu braucht es die Möglichkeit eine *Erwartungs-Enttäuschung* auf Seiten des Coachees bzw. des intervenierten Systems hervorzurufen und die entsprechende Möglichkeit des Coachs, Irritation als bewusste Entscheidungshandlung durchzuführen.

Fazit:
Um intervenieren zu können, bedarf es einer tragfähigen Beratungsbeziehung, die einerseits Transparenz und Erwartungssicherheit produziert, damit der Coachee sich öffnen und auf den Prozess einlassen kann. Zugleich wird damit auch eine Erwartungs-Enttäuschung möglich, denn erst wer Erwartungen ausbildet, kann enttäuscht werden. Dieses Sich-Einlassen ermöglicht überhaupt erst ein Dazwischen-Kommen, von der Irritation bis hin zur Konfrontation.

2.2 Arbeits- und Entwicklungsfähigkeit

Ein weiterer Legitimationspunkt liegt in der Frage begründet, was denn im Detail mit der Arbeits- und Entwicklungsfähigkeit, die durch gezielte Interventionen gefördert werden soll, gemeint sein könnte. Wenn ein Team gern arbeitsfähiger werden und ein Coachee an seiner Entwicklungsfähigkeit arbeiten möchte, was genau ist dann das Ziel, das wir in der Beratungssituation gemeinsam anstreben? Letztlich lässt sich auch dies nicht eindeutig beantworten, sondern hängt wie-

---

3 Der Konjunktiv »könnte« bezieht sich darauf, dass man als Coach nicht fortwährend jede Intervention im Voraus erklären muss – aber die Intransparenz darf nicht, wie bei einem Zaubertrick, zur Bedingung der Möglichkeit für die Intervention werden.

derum mit der eigenen Haltung und Grundeinstellung zusammen, die hinter allem steht. Es gibt keine objektiven Ziele, die über Raum und Zeit erhaben sind. In unserer hiesigen humanistischen Tradition gehen wir von einer spezifischen Idee von Individualität aus. Die Entwicklungs- und Arbeitsfähigkeit eines Coachees bedeutet in dieser Tradition nicht in ein dumpfes Ich-Gefühl, das sich in unterschiedsloser Gleichheit und einem diffusen Ich-bin-so-gut-wie-alle-Bild auflöst. Im Sinne von Individualität und einer damit verbundenen Unterscheidbarkeit gilt es, die Prozesse, Widersprüche und Paradoxien, die das individuelle Verhältnis des Coachees zu seiner Außenwelt steuern können, selbst zu begreifen. Es gilt, die möglichen Asymmetrien sowie die unterschiedlichen Macht- und Einflusskonstellationen nicht aus den Augen zu verlieren.

Auch die Arbeits- und Entwicklungsfähigkeit in Gruppen wird gerade nicht über ein Absenken der Komplexität oder eine Nivellierung in der Gruppe der Beteiligten erreicht, sondern nur über deren konsequente Differenzierung. Gruppen und Teams sind dann arbeitsfähig, wenn über ihnen nicht das Dogma der Trivialität und Gleichmacherei schwebt, sondern die Unterschiedlichkeit einen Raum erhält. Erst die gemeinsame Bewusstheit über die Unterschiede und die Transparenz, welche Erwartungen gegenseitig aneinander gerichtet werden können, sind das Mittel, sich als Individuum in der Gruppe unverwechselbar zu machen und sich dadurch zu positionieren. Prozessorientiert in Gruppen zu arbeiten bedeutet daher nicht blinde Anpassung, Konformität und Gleichmacherei zu praktizieren. Vielmehr geht es um das Herausarbeiten des dynamischen Gleichgewichts zwischen Individuum und Gruppe unter der Perspektive der Auftragserfüllung. Die Arbeitsfähigkeit in Gruppen zeichnet sich dadurch aus, dass sich jedes einzelne Individuum in der Gruppe engagiert und es dadurch die Gruppe schafft, als Gesamtheit die operationalen Ziele zu erreichen.

3. Absichtsvolles Eingreifen als dualer Prozess

Der zweite Aspekt der eingangs vorgestellten Definition lautet, dass eine Intervention eine theorie- und indikationsbezogene, bewusste und beschreibbare sowie eine zielorientierte Handlung ist. Damit schließt sich der Vergleich mit dem Kommunikations-Axiom vom Watzlawick von vornherein aus: es ist richtig, dass man nicht nicht kommunizieren kann, es ist nicht ganz richtig, dass man nicht nicht intervenieren kann. Wichtig ist es hierbei, Sender und Empfänger der Intervention zu unterscheiden. Mit anderen Worten: In den Augen des Coachees ist es nicht möglich als Coach nicht zu intervenieren, egal ob es beabsichtigt ist oder nicht. Aber nicht alles, was ein Coach tut, ist eine Intervention. Jedes Ereignis kann in dieser Hinsicht wichtig sein, aber es muss nicht per se um eine zielorientierte Handlung gehen.

3.1 Konzeptionelle Transparenz

Insgesamt gibt es eine Vielzahl von Interventionen als Vorgehensweisen, die von Anti-Stress-Techniken bis zu Zielvereinbarungsmethoden reichen und im Coaching sinnvoll eingesetzt werden können. Im Beratungsalltag gilt pragmatischer Eklektizismus, wonach ganz verschiedene Methoden nach Ermessen des jeweiligen Coachs kombiniert bzw. weiterentwickelt werden können. Der Rahmen von Coaching-Maßnahmen ist weit gefasst, wobei eine Beschränkung auf bestimmte Methoden weder erwünscht noch zwingend notwendig ist. Dennoch kommt es darauf an, dass der Coach auf der Basis eines elaborierten Beratungskonzepts arbeitet, und die Interventionen sich ebenfalls an diesem Konzept orientieren und ihm nicht entgegenstehen.

Es ist der legitime Anspruch des Coachees an seinen Coach, im Prinzip bei jeder Intervention nachfragen zu können, worin die Absicht dieser Handlung liegt – wobei es für den Coach dann darauf ankommt zu prüfen, ob es tatsächlich eine Intervention war, oder nur eine Unbedachtsamkeit; oder ob der Coachee einfach nur eine bestimmt Geste oder Äußerung des Coachs als Intervention interpretiert hat. Sofern ein Coach den Mut hat, in diese Klärung zu gehen – denn es ist keineswegs selbstverständlich, dass ein Coach sich traut, die Beratungsbeziehung in Form einer Metadiskussion in Frage stellen zu lassen – kann in der gemeinsamen Klärung eine große Chance stecken. Der Coach sollte dabei darlegen können, in welche Richtung seine Unterstützung gehen sollte. Hält der Coach es aus einem bestimmten Grund für angemessen, eine entsprechend andersartige oder ungewöhnliche Technik einzusetzen, so sollte er dies dem Coachee gegenüber partnerschaftlich darlegen und um Bereitschaft werben. Andernfalls ist zu Recht damit zu rechnen, dass der Coachee mit Unverständnis, Misstrauen oder Widerstand reagieren kann.

3.2 Interventionen zwischen Sachebene und Gefühlsebene

Wenn vom »Dualen Prozess der Führung« die Rede ist, geht man davon aus, dass es zur Lösung von Aufgaben seitens der Führung vor allem Klarheit, Struktur, Durchsetzungsvermögen, Härte aber auch Einfühlungsvermögen und Nähe braucht. Von dieser Idee des Dualen Führens ausgehend, wollen wir Interventionen ebenfalls in diese zwei Kategorien einteilen, wonach Interventionen entweder auf der *Sachebene* oder auf der *Gefühlsebene* ansetzen.

Allzu häufig ist man sich gerade in Arbeitssituationen seiner individuellen Gefühle und seiner emotionalen Beziehung zu anderen Beteiligten nicht bewusst – abgesehen davon, dass man sowieso nicht darüber sprechen würde. Aber so, wie der Mensch sich nicht in einen Gedanken- und einen Gefühlsteil zerlegen lässt, so lassen sich auch die beiden Prozesse »eigentlich« nicht voneinander trennen, sie hängen zwingend zusammen und beeinflussen sich unmittelbar gegenseitig.

Dennoch wird über die sozio-emotionalen Vorgänge im Allgemeinen nicht gesprochen, weil sie ja nicht »zur Sache« gehören. »*Über derartige Ereignisse spricht man doch nicht!*« Und so wird kaum jemand in einem offiziellen Meeting zu seinem Kollegen sagen: »*Sie gehen mir jetzt aber wirklich auf die Nerven.*« Meist treten die »eigentlichen Ursachen« lediglich als Symptome – gewissermaßen »verkleidet« – in Erscheinung. Eine Aussage wie: »*Können wir vielleicht endlich zur Abstimmung kommen, ich habe noch einen dringenden Termin!*« ist der sachliche verklausulierte Einwand, dass man total genervt ist, das Hin und Her im Team unsäglich mühselig findet oder einfach nur weg will. Unglücklicherweise helfen inhaltlich-sachlogische Appelle gar nicht weiter, wenn es darum geht, schwerwiegendere sozio-emotionale Störungen zu beseitigen. Der Satz: »*Meine Damen und Herren, bleiben wir doch sachlich!*« verleitet eher zu einem Schmunzeln hinter vorgehaltener Hand, da eine solche Äußerung das faktische Eingeständnis ist, dass im Moment alles Drunter und Drüber geht. Aber inwiefern lassen sich solche sozio-emotionalen Prozesse überhaupt professionell steuern?

Werden Prozesse über inhaltlich-sachlogische Interventionen gesteuert, fokussieren diese vor allem die sichtbare und besprechbare Inhaltsebene. Es wird ein greifbares Problem diskutiert, eine Sachaufgabe gelöst oder ein bestimmtes Ziel verfolgt. Eine Führungskraft will ein Qualitätssicherungssystem einführen; die Verfahrensabläufe einer Produktion sollen rationalisiert werden; ein Team soll seine sachlogischen Überlegungen zu einer anstehenden Entscheidung zusammentragen: hier kann für alle sichtbar mit Fakten und Argumenten, mit Vorschriften und Sachzwängen diskutiert werden. Eine Sache erarbeiten, einen Inhalt präzisieren und einer Methode folgen, all dies lässt sich weitgehend klar und eindeutig organisieren, und man tut gut daran, derartige Aufgaben auf diese Art zu bearbeiten. Im Kontext von Coaching ist es wichtig, dass sich der Coach nicht dazu verführen lässt, in die fachliche Expertenrolle zu wechseln, sondern im Sinne der Arbeits- und Entwicklungsfähigkeit des Coachees bzw. des anfragenden Systems zu schauen, welcher unterschiedlichen Maßnahmen es zur Erreichung der fachlichen Ziele bedarf und auf wessen Seite die Verantwortung für das Gelingen dieses Prozesses liegt.

Gleichzeitig, während sich der Coachee oder das Team um die Sachaufgabe bemüht, laufen parallel immer auch allerlei Gefühls- und Beziehungs-Prozesse ab. Über sie wird innerhalb der Arbeit, vor allem in der Privatwirtschaft und Industrie, wie gesagt selten gesprochen. Dennoch wirken die sozio-emotionalen Prozesse auf alle Beteiligten gleichermaßen: *Die einen sind gelangweilt, andere werden ärgerlich, weil es nicht vorangeht, wieder andere freuen sich, weil sie den Eindruck haben, dass das Gespräch in ihrem Sinne verläuft.* Diese Einzelstimmungen wirken sich mehr oder weniger auf die Gesamtsituation sowie auf ein ganzes Team aus. Je nach Ausprägung dieser Stimmungen ist es nicht mehr allein die Sachaufgabe, die darüber entscheidet, ob man mit produktivem Interesse und Engagement an die Sache herangeht oder ob die Stimmung kippt und sich kollektiv gähnende Langeweile und Arbeitsverweigerung breit machen. Alle diese Eindrücke, die die Beteiligten situativ haben, und die Relationen der Beteiligten zueinander, die damit einhergehen, sich neu ergeben und summieren, spielen sich über Beziehungs- (sozio-) und Gefühls- (emotionale) Prozesse ab.

> **Fazit:**
> Alle Interventionen lassen sich zunächst danach unterscheiden, ob sie auf die inhaltlich-sachlogische oder sozio-emotionale Ebene abzielen. Dabei kommt es letztendlich auf die Absicht der Intervention an. Dennoch kann man nicht automatisch sagen, dass eine struktursetzende Intervention immer auf die inhaltlich-sachlogische Ebene abzielt bzw. vice versa. Es kommt vor allem auf den Kontext der Intervention sowie auf die Diagnose und die Absicht des Coachs an.

4. Diagnosekompass für Interventionen

Die Idee, einen Kompass erstellen zu wollen, der für Coaching-Interventionen im Kontext sozialer Systeme Orientierung bietet, mag sich wie ein anmaßendes Unterfangen anhören, zumindest dann, wenn man dabei den Anspruch erhebt, der sozialen Dynamik selbst gerecht werden zu wollen und nicht alles nur auf ein »hydraulisches« Modell herunterzubrechen.[4] Dabei darf dieser Kompass nicht dahingehend falsch verstanden werden, dass er einem die *richtige* Richtung weist. Wo ich letzten Endes als Coach interveniere – nach entsprechender Analyse und Reflexion darüber, wie und wo eine Intervention, also ein »Dazwischen-Kommen«, im System wirksam und erfolgversprechend ist –, bleibt einzig und allein meine Entscheidung, für die ich als Coach auch die Verantwortung zu tragen habe.

Um die ganze Komplexität zu erfassen, ist unser Ausgangspunkt die Organisation, die wir als ein soziales System betrachten. Es besteht ein wechselseitiger Einfluss zwischen dem, was im Unternehmen und innerhalb der Teams passiert, und dem, was in ihren einzelnen Mitgliedern vor sich geht. Auch im Einzelcoaching *sitzt das System des Klienten immer mit am Tisch*. Für den Coach bedeutet das, das System des Klienten immer mit im Blick zu halten.

---

4 Das Grundproblem eines jeden Modells besteht darin, dass die Komplexität des Gegenstands so weit reduziert werden muss, dass eindeutige Prinzipien erkennbar werden. Dabei läuft jede Reduktion Gefahr, den Gegenstand, den sie beschreibt, in den Augen manch anderer schlicht als falsch erscheinen zu lassen, weil gerade der entscheidende Aspekt weggelassen wurde. Dennoch hilft insbesondere in Bezug auf die Komplexität von Teams und Gruppen ein falsches Modell noch immer eher weiter als kein Modell.

Kapitel 6: Ein Kompass für Coaching-Interventionen

Merke
Als Coach muss ich mir der Komplexität des sozialen (nicht-trivialen) Systems immer bewusst sein: Egal wo ich interveniere, meine Intervention wird sich immer auch auf alle anderen Bereiche mehr oder weniger auswirken und Folgeerscheinungen produzieren.

In der folgenden Abbildung, die sich an das von Karlheinz A. Geißler[5] entwickelte Drei-Ebenen-Modell anlehnt, ist das Gesamtsystem »Organisation« bereits mit allen Implikationen erkennbar (vgl. Abb. 18). Wir gehen bei unserem Modell Coaching-Kompass von folgenden zentralen Aspekten aus:

- Das oberste Ziel aller Interventionen ist die *Arbeitsfähigkeit* des Systems. Dies kann der persönliche Erfolg des Coachees ebenso sein, wie das Ergebnis eines Projektteams oder die Entwicklung einer Abteilung hin zu einem neuen Arbeitszeitmodell. Welche der drei Säulen instabil ist, bzw. wie genau sich diese Arbeits- und Entwicklungsfähigkeit ausgestaltet, muss im gemeinsamen Kontrakt geklärt und im Gespräch ausgehandelt sein.
- Die *Interventionen* werden sich auf zwei grundlegende Arten voneinander unterscheiden, sie werden entweder *inhaltlich-sachlogischer* oder *sozio-emotionaler Art* sein, bzw. im Kern auf eine der beiden Dynamiken zentral abzielen.

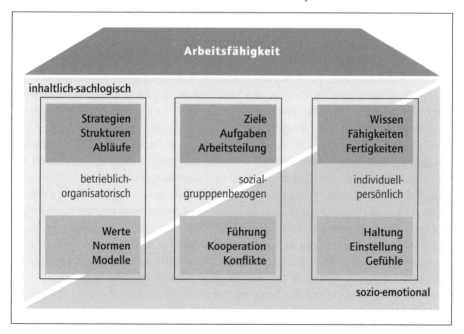

Abb. 18: Kompass für Coaching-Interventionen

---

5 Vgl. Geißler 1989.

4.1 Interventionen auf betrieblich-organisatorischer Ebene

Organisationen, ganz gleich ob aus dem Profit- oder Nonprofit-Bereich, sind kein Selbstzweck, sondern dienen der Erledigung allgemeiner Arbeitsinhalte oder spezieller Aufgaben. Auf der inhaltlich-sachlogischen Ebene herrschen in Unternehmen Diskurse von Rationalität und Machbarkeit vor. Diese sind weitgehend offiziell zugänglich und sichtbar. Es sind dies Strategien, Strukturen und formalisierte Abläufe, die sich in Organigrammen, Leitbildern und allgemein in einem Steuerungsanspruch widerspiegeln.

Inhaltlich-sachlogische Diagnosefragen auf organisationaler Ebene lauten:
- Handelt es sich um einen straff durchstrukturierten Konzern mit einer mächtigen, durchgriffsstarken Zentrale oder um eine Holding mit vergleichsweise autonomen dezentralen Einheiten?
- Handelt es sich um ein etabliertes Unternehmen, das gut mit entsprechenden Managementinstrumenten (von Controlling- bis Personalführungsinstrumenten) ausgestattet ist, oder betrachtet man eine junge Firma in der Wachstumsphase?
- Existiert ein genaues Regelwerk bis hin zu bürokratischen Verwaltungsabläufen oder herrscht kreatives Chaos?

Zugleich geht es auch im Bereich der Organisationsdynamik sozio-emotional um die innere Verfasstheit des Unternehmens und es stellt sich die Frage, wie sich diese auf die Strukturen auswirkt. Es geht um die Organisationskultur, insbesondere auch um ihren entwicklungsgeschichtlichen Stand, ihre Erfolgsfaktoren und Strukturausprägungen. Banken haben andere Anforderungen zu bewältigen als Handelsunternehmen, produzierende Unternehmen oder karitative Einrichtungen. Reaktionsgeschwindigkeit, Innovationskraft oder die Fähigkeit, just-in-time zu liefern, aber auch Produktqualität, Zuverlässigkeit und das Vertrauen der Kunden sind Erfolgsfaktoren, die von Branche zu Branche unterschiedlich stark ausgeprägt und verschieden wichtig sind. Dementsprechend trifft man auch auf unterschiedliche kritische Prozesse. Sind in einem Fall beispielsweise Top-down-Entscheidungsstrukturen sinnvoll, so können in einem anderen Fall – unabhängig von der offiziellen Struktur – informelle Teams eine wesentliche Rolle in der Organisation übernehmen, etwa wenn komplexere Aufgabenstellungen zu bearbeiten sind. Diese Dynamiken spielen in der öffentlichen Kommunikation eine eher untergeordnete Rolle und sind zu großem Teil implizit und nicht zugänglich, aber sie prägen dennoch das Verhalten; es sind die Unternehmenswerte, tradierte formelle und informelle Normen sowie explizite und implizite Führungsmodelle, die hier ihre Wirkung entfalten.

> Interventionen auf organisationaler Ebene sind großteils sichtbar, d. h. zu ca. 80 % inhaltlich-sachlogischer und struktursetzender Art (vgl. Abb. 18).

Wichtige Interventionen im Sinne struktureller Gestaltungs- und Steuerungsaufgaben sind:
- die realistische Festlegung des Ziels,
- die Setzung der organisationalen Arbeitsbedingungen (Zeit, Ort etc.),
- die Entwicklung von Arbeitssequenzen,
- die Kontrolle der Ergebnisse, die Sicherung des Erfolgs.

Es geht also um Steuerungsleistungen im Hinblick auf systematisches Erkennen, Benennen, Differenzieren und Bewerten.

Fazit:
Ist die Arbeitsfähigkeit des Teams oder des Coachees aus der Diagnose-Sicht vor allem aufgrund organisationaler Dynamiken beeinträchtigt, dann werden auch die Interventionen in diese Richtung gehen:
1. *Inhaltlich-sachlogisch* kann der Fokus auf Change-Management-Prozesse, Fragen des Generationswechsels, organisatorische Veränderungen, Reorganisationsprojekte, Steuerung und Umsetzung von Veränderungsprozessen gelegt werden, sowie auf Personalentscheidungen.
2. *Sozio-emotional* geht es darum, auf Unternehmensebene eine Sensibilität für sozio-kulturelle Phänomene zu schaffen; dies kann bedeuten Gewohnheiten der Auftragsklärung, der Sitzungseffizienz oder der Gesprächsführung in Frage zu stellen, Funktionsklarheit zu schaffen, Reflexion von Krisensituationen zu initiieren, Veränderungswiderstände zu bearbeiten und Schnittstellenklärung vorzunehmen.

4.2 Interventionen auf sozial-gruppenbezogener Ebene

Team- und Gruppenarbeit unterscheidet sich grundlegend von Einzelarbeit, da sie sich nicht im »stillen Kämmerlein« vollzieht. Die Teamatmosphäre und der Stand der Gruppenentwicklung tragen entscheidend zur Arbeit am Ziel bei. So zeigen Modelle über die phasenweise Entwicklung von Gruppen immer wieder auf, dass die Mitarbeitenden zu Beginn eines Gruppenprozesses tendenziell weniger mit dem Inhalt beschäftigt sind. Bevor inhaltliches Arbeiten sinnvoll möglich ist, muss erst einmal eine erste Orientierung in Sachen Gruppe erfolgt sein. Die Gruppenmitglieder müssen erste Schritte in Richtung Arbeitsfähigkeit machen. Die spezifische Interaktions- und Beziehungsdynamik der Gruppe ergibt sich aus dem soziologischen und sozio-dynamischen Prozess ihrer Entwicklung. Das heißt, dass der Stand, den die jeweilige Gruppenentwicklung erreicht hat, seinerseits den Arbeitsprozess der Gruppe im Hinblick auf dessen Erfolg entscheidend beeinflusst.

Die Hauptleistung in diesem Bereich ist es, Methoden zur Beziehungsarbeit zur Verfügung zu stellen. Es gilt, die Gruppensituation zu erkennen und vertikale sowie horizontale Kooperationsbeziehungen auf der Basis ihres Entwicklungsstands konstruktiv zu beeinflussen. Die zentrale Frage lautet: Was braucht die Gruppe, um Arbeitsfähigkeit zu entwickeln, zu erhalten oder eventuell auch wiederzugewinnen? Es gilt, die Sozio-Logik der Arbeitsgruppe zu verstehen.

> Interventionen auf der sozial-gruppenbezogenen Ebene können zu 50 % inhaltlich-sachlogischer Art sein, wenn es um die offizielle Zuordnung von Zielen, Aufgaben und Arbeitsteilung geht. Bei den verbleibenden 50 % geht es um die Art und Weise, welche Führungs-, Konflikt- und Kooperationskultur die Gruppe pflegt (vgl. Abb. 18).

Diese Themen sind meist latent und nicht offiziell sichtbar. Sie sind weniger leicht zu kommunizieren; oft handelt es sich dabei auch um mögliche Tabus bzw. um von der Kommunikation Ausgeschlossenes. Gruppen(-prozess)bezogene sozio-emotionale Interventionen sind meist »kritische« Interventionen, da sie leicht eine Eigendynamik entwickeln können. Ihr Ziel ist es »Arbeitsstörungen« zu analysieren, zu reflektieren und zu beheben, indem das Problembewusstsein durch Hinterfragen der bisherigen Problemdefinition erweitert wird, Handlungsketten durch Bewusstmachen bisheriger Interaktionsmuster in der Gruppe unterbrochen werden und Gruppen-Feedback durch das Mitteilen eigener Beobachtungen gegeben wird.

> **Fazit:**
> Ist die Arbeitsfähigkeit des Teams oder des Coachees aus Diagnosesicht vor allem aufgrund sozial-gruppenbezogener Dynamiken beeinträchtigt, dann werden auch die Interventionen in diese Richtung gehen:
> 1. Inhaltlich-sachlogisch wird der Fokus auf die Kooperation im Team hinsichtlich Aufgabe und Rollen gelegt. Es geht um Führungsfragen, Personalentscheidungen, Umgang mit Ressourcenengpässen. Je nach Sichtbarkeit geht es auch um Konflikte in Projekten oder mit Kunden, um Konfliktlösung zwischen Mitarbeiter und Management sowie allgemein um Konfliktmanagement und -moderation im Team – wobei gerade diese Konfliktthemen zugleich immer auch sehr stark sozio-emotional behaftet sein können.
> 2. Sozio-emotional geht es um tiefer gehende und weniger offen sichtbare Konflikte, es geht um Arbeitsbelastung und Burn-out bei Mitarbeitern, ethische Konflikte und persönliche Akzeptanzprobleme sowie Führungskrisen.

4.3 Interventionen auf individuell-persönlicher Ebene

Die Gestaltung und Steuerung produktiver Prozesse in Organisationen ist nur möglich, wenn sich auch die Mitglieder individuell aufeinander einlassen, d.h. wenn sie Vertrauen entwickeln. Dies wiederum geschieht nur, wenn sich die jeweilige Person in ihrer spezifischen Individualität gesehen und auch anerkannt fühlt. Es geht hierbei nicht primär um Anpassung, um ein blindes Unter- oder Einordnen, sondern um Differenzierung. Sowohl individuell innerhalb der Organisation als auch als Gruppenmitglied geht es für die Mitarbeitenden darum, sich in ihrer Unterschiedlichkeit weitgehend anzunehmen und diese für die Arbeitsprozesse nutzbar zu machen. Es gilt, die Person als Individuum auch im Rahmen ihrer Wünsche, Interessen, Hoffnungen, Möglichkeiten, Stärken und Schwächen zu akzeptieren. Akzeptanz bedeutet, dass die Bedürfnisse der am Arbeitsprozess Beteiligten nie ganz in den vorab geplanten Zielen aufgehen ebenso wie ihr Engagement nie vollständig für den Arbeitsprozess verfügbar gemacht werden kann. Es ist die Toleranz für das Abweichende, das Besondere und manchmal auch für das Störende, das die individuellen Arbeitsleistungen fördert. Die Steuerungs- und Gestaltungsaktivitäten von Organisation und Gruppen sind insofern auch auf das Individuum auszurichten.

> Interventionen auf individuell-persönlicher Ebene können nur zu 20 % inhaltlich-sachlogischer Art sein (vgl. Abb. 18).

Bei den sichtbaren 20 % handelt es sich um das »nachweisbare« Wissen, d.h. die Qualifikationen und Ausbildungsnachweise sowie die offizielle Rollenzuteilung. Aber bereits im Bereich der Arbeitskompetenzen und der informellen Rollen wird die Nachweisbarkeit schwer. Das, was man »wirklich« kann oder eben nicht kann, das, wofür man sich einsetzt, ist meist latent und nicht offiziell sichtbar. Die persönliche Einstellung und Haltung sowie das eigene Gefühl gehören in die Privat- und Intimsphäre und sind auch personalrechtlich geschützt. Dennoch spielen diese Faktoren ebenso in den Arbeitsprozess hinein wie alle anderen Themen.

Personenbezogene Interventionen können sowohl im Einzelsetting als auch innerhalb von Gruppen und Teams initiiert werden. In Teams können sie Einzelnen helfen, sie unterstützen, schützen. Durch Konfrontation können Einzelne aufgefordert werden, ihre Verhaltensweisen zu reflektieren; notwendige Klärung oder fällige Auseinandersetzung mit einzelnen innerhalb einer Gruppe können ermöglicht werden, wenn sie von anderen (Gruppen-)Mitgliedern nicht gestartet werden. Personenbezogene Interventionen auf Gruppenebene können einzelne Gruppenmitglieder exponieren, haben aber neben dem einzelnen Adressaten immer auch die ganze Gruppe als möglichen Adressaten im Blick.

> **Fazit:**
> Ist die Arbeitsfähigkeit des Teams oder des Coachees aus Diagnosesicht vor allem aufgrund individuell-persönlicher Dynamiken beeinträchtigt, werden auch die Interventionen in diese Richtung gehen:
> 1. *Inhaltlich-sachlogisch* wird der Fokus auf »sicht- und kommunizierbare« Karrierefragen wie berufliche Ziele und Karriereplanung, Bewerbungsberatung, Neuorientierung, Umgang mit Stillstand, der Beginn als Führungskraft, Rhetorik/Präsentation, Selbstmanagement und Standortbestimmung gelegt.
> 2. *Sozio-emotional* sind insbesondere in diesem Bereich die Themen manchmal schwieriger zugänglich. Es handelt sich um Themenbereiche wie die Angst vor Akzeptanzverlust und Durchsetzungsfähigkeit, Fragen nach Überforderung und Selbstsicherheit, Burn-out- und Bore-out-Thematiken, Akzeptanz-, Zugehörigkeits-, Identitäts- und persönliche Krisen.

5. Grenzen der Intervention

5.1 Das Eisbergmodell

Die Zugänglichkeit sowie Unzugänglichkeit möglicher Themen in Coaching und Beratung lässt sich gut anhand des wohlbekannten »Eisbergs« darstellen (vgl. Abb. 19): Beim Eisberg ist für gewöhnlich 1/7 der Masse oberhalb der Wasseroberfläche sichtbar, wohingegen 6/7 darunter verborgen sind. Die große Masse liegt also unter der Wasseroberfläche. Sie ist latent vorhanden, jedoch schwer über Interventionen zu erreichen und bestimmt dennoch das Verhalten der sichtbaren Spitze des Eisbergs entscheidend mit.

Auf die oben beschriebenen drei Säulen bzw. Ebenen organisationaler Arbeitsfähigkeit bezogen, bedeutet dies, dass vor allem die inhaltlich-sachlogischen Themen überwiegend sichtbar und zugänglich sind, wohingegen die sozio-emotionalen Themen bereits unterhalb der Wasseroberfläche liegen. Und noch eine Besonderheit haben Eisberge: Sie sind nicht fest am Meeresboden verankert, sondern schwimmen. Um schwimmen zu können, müssen sie gut im Wasser liegen. Sollte der obere Teil des Eisbergs jedoch zu viel Gewicht bekommen – *wird zu viel Gewicht auf den Inhalt und die Sache gelegt* – und wird demgegenüber das Fundament zu schmal – *wird zu wenig Rücksicht auf die sozio-emotionale Dynamik bzw. die Befindlichkeiten gelegt* – kann der Eisberg kippen. Auf das Modell bezogen würde dies heißen, dass der Inhalt völlig untergehen würde, während ausschließlich die sozio-emotionale Befindlichkeit offenkundig an der Oberfläche präsent wäre.

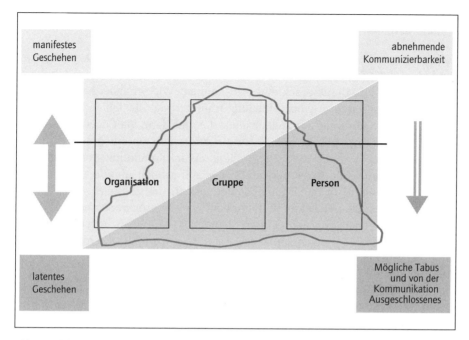

Abb. 19: Eisbergmodell

5.2 Weitere Grenzen

Wir haben bereits darauf hingewiesen, dass der Interventions-Kompass vor allem vor dem Hintergrund einer systemischen Beratungshaltung zu verstehen ist. Dies beinhaltet die Überzeugung, dass exaktes Diagnostizieren prinzipiell unmöglich ist und dass wir von einer Unbestimmtheit von Interventionen und Unvorhersagbarkeit von Kommunikation ausgehen. Die Folgen für das Coaching lauten daher erstens, dass die Akzeptanz subjektiver Problemdefinitionen seitens des anfragenden Systems im Vordergrund steht. Auch wenn wir noch so überzeugt sind, den wahren Kern diagnostiziert zu haben, gilt es, die Bereitschaft des Systems, sich auf dieses Angebot einzulassen – oder auch nicht – zu respektieren. Zweitens heißt es, auf den Anspruch zu verzichten, gezielt kausale Interventionen initiieren zu können. Wer mit dieser Erwartung an soziale Systeme herantritt, wird vor allem diese Kausalität suchen und nicht mehr die Offenheit besitzen, die dem System eigene Dynamik nachzuvollziehen. Drittens geht es nach wie vor um das Vertrauen auf einen förderlichen Dialog auf Augenhöhe. Im Folgenden wollen wir drei weitere Grenzen von Interventionen aufzeigen:[6]

---

6 Vgl. auch Kühl 2008.

Schlecht definierte Probleme

So sehr wir auch zu Beginn des Beitrags auf den Aspekt des Kontrakts hingewiesen haben, letztlich ist es eine Illusion, Themen und Probleme exakt definieren und detailliert im Voraus beschreiben zu können. Wie schnell werden Abstimmungsschwierigkeiten in einer Abteilung unhinterfragt der fehlenden Konfliktfähigkeit einer Führungskraft zugerechnet, die dies dann via Coaching bearbeiten soll. Nach einer Fusion mit einem ausländischen Unternehmen wird »erkannt«, dass die Führungskräfte ein Problem mit der Kommunikation haben. Ein Training der »interkulturellen Verständigung« soll schnell Abhilfe schaffen. Die Beispiele, die sich dafür in der Praxis finden lassen, sind zahlreich.

Themen, über deren Struktur man nur begrenzte Informationen hat und deren Definition von Person zu Person unterschiedlich ist, kann man auch als »schlecht definierte« Probleme bezeichnen. Je nachdem, wen man fragt, werden aufgrund ihrer Komplexität nicht alle Handlungsalternativen gleichermaßen als Lösung erwogen und auf ihre Folgen hin überprüft werden können. Man erkennt schlecht definierte Probleme daran, dass vor, während und nach einer Intervention immer wieder intensive Verständigungs- und Aushandlungsprozesse einsetzen und es zu häufigen Neudefinitionen der Probleme und möglichen Ziele kommt. Mit Einstein lässt sich daher sagen: »*Man sollte die Welt so einfach wie möglich erklären, aber nicht einfacher*« – d. h., dass Ziele im Bewusstsein immer vorläufig und revidierbar sein sollten.

People Processing

Die Herstellungsbedingung von Beratungsleistungen sind Interaktionen. Coaching sowie Beratung von Organisationen beruht auf einer Tätigkeit, die Jeffrey Manditch Prottas (1979) als »Prozessieren von Menschen« – als »People Processing« – bezeichnet hat. So wie bei der Arbeit von Lehrern, Geistlichen, Medizinern, Psychotherapeuten oder Juristen entscheidet erst der gemeinsame Prozess über das Gelingen oder Misslingen der gemeinsamen Arbeit. Auch wenn ich als Coach, vollständig informiert und außergewöhnlich gut vorbereitet bin, geht es eben nicht ohne meinen Coachee oder Kunden. Der Coachee muss, da es um die Anpassung oder Veränderung seiner Person geht, aktiv an der Leistungserbringung mitwirken. Die Arbeit des »People Processing« basiert auf direkter Face-to-Face-Interaktion zwischen Coach und Coachee, bzw. Coach und anfragendem System. Für diese Form von personenorientierter Beratungstätigkeit gibt es wegen ihrer Abhängigkeit von der Interaktion unter Anwesenden keine erfolgssichernden Technologien – ebenso wenig wie für Gottesdienste und Beichten, für Schlichtungs- und Gerichtsverfahren etc.

Begrenzte Veränderungsbereitschaft

Menschliche Probleme folgen eher einer konservativen »Logik«. Im Sinne einer emotionalen Konstanz gilt oft der Satz: »Lieber ein bekanntes Unglück als ein unbekanntes Glück«. Veränderungen sind immer mit Unsicherheiten verbunden und es ist nicht automatisch so, dass dieser Aufwand auch willkommen ist, im Gegenteil. Je größer die Änderungen, desto höher die Ungewissheit. Daher verhalten sich soziale Systeme eher dergestalt, dass sie lieber das Alte aushalten als eine Veränderung zu riskieren, die alles noch schlimmer machen könnte. Dahinter verbirgt sich meist ein »sinnvoller« Vermeidungsaspekt als Selbstschutz. Coaching kann insofern maximal die Bedingungen schaffen, ein riskantes Wagnis zu begünstigen und damit auch die Bereitschaft wecken, einen Wechsel der Präferenzen ins Auge zu fassen, statt mehr desselben zu tun – aber auch nicht viel mehr.

6. Fazit

Diskursive Gedanken anstelle eines Schlusswortes:
1. Man lernt intervenieren nur, wenn man es tut und indem man die eigenen und fremden Interventionen genau anschaut. Durch Beobachten von Interventionen und ihren Auswirkungen bei sich und anderen lernt man, Auswirkungen vorausschauend einzuschätzen. Geht eine Intervention »daneben«, ist es eine weitere Intervention, die Reaktion zu bearbeiten. Über dieses Tun entwickelt jeder Coach über die Zeit hinweg ein charakteristisches Interventionsprofil mit bestimmten Vorlieben, aber auch Defiziten.
2. Öffnende Interventionen leiten an, über Möglichkeiten nachzudenken und regen zum weiteren Differenzieren an. Die Tiefe einer Intervention ist angemessen einzurichten. Sie ist abhängig von der Zeit, der Phase des Prozesses und der Belastbarkeit und sollte für den Einzelnen oder die Gruppe annehmbar sein. Für die Wirksamkeit einer Intervention sind Zeitpunkt und Timing entscheidend.
3. Je weniger ambivalent seitens des Coachs interveniert wird, umso wirksamer ist die Intervention. Die Akzeptanz für eine Intervention steigt bzw. die Intervention wird dann umso wirksamer, je mehr sie die am stärksten vorherrschende Energie bzw. die teilweise unterschwellig vorhandene Dynamik aufgreift.
4. Eine Intervention ist umso wirksamer, je mehr sie von rationaler Schärfe und emotionaler Kontur geprägt ist. Der Energieaufwand für verändernde Interventionen ist abhängig von der Komplexität, Nachhaltigkeit und Widerstandkraft des Zielsystems.

5. Mit jeder Intervention werden frühere Regeln und Normen bestätigt oder neue gesetzt. Es entstehen immer Normen, oder es werden alte stabilisiert. Es gibt prozessorientierte und strukturierende Interventionen. Es gibt stabilisierende und destabilisierende Interventionen. Es gibt angststeigernde und angstmindernde Interventionen. Es gibt verbale und nonverbale Interventionen.

Weiterführende Literatur

Brendan Reddy, W.: Prozessberatung von Kleingruppen. Leonberg 1998.
Geißler, K. A.: Anfangssituationen. Weinheim 1989.
Geißler, K. A.: Schlusssituationen, Weinheim 1992.
Geißler, K. A.: Lernprozesse steuern, Weinheim 1995.
Königshauser, R./Exner, A.: Systemische Intervention. Architekturen und Designs für Berater und Veränderungsmanager. Stuttgart 1998.
Von Schlippe, A./Schweitzer, J.: Systemische Interventionen. Göttingen 2010.

Kapitel 7:
Eine Coaching-Haltung entwickeln

Katrin Welge

> Die Intuition des Coachs als seine Fähigkeit, im Coaching unmittelbar und schnell wahrzunehmen und für den Klienten nützlich zu agieren, ist aus neurobiologischer Sicht durch seine Haltung bestimmt. Den leistungsfähigen Coach zeichnet deshalb eine entwickelte Coaching-Haltung aus.

1. Warum Haltung im Coaching?

Handeln ist durch Haltung geprägt. Aktuelle Coaching-Interventionen werden durch die Haltung des Coachs zum Klienten, zum organisationalen Kontext, zum Prozess des Coachings selbst bestimmt. Interventionen müssen in einem komplexen Umfeld der Wahrnehmung des Klienten, seines möglichen Nutzens und eines möglichen nächsten Entwicklungsschrittes (Musteränderung) vom Coach konfiguriert werden. Die Haltung steuert dabei die Auswahl und die Art und Weise der Intervention. Der Coachee »spürt« Wohlwollen und Wertschätzung, Ressourcen- und Lösungsorientierung und das Vertrauen des Coachs in seine Ressourcen und Kompetenzen. Die Haltung des Coachs macht einen Unterschied, ob der Coachee eine Intervention für sich nutzen kann oder nicht.

Haltung bestimmt unsere Intuition als die Fähigkeit, in einer Situation unmittelbar und ohne weitere Reflexionsschlaufen wahrzunehmen und zu agieren. Coachs stellen (wie Vertreter anderer Berufe auch) erlernte und in der Erfahrung bewährte und geübte Wahrnehmungs- und Handlungsmuster unmittelbar zur Verfügung. Die wichtigste und wirkungsvollste Intervention in einem Coaching ist daher die Person des Coach selbst. Intuition ist schneller als Reflexion und zugleich auch störungsanfälliger. Bernd Schmid folgend sprechen wir daher von »geläuterter«[1] Intuition, wenn diese durch reflektierte Haltung geprägt ist.

In diesem Zusammenhang geht es im Coaching darum, bewusst unsere Haltung als Coach zu reflektieren und für einen gelingenden Coachingprozess einzusetzen. Coaching wird nicht in erster Linie als Tool oder Instrument gesehen, das einfach nachgebaut werden kann, sondern bedarf einer (inneren) Haltung, die erst bestimmte Werkzeuge und Methoden wirksam werden lässt.

---

1 Vgl. Schmid, o. J., S. 10.

2. Wie kann eine Coaching-Haltung entwickelt und ausgebildet werden?

Doch wie entsteht Haltung? Vor allem: Wie entsteht eine für das Coaching-Setting positive, konstruktive Haltung, die auch zu konstruktivem Handeln führt und sich förderlich auf den Coachingprozess auswirkt?

Haltungen bestehen laut dem Neurobiologen Gerald Hüther aus emotionalen und kognitiven Anteilen.[2] Diese Haltungen sind nicht angeboren, sondern werden aufgrund von Erfahrungen erworben. Jede Erfahrung hat einen kognitiven Anteil: Was habe ich erlebt? Und einen emotionalen: Wie ist es mir dabei gegangen? Die Summe der Erfahrungen, die ein Mensch macht, formt sich im Laufe der Zeit in ihm zu dem, was wir »Haltung« nennen (vgl. Abb. 20). Gelingt es, unsere Haltungen zu ändern, verändert sich das Verhalten automatisch. Und, ganz entscheidend: Die Haltungen bestimmen, wie wir unser Gehirn benutzen – was uns wichtig ist, warum wir uns kümmern, wie achtsam wir sind, was wir sehen, übersehen, ob wir rücksichtslos sind oder voller Anteilnahme.

Abb. 20: Innere Haltung als Schmetterling mit einem kognitiven und einem emotionalen Flügel

Aus *systemischer* Sicht ist »Haltung« die Art und Weise, wie wir uns selbst mit unserer Außen- und Innenwelt auseinandersetzen, wie wir uns zu uns selbst und zu unserer Umwelt in Beziehung bringen, wie wir Beziehungen gestalten. Unsere Haltung bestimmt unsere Konstruktion der Wirklichkeit, was wir überhaupt wahrnehmen und wie wir es bewerten.

So wie unser Umgang mit unserem Ich und unserem Körper die äußere Haltung (Körperhaltung) prägt, so prägen Menschen-, Weltbilder und unsere gelebten Werte unsere innere Haltung. Insbesondere für den Coach, aber auch für alle anderen Menschen, ist das Bewusstwerden der inneren Haltung ein wichtiger Schritt zur Verantwortung und Entscheidungssouveränität und damit zur Persönlichkeitsbildung. Der Begriff »Haltung« hat auch etwas mit Halt haben und

---

2 Vgl. Hüther 2011 und 2006.

geben sowie mit »Halt« in der Bedeutung von »Stopp!« zu tun, also mit Grenzziehung und Positionierung.

Nach dem Soziologen Pierre Bourdieu steuert Haltung unsere Denk- und Verhaltensweisen, liegt ihnen zugrunde, ist aber auch wieder ihr Ergebnis.[3] Sie wird durch unsere Biografie, unsere Erfahrungen, Prägungen, Bewertungen gebildet, und sie beeinflusst wiederum unsere Sicht von der Welt. Die einzige Art, Haltung absichtsvoll zu gestalten und zu beeinflussen, ist daher beharrliche Übung und Reflexion des Handelns im Üben mit Kollegen, in der Supervision und Intervision des eigenen Beratungshandelns. Besondere Bedeutung kommt dabei folgenden Aspekten zu:

- *Aufmerksamkeit:* Coachs achten im Besonderen darauf, in ihrer Wahrnehmung aufmerksam zu sein. Coachs sind hervorragende Zuhörer und Beobachter. Sie nehmen eine Änderung der Stimmung, des Körperausdrucks wahr. Der Gesichtsausdruck, die äußere Haltung des Klienten, der Klientin ist ihnen ein offenes Buch.
- *Offenheit:* Coachs stellen Fragen, die es dem Klienten frei stellen, wohin er sich entwickeln möchte. Sie sind offen für neue Eindrücke und Wendungen der Coachees. Sie sind offen für Kontexte und Rahmenbedingungen des Coachings und des Handelns ihrer Klienten.
- *Wertschätzung:* Coachs fokussieren die positiven Eigenschaften und Ressourcen ihrer Klienten und der Situationen, mit denen diese sich auseinandersetzen. Sie achten das Individuum und sehen in jedem Menschen seinen eigenen Meister.
- *Selbstreflexion:* Coachs sind gelassen und spüren, was ein Klient in ihnen selbst auslöst. Sie sind Meister der Übertragung und Gegenübertragung, sie können ihre eigenen Anteile von ihren Klienten unterscheiden und diese als Ressourcen im Coaching einsetzen.
- *Allparteilichkeit:* Coachs bewerten nicht mittels »richtig« oder »falsch«. Sie enthalten sich der Be- und Verurteilung einer Situation, solange dies ethisch möglich ist.
- *Anerkennung der Wirklichkeit:* Coachs akzeptieren, dass das, was aktuell kommt, das Richtige und Wesentliche ist. Mitgefühl, nicht Mitleid ist die begleitende Emotion. Sie setzen Vertrauen in den Sinn von allem, was ihnen selbst und ihren Klienten begegnet.

---

3 Vgl. Bourdieu 1974.

3. Welche Werte und welches Menschenbild machen eine Coaching-Haltung aus?

Insbesondere Wertvorstellungen und das Menschenbild, das wir teilen, sind mit der Entwicklung von Haltung eng verbunden. Sie prägen die Herausbildung der Haltung des Coachs und kommen darin zum Ausdruck. Der Coach reflektiert im Coaching immer auch seine eigenen Werte und sein Menschenbild und bringt diese Reflexionen in den Prozess mit ein. In diesem Sinne ist Coaching hoch normativ. Die Haltung des Coachs kann Vorbild und gewissermaßen Teil der Lösung für die Fragestellung und das Vorhaben des Coachees sein.

Coaching-Konzepte beziehen sich auf vielfältige Ansätze aus Philosophie, Pädagogik, Psychologie und Psychotherapie, Sport- und Managementwissenschaften. Deshalb teilen Coachs die *Werte und das* humanistische *Menschenbild*[4] der oben angeführten Wissenschaften. Dazu zählen insbesondere folgende Grundüberzeugungen:
- Alle Menschen sind gleichwertig und gleichberechtigt. Die Würde des Menschen ist unantastbar.
- Der Mensch ist fähig und bestrebt, sein Leben selbst zu bestimmen (Autonomie), ihm Sinn und Ziel zu geben. Er ist eine ganzheitliche Einheit (Körper-Seele-Geist). Denken und Handeln findet im Bewusstsein der Würde des Menschen statt.
- Menschen sind soziale Wesen, auf Gesellschaft und Gemeinschaft bezogen und auch darauf angewiesen.

Verbunden mit diesen Werten sind *spezifische Merkmale einer »systemischen« Coaching-Haltung*[5], welche für die Steuerung des Coachs elementar sind:
- Handeln und Verhalten ist an Kontexte ge- bzw. mit diesen verbunden. Beobachtungen und Feststellungen sind also immer Hypothesen und nicht objektive Behauptungen. Zuschreibungen von Eigenschaften und Merkmalen an Individuen (»Wer ist schuld?«) sind in das Geflecht der Wechselwirkungen sozialer Systeme eingebunden.
- Widersprüche und Unterschiede sind Teil des Lebens. Konflikte und erlebter Widerstand können zwar wehtun, sie sind aber immer auch Chancen für Entwicklung.
- Entwicklung braucht die Zeit, die sie braucht. Jeder Mensch hat seine eigene persönliche Geschwindigkeit für Lernen und Veränderung.
- Coaching bedeutet »zur Verfügung stellen«, »Interventionen als Angebote ma-

---

4 Vgl. dazu auch Kapitel 1 Abschnitt 1.3.
5 Roswitha Königswieser und Martin Hillebrand (2004) haben den Begriff »systemische Haltung« geprägt, um damit den starken Einfluss systemischer Theoriebildung auf die Gestaltung von Beratungsprozessen zum Ausdruck zu bringen.

chen«, »die Eigenlogik und den Eigensinn des Klienten respektieren und wertschätzen«, »Impulse geben« ...

Ethische und moralische Urteilsbildung kommen daher im Coaching relativ weit am Schluss, wenn alle anderen Steuerungen versagt haben oder zu versagen drohen. Für kritische Themen wie die Aufnahme von Liebesbeziehungen zwischen Coach und Coachee, die Entstehung finanzieller Abhängigkeiten, den Anspruch an die professionelle Qualität und entsprechend professionelle Inhalte der Coachleistung gelten ähnliche Standards wie in anderen helfenden Berufen.

Die zentralen Eckpunkte einer professionellen Selbstverpflichtung, die Coaches eingehen, lauten:
- Coachs respektieren die Persönlichkeitsgrenzen ihrer Klienten. Dazu gehört die Verpflichtung zur Transparenz und Verschwiegenheit und die Verpflichtung Coaching-Beziehungen nicht für andere Ziele und Bedürfnisse auszunutzen.
- Coachs verpflichten sich zu Qualitätssicherung und Qualitätsentwicklung ihrer Leistungen im Rahmen professioneller Selbstkontrolle.
- Coachs verpflichten sich, die Grenzen ihrer eigenen Kompetenz sorgfältig einzuhalten und jederzeit transparent für ihre Kunden deutlich zu machen.

Ethik-Kodex von Berufsverbänden

Eine Reihe von Coaching-Verbänden haben für sich und ihre Mitglieder Ethik-Kodizes formuliert. Sie nutzen diese normativ zur Ausgrenzung – welche Coachs nicht erwünscht sind – und zur Eingrenzung – welches Selbstverständnis die im Verband organisierten Coachs auszeichnet.

Anregende Ethik-Kodizes finden sich beispielsweise bei:
- International Coach Federation ICF: www.coachfederation.org/includes/media/docs/ICF-Code-of-Ethics-final-DE.pdf
- Berufsverband für Coaching, Supervision und Organisationsberatung BSO:
- www.bso.ch/download/verbandsdrucksachen.html
- Deutscher Bundesverband Coaching DBVC: www.dbvc.de
- Österreichische Vereinigung für Supervision ÖVS: www.oevs.or.at/ethische.htm

Weiterführende Literatur

Knierim, A.: Intuition trifft Intuition im »magischen Moment«. In: M. Stephan/P. Gross (Hrsg.): Organisation und Marketing von Coaching. Wiesbaden 2011, S. 138–162.

Kapitel 8:
Coaching und Vertrauen

Olaf Geramanis

»Vertrauen ist nicht die Lösung –
sondern das Problem.«

Als Coach bin ich mit der Frage des Vertrauens in doppelter Hinsicht konfrontiert: Erstens ist Vertrauen eine so basale Komponente unseres täglichen Lebens, Basis jeglicher Beziehung und die Grundlage von Gesellschaft und Zivilisation, dass es ganz automatisch in den meisten Anfragen meiner Coachees eine unmittelbare Rolle spielt. Zweitens ist es auch mir als Coach wichtig, eine vertrauensvolle Beziehung zu meinem Coachee zu gestalten, damit genügend Sicherheit und Verlässlichkeit im Coaching-Setting herrscht, um auch schwierige und heikle Themen anzusprechen. In diesem Beitrag geht es darum, zu hinterfragen, wie viele unterschiedliche Bedeutungen mit dem Begriff Vertrauen verbunden sind, was ich als Coach selbst für eine vertrauensvolle Arbeitsbeziehung tun kann und wie ich meinen Coachee darin fördere, seine Beziehungen so zu gestalten, dass Vertrauen entsteht und nicht zur bloßen Pose wird.

1. Einleitung

Vertrauen boomt. Vertrauen führt. Vertrauen wird ersehnt und beschworen. Vertrauen ist zu einer populären Wärmemetapher geworden, die uns wieder von Zuverlässigkeit und Solidarität sowie von Ehrlichkeit und Gerechtigkeit träumen lässt.[1] Ganz gleich, ob es um Führung, Veränderung oder Innovation geht, das Vertrauen ins Vertrauen scheint grenzenlos. Wo Vertrauen herrscht, engagieren sich Mitarbeitende uneingeschränkt für ihre Organisation. Beschäftigte können mit ehrlicher Anerkennung und gerechtem Lohn für ihre Mühen rechnen. Alle können offen und geradeheraus reden. Zermürbendes Konkurrenzdenken fällt weg und der Blick wird frei für das Wesentliche. Kurz gesagt: Vertrauen ist der »soziale Klebstoff«, der von der Familie über die Organisationen bis hin zur Gesellschaft alles zusammenhält.

Das Problem ist nur, dass Vertrauen sich einer solch instrumentellen Verwendungsart grundsätzlich entzieht. Je intensiver wir uns um Vertrauen bemühen oder das Vertrauen untereinander erzwingen wollen, umso mehr vereiteln wir es. Wer schon mal versucht hat, unbedingt einschlafen zu wollen, weiß, was

---

1 Vgl. Geramanis 2002.

das heißt. Ob Vertrauen entstehen und wirksam werden kann, hängt von Kriterien wie Freiheit und Unentschiedenheit ab, ja, selbst der Zufall spielt dabei eine Rolle. Vertrauen entzieht sich der Herstellbarkeit ebenso, wie die Versuche, »ganz natürlich« zu sein, denn je angestrengter wir dies versuchen, desto unnatürlicher wird unser Verhalten. Unsere »Natürlichkeit« verkommt zur Pose wie bei manchen Verkäufern, Stewardessen und Politikern. Wenn wir Vertrauen erzwingen wollen, verfehlen wir es. Darin gleicht Vertrauen anderen wichtigen Zuständen wie Unschuld, Naivität, Vergessen, Spontaneität, Humor, Glück und Lebenskunst. Je mehr wir diese versuchen zu planen, entscheiden und steuern – kurz: managen wollen, desto mehr machen wir sie zunichte. Daher ist Vertrauen eigentlich gar keine Lösungsoption für das Management oder für Organisationen, sondern vor allem ein reales Problem!

> **Erstes Fazit: Eine erste Vertrauensdefinition**
> - Vertrauen ist eine Entscheidung unter Risiko. In dem Moment, in dem ich das Risiko ausschalte, eliminiere ich zugleich das Vertrauen selbst. Vertrauen braucht glaubwürdige Spielräume, in denen die Freiheit besteht, dem Vertrauen gerecht zu werden oder es zu enttäuschen.
> - Vertrauen lässt sich nicht kontrollieren. Es kann nur dann entstehen und aufrechterhalten werden, solange die Möglichkeit zum Scheitern, zum Vertrauensbruch gegeben ist.

2. Personales Vertrauen

Jemandem zu vertrauen bedeutet, sich auf ein Gegenüber zu beziehen und in dessen Abhängigkeit zu begeben. Es ist die Entscheidung, auf ein Risikoproblem zu reagieren, welches auf eine andere Art nicht – oder nur sehr schwer zu lösen ist. Zum Beispiel: *Die Personalchefin Frau X stellt Herrn Y ein.* Dieses Vertrauen umfasst in psychosozialen Prozessen die positive Erwartung und die Bereitschaft, ein Risiko einzugehen und sich darüber verletzbar zu machen. Die positiven Erwartungen beziehen sich einerseits auf die wahrgenommene Integrität bzw. die Bereitschaft des Gegenübers, zu den eigenen Zusagen zu stehen, sowie andererseits auf seine wahrgenommenen Fähigkeiten und Kompetenzen. Das ist in doppelter Hinsicht riskant: Zum einen besteht das Risiko, dass man sich schlicht im anderen getäuscht hat und enttäuscht wird. *So könnte Frau X, wenn Herr Y in der Probezeit geht, darüber enttäuscht sein, sich in ihrer Menschenkenntnis getäuscht zu haben oder zu unüberlegt der Empfehlung einer anderen Person gefolgt zu sein.* Zum anderen bleibt zugleich die eigene Erwartung unerfüllt und man erleidet aufgrund des enttäuschten Vertrauens einen bestimmten Schaden. *Frau X muss die Stelle erneut ausschreiben, mit allen bisherigen und zukünftigen Kosten.*

Diese Konzeption von Vertrauen beinhaltet im Wesentlichen drei Komponenten:
- Die Vertrauensgeberin → Frau X trifft die riskante Entscheidung, ob sie Herrn Y ihr Vertrauen gibt, und darauf vertraut, dass Lebenslauf und Dossier stimmen und dass er im Vorstellungsgespräch ehrlich war.
- Der Vertrauensnehmer → Herr Y benötigt das Vertrauen von Frau X, um damit Dinge tun zu können, die er zuvor nicht hätte tun können.
- Die Beziehung zwischen den beiden Parteien → als beziehungsmäßige Komponente, die sowohl die Charakteristiken der Vertrauensgeberin und als auch des Vertrauensnehmers einbezieht.

> **Zweites Fazit: Vertrauen hat eine Beziehungsdimension**
> Alle Versuche, Vertrauen lediglich als eine rein individuelle Risikoabwägung des Vertrauensgebers zu konzipieren, greifen zu kurz. Vertrauen ist mehr als nur eine einsame psychologische oder ökonomische Kalkulation.
> Letztlich steckt das spezifische Vertrauenspotenzial innerhalb der Beziehungsdimension und wird sich erst dann entfalten, wenn sich Personen sozial aufeinander beziehen können. Insofern geht es beim Vertrauen niemals ausschließlich um die Vertrauens-Entscheidung selbst, sondern immer auch um die Situation, die die Handlung einrahmt und mitbedingt, sowie um die Beziehung, die sich daraus ergibt.

3. Entscheidungen zwischen Struktur und Prozess: Das handlungstheoretische Mikro-Makro-Modell nach Coleman

Die Komplexität von Vertrauen liegt darin, dass Vertrauen mehr als nur eine einmalige Entscheidung ist. Vertrauen ist einerseits die individuelle Wahl, sich auf eine andere Person einzulassen; andererseits lässt sich diese Vertrauens-Wahl nur dann nachvollziehen, wenn wir die strukturellen Bedingungen, d.h. die Umgebung und die Situation, die diese Wahl beeinflussen, mitberücksichtigen.[2] Damit stehen wir vor einer Paradoxie: Vertrauensvoll auf andere Menschen zuzugehen, erschließt neue Beziehungen. Aber eigentlich kann man erst dann anderen Menschen vertrauen, wenn die Situation gegeben ist, dass sie auch vertrauenswürdig sind. Ansonsten wäre es ja blindes Vertrauen. Nur vertrauenswürdigen Menschen zu vertrauen, ist aber nicht wirklich riskant. Wenn Vertrauen nur unter Vertrauten möglich ist, was ist es dann wert?

Bereits Anfangs des 20. Jahrhunderts hat Georg Simmel gesagt, dass der Wissende nicht zu vertrauen braucht und der völlig Unwissende vernünftiger-

---
2 Vgl. zu diesem Argument Geramanis 2006.

weise nicht vertrauen kann. Damit ist Vertrauen sehr voraussetzungsreich, es braucht einen Zustand zwischen Wissen und Nichtwissen. Für Niklas Luhmann[3] ist Vertrautheit ebenso wie Fremdheit eine unvermeidbare Tatsache des Lebens und demgegenüber ist Vertrauen eine Entscheidung unter Risiko. Unvermeidbare Tatsachen des Lebens sind ebenso Voraussetzungen, die in die Vertrauensentscheidung mit einfließen. In beiden Aussagen wird deutlich, dass sich die Vertrauenssituation erst dann verstehen lässt, wenn wir das Umfeld mitberücksichtigen, in dem sich die Personen dazu entscheiden, einander zu vertrauen – oder auch nicht.

Aus den obigen Erläuterungen lassen sich drei Kernfragen ableiten, die zugleich ein diagnostisches Vorgehen im Sinne des Coachings darstellen:

1. Wie stellt sich die Situation für meinen Coachee vorab strukturell dar? Wie ist seine Ausgangslage? → Logik der Situation
2. Wie wirken sich die situativen Bedingungen auf die Motivation des Coachees aus? Wie geht er mit den Handlungsalternativen um und aufgrund welcher Kriterien entscheidet er letzten Endes? → Logik der Selektion
3. Wie wirkt diese individuelle Entscheidung auf die Gesamtsituation zurück? → Logik der Aggregation

Dieses Vorgehen entspricht dem sogenannten »Mikro-Makro-Modell«[4] des amerikanischen Soziologen James Coleman, das wir im Folgenden ausführlich darstellen wollen, um deutlich zu machen, wie die jeweiligen Übergänge aussehen (vgl. Abb. 21).

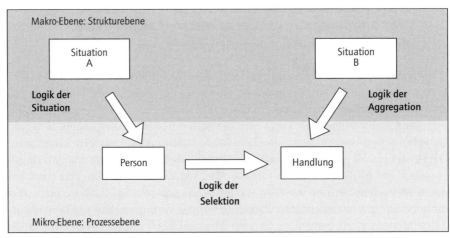

Abb. 21: Das Mikro-Makro-Modell der drei Handlungslogiken

---

3 Vgl. Luhmann 1989.
4 Vgl. Coleman 1991.

3.1 Handlungslogik 1: Die Logik der Situation

Menschen leben immer schon in einer bestimmten Lebenswelt. Dies fängt mir der Familie, aus der man kommt, an, es kann die Gesellschaft ebenso gemeint sein wie ein bestimmtes Unternehmen. Die Fragen, die ich meinem Coachee in Bezug auf die Logik der Situation stellen kann, können folgende Aspekte untersuchen:
1. Welche Entscheidungsprämissen lassen sich aus den gegebenen strukturellen oder organisationalen Bedingungen ableiten? Wie verpflichtend, wie bindend, wie offen sind sie? → Ist mein Coachee eher sozial oder wirtschaftlich orientiert? Kommt er aus einem dogmatisch kirchlichen oder liberalen Kontext?
2. Von welchen individuellen Präferenzen kann ausgegangen werden? Welche Handlungs-Optionen erscheinen als wahrscheinlich bzw. rational und welche als abwegig oder uninteressant?
3. Welche Belohnungen oder auch Sanktionen werden vom sozialen System bereitgestellt, bei Erfüllung bzw. Nicht-Erfüllung. Wie wahrscheinlich ist es, dass auch abwegige Optionen gewählt werden können oder droht bei Ungehorsam sogleich der »soziale Tod«?

3.2 Handlungslogik 2: Die Logik der Selektion

Viele Strukturen wirken sich mehr oder weniger auf die Handlungsmöglichkeiten meines Coachees aus. Inwiefern trifft er dann überhaupt noch eine eigene Entscheidung? Ist er wirklich frei in seinen Entscheidungen, wenn ihm lediglich ein kleiner Spielraum, der von Regeln und Rollenerwartungen, von Normen und Vorschriften beschränkt wird, gegeben ist? Und was ist diese Freiheit dann noch wert? Was wir an dieser Stelle brauchen, um dem Modell weiter folgen zu können, ist die Definition des zugrunde liegenden Menschenbildes.

Prämisse 1: Der Mensch entscheidet frei
Der Mensch hat einen freien Willen! Aber was bedeutet es frei zu sein? Ist es eine Freiheit »von etwas« oder »zu etwas«? Wenn wir Freiheit nur als Abwesenheit von Unfreiheit definieren, kommen wir nicht weit. Sind wir schon frei, wenn wir die Möglichkeit haben, wie eine Nussschale ohne jegliche Behinderung auf hoher See hin und her zu schaukeln – aber was ist eine solche Freiheit wert? Oder besteht Freiheit demgegenüber darin, die Möglichkeit zu haben, zwischen mindestens zwei Alternativen wählen zu können? Wir wollen »Freiheit« als ein Konstrukt betrachten, welches erst in Bezug auf sein Gegenteil, den Zwang, sinnvoll wird; und wir verfügen über diese bestimmte Freiheit zur Entscheidung, wenn wir von einem Menschenbild ausgehen, das diese Wahlfreiheit zulässt.

Mit dieser Idee, dass Menschen frei entscheiden, wird nicht ausgeschlossen, dass auch andere Parameter eine wichtige Rolle spielen, *z. B.: Werthaltungen im*

Sinne des angestrebten Erziehungsideals, des Gesellschafts- oder Gruppendruck, idealisierte Vorbilder oder Medieneinflüsse. Sie stellen jedoch keine absoluten Determinanten dar, welche die Entscheidung im Voraus bestimmen, sondern gehen lediglich als Parameter in die Willensbildung des Coachees ein. Sie nehmen Einfluss auf die Präferenzen, aber Präferenzen sind wählbar: Erst der Wille macht die Handlung zur Entscheidung und erst die Entscheidung macht die Handlung individuell verantwortbar.

Prämisse 2: Der Mensch entscheidet rational und nutzenmaximierend
Was ist mit »rational« gemeint und warum sollten wir Menschen ausschließlich im Sinne der Nutzenmaximierung miteinander umgehen? Diese Prämisse deckt sich durchaus mit der systemischen Grundannahme, dass Systeme Sinn produzieren und daran interessiert sind, sich selbst zu erhalten: »Sinn ist das Medium, in dem sich soziale und psychische Systeme formen«.[5] Insofern wird »Rationalität« nicht als ein positives Werturteil verstanden, sondern neutral im Sinne dessen, was mein Coachee für plausibel hält. Und unter »Nutzen« wird der Wert verstanden, den unser Coachee der Sache beimisst. Dieser kann finanzieller, materieller oder ideeller Art sein, so wie die Sache von ihm selbst beurteilt wird und in seinen Handlungen zum Vorschein kommt.

Drittes Fazit: Rationale Wahlfreiheit
- Wir sind frei in unseren Wahlentscheidungen und es ist eine plausible Annahme, dass sich die Rationalität unserer Wahl nach dem Wert richtet, den wir einer Sache beimessen: *Es kann rational sein, einen bestimmten Mitarbeiter zu unterstützen in der Hoffnung, dass dieser einem später nützlich ist. Es kann rational sein, sich selbst immer als Opfer hinzustellen und alle anderen als Täter, im Glauben dadurch besser durchs Leben zu kommen.*
- Wir entfalten oder unterlassen bestimmte Aktivitäten, wenn wir uns davon ein größeres Wohlbefinden versprechen. Unter dieser Perspektive lassen sich die Handlungen unseres Coachees betrachten und rekonstruieren.

3.3 Handlungslogik 3: Die Logik der Aggregation

Waren in unserer bisherigen Betrachtung die Rekonstruktion der Situation und die Annahme von Rationalität und Plausibilität auf der Ebene der individuellen Selektion verhältnismäßig leicht nachvollziehbar, so ist dies beim dritten Übergang nicht mehr der Fall. Wie verknüpfen sich die zweckgerichteten Handlungen der Personen zu einem Ganzen?

---

5 Simon 2009, insbesondere Kapitel 6.4 S. 97 f.: Sinndimensionen: Sozial-, Sach- und Zeitdimension der Kommunikation.

Um es vorweg zu nehmen: Es gibt keine logische Beziehung, wie man von der operativen Ebene der Handlungen wieder zurück zum Ganzen kommt. Die Beschreibung und Aufsummierung einzelner Verhaltensweisen ist keine hinreichende Erklärung dafür, dass es sich in ihrer Folge wiederum um einen speziell erwünschten Gesamtzusammenhang handelt. Wenn das Ganze mehr ist als die Summe seiner Teile, dann stellt sich die Frage, ab wann das »Mehr des Ganzen« entsteht? Allein die zahlenmäßige Aggregation von Einzelverhalten ist keine Erklärung für ein emergentes Phänomen. Vielleicht ist es einfach der Zufall, der darüber entscheidet, was am Ende rauskommt.

Womit wir konsequenter Weise wiederum am Anfang des Beitrags angekommen sind, wonach sich eine Vertrauenskultur nicht herstellen oder kontrollieren lässt – wie sich auch keine andere Kultur managen lässt. Zudem sollte deutlich geworden sein, dass sich Situationen nicht »einfach so« verändern. Aus einer Organisationsform »A« wird nicht über Nacht eine Organisation »B«. Um beschreiben zu können, wie sich tatsächlich Veränderungen ereignen, muss der Umweg über die Handlungen der Individuen genommen werden.

Damit steht uns nun ein Modell zur Verfügung, mithilfe dessen wir zumindest individuelle Vertrauensentscheidungen rekonstruieren und nachvollziehbar machen können.

> **Viertes Fazit: Die Rekonstruktion von Handlungen als individuelle Entscheidung**
> Mithilfe des handlungstheoretischen Mikro-Makro-Modells können individuelle Handlungen unter drei Perspektiven rekonstruiert werden:
> - Als Coach kann ich erstens darauf schauen, wie der Spielraum aussieht, in dem meinem Coachee Selektionsmöglichkeiten zur Verfügung stehen.
> - Zweitens kann ich mich fragen, wo für ihn die Plausibilität und der Nutzen der Entscheidung lagen, die er frei getroffen hat.
> - Und drittens kann ich das Ergebnis, das sich aus der Summe der Handlungen ergeben hat, als neue Ausgangssituation für die nächsten Entscheidungen nehmen.

In den nun folgenden Abschnitten geht es darum, die Strukturmerkmale von Vertrauen gegenüber den Prozess- und Entscheidungselementen abzugrenzen. Wir werden darstellen, wie die »Situationsbedingung«, wie die Spielräume aussehen müssen, damit Vertrauen überhaupt als eine mögliche Entscheidungsvariante in den Sinn kommt, und in einem weiteren Schritt werden wir uns die Vertrauensentscheidung selbst in ihren unterschiedlichen Dimensionen anschauen.

4. Fremdheit und Kontrolle

> »Als ich zehn war, brachte mir mein Vater bei, nie mit Fremden zu reden.
> Wir haben seither nicht mehr miteinander gesprochen.«
> Prince Richard

»Dem Chaos kann man nicht vertrauen. Wenn nichts miteinander verbunden ist (...), gibt es keine Möglichkeit der Generalisierung.« sagt Niklas Luhmann[6] und meint damit, dass an das Chaos, als eine Situation der Fremdheit nicht mit etwas Bekanntem angeschlossen werden kann. Wir können keine Bezüge zu etwas völlig Unbekanntem herstellen. In einer fremden Situation weiß man noch nichts über deren Regeln und Ordnung. Als Fremder steht man einer »neuen und chaotischen Welt« gegenüber, in der noch alles möglich ist. Man weiß nicht, was in dieser neuen Welt sozial erwartet wird Das macht die Situation sehr komplex. Diese Komplexität lässt sich so lange nicht beherrschen wie man kein Wissen darüber hat, was in dieser Welt alles unmöglich ist: Gibt man sich zur Begrüßung die Hand, umarmt und küsst man sich oder darf man sich nur in ausreichendem Abstand höflich zunicken?

In einer fremden Welt weiß der Fremde noch nichts über deren Routinen und Rituale. Dies ist mit dem Satz gemeint: »Man sieht nur das, was man kennt.« Im Umkehrschluss heißt das: Das, was man nicht kennt, wovon man kein Bild hat, sieht man auch nicht: Ohne mir bekannte Bilder kann ich nichts Neues in meinen eigenen Erfahrungshorizont einordnen.[7]

Insofern kann man einem völlig Fremden auch nicht vertrauen – sich auf einen Fremden verlassen zu wollen, ist entweder die letzte Möglichkeit, die einem bleibt, oder es ist das, was man unter blindem Vertrauen versteht. Der Vorwurf der Blindheit bezieht sich alsdann auf den Anteil der Fremdheit, auf den jemand sich einlässt. Aus derselben Logik heraus kann man von Fremden auch nicht enttäuscht werden, denn worin sollte man sich getäuscht haben? Vielleicht hätte er ja noch so gern gewollt, aber es einfach nicht gekonnt.

Kontrolle ist unter Fremdheit eine plausible Handlungsoption

Das heißt nun aber nicht, dass man mit Fremden nicht zusammen arbeiten könnte. Man darf von ihnen nur nichts anderes erwarten, als dass man nichts erwarten kann. Es gibt keine Beziehung, keine Bekanntschaft, keine Loyalität, die zwi-

---

6 Luhmann 1989, S. 40
7 In der Pädagogik und Philosophie wird dieses Phänomen als »Hermeneutischer Zirkel« beschrieben. Dieser Zirkel enthält eine Paradoxie: das, was verstanden werden soll, muss schon vorher irgendwie verstanden worden sein. Verstehen ist keine lineare Angelegenheit, in der sich das Wissen nur aufsummiert, sondern eine kreisförmige Bewegung in der das Neue/das Fremde immer wieder mit dem Alten/dem Vertrauten abgeglichen wird.

schen den Personen existiert. Die Frage lautet: Wie ist dennoch Kooperation unter vollkommener Anonymität möglich? Aus dieser Not haben die klassischen und neoklassischen Wirtschaftstheorien einfach eine Tugend gemacht und den »Homo Oeconomicus« erfunden. Dieser modellhafte Mensch
- ist weitgehend frei von erzieherischer Prägung und nicht langfristig durch Gesellschaftsnormen bestimmt;
- kalkuliert ausschließlich rational und überlegt, was seinem Eigeninteresse dient und wie er seinen Nutzen maximieren kann;
- hat keinerlei Erwartung an seine Mitmenschen, außer der einen, dass alle ebenso egoistisch und nutzenorientiert handeln wie er.

Um also mit Fremden kooperieren zu können, muss ich mich fragen, mit welchen Mitteln ein Homo Oeconomicus erreicht werden kann, bzw. welche Handlungsoptionen ich ihm auf der Entscheidungsebene anbieten muss. Die Antwort lautet: individueller Anreiz und Kontrolle.[8] Motivationsprobleme durch individuelle Anreize, insbesondere durch Geld zu lösen, entkoppelt die Motivation der Personen von deren persönlicher Bindung, sei es an andere Menschen oder an die Organisation. So individualisieren beispielsweise Leistungsprämien radikal, womit deutlich wird, dass die Personen nicht über ihre Beziehungen motiviert werden, sondern über ihre individuelle Gier, noch mehr für sich selbst gewinnen zu wollen. Auf diese Art und Weise funktionieren alle Entrepreneur- und Intrapreneur-Systeme, und dieser Opportunismus ist völlig rational! Sich unter Fremdheit von anderen Menschen abhängig zu machen, ist irrational.

Die zweite Möglichkeit, mit der ein Homo Oeconomicus erreicht werden kann, ist Kontrolle: Solange Arbeitsleistungen durch Zwang, ökonomischen Druck oder bürokratische Regeln hinreichend kontrollierbar sind, besteht kein Grund, auf das Soziale Rücksicht zu nehmen. Wieso sollte man sich um Einstellungen oder zwischenmenschliche Beziehungen kümmern, wenn die Arbeitsleistung präzise überwacht werden kann? Ein Großteil industrieller Arbeit funktioniert über diese

---

8 Besonders ausführlich wird diese Thematik im Rahmen des Gefangenen- bzw. Prisoner's Dilemma dargelegt. Vornehmlich ökonomische Modelle, seien diese aus der Spieltheorie oder allgemeiner aus der Rational-Choice-Theorie, versuchen die Vertrauensentscheidung als eine ausschliesslich rationale Wahlhandlung zu rekonstruieren. Die soziale Umgebung wird weitgehend ausgeklammert damit die Akteure unter reinen Marktbedingungen kooperieren können. Die Hoffnung liegt darin, dass der Markt, der selbst keine sozialen Bezüge zur Verfügung stellt, sondern lediglich über individuelle Nutzenmaximierung funktioniert, dennoch einen Entscheidungsmechanismus produziert, der Kooperation rational erscheinen lässt. Der berühmteste Gegen-Beweis ist besagtes Prisoner's Dilemma. Die kooperative Strategie, d.h. einander zu vertrauen und sich nicht gegenseitig zu verraten, wäre für beide Gefangene das Beste, aber sie werden sich dennoch dagegen entscheiden, weil das gegenseitige Vertrauen den einander fremden Gefangenen als Entscheidungsoption nicht zur Verfügung steht. Fremde können sich nicht vertrauen (sic!). Daher müssen beide Akteure zwangsläufig auf die suboptimale Strategie der Nicht-Kooperation zurückgreifen. So lautet die Pointe, dass rein individuelle Rationalität sozial ineffektiv ist. Oder anders gesagt: Die ökonomische Lösung von Anreiz und Kontrolle hat nichts mit vertrauensvoller Kooperation zu tun.

Form von Kontrolle: Wareneingangskontrolle, Kommissionierkontrolle, Stückzahlkontrolle, Packkontrolle, Warenausgangskontrolle. Aber auch im Zeichen der Qualitätssicherung (DIN ISO; Audits; Akkreditierung, Zertifizierung etc.) wird auf dieser Form kleinteiliger Kontrolle zurückgegriffen.

Das Hauptproblem an der Kontrolle ist nun, dass Kontrolle nur das Kontrollierbare kontrolliert. So kann ich kontrollieren, ob eine bestimmt Stückzahl produziert oder eine bestimmte Anzahl von Räumen in der vorgegebenen Zeit gereinigt wurde. Ich kann kaum kontrollieren, ob das Ergebnis innovativ und kreativ ist, und gar nicht, ob meine Mitarbeitenden wirklich loyal sind und sich mit vollem Einsatz engagiert haben. Wenn ich mich via Anreiz und Kontrolle auf das Modell des Homo Oeconomicus einlasse, ist die Beziehungsdimension ausgeblendet.

Ein häufiges Missverständnis besteht darin zu glauben, dass bereits der bloße Verzicht auf Kontrolle unmittelbar etwas mit Vertrauen zu tun haben müsste und Vertrauen das Gegenteil von Kontrolle ist.

Das bloße Ausbleiben oder das bewusste *Nicht-Durchführen von Kontrolle allein ändert nichts am Zustand der Fremdheit*. Wenn Menschen zunächst kleinteilig kontrolliert wurden und die Kontrolle nun plötzlich ausbleibt, ändert sich nichts an der Beziehungsqualität (im Sinne der Logik der Situation), vielmehr erscheint es wie Ignoranz oder absichtslose Gleichgültigkeit. Vertrauensvolle Kooperation ist etwas völlig anderes als *aktive Nicht-Kontrolle*.

> **Fünftes Fazit: Kontrolle unter Fremdheit**
> - Wenn sich unser Coachee in einer Situation der Fremdheit befindet, gibt es keine sozialen Bezüge zu anderen Personen. Unter dieser Fremdheit ist es plausibel, sich gegenseitig zu kontrollieren.
> - Unter Fremdheit miteinander zu kooperieren bedeutet dann, sich stets seine Autonomie zu bewahren und sich nicht in die Abhängigkeit anderer Menschen zu begeben, es sei denn, man kennt deren Anreizsysteme, d. h. man weiß, wie sie durch individuelle Anreize zu steuern sind oder wie man sie durch Druck unter Kontrolle halten kann.
> - Das Gegenteil von Kontrolle als individuelle Handlungsoption ist Ignoranz. Da ich unter Fremdheit meine Selbständigkeit stets wahre, und mein Gegenüber nicht mehr kontrollieren muss, gehen mich seine Handlungsweisen auch nichts mehr an.

5. Vertrautheit und Soziales Kapital

> »Als das Kind Kind war, wusste es nicht, dass es Kind war.
> Alles war ihm beseelt und alle Seelen waren eins.«
> Lied vom Kindsein, Peter Handke

Religion und Tradition waren lange Zeit die Institutionen, die im Sinne der Logik der Situation für Vertrautheit sorgten. Sie deuteten, was wahr oder unwahr, gerecht oder ungerecht, schön oder hässlich war. Die Komplexität der Welt wurde soweit reduziert, dass sie für den Einzelnen leicht erfassbar und verarbeitbar war. So bezogen sich religiöse Weltbilder meist auf alltägliche Probleme. Im akuten Fall war klar, wer »Freund« und wer »Feind« war. Die Tradition regelte das Zusammenleben und schuf dadurch den »Kitt vormoderner Sozialordnungen« wie Anthony Giddens[9] sagt.

Die Vertrautheit ist eine Struktur der Existenz, nicht eine Struktur der Handlung. Sie ist keine wählbare Verhaltensweise, sondern ein Zustand. Der entsprechende englische Begriff »familiar« macht dies noch besser deutlich. In die Familie wird man hineingeboren und eine genealogische Zugehörigkeit ist nicht wählbar. In diesem Sinne war eine vertraute Welt auch nicht »konservativ«. Unter dem Zustand der Vertrautheit war die Zukunft nichts Offenes, sie hatte noch keine Alternativität von günstig oder ungünstig. Es musste nichts aktiv bewahrt oder erhalten werden. Weil alles immer schon so war, war es zugleich auch »wahr« und damit unveränderlich.

Durch eine solch restriktive Vertrautheit wird ein Großteil anderer (ebenso möglicher) Handlungen schlicht ausgeschlossen. Sie kommen nicht in den Blick. Auf diese Deutung der Welt »vertraut« man nicht – denn wer vertraut, kann sich nie ganz sicher sein. Von der Tradition ist man im tiefsten Inneren überzeugt. »Vertrautheit«, im Sinne von Selbstverständlichkeit und Gewohnheit enthält kein Motiv für einen Zweifel. Die Rückfrage, »wer« denn die Welt so erlebt hat oder ob es nicht auch ganz anders sein könnte, stellt sich nicht. Der Zustand der Vertrautheit ist damit ebenso wie Fremdheit kein willentlicher Akt. Vertrautheit ist keine generalisierbare individuelle Einstellung. Vielmehr ist Vertrautheit eine Struktur der sozialen Existenz, die entstehen kann, aber nicht willentlich herstellbar ist![10]

---

9 Vgl. Giddens 1996, S. 122.
10 1950 führt der Freudschüler und Kinderpsychologe Erik H. Erikson das Konzept des »(basic) trust« in seinem Werk »Childhood and Society« ein, das dann 1957 auf Deutsch mit dem Begriff »Urvertrauen« arbeitet. Danach entwickelt der Säugling im ersten Lebensjahr ein Gefühl dafür, dass die Welt um ihn herum Sicherheit und Verlässlichkeit bietet. Sollte der Säugling die Chance nicht bekommt, diese Ur-Vertrautheit zu erfahren, so kann er dies später nicht mehr (willentlich) nachholen.

5.1 Der übersozialisierte Mensch

Die soeben beschriebene Vertrautheit mag sich einerseits ganz wohlig anfühlen, zugleich haftet ihr auch etwas sehr Enges an. Die konkrete Person mit ihren individuellen Handlungsoptionen spielt nur insoweit eine Rolle, wie sie in das Ganze eingebunden und für das Ganze dienlich ist. Das Ganze ist etwas Überindividuelles, worin die konkrete Person (fast) völlig verschwindet.

Nicht mehr Egoismus, wie beim Homo Oeconomicus ist der Leitgedanke, sondern Altruismus im Sinne von Sittlichkeit. Der »Homo Sociologicus« ist ein gesellschaftliche Wesen nach dem Motto: Du bist anerkannt, durch das, was Du für die Gemeinschaft tust und soweit Du die Normen und Gesetzte erfüllst. Jeder ist jedem gegenüber sichtbar. Jeder hat einen Platz innerhalb der Gesellschaft. Jeder, der dazugehört, hat eine Aufgabe innerhalb des Kollektivs, die alle anderen als eben diesem Mitglied zugehörig angenommen haben. Innerhalb einer solch geschlossenen, restriktiven Gesellschaft dominiert die Vergangenheit über die Zukunft. Dies schafft Verlässlichkeit aber auch Zwang und Ausgrenzung. Je totaler eine solche Gesellschaft ist, desto weniger Raum haben Einzelne, ihre Individualität ins Spiel zu bringen. Das Individuum ist nur noch Träger einer Rolle, durch die das Kollektiv vollendet wird.

So sieht also das andere Extrem aus. Neben der Totalität der egoistischen Befindlichkeit des Homo Oeconomicus unter der Maßgabe von Fremdheit steht die Totalität der sittlichen Gemeinschaft des Homo Sociologicus in absoluter Vertrautheit.

5.2 Soziales Kapital als Beziehungskapital

Die Vertrautheit als etwas Ganzes ist mehr als die Summe ihrer Teile. Sie ist einer überindividuellen und teilweise restriktiven sozialen Ordnung und dem Zusammenwirken unterschiedlichster Ursachen geschuldet, was es umso schwieriger macht, einzelne Urheberkriterien zu definieren. Dennoch wächst die Überzeugung, dass hierin eine enorme Wirksamkeit liegt. Gerne wird hierbei der von Erich Fromm geprägte Begriff des »Sozialen Kitts« verwendet. Das Soziale kittet, es schafft Verbindlichkeit, vermag etwas Besonderes zu bewirken und findet – verstanden als eine eigene Produktivkraft – wachsendes Interesse. Manche Autoren gehen sogar so weit, in diesem »Sozialen Vermögen« einen neuen Produktionsfaktor[11] zu sehen.

In diesem Sinn bezeichnen wir das soziale Vermögen als »Soziales Kapital« und folgen damit der gängigen Literatur, auch wenn unseres Erachtens der Begriff »Soziales Vermögen« präziser das trifft, was wir im Folgenden darstellen.

---

11 Die vier bekannten Produktionsfaktoren: Boden, Arbeit, ökonomisches Kapital und Wissen.

»Vermögen« lässt sich ja auf zwei Arten verstehen: Zum einen assoziiert man Begriffe wie Hab und Gut, Geld und Mittel. Zum anderen kann man Vermögen aber auch im Sinne von individuellen Fähigkeiten und Kompetenzen verstehen. Etwas vermögen heißt: imstande sein, etwas zu tun. Wenn man dann wiederum vermögend ist, ist man wohlhabend und reich – und dies muss nicht nur den Faktor Geld betreffen. Reich an sozialem Vermögen, würde bedeuten, ein Vermögen an Achtung, Respekt, Ehre, Reputation und Vertrauenswürdigkeit in »seinem Besitz« zu haben.

Und zugleich kann man über soziales Kapital eben nicht so verfügen, wie über ökonomisches Kapital. Ein guter Ruf, Reputation oder das Ansehen einer Person, sagen zunächst lediglich etwas darüber aus, wie das Verhältnis dieser Person zu anderen Menschen ist. Ob ein Mensch »an sich« treu ist, lässt sich erst daraus erschließen, auf welche Art und Weise er anderen Menschen begegnet und diese wiederum mit ihm umgehen. Das bedeutet: »Soziales Kapital« ist keine Eigenschaft einer Person, sondern die Eigenschaft einer Beziehung. Soziales Kapital ist das Beziehungsgeflecht zwischen den Menschen

Für Soziales Kapital gibt es kein Rezept, aber viele Zutaten.

Pierre Bourdieu[12] versteht unter »Sozialem Kapital« all jene Ressourcen, die auf der Zugehörigkeit zu einer Gruppe beruhen, er sagt: »Soziales Kapital ist die Gesamtheit der aktuellen und potenziellen Ressourcen, verbunden mit dem Besitz eines dauerhaften Netzes von mehr oder weniger institutionalisierten Beziehungen des Kennens und Anerkennens.« Wir wollen die einzelnen Elemente dieser Definition genauer anschauen, ohne dabei aus den Augen zu verlieren, dass sich »das Ganze einer Beziehung« gerade nicht auf bestimmte Einzelteile reduzieren lässt. Folgende »Zutaten« benötigt »Soziales Kapital«:
1. Institutionalisierte Beziehungen
2. Dauerhaftigkeit
3. Ressourcentausch
4. Zugehörigkeit

Institutionalisierte Beziehungen

Was bedeutet es, wenn Beziehungen institutionalisiert sind? Ein schönes Beispiel ist der Begriff »Institution Ehe«. Er sagt etwas darüber aus, dass sich Menschen geeinigt haben, das Zusammensein eines Paares unter eine (gesetzlich fundierte) Regelmäßigkeit zu stellen. Beziehungen, die zu Institutionen geworden sind, geben Antworten auf grundlegende Fragen des Zusammenlebens: Warum bestehen wir als Gemeinschaft? Was unterscheidet uns von anderen? Wie gestalten wir un-

---

12 Vgl. Bourdieu 1983, S. 185.

ser Zusammenleben? Die Beziehungsstruktur ist damit wie in einer Rolle vorgegeben, die von den Rollenträgern bekleidet werden muss. Institutionalisierte Beziehungen schaffen für alle Beteiligten Erwartbarkeit und Berechenbarkeit.

Auch für Niklas Luhmann sind Rollen Konstruktionen der Gemeinschaft für Zwecke der Gemeinschaft. Sie stellen gebündelte Erwartungen dar. Und je bekannter und vertrauter die Rolle ist, desto eher kann sich der einzelne Mensch mit ihrer Hilfe seinen Mitmenschen gegenüber sichtbar machen. Erwartbarkeit bedeutet, dass man bei dem bleibt, was man von sich dargestellt hat oder für sich in Anspruch nimmt. Insofern verpflichtet jede Selbstdarstellung. Eine Person wird identifizierbar, wiedererkennbar und entwickelt darüber ihre soziale Identität. Dies heißt im Umkehrschluss, dass Individuen, die sich selbst sozial ambivalent bzw. nicht eindeutig sichtbar darstellen, die nicht erwartbar sein wollen, auch keine soziale Identität in Anspruch nehmen können.

Institutionalisierten Beziehungen schränken die Freiheit ein, sich selbst immer auch anders sehen zu können. Sie sind restriktiv indem sie den Möglichkeitsspielraum begrenzen.

Dauerhaftigkeit

Was ist »Dauer«? Wie lange dauert eine Dauer? Wo fängt sie an und wo hört sie wieder auf? Dauer bezeichnet etwas Fortwährendes, etwas Bleibendes. Die Dauer hat also keine Zeit, da sie sonst nur eine Frist wäre.

Familiäre Bande zeichnen sich durch eine genealogische Dauerhaftigkeit aus. Mutter, Vater, Kind zu sein impliziert eine Verwandtschaftsbeziehung, die ein Fortbestehen für alle Zeit bedeutet. Man kann dem eigenen Vater schließlich nicht kündigen. In Bourdieus Definition heißt es: »Soziales Kapital« ist verbunden mit dem Besitz eines dauerhaften Netzes von Beziehungen. Dieses Netz muss also die Perspektive der Endlosigkeit haben. Dauerhaftigkeit kann nur dann empfunden werden, wenn zeitliche Begrenzung keine Rolle spielt. Es darf keinen Schlusspunkt geben, der quasi vom Ende her in die Beziehung hineinwirkt. »Befristete Eheverträge« würden es den Beteiligten tendenziell schwer machen, an die Endlosigkeit ihrer Liebe zu glauben. Dasselbe gilt auch in der Arbeitswelt: Zeitarbeit, Werkverträge, befristete Arbeitsverträge erschweren die Entwicklung von Vertrautheit unter den Beschäftigten. Das Ende spielt immer eine Rolle und wirkt sich dahingehend aus, dass man sich bereits lange vor dem offiziellen Ende anderweitig orientiert und nicht mehr voll bei der Sache ist. Ein Leben in Befristungen ist ein Leben in Vorläufigkeit. Dauerhaftigkeit ist eine endlose Frist, eine unbeschränkte Anleihe an die Zukunft, die jedoch in ihrer Unbedingtheit bereits in der Gegenwart wirksam wird.

Ressourcentausch

Max Frisch schreibt in seinem Roman *Stiller*: »In dem Augenblick, wo zwei Partner glauben, einander sicher zu sein, haben sie sich meistens schon verloren.«

»Soziales Kapital« muss umgesetzt, gebraucht und gepflegt werden. »Soziales Kapital« muss durch fortgesetzte Handlungen des gegenseitigen Gebens und Nehmens für die Zukunft erhalten werden. Darin unterscheidet es sich von ökonomischem Kapital, das sich durch Verwendung abnutzt, weil »Soziales Kapital« sich gerade nicht verbraucht, wenn es in Gebrauch ist. Beziehungen müssen gelebt werden, und das beinhaltet, dass sie nicht als etwas Statisches, etwas Selbstverständliches, als eine leblose Konstante missverstanden werden dürfen. »Soziales Kapital« muss in Form von Beziehungsarbeit beständig durch den Austausch von Ressourcen am Leben gehalten werden. Beziehungen sind kein Selbstzweck.

Diese Beziehungsarbeit ist alles andere als kostenlos. Beliebt sind ja Sätze wie: »Wenn ich vertraue, muss ich nicht kaufen, was ich umsonst erhalten kann – beispielsweise die Leistungsbereitschaft meiner Mitarbeiter.« Oder »Menschen arbeiten nur dann schnell und effizient zusammen, wenn sie sich gegenseitig vertrauen.« In solchen Aussagen wird behauptet, dass das Vorhandensein von gegenseitigem Vertrauen eine »kostenlose Angelegenheit« ist, die – einmal installiert – wie von selbst weiter wirkt. Richtig ist, dass »Soziales Kapital« es ermöglicht, dass Personen im gemeinsamen Austausch vertraut miteinander umgehen. Falsch ist, »Soziales Kapital« als ein kostengünstiges Tool anzusehen. Unter Ressourcentausch ist das freiwillige Interesse der Personen am gemeinsamen Austausch zu verstehen. Dies verordnen zu wollen, vereitelt automatisch die Absicht!

Zugehörigkeit

In ein Beziehungsnetz integriert zu sein, bedeutet auch, dass die Menschen bereit sind, sich selbst als zugehörig zu definieren. Wiederum schränkt jede Zugehörigkeit die individuelle Freiheit ein. Nicht alles kann jederzeit auch ganz anders gemacht werden. In eine Gemeinschaft integriert zu sein, ist »an sich« weder positiv noch negativ. Es wird lediglich eine Aussage darüber getroffen, dass die Personen auf ein gemeinsames Beziehungsnetz zurückgreifen.

Wie mehrfach erwähnt ist Vertrautheit nichts, wozu man sich willentlich entscheiden kann. Vertrautheit reflektiert die Fremdheit nicht, sondern blendet sie aus. Formell dazuzugehören, ist etwas anderes, als sich zugehörig zu fühlen. Damit ist auch das Gefühl der Zugehörigkeit, ebenso wie Vertrautheit, ein Zustand, den man erst dann wahrnimmt, wenn man aus ihm heraustritt oder wenn er sich abschwächt. Insofern lässt sich für Zugehörigkeit (ebenso wie für

»Soziales Kapital« allgemein) auch kein präziser Gründungsakt beschreiben, obgleich es sehr viele Aufnahmerituale gibt, um den formellen Beginn einer Zugehörigkeit zu signalisieren: Taufe, Kommunion, Konfirmation, Jugendweihe, Gelöbnis, Vereidigung etc. Diese Zeremonien sind als Ritual sehr wichtig, schaffen aber nicht per se das Gefühl der Zugehörigkeit.

Zugehörigkeit ist ein »Sosein«: Wenn ein Stammkunde in sein Lieblingslokal geht, dann wird er sich verhalten wie ein Stammkunde und er wird bedient werden wie einer. Ihm wird vom Kellner sein zugehöriger Stammplatz zur Verfügung gestellt und er selbst wird sich mit derselben Selbstverständlichkeit dem Kellner gegenüber verhalten.

Ab wann wird Vertrautheit zu Vertrautheit?

Niemand kann den Moment oder den konkreten Zeitpunkt benennen, ab dem das Selbstverständliche selbstverständlich, das Offenbare offenbar oder das Vertraute vertraut geworden ist. Dennoch lässt sich retrospektiv feststellen, dass in einer vertrauten Beziehung viel passiert sein muss: Wenn man sich nicht von Vorneherein vertraut war, und es noch keine sozialen Interaktionen gab, dann war man sich fremd. Dann muss irgendwann etwas »umgekippt« sein, so dass ab diesem »Umkippen« alles anders war. Auf Vertrautheit bezogen, kann man sagen, dass es eine bestimmte unsichtbare Schwelle geben muss. Es gibt ein »Diesseits« und ein »Jenseits« dieser Schwelle. Oder mit einer anderen Metapher: Irgendwann gab es den Tropfen, der das Fass zum Überlaufen brachte. Hat eine Beziehung diese Schwelle überschritten, dann hat es zur Vertrautheit gereicht, und die Beziehung kann fortan unter dem Fokus der Vertrautheit betrachtet werden.

Sechstes Fazit: Vertrautheit besteht aus Sozialem Kapital
- Während Fremdheit ein Zustand ist, indem sich Menschen alleine und auf sich selbst gestellt durchschlagen, ist Vertrautheit ein Zustand in dem die Menschen auf ein vorhandenes Beziehungsnetz zurückgreifen können. Dieses Netz ist dadurch geknüpft, dass sich die Menschen gegenseitig erwartbar gemacht haben.
- Das Soziale Kapital besteht aus vier Komponenten, die sich einer unmittelbaren Steuerung entziehen. Dennoch geben diese Komponenten als Indikatoren gut Aufschluss darüber, inwiefern die Bedingungen für Vertrautheit überhaupt gegeben sind, oder nicht: Wenn es in einem Unternehmen keine klaren und zurechenbare Rollen gibt, vor allem Kurzfristigkeit zählt, die Menschen sich nicht oder nur kaum miteinander austauschen müssen und es keine Kriterien für Zugehörigkeit gibt, dann kann keine Vertrautheit entstehen.

6. Bekanntheit und jemandem etwas zutrauen

Um unter Fremdheit handeln zu können, muss man individuell über Kontrollmöglichkeiten und Macht verfügen. Die Interessen und Einstellungen meines Gegenübers sind weitgehend ohne Bedeutung, da unter Fremdheit keinerlei Beziehung existiert. Demgegenüber benötigt Vertrautheit, um wirksam werden zu können, das Vorhandensein einer Beziehungsdimension. »Soziales Kapital« ist hierbei der Überbegriff und es steckt als eine eigene Kraft nicht in den Personen selbst, sondern innerhalb der Beziehung.

Allerdings ist dieses Soziale Kapital nicht immer zu 100 % vorhanden, d. h. es gibt sehr wohl graduelle Abstufungen. Wir wollen daher die beiden strukturellen Voraussetzungen von Fremdheit und Vertrautheit um den Zustand der Bekanntheit als Vorstufe zur Vertrautheit ergänzen.

Bekanntheit kann also ebenso als eine »Logik der Situation« verstanden werden, die vorab in die Entscheidung des Coachees mit einfließt.

Wie bereits beschrieben, kann man sich zwar niemandem unmittelbar »vertraut machen«, aber man kann sich sehr wohl gegenseitig »bekannt machen«. Hat Vertrautheit etwas mit »sich trauen« und »jemandem trauen« zu tun, so geht es bei Bekanntheit etwas distanzierter um »Kennen« und »Erkennen«. Wir wollen insofern den Zustand des gegenseitigen »Bekanntmachens« als eine Entscheidungsmöglichkeit verstehen, die sich durchaus positiv auf das Soziale Kapital auswirken kann.

Zutrauens-Strategien

»Dem ist alles zuzutrauen«. Wer mit einem solchen Spruch bedacht wird, kann sich nicht ganz sicher sein, ob es als Kompliment oder eher als Warnung zu verstehen ist. Diejenigen, denen alles zuzutrauen ist, könnten die bewundernswerte Einstellung von Hasardeuren oder Teufelskerlen haben. Sie scheuen weder Tod noch Teufel und sind bereit, bis zum Äußersten zu gehen und alles aufs Spiel zu setzen.

Damit stellt diese Charakterisierung zugleich eine Warnung dar. Auf jemanden, dem alles zuzutrauen ist, kann man sich nicht verlassen – schließlich muss man ihm ebenso jederzeit zutrauen, dass er einen Vertrauensbruch begeht. Diejenigen, denen alles zuzutrauen ist, erhalten insofern einen ähnlichen Status wie Fremde. Sie entziehen sich jeglicher Berechenbarkeit und es wird unmöglich sie zu »greifen«, um sozial an sie anzuschließen. Jemandem etwas Bestimmtes zuzutrauen heißt demgegenüber ihn zu begrenzen und sein Verhalten nicht mehr als reine Willkür anzusehen.

Wir haben beschrieben, dass man einem Fremden nicht vertrauen kann. Vielleicht gelingt es dennoch, dem zunächst fremden Gegenüber ein Stück weit »über den Weg zu trauen«, wenn dessen Verhalten bedingt generalisierbar ist, d. h. wenn sich Motivationsmuster und Erwartungsstrukturen erkennen lassen.

Stellen wir uns also vor, ein Coachee kommt zu uns, um sich auf sein bevorstehendes Bewerbungsgespräch vorzubereiten. Unser Ziel als Coach ist es dann, ihn dabei zu unterstützen, das Zutrauen einer anderen Person zu gewinnen. Somit kommt es für ihn darauf an, seine Motivationen sichtbar und sich selbst erwartbar zu machen. Er muss bereit sein, sich an etwas zu binden, was für sein Gegenüber ebenso von Interesse ist. Hierzu stehen uns als Coach vier Zutrauens-Strategien zur Verfügung, mithilfe derer wir unseren Coachee unterstützen können:

1. Kompetenz
2. Integrität
3. Erwartungskongruenz
4. Bindung

Die ersten beiden Strategien *Kompetenz* und *Integrität* zielen darauf ab, das bisherige Verhalten als konsequent und kontinuierlich darzustellen. Es ist eine Darstellung über die Vergangenheit einer Person. Diese Vergangenheit kann das Verhalten für die Zukunft zwar nicht determinieren, aber erwartbar erscheinen lassen. Es ist sozusagen eine Extrapolation aus der Vergangenheit, wodurch sich eine positive Bestimmung für die Gegenwart herleiten lässt:

Die *Kompetenzstrategie* hat besonders dann Erfolg, wenn die Kompetenzen exklusiv sind. Insofern ist es bei einem Vorstellungsgespräch für unseren Coachee vor allem wichtig, sich darüber klar zu werden, worin er sich gegenüber anderen deutlich unterscheidet, sei es durch besonders gute Noten oder andere Fähigkeiten. Zudem hat die Kompetenzstrategie eine Eigendynamik: Je inkompetenter und ohnmächtiger sich der eine fühlt, desto eher schenkt er dem anderen Glauben. Typisch ist ein solches Verhalten gegenüber Anwälten, Ärzten oder Piloten. Im Bewerbungsgespräch allerdings sollte man nicht ganz so weit gehen, mit den eigenen Kompetenzen zu sehr zu prahlen.

Die *Integritätsstrategie* zielt darauf ab, sich selbst als wahrhaftig und authentisch darzustellen. Es geht dabei weniger um das Können, als um Reputation. Wir gehen also mit unserem Coachee auf die Suche nach den Personen, die sich bereits zuvor auf ihn verlassen haben. Die Frage lautet insofern, »wer« steht für diese oder jene Person gerade, wer bürgt für die Integrität des Coachees? Nicht zuletzt werden aus diesem Grund Prominente oder Honoratioren für Werbezwecke oder für den Abschnitt »Referenzen« verwendet.

Die beiden folgenden Strategien *Erwartungskongruenz* und *Bindung* ziehen ihre Legitimation nicht aus der Vergangenheit, sondern versuchen die Perspektive der Zukunft ein zu beziehen, d. h. die erwünschte Zukunft bereits jetzt zu vergegenwärtigen. Es ist der Versuch, das eigene Verhalten als etwas darzustellen, was genau in die zu erwartende Zukunft des personalsuchenden Unternehmens hineinpasst. So dass es eben nicht oder weniger riskant ist, sich auf den Bewerber einzulassen.

Mithilfe der *Erwartungskongruenzstrategie* kann es dem Coachee gelingen, beide Interessen, die eigenen als Bewerber wie auch die der Personalchefin, so darzustellen dass sie jetzt und in der Zukunft zusammenpassen. Die Chefin muss sich keine Gedanken mehr darüber machen, ob der Anwärter auch das tun wird, was er soll, weil er ja bereits von sich aus genau dieses Interesse verfolgt. Im Coaching unterstützen wir unseren Coachee bei seiner Vorbereitung, wie er sich seinem zukünftigen Arbeitsgeber am besten präsentieren kann. Das reicht von dezent platzierten Lifestyle-Symbolen, über Kleidung, Ausdrucksfähigkeit und Zugehörigkeit zu bestimmten gesellschaftlichen Gruppen, bis hin zum Bekenntnis des ehrenamtlichen Engagements.

Die *Bindungsstrategie* macht deutlich, dass Verbindlichkeit, Gegenseitigkeit und Langfristigkeit in der Zukunft für den Coachee eine höhere Bedeutung haben als »individuelle Freiheit«. Wenn er von Anfang an signalisiere, dass er sich mindestens mittel- bis langfristig an das neue Unternehmen binden will und zugleich auch bereit ist, an den neuen Standort umzuziehen, dann macht er deutlich, dass man wirklich mit ihm rechnen und auf ihn zählen kann. Er wird nicht den schnellen kurzfristigen individuellen Erfolg der langfristigen Kooperationsbeziehung vorziehen.

Siebtes Fazit: Unter Bekanntheit ist Zutrauen eine Handlungsoption
- In der Logik des Mikro-Makro-Modells (vgl. Abb. 22) stellen Fremdheit und Vertrautheit zwei strukturelle Handlungsvoraussetzungen dar, innerhalb derer unser Coachee eine Entscheidung treffen kann. Der Zustand der Vertrautheit lässt sich nach der Intensität des Sozialen Kapitals differenzieren. Wenn erst wenig Soziales Kapital vorhanden ist, befinden sich die Personen in einem Zustand der Bekanntheit, wenn viel Soziales Kapital vorhanden ist, in einem Zustand der Vertrautheit.
- Zutrauen ist ein »Vertrauen in Bezug auf etwas Drittes«. Das Gegenüber selbst muss mir noch nicht vollständig vertraut sein, sondern wir verständigen uns auf etwas für alle gleichermaßen Nachvollziehbares, beispielsweise auf eine Aufgabe oder ein Projekt, und machen uns darüber bekannt.
- Auf unseren Coachee bezogen bedeutet dies, all die Situationen durchspielen zu können, in denen es darum geht, sich miteinander bekannt zu machen. Hierbei kann man auf die Logik der Situation schauen und sich fragen, was die Bekanntheit ausmacht. Und man kann auf die Logik der Entscheidung schauen und prüfen, welche der vier Strategien, Kompetenz, Integrität, Erwartungskongruenz oder Bindung besonders lohnenswert ist, weiter verfolgt zu werden, bzw. wo der Coachee seine besonderen Stärken hat.

Jemandem etwas zutrauen bedeutet, vom Gegenüber anzunehmen, dass diese Person sich aufgrund bestimmter Motivationen und Erwartungshaltungen in einer kalkulierbaren, d. h. wiedererkennbaren und verlässlichen Art und Weise verhalten wird. Die Personen nehmen dabei noch nicht unmittelbar Bezug aufeinander, sondern beziehen sich mittelbar auf erkennbare und bekannte Parameter.

Zutrauen stützt sich auf das, was nachvollziehbar ist und weniger auf die Persönlichkeit des anderen. Damit bleibt ein solches Zutrauen streng genommen an Kontrolle gebunden. Zutrauen ist ein kalkulierendes und kontrollierendes Vertrauen. Ein solches Zutrauen ist vor allem eine willentliche Entscheidung. Es kalkuliert das Risiko sowie die Vertrauenswürdigkeit des Gegenübers und ist nach Prüfung bereit, sich diesem Risiko auszusetzen. Ein solches Vertrauen ist eine Möglichkeit, kognitiv und vernunftgeleitet mit Unsicherheit umzugehen, ohne zugleich wieder der Kontrolle »verfallen« zu müssen. Aber es bleibt eine »individuelle Kalkulation«. Jemandem etwas Bestimmtes zutrauen, heißt, sich ihm eben nicht ganz anzuvertrauen oder hinzugeben. Das macht das Zutrauen keineswegs schlecht. Hierin nur liegt die Differenz zum Vertrauen.

7. Vertrautheit und sich anvertrauen

> »Nicht nur die Kunst des Schenkens sollte man besitzen,
> sondern auch die, empfangen und annehmen zu können.«
> Sören Kierkegaard

Nun haben wir viel über Kalkulation und Risiko, über Logik und Rationalität gesprochen, und zugleich bleibt die Frage im Raum, was denn nun das Besondere von Vertrauen ausmacht. Wenn sich Vertrauen so wohlig und warm anfühlen soll, dann kann es doch nicht allein strategisch platziert werden?

Stimmt! Das »Geheimnis« von Vertrauen beginnt dort, wo es keine einsame Entscheidung mehr ist. Konnte eine Person für sich allein entscheiden, ob sie jemanden kontrolliert oder ob sie ihm etwas Bestimmtes zutraut oder nicht, so kann demgegenüber Vertrauen nur unter der Perspektive betrachten werden, dass zwei Person eine vertraute Beziehung haben und sich immer wieder von Neuem darauf einlassen.

Vertrauen unter Vertrautheit

Vertrauen ist keine notwendige Folge aus der Vertrautheit. Aber zunächst muss Vertrautheit im Sinne des »Sozialen Kapitals« als Vermögen vorhanden sein. Das existierende Beziehungsgefüge wird zur Voraussetzung, ob Vertrauen selbst als Entscheidung gewählt wird. Jemandem vertrauen heißt dann, sich auf die ganze Person selbst zu verlassen und nicht lediglich auf deren generalisierbare und kalkulierbare Motivationsmuster. Es bedeutet, sich den zukünftigen Entscheidungsmöglichkeiten des anderen hinzugeben, im Vertrauen darauf, dass es gut sein wird, was geschieht, auch wenn man es selbst nicht steuern kann.

Es geht gerade nicht wie beim Zutrauen darum, vom Gegenüber etwas Konkretes zu erwarten oder ihm zuzutrauen, dass er etwas Bestimmtes erreicht. Sondern es geht darum, sich auf den anderen Menschen selbst zu verlassen. Hierin liegt die eigentliche Vertrauens-Entscheidung: Das Risiko enttäuscht zu werden, wird nicht umgangen, sondern im Gegenteil: Vertrauen zeigt sich gerade im Wagnis, daran zu glauben, beim anderen gut aufgehoben zu sein. Der eigenen Unsicherheit zum Trotz überlässt man sich im Vertrauen auf einen anderen Menschen. Jemandem vertrauen heißt, diesem anderen eine »Leer-Stelle«[13] im eigenen Leben zu geben.

Ein solches Vertrauen ist eine Entscheidung unter Ungewissheit. Ungewissheit meint, dass es keine verlässlichen Perspektiven über eine mögliche Zukunft gibt. Es liegt nicht mehr in der eigenen Hand, was passieren wird, sondern beim anderen – bzw. in der gemeinsam zu gestaltenden Beziehung. Vertrauen wird zu einem offenen Prozess, in dem ganz viel möglich ist – auch viel Enttäuschung. Vertrauen wird zu einer Angelegenheit des Glaubens aneinander im gemeinsamen Geben und Nehmen und die Parallelen zur Religion sind keineswegs zufällig.

Die Entscheidung liegt dann im »mutwilligen Vertrauen«. Die individuelle Leistung besteht im Mut und im Willen, sich trotz aller Unsicherheit auf die Kooperation einzulassen und sich dadurch verletzbar zu machen. Und wer auf der anderen Seite dieses Vertrauen erwerben oder besser geschenkt bekommen möchte, muss sich dessen würdig erweisen. Vertrauenswürdigkeit bedeutet dann, selbst sichtbar zu sein, bereit zu sein, das Vertrauen zu erwidern, zu zeigen, dass man das geschenkte Vertrauen als etwas Wertvolles ansieht und es achtet.

Ein solches Vertrauen ist eigentlich eine »Täuschung«. Es ist tatsächlich nicht genug Information gegeben, um erfolgssicher handeln zu können. Aber erst, wenn man sich auf diese »Täuschung«, auf die gemeinsame Unsicherheit einlässt, kann das Vertrauen auch seine besondere Wirkung entfalten. Vertrauen ist utopisch, es ist (griechisch) ein »*u-topos*«, ein Nicht-Ort – der erst über die gemeinsame Gestaltung wirksam wird.

Dazu muss man sich jedoch gegenseitig freilassen. Dann, wenn ich meinem Gegenüber den Spielraum für seine Möglichkeiten lasse, kann er für mich wirksamer werden, als wenn ich alles nur allein für mich selbst steuern möchte. Denn in meinen eigenen Vorstellungen bleibe ich immer nur auf mich selbst verwiesen. Ich werde erst dann über mich hinauskommen und mehr über meine Möglichkeiten entdecken, wenn ich mich auf andere einlasse.

---

13 Gott als »Leerstelle«: Auch die monotheistischen Religionen wissen um die Bedeutsamkeit dieser Leerstelle. Dort ist es Gott, der die Leerstelle »erfüllt«, wobei der Mensch dieses Bild aber nicht konkretisieren darf. Das biblische Verbot, sich ein Bildnis von Gott zu machen, liegt in eben dieser Dynamik begründet. Es geht gerade nicht darum, die Lücke um jeden Preis zu schließen und Gewissheit zu erreichen, sondern die Leerstelle durch »Soziales Kapital« anzufüllen – sei es durch Glaube, Mut oder Vertrauen.

> **Achtes Fazit: Unter Vertrautheit ist Vertrauen eine Handlungsoption**
> - Jemandem Vertrauen schenken, ist eine sehr private und intime Angelegenheit. Es erfordert eine hohe Bereitschaft sich einem anderen Menschen hinzugeben und dies ist sehr voraussetzungsreich.
> - Die Paradoxie des Vertrauens bleibt bestehen: Vertrauen ist dann am wichtigsten und zugleich am schwierigsten, wenn es am riskantesten ist. Je mehr einander anvertraut wird, desto mehr offenbart man sich, desto höher wird zugleich das Risiko, genau darüber verletzt zu werden.
> - Sich jemandem anvertrauen heißt nicht, sich selbst vollständig aufzugeben und alle Kontrolle abzugeben. Das, was kontrolliert wird, ist jedoch nicht die Tat des anderen, sondern es wird auf die Beziehung geschaut. Es wird die Intensität, Intimität und Tragfähigkeit der Beziehung überprüft. Jede Form von Beziehungsarbeit ist immer auch eine Überprüfung des Status quo des »Sozialen Kapitals« innerhalb der Beziehung.
> - Für mich als Coach bedeutet dies, genau zu prüfen, ob und inwiefern eine solch intensive und intime Beziehungsdimension sinnvoll und notwendig ist. Vertrauen ist nicht an sich gut. Im Gegenteil, manche Arbeitsbeziehungen kommen auch gut mit weniger Nähe aus.

Nun dürfen wir uns bei dieser fast euphorisch anmutenden Beschreibung nicht zu weit von unserem Modell entfernen. Die positive Wirkung von Vertrauen zu beschreiben ist eine Sache. Allein diese Beschreibung ist kein hinreichender Grund dafür, dass sich Menschen auch in dieser bestimmten Art und Weise verhalten werden. Die Frage lautet nach wie vor: Wann ist es individuell eine plausible Angelegenheit, sich für diese spezielle Form des Vertrauens zu entscheiden und wann sind auch andere Beziehungsformen angebracht und notwendig.

8. Das Vertrauensmodell und seine Konsequenzen

Zum Vertrauen gäbe es noch viel zu sagen, aber letztlich geht es nicht um das einzelne Phänomen, sondern vielmehr darum, Vertrauen in seinen Beziehungsdimensionen zu verstehen und die Entscheidungen für oder gegen das Vertrauen im Gesamtzusammenhang verorten zu können. Insofern sind wir nun an dem Punkt angekommen, das Gesamtbild in Form einer Orientierungskarte zu nutzen, um sich als Coach selbst, aber auch mit den Anliegen des Coachees zurechtzufinden.

Hierbei wollen wir so vorgehen, dass wir, ausgehend von der Logik der Situation, die plausible Entscheidung darstellen, um dann zu zeigen, auf welche Ebene sich wiederum diese Entscheidung auswirken kann. Dies wollen wir mit den fünf Ebenen und damit dem ursprünglichen Ansatz von Robert Dilts[14] verknüpfen, in welchem er sich auf die Lerntypen von Gregory Bateson bezieht.

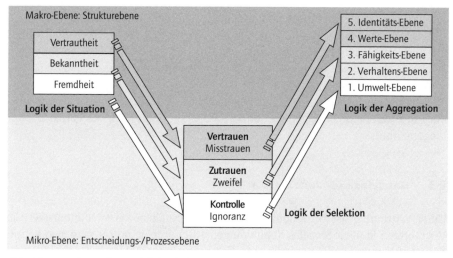

Abb. 22: Das Mikro-Makro-Modell der drei Handlungsdimensionen unter der Bedingung von Zuständen des Vertrauens

8.1 Handeln unter Fremdheit

Unter der Situation der Fremdheit ist es (zunächst) eine plausible Verhaltensweise, sich nicht auf sein Gegenüber einzulassen und die Beziehungsdimension außen vor zu lassen. Wenn mich die Beziehung zu meinem fremden Gegenüber nicht interessiert, werde ich ihn ignorieren. Und wenn ich dennoch seine Leistungen benötige, werde ich ihn genau kontrollieren. Mein Verhalten wird sich auf die Organisation von Positionen und Funktionen konzentrieren. Es geht um die Umgebung, um den zeitlichen und räumlichen Kontext, die äußeren Umstände und die äußeren Auslöser.

8.2 Handeln unter Bekanntheit

Ist die Situation der Bekanntheit gegeben (oder erreicht) so ist Zutrauen eine plausible Entscheidung. Ich muss nicht auf die Person als Ganzes vertrauen, sondern lasse mich auf ihr Verhalten und ihre Fähigkeiten ein. Hierbei handelt es sich um das, was von einer Person wahrnehmbar ist: Einerseits ihr Tun, ihre Aktionen und

---

14 Vgl. die umfängliche Darstellung von Robert Dilts 2005.

Reaktionen, ihr Handeln, ihre Worte; andererseits ihre Fähigkeiten, womit eher kognitive Prozesse gemeint sind. Es geht um Können und Denken, sowie um das Bewusstsein von diesen Fähigkeiten. All dies ist nicht mehr direkt kontrollierbar, sondern nur über Beziehungsaufnahme interpretierbar und »zutraubar«.

Das Gegenteil von Zutrauen bleibt in derselben Logik, es sind dies die Zweifel, die man am Gegenüber haben kann. Man kann bestimmte Dinge an- oder bezweifeln, ohne gleich die ganze Person oder Beziehung in Frage zu stellen.

Die heutige Arbeitswelt spielt sich vor allem in diesem Bereich ab. Wissens- und Dienstleistungsarbeit braucht gegenseitiges Zutrauen und ein bestimmtes Maß des aufeinander Zugehens, ohne dass man sich gleich als ganze Person hingeben muss.

8.3 Handeln unter Vertrautheit

Unter Vertrautheit ist Vertrauen eine mögliche Verhaltensweise. Je intensiver die Vertrautheit, je mehr Soziales Kapital angehäuft wurde, je besser man sich kennt, desto tiefer und unbedingter kann man sich aufeinander einlassen. Das heißt auch, dass ich die Glaubenssätze, die Überzeugungen, die Werte meines Gegenübers kenne und respektiere. Ja, es kann sogar so weit gehen, dass ich von seinem Selbst-Bild, von den Vorstellungen, die er von sich als ganzer Person und von seinem Verhalten hat, überzeugt und selbst durchdrungen bin, und daher bereit bin, mich ganz anzuvertrauen.

Neuntes Fazit: Die Freiheit der Entscheidung bleibt bestehen
- Coaching ist ein gemeinsames Ringen um Wirklichkeitskonstruktionen. Daran ändert auch dieses Modell nichts. Es geht nicht darum, Beziehungsdimensionen quasi technisch zu beherrschen, sondern ein Bewusstsein von Interdependenzen zu erlangen.
- Das Modell impliziert keine unmittelbare Kausalität, vielmehr sollte es als zirkuläres Prozessmodell verstanden werden, welches sich immer weiter fortsetzt, d. h. eine Entscheidung wirkt sich (irgendwie) auf die Gesamtsituation aus und die neu entstandene Gesamtsituation ist wiederum die Ausganglage für die nächste Entscheidung.
- Das Modell bildet nicht die Wahrheit ab. Im Coaching geht es nicht darum, Wahrheiten zu definieren, sondern mithilfe des Modells ein Bewusstsein dafür zu erlangen, innerhalb welcher Spielräume welche Handlungsoptionen wahrscheinlicher sind als andere. Sich ungeachtet all dessen ganz anders verhalten zu wollen, widerspricht damit keineswegs diesem Modell, im Gegenteil: Erst die Abweichungen ermöglichen die jeweiligen Übergänge.

Friedrich Hebbel sagt in seinem Drama Demetrirus über Vertrauen: »Wer damit anfängt, dass er allen traut, wird damit enden, dass er einen jeden für einen Schurken hält.« Vertrauen hat eine enorme Wirksamkeit, die allerdings mit hohem Risiko verbunden ist. Vertrauen ermöglicht viel, ist aber alles andere als kostenlos. Kurz gesagt: Vertrauen ist nicht die Lösung, sondern eigentlich das Problem. Damit steht Vertrauen nicht am Anfang der Beziehung, sondern erst am Ende von viel Beziehungsarbeit. Wer bereit ist, all dies auf sich zu nehmen, kann viel erreichen.

Unter diesen vertrauten, d. h. intimen und privaten Bedingungen das Gegenüber in Frage zu stellen, indem man ihm beispielsweise einfache Kontrollfragen stellt, kann nicht anders aufgefasst werden denn als Misstrauen. Misstrauen, das wesentlich stärker und zersetzender ist als Zweifel, braucht Vertrautheit, um eben diese Vertrautheit selbst in Frage zu stellen. Auch das ist riskant, denn es zerstört das Soziale Kapital, das vielleicht zuvor »zu Recht« entstanden ist.

Weiterführende Literatur

Bourdieu, P.: Ökonomisches Kapital, kulturelles Kapital, soziales Kapital.
  In: R. Kreckel (Hrsg.): Soziale Ungleichheiten. Sonderband 2 der sozialen Welt.
  Göttingen 1983, S. 183–198.
Coleman, J. S.: Grundlagen der Sozialtheorie Band 1; München 1991.
Geramanis, O.: Vertrauen – die Entdeckung einer sozialen Ressource, Stuttgart 2002.
Geramani, O.: Unentscheidbares Vertrauen. In: Gruppenpsychotherapie und
  Gruppendynamik Beiträge zur Sozialpsychologie und therapeutischen Praxis
  3/2006, S. 248–265.
Götz, K. (Hrsg.): Vertrauen in Organisationen, München 2006.
Luhmann, N.: Vertrauen. Ein Mechanismus der Reduktion sozialer Komplexität.
  Stuttgart 1989.

Teil 2:
Coaching in Organisationen

Kapitel 9:
Coaching und Organisationsberatung

Steffen Dörhöfer und Michael Loebbert

Themen, Fragestellungen und Vorgehensweisen von Coaching und Organisationsberatung überschneiden sich. Im Sinne einer Aufgabenteilung und -ergänzung können unterschiedliche Perspektiven und Schwerpunkte unterschieden werden: Coaching adressiert Fragestellungen und Anliegen von Personen in Organisationen, Organisationsberatung fokussiert die Organisation als Ganzes. Zentrale Modelle der klassischen Organisationsberatung können daher auch im Coaching als Ansatzpunkte dienen. Umgekehrt ergänzt Coaching als personales Beratungsformat Organisationsberatung mit Ansätzen wie Rollencoaching, Performancecoaching und Coaching in Veränderungsprojekten.

1. Coaching als Organisationsberatung

Das Zusammenarbeiten von Menschen geschieht im Kontext von Organisationen, sei es innerhalb einer Organisation oder zwischen Organisationen, mit unterschiedlichen Logiken der Zugehörigkeit. »Organisation« meint in diesem Sinne zunächst die »Organisation von Handlungen«. – Somit halten wir uns nicht nur beim Einkaufen im Supermarkt, bei der Arbeit im Unternehmen oder bei der Weiterbildung in Hochschulen in Organisationen auf, sondern werden selbst zur Anspruchsgruppe und/oder zum aktiven Mitglied dieser Organisationen als Kunden, Mitarbeiterinnen und Mitarbeiter und Studierende.

Coaching in Organisationen adressiert das Spannungsverhältnis von Person und Organisation. Das sind: aktuelle Konflikte, Teamentwicklung, Umgang mit Grenzen, Gestaltung von organisationalen Veränderungen und strategischer Entwicklung. Merkmal von Herausforderungen für Führung und Management überhaupt ist es, diese Spannung und Widersprüchlichkeiten für die Wertschöpfung und die Wertentwicklung der Zusammenarbeit nutzbar zu machen. Dies wird oftmals unter den Überschriften »Karriere-Coaching« (persönliche Karriereentwicklung), »Konflikt-Coaching«, »Strategie-Coaching« oder »Projekt-Coaching« bearbeitet. Die Bearbeitung dieser Themen verlangt vom Coach, über die Fähigkeit Coachingprozesse zu gestalten und zu führen hinaus, *Kenntnisse darüber, wie Organisationen funktionieren* und wie Personen in Organisationen ihre Handlungsspielräume gestalten und erweitern können.

Coaching unterstützt klassische Organisationsberatung in der konkreten Umsetzung und beim Transfer im jeweilgen organisationalen Kontext. Bei dem an der FHNW gewählten pragmatischen Ansatzpunkt[1] für Coaching steht das handelnde Subjekt im Mittelpunkt. Damit koppelt Coaching an die klassische Vorstellung des Managers, der seine Sache »macht«.[2] Das damit verbundene Menschenbild bevorzugt die Vorstellungen der Autonomie und der (freien) Gestaltung von Leistungs- und Austauschbeziehungen in Organisationen.

Konzepte und Modelle aus der Organisationslehre (Organisationssoziologie und -psychologie) unterstützen Coachs und Klienten beim Erreichen ihrer Handlungsziele und der Realisierung ihrer Vorhaben. Die unmittelbare Verbindung von Organisationswissen und konkreter Handlungsherausforderung des Klienten im Coaching erweist sich Formen der Weiterbildung und der Organisationsberatung als überlegen, wenn es um die Geschwindigkeit und Qualität der Umsetzung geht. Organisationale Themenstellungen wie Konflikte, Teamleistung, Organisationsentwicklung, Change Management etc. können im Coaching wirksam angegangen werden. Bezugspunkte dafür sind Vorgehensweisen und Modelle der Organisationsberatung.[3] Im Folgenden stellen wir einige Ansatzpunkte dar, die Coachs und ihren Klientinnen bzw. Klienten helfen, Organisationen besser zu verstehen und die jeweiligen Handlungsspielräume zu gestalten.

2. Organigramme, Prozesse und Kulturen lesen

In der Gestaltung eines Coachingprozesses geht es den Klienten, sei es eine Einzelperson oder ein Team, darum, eine adäquate Vorstellung von Handlungsspielräumen in ihrer Organisation zu bekommen: Struktur, Prozesse und kulturelle Muster bestimmen zugleich die Möglichkeiten und die Grenzen des Handelns von Personen.

Der Begriff »Organisation« lässt sich auf den griechischen Begriff *Organon* zurückführen, was »Werkzeug« oder »Instrument« bedeutet. Entsprechend definiert das klassische Organisationsverständnis eine *Organisation als Zwecksystem*, durch das bestimmte Ziele erreicht werden sollen. In diesem Sinne bestehen Organisationen aus rational konstruierten Hierarchien und Prozessen der Zusammenarbeit, die zur Leistungserstellung einen Input in einen geplanten

---

[1] Vgl. die Einleitung in diesem Band.
[2] Peter Drucker gibt seinem Buch »The Effective Executive« den Untertitel »The Definitive Guide to Getting the Right Things Done.« (Drucker 1967).
[3] Unterschiede von Organisationsberatung zu Prozessberatung und systemischer Beratung führen wir dafür nicht ins Feld. Wir meinen hier einfach einen angenommenen State of the Art der Organisationsberatung unterschiedlicher Schulen, über den man sich natürlich streiten kann. – Allerdings werden mit dem personalen Ansatzpunkt von Coaching gewisse romantische Vorstellungen der Organisationsberatung einer »Organisation als Organismus« und des »Überlebens der Organisation als Zweck« in ihrem metaphorischen Rahmen relativiert. Im Fokus von Coaching steht immer das Handeln von Personen.

Output umwandeln. Organisationen als »Mittel zum Zweck« nehmen dementsprechend die Perspektive des Managements ein, das erst mal »naiv«, als mehr oder weniger unbeteiligter Akteur und auf der Grundlage zentralisierten Wissens, »die beste Organisationsform« wählt.

2.1 Das Organigramm

Das Organigramm ist eine formalisierte Abbildung der Hierarchie bzw. des Aufbaus einer Organisation. Auf der Grundlage einer Analyse der Organisationstätigkeiten beschreibt das Organigramm (a) die Integration spezialisierter Einzeltätigkeiten (Arbeitsteilung) zu einem Leistungsprozess und (b) die Differenzierung unterschiedlicher Abteilungen bzw. Einzeltätigkeiten.[4] Die organisatorische Differenzierung geht von der Gesamtaufgabe einer Organisation aus, um in einem ersten Schritt per Aufgaben- und Arbeitsanalyse eine sinnvolle Unterteilung des Leistungsprozesses vorzunehmen. Dann wird das Zusammenwirken von Aufgaben und Arbeitseinheiten festgelegt. Im Organisationsaufbau (Hierarchie, Abteilungen, Gruppen etc.) werden diese dann zur Gesamtorganisation integriert (vgl. Abb. 23).

Dementsprechend ist das Organigramm eine bildliche Darstellung des Verhältnisses zwischen der notwendigen Steuerung des Gesamtprozesses und der unabdingbaren Spezialisierung innerhalb der Organisationsstruktur. Die Integration von Subeinheiten in das organisationale Ganze wird dann problematisch, wenn deren Leistungserstellung eine hohe Unabhängigkeit und Selbstorganisation erfordert. Ein solches Zusammenspiel unterschiedlicher Organisationslogiken und die

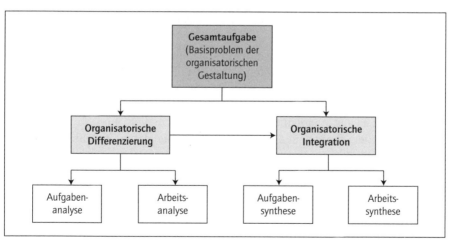

Abb. 23: Von der Gesamtaufgabe zur formalen Organisationsstruktur (Quelle: Vahs 2009)

---

4 Vgl. Schreyögg 2003, S. 113 ff.

Kommunikation über Schnittstellen hinweg[5] erleben die Beteiligten als Rollen- und Handlungskonflikte; welcher Logik gefolgt wird, muss im Einzelfall ausgehandelt werden. Organigramme sollen die Organisation durch die Formalisierung von Stellenprofilen und Arbeitsprozessen möglichst unabhängig von konkreten Personen machen. Dadurch wird die Dauerhaftigkeit und Stabilität der Leistungserstellung gewährleistet. Die Formalisierung von Strukturen und Prozessen dient auch der Reduktion von Komplexität für alle Beteiligten, da das Organigramm formelle Hierarchien und eindeutige Regeln abbildet.

Wenn das Organigramm detailliert ausgearbeitet ist, so dass es alle Stellen umfasst, dann können nach Alfred Kieser und Peter Walgenbach[6] folgende Regelungen abgelesen werden:
- die Art der Spezialisierung der größten organisatorischen Einheiten (Suprastruktur),
- der Umfang der Abteilungsspezialisierung und der Stellenspezialisierung nach Funktionen und nach Produkten,
- die Struktur der generellen Weisungsbefugnisse und der Verantwortungsbereiche,
- die Gliederungstiefe, die Leitungsspannen und die Relationen zwischen verschiedenen Arten von Stellen.

Drei Grundlogiken der Organisationsgestaltung werden dabei unterschieden:
(1) Die funktionale Organisation
In der Organisation werden Bereiche wie Einkauf, Produktion oder Forschung und Entwicklung als Funktionen der Organisation bzw. unternehmerische Funktionen abgegrenzt. Durch die Zusammenfassung der gleichartigen Verrichtungen in organisationale Einheiten werden Spezialisierungsvorteile erzielt und wechselseitige Lernprozesse innerhalb der Einheiten ermöglicht.[7] Diese Organisationslogik erfordert eine *Abstimmung durch Hierarchie*, um die Kooperation zwischen den funktional getrennten Einheiten sicherzustellen. Typische Probleme, die aus der funktionalen Organisationsform resultieren, sind nach Schreyögg:
- »Abstimmungsschwierigkeiten zwischen den Funktionsabteilungen mit jeweils spezifischer Ausrichtung,
- zeitraubende Schnittstellenkoordination und die daraus resultierende mangelnde Flexibilität,
- geringe Zurechenbarkeit von Ergebnissen auf einzelne Akteure,
- Überlastung der Spitze mit Koordinationsaufgaben.«[8]

---

5 Vgl. hierzu Schreyögg 2012, S. 41 ff.
6 Vgl. Kieser/Walgenbach 2007, S. 170.
7 Vgl. Jones/Bouncken 2008, S. 349.
8 Vgl. Schreyögg 2012, S. 30.

(2) Die divisionale Organisation
Besonders Konzerne unterscheiden organisationale Einheiten nach Regionen und/oder nach Produkt und Leistungsgruppen. Diese Ausrichtung der Organisation nach Objekten beginnt auf der zweiten Hierarchieebene, direkt unterhalb der Geschäftsleitung. Mit dem »Bauprinzip des Unternehmens im Unternehmen«[9] findet eine Orientierung am Kunden und den Markterfordernissen statt, wobei die einzelne Division (teilweise) eigenverantwortlich agiert. Gleichzeitig führt diese Organisationslogik zu deutlichen Nachteilen, die – mit Blick auf die Gesamtunternehmung – aus einer »Vervielfachung an Führungsstellen«[10] und einem erheblichen Koordinationsaufwand zwischen den Divisionen resultieren.

(3) Die Matrixorganisation
Sie stellt eine Mischform von Aufbau- (organisatorische Differenzierung) und Ablauforganisation (organisatorische Integration) dar. Eine Matrixstruktur kann als ein rechteckiges Gitter vorgestellt werden: Die vertikale Ordnung beschreibt die funktionalen Verantwortlichkeiten und die Horizontale die Objekt- oder Produktverantwortung.[11] Die unterschiedlichen Organisationslogiken müssen miteinander in Einklang gebracht werden, was für Führungskräfte und Mitarbeitende zu konflikthaften Situationen führen kann. Führungskräfte aus der Linie müssen sich mit den produktverantwortlichen Führungskräften abstimmen und ihre Zusammenarbeit situativ organisieren. Als Mitarbeiter bin ich Diener zweier Herren: meinem Vorgesetzten in der Hierarchie und dem Verantwortlichen für die Leistung, die beim Kunden ankommen soll.

> **Aufgabe: Interpretation eines Organigramms**
> a. Wählen Sie für die Bearbeitung eine Organisation oder ein Unternehmen, das Sie gut kennen.
> b. Versuchen Sie eine grafische Darstellung des Organigramms, oder nutzen Sie auch ein Organigramm, das offiziell zur Verfügung gestellt wird.
> c. Bilden Sie Hypothesen: Welche Konflikte und Fragen sind mit dem jetzigen Organigramm wahrscheinlich verbunden? Für welche Konflikte und Fragen war das Organigramm wahrscheinlich eine gute Lösung?
> d. Wenn Sie auf die aktuellen Herausforderungen für diese Organisation schauen, welche kleineren Veränderungsvorschläge haben Sie? Was wäre dann gegebenenfalls etwas besser als vorher?

---

9 Vgl. Nagel 2009.
10 Vgl. Schreyögg 2012, S. 34
11 Vgl. Jones/Bouncken 2008, S. 388.

2.2 Prozessbeschreibung der Organisation

Für die Darstellung einer Organisation als Organigramm steht die Frage der Steuerung und Verantwortung im Mittelpunkt. Dafür wird eine gewisse Statik und Unbeweglichkeit in Kauf genommen und auch beabsichtigt. Für eine konkrete, möglichst effiziente Gestaltung von Arbeitsabläufen über die Organisation hinweg, vor allem für ihre Verbesserung und Weiterentwicklung, erweist sich die Perspektive der Aufteilung von gegebenen Aufgaben in der Praxis als wenig flexibel. Man spricht gerne von »Gärten«, »Silos« oder »Königreichen«, um damit auszudrücken, dass eine einmal gefundene Aufgabenteilung in der Steuerung der Aufbauorganisation nicht leicht zu ändern ist. – Es soll Menschen geben, die schon daran verzweifelt sind. – Mit der notwendigen Verbesserung von Effizienz und Qualität unserer Arbeitsprozesse besonders in der Fertigungsindustrie und in der Verwaltung gewinnt die Gestaltung von Prozessen (»Business Reengineering«) gegenüber der Aufbauorganisation an Bedeutung.[12] In den 1980er-Jahren sind sogar einige Unternehmen dazu übergegangen, sich selbst als »Prozessorganisation« zu beschreiben, d.h. alle hierarchischen Untergliederungen in den Dienst der eigentlichen wertschöpfenden Prozesse, mit denen Geld verdient wird, zu stellen.

In Organisationen beziehen sich also Teilprozesse aufeinander und werden miteinander synchronisiert. Nach Michael Porter[13] unterscheiden wir den »Primärprozess« und seine »Sekundärprozesse«: Primärprozess einer Organisation ist die Erstellung eines Produkts oder einer Leistung vom Einkauf der Vorprodukte bis zur Lieferung an den Kunden. Sekundärprozesse sind der Managementprozess und die Unterstützungsprozesse (vgl. Abb. 24) wie Personal, Finanzen und Informationstechnologien.

Managementprozesse	Gestaltung, Lenkung (Steuerung) und Entwicklung einer zweckorientierten soziotechnischen Organisation (normatives strategisches) und operatives Management).
Leistungsprozesse	Vollzug der marktbezogenen Kernaktivitäten einer Organisation, die unmittelbar auf den Kundennutzen ausgerichtet sind.
Unterstützungsprozesse	Bereitstellung der notwendigen Infrastruktur und der Erbringung interner Dienstleistung, die notwendig sind, damit die Geschäftsprozesse effektiv und effizient vollzogen werden können.

Abb. 24: Organisationsprozesse nach Michael Porter

---

12 Vgl. Osterloh/Frost 2006.
13 Vgl. Porter 1998.

Dieser Fokus auf die Arbeitsprozesse hat sich in den letzten dreißig Jahren bezahlt gemacht: Durch die Einführung von betriebswirtschaftlicher Prozesssteuerung (deutscher Begriff SAP), Vermeidung von überflüssigen Arbeitsschritten (Kaizen) und systematisches Qualitätsmanagement wurden Kosten reduziert und Innovationen vorangetrieben. Die Aufbauorganisation und deren Untergliederung werden immer wieder durch die Realität der Kosteneffizienz in Frage gestellt. Unsere heutige Geschwindigkeit organisationaler Veränderung zu immer neuen Anpassungsleistungen (Restrukturierung) ist eine Folge dieser Entdeckung.

Die Formalisierung von Aufbau- und Prozessorganisation geben Menschen in Organisationen eine nützliche Orientierung für die Steuerung ihrer Leistungsprozesse: Wer ist für was verantwortlich? Wer darf mir eine Anweisung geben? Welche Anweisung sollte ich vielleicht besser ausführen? Wer ist der Empfänger oder Kunde meiner Leistung? Von wem bin ich selbst Abnehmer und Kunde? Mit wem arbeite ich wie zusammen? Allerdings sind Formalisierungen immer Verallgemeinerungen. Die konkreten Arbeitspraktiken und Anforderungen können wahrscheinlich gar nicht vollständig abgebildet werden. Zumindest würde eine zu differenzierte Darstellung unsere kognitiven Fähigkeiten übersteigen. Weiterhin finden im Management- und Arbeitsprozess ständig kleinere und größere Veränderungen statt, die erst nach einer gewissen Zeit zu einer Anpassung formaler Strukturen führen. Die Anpassung – und auch die Abweichung – von allgemeinen Regeln und Prozessen ist manchmal sogar entscheidend für das Funktionieren von Organisationen. Und entscheidend für die Leistung und den Erfolg von Organisationen ist die Art, wie wir mit formalen Regeln und Strukturen umgehen. – Doch das führt schon zum nächsten Abschnitt über die kulturellen Merkmale von Organisationen.

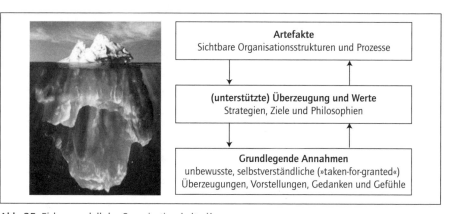

Abb. 25: Eisbergmodell der Organisationskultur[14]

---

14 Nach Schein 1995, S. 30.

2.3 Kulturelle Muster erkennen

Betriebswirtschaftliche Vorstellungen der formalen Organisation und der Nutzenmaximierung von Handlungsprozessen sind nicht ausreichend, um das manchmal irrational scheinende Handeln von Menschen in Organisationen zu erklären. »Heimliche Spielregeln«[15] und kulturelle Muster als regelmäßig darstellbare Merkmale scheinen das Handeln wirkungsmächtiger zu bestimmen als Organigramme und Prozessbeschreibungen. Das Konzept der Organisationskultur ergänzt die bisherigen betriebswirtschaftlichen Vorstellungen formaler Organisation.

> **Definition Organisationskultur (nach Schein)**
> »Organisationskultur ist die Gesamtheit gemeinsam geteilter Grundannahmen, Werthaltungen, Normen und Orientierungsmuster, die von den Menschen in einer Organisation zur Bewältigung der Probleme der äußeren Anpassung und der inneren Integration entwickelt wurden und sich nach gemeinsamer Überzeugung so bewährt haben, dass sie an neue Mitglieder weiterzugeben sind, damit diese in der richtigen Weise wahrnehmen, denken, fühlen und handeln.«[16]

Edgar Schein betont in seiner klassischen Definition der Unternehmenskultur, dass viele der kulturellen Grundannahmen das Verhalten von Personen beeinflussen. In seinem »Eisbergmodell« (vgl. Abb. 25) unterscheidet er drei Aspekte oder Ebenen kultureller Muster: (a) »Artefakte«, (b) »Überzeugungen und Werte« und (c) »grundlegende Annahmen«. Unter (a) Artefakten versteht er die wahrnehmbaren Merkmale von Kultur wie Architektur, Raumausstattung, Statusmerkmale, Sprache, Kleidungsstil, Umgangsformen, Geschichten, beobachtbare Rituale. Nicht mehr ganz so offensichtlich sind (b) gemeinsame Überzeugungen und Werte. Diese leiten das Verhalten von Organisationsmitgliedern in bestimmten Situationen und sind als moralischer und normativer Kompass zu verstehen, ohne dass sie explizit genannt werden. Es besteht ein gemeinsames Grundwissen von dem, was richtiges und falsches Verhalten ist. Schließlich umfassen (c) die grundlegenden Annahmen selbstverständliches Verhalten, das sich als Ergebnis erfolgreichen Handelns herausgebildet hat: »So haben wir es schon immer gemacht.«

Kulturelle Muster beschränken den Handlungsspielraum von Menschen in Organisationen. Sie sind oft unbewusst, d. h. bewusster Steuerung nicht zugänglich. Sie bestimmen so selbstverständlich das Handeln, dass sie nicht in Frage gestellt werden, ja von den Organisationsmitgliedern nicht Frage gestellt werden können. Wer kulturelle Muster in Frage stellt, muss mit Irritation und gelegentlich auch mit Sanktionen rechnen: Querdenker werden heute zwar nicht mehr

---
15 Vgl. Scott-Morgan 2008.
16 Vgl. Neubauer 2004, S. 22; Definition in Anlehnung an Edgar Schein 1995.

verbrannt, sie haben es aber meist schwer, sich mit ihren Wahrnehmungen in einer Organisation verständlich zu machen. Es gibt Organisationen, die lieber untergehen als ihre kulturellen Muster in Frage zu stellen: Was früher erfolgreich war, muss auch für morgen gelten.

Die Veränderung kultureller Muster ist eine anspruchsvolle (Management-) Aufgabe.[17] Ist diese im Coaching auch nicht direkt das Thema, so bestimmen die jeweiligen kulturellen Muster nicht nur die Handlungsmöglichkeiten des Klienten, sondern auch die des Coachs. Damit Coaching überhaupt wirksam eingesetzt werden kann, sollten kulturelle Merkmale von Coaching, wie die Überzeugung von Freiheit und Handlungsverantwortung des Menschen, Vertrauen in seine Ressourcen und Leistungsorientierung, den kulturellen Merkmalen der Organisation nicht widersprechen. Manche Kolleginnen und Kollegen sprechen von der »Bereitschaft« einer Organisation für Coaching, von kulturellen und strukturellen Erfolgsfaktoren[18] wirksamen Coachings in Organisationen. Aus der hier vertretenen Sicht ist es natürlich *günstiger* Coaching-Leistungen in einer Organisation zu erbringen, welche bestimmte kulturelle Merkmale von Coaching schon teilt. Es können allerdings durchaus auch formale Kontrakte geschlossen werden, die Coaching als Maßnahme der Kulturentwicklung in Richtung einer Coachingkultur mit einschließen. Allerdings, Coaching in subversiver Absicht gegen den Willen des Auftraggebers in einer Organisation einzuführen, scheitert in der Regel.

3. Rollencoaching

Das Konzept der »Rolle« ist der Dreh- und Angelpunkt im Verständnis des Zusammenwirkens von Personen und Organisation. Veränderungen und Umsetzung in Handlungen sind immer mit Rollenveränderungen verbunden. Coaching in Organisationen ist somit immer auch Rollencoaching.[19]

3.1 Die Theatermetapher

Für Coaching-Interventionen, die auf die Erweiterung und Veränderung von Handlungsspielräumen in Organisationen zielen, erweist sich die von Erving Goffman[20] geprägte Theatermetapher, Organisation als Theater zu verstehen, als besonders nützlich: Die Theatermetapher bindet die Perspektiven von Person

---

17 Vgl. dazu insgesamt Loebbert 2009.
18 Vgl. Bresser 2010, S. 36 ff.
19 Eine immer noch aktuelle Einführung gibt der Aufsatz von Claus D. Eck (1990).
20 Vgl. Goffman 1959.

und Organisation zusammen. Verständlichkeit und Theoriebildung[21] unterstützen ihren Gebrauch in der Coaching-Praxis.

Modelle der Organisationsanalyse, Aufbauorganisation und Prozesse versus Organisationskultur, können in der Coaching-Praxis mit der Anwendung der Theatermetapher kombiniert werden. Das Zusammenspiel von formalisierten und informellen Organisationsstrukturen wird anhand der Vorder- und der Hinterbühne eines Theaters veranschaulicht: Auf der Vorderbühne findet für die Zuschauenden das geplante Geschehen mit festen Rollenzuteilungen statt, während sich die nicht transparenten Handlungen auf der Hinterbühne ereignen. In Bezugnahme auf die Organisationsmodelle beschreibt die Vorderbühne alle festgeschriebenen und für alle explizierten Strukturen; Goffman spricht in diesem Zusammenhang von »Fassade« und »dramaturgischem Handeln«.[22] Eng mit dem Geschehen auf der Vorderbühne verbunden, bildet die Hinterbühne den informellen, kulturellen Bereich von Organisationen ab. Damit ermöglicht die Theatermetapher eine nachvollziehbare Diskussion von »doppelten Realitäten« im Arbeitsumfeld des Klienten, die sich zu schwer erkennbaren Konfliktsituationen entwickeln können.

> **Aufgabe: Ihre Organisation als Theater**
> Vergleichen Sie Ihre Organisation, Ihr Unternehmen oder das Ihres Klienten mit einem Theater. Welches Stück wird auf der Vorderbühne gegeben? Welches sind die Hauptpersonen? Wer führt wahrscheinlich Regie? Was geschieht derweil auf der Hinterbühne? ... Welche metaphorischen Ähnlichkeiten entdecken Sie noch?

3.2 Seine Rolle in der Organisation spielen

Mit der Theatermetapher unmittelbar verbunden ist der Rollenbegriff, *eine Rolle spielen*. Eine klassische Definition des soziologischen Rollenbegriffs formuliert Ralf Dahrendorf: »Am Schnittpunkt des Einzelnen und der Gesellschaft steht der Homo Sociologicus, der Mensch als Träger vorgeformter Rollen. Der Einzelne ist seine sozialen Rollen, aber diese Rollen sind ihrerseits die ärgerliche Tatsache der Gesellschaft«[23], und wir wollen hinzufügen, der Organisation.

Das Individuum spielt unterschiedliche Rollen, die jeweils mit bestimmten Erwartungen des sozialen Umfelds an die Person verbunden sind. Es braucht einen längeren Prozess, in dem der Umgang mit einer Rolle und die Vereinbarkeit unterschiedlicher Rollen *gelernt* werden. Wir Menschen sind Virtuosen im Spiel

---

21 Zur Theatermetapher als didaktisches Modell für Coaching vgl. Schmid/Messmer 2005, S. 151–169.
22 Vgl. Goffman 1959.
23 Vgl. Dahrendorf 1965, S. 23.

mit unseren Rollen, z. B. wenn wir vom Familienvater zum Mitglied des Gesangsvereins werden oder in die Rolle des Vorstandsvorsitzenden schlüpfen. In Organisationen fungieren wir als Teammitglied und Abteilungsleiter, als Projektverantwortlicher und Stabsmitarbeiter, wenn nicht zur gleichen Zeit, dann jedoch in voneinander unterscheidbaren Rollen.

Andere Mitglieder der Organisationen haben spezifische Erwartungen an die Personen, und Personen haben Erwartungen an die Organisation. Diese konkreten Verhaltenserwartungen, welche Handlungen von einer Person erwartet werden, geben – um mit der Theatermetapher zu sprechen – das Skript und die Regieanweisung, wie die Rolle gespielt werden soll.

Hinzu kommt, dass Personen ganz unterschiedliche Rollen in Bezug auf Organisationen spielen. So sehen sie sich als Kundin oder Kunde, als Teilnehmer oder als Mitglied mit einem ganzen Bündel von teilweise aufeinander abgestimmten, entgegengesetzten und widersprüchlichen Erwartungen konfrontiert. Personen versuchen, mit diesen Rollenerwartungen umzugehen und diese aktiv zu gestalten. *Nur wenn sie eine Rolle spielen, können sie ihre eigenen Handlungsvorstellungen verwirklichen und erfolgreich sein.* Oder systemisch gesagt: Es ist in Organisationen unmöglich keine Rolle zu spielen. Die Rollenerwartungen verändern sich ständig. Neue Personen, Veränderungen der Organisation und Veränderungen im Umfeld formulieren neue Erwartungen.

Rollen haben einen (begrenzten) Gestaltungsspielraum: Wie viele und welche Erwartungen kann und muss ich vielleicht enttäuschen? Welche Erwartungen von anderen sollte ich gezielt beeinflussen? Wie kann ich das tun? etc., um meine Vorhaben erfolgreich zu realisieren. – Und gelegentlich muss ich auch einsehen, dass ich mit meinen Vorhaben in einem bestimmten organisationalen Kontext nicht erfolgreich sein kann. Das heißt im Zweifelsfall, die Organisation zu verlassen, einen neuen Arbeitgeber zu suchen oder von meinem Vorhaben abzulassen.

Dabei steht die Person immer auch außerhalb der Organisation. Schauspieler sind nicht identisch mit den Rollen, die sie spielen. Es besteht eine merkliche Distanz zwischen dem Individuum und seinen verschiedenen Rollen, da es immer zwischen verschiedenen Rollen vermitteln muss bzw. – wie Goffman es ausdrückt – mit diesen »spielen« kann. Mit den Rollen spielen bedeutet auch, sich von diesen zu distanzieren, diese zu interpretieren und aktiv, den eigenen Bedürfnissen entsprechend, zu gestalten. *Im Rollencoaching ist die Unterstützung dieser Fähigkeit zur Selbstdistanzierung der entscheidende Ansatzpunkt.* Sie ermöglichen Ihrem Klienten mit den unterschiedlichsten Interventionen, eine Metaposition einzunehmen und von daher seine organisationalen Rollen zu analysieren.

3.3 Rollenerwartungen

Die Erwartungen von Vorgesetzten, Arbeitgebern, Kollegen, Kunden und auch von mir selbst sind in der Regel untereinander nicht deckungsgleich. Übertragen auf das Spannungsverhältnis zwischen Person und Organisation ist davon auszugehen, dass die Person unterschiedliche Rollen miteinander vereinbaren muss, nämlich Rollen im beruflichen Umfeld (Organisationen), Rollen in anderen Systemen (beispielsweise in Vereinen, Freundeskreisen etc.), Rollen im Kontext der Familie und Professionsrollen (Sozialisation in der Ausbildung, Berufsverbände).

Die arbeitgebende Organisation hat dabei einen erheblichen Einfluss auf die Rollengestaltung von Personen, da Organisationen qua Weisungsrecht und Hierarchie über die Beschäftigten mit einer besonderen Machtbefugnis ausgestattet sind, Rollenerwartungen durchzusetzen. Wie die Konzepte der Organisationsanalyse gezeigt haben, legen Organisationen zuerst einmal formelle Rollenerwartungen fest, die in einer Stellenbeschreibung und dem Arbeitsvertrag ausformuliert werden. Hinzu kommen aber auch informelle Rollenerwartungen, die sich auf die Organisationskultur und die verschiedenen Subkulturen beziehen.

Erwartungen sind aber nicht gleich Erwartungen. Dahrendorf verortet die Erwartungen, die an eine Rolleninhaberin, einen Rolleninhaber gestellt werden, in einer Bezugsgruppe, die das Rollenverhalten einer Person entweder positiv oder negativ sanktioniert. Die Erwartungen der Bezugsgruppen sind jedoch differenziert zu betrachten, da es sicherlich einen Unterschied macht, ob sich eine Person gemäß ihrer Rolle an ein Gesetz halten muss oder sie zu einem gemeinsamen Anlass kommen sollte. Folglich differenziert die Rollentheorie zwischen Muss-, Soll- und Kann-Erwartungen, wobei sich an die jeweilige Erwartungsart eine bestimmte Sanktionsart knüpft (siehe Abb. 26).

Art der Erwartung:	Sanktionsarten:		Beispiel:
	Positiv:	Negativ:	
Muss-Erwartung		Gerichtliche Bestrafung	Arbeitsvertrag, Gesetze
Soll-Erwartung	Sympathie	Sozialer Ausschluss	Überstunden bei Projekterfordernissen
Kann-Erwartung	Schätzung	Antipathie	Teilnahme an gemeinsamen Pausen

Abb. 26: Tabelle der Erwartungen (Quelle: vgl. Dahrendorf 1965, S. 41)

3.4 Rollenkonflikte

Lassen sich die unterschiedlichen Erwartungen nicht problemlos vereinbaren, entstehen Rollenkonflikte. Je nach Anspruchsgruppe, worunter wir Personen mit ähnlichen Rollenerwartungen zusammenfassen, können sich bestimmte Erwartungen widersprechen.

Intrarollenkonflikte[24] adressieren die Konflikte, die durch unterschiedliche Erwartungen in der Organisation an mich entstehen. Beispielsweise sieht sich ein Mitarbeiter in der technischen Entwicklungsabteilung, ausgestattet mit Führungsaufgaben, ganz unterschiedlichen Rollenerwartungen ausgesetzt. Kolleginnen und Kollegen, die aus derselben technisch geprägten Kultur des Unternehmensbereichs entstammen, schätzen seine Kollegialität und seine Fachkompetenz, während das Management eher seine Effizienz und Durchsetzungskraft als Führungsperson anerkennt. Die Anspruchsgruppe der Kunden wiederum ist von seinem Verkaufstalent und seiner Kundenfreundlichkeit begeistert.

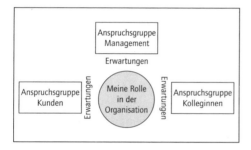

Abb. 27: Anspruchsgruppen und ihre Erwartungen

Das Konzept der Anspruchsgruppen (Stakeholder)[25] unterstützt den Klienten, seine eigenen Konflikte besser zu verstehen (vgl. Abb. 27). *Wer innerhalb und außerhalb meiner Organisation hat explizit oder auch implizit welche Ansprüche an mich oder an uns? Welche Konflikte und Widersprüche entstehen daraus? Wie will ich diese steuern?*

Wenn Personen mehrere Rollen spielen, die mit unterschiedlichen, sich teilweise widersprechenden Erwartungen verbunden sind, spricht man von »*Interrollenkonflikten*«.[26] Organisationsrolle und nicht-organisationale Rollenerwartungen können im Widerspruch zueinander stehen. Petra Schmitt z. B., Mitarbeiterin in einem Chemieunternehmen, Mutter, Autofahrerin und Greenpeace-Aktivistin, unterliegt unterschiedlichen Rollenerwartungen, die sich nur schwer vereinbaren lassen. Kein Wunder, wenn sie manchmal das Gefühl hat, in ihrem Leben nicht mit sich in Übereinstimmung zu sein. *Bei Interrollenkonflikten kön-*

---

24 Vgl. AG Soziologie 1996, S. 28ff.
25 Vgl. z. B. Vahs 2009, S. 291.
26 Vgl. AG Soziologie 1996, S. 28ff.

nen wir unserem Klienten anbieten, für sich zu klären, was ihm wichtig ist im Leben, welche Werte er in seinen unterschiedlichen Lebensbereichen verwirklichen will.

4. Leistungsprozesse – Performance Coaching

4.1 Was meint »Leistung« im Coaching?

Mit dem Fokus auf Leistung und auf Leistungsprozesse verbindet Coaching seine Herkunft aus dem Sport in der Vorstellung der Leistung von Personen mit klassischen Fragestellungen der Organisationsberatung bezüglich der Verbesserung der Leistung von Organisationen.[27]

Und wie im Sport sind mit dem Begriff der »Leistung« im beruflichen Zusammenhang Risiken und Missverständnisse verbunden: Kurzfristige Belastung und Anstrengung sollte nicht zu längerfristigen gesundheitlichen Schäden führen. Unterschiedliche Zeitperspektiven, kurz-, mittel- und längerfristige Leistung, sollten sich nicht wechselweise korrumpieren. Unterschiedliche Menschen mit unterschiedlichen Begabungen und unterschiedlichen Lebensaltern haben unterschiedliche Leistungsprofile; falsche Forderung und Überforderung führt zur Erosion der Leistungsfähigkeit. Sportlicher und marktlicher Wettbewerb sind (nur) Stellgrößen, nicht Zielgrößen erfolgreichen Handelns. Den Wettbewerb, mit dem ich mich messen will, bestimme ich selbst, und letztlich bin ich es wahrscheinlich nur selbst, der mit mir im Wettbewerb steht. Meine Ziele, Wünsche und Ansprüche bestimmen, was ich für eine »Leistung« halte, und wo ich meine Leistung verfehle. Denn es macht einen Unterschied, ob ich der Welt mein Bestes gebe oder damit zurück halte. Psychologische Untersuchungen haben nachgewiesen, dass Leistung in Beziehung steht zu Merkmalen wie »Beharrlichkeit«, »Engagement«, »Erfolgszuversicht«, »Anstrengungsbereitschaft« und »Lebensfreude«. Wie im Sport macht Leistung, die ich mir selbst abverlange, Freude. Das ist also nicht nur der calvinistische Anspruch, meinen Beitrag für die Welt zu leisten, sondern auch der Genuss, die Früchte der Leistung, ja mehr noch die Leistung selbst, zu genießen.

Der englische Begriff »Performance« für Leistung reflektiert die Aufführung auf einer Bühne (vgl. oben die Theatermetapher). Und ich tue es auch für meine Zuschauer (Kunden, Kolleginnen und Kollegen etc.), die sich daran erfreuen. Großes Theater oder Kammerspiel – wenn es gut ist, ist es gut oder sogar exzellent, wenn ich mein Bestes geben kann. – Die Performance, die »gezeigte Leistung«, steht im Mittelpunkt von Coaching. Beim Coaching geht es um die

---

27 Vgl. Whitmore 1994.

gezeigte Leistung des Klienten, sei es im Rahmen von Führungsinterventionen (Coaching durch die Führungskraft) oder im Rahmen eines externen Coachings.

Im Mittelpunkt steht die Performance als die im Handeln zu zeigende Leistung. Das ist die Leistung, die auch von anderen wahrgenommen und genutzt wird.

Die Performance bestimmt insgesamt das Resultat meines Handelns sowie das Resultat des Handelns von Menschen in einer Organisation. Damit koppelt der Begriff der Leistung die oben dargestellte Perspektive der Prozessorganisation, Leistung als Prozess, an die Vorstellung persönlicher Handlungssteuerung. Einen »Input« (Materialien, Ideen, Wissen etc.) verarbeite ich in einem oder mehreren Handlungsschritten zu einem »Output« (was dabei herauskommt) mit seinen beabsichtigten und unbeabsichtigten Wirkungen, dem »Impact« (vgl. Abb. 28). – Denken Sie z. B. ans Kochen: Sie verwandeln Ihren Input, Lebensmittel unterschiedlicher Art, in wohlkalkulierten Handlungsschritten zu einer Mahlzeit, die Sättigung und kulinarische Freude der Essenden bewirkt.

Leistungskultur – Performance based Culture
Von 1986 bis 1996 vergleichen Forscher in einer groß angelegten Untersuchung[28] mehr oder weniger langfristig erfolgreiche amerikanische Unternehmen. Ein entscheidendes Merkmal der erfolgreichen Unternehmen ist, dass sie eine Kultur der Leistung (»performance based culture«) verwirklicht haben:
1. Mitarbeiter wollen ihr Bestes geben.
2. Die Entlohnung erfolgt leistungsorientiert. Gute Leistungen werden gelobt. Die Latte wird jedes Jahr ein klein wenig höher gelegt.
3. Die Arbeit wird herausfordernd und befriedigend wahrgenommen. Sie macht Freude.
4. Die Leistung bezieht sich auf ein klares Wertefundament, die »Corporate Values« des Unternehmens.

Seither wird gerne von »Leistungskultur« gesprochen, wenn es darum geht, Investitionen in Kulturveränderung zu rechtfertigen. Viele Unternehmen haben leistungsbezogene Lohnsysteme eingeführt. Die Veränderung geht vom Prinzip der Betriebszugehörigkeit und Loyalität (Seniorität) zur Bewertung von Leistung und Wertbeitrag als Bezugsgröße der Lohnfindung. Den im eigentlichen Sinne kulturellen Merkmalen, wie Wille und Bereitschaft von Mitarbeitern ihr Bestes zu geben (ohne eine sofortige Bezahlung zu erwarten), Arbeitsfreude, Befriedigung in der Arbeit finden und Bezug auf ein gemeinsames Wertefundament im Unternehmen, wird nach unserer Erfahrung weniger Beachtung geschenkt. Die Nebenwirkungen können erheblich sein: Konzentration auf Lohnsysteme, statt auf den Mehrwert für Kunden; Quantität vor Qualität der Arbeit; Ausbrennen, wenn der gemeinsame Sinnhorizont fehlt.

Wie gestalten Sie die Leistungskultur in Ihrem Unternehmen?

---

28 Vgl. die Darstellung von Jim Collins 2001, S. 1–16.

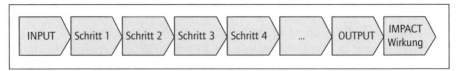

Abb. 28: Grafische Darstellung eines Leistungsprozesses

4.2 Was sind Besonderheiten im Performance Coaching?

Im Fokus steht die Leistungserbringung

Performance Coaching stellt den Leistungsprozess und Leistungsbeitrag des Klienten, den er selbst erbringen will, in den Mittelpunkt. Vom Konzept der Leistung her gesehen werden alle Variablen des Coachingprozesses in den Dienst der Leistungserbringung gestellt. Psychologische Variablen – wie Motivation, Erfolgszuversicht, Selbstwirksamkeit, Beharrlichkeit, Anstrengungsbereitschaft[29] – und organisationale Variablen – wie Management und Führung, Zielerreichung, Relation von Kosten und Nutzen, Qualitätsmanagement und Kundenorientierung – gehen dabei in den Coachingprozess mit ein. Folgende Fragen unterstützen Klienten, ihre Leistungserbringung genauer in den Blick zu nehmen:

Schritt 1: Bestimmung der Performance, um die es geht.
- Wer sind die Abnehmer meiner Leistung?
- Was nutzen meine »Kunden« (interne wie externe) tatsächlich aus meiner Leistung?
- Welchen Wertbeitrag leiste ich für meine Kunden? Was ist meinen Kunden meine Leistung tatsächlich wert?
- Woran merke ich bei meinen Kunden, wie gut meine Leistung ist?
- Was sind meine eigenen Maßstäbe für eine gute Leistung?

Schritt 2: Beschreibung des Leistungsprozesses.
- Was ist mein primärer Leistungsprozess? Welche Schritte sind notwendig, damit ich meine Leistung erbringe?
- Was sind die notwendigen Unterstützungsprozesse? – Strategische Ziele, Netzwerke und Kontakte pflegen, Weiterbildung, Coaching in Anspruch nehmen, …?

---

29 Vgl. zum Ineinandergreifen unterschiedlicher psychologischer Konzepte im Rahmen von Leistungsmotivation den Artikel von Joachim C. Brunstein und Karlheinz Heckhausen in: Heckhausen/Heckhausen 2010, S. 146–192.

Schritt 3: Bestimmung der kritischen Erfolgsfaktoren.
- Welche Bedingungen müssen erfüllt sein, damit ich meinen Leistungsprozess erfolgreich realisieren kann? – Aktuelles Wissen und Können, richtige Positionierung im Unternehmen, persönliche Ausgeglichenheit und biografische Stimmigkeit, Gesundheit, Unterstützung durch Kollegen ...

Schritt 4: Klärung des Vorhabens und der Ziele, um die es weiter im Coaching gehen soll.
- Welches Vorhaben, welches Ziel trägt wahrscheinlich am meisten zur Erreichung oder Verbesserung meiner Leistung bei?
- Was spricht dagegen, dies anzugehen und bei diesem Vorhaben erfolgreich zu sein?
- Was spricht dafür? Welche Ressourcen kann ich aktivieren?
- Welche Meilensteine unterstützen mich auf Kurs zu bleiben?
- ...

Entwicklung kritischer Erfolgsfaktoren

Ziel des Performance Coaching ist die Verbesserung und Entwicklung der Leistung des Klienten und seiner kritischen Erfolgsfaktoren.

Daraus ergeben sich zwei Ansatzpunkte:

(1) Systematisch mit einer Performance-Analyse, z. B. nach obigem Schema, den Leistungsprozess aufzunehmen, die Erfolgsfaktoren zu bestimmen und die Verbesserungsmöglichkeiten zu finden und zu bewerten. Dabei werden klassische Verfahren der Organisationsberatung wie Gemeinkosten-Wert-Analyse (GWA) und Qualitätsmanagement herangezogen. Dieser Ansatz eignet sich besonders für das Coaching von Arbeitsteams, wenn es darum geht, wechselseitig Leistungsbeiträge weiterzuentwickeln.

(2) Identifikation des »Coachable Momentum«. In der Regel macht mein Klient ein Angebot: eine unmittelbar wahrnehmbare Leistungsschwäche, Vorbereitung einer schwierigen neuen Aufgabe, eine berufliche Veränderung, eine aktuelle Unzufriedenheit, seelische und körperliche Symptome, ein Problem, das zu lösen ist; ein wahrgenommener Konflikt, Wunsch nach Feedback, Wunsch nach einem konkreten Rat für eine bestimmte Situation. Die systematische Ankopplung an seinen Leistungsprozess geschieht meist durch das auftraggebende Unternehmen.

4.3 Coachen als Leistungsprozess

Wir verstehen auch das Coachen selbst als einen Leistungsprozess. Ziel ist die unmittelbare Sicherung, Verbesserung oder Neuentwicklung des primären Leistungsprozesses[30] des Klienten (Einzelperson oder Team) und seiner Steuerung (»Erfolg«). Unter diesem Gesichtspunkt, lassen sich die einzelnen Prozessschritte im Coaching wie folgt darstellen:

Kontakt mündet in den positiven Aufbau einer Coaching-Beziehung. Der Klient fasst Vertrauen in die Fähigkeit des Coachs, zu seiner eigenen Verbesserung und Entwicklung beizutragen. – Die Leistung des Coachs ist es, eine Oberfläche und ein Leistungsangebot anzubieten (Marketing), welches mögliche Klienten annehmen und für sich nutzen können. Das Vertrauen in die Leistungsfähigkeit des Coachs wird bestimmt durch allgemeinere Vorstellungen von bestimmten Klientengruppen, was ein Coach können sollte, und natürlich durch den persönlichen Auftritt des Coachs, dies auch glaubwürdig zu leben.

Kontrakt. Eine Arbeitsbeziehung wird vereinbart. Meistens zeigt sich das, indem der Klient bereit ist, ein Honorar zu bezahlen (Sales). Es geht um das Erreichen von Zielen. Im Geschäftskontext ist es oft sinnvoll, tatsächlich einen Vertrag zu schließen oder mindestens ein Angebot zu erstellen, das dann Grundlage für die Zusammenarbeit ist. – Die Leistung des Coachs ist, Kontrakte zu führen und gegebenenfalls mit dem Klienten immer wieder neu auszuhandeln. Ohne Kontrakt gibt es kein Coaching. Dazu gehören auch Themen der Erreichbarkeit und der Büroorganisation des Coachs, welche Voraussetzung für kontinuierliche Kontraktarbeit sind.

Hypothesenbildung kann explizit zusammen mit dem Klienten erfolgen oder wird auch von dem Coach im Sinne einer *Diagnose* allein verantwortet. Für den Klienten bedeutet das eine Erkundung seines Handlungsraums (Exploration). Hypothesen, die der Beratungsperson und auch die des Klienten, sind Begründungen und Ansatzpunkte für Interventionen. – Gelingende und für Klientinnen und Klienten nützliche Hypothesen sind verbunden mit dem Ausbildungsstand und der Erfahrung des Coachs. Auch wenn die systemische Haltung des Nichtwissens in Anspruch genommen wird, sollte der Coach mindestens so viel vom Praxisfeld seiner Klienten verstehen, um Sackgassen und Fallgruben vermeiden zu können.

Interventionen sind explizite Handlungen des Coachs oder auch bloß eine Frage, ein Satz, welcher für den Klienten eine neue Perspektive für erfolgreiches

---

30 Vgl. dazu ausführlicher Kapitel 1 in diesem Band.

Handeln eröffnet. Aus dieser Sicht ist alles, was der Coach tut oder auch lässt eine Intervention. Wir verstehen unter einer Intervention immer eine im Kontext des Beratungsprozesses *begründbare Beratungshandlung*. Entscheidend ist, dass die Intervention zu Innovation für den Klienten führt, eine neue Perspektive öffnet, erstarrte Muster löst und neue Muster ermöglicht. Coaching macht einen Unterschied, welchen die Klientin, der Klient als hilfreich wahrnimmt, und der – noch besser gar – den Handlungserfolg in ihrer Welt verbessert. – Die explizite Leistung des Coachs, die Wahl der richtigen und passenden Intervention, ist eine Frage von Repertoire und Erfahrung.

Evaluation. Die Wirkung der Beratung liegt oft außerhalb der Beratungssituation. Für die Steuerung und den Ressourceneinsatz von Beratung entwickeln Coach und Klient ein gemeinsames Verständnis möglicher und wirklicher positiver Resultate für den Klienten. – Sicherung von Wirksamkeit und Nachhaltigkeit gehört zu den Kernleistungen des Coachs. Er stellt seinem Klienten Werkzeuge und Methoden zur Verfügung und ist selbst auch Rollenvorbild für effiziente Leistung.

> **Aufgabe**
> Jeder Schritt des Coachs ist unmittelbar mit einem Ergebnis verbunden.
> a. Beschreiben Sie Ihren eigenen Leistungsprozess Coaching mit »Unterstützungsprozessen« und »Erfolgsfaktoren« (IST) nach dem Muster der Phasen der Prozessberatung: Kontakt – Kontrakt – Hypothese/Analyse – Intervention – Evaluation
> b. Welche Erkenntnisse und Anregungen nehmen Sie aus der Diskussion für die Entwicklung und Verbesserung Ihres eigenen Leistungsprozesses?
> c. Welche Erkenntnisse ziehen Sie daraus für das Coaching Ihrer Klientinnen und Klienten?

5. Coaching for Change

Veränderung ist heute der Normalfall in Organisationen und Unternehmen. Gesellschaftliche und technische Entwicklung sind die Umweltbedingungen, welche von Organisationen ständige Anpassungsleistungen erfordern, um weiter leistungsfähig zu sein. Strategisch induzierte Veränderung versucht mehr als das bloße Überleben – Ziel ist es, mit eigenen Innovationen (technischen, organisatorischen, sozialen) Wertbeiträge zu erhöhen und gegebenenfalls ganz neue Leistungsfelder zu erschließen. – Wer stehen bleibt, der fällt zurück. Veränderung zu führen und zu initiieren, ist zu einem entscheidenden Erfolgsfaktor in modernen Organisationen geworden.

5.1 Veränderung als Prozess

Bewährte Praxis und evidenzbasierte Theorie von organisationaler Veränderung bedeutet, Veränderung in Organisationen als einen Prozess, d. h. als ein in bestimmten Grenzen regelhaftes Geschehen, zu konzipieren.[31] Klassische Modelle verbinden die Perspektive der persönlichen Veränderung der Beteiligten (Psychologie der Veränderung) mit der organisationalen Perspektive wirksamer Steuerung (Change Management).

»Veränderung« wird in diesem Zusammenhang mindestens in zwei Bedeutungen gebraucht:

(1) *Veränderung als kontinuierliche Entwicklung*: Ähnlich wie das Leben natürlicher Organismen bestimmten Regeln der Veränderung folgt, so können auch Lebensphasen von Organisationen beschrieben werden. Pionierphase, Differenzierungsphase, Integrationsphase und Assoziationsphase werden als (metaphorisches) Modell gebraucht, um Organisationsentwicklung und ihre spezifischen Herausforderungen zu beschreiben.[32]

(2) *Veränderung als abgegrenztes, meist strategisch induziertes Projekt* mit festgelegten Zielen und Vorgehensschritten: Psychologische Phasen der Veränderung der Beteiligten, Design der Vorgehensschritte, Architektur der kommunikativen und hierarchischen Steuerung, Projektmanagement und Evaluation. Das damit verbundene Interventionsrepertoire für die Steuerung insgesamt fassen wir unter dem Begriff »Change Management«.[33]

Eine weitere Perspektive für organisationale Veränderungsprozesse achtet auf die *Erfolgsfaktoren*. Aus systemtheoretischer Perspektive fassen dies Günther Schiepek und Hermann Haken besonders prägnant als »generische Prinzipien«[34] zusammen.

- *Stabilitätsbedingungen*: Erleben die Beteiligten genügend strukturelle und emotionale Stabilität und Sicherheit, um sich auf die Veränderung einlassen zu können?
- *Identifikation von wirksamen Mustern*: Welche Merkmale in welchem Zusammenhang (Muster) sollen sich verändern? Welcher Wirksamkeitszusammenhang ergibt sich daraus mit welchen Ansatzpunkten?
- *Sinnbezug*: Welcher Sinnzusammenhang kann damit von den Beteiligten erlebt werden? Wie kann die Veränderung mit den persönlichen Lebensentwürfen und Sinnvorstellungen der Beteiligten verbunden werden?

---

31 Vgl. umfänglich für die Perspektive von Führung und damit auch von Coaching das Buch von Michael Loebbert 2006.
32 Vgl. als bekanntes Beispiel Friedrich Glasl und Bernardus Lievegoed (1993). Klassiker im englischsprachigen Raum ist Ichak Adizes (1999).
33 Der deutschsprachige Klassiker zu Change Management stammt von Klaus Doppler und Christoph Lauterburg (2008).
34 Vgl. Haken/Schiepek 2010, S. 336–346.

- *Selbstorganisation*: Was sind die aktiven Variablen für die Selbstorganisation der Beteiligten? Wie können ihre Ressourcen und ihre intrinsische Motivation für diese Veränderung aktiviert werden?
- *Kontrollierte Destabilisierung*: Wie kann genügend Unruhe, Krisenbewusstsein, Problembewusstsein induziert werden, um das System veränderungsbereit und experimentierfreudig zu machen?
- *Kairos – der richtige Augenblick*: Wie können die Veränderungen auf den unterschiedlichen hierarchischen Ebenen und in den Untergliederungen der Organisation passend synchronisiert werden?
- *Symmetriebrechung ermöglichen*: In welchen Strukturen und Elementen der Organisation ist die angestrebte Veränderung heute schon wahrnehmbar?
- *Re-Stabilisierung:* Wie werden die neuen Merkmalsmuster der Organisation am besten stabilisiert und integriert?

5.2 Ansatzpunkte im Coaching

Die Aufgabe des Coachs in Veränderungsprojekten ist es, mit den Beteiligten immer wieder diese Erfolgsfaktoren in den Blick zu nehmen und daraus folgende Steuerungsinterventionen zu diskutieren. Der Coach verbindet Expertise für Organisationsberatung und Change Management mit der Fähigkeit, die beteiligten Personen in der Steuerung der organisationalen und der damit immer verbundenen persönlichen Veränderung zu unterstützen. Anliegen wie Konflikt-Coaching bei Rollenveränderung, Positionierung in veränderten Organisationsstrukturen, Entwicklung von Leistungsprozessen und Teamarbeit sowie eine systematische Entwicklung von kulturellen Merkmalen können dafür Aufsatzpunkte sein. Horizont bleibt – im Unterschied zu Fragestellungen in stabil gedachten Rahmenbedingungen – das Veränderungsvorhaben und die Entwicklung der Organisation.

Mit der erhöhten Komplexität von Veränderungsvorhaben, also der erhöhten Anzahl der beteiligten Personen, der zunehmenden Geschwindigkeit und Anzahl gleichzeitig in Angriff genommener Vorhaben, differenzieren sich Beratungsrollen und -aufgaben. Mit der Unterscheidung der Prozessberatung mit dem *Fokus der organisationalen Veränderung* (Organisationsentwicklung, Beratung für Change Management) und Coaching als Prozessberatung mit dem *Fokus auf Handeln und Handlungssteuerung von Personen* entstehen Herausforderungen der Differenzierung und Abstimmung von Beratungssystemen bzw. Beratungsrollen mit unterschiedlichen Zielrichtungen und Aufträgen. – Coaching wird zu einem Baustein wirksamer Beratungssysteme – mit unterschiedlichen Rollen der konzeptionellen Expertenberatung (Erstellung von passenden Designs und Architekturen), der Moderation von Teams und Großgruppen, dem Coaching von Management- und Führungsaufgaben im Veränderungsprozess sowie mit Kriseninterventionen und mit dem begleitenden Coaching von ausgewählten Leistungsträgern.

Weitere Coaching-Aufgaben ergeben sich als Standard beim Coaching von Führungskräften und Managementteams, die mehr oder weniger organisational immer auch mit Veränderungen befasst sind. Je höher die Gesamtverantwortung, desto umfänglicher ist der Anteil an explizitem Change Management auf der Agenda von Führungskräften. Change Management als Steuerung von Veränderung wird selbst zu einem wichtigen Leistungsprozess und Unterschied im marktlichen Wettbewerb. Das gilt für gewinnorientierte Organisationen genauso wie für soziale und staatliche Organisationen. Wer sich am besten verändert, gewinnt.

Aufgabe
An welchen Veränderungsvorhaben (in Ihrem Unternehmen, Ihrer Berufsorganisation, Ihrem Sportverein, der Politik und weiteren Netzwerken/Gruppierungen) sind Sie gerade beteiligt?
a. Beschreiben Sie das Veränderungsvorhaben, Ziele, konkrete Strukturveränderungen, Meilensteine, veränderte Fähigkeiten der Beteiligten.
b. Nutzen Sie das Modell der »Generischen Prinzipien«. Wie sind diese Erfolgsfaktoren aktuell erfüllt? – Nutzen Sie eine Skala von 1 (= trifft nicht zu) bis 5 (= trifft vollkommen zu).
c. Welche Maßnahmen könnten die Erfolgswahrscheinlichkeit des Veränderungsvorhabens erhöhen?

Weiterführende Literatur
Eck, C. D.: Rollencoaching als Supervision – Arbeit an und mit Rollen in Organisationen. In: G. Fatzer/C. D. Eck(Hrsg.): Supervision und Beratung. Köln 1990, S. 209–276.
Loebbert, M.: Kultur entscheidet. Kulturelle Muster in Unternehmen erkennen und verändern. Leonberg 2009.
Loebbert, M.: The Art of Change. Von der Kunst Veränderungen in Organisationen und Unternehmen zu führen. Leonberg 2006.
Scott-Morgan, P.: Die heimlichen Spielregeln. Die Macht der ungeschriebenen Gesetze im Unternehmen. Frankfurt 2008.
Senge, P. M.: Die Fünfte Disziplin. Stuttgart 1996.
Vahs, D.: Organisation. Ein Lehr und Managementbuch. 7. Aufl., Stuttgart 2009.

Kapitel 10:
Verhaltenscoaching

Michael Loebbert

> Die »Änderung von Verhalten«, das Ablegen als störend empfundener Verhaltensgewohnheiten, wird häufig von Auftraggeberinnen und Klienten im Coaching als Anliegen genannt. Entsprechend sind im beruflichen Kontext, zum Beispiel aus Mitarbeitergesprächen oder sogenannten 360 Grad Feedbacks, auch inhaltliche Erwartungen an das Einüben neuer Verhaltensweisen gebunden. Das funktioniert nur begrenzt, wenn neue Verhaltensweisen für den Klienten attraktiv und mit positiven Emotionen verbunden sind. Die systemische Perspektive hält fest, dass das individuelle Verhalten immer (auch) eine Funktion des sozialen Systems ist, in dem es beschrieben wird. Verhaltensänderung von Personen in Organisationen muss also auch die Interaktionspartner mit einbeziehen. – Am wirksamsten unterstützt der Coach Klienten für Verhaltensänderung in der Verbindung der individuellen Perspektive »Begeisterung für ein attraktives Ziel« und der systematischen Anleitung, seinen jeweiligen sozialen Kontext für die angestrebte Verhaltensänderung zu gewinnen.

1. Was meint Verhaltenscoaching?

1.1 Verhaltenspsychologie

In der Psychologie[1] versteht man unter Verhalten (»behavior«) die Gesamtheit aller von anderen beobachtbaren Äußerungen eines Lebewesens. Ursprünglich kommen die Ansätze der Verhaltensforschung aus der Biologie. Sie erinnern sich vielleicht aus der Schule an die Lehrstücke der (1) klassischen und der (2) operanten Konditionierung. (1) Der Hund, der sein Futter wiederholt in Verbindung mit einem Glockenton bekommt, produziert auch Speichel, wenn er nur den Glockenton hört. (2) Durch gezielte Belohnung und Bestrafung kann der Hund sogar lernen, angebotenes Futter abzulehnen. Verhalten ist in seiner Entstehung durch Konditionierung erklärbar.

Psychologen, die sich in den 1950er- und 1960er-Jahren mit der Psychologie des Lernens beschäftigten, fanden diesen Ansatz interessant, um zu erklären wie menschliches Lernen funktioniert. Mit der Idee der Konditionierung ließ sich das psychologische Phänomen des Lernens *empirisch* erforschen: *Ob und was wir gelernt haben, beobachten wir an der Änderung des Verhaltens im Anschluss an*

---

1 Vgl. zur folgenden Darstellung Gage/Berliner 1979, S. 99 ff.

ein Lernereignis. Die psychologische Schule des *Behaviorismus* wandte sich gegen andere Schulen, welche die Psychologie eher als eine verstehende Wissenschaft der Seele entwarfen: Warum denn weiter in den Tiefen der Seele forschen, wenn wir das Verhalten auch mit einfachen Mechanismen der Konditionierung wie Belohnung und Bestrafung erklären können?

Wir wissen, dass das beim Menschen begrenzt funktioniert. Und wir nutzen Reiz-Reaktions-Mechanismen selbst manchmal, wenn wir uns belohnen und bestimmtes Verhalten verstärken. Mit dem Bestrafen sind wir vorsichtiger, da die Nebenwirkungen, die mit der Aussetzung der Autonomiewahrnehmung einhergehen, mögliche Erfolge in der Regel nicht aufwiegen. Wer näheren Umgang mit Tieren hat, wird vielleicht auch hier an einer vollständigen Erklärbarkeit ihres Verhaltens durch Konditionierung zweifeln.

1.2 Verhalten und Handeln im Coaching

Wir wissen nicht, was sich ein Hund denkt. Menschen können wir fragen. Philosophen haben daher vorgeschlagen, Verhalten und Handeln zu unterscheiden. Verhalten ist die Aktivität, die von anderen (oder auch von mir selbst) beobachtbar ist und beschrieben werden kann. Handeln ist aus meiner subjektiven Sicht mit einer Intention, Absicht bzw. einer intentionalen Beschreibung[2] verbunden, z.B. die Absicht ein Ziel zu erreichen. Beim Menschen sind das zwei Seiten der gleichen Medaille.

Aus wirkungsorientierter Sicht kann man sagen: Verhalten ist das, was von meinem Handeln bei den Anderen (oder bei mir selbst) ankommt. Teil meiner Absicht beim Handeln kann immer auch sein, die Wahrnehmung meines Handelns für andere zu gestalten:[3] Wie sollen andere Personen, die mit mir im Zusammenhang stehen, mein Handeln wahrnehmen und verstehen? – Jedenfalls wenn wir das wollen. Und Coaching, bei dem es im allgemeinen Sinne um die Erhöhung der Freiheitsgrade des Handelns geht, schlägt genau das vor.

Aus der Wirkungsperspektive[4] wendet sich die Herausforderung von der Gestaltung meines Handelns als Coach, meine Klienten bei der Gestaltung ihres Handelns zu unterstützen, zur Gestaltung der Wirkung ihres Handeln in ihrem

---

2   Klassisch ist die Untersuchung von Elisabeth Anscombe 1957.
3   Sie kennen vielleicht dieses Argument schon aus der Darstellung der soziologischen Theorie der Rolle als Summe der Erwartungen der Interessensgruppen. Dort geht es um Erwartungen, hier um Wahrnehmung. Fürs Coaching wird es immer an der Stelle interessant, wo wir durch Handeln gestalten können.
4   Die Wirkungsperspektive unterscheidet sich hier wesentlich von einer therapeutischen Sichtweise (Verhaltenstherapie), wo es um die Änderung des vom Patienten leidvoll und nicht steuerbaren erlebten Verhaltens geht. Wobei es durchaus im Coaching auch hilfreich sein kann, den Klienten anzuregen, sich auch mal für Erfolge zu belohnen oder sich in Situationen zu beweisen, vor denen er normalerweise Angst hat.

sozialen Kontext. Dabei spielt die Außenwahrnehmung des Verhaltens eine entscheidende Rolle: Die Wahrnehmung (systemtheoretisch »Beobachtung«) von Verhalten wird eine entscheidende Stellgröße der Steuerung von Handeln: Überlege bei deinem Handeln (auch), wie du darin von anderen wahrgenommen und beobachtet werden willst! Was sollen andere in Bezug auf dein Handeln wahrnehmen, fühlen und denken?

Kurt Lewin, einer der Begründer der Gruppendynamik, hat Verhalten als eine Funktion von Person und Umwelt, $V = f(P,U)$, beschrieben. Er wollte damit ausdrücken, dass unterschiedliche Faktoren für Verhaltensänderung in einer Wechselwirkung stehen. Die hier dargestellte Vorgehensweise setzt genau daran an.

1.3 Dysfunktionales Verhalten

Aus Sicht biologischer Systeme können *funktionale*, also dem Überleben von Systemen dienliche, von *dysfunktionalen* Merkmalen unterschieden werden. Die Übertragung dieser Metapher auf soziale Systeme erhöht die Komplexität, da wir es ja mit mehreren unterschiedlichen Lebewesen – Menschen als biologische Systeme mit ihren jeweiligen sozialen Systemen – zu tun haben, die selbst wieder in einem interaktiven Kontext stehen. Was für das eine System (z. B. mich selbst) vielleicht dysfunktional ist, mag im umfassenderen Kontext durchaus funktional sein und umgekehrt.[5]

Unterschiedliche Bewertungen und Einschätzungen einer bestimmten Dysfunktionalität machen allerdings für die Praxis keinen Unterschied. Entscheidend ist, dass ein bestimmtes Verhalten als dysfunktional wahrgenommen wird. Das können und sollten wir im Einzelfall zwar durchaus verkraften, solange wir von uns überzeugt sind. Die Einschätzung der Wirkung, sprich was andere beobachten, bleibt aber ein wichtiger Erfolgsfaktor unseres Handelns.

Mindestens drei Erkenntnisse dürfen aus systemtheoretischer Sicht festgehalten werden:

(1) Gelerntes Verhalten hat mindestens in der Entwicklung immer einen funktionalen Zweck erfüllt. Sonst hätten wir es nicht ausgeprägt. Scheint es noch so verrückt und unsinnig, so ist es dennoch aus der Logik des Systems vernünftig und sinnvoll, zumindest einmal vernünftig und sinnvoll gewesen. Wertschätzend beschreibt das der Coach Marshall Goldsmith in seiner Beobachtung von Führungskräften: »*Was dich bis hierher gebracht hat, wird dich nicht weiter bringen*«.[6] Dass du überhaupt so weit gekommen bist, verdankst du deinen

---

5   Und vielleicht ist auch das Überleben selbst nicht immer das, was wir in jedem Fall anstreben. – Aber Modelle und Metaphern schöpfen ja ihren Wert aus ihrer jeweiligen Begrenzung.
6   Marshall Goldsmith 2007.

ausgeprägten Verhaltensmustern, egal wie funktional oder dysfunktional diese zum jetzigen Zeitpunkt wahrgenommen werden. Das ist die gute Nachricht.

(2) Wird Verhalten jedoch als dysfunktional wahrgenommen (sei es von mir selbst oder von anderen), dann wird es Zeit, dieses bzw. mindestens die Wahrnehmung dieses Verhaltens zu ändern, was oft auf das Gleiche hinausläuft. Und, um noch einmal die biologische Metapher zu bemühen: dysfunktionales Verhalten, welches das Überleben eines Systems gefährdet, wird vom System über kurz oder lang entfernt. Das ist eine harte Einsicht, ist aber so.

(3) Verhalten wird immer im sozialen, d. h. in einem systemischen Kontext wahrgenommen und beurteilt. Fast noch wichtiger als meine eigene Wahrnehmung meines Verhaltens für den Erfolg meines Handelns ist die Wahrnehmung der relevanten Interessensgruppen.

Aufgabe
Im beruflichen Kontext gebrauchen wir mehr oder weniger klare Maßstäbe in der Bewertung von Verhalten. Auch wenn wir es vielleicht nicht mögen, können wir zwischen unprofessionellem und professionellem Verhalten unterscheiden. – Vorsicht: den Splitter im Auge des anderen erkennen wir leichter als das Brett vor dem eigenen Kopf.

(a) Wenn Sie sich selbst und Ihre Kollegen im beruflichen Kontext beobachten, welche Verhaltensmerkmale würden Sie als unprofessionell und dysfunktional bewerten? Es dürfte Ihnen leicht fallen, eine Liste mit mindestens 15 solcher Verhaltensweisen[7] zu erstellen.

(b) In der beruflichen Arbeit blitzen ab und an jene seltenen Momente auf, in denen Sie bei sich selbst oder anderen erstaunt bemerken: ja so müsste es sein, wenn wir in unserer Arbeit vorankommen wollen – das war jetzt wirklich professionell! Beschreiben Sie kurz einige dieser Momente.

(c) Wenn Sie die Ergebnisse von Aufgabe (a) und (b) nebeneinander halten, können Sie wahrscheinlich daraus allgemeinere Gesichtspunkte für Verhaltensänderung darstellen, welche für die weitere Entwicklung in unserer Arbeitswelt notwendig scheinen. – Was denken Sie, wie stark wird sich Ihre Wahrnehmung von der von Kolleginnen und Kollegen in der heutigen Arbeitswelt unterscheiden?

---

7 Marshall Goldsmith (2007) nennt das »Bad habits«; fast die Hälfte seines Buches nutzt er, um die schlechten Angewohnheiten von Führungskräften zu beschreiben. Einem aufmerksamen Beobachter sollte es leicht fallen, es ihm gleich zu tun.

2. Was sind wichtige Schritte im Verhaltenscoaching?[8]

2.1 Kontrakt für Verhaltensänderung schließen

Seit der Erfindung von Coaching im Training und bei der Begleitung von Sportlerinnen und Sportlern leitet die Hypothese, dass es wirkungsvoller ist, unser Handeln über emotional positiv besetzte Zielvorstellungen zu steuern als über die Vermeidung von Fehlern und die Arbeit an Schwächen.[9] Die Realität der Steuerungssysteme in Unternehmen und Organisationen folgt leider oft noch nicht diesen Erkenntnissen. Der Beitrag einer positiven emotionalen Beteiligung von Mitarbeitenden für ihre Ziele wird in der Regel unterschätzt.

Wahrgenommene Defizienz, Mangel und Dysfunktionalität sind aber der Ausgangspunkt von vielen Coaching-Aufträgen: Der Klient genügt nicht den Herausforderungen. Oft wird ein negatives oder kritisches Verhalten des Klienten bzw. der Klientin direkt vom Auftraggeber genannt: emotionale Entgleisung, Unfreundlichkeit gegenüber Mitarbeitern und Kunden, mangelnder Einsatz und Verbindlichkeit, fehlende Kooperationsbereitschaft, Widerstand und Kritik an gefassten Beschlüssen etc.

Wenn im Coaching eine Verhaltensänderung initiiert werden soll, sind aus dem vorher Gesagten folgende Punkte wesentlich:

(1) Würdigung des gezeigten Verhaltens durch den Coach als persönliche Lösung in einer bestimmten Situation. – Schon die Vermeidung des moralischen Verdikts und die Einführung der Unterscheidung funktional/dysfunktional entlastet den Coachee in der Regel und bildet eine tragfähige Kontraktgrundlage.[10]

(2) Würdigung der gezeigten organisationalen Wahrnehmung als Vorstellung von Dysfunktionalität. Feststellung der damit verbundenen Herausforderung und Verantwortung für den Coachee. Damit wird relativ schnell eine vorher vielleicht etwas abstrakte Vorstellung des Klienten von Verhaltensänderung durch eine konkrete Frage ersetzt: Mit welchem Verhalten will ich zu den Zielen und dem Erfolg der Organisation beitragen?

(3) Einladen, Ermutigen und Begeistern von Verhaltensänderung, z. B. Teilnahme an einem Experiment, das nur Verbesserung bringen kann, Komplimente für die Begeisterungsfähigkeit des Klienten. Aber auch Offenheit für ehrliche

---

8 Die Darstellung folgt Marshall Goldsmith (2000). Ich habe sie für den Kontext von Coaching als Prozessberatung angepasst und erweitert.
9 Gerald Hüther hält aus hirnphysiologischer Sicht in einem Vortrag (Projekt Gesundheit – wie ändere ich mein Verhalten, SWR 2011) fest, dass »das Hirn nicht einfach so wird, wie man es benutzt ... es wird so, wie man es mit Begeisterung benutzt«. Die Neuroplastizität des Gehirns und damit auch die Möglichkeit, Verhalten und zugrunde liegende Haltungen auch bis ins hohe Alter zu ändern, steht in unmittelbarem Zusammenhang mit unserer Fähigkeit, uns zu begeistern und positive Emotionen zu entwickeln. (Vortrag »Projekt Gesundheit – Wie ändere ich mein Verhalten?«, SWR 2011)
10 Als Coach dürfen Sie sich natürlich jederzeit auch unter moralischen Gesichtspunkten steuern, d. h. entscheiden, mit wem und zu welchen Zielen Sie arbeiten wollen und wann nicht.

kritische Fragen. – Es kann natürlich auch sein, dass der Coachee an dieser Stelle wählt, lieber die Organisation zu verlassen, weil er keine gute Chance sieht, zu den Zielen der Organisation beizutragen, oder auch die gewünschte Verhaltensänderung nur Symptom für fehlende Passung seiner Ziele und der Ziele der Organisation ist.

(4) Beim Coaching insbesondere von Führungskräften gibt es noch einen weiteren wichtigen Gesichtspunkt für den Kontrakt: Führungskräfte unterscheiden dysfunktionales von funktionalem Verhalten in Bezug auf die Verwirklichung ihrer eigenen professionellen und persönlichen Ziele, dem Erreichen von Resultaten. Sie beurteilen ihr eigenes Verhalten danach, wie dienlich es für die Zielerreichung ist, z. B. Führung aktiv auszuüben und Mitarbeitende zum Erfolg zu führen. Leistungsmotivierte Führungskräfte wollen ihren Erfolg der eigenen Anstrengung, ihrem eigenen Handeln zuschreiben. Von hier aus geht der nächste Schritt zur *Steuerung von Fremdbeobachtung* (nächster Abschnitt) noch einfacher.

Aufgabe
Denken Sie an Ihren bisher zurückgelegten Entwicklungsweg als Coach. Wahrscheinlich sind Sie nicht mit jeder Ihrer Verhaltensweisen voll zufrieden. Vielleicht gibt es ja sogar etwas, das Sie, ohne zu kritisch zu sein, an Ihnen nervt. Vielleicht ein (dysfunktionales) Verhalten, von dem Sie glauben, dass es sie im Moment noch hindert als Coach noch erfolgreicher zu sein: etwa Erfolge Ihren Coachees zu wenig deutlich werden zu lassen, Ihren Preis zu niedrig anzusetzen, Ihre bekannte Aversion gegen Telefonmarketing etc.
Bitten Sie Ihren (Lern-)Coach mit Ihnen anhand obiger Arbeitsschritte weiter an konkreten Beispielen und Merkmalen dieses Verhaltens zu arbeiten.

2.2 Wirkungsorientiertes Feedback organisieren

Für die Steuerung der Art, wie Menschen unseren Klienten in seinem Kontext beobachten, nehmen wir eine Wirkungsperspektive ein: Die Wirkung eines Verhaltens kann ich daran einschätzen, welche Beobachtungen des Verhaltens andere im System machen. Feedback ist für den Coachee, der in seinem sozialen Kontext eine bestimmte Wirkung erreichen und einen bestimmten Beitrag leisten will, ein Instrument zur Steuerung von Fremdbeobachtung.[11] Die jeweilige Fragestellung fokussiert die Verhaltenswahrnehmung der anderen auf bestimmte Aspekte. Es macht einen Unterschied, ob ich frage »Was findest Du an meinem

---

11 Darin unterscheidet sich die Verhaltensperspektive von einer gruppendynamischen Perspektive, wo es beim Feedback um die Aufklärung des sogenannten »blinden Flecks« geht. Das kann auch hier eine erfreuliche Nebenwirkung sein, ist aber nicht die Hauptstoßrichtung.

Verhalten besonders störend?« oder »Wo denkst Du, habe ich die größten Verbesserungspotenziale?«. Die Frage entscheidet, ob sich der andere in der Rolle eines Kritikers oder eines Unterstützers wahrnehmen kann. Für sein Anliegen, eine Verhaltensänderung ins Werk zu setzen, ein bestimmtes Verhalten zu verwirklichen, lädt der Klient selbst seine Unterstützer ein.

(1) Relevanteste Stakeholder bestimmen:
»Stakeholder« oder Interessensgruppen verbinden ein eigenes Interesse mit dem Verhalten einer bestimmten Person. Relevanteste Stakeholder sind nicht unbedingt jene mit dem größten Interesse, bedeutsam für den einzelnen sind Stakeholder, deren Verhalten wiederum großen Einfluss auf die eigene Person und den eigenen Handlungsspielraum hat. Unterstützen Sie Ihren Klienten bei der Bestimmung der relevanten Stakeholder, z. B. mit dem klassischen Instrument der Stakeholderanalyse oder durch informelle (systemische) Befragung: »Und wer hat noch Interesse an Ihrem Verhalten?«

(2) Die relevanten Stakeholder einbeziehen:
Verhaltensänderung ist die durch die relevanten Stakeholder wahrgenommene Verhaltensänderung. Diese müssen also miteinbezogen werden. Erarbeiten Sie mit Ihrem Coachee ein Verfahren, wie er seine relevanten Stakeholder mit einbeziehen will. Zum Beispiel können Sie einen kleinen Fragebogen mit Bitte um Feedback verschicken. Beim Coaching von Geschäftsführern kann auch der Coach selbst im Auftrag kleine Interviews mit den wichtigsten Interessenten führen und diese dabei zugleich für eine Mitarbeit gewinnen.

(3) Feedback auswerten: Erarbeiten Sie mit Ihrem Coachee eine Einschätzung, welche Verhaltensänderung aus Sicht der Stakeholder die größte positive Wirkung zeigen würde.

Goldsmith schlägt vor, Feedbacksysteme durch den Coach zu führen. Das heißt, der Coach versendet und managt einen Fragebogen, führt auch Interviews und fasst diese zusammen. In Organisationen mit einer einschränkenden Kommunikationskultur ist das sicher notwendig. In Organisationen, die, sei es auch ungewohnt, in der Lage sind, Feedback offener zu handhaben, steht die Aktivität des Coachees im Vordergrund. Mit der gezielten Einholung von Feedback wird dieser zugleich befähigt, sich selbst Feedback(-Systeme) zu organisieren.

Aufgabe
Im Lernkontext stehen Ihnen als Coach wahrscheinlich Ihre Kunden nicht zur Verfügung. Auch Auswertungsbögen sind wenig objektiv, da die Ergebnisse von der Übertragung der Klienten überstrahlt werden, entweder den Coach meistens ganz toll zu finden oder, seltener, ihre Arbeit stark zu kritisieren. Nutzen Sie Ihre Ausbildungsgruppe, Intervisionsgruppe oder auch Familie und Freunde und fragen Sie nach: »Was sind deine Beobachtungen in Bezug auf mein Verhalten, das ich ändern möchte? Welche Merkmale sind Dir an meinem Verhalten schon aufgefallen?«
... und wenn Ihre Begeisterung für eine Änderung noch nicht ausreicht: »Was denkst Du, könnte mir noch besser gelingen, wenn ich dieses Verhalten ändern könnte?«

2.3 Zielsetzung des Klienten klären

Unterstützen Sie Ihren Klienten bei einer möglichst reichhaltigen Beschreibung seiner Ziele, zum Beispiel mit der Wunderfrage (vgl. Kapitel 2). »Woran würden die Interessensgruppen des Coachees eine positive Änderung bemerken?« »Welche Merkmale sollten dieses neue Verhalten auszeichnen?« »Testen Sie Ihre Zielsetzung z. B. mit dem SMART Modell (Simple-Messbar-Attraktiv-Realistisch-Terminiert).«

Aufgabe
Neben und mit den Verhaltensänderungen, die Sie für Ihre Coachingarbeit anstreben, könnte es sein, dass Sie noch wertschätzender und noch wirkungsorientierter kommunizieren möchten:
- Sie zeigen noch mehr ehrliches Interesse an anderen Menschen. Ihre Freundlichkeit ist verbunden mit Ihrer Fokussierung auf die Ressourcen des anderen.
- Verbinden Sie kritische Anmerkungen zu bestimmten Verhaltensweisen mit einer positiven Würdigung.
- Ihre Kolleginnen und Kollegen ziehen Sie bei für sie schwierigen und wichtigen Fragen ins Vertrauen.

Wahrscheinlich finden Sie noch mehr oder andere Merkmale Ihres angestrebten Verhaltens. Priorisieren Sie drei bis maximal fünf.

2.4 Kommunikation von Zielen im System

»*Feedforward*«[12] richtet den Blick in die Zukunft, auf das, was ich, was wir, in meinem sozialen Kontext in Zukunft erreichen wollen. Ihr Coachee bittet seine relevanten sozialen Kontaktpersonen, ihm oder ihr in Bezug auf die zu erreichenden Verhaltensziele Anregungen und Tipps zu geben. Diese sind um so werthaltiger, je genauer bestimmte Merkmale vom Coachee beschrieben werden und je besser es der Kontaktperson gelingt, sich auf den Coachee zu fokussieren, d. h. dabei möglichst wenig allgemeine Weisheiten von sich zu geben.

> **Übung: Feedforward**
> Bitte beschreiben Sie Ihr Verhaltensziel und einige Merkmale kurz auf einem Blatt Papier oder einer Karteikarte.
> Bitten Sie um Feedforward! »Was würde oder könnte mich aus Deiner Sicht unterstützen, dieses Ziel zu erreichen?« Gegebenenfalls: »Was könntest Du noch dazu beitragen?«
> Hören Sie genau und aufmerksam zu. Schreiben Sie stichwortartig mit. Bei Unklarheiten fragen Sie kurz nach. Bewerten Sie nicht. Sagen Sie nicht: was für eine gute Idee. Hören Sie einfach zu.
> Bedanken Sie sich für den Tipp und die Anregung.

Feedforward ist ursprünglich eine Übung[13] für Teams. Mit Feedforward bringen Sie die Mitglieder eines Teams schnell und leicht in Kontakt; Sie etablieren eine Kultur der gegenseitigen Unterstützung und Zusammenarbeit. Im Einzelcoaching planen Sie mit Ihrem Coachee ein Feedforward in seinem für die Verhaltensänderung wichtigen sozialen System.

> **Aufgabe**
> Organisieren Sie ein Feedforward in Ihrer Coachinglerngruppe zu Ihrem Vorhaben. Stellen Sie sich gegebenenfalls noch eine kleine Hausaufgabe, wen Sie sonst noch um Feedforward bitten möchten.

---

12 Goldsmith führt diesen Begriff ein, um den Unterschied zur klassischen Auffassung von Feedback deutlich zu machen. Vgl. Goldsmith 2000.
13 Die Übung stammt von Marshall Goldsmith, www.marshallgoldsmithlibrary.com.

2.5 Einen Entwicklungsplan erstellen

Das Feedforward unterstützt nicht nur die Ausrichtung des sozialen Systems auf den Coachee. Es bringt auch konkrete Anregungen, die jetzt zu einem kleinen Entwicklungsplan verarbeitet werden können. Verhaltensänderung braucht einen langen Atem und ist auch mit Risiken verbunden, die bearbeitet werden müssen, wenn das Ziel erreicht werden soll.

Coachingfragen für die Erstellung eines Entwicklungsplans:
- »Wie würden Sie jetzt das Ziel Ihrer Verhaltensänderung beschreiben?«
- »Was spricht dagegen, dass Sie dieses Ziel erreichen?« Sollten Sie es vielleicht noch ein wenig verändern?«
- »Was wird Sie auf Ihrem Weg unterstützen?«
- »Welche Schritte können Sie unterscheiden? – z. B. in Bezug auf unterschiedliche Stakeholder Ihrer Verhaltensänderung.«

2.6 Fortschritte messen

Fragen mit Skalen können die Vorstellung von erfolgreicher Veränderung zwar nicht exakt messen, aber doch organisieren. Bewährt haben sich im Einzelcoaching Minifragebögen mit wenigen Merkmalen, die an die relevanten Stakeholder und den Coachee selbst verteilt werden.

Beispiel Minifragebogen:
»Wie hat Herr/Frau X sein/ihr Verhalten Ihrer Einschätzung nach in den letzten 2 Wochen geändert?«

Ehrliches Interesse an anderen zeigen

	stark schlechter -2	schlechter -1	unent- schieden +-0	besser +1	viel besser +2	Durch- schnitts- wert
Vorgesetzte/r						
Kollege/Kollegin						
Kunde/Kundin						
Ich selbst						

Zielorientierung

	stark schlechter -2	schlechter -1	unent- schieden +-0	besser +1	viel besser +2	Durch- schnitts- wert
Vorgesetzte/r						
Kollege/Kollegin						
Kunde/Kundin						
Ich selbst						

2.7 Follow-ups

Wie lange braucht Verhaltensänderung? – Auch aus der hier eingenommenen Wirkungsperspektive bin ich nicht optimistischer als empirische Untersuchungen zur Veränderung von Essverhalten oder Bewegungsverhalten dies nahelegen. Eine Schätzzahl sagt: mindestens 3 Monate. Das heißt mindestens drei Monate lang braucht mein Coachee Unterstützungsimpulse, um am Ball zu bleiben.

Ein Verhalten, das vielleicht vierzig Jahre dienlich war, lässt sich wahrscheinlich nicht in 3 Wochen ändern. Die Änderung braucht die Konzentration und die Anstrengung des Coachees, sich immer wieder an die Vorteile, die mit dem Ziel verbunden sind, zu erinnern, und besonders auch von anderen erinnert zu werden. – Die Einbeziehung des sozialen Systems des Coachees bewährt sich auch bei Follow-ups mit Feedbacks, Feedforwards und dem Einsatz von kleinen Fragebögen.

2.8 Abschluss des Verhaltenscoachings

Denken Sie daran, das Verhaltenscoaching auch abzuschließen, wenn das terminierte Ziel erreicht ist. In der Regel sollte ein Verhaltenscoaching fünf bis sechs Monate dauern und mit höchstens zehn Coaching-Gesprächen abgeschlossen werden.

Auch wenn das Ziel bis dahin nicht erreicht ist, wird spätestens dann der Abschluss und eine Auswertung des Erreichten Sinn machen. Vielleicht will sich der Coachee nicht (mehr) ändern. Oder das Änderungsvorhaben ist veraltet, weil sich die (professionellen) Ziele verändert haben. Ein anderes Thema ist dringlicher geworden.

Bei aller Ernsthaftigkeit des Vorhabens braucht das Gelingen des Verhaltenscoachings seitens des Klienten und auch des Coachs einen gewissen Humor. Sowohl die Wirkungsperspektive als auch das Prinzip der Messung dürfen nicht naturwissenschaftlich streng verstanden werden. Eine instrumentelle Vorstellung der Manipulation von Wirkungen würde die Arbeit mit Feedback und Feedforward unmöglich machen. Vertrauen als Merkmal gelingender Arbeitsbeziehungen in Organisationen bleibt Ausgangspunkt und Voraussetzung, Rahmen und Ziel von Verhaltenscoaching (vgl. Kapitel 8).

> **Aufgabe**
> Sie kennen einige andere gut strukturierte Vorgehensweisen im Coaching wie Lösungscoaching oder die GROW-Methode. Was sind aus Ihrer Sicht jeweils 3 Vorteile und 3 Nachteile? Wie können sich diese Methoden mit Verhaltenscoaching ergänzen?

Weiterführende Literatur

Hüther, G.: Die Macht der inneren Bilder. Wie Visionen das Gehirn, den Menschen und die Welt verändern. Göttingen 2004.

Goldsmith, M.: Was Sie hierher gebracht hat, wird Sie nicht weiter bringen. Wie Erfolgreiche noch erfolgreicher werden. München 2007.

Goldsmith, M.: Coaching for Behavioral Change. In: M. Goldsmith/L. Lyons/A. Freas/R. Witherspoon (Hrsg.): Coaching for Leadership – How the World's Greatest Coaches Help Leaders Learn. San Francisco 2000. S. 21–26.

Kapitel 11:
Coaching und Gruppendynamik

Olaf Geramanis

Mit Gruppen und Teams professionell umzugehen, erfordert vor allem die Bereitschaft, sich auf offene und äußerst komplexe Prozesse einzulassen. Es ist die Fähigkeit mit der Unmöglichkeit umzugehen, das Unplanbare planmäßig zu bearbeiten. Das ist nicht immer leicht, und der Hauptgrund, warum Gruppen scheitern, lässt sich zu einem hohen Prozentsatz auf ungenügende Schulung, fehlendes Verständnis für die Bedeutung der Gruppendynamik sowie mangelndes zwischenmenschliches Geschick der Führungs- oder Beratungspersonen zurückführen. Gruppenprozesse verantwortlich lenken und erfolgreich steuern, kann man nicht per se. Im Boom aktueller Coaching- und Beratungsausbildungen scheint es jedoch so, als könne jedermann diese Tätigkeit durchführen: »Gestern war ich noch Ingenieur, heute bin ich Teamentwickler.« Wie absurd dieses Vorgehen ist, lässt sich nachvollziehen, wenn man den Satz umdreht: »Gestern war ich noch Personalentwickler, heute mache ich Maschinenbau und konstruiere Flugzeuge.« Auch wenn wir alle mit den Phänomenen zwischenmenschlicher Beziehungen und Gruppendynamik tagtäglich konfrontiert sind, haben wir noch lange keine Expertise für dieses Gebiet. Menschliches Verhalten und gruppendynamische Prozesse sind weit komplexer als die meisten anderen Bereiche und mindestens so komplex wie Maschinenbau und Personalmanagement.

In diesem Artikel werden wir anhand einiger konkreter Modelle und Beispiele den gruppendynamischen Ansatz darstellen. Das Ziel ist es, den Coach für diese spezifische Sichtweise zu sensibilisieren. Eine professionelle gruppendynamische Expertise wird insbesondere notwendig:

- ... bei schnell wechselnden Bedingungen, auf welche Teams und Vorgesetzte reagieren müssen, und wo zugleich komplizierte Interaktionsstrukturen herrschen, so dass eine intensive Mitarbeit unerlässlich ist;
- ... bei hoher wechselseitiger Abhängigkeit innerhalb eines Teams, die eine reibungslose Kooperation erfordert;
- ... bei Mangel an genügend ausgearbeiteten Kommunikationsverbindungen für den Austausch, insbesondere dann, wenn Informationen, Analysen, Bewertungen und Entscheidungen unter den Teammitgliedern dringend benötigt werden;
- ... bei Kooperationsproblemen, die bekannt, aber längere Zeit unbearbeitet geblieben sind.

1. Grundlagen und Definitionen

Unter dem Begriff »Gruppendynamik« sind mindestens vier Bedeutungen zu unterscheiden. *Gruppendynamik* steht ...

- ... *für das Beziehungsgeschehen in Gruppen*: Hiermit ist die Eigendynamik von Gruppen und Teams gemeint, die sich im Spannungsfeld von Veränderung und Kontinuität sowie von Nähe und Distanz entfaltet. Es geht um das Kräftespiel einer Gruppe als ein emergentes Phänomen;[1]
- ... *für die wissenschaftliche Erforschung sozialer Prozesse in kleinen Gruppen*: Hierbei wird Gruppendynamik zu einer Disziplin innerhalb der Sozialwissenschaften;
- ... *für ein Verfahren sozialen Lernens*: In der Fort- und Weiterbildung werden durch gruppendynamische Verfahren wie Sensitivity-Training, Organisations- oder Verhaltenstraining Prozesse in Gruppen erfahrbar und Erkenntnisse über das eigene Verhalten angeregt. Dies wird durch eine besondere Form der Selbsterfahrung in Gruppen ermöglicht;
- ... *für eine Praxeologie*: Hierunter wird ein spezifisches theoretisches und methodisches Wissen und »Handwerkszeug« darüber verstanden, wie Gruppen- und Organisationsprozesse ablaufen und wie sie beeinflusst und gesteuert werden können.

In den folgenden Ausführungen geht es vor allem um die erste Dimension (Beziehungsgeschehen), wonach wir unter der Begrifflichkeit »Gruppendynamik« das Beziehungsgefüge zwischen den einzelnen Personen als eine eigenständige Kraft anschauen wollen. Damit geht es nicht allein um das Individuum selbst, mit dem, was es denkt und fühlt, es geht nicht allein um sein Gegenüber, mit seinen Gedanken und seinem Fühlen, sondern es geht zusätzlich um das Dritte zwischen beiden Seiten, als eine eigenständige Beziehungswirklichkeit. Dies ist das große Spannungsfeld, das es immer wieder aufs Neue auszubalancieren gilt: Es geht um die prinzipielle Unvereinbarkeit von Individuum und Gemeinschaft, von individuellen Interessen und kollektiver Notwendigkeit zur selben Zeit. Wie kommt es zu dieser Unvereinbarkeit?

---

[1] Am einfachsten lässt sich der Begriff »Emergenz« mit dem Satz beschreiben, dass das Ganze mehr ist als die Summe seiner Teile. Emergente Strukturen in Gruppen bezeichnen also Phänomene, die nicht allein auf die Eigenschaften ihrer Mitglieder zurückzuführen sind, sondern ein »Mehr«, ein »Darüber hinaus« erkennen lassen.

1.1 Individuum, Paarbeziehung und Gruppe

Das »Individuum« steht, wie der Begriff es sagt, für das »Unteilbare«. Damit eine Person ihr eigenes Ich finden und entwickeln kann, muss sie sich nach außen hin abgrenzen und schützen. Es gilt Grenzen zu ziehen, damit man sein »Eigenes«, seine Individualität wahren kann. Autonomie heißt dann, den Abstand zu den anderen jederzeit selbst bestimmen und verteidigen zu können.

Bereits in einer Zweierbeziehung wird diese Autonomie bedroht. Es entwickelt sich eine erste, spezifische Eigendynamik: Oft überträgt die eine Seite Anteile von sich selbst auf das Gegenüber. Andererseits kann man selbst mit manchen Anteilen des Partners mehr anfangen als die Person selbst. Eine Paarbeziehung, sowohl privater als auch beruflicher Art (man denke an die »rechte Hand« des Chefs oder die engste Vertraute) lädt das Individuum dazu ein, bestimmte individuelle Schutzmauern aufzugeben. Beharrt es stattdessen ausschließlich auf unantastbarer Eigenständigkeit, ist die Paarbeziehung schon im Entstehen gefährdet.

Die Gruppe selbst wartet gegenüber der Paarbeziehung mit einer weiteren existenziellen Dimension auf. Sobald mindestens eine weitere Person hinzukommt, wird nicht nur die Eigenständigkeit der Individuen und zudem die Intimität des Paares selbst bedroht, sondern es entsteht zugleich eine neue Dynamik im Spannungsfeld von Ausschluss oder Integration der dritten Person. Verbleibt das Paar, wie es ist, ist die dritte Person draußen. Löst sich das Paar auf, bedeutet dies das Ende der Zweier-Intimität und eine immer mögliche Paar-Neuwahl setzt sich fort. Die Frage ist, wie die Gruppe, neben der Aufgabe, die sie zu erledigen hat, mit der permanent drohenden Verlust- und Ausschlussangst ihrer Individuen umgeht.

Wie regelt die Gruppe die Beziehungskonstellationen? Indem sie die Verhältnisse durch Führung, Rollen und Normen festlegt? Wie sieht ein Zustand aus, in dem die Individuen ihren Platz in der Gruppe gefunden haben und sich nicht ständig um diesen Balanceakt kümmern müssen?

Letztlich sind alle Unterschiedlichkeiten in Gruppen Autoritäts- und Bedrohungspotenziale zugleich. Denn in dem Augenblick, da Menschen ernsthaft aufeinander angewiesen sind und miteinander etwas tun müssen, werden die Macht- und Status-Unterschiede, die zwischen ihnen bestehen, unleugbar und manchmal bedrohlich. Gruppenentwicklungsstufen sind verbunden mit dem ständigen schrittweisen Prozess von Ausschluss und Integration von potenziellen Außenseitern. Erst die Bearbeitung dieser Außenseitersituationen ermöglicht es, Unterschiedlichkeit als Bestandteil der Gruppe zu erleben und zu nutzen.

> **Erstes Fazit: Mein Coachee zwischen Autonomie und Abhängigkeit**
> Als Coach muss ich eine Idee davon haben, wann die Themen meines Coachees individueller Natur sind, wann sie in einem bilateralen Kontext zu bearbeiten sind und wann das Kräftespiel einer Gruppe hinzukommt. Gemeint ist damit ein Kräftefeld, in dem zusätzlich zu der individuellen Haltung und den Vorstellungen des Coachees die Strukturen, Normen und Rollen einer Gruppe wirksam sind und Einfluss nehmen. Typische individuelle Fragen in diesem Kräftefeld lauten:
> - Wie kann ich ein Teil des Ganzen sein und meine Individualität bewahren?
> - Wie kann ich mich für »das Ganze« engagieren und dabei zugleich mit meiner eigenen Leistung sichtbar sein?
> - Wie kann ich mich mit den Entwicklungszielen der Gruppe identifizieren, im Wissen, dass nicht alle meine eigenen Ziele und Interessen berücksichtigt werden? – und will ich das so?

1.2 Die Zeit- und Raum-Dimension von Gruppen

Im weiteren Fortgang dieses Beitrags bearbeiten wir das Phänomen »Gruppe« unter zwei unterschiedlichen Dimensionen: Die Gruppe als Summe der Beziehungskonstellationen kann unter einer zeitlichen und einer räumlichen Dimension betrachtet werden, denen wiederum verschiedene Phasenmodelle (Zeit) bzw. Strukturmodelle (Raum) von Gruppen zugeordnet werden können.

Die Zeit-Dimension bezieht sich auf den Prozess, der im Laufe der Zeit beschritten wird, d. h. die Art und Weise, wie sich die Gruppe über die Zeit hinweg entwickelt, wie sie bestimmte Formen annimmt und sich wieder verändert. Welche Phasen sie durchläuft und wie sie diese Prozesse durchlebt. Unter diese Kategorie fallen die folgenden Konzepte von Phasenmodellen:[2]
- Kurt Lewin: Dreiphasenmodell Unfreezing – Change – Refreezing,
- Bruce Tuckman: Forming – Storming – Norming – Performing,
- Warren Bennis: Dependenz – Konterdependenz – Interdependenz,
- Joseph Luft und Harry Ingham: Das »Johari-Fenster« als bewusste und weniger bewusste Persönlichkeits- und Verhaltensmerkmale, deren Sichtbarkeit sich in der Gruppe im Verlauf der Zeit verändern kann.

Die Raum-Dimension bezieht sich auf die Strukturelemente, die quasi vorab gegeben und mehr oder weniger wirksam sind. Innerhalb dieser Eckpfeiler muss sich die Gruppe jeweils aktuell zurechtfinden. Die Struktur beeinflusst die

---

2 Die Aufzählung erhebt keinen Anspruch auf Vollständigkeit; sie ist eine subjektive Auswahl des Verfassers. Zur weiteren Recherche siehe die weiterführenden Literaturempfehlungen am Ende dieses Kapitels.

Gruppe einerseits, zugleich ist die Gruppe selbst auch strukturbildend und -gebend. Unter diese Kategorie fallen die folgenden Konzepte:
- Rollenmodelle:
  - *Meredith Belbin*: acht Teamrollen mit jeweiligen Stärken und Schwächen
  - *David Kantor:* Treibende Kraft, Anhänger, Widersacher, Beobachter
  - *Raoul Schindler*: Alpha (der Anführer), Beta (die Spezialisten), Gamma (die Anhänger), Omega (der Außenseiter).
- Konzepte, Persönlichkeitsmodelle und Methoden der humanistischen Philosophie und Psychologie: z. B.:
  - Vierfaktorenmodell der themenzentrierten Interaktion: Es, Ich, Wir, Globe.

All dies sind heuristische Modelle, die wie Landkarten funktionieren. Je mehr und detaillierter sie etwas abbilden, desto unübersichtlicher und unhandlicher werden sie. Je weniger sie abbilden, je mehr sie die Komplexität reduzieren, desto weniger stimmen sie mit der realen Situation überein. Ein so komplexes Ereignis wie einen Gruppenprozess auf eine ganz spezifisch-enge Perspektive zu reduzieren, um daraus Gesetzmäßigkeiten abzuleiten, ist nie wirklich passend. In ihrer jeweiligen Verkürzung sind eigentlich alle Modelle falsch, aber dennoch nützlich. Sie versuchen das begreifbar zu machen, was teilweise weder sichtbar noch messbar ist. Allein die Idee, dass eine Gruppe ein eigenes System mit einer eigenen Dynamik ist, ist nichts weiter als ein Konstrukt – aber solange dieses Konstrukt uns dabei behilflich ist, sich in der Wirklichkeit besser zurecht zu finden, können wir es einfach nutzen, bis es durch ein besseres Konstrukt abgelöst wird.

Im Nachfolgenden wollen wir also die Idee unter den beiden Aspekten Zeit und Raum genauer anschauen und mithilfe weiterer Erklärungsmodelle beschreiben.

Zweites Fazit: Die Differenz zwischen Prozess und Struktur
Als Coach muss ich die grundlegende Unterscheidung von Struktur und Prozess beherrschen:
- Die Art und Weise wie die Mitglieder situativ miteinander in Beziehung gehen und wie sich ihre Handlungen immer wieder neu aufsummieren, bilden eine eigendynamische Kraft, die innerhalb der Gruppe wirksam wird. Dies ist ein *Prozessphänomen*.
- Unabhängig von dem, was aktuell geschieht, gibt es in Gruppen immer schon etwas Vorhandenes, das den Prozess in bestimmte Bahnen leitet. Die Gruppe ist keine »Tabula Rasa«, sondern es gibt ihre Mitglieder, die mit bestimmten Ideen und Erwartungen in die Gruppe kommen. Es gibt äußere Bedingungen wie formale Rollen und Positionen, die bekleidet werden müssen. Es gibt den übergeordneten Rahmen, in den alles eingebettet ist. Bei all dem handelt es sich um *Strukturphänomene*.

2. In Prozessen denken – statt den Augenblick zu fixieren

All die genannten Phasenmodelle haben die Schwierigkeit, dass sie einerseits eine Genauigkeit der Phasenabfolge vorgeben, die andererseits aber so fast nie eingehalten wird. Gruppen halten sich selten an modellhafte Abläufe und machen nicht im Laufe ihres Prozesses kurz Halt und kommen darüber überein, dass sie jetzt die »Forming-Phase« hinter sich haben und nun gern in die »Storming-Phase« eintreten wollen. Und wenn sie es machen würden, tut man gut daran, es nicht für bare Münze zu nehmen und es zu hinterfragen.

Dennoch sensibilisieren die Modelle dafür, dass Gruppen nicht einfach so da sind und loslegen können, sondern dass sie selbst entstehen und vergehen. Um das Verhalten Einzelner in Gruppen, die Art und Weise ihrer Kooperation miteinander und die Gruppenarbeit selbst erklären zu können, ist es wichtig, nicht ausschließlich auf das singuläre Einzelereignis zu schauen, sondern zugleich auf den dynamischen Prozess der Gruppe selbst Wert zu legen. An welchem Punkt der Entwicklung steht die Gruppe, was hat sich auf dem Weg dorthin ereignet und inwieweit wirkt diese Entwicklung auf die Mitglieder zurück?

Im Folgenden werden vier Konsequenzen aufgezeigt, die eine zu einseitige Fixierung auf Einzelereignisse mit sich bringt. Diese tritt vor allem dann ein, wenn der Coach den Prozess außer Acht lässt.[3]

Der zeitliche Kontext

Ohne zeitlichen Kontext bleibt das isolierte Geschehen unverständlich und unerklärbar. In Gruppen reagieren Mitglieder nicht nur auf unmittelbar vorangegangene Ereignisse, sondern auch auf weiter zurückliegende Sachverhalte, die ihnen mitunter selbst nicht mehr bewusst sind. Wenn diese aber durch die gewählte methodische Vorgehensweise ausgeblendet sind, kann dies zu Fehlern in der Suche nach aktuellen Zusammenhängen führen.

Beispiel: Bei den folgenden Wortlauten wird deutlich, dass mein Coachee einen eher isolierten Blick hat:
- *»Obwohl ich alles richtig mache, wird auf einmal meine Kollegin bevorzugt?«*
- *»Warum hat mein Kollege plötzlich so aggressiv auf mich reagiert? Aus heiterem Himmel ...«*

Aufschaukelungsprozesse

Bei längeren Ketten von Reaktionen und Gegenreaktionen kann es zu Aufschaukelungsprozessen zwischen den Beteiligten kommen. Diese können ein so

---

3 Vgl. Sader 1991, S. 113.

gewaltiges Ausmaß annehmen, dass sie in Form einer Momentaufnahme in keinem Verhältnis zum »eigentlichen« ursprünglichen Anlass stehen.
- *Beispiel:* Die isolierte Betrachtung der heftigen Schlussphase eines langwierigen Streits würde zu völlig falschen Schlussfolgerungen führen. Vielleicht würde man die Beteiligten als übertrieben emotional oder blind hysterisch bezeichnen.
- Beleidigungen, die isoliert und ohne Zusammenhang brutal und zynisch erscheinen, relativieren sich erst dann, wenn man feststellt, dass auch die beleidigte Person kein Unschuldslamm war.

»Mittäterschaft«

Bei den Gruppenmitgliedern laufen kontinuierlich Entscheidungsprozesse ab. In Gruppen ist man niemals ganz frei von Schuld. Solange man sich entscheidet, Schritt für Schritt den Weg der Gruppe mitzugehen, kann es einem passieren, dass man zu lange mitzumacht. Dies geschieht häufig dann, wenn durch frühere Schritte bereits Bedingungen gesetzt wurden, die in späteren Stadien ein Aufhören erschweren. Man stellt fest, bereits selbst zum »Mittäter« geworden zu sein, weil man zu einem früheren Zeitpunkt den Ausstieg nicht gefunden hat und nun meint, weiterhin mitmachen zu müssen.
Beispiel 1: Sich selbst hier und da beim Verbrauchsmaterial der Firma bedient zu haben, weil man das im Team so macht, macht es einem fast unmöglich, größere Korruptionen von Kollegen anzuzeigen.
Beispiel 2: Zu Beginn von kleineren Sticheleien und Bosheiten einem Kollegen gegenüber nicht eingeschritten zu sein und vielleicht sogar hier und da mitgeschmunzelt zu haben, macht es einem sehr schwer, sich später der Mobbing-Dynamik entgegen zu stellen.
Mit anderen Worten: »Der Weg zur Hölle ist nicht nur mit guten Vorsätzen, sondern auch mit kleinen Feigheiten gepflastert.«

»Ursache« und »Wirkung«

Die Etikettierung von Ereignissen als »Ursache« und »Wirkung« wird oft fragwürdig und willkürlich vorgenommen. Je eher man einer prozesshaften Betrachtungsweise folgt, desto mehr wird man erkennen, dass es keine eindeutige Kausalität gibt. Individuen können die Gruppe verändern, in der sie arbeiten. Und indem sich die Gruppe verändert und eine eigene Gestalt annimmt, wirkt sie ihrerseits auf die Individuen zurück – was also ist Ursache und was Wirkung?
Beispiel: »Weil ihr mich zum Außenseiter gemacht habt, nehme ich nicht mehr an den Sitzungen teil – weil du nicht mehr an den Sitzungen teilnimmst, erscheinst du uns wie ein Außenseiter.«

> **Drittes Fazit: Beziehungen sind uneindeutig, sie haben keinen Anfang und kein Ende**
> Als Coach muss ich mich von dem Gedanken lösen, jemals alle Informationen über die Vergangenheit und Beziehungswirklichkeit meines Coachees zu erhalten:
> - Weder sind die Beziehungskonstellationen meines Coachees noch ist das Beziehungsgefüge innerhalb von Gruppen jemals eindeutig zu benennen. Als Menschen sind wir uns selten all unserer Motive bewusst, wir sind immer die Summe unserer Erfahrungen und fangen niemals bei null an.
> - Der prozesshafte Blick auf Gruppen und Beziehungen ermöglicht es mir als Coach, stets für andere Erklärungsmodelle und weitere Einflussgrößen offen zu bleiben, um immer wieder von Neuem mit meinem Coachee danach zu suchen, welches Erklärungsmodell für die Situation des Coachees angemessen und plausibel ist.

3. In Prozessen denken – Führung und Selbstorganisation[4]

Immer dann, wenn Gruppenentwicklungen mithilfe von Phasenmodellen dargestellt werden, richtet sich der Blick auf das Beziehungsgefüge und auf die Art und Weise, wie sich diese Konstellationen immer weiter ausdifferenzieren. Insofern haben wir im Laufe dieses Beitrags implizit eine Idee davon mitlaufen lassen, »dass« und »wie« Gruppen dieses Beziehungsgefüge differenzieren und handhaben müssen, um als Gruppe arbeitsfähig zu werden. Wobei uns klar ist, dass der Begriff der »Arbeitsfähigkeit« selbst hinreichend unklar ist: Wann genau ist eine Gruppe arbeitsfähig? Wie lautet das Kriterium für Arbeitsfähigkeit? Was kann eine arbeitsfähige Gruppe besser als eine nicht-arbeitsfähige Gruppe?

---

4 Durch die hohe Popularität des systemischen Ansatzes ist der Begriff der »Selbstorganisation« recht geläufig. Er bezeichnet in Form von Selbstreferenz die Art und Weise, wie sich ein System reproduziert, indem es (nur) auf systemeigene Parameter zurückgreift. Die Idee der Autonomie ist weitaus älter. Im politischen Gebrauch bezeichnet Selbstorganisation die Gestaltung der Lebensverhältnisse nach flexiblen, selbstbestimmten Vereinbarungen und fokussiert vor allem auf den Aspekt der Autonomie. In der Pädagogik wird in diesem Zusammenhang von »Mündigkeit« und »Emanzipation« gesprochen.

3.1 Zweckbezogene und selbstzweckbezogene Steuerung

Wir wollen nun einen Schritt weitergehen und mithilfe eines neuen Phasenmodells[5] den Begriff der Arbeitsfähigkeit unter dem Fokus der Steuerung betrachten. Hierbei lassen sich zwei Steuerungsmöglichkeiten unterscheiden. (1) Erstens kann man Gruppen *zweckbezogen* steuern. Die Frage lautet dabei: wie kann ein vorgegebenes Arbeitsziel erreicht werden? Damit steht die Funktionalität der von außen gestellten Aufgabe im Vordergrund. Das Beziehungsgefüge der Gruppe selbst hat keine eigene Wertigkeit. (2) Zweitens kann man Gruppen *selbstzweckbezogen* steuern, indem man die Gruppe als handlungsfähigen, autonomen Sozialkörper konstituiert. Damit ist der Sinn der Gruppe nicht ausschließlich funktionaler Natur, sondern es gelten auch Kategorien, die nicht nur dem aktuellen Überleben, sondern auch dem »guten Überleben« der Gruppe dienen.

Beide Steuerungsarten wirken sich unterschiedlich auf die Einigkeit innerhalb der Gruppe und das in ihr herrschende Wir-Gefühl aus. In außen- und zweckgesteuerten Gruppen entsteht ein Wir-Gefühl, das nach außen hin stark macht, aber als unbewusstes und unreflektiertes Einigkeitsgefühl schwach nach innen ist. Die Gruppe ist quasi sich selbst gegenüber blind. Die Mitglieder haben sich nie wirklich miteinander beschäftigt und auseinandergesetzt. In selbstzweckbezogenen Gruppen herrscht demgegenüber ein »sehendes« Einigkeitsgefühl. Eine solche Gruppe kann leistungsfähig und kreativ ihre Prozesse, Widersprüche und Paradoxien selbst begreifen und steuern und sich mit ihren eigenen unterschiedlichen Macht- und Einflusskonstellationen beschäftigen.

Wer nun der Meinung ist, dass man sich den Luxus solcher Gruppen in der harten Arbeitswelt nicht leisten kann, und dass sich all dies doch sehr nach sozialromantischer Verklärung anhört, hat die Zeichen der Zeit völlig übersehen. In vielen alltäglichen Zusammenhängen brauchen wir heute genau diese reife, zur Selbstzweckbezogenheit fähige Gruppe als unverzichtbares Element der Organisationswelt. An wichtigen Knotenpunkten der Organisation agieren stabile Gruppenkonstellationen, z. B. Managementteams oder längerfristige Projektgruppen. Die Bedeutung von Teams kommt besonders bei komplexen Entscheidungslagen mit einem hohen Anteil von Ungewissheit zum Tragen, weil nur in zur Selbstreflexion fähigen Teams die Komplexität der aktuellen Arbeitswelt bearbeitbar ist.[6]

---

5 Dieses Phasenmodell hat Peter Heintel 2008 auf der Grundlage des klassischen Trainingsgruppenmodells formuliert. Unseres Erachtens lässt es sich unmittelbar auf die Arbeitswirklichkeit übertragen.
6 Bisher haben wir die Begriffe »Gruppe« und »Team« synonym verwandt. Ganz vorweg kann man sagen: Jedes Team ist eine Gruppe, aber nicht jede Gruppe ist ein Team. Definitorisch zeichnen sich Teams gegenüber Gruppen durch eine eindeutige Zuteilung von Aufgaben und Verantwortungsbereichen aus. Faktisch spricht man in der Arbeitswelt jedoch fast nur noch von »Teams«, weil es sich moderner anhört.

Viertes Fazit: Arbeitsfähigkeit in Gruppen
- Im Coaching geht es nicht darum »die Wahrheit« zu finden, sondern Differenzen zu schaffen, d. h. undurchsichtige, diffuse Situationen mithilfe von mutigen, originellen, mitunter absurden sowie immer detaillierteren Unterscheidungen zu spezifizieren.
- Dasselbe gilt auch für Gruppen. Sie sind dann arbeitsfähig, wenn sie ein Höchstmaß an interner Differenzierung erreicht haben. D. h. je mehr Differenzierungen innerhalb einer Gruppe möglich sind, desto eher besitzen die Mitglieder die Fähigkeit, bewusst auf ihr inneres Gefüge zu schauen. Sie wissen, was sie voneinander erwarten und welche Ansprüche sie aneinander richten können.
- Die zentrale Differenzierungsfähigkeit in Gruppen besteht darin, als Gruppe Prozesse zu beobachten, zu erkennen, sie zur rechten Zeit zu benennen und anschließend mit anderen Wahrnehmungen zu einer gemeinsamen Sichtweise zu verdichten. Dies ist Voraussetzung für die Selbststeuerung von Gruppen, d. h. sich immer wieder neu zu formieren und gemeinsam den Herausforderungen zu stellen.
- Für den Coach im Zweier-Setting ist es wichtig, diese »doppelte Sichtweise« stets vor Augen zu haben. D. h., einerseits zu fragen, wie sich der Coachee selbst einbringt, wie er sich anbietet und gegenüber anderen differenziert, und andererseits danach zu fragen, welche Akzeptanz und Qualität dieser Austausch innerhalb der Gesamtgruppe hat.

3.2 Der Weg zur Selbstorganisation

Das klingt nun alles schön und gut und Zustandsbeschreibungen davon, was beispielsweise ein Hochleistungsteam alles vollbringen soll, gibt es mehr als genug. Aber wie schafft eine Gruppe diesen Weg zur Selbstorganisation? Was für einen Prozess muss sie durchlaufen, um dieses Ziel zu erreichen? Wie wird aus der Fremdheit einzelner Mitglieder die Vertrautheit der Gruppe? Wie entsteht aus Fremdsteuerung der Wille der Mitglieder zum eigenen Engagement?

Dieser Prozess kann gelingen – auch unter der Maßgabe, dass die Gruppe innerhalb der Organisation eine Führung hat. Wie dieser Prozess unter Berücksichtigung der gruppeneigenen Dynamik gesteuert werden kann, wollen wir anhand von vier »Stationen« beschreiben.

Erstens: Gegenabhängigkeit

Schauen wir auf die Entwicklungsstufen einer Gruppe, so formulierte Warren Bennis[7] den Dreischritt: Dependenz – Konterdependenz – Interdependenz. Demnach entwickeln sich Gruppen in drei Schritten. Am Anfang steht die Abhängigkeit gegenüber der Autorität, der man sich bereitwillig unterordnet und deren

---
7 Vgl. Bennis 1972.

Erwartungen man zu erfüllen versucht. Dies schlägt in einem zweiten Schritt in eine Art gegenabhängiger Trotzphase um. Hier geht es darum, die Macht der Leitung infrage zu stellen und sich zu widersetzen. Schließlich folgt eine Phase der Interdependenz, in der man sich der gegenseitigen Abhängigkeiten bewusst ist und es im Anerkennen der Unterschiedlichkeit schafft, Beziehungen zu klären.

Gehen wir zurück zur Anfangssituation. Jede Anfangssituation in Gruppen individualisiert die Mitglieder radikal. Entweder gibt es noch keine Gruppe und selbst wenn es eine alte Gruppe gab, ändert sich ihr Beziehungsgefüge durch Weggang oder Neuankömmlinge von Grund auf. In dieser Situation sind die Mitglieder auf sich selbst zurückgeworfen und diese »soziale Einsamkeit« löst intensive Empfindungen, vor allem Angst aus.

Die Individualisierung hat eine doppelt negative Konsequenz: Sie verhindert einerseits die Öffnung nach außen. Man schließt sich ein, weil man gar nicht annehmen kann, dass die eigenen Gefühle, die plötzlich auftauchen, von anderen verstanden werden. Und sie verhindert andererseits in dieser Bezugslosigkeit die Gruppenbildung, weil man eben distanziert, souverän, unbeteiligt wirkt. Die Führungskraft als – zumindest formale – Autorität, stört die scheinbar gleichwertige Kommunikation am offensichtlichsten (sei sie Vorgesetzter, Dozent in der Weiterbildung, Trainer im Workshop, Berater im Unternehmen). Damit wird sie zur Projektionsfläche für Phantasien und Gefühle von gewünschter und ungewünschter Abhängigkeit, von Identifikation usw.

Wie kann man als Führungskraft unter den Gruppenmitgliedern trotz individueller Unterschiede »Gleichwertigkeit« erreichen? Wie kann gegenseitige Anerkennung und Wertschätzung unabhängig von der Bewertung durch die Autorität gelingen? Wie kann die Autorität das alleinige Recht der Bewertung und Einschätzung von Gruppensituationen mit der Gruppe teilen?

Die Antwort lautet: Indem es möglich wird, dass sich die Gruppe genau der Erfahrung stellt, dass Abhängigkeit und Gegenabhängigkeit Angst machen. Sich selbst bewusst zu werden, dass man sich nach der Anerkennung durch eben diese Autorität sehnt, kann ebenso erschrecken, wie wenn sich eine ganze Gruppe mit Heftigkeit gegen die Leitung stellt, und daraufhin bemerkt, dass sie vielleicht nur die Rolle und Funktion treffen wollte, sich aber dahinter auch eine Person verbirgt, die gegebenenfalls betroffen und verletzlich ist. Man muss gemeinsam begreifen, was hier eigentlich vorgeht, was kollektiver Wunsch ist. Das dumpfe Wir-Gefühl entspricht vielleicht der Bekämpfung der individuellen Unsicherheit und kommt den Verschmelzungswünschen entgegen. Nachhaltig ist dieses Wir-Gefühl gegenüber der Autorität jedoch nicht, weil darin kein Raum für Differenzierungsfähigkeit entstehen kann. Vor allem in der Leugnung der Gegenabhängigkeit will man sich die ganze Autoritätsthematik vom Hals schaffen.

Führung und Steuerung bei Gegenabhängigkeit ist sehr schwer! Vor allem, wenn eine Führungsperson selbst im Sog der Erlebnisse steckt und zum Agieren verführt ist. Außerdem verweigern gegenabhängige Gruppen zunächst ohnehin die Analyse. Man selbst ist in ambivalenter Gefühlslage: Einerseits sieht man vielleicht die Entwicklung, zugleich empfindet man jedoch selbst Ärger über die Übertreibung, dass man als Führungskraft wieder einmal »herhalten muss«. Dieser Widerspruch muss erfahren, erlebt und begriffen und als notwendiger Schritt anerkannt werden!

Zweitens: Gemeinsame Aktion

Wenn die Gruppe eine erste Idee von dieser Abhängigkeit hat und erkennt, dass sie »aus sich heraus« etwas »gemeinsam« machen soll, wird eine Aktion initiiert, die meist mit Thema und Zielsetzung der Gruppe nicht mehr viel zu tun hat. Die Inhalte wirken manchmal übertrieben ehrgeizig, recht utopisch und zuweilen infantil.

Beispielsweise werden Projektideen und Zukunftsentwürfe entwickelt, die jedes realistische Maß übersteigen; oder es werden eine ganze Reihe konkreter Sitzungstermine vereinbart, an denen man sich wirklich Zeit füreinander nimmt; oder man entdeckt plötzlich überall Gemeinsamkeiten und wundert sich, dass man nicht schon längst diesbezüglich Initiativen ergriffen hat.

Während die Gruppe glaubt, endlich ein Thema gefunden zu haben, und sich rational sehr intensiv mit ihm zu beschäftigen scheint, geht es gerade nicht um dieses Thema oder diesen Inhalt. Es ist ein Balanceakt, als Führungskraft von Gruppen diese Aktionen zuzulassen, da die Aufklärung das kollektive Erleben gefährden würde: Unterbricht man diese Initiativen – weil unrealistisch – erhält man den Vorwurf, den gemeinsamen »Flow« zu stören und die Aufforderung, dann selbst sagen zu müssen, wo es langgeht. Lässt man es andererseits laufen, so wird die Gruppe das Aktionistische dieser Initiative als solches kaum erkennen und immer dann, wenn es schwer wird, irgendeine vergleichbare »wilde Aktion« machen, die anschließend wieder im Sand verläuft.

Generell lösen Probleme, Gefahren, Ängste und Unsicherheiten in Gruppen zwei Grundimpulse aus: Aktivität und Zusammenschluss. Daher braucht es Tätigkeitsmöglichkeiten und Gemeinschaftserlebnisse. Das Ziel eines solchen Gemeinschaftserlebnisses ist es, sich innerhalb der Gruppe sicherer zu fühlen und freiere Gefühlsäußerungen zu ermöglichen. Damit richten sich solche Aktionen nicht automatisch gegen sachliche Inhalte oder die Autorität.

Drittens: Individuelles Opfer

Inzwischen ist die Gruppe bei einem Gemeinschaftserlebnis im Sinne eines ersten unaufgeklärten Wir-Gefühls angekommen. Noch immer herrscht eine gewisse Angst vor negativ kollektiver Stimmung vor und dies verhindert es zugleich darüber zu sprechen. Mehr noch, wenn man plötzlich feststellt, dass Alle die

Situation für schlecht oder ausweglos halten, dann würde das Offenlegen der Probleme das Negative nur noch mehr verstärken und die positive Wendung endgültig verhindern.

Was wir kaum lernen und immer seltener üben, ist, von der Situationsbeschreibung zu den Verursachungen weiter zu fragen. Stattdessen folgt meist *sofort* die »lösungsorientierte« Frage: Wie kommen wir hier raus? Wie sieht die Lösung aus? Was brauchst *du*, damit es dir besser geht. Diese Aktivitätsimpulse helfen der Gruppe nicht weiter, sondern verstärken die Vermeidungsstrategien nur.

In dieser lähmenden Situation kommt es vor, dass ein Gruppenmitglied sich vorwagt und damit »opfert«[8], auch ohne genau zu wissen, was mit ihm geschieht. Oft übergangslos spricht es das aus, was es am meisten bewegt, nennt die Dinge schonungslos beim Namen, die es stört und spricht von seinen Gefühlen, ohne den Anspruch zu stellen, dass dies andere auch tun. Dies widerspricht den Anfangsritualen mit Vermeidungszweck. Denn jedes Gruppenmitglied, das sich ehrlich über sich selbst und seine Gefühlslage äußert, durchbricht die Ebene des rituell gesicherten Anfangs-Nichtangriffs-Pakts.

Beispiel: Einem Gruppenmitglied platzt der Kragen, und es sagt, dass man ständig nur um den heißen Brei herum rede und so tue, als ob man zusammenarbeiten möchte, denn in Wirklichkeit wolle sich doch niemand in seinen Freiheiten beschneiden lassen.

Diese individuellen Opfer können auch ganz konkrete Gestalt annehmen, z. B. indem eine Person in eine Außenseiterposition gerät oder kündigt. Wenn jetzt die Führung und/oder die Gruppe dazu übergeht, dieses individuelle Einzelereignis lediglich als Einzelschicksal abzutun, verspielt sie die Chance auf Selbststeuerung der Gruppe. Da sich überhaupt erst durch das persönliche Erleben und Handeln hindurch der Blick auf die sozialen Gegebenheiten eröffnet, betrifft es eben nicht nur diese eine Person. Als Individuum erlangt man dann Sicherheit in der Gruppensituation, an der man Anteil hat: wenn Einzeläußerungen zugleich als Bedeutung von »Zeugenschaft« für die Gesamtsituation der Gruppe erkannt werden, an der alle teilhaben, und wenn man es sich leistet, innerhalb der Gruppe individuelle Probleme anzuschauen, ohne ins Abtun zu flüchten, und sich die Frage stellt, welche Bedeutung diese Probleme auf Gruppenebene haben.

---

8 Der Opfer-Begriff mag an dieser Stelle plakativ erscheinen. Genau genommen beschreibt er einen Akt der Selbstaufopferung, bei dem Kräfte und Fähigkeiten, ohne Rücksicht auf das eigene Befinden und mögliche Konsequenzen, eingesetzt werden.

Viertens: Vermenschlichung der Autorität

Wenn die Gruppe nun all die Schritte auf dem Weg zur Selbstorganisation gegangen ist und sich die Mitglieder zugehörig fühlen, dann wäre es doch etwas Gutes, auch als Führungskraft selbst zum Mitglied der Gruppe zu werden. Je besser man sich kennt, desto eher findet man sich durchaus sympathisch und verliert das Interesse an Distanz. Aber Mitgliedschaft heißt Mitagieren. Beobachten bedeutet Analyse von außen, dann aber droht der Verlust der Mitgliedschaft. Damit die Gruppe sich selbst organisieren lernt, gilt es nun genauer auf das zu schauen, was die Asymmetrien ausmacht. Es geht um die Differenz zwischen Agieren und Beobachten und darum, wie die Gruppe dies selbst übernehmen und zu ihrer Aufgabe machen kann.

Dies gelingt jedoch erst, wenn die Gruppe sich mit der »offiziellen Asymmetrie« beschäftigen, d.h. wenn sie sich der Führung selbst nähern und sich mit ihr auseinander setzen kann. Hierzu muss die Führungskraft »menschlich« werden. Insofern kommt dieser Wunsch beiden Seiten entgegen.

Ganz gleich, wie sich die Führungskraft bisher gegeben hat, sie hatte immer einen Sonderstatus, den es zu relativieren gilt. Wurde sie bislang als die helfende, unterstützende »gute Autorität« wahrgenommen, so wird sie sich nun ein wenig mehr entziehen müssen und dabei Entfremdungserlebnisse auslösen. Sie bekommt Ecken und Kanten, was man als verwöhntes Gruppenmitglied gar nicht schätzt; wobei die Enttäuschung bis zum Vertrauensverlust führen kann. Auch die konfrontierende, gestrenge »negative Autorität« wird sich mäßigen müssen, weil sie sonst den Zugang zur Gruppe verliert. Sie wird milder und zugänglicher, was man leicht als Schauspielerei, Kumpanei oder Anbiederung auslegt. Die Gruppe hingegen repetiert alles »Böse«, was sie glaubt von der Autorität vorgeworfen bekommen zu haben. Das Ziel, sowohl der Gruppe als auch der Führung, muss es sein, das Provozierend-Kränkende weiter im Auge zu behalten, weil es nach wie vor die Angst bindet, und darüber, unter Einbeziehung der Leitung, zu versuchen das Negative loszuwerden.

Dies sind unterschiedliche Weisen der »Vermenschlichung« die keineswegs darauf abzielen, die Asymmetrien zu nivellieren – eine Führungskraft bleibt eine Führungskraft – vielmehr geht es um die Befreiung der eigenen Beziehungsgefühle zu ihrer Ambivalenz, und erst die Vermenschlichung der Autorität ermöglicht die wirkliche »Entblockierung« der Gefühle und ermuntert zu deren Äußerung. Ansonsten verbleibt die Führungskraft als das Unansprechbare und Unausgesprochene.

Solange Ambivalenzen und Widersprüche in Gruppen ausgeschaltet werden, bleibt es unmöglich, die eigenen Gefühle in ihrer inneren Bewegung zu erfassen und sich darüber innerhalb der Gruppe zu positionieren. »Positionieren« heißt nicht, die Gruppensituation einzuschätzen und die Phänomene zu verurteilen oder zu bestätigen, sondern ihre ständige Widersprüchlichkeit und Unauflösbarkeit zu begreifen.

Fünftes Fazit: Vier Schritte zur Selbstorganisation
- Als Coach geht es mir vor allem darum, ein »Beziehungsgegenüber« zu sein. In der gemeinsamen Auseinandersetzung ermögliche ich es meinem Coachee, seine Handlungsoptionen zu erweitern, so dass er selbst wählen kann (und muss), welchen Weg er gehen will. Diese (Wahl-)Freiheit ermögliche ich als Coach nicht durch Abstinenz oder Abwesenheit, sondern durch unterschiedliche Beziehungsangebote innerhalb der eigenen Beziehungswirklichkeit Coach-Coachee.
- Gruppen können auf dieselbe Art zur Selbstorganisation geführt werden. So paradox es sich anhören mag, gelangen sie nur über Fremdsteuerung zur Selbststeuerung. Daher ist es notwendig, als Führungskraft der Gruppe ein Gegenüber zu bieten, um daran gemeinsam mit der Gruppe die Phänomene von Abhängigkeit und Zugehörigkeit exemplifizieren zu können.
- Der Weg der Gruppe führt von der Gegenabhängigkeit gegenüber der Autorität über gemeinsame, weitgehend zweckfreie Aktionen und dem Wagnis eines individuellen Opfers bis hin zur »Vermenschlichung« der Autorität. Dies ist keineswegs als Einladung zum »Laissez-faire« zu verstehen, es geht vielmehr um einen Umgang mit Autorität, der von Selbst-Bewusstsein und vom Bewusstsein des gemeinsamen Interesses geprägt ist.

Sechstes Fazit: Was zeichnet eine Gruppe aus?
- Die analytische Herausforderung für den Coach besteht darin, immer wieder zu trennen, inwiefern der Coachee als Gruppenmitglied etwas über sich selbst sagt und was, über das Gesagte hinaus, etwas über den Zustand der Gruppe signalisiert.
- Gruppen sind nicht anders erschließbar als durch das persönliche Erleben und Handeln Einzelner hindurch. Erst dies eröffnet den Blick auf die sozialen Gegebenheiten, d. h. auf den aktuellen Gesamtzustand, in den das gezeigte Verhalten eingebettet ist.
- Das beobachtbare Verhalten Einzelner ist einerseits Ausdruck von Individualität und zugleich die Summe eines komplexen Wechselspiels der Person mit anderen Gruppenmitgliedern und der jeweiligen sozialen Umwelt.
- Mitglied einer Gruppe zu sein, heißt »wir« sagen können und sich selbst mit allen internen Asymmetrien als eine soziale Einheit zu begreifen, die auch dann existiert, wenn sich die Mitglieder gerade nicht sehen.
- Gruppen schaffen diese spezifische Erwartungssicherheit durch wechselseitiges persönliches In-Beziehung-Gehen. Hierdurch entsteht eine ganz bestimmte, stark emotional getönte Beziehungsqualität.

4. Strukturen respektieren – Gefühle sind nicht nur individuell

Nachdem wir aus unterschiedlichen Perspektiven die Zeit- und Prozessdimension von Gruppen betrachtet haben, wollen wir nun die Raum- und Strukturphänomene analysieren. Unter strukturellen Gegebenheiten wollen wir all die Ereignisse verstehen, die auf die Gruppendynamik einwirken. Wie bereits erwähnt, können dies sowohl Rollen als auch Persönlichkeitsmerkmale, Stimmungen und Gefühle sein. Grob gesagt sind es die Rahmenbedingungen, die als Leitplanken vorgeben, worin sich das Prozessgeschehen ereignet.

Nun war bereits mehrfach von »Gefühlen« und »persönlichem Erleben« die Rede und innerhalb von Arbeitskontexten stellt sich die berechtigte Frage, ob es wirklich notwendig ist, immer über Gefühle zu reden, oder ob man nicht besser rational und sachlich bleiben sollte? Gegen den Wunsch, Gefühle auszublenden, sprechen zwei Gründe:

Erstens wird bei jeder Beziehung, von der Zweierbeziehung bis hin zur Gruppe, immer ein bestimmtes emotional wirksames Beziehungsgefüge errichtet, auch wenn dies zunächst unbewusst funktioniert. Sobald sich die Beziehungsdimension in die Arbeitswelt »einschleicht«, werden Gefühle von Akzeptanz, Ablehnung, Sympathie und Antipathie bedeutsam. Zweitens folgt die individuelle Aufforderung, dass man seine Gefühle doch besser draußen lassen sollte, der verbreiteten Ansicht, dass Gefühle etwas zutiefst Individuelles sind. Gefühle haben sozusagen nur Individuen zu haben, und sie betreffen nur diese Individuen. Deshalb wird versucht, vor allem und mit Vorliebe an der Einzelperson herumzuformen. Doch Gefühle stecken ebenso innerhalb der Gruppe und den Strukturen, die davon geradezu übervoll sind.

Beispiel 1: Ein Projekt ist seit Tagen festgefahren. Es ist noch wenig geklärt, es steht viel auf dem Spiel, die Mitglieder geben sich nach außen verständnisvoll und die Zeit ist knapp. Plötzlich haut Herr Z, der sonst als sehr besonnen und ruhig gilt, auf den Tisch und ruft aus: »Ich halte diese Verlogenheit hier nicht mehr aus! Wir wissen doch alle, dass wir wegen Herrn X in dieser misslichen Lage sind und dass Frau Y gar nicht will, dass wir eine Lösung finden.« Der Vorgesetzte wird kreidebleich im Gesicht, weil nun genau die konflikthafte Eskalation passiert ist, die er seit Tagen unbedingt verhindern wollte.

Beispiel 2: Frau A tritt als neues Mitglied in ein Team ein. Eigentlich freut sie sich auf die Arbeit. Sie ist kompetent, motiviert und kommt in Einzelgesprächen mit Herrn B und Frau C sehr gut aus. Sobald jedoch das ganze Team in Sitzungen zusammenkommt, überfällt sie eine enorme Lähmung. Sie hat keine Lust mehr, irgendetwas zu sagen und wartet nur darauf, bis es vorbei ist.

Natürlich haben alle individuell geäußerten Gefühle eine je individuelle Färbung. Ein Ausbruch von Frau Y hätte sicherlich anders ausgesehen als der von Herrn Z, und Herr B würde vielleicht nicht von einer »enormen Lähmung«

sprechen. All dies ändert nichts an der Tatsache, dass die Spannungen allgegenwärtig und im Prinzip für alle greifbar waren. Gefühle treten insofern zwar in den einzelnen Individuen auf, sie allein sind aber nicht deren alleinige Entstehungsursache. Das Aussprechen und die gemeinsame Analyse der Gruppensituation befreit von der Intensität individueller Betroffenheit. In unserem Beispiel artikuliert Herr Z nicht nur seinen eigenen Ärger, sondern wird zugleich zum Sprachrohr für die Frustration der ganzen Gruppe. Frau A wird nicht plötzlich zu einer »unmotiviert-gelähmten« Mitarbeiterin, sondern nimmt etwas wahr, was ein Gefühl der Gesamtgruppe ist. Man ist quasi in jeder Gefühlssituation mehr oder weniger bei sich und zugleich außer sich.

Für den Coach, ebenso wie für die Führungskraft, gilt es, auf diesen wichtigen Zusammenhang zwischen individuellen Gefühlslagen und Gruppenkonstellationen hin zu intervenieren. Umgekehrt ist man dann in Gruppen am wirksamsten, wenn man die vorherrschende Gefühlslage der Gruppe erkennt und in dieser Kraft mitschwingt. Hierfür braucht es die Brücke zwischen dem Gefühl und dem Erkennen, dass man nicht bloß »über« etwas, sondern »aus« etwas »heraus« spricht.

> **Siebtes Fazit: In Gruppen empfindet man niemals ganz allein**
> - Als Coach muss ich mir bewusst sein, dass mein Coachee in Gruppen sich völlig anders verhält, ja sogar ein »völlig anderer Mensch« sein kann als im Zweier-Setting – ohne dass ihm dies bewusst ist!
> - Von Gordon Allport stammt der Satz: »In Gruppen verhalten sich Menschen »anders««. Dieses »anders« bezieht sich auf den Balanceakt zwischen individueller Einstellung und Verhalten einerseits und dem Verhalten der Gesamtgruppe andererseits, sowie zwischen individuellen und kollektiven Gefühlen.
> - Ebenso muss sich mein Coachee als Gruppenmitglied bewusst werden, dass er oder sie sowohl eigene Gefühle hat, als auch (meist unbewusst) Gefühle der Gesamtgruppe übernimmt und bisweilen zu deren Sprachrohr wird.

5. Strukturen respektieren – Zugehörigkeit, Macht, Nähe

So, wie sich kollektive Gefühlslagen als strukturelles Phänomen auf den aktuellen Prozess der Gruppe auswirken, so werden auch die Mitglieder selbst von Fragen angetrieben, die sich auf die Ausgestaltung der Beziehungsebene beziehen.

Zu Beginn des Beitrags war bereits von »Rollenmodellen« die Rede. So gibt es formelle und informelle Rollen – und so eindeutig uns in der Arbeit, im Freundeskreis oder der Familie eine bestimmte Rolle zugedacht ist, so sehr müssen wir uns immer wieder ganz individuell dazu in Beziehung setzen und die

Rolle von uns selbst heraus mit Leben füllen. Eine Rolle zu bekleiden, heißt noch lange nicht, sie für sich akzeptiert und verinnerlicht zu haben.

Insofern ist jeder Anfang in Gruppen ein typischer Sozialisationsprozess, den jeder Mensch mehrfach erlebt hat und mit dem er immer wieder aufs Neue konfrontiert wird. Daher weckt jede Gruppenentwicklung in uns grundlegende, individualpsychologische Erfahrungen.

Als Individuen sind wir die Summe unserer Erfahrungen. Dies sind mitunter tief verankerte Erlebnisse der Anerkennung und Ablehnung mit ursprünglichen Beziehungspersonen. Ein Kind erwirbt überhaupt erst aus derartigen Bestätigungen und Ablehnungen seiner Umwelt ein spezifisches Identitätsbewusstsein. Es geht um die Antwort auf die Frage: »Wer bin ich?« Jede neue Lebenssituation wird für das Individuum mit den Erfahrungen verglichen, die in seinem biographischen und geschichtlich gewachsenen Identitätsbewusstsein vorhanden sind. Solche »Abgleiche« laufen weitgehend unbewusst ab und werden auch keineswegs jedes Mal aufs Neue thematisiert. Dennoch hängt unser Engagement in Gruppen deutlich davon ab, inwieweit uns die Befriedigung grundlegender individueller Wünsche und Bedürfnisse gelingt. Hierbei spielen die eigenen Sicherheits- und Sozialbedürfnisse eine entscheidende Rolle.

Bei jedem Eintritt in eine neue Gruppe bzw. bei größeren Veränderungen in bestehenden Gruppen wiederholt sich unbewusst das Modell dieser frühen Sozialbeziehungen. Der Erfolg aktueller Gruppen hängt davon ab, inwieweit die Gruppenmitglieder die notwendige Flexibilität und Risikobereitschaft aufbringen, sich selbst gegenüber der Gruppe zu öffnen und sichtbar zu machen. Denn nur in dem Maße, in welchem sich jedes Mitglied differenziert und engagiert, wird es Teil der Gruppe sein.

Bereits 1958 hat William Schutz[9] in seinen Arbeiten die These aufgestellt, dass der Mensch drei zwischenmenschliche Grundbedürfnisse hat, über die er von Kindheit an mit anderen Menschen in Beziehung geht und die sich im Verhalten und in den Gefühlen gegenüber anderen äußern. Die Verhaltensweisen und Gefühle basieren auf dem Selbstbild, das man von sich hat, und den damit verknüpften Reaktionen, die man von anderen auf dieses Bild erhält. Die drei Grundbedürfnisse lauten nach Schutz *Zugehörigkeit, Kontrolle und Zuneigung*. Jedes Gruppenmitglied muss auf jedes dieser drei Bedürfnisse individuell eine Antwort finden, damit sich eine tragfähige innere Ordnung zur Orientierung aller Mitglieder entfalten kann. In eine geläufige Praxisformel von Trainerinnen und Trainern für Gruppendynamik übersetzt heißt dies: In gruppendynamischen Prozessen geht es immer um die Fragen: Wer ist drinnen oder draußen (Zugehörigkeit)? Wer ist oben oder unten (Kontrolle der Macht)? Wer ist nah oder fern (Zuneigung)?

---

9 Vgl. Schutz 1958. Der Autor hat darin auch ein heute noch verwendetes Analyseinstrument für Gruppendynamik entwickelt.

> **Achtes Fazit: Permanente Reaktivierung und Klärung alter Grundbedürfnisse**
> - Als Coach darf ich die Rolle meines Coachees nicht mit ihm selbst verwechseln, denn unabhängig von der Rolle sucht mein Coachee stets für sich selbst nach der Klärung seiner ursprünglichen Grundbedürfnisse.
> - Rollen, die von außen an einen herangetragen werden, müssen erst individuell verinnerlicht und zu eigen gemacht werden. Hierbei fließen sowohl gesellschaftliche Denk- und Gefühlsmuster als auch individuelle Prägungen und Erfahrungen zusammen.
> - Je größer der sozial bedingte Stress, wie in Anfangssituationen oder Konflikten in Gruppen, desto unsicherer reagieren wir, desto mehr werden wir auf unsere alten Beziehungsmuster zurückgeworfen und suchen nach (erneuter) Orientierung unter den Kategorien Zugehörigkeit, Kontrolle und Zuneigung.
> - Dieser Prozess der Gruppenwerdung wird so lange dauern, bis eine befriedigende und angstfreie Kommunikation aller Gruppenmitglieder untereinander und gegenüber der Gruppenleitung gefunden und möglich wird.

Im aktuellen Diskurs wird im Zusammenhang mit den drei Grundbedürfnissen gern vom »gruppendynamischen Raum« gesprochen. Wenn wir wiederum das »Raum-Bild« nutzen, dann handelt es sich gleichsam um drei Dimensionen mit ihren jeweiligen Polen, innerhalb derer man seinen Platz finden muss. Über die exakte begriffliche Bezeichnung der drei Dimensionen besteht jedoch Uneinigkeit: Wir wollen die drei Dimensionen »Zugehörigkeit«, »Macht« und »Nähe« nennen.

Die Dimension der Zugehörigkeit

Über diese Bezeichnung besteht weitgehend Einigkeit, weil eine klare Differenzierung möglich ist. Zugehörigkeit ist das Bedürfnis, sowohl mit anderen Menschen zusammen oder auch allein sein zu wollen und dennoch dazuzugehören, sowie über die Alternative des Austritts zu verfügen oder unter die Kategorie der Nicht-Zugehörigkeit zu fallen. Damit ist nicht zugleich das Gefühl der Zusammengehörigkeit gemeint, das sich deutlich von der Zugehörigkeit unterscheidet. Ich kann eindeutig Mitglied einer Gruppe sein und dazugehören, ohne mich jemals mit den anderen zusammengehörig zu fühlen.

Es scheint im ersten Moment ein Widerspruch darin zu liegen, mit anderen »gemeinsam eins« zu sein und zugleich ungestört und ungeteilt die eigene Individualität ausleben zu wollen. Dahinter verbirgt sich die Angst davor, und zugleich ist da die Sehnsucht danach, in einem Ganzen vollständig aufzugehen. Das Zugehörigkeitsverhalten kann von Vorsicht geprägt sein oder auch schnell einen starken Konformitätsdruck der Gruppenmitglieder auslösen. Manche Mitglieder lassen sich nur sehr zögerlich auf Interaktion ein, andere stürzen sich darauf und wollen ganz in der Gruppe aufgehen. Manche bilden paarweise

Bündnisse oder Koalitionen mit anderen, die ähnliche Hintergründe oder Ansichten haben, andere finden ihren Platz in der Gruppe, indem sie deutlich am Rand oder bewusst außerhalb stehen bleiben und von dort aus agieren.

Die Frage von Zugehörigkeit und Nicht-Zugehörigkeit zieht sich in verschiedenen Ausprägungen durch die Geschichte der Menschheit. Zugehörigkeit gibt Sicherheit und ermöglicht Kommunikation und Vertrauen. Ohne Zugehörigkeit zu einer Gruppe waren Menschen lange Zeit nicht überlebensfähig. Zugleich definiert jede Gruppe über eigene Merkmale Nicht-Gruppenzugehörige und den Ausschluss anderer, und so finden sich in jeder Gesellschaft und in jedem Zeitalter Phasen, in denen Nicht-Zugehörige nicht nur ausgeschlossen, sondern mitunter sogar bekämpft werden.

Typische Fragen, die sich Individuen in dieser Dimension stellen, lauten:
- Was muss ich tun, um hier dazu zu gehören?
- Was sind Ausschlussgründe?
- Wie sehen die formellen und informellen Gruppen-Rollen aus, mithilfe derer die Zugehörigkeit geregelt ist?
- Welche Fähigkeiten werden von mir erwartet? Geht es um Intelligenz oder um mein äußeres Erscheinungsbild?
- Welchen Beitrag kann ich für die Gruppe leisten?
- Was darf ich auf keinen Fall tun?

Die Dimension der Macht

Die zweite Dimension ist schon nicht mehr ganz so klar zu benennen. Es geht um die Dimension der Kontrolle, des Einflusses und der Einflussmöglichkeiten, sowie schlicht um die Frage nach Macht und Ohnmacht in Gruppen. Der Machtbegriff ist zwar plakativ und selten positiv besetzt, zu schnell kommt einem der »Machtmissbrauch« in den Sinn, zugleich macht er jedoch unmissverständlich deutlich, worum es bei dieser Dimension geht.

Die je individuell zu klärenden Fragen von Gruppenmitgliedern lauten diesbezüglich:
- Kann ich persönlich genug Einfluss ausüben, um die eigene Zukunft für mich günstig mitzubestimmen?
- Kann ich andere so steuern, dass sie mich innerhalb der Gruppe unterstützen?
- Kann ich genug Steuerung preisgeben, um mich auch von anderen unterstützen und belehren zu lassen?
- Kann ich mir ein Stück Verantwortung abnehmen lassen oder muss ich mich für alles selbst verantwortlich fühlen?

Insofern ist Macht immer relativ, sie existiert nicht »an sich«, sondern sie bedarf der Zustimmung der anderen. Wenn ich Chefin bin, es aber niemanden interessiert, was ich fordere, kann ich so viel anordnen, wie ich will. Wenn ich es andererseits nicht verhindere, dass ein Gruppenmitglied endlose Monologe hält, bin ich es, der ihm gestattet, seine Macht auszuüben. Zur Ausübung der Macht gehört immer ein Gegenüber, das sich auch bemächtigen lässt. Die Dynamik in diesem Bereich zeigt sich vor allem bei Entscheidungsfindungen und bei Fragen von Kompetenz, Kontrolle, Autorität und Einfluss: Wessen Anweisungen werden befolgt? Wer fügt sich wo ein und wem unter? Wer wird initiativ, wenn es ernst wird?

Die Dimension der Nähe

Wenn vom gruppendynamischen Raum die Rede ist, wird diese dritte Dimension gern als »Intimität« bezeichnet, was zur Recht missverständlich ist. Unter dem deutschen Begriff »Intimität« wird ein Zustand tiefster Vertrautheit verstanden. Intimität herrscht in der Intimsphäre – einem persönlichen Bereich, der nur engsten Vertrauten vorbehalten ist und Außenstehende nicht betrifft. Mit dieser Ausschließlichkeit wird es schwer innerhalb von Gruppen umzugehen. Ebenso verhält es sich mit dem Begriff der Zuneigung, der in seiner Positivbedeutung per se etwas Erstrebenswertes beinhaltet. Der Gegenpol der Abneigung hat etwas Ausschließendes.

Die Dynamik von Nähe und Distanz zeigt sich darin, wie nah wir anderen Menschen kommen wollen und wie weit wir ihnen erlauben, sich uns zu nähern, bzw. welche Distanz zu ihnen für uns stimmig ist. Das *kann* mit Intimität und Zuneigung zu tun haben, es muss aber nicht so sein. Ganz gleich ob beruflich oder privat, ob innerhalb oder außerhalb der Arbeit, sobald Menschen näher miteinander zu tun haben, geht es immer auch um Differenzierung nach Annäherung, Wärme und Liebe. Ohne Nähe könnten sich Menschen einander nicht anvertrauen oder andererseits erkennen, dass sie sich nicht riechen können. Ohne Nähe wäre das Leben steril und öde. Bei der Frage nach Nähe geht es darum, liebenswert zu sein und das Gefühl zu haben, dass der innere Kern seiner selbst, wenn man ihn jemandem offenbart, als etwas Wunderbares angesehen wird.

Typische Fragen zu dieser Dimension lauten:
- Werde ich in dieser Gruppe als ein vertrauenswürdiger Mensch akzeptiert sein?
- Wird man mich auch dann mögen, wenn ich mich einmal gegen die Gruppe wende?
- Werden das allmähliche Zusammenfinden und die Annäherung innerhalb der Gruppe zu einer zu starken Euphorie bezüglich des angestrebten Ergebnisses führen?
- Und wenn die Gruppe ihre Ziele fast erreicht hat, wird es dann passieren, dass sich andere Mitglieder einfach zurückziehen, weil der Abschied droht, und mich allein zurücklassen?
- Darf ich für mich den Abstand zu meinem Gegenüber selbst regulieren?

So offensichtlich auch diese Kategorie ist, so heikel ist es, sich mit der Frage nach Nähe, Intimität und Zuneigung auseinanderzusetzen. Erst wenn das erste Ringen um Zugehörigkeit, um einen Platz in der Gruppe, sowie um Macht und Status zu einem Ergebnis geführt hat, mit dem sich alle Gruppenmitglieder vorläufig abfinden können, kommt es häufig zu einer Ruhepause. Die Gruppe hat trotz möglicher Konflikte Bestand. Der Kampf scheint erst einmal ausgekämpft und die emotionale Nähe, die dadurch entstanden ist, wird als positive, tragende Kraft spürbar. Jetzt erst sind die Gruppenmitglieder bereit, ein tragendes Wir-Gefühl zu entwickeln und zuzulassen. Jetzt kann zwischenzeitlich dem Bedürfnis nach Nähe und Übereinstimmung Raum gegeben werden. Die Gruppenmitglieder nehmen freundlich Bezug aufeinander und finden (mitunter erstaunliche) Ähnlichkeiten heraus. Aber auch die Differenzen, die zuvor wie unüberbrückbare Gegensätze aussahen, können in dem Moment in ihrer Eigenheit akzeptiert und hingenommen werden, ohne aufgelöst werden zu müssen. Im Gegenteil, gerade im Erleben, dass nicht alle gleich und eins sein müssen, dass der Grundkonflikt zwischen Individuum-Sein und In-der-Gruppe-Sein nicht entschieden werden muss, dass die Unterschiedlichkeit eine eigene Qualität hat, die nicht auf Kosten der Nähe geht, wird ein Wir-Gefühl geschaffen.

Neuntes Fazit: Notwendigkeit permanenter Feinjustierung
- Wenn ich als Coach auf die Beziehungsaktivität meines Coachees schaue, kann ich all seine Handlungen zugleich auch als Klärungsversuche der drei beschriebenen Dimensionen verstehen.
- Der Prozess, in dem jedes Gruppenmitglied zu jedem anderen Mitglied das Verhältnis von Zugehörigkeit, Macht und Nähe klärt, wird so lange dauern bis eine einigermaßen befriedigende und angstfreie Kommunikation aller Gruppenmitglieder untereinander und gegenüber der Gruppenleitung gefunden und möglich wird.
- Dieses Verhältnis wird niemals stabil und von Dauer sein! In lebendigen Gruppen gibt es keinen Zustand, in dem alles geklärt ist, weil wir erstens nicht davon ausgehen können, alle Einflussgrößen zu kennen, und sich zweitens die meisten Variablen in dem Moment, da man sie benennt, bereits wieder ändern.

6. Schluss – Forschende Haltung und Perspektivenwechsel[10]

Gruppen sind dann arbeitsfähig und in der Lage sich selbst zu steuern, wenn sie es schaffen, sich über sich selbst Klarheit zu verschaffen, ihren Standort selbst zu bestimmen und sich ihre eigene soziale Wahrheit zu geben. In diesem aufklärerischen und demokratischen Gedanken ist sich die Gruppendynamik bis heute treu geblieben. Nicht einzelne Individuen, Autoritäten, Situationen, bewusstlos gehaltene Normen, Muster, Affekte etc. sollen die Gruppe bestimmen, sondern diese sich selbst und insgesamt aus dem jeweils erworbenen Bewusstsein dessen, was sie ist und sein will. Selbstorganisation läuft über diese Form von Selbstdiagnose: wo stehen wir, was bestimmt uns, treibt uns, lässt uns zögern und starrer werden; von was wollen wir, dass es so bleibt, was wollen wir verändern?

Um in dieser Denkart in und mit Gruppen unterstützend wirksam sein zu können, sei es in der Beratung oder in Führungsverantwortung, sind zwei zentrale Kompetenzen unerlässlich. Erstens braucht es eine konsequent *forschende Haltung*, die Grundlage und Maßstab des gruppendynamischen Arbeitens ist. Dies bedeutet, sich fragend und neugierig dem »Fremden« und auch dem fraglos Funktionierenden zu nähern, und dabei die Gruppenrealität sowohl als etwas genuin Eigenes als auch als perspektivische Konstruktion Einzelner zu erfassen. Sie beinhaltet eine reflektierte Zurückhaltung gegenüber dogmatischer Wahrheit und sich schnell aufdrängender Offensichtlichkeit. Erst die forschende Haltung ermöglicht ein reflexives Verhältnis zum eigenen Tun und darüber ein Verständnis für die individuelle Entwicklung sowie für übergreifende soziale Prozesse. In einer solchen Haltung hat man Theorien und Modelle als mögliche Richtungen vor Augen und vergleicht sowohl systematisch als auch kreativ das Erfahrene mit bereits gemachten Erfahrungen. Auf diese Art, Prozesse des je individuellen Verstehens und Erklärens innerhalb von Gruppen nachzuvollziehen und zugleich als Interpretationsangebot verfügbar zu machen, zeichnet sich die eigentliche Kunst professionellen Intervenierens aus und unterscheidet sich darin deutlich vom Alltagswissen und Alltagshandeln.

Zum andern braucht es die Fähigkeit zum *Perspektivenwechsel*, d. h. zur Empathie, als Einsicht in die Verschiedenheit der Sicht auf die Welt und die Veränderung innerhalb der Beziehung. Beim Perspektivenwechsel versetzt man sich in die Rolle und Position eines anderen hinein und versucht einen Sachverhalt aus dessen Sicht und Standpunkt zu sehen. Voraussetzung dafür ist das Verlassen des eigenen Zentrums und das Sichhineinversetzen in jenes des Gegenübers. Indem man »in die Haut des anderen schlüpft«, erhält man eine Idee vom möglichen Gefühlszustand des Gegenübers als eigene affektive Verfassung und kann dadurch dessen Emotionen und andere Reaktionen besser begreifen. Wie sonst

---

10 Für diesen wichtigen Schlussimpuls danke ich Susanne Möller-Stürmer.

sollten all die in diesem Beitrag beschriebenen Gefühlslagen erfassbar sein und Raum finden?

Unseres Erachtens sind dies notwendige, aber keine hinreichenden Bedingungen für eine professionelle gruppendynamische Expertise, und vielleicht besteht genau darin das Sperrige des gruppendynamischen Ansatzes. Es braucht erstens viel Expertise über individuelle und kollektive Beziehungsmuster, zweitens eine Idee davon, was Arbeitsfähigkeit innerhalb von Gruppen ausmacht – verbunden mit der Zuversicht, dass Gruppen Willens und in der Lage sind, dies auch zu erreichen – und drittens die Fähigkeit zur konsequenten Zurückhaltung, um nicht durch Steuerung die Selbststeuerung zu verunmöglichen.

Weiterführende Literatur

Brocher, T.: Gruppenberatung und Gruppendynamik. Leonberg 1999.
Heintel, P. (Hrsg.): betrifft: TEAM. Dynamische Prozesse in Gruppen. Wiesbaden 2008.
König, O./Schattenhofer, K.: Einführung in die Gruppendynamik. Heidelberg 2006.
Rechtien, W.: Angewandte Gruppendynamik. Weinheim 1999.
Sader, M.: Psychologie der Gruppe. Weinheim und München 1991.
Stahl, E.: Dynamik in Gruppen. Handbuch der Gruppenleitung. Weinheim, Basel, Berlin 2002.

Kapitel 12:
Konflikt-Coaching

Michael Loebbert

> Konflikte werden von den Beteiligten oft als unangenehm erlebt. Coaching macht einen Unterschied in der Wahrnehmung und Bewertung von Konflikten: Konflikte sind »nützlich«, d.i. Konflikte werden als Ressource für Entwicklung und Verbesserung fokussiert. Diese Setzung reflektiert ein Konfliktverständnis, das mit seinem pragmatischen Ansatz des »Nutzens von Konflikten«[1] über die Vorstellung von »gewaltfreien«[2] und »partnerschaftlichen«[3] Konfliktlösungen hinausgeht.[4] Als Coachs sind wir zuerst dem guten Ergebnis für unsere Klienten verpflichtet. Konflikte gibt es immer. Es kommt darauf an, was man daraus macht.

1. Was bedeutet Coaching von Konflikten?

1.1 Wie Konflikte aus der Coaching-Perspektive wahrgenommen werden

> **Aufgabe**
> »Konflikte« – was assoziieren Sie mit »Konflikt«? Machen Sie, bevor Sie weiterlesen, ganz schnell in 45 Sekunden eine Liste. Was fällt Ihnen dazu ein?

Wahrscheinlich befördert der Begriff »Konflikt« bei den meisten Menschen eher negativ bewertete Zuschreibungen wie »anstrengend«, »lästig«, »ärgerlich« etc. Die Erforschung und Entwicklung konstruktiver Methoden der Konfliktbearbeitung steht noch ganz am Anfang. In der Regel sind wir so stark absorbiert in unserer Aufmerksamkeit auf tatsächliche und mögliche negative Auswirkungen von

---

1 Aus systemischer Sicht ist es ein wichtiger Beitrag des Coachs, Unterschiede zu machen, die dem Klienten sonst nicht zur Verfügung stehen. – Denken Sie an die Unterscheidung von »Problemorientierung« und »Lösungsorientierung« (vgl. auch Kapitel 2 in diesem Band). – Aus dieser Sicht ist die Einführung des »Nutzens von Konflikten« schon eine Intervention, die einen Unterschied machen kann.
2 Vgl. Rosenberg 2001.
3 Vgl. Glasl/Weeks 2008.
4 Die pragmatische Sicht des Nutzens von Konflikten setzt die Vorstellung von der Lösung also nicht außer Kraft. Die Lösung ist gerahmt durch die Frage nach dem Nutzen. Und manchmal kommen unsere Klienten bei der Abwägung unserer Argumente auch zu dem Schluss, dass ein Konflikt einfach gewonnen werden muss, vielleicht sogar unter Einsatz von Gewalt. Entscheiden Sie selbst, wofür Sie als Coach zur Verfügung stehen.

Konflikten, dass es nur schwer gelingt, die Ressourcen von Konflikten, wie schnelle Klärung von Unterschieden, Notwendigkeit von Entscheidungen, Druck auf neue Lösungen etc., zu nutzen.

Leistungsprozess des Coachees: Organisation ist immer auch die Organisation von Konflikten. Zur Leistung von Menschen in Organisationen gehört es, Konflikte für Wertbeiträge zu nutzen und zu gestalten.

Ressourcenorientierung: Als Coachs verstehen wir Konflikte daher zuerst als Ressourcen für die Entwicklung und Verbesserung von Leistungen und der Organisation von Leistungsprozessen.

Lösungsorientierung: Nicht die Lösung des Konflikts ist die Lösung, sondern (neue) Lösungen, die aus einem Konflikt entstehen können. Konflikte können so gestaltet werden, dass individueller Schaden minimiert und der organisationale Nutzen maximiert wird.

Systemische Perspektive: Personen haben Konflikte. Aus systemischer Sicht sind eskalierende Konflikte, die zu persönlichen Beschädigungen führen, Dysfunktionalitäten von Systemen, nicht von Personen.[5]

> **Aufgabe**
> Wie lautet Ihre Konfliktphilosophie? Wenn Sie länger darüber nachdenken, was fällt Ihnen ein: An welche Konfliktsituationen, persönlich oder auch einfach miterlebt, können Sie sich erinnern, in denen aus einem Konflikt etwas wirklich Positives entstanden ist?
> Beschreiben Sie bitte 3 Fälle.
> Was sind aus Ihrer gewonnenen Sicht 10 wichtige Merkmale für eine konstruktive und partnerschaftliche Konfliktbearbeitung?

1.2 Strukturelle und persönliche Konflikte in Organisationen

Mit einem »Konflikt« (abgeleitet vom lateinischen confligere »zusammentreffen«, »kämpfen«) beschreiben wir das Zusammentreffen unterschiedlicher Interessen, Wertvorstellungen und Zielsetzungen von Personen und Organisationen.

In Organisationen können *strukturelle* oder *strukturbedingte* Konflikte unterschiedlicher Organisationsprinzipien[6] von eher *persönlichen, persönlich beding-*

---

5 Vgl. zu einer explizit systemtheoretischen Darstellung Simon 2010.
6 Vgl. auch Zülsdorf 2007. Darin sind viele Beispiele und Material für das Erkennen von strukturellen Konflikten bzw. der strukturellen Anteile von Konflikten in Organisationen enthalten.

ten Konflikten unterschieden werden. Die meisten Konflikte in Organisationen haben nach meiner Erfahrung einen größeren *strukturellen Anteil*, sind mindestens strukturell bedingt. Eigenheiten der Personen kommen als Garnitur hinzu. – Einige Beispiele: Zwei Führungskräfte werden in Abhängigkeit von ihrem Arbeitsbereich an konkurrierenden Zielen gemessen. Mitarbeitende müssen sich in einer Matrixorganisation gleichzeitig mindestens an zwei Zielsetzungen orientieren. Teamarbeit wird erwünscht, das Vergütungssystem belohnt aber nur individuellen Erfolg. Bei der Frage zum künftigen Profil der Einrichtung zeigt sich die Machtkonkurrenz der beiden neuen Mitglieder im Leitungsteam etc. Bei *Familienunternehmen* wird der Konflikt unterschiedlicher, manchmal *gegenläufiger Handlungslogiken*, von Familie und Unternehmen schon im Begriff ausgedrückt.

Es ist ein weit verbreiteter Irrtum von Führungskräften, Konflikte zunächst persönlich zu adressieren. Folgen sind persönliche Schuldzuweisungen, Abwertung und oft weitere Eskalation. Persönliche Anteile wie *unterschiedliche Wertvorstellungen und Handlungsgewohnheiten* geraten in der Regel erst dann in Konflikt miteinander, wenn auch ein struktureller Konflikt damit verbunden ist: Schnelle vs. gründliche Arbeit, Einbeziehung von Mitarbeitenden vs. klare Entscheidung, wertschätzender Umgang vs. Befehlston, Wissensschutz vs. Wissensaustausch etc.

> **Aufgabe**
> Reflektieren Sie kurz: Was ist Ihr Lieblingskonflikt in Ihrer Organisation? Worüber regen Sie sich gerne auf? Worin verausgaben Sie sich gerne?

1.3 Worin sich Coaching, Mediation und das Management von Konflikten unterscheiden

Mediation. Oft ist die erste Regung bei der Wahrnehmung eines eskalierenden[7] Konflikts, nach Vermittlung zu rufen. Besonders bei länger festgefahren Konflikten erhofft man sich von einer möglichst neutralen externen Mediatorin oder einem Mediator Unterstützung beim Finden von Kompromissen und Vereinbarungen, die im Sinne einer Lösung eine »*Moderation*« (lateinisch für »Beruhigung«, »Besänftigung«) des Konflikts ermöglichen. Dabei haben sich strukturierte Vorgehensweisen, wie sie z. B. von Friedrich Glasl gelehrt und vorgeschlagen werden, bewährt. – In der Praxis sollten Mediationsauftrag und Mediationsrolle vom Coaching getrennt werden. Die Parteilichkeit des Coachs und die notwendige Allparteilichkeit des Mediators können zu Rollenkonflikten führen.

---

7   Siehe im Folgenden die Stufen der Konflikteskalation nach Fritz Glasl.

Management von Konflikten ist eine wichtige Herausforderung für Führungskräfte und Mitarbeitende in modernen Organisationen in komplementärer[8] *ergänzender Managementverantwortung*. Die Qualität der Bearbeitung von Konflikten entscheidet maßgeblich über den Gesamterfolg organisationaler Wertschöpfung. Diese Perspektive hält auch fest: Die letzte Verantwortung für die richtige Bearbeitung und den aus Konflikten gewonnenen Nutzen liegt bei der Führungskraft. Dafür kann es sinnvoll sein, externe Mediation zu beauftragen, wenn es zuerst darum geht, die Leistungsfähigkeit wiederherzustellen.

Konflikt-Coaching orientiert sich an der persönlichen und organisationalen (Management-)Leistung, Konflikte konstruktiv nutzbar zu machen. Vom Coach wird Parteilichkeit für seinen Klienten verlangt, für den Klienten zu einem möglichst großen Nutzen beizutragen. – Unsittliche Aufträge dürfen natürlich abgelehnt werden. – Vorbeugung destruktiver Eskalation oder auch Konfliktstimulation stehen gleichberechtigt neben der Unterstützung zur Konfliktbewältigung.[9] Dabei kann die Mediation ein geeigneter Weg sein. Aus Managementsicht können aber andere Fragestellungen im Vordergrund stehen, wie (a) die Führung von Mitarbeitenden zur Mitverantwortung, (b) die Entwicklung der Konfliktkultur, (c) der Nutzen des Konflikts.

Im Einzel- und Team-Coaching von Führungsverantwortlichen und auch von Mitarbeitenden nimmt *Konflikt-Coaching* einen recht großen Raum ein: Konfliktgeschehen sind in der Regel Rahmenbedingungen für erfolgreiches Verwirklichen von Handlungsplänen, auch wenn diese von Klienten thematisch nicht adressiert wurden. Und da wir Menschen Konflikte aus nachvollziehbaren Gründen lieber meiden und uns gar nicht bewusst machen, *ist es im Coaching nützlich, die Arbeit an Konflikten explizit in den Kontrakt mit aufzunehmen*: Was heißt es für den Klienten, die Klientin, in diesem Konflikt erfolgreich zu sein?

2. Ihr Verhalten in Konflikten

Wie verhalten Sie sich selbst in Konflikten? Welche »Muster« strukturieren Ihre Wahrnehmung, Ihre Gefühle und Ihr Handeln in Konfliktsituationen? – Als Coach sind Sie in die Konflikte Ihrer Klienten immer involviert. Aus systemischer Sicht werden Sie mit dem Auftrag als Coach ein Teil des Interaktionssystems, in dem der Konflikt ausagiert wird. Ihr eigenes Verhalten als Coach wird zu einer Variable des Konflikts, mit dem zu arbeiten Sie beauftragt sind.

---

8 Vgl. zum Begriff der »komplementären Verantwortung« von unterschiedlichen Rollen in Organisationen Schmid 2009 b.
9 Vgl. dazu Schreyögg 2002, S. 98–134.

2.1 Warum ist heute Konfliktführung und -gestaltung so wichtig?

Konflikte gab es schon immer. Dass aber Konflikte so große Bedeutung für das Funktionieren und die Wertschöpfung der Organisation haben, ist relativ neu. *Höhere Komplexität von Organisationen bedeutet mehr Konflikte in der Organisation.* Starre Strukturen und Regeln stellten früher klare Regeln auf, wer in einem Konflikt *gewinnt*, wer in einem Konflikt letztlich das Sagen hat. Konfliktmanagement ist in hierarchisch geordneten sozialen Systemen weniger notwendig.

Hohe Komplexität bedeutet für uns heute flexible Leistungsbeziehungen und Rollen. Ein hohes Innovationstempo braucht Menschen, die sich autonom selbst bestimmt steuern, und eben auch unterschiedliche Standpunkte und Sichtweisen entwickeln. Konflikte in Organisationen nehmen daher tendenziell weiter zu: Je mehr Standpunkte, um so mehr Konflikte.

Diese Unterschiede von Perspektiven und Interessen in der Organisation bilden selbst wieder Unterschiede der Rahmenbedingungen, wie dem Markt und verschiedenen Anspruchsgruppen (»Stakeholders«), ab. Wo Menschen in offenen Märkten und Gesellschaften zusammen handeln, interagieren, sind die Interaktionen komplex: Schon ich allein kann mich ja morgen aufgrund einer neuen Vorliebe, einer neuen Idee anders entscheiden. Unternehmerische Leistungen in der Form von Produkten und Dienstleistungen bieten einfache Lösungen für komplexe Herausforderungen. Diese Leistung von Organisationen ist aus systemtheoretischer Sicht, Komplexität allererst handhabbar zu machen. Organisationen, denen es gelingt, Unterschiede am schnellsten und am besten zu tragfähigen Lösungen zu verarbeiten, sind erfolgreich. Konflikte für die eigene Leistungserbringung nutzbar zu machen, ist daher eine wichtige organisationale Kompetenz. Und die Produktion von Verlierern und Opfern ist dafür mindestens mittelfristig nicht zieldienlich, da daraus Konflikte verlängert werden und für die Leistung nicht zur Verfügung stehen.

2.2 Was ist das größte Missverständnis im Umgang mit Konflikten in Organisationen?

»Der wahre Grund ist: Die haben persönlich etwas gegen einander«. – Solche Statements hört man im organisationalen Alltag häufig. Klar, wenn Konflikte in persönlich verletzender Form ausgetragen werden, ist die Beziehung irgendwann einmal nicht mehr zu reparieren. Doch gilt für Organisationen, in denen wir unsere Zusammenarbeit in Hinblick auf Zwecke möglichst wertschöpfend und nutzbringend organisieren: Die meisten Konflikte haben einen organisatorischen Hintergrund. Dazu zählen unterschiedliche Vorstellungen über Ziele und die Zukunft, teilweise widersprüchliche Leistungsaufträge unterschiedlicher Abteilungen (klassisch: Produktion und Verkauf), kulturelle und strukturelle Brüche, Veränderung professioneller Profile, unterschiedliche Sichtweisen der Interessensgruppen etc.

Ja, der Erfolg moderner Unternehmen hängt nicht zuletzt davon ab, immer wieder neue organisatorische Konflikte hervorzubringen, um Entwicklung voranzubringen:[10] Prozessorganisation vs. Linienorganisation, zentrale vs. dezentrale Units, Kontrolle vs. Autonomie, Kundenorganisation vs. Innovation etc. Die systematische Induktion von Konflikten ist wahrscheinlich eine genau so wichtige Managementherausforderung wie die Konfliktbewältigung.

Die Alternative aus dieser organisationstheoretischen Sicht wäre »Kindergarten«: es gibt halt einfach Konflikte und niemand hat die Verantwortung; oder »Freizeitgruppe«: die persönlichen Interessen stehen im Vordergrund. Erziehung, Familie und Freizeit sind natürlich ein hervorragendes Trainingsfeld. Doch in Unternehmen und Organisationen geht es um das Hervorbringen nützlicher bzw. von Kunden und Abnehmern als nützlich wahrgenommener Leistungen. Da sind die persönlichen Aspekte und Interessen des Konfliktgeschehens nur der (emotionale) Treibriemen für neue Lösungen oder auch deren Verhinderung.

2.3 Warum sind Konflikte so wertvoll?

»Der Streit ist der Vater aller Dinge«, sagte vor 2500 Jahren der griechische Weisheitslehrer Heraklit. Er meinte damit wahrscheinlich den ontologischen Sachverhalt, dass nur da, wo es Unterschiede gibt, auch Energie fließen kann und Leben entsteht. Im organisationalen Zusammenhang verstehen wir den *Streit* als die Fähigkeit, unterschiedliche Standpunkte einzunehmen, welche im sozialen Zusammenleben der Menschen den Ursprung von sozialer Organisation darstellt: Menschen haben unterschiedliche Talente, Fähigkeiten, Perspektiven. Kulturelle Errungenschaften wie das Zusammenleben in einer Gemeinschaft, Arbeitsteilung, ja sogar Sprache sind nur möglich, indem Menschen lernen, über ihre Differenzen in konstruktive Auseinandersetzung zu kommen. Konflikte bestimmen die Organisation unseres Zusammenlebens. Unsere organisatorischen Regeln, Abläufe und Strukturen können auch als die Organisation unserer Konflikte verstanden werden.

Konflikte in Organisationen gibt es mindestens so viele wie es organisationale Unterschiede gibt: Konflikte zwischen unterschiedlichen Hierarchieebenen, zwischen Abteilungen und Bereichen wie Innen und Außen, zwischen unterschiedlichen Funktionen wie Marketing und Produktentwicklung, zwischen unterschiedlichen Organisationsprinzipien wie Familie und Geschäft, zwischen Frauen und

---

10 Allgemeiner kann man mit Gerhard Schwarz (1990), S. 18 sagen: »Der Sinn von Konflikten kann [...] im Zulassen und Bearbeiten von Konflikten gesehen werden.«

Männern, zwischen Ehrenamtlichen und Hauptamtlichen, zwischen Geschäftsführung und Aufsichtsrat, zwischen Unternehmensteilen in Europa und Asien, zwischen Alten und Jungen, zwischen Ost und West.

Welcher Konflikt in welcher Weise auf die Agenda (»das zu Behandelnde«) der Organisation kommt, wird im besten Fall von den Führungsverantwortlichen vorangebracht. Wenn eigentlich die Zusammenarbeit und das Gewicht von Zentrale und Peripherie neu justiert werden sollte, die Konfliktfrage aber als Geschlechterthema diskutiert wird, ist davon keine konstruktive Weiterentwicklung zu erwarten. Konflikte binden und bedienen Emotionen. So geschieht es, dass Konflikte, die möglichst lautstark ausgetragen werden, Vorrang bekommen vor solchen, die eigentlich für die Weiterentwicklung der Organisation strategisch wichtig wären.

Dies bedeutet auch: Nur wo es ganz reale Konflikte gibt, kann es Entwicklung und Verbesserung geben. Jeder Konflikt ist eine Chance. Darum ist die *Wertschätzung der organisationalen Bedeutung von Konflikten* die Grundlage erfolgreichen Konfliktverhaltens.

2.4 Welche Aspekte spielen bei Konflikten eine Rolle?

Damit es einen Unterschied gibt, braucht es mindestens zwei, und seien es meine eigenen »zwei Seelen in der Brust«. Konflikte[11] lassen sich unter unterschiedlichen Aspekten[12] beschreiben, wobei meistens ein Aspekt im Vordergrund steht. Besonders bei der genauen Betrachtung von Konflikt-Lösungen, die über *faule Kompromisse* erreicht werden, zeigt sich aber, dass alle Aspekte eine Rolle spielen (vgl. Abb. 29).

Ziel- und Wertkonflikt: Menschen sind bestimmt durch unterschiedliche Ziele und Interessen. Unterschiedliche Zielsetzungen beziehen sich ihrerseits auf unterschiedliche Werte – sprich was mir an meinen Zielen wertvoll ist, sei es z. B. das jeweilige »Hemd, das mir am nächsten ist«, oder der Konflikt von Gemeinschaft und Individuum.

Mittelkonflikt: Jeder Konflikt hat einen Inhalt. Es wird über Wege und Mittel gestritten, mit denen ein scheinbar gemeinsames Ziel zu erreichen ist. Unter-

---

11 Das Wort »Konflikt« ist mehrdeutig: Hier (1) meint es die Struktur oder auch den Grund eines Konflikts als unterschiedliche Interessen, sonst auch (2) was Sie wahrnehmen, wenn der Konflikt schon eskaliert, wie heiße Emotionen, Turbulenzen, Aggression etc.
12 Für die Unterscheidung unterschiedlicher Aspekte des Handelns gebrauche ich das Handwerkermodell von Aristoteles (Phys. I 1, 184a, 10–14). Wie die Handwerker beim Bau eines Hauses unterscheiden wir (1) Zielursache, wofür das Haus gebaut wird, (2) Beweggründe, warum wir dieses Haus bauen, (3) Materialursache, welche Materialien wir nutzen, (4) Formursache, welche Form wir dabei verwirklichen wollen. Vgl. auch den leider vergriffenen Seminarbaustein Rüttinger et al. 1989.

Mittelkonflikt:
Wie, auf welchem Weg, mit welchen Methoden sollen wir unsere Ziele erreichen, unsere Werte verwirklichen?

Verteilungskonflikt:
Wer hat die Macht über die Ressourcen, Geld, Energie, Arbeit, Anerkennung, Status, Produktionsmittel?

Ziel- und Wertkonflikt:
Welche Ziele wollen wir erreichen? Warum? Welche Werte, kulturelle und ethische Normen sind uns dabei wichtig?

Beziehungskonflikt:
Wer nimmt dazu welche Rolle ein? Welche Organisation brauchen wir dafür? Wie wollen wir darin unsere sozialen Beziehungen gestalten?

Abb. 29: Konfliktquadrat

schiedliche Auffassungen über die richtigen Mittel weisen jedoch meist auf einen Ressourcenkonflikt hin.

Ressourcenkonflikt: Unterschiedliche Ziele lassen sofort eine Situation entstehen, in der es um die Ressourcen geht, eigene Ziele durchzusetzen und zu erreichen. Selbst wenn wir Teil einer verschworen, auf gemeinsame Ziele festgelegten Gemeinschaft sind, geht es immer noch um die Verteilung des eigenen und des fremden Anteils: Inwiefern gelingt es mir, Eigenes im Gemeinsamen zu verwirklichen?

Beziehungskonflikt: In jedem Konflikt trete ich also in eine Beziehung zu mir selbst und/oder zu anderen. Die Beziehung kann durch Kooperation oder Feindseligkeit bestimmt sein. Und gerade die Rollen, die wir in dieser Beziehung spielen, sind selbst Gegenstand des Konflikts. Unsere Rollen bestimmen die Regeln, nach denen sich die beabsichtigten Handlungen bzw. Handlungsziele wenigstens nicht ausschließen dürfen.

2.5 Wie können Sie sich in einem Konflikt verhalten?

Eines unserer biologischen Verhaltensmuster ist wahrscheinlich das »Recht« des physisch Stärkeren. Sie merken das daran, dass Sie in Konflikten normalerweise unter Stress geraten. Ihr Körper produziert Adrenalin und bereitet sich auf die Flucht-Angriff-Reaktion vor. Der, der sich für stärker hält, greift an. Der Schwächere versucht zu fliehen. Oder es gibt einen Kampf.

Wäre es allerdings den physisch Starken in der kulturellen Evolution nicht gelungen, mit den Klugen, den sozial Kompetenten, den Visionären, den handwerklich Geschickten konstruktiv zusammenzuarbeiten, gäbe es heute keine Menschen. Siege in der gewalttätigen Auseinandersetzung sind also meistens ein zweischneidiges Schwert und von mehr oder weniger kurzer Dauer.

Folgende Arten des Konfliktverhaltens sind systematisch betrachtet möglich. *Wählen Sie selbst, was Sie gerade für angezeigt halten.*

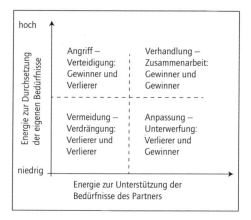

Abb. 30: Konfliktverhalten

2.6 Wie können Sie wahrnehmen, dass es einen Konflikt gibt?

Es gibt unterschiedliche Symptome für das Vorhandensein von unterschwelligen Konflikten. Vergleichen Sie die folgenden Konfliktsignale auch mit den in Abbildung 30 dargestellten vier Feldern zum Konfliktverhalten.

- Ablehnung, Ausdruck von Widerstand: Widersprechen, mürrische Reaktionen, Abgleiten lassen, Lustlosigkeit, innere Kündigung.
- Aggressivität und offene Feindseligkeit: verletzende laute Reden, böse Blicke bis zur Obstruktion und Sabotage.
- Rückzug, Desinteresse, Vermeiden von Kontakten; nicht in die Augen schauen können (nur Mitteleuropa), Anzeichen von Niedergeschlagenheit.
- Anpassung, Konformität; Kritik vermeiden; nach dem Mund reden; strenges Einhalten von Formen und Etikette.

Konfliktsignale lassen sich allerdings selten eindeutig interpretieren. Darum ist es wichtig, den Dingen auf den Grund zu gehen. Spiegeln Sie Ihrem Konfliktpartner, was Sie wahrnehmen und fragen Sie nach der Bedeutung für ein bestimmtes Verhalten.

2.7 Die neun Stufen der Konflikteskalation nach Friedrich Glasl[13]

Nach Friedrich Glasl lassen sich typische Muster der Eskalation von Konflikten, von der »Verhärtung« bis zur gegenseitigen Zerstörung, beschreiben und voneinander unterscheiden. Die Eskalation geht mehr oder weniger schnell; in der Regel wird aber keine Stufe ausgelassen. Je weiter die Eskalation fortgeschritten ist, desto schwieriger ist es, konstruktive Beiträge und Lösungen zu erreichen.

Stufe 1: Verhärtung
Die Standpunkte verhärten sich und prallen aufeinander. Das Bewusstsein bevorstehender Spannungen führt zu Verkrampfungen. Trotzdem besteht noch die Überzeugung, dass die Spannungen durch Gespräche lösbar sind. Noch keine starren Parteien oder Lager.

Stufe 2: Debatte, Polemik
Es findet eine Polarisation im Denken, Fühlen und Wollen statt. Es entsteht ein Schwarz-Weiß-Denken und eine Sichtweise von Überlegenheit und Unterlegenheit.

Stufe 3: Taten statt Worte
Die Überzeugung, dass »Reden nichts mehr hilft«, gewinnt an Bedeutung und man verfolgt eine Strategie der vollendeten Tatsachen. Die Empathie mit dem »anderen« geht verloren, die Gefahr von Fehlinterpretationen wächst.

Stufe 4: Images und Koalitionen
Die »Gerüchte-Küche« kocht, Stereotypen und Klischees werden aufgebaut. Die Parteien manövrieren sich gegenseitig in negative Rollen und bekämpfen sich. Es findet eine Werbung um Anhänger statt.

Stufe 5: Gesichtsangriff und Gesichtsverlust
Es kommt zu öffentlichen und direkten (verbotenen) Angriffen, die auf den Gesichtsverlust des Gegners abzielen.

Stufe 6: Drohstrategien
Drohungen und Gegendrohungen nehmen zu. Durch das Aufstellen von Ultimaten wird die Konflikteskalation beschleunigt.

Stufe 7: Begrenzte Vernichtungsschläge
Der Gegner wird nicht mehr als Mensch gesehen. Begrenzte Vernichtungsschläge werden als »passende« Antwort durchgeführt. Umkehrung der Werte: Ein relativ kleiner eigener Schaden wird bereits als Gewinn bewertet.

---

13 Vgl. insgesamt dazu das klassische Konzept von Glasl 2011.

Stufe 8: Zersplitterung
Die Zerstörung und Auflösung des feindlichen Systems wird als Ziel intensiv verfolgt.

Stufe 9: Gemeinsam in den Abgrund
Es kommt zur totalen Konfrontation ohne einen Weg zurück. Die Vernichtung des Gegners zum Preis der Selbstvernichtung wird in Kauf genommen.

Die Konflikteskalation wird grafisch wie in Abbildung 31 meistens als Treppe nach unten (in den Abgrund) dargestellt. Nach oben eskalieren allerdings die Emotionen und die Schwierigkeit eine Lösung oder Einigung zu finden. Die Eskalation kann mehr oder weniger schnell von statten gehen, je nach dem wie hoch das Emotionsniveau ist. Im konkreten Fall wird es darum gehen, einen Konflikt so weit zu deeskalieren, dass wieder ein Gespräch möglich wird (Stufe 1 und 2). Aus Managementsicht kann Vorsorge betrieben werden, Konflikte nicht zu weit eskalieren zu lassen. Gelassenheit, vorgängige Vereinbarung von Konfliktregeln, Eskalation über die Hierarchie statt über Emotionen, ermöglichen eine weitere konstruktive Bearbeitung.

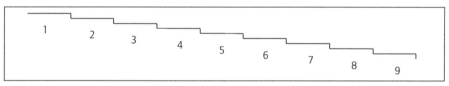

Abb. 31: Stufen der Konflikteeskalation nach Glasl

> **Aufgabe**
> Kennen Sie die Bibelgeschichte von Kain und Abel, in der ein Brudermord Thema ist? – Welche Eskalationsstufen des Konflikts können Sie darin beschreiben?

2.8 Das Prinzip der zwei Hände zur Deeskalation von Konflikten

Ohne weitere (kulturelle) Steuerung würden Konflikte nach einem dynamischen Eskalationsmuster verlaufen oder einer der Partner räumt das Feld (Flucht, Unterwerfung). Die Eskalationsdynamik kann zurückgedreht werden mit dem »Prinzip der zwei Hände«: *Die eine Hand für Abwehr und Reaktion auf der gleichen Stufe, dann eine Stufe zurückschalten, die andere Hand für Verhandlung und Versöhnung.* Das bedeutet, ich muss bereit sein, in den Konflikt zu gehen, um auch eine Lösung zu erreichen. Eskalationsdynamiken sollten Sie auf jeden Fall deutlich ansprechen. Ihr Konfliktgegner hat die Wahl! Das setzt voraus, dass

Sie im Zweifelsfall über genügend Machtmittel verfügen mindestens dagegen zu halten. Und es ist auch gelegentlich ratsam, das Feld zu räumen, wenn der Konfliktpartner überlegen und für Argumente und konstruktive Beiträge nicht zugänglich ist. – Bei Überlegenheit des Konfliktpartners gäbe es sonst noch andere Mittel der Wahl, wie sie in der berühmten chinesischen Lehre der »36 Strategeme«[14] dargestellt sind: z. B. Verschleierung der eigenen Schwäche, Ablenkung vom wirklich kritischen Punkt, in eine (argumentative) Sackgasse locken etc.

2.9 Gibt es unnötige Konflikte?

Nein. Konflikte sind der Ausdruck von Energie und Leben. Unnötig kann allerdings ein destruktiver Verlauf nach dem Verlierer-Muster sein. Und es darf natürlich auch mal Verlierer geben – Sie können nicht jeden Konflikt zu jeder Zeit austragen. Konflikte können durch Machtentscheidung oder Verdrängung kurzfristig gelöst werden. Es ist ein Vorrecht des Menschen, diese Wahlmöglichkeit zu haben. Es kann in einer Situation andere Prioritäten geben: Bei äußerer Bedrohung beispielsweise wählten Indianer einen »Kriegshäuptling«, der rigoros alle internen Konflikte unterdrücken musste. – Sie wissen aber auch: Wo es Verlierer gibt, entstehen neue Unzufriedenheit, Ärger, Rachegelüste, Machtkampf. Der Konflikt brodelt weiter, es ist nicht zu einem wirklichen Entwicklungsschritt gekommen.

Destruktive Konflikte erkennen Sie vor allem daran, dass sich die Situationen wiederholen und im Kreise zu drehen scheinen. Der Konflikt schleppt sich dahin, bindet immer größere Ressourcen, hemmt Kreativität oder eskaliert gar im Machtkampfmuster bis zur körperlichen Gewalt – den dafür notwendigen »Killerinstinkt« hat fast jeder von uns.

2.10 Wie können Sie zum konstruktiven Verlauf eines Konflikts beitragen?

a.) Den größten Einfluss auf den Verlauf eines Konflikts hat Ihre eigene Einstellung (wie man in den Wald ruft ...): Konflikte als Chancen bewusst zu nutzen und als Motor für Entwicklung zu führen, setzt eine kooperative Haltung zu meinem Konfliktpartner voraus:

»Dass wir diesen Konflikt haben, ist nicht die Schuld von einem von uns, wir gehören beide zum Konflikt. Der Konflikt ist eine Chance für unsere persönliche, professionelle und organisatorische Entwicklung. Lass uns zuschauen, dass wir diese Chance nutzen. Dazu brauchen wir Vertrauen ineinander und miteinander, dass wir diesen Konflikt nach dem Gewinner-Gewinner-Muster lösen werden.«

---

14 Vgl. Senger 2003.

Der erste Schritt in jedem Konflikt ist, mit meinem Partner in aktive Auseinandersetzung und Verhandlung über die Möglichkeiten von Kooperation zu gehen (vertrauensbildende Maßnahmen). Ohne Kooperation und ein gewisses Vertrauen gibt es keine Fortschritte. Andernfalls sind Lösungen (wenn es überhaupt soweit kommt) Stagnation bei gezogenen Waffen oder Verliererlösungen mit Verschleppung und Rache und all den anderen psychologischen Mechanismen, die dann einsetzen.

Eine kooperative Haltung wirkt auch dort, wo einer sagt, er habe einen Konflikt, während der andere erwidert, er habe keinen Konflikt. Die Regel ist: Wenn (nur) einer sagt, es gäbe einen Konflikt, dann gibt es einen Konflikt.

b.) Wir wissen heute recht genau, aus welchen Gründen und wie der destruktive Verlauf von Konflikten funktioniert. Ein wichtiger Punkt ist, dass wir neben unserer archaischen Angst (Flucht-Angriff-Muster) »gelerntes Angstverhalten« (aus früheren Erlebnissen) und aktuelle Angst (aus der realen Befürchtung, zu verlieren) spüren. Durch die Mobilisierung von Aggression bzw. Flucht und Vermeidung schützen wir uns davor, im Konflikt unterzugehen oder gar getötet zu werden. *Der konstruktive Umgang mit Angst und Aggression – also sie zu spüren, ohne sich ihnen zu überlassen – ist eine Kernfähigkeit für die konstruktive Bewältigung von Konflikten.*

c.) Des Weiteren braucht es Erfahrung mit Konfliktverläufen, Wahrnehmungsvermögen, Urteilskraft und die Beherrschung von Konflikttechniken wie der Jeder-gewinnt-Methode.

Als Konfliktpartner frage ich nach den unterschiedlichen Aspekten unseres Konflikts, kläre Kollisionen und Übereinstimmungen. Ich entwerfe mit meinem Partner, gegebenenfalls zusammen mit einem Vermittler, mögliche Lösungsszenarien. Wir erarbeiten zusammen Erfolgskriterien und Erfolgskontrollen.

Wir feiern unseren gemeinsamen Erfolg und beschreiben einander, wo uns dieser Konflikt weitergebracht hat. ...und bleiben Sie weiterhin vorsichtig im Geben von Vertrauen, klug in der Anwendung von Methoden und weise in der Einschätzung Ihrer realen Möglichkeiten.

2.11 Kann man Konflikte lösen?

Ein Konflikt ist konstruktiv bewältigt, wenn es uns gelungen ist, mit unseren unterschiedlichen Wahrnehmungen, Interessen, Zielen, Werten und Beziehungsvorstellungen etwas Neues zu schaffen, eine neue Lebensmöglichkeit im Zusammenleben und in der Zusammenarbeit, in der unser je Einzelnes und Besonderes zur Geltung kommt. Das können Sie gut in Ihrer Familie beobachten. Jeder konstruktiv ausgetragene Konflikt mit Ihrem Ehepartner oder Ihren Kindern bringt eine Bereicherung des Lebens. Zusammenleben »wächst« an Konflikten.

Anders ist es mit Konflikten mit Personen, die uns weniger nahe stehen. Hier ist es wichtig, auf die eigene Machtbasis zu achten und sich gleichzeitig aktiv für die Gestaltung einer Vertrauensbeziehung einzusetzen: Transparenz, Humor, Erfahrungsaustausch. Die Erfahrung zeigt, dass besonders die Ergebnisqualität und Innovationsrate in einer Kultur konstruktiver Konfliktbewältigung (Streitkultur) wächst.

Was sich damit »löst«, sollte nicht unbedingt der Konflikt sein, verstanden als das, was uns eben unterscheidet. Vertrauen in eine tragfähige Konfliktkultur löst allerdings die Anspannung und den Stress, die mit Angst und Aggression im Konfliktgeschehen verbunden sind. Diese »entspanntere« Haltung fördert Wohlbefinden, Arbeitsfreude und Kreativität.

2.12 Was führt zu einer konstruktiven Konfliktkultur?

Konstruktive Konfliktkultur geht davon aus, dass Konflikte unvermeidlich strukturell gegeben sind. Wenn ein Konflikt beginnt, destruktive Emotionen zu wecken und eskaliert, ist das in der Regel ein Indikator dafür, dass eine organisationale Lösung, die vielleicht bisher funktioniert hat, nicht mehr für die optimale Erbringung von Wertbeiträgen taugt. Zumindest einer der Beteiligten würde das so sehen.

Die Wertschätzung des positiven Beitrags der (gemäßigten) Eskalation von Konflikten ist wahrscheinlich der erste Schritt zu einer konstruktiven Konfliktkultur, in der es weder darum geht, anstehende Konflikte zu vermeiden, noch in einer Weise eskalieren zu lassen, welche zu einer gravierenden Beschädigung eines Beteiligten führt. Nützlich ist auch die gemeinsame Festlegung von Spielregeln, welche eine konstruktive Bearbeitung von Konflikten ermöglichen.

3. Coaching in Konflikten

3.1 Ansatzpunkte bei der Arbeit an und mit Konflikten im Coaching

Um es gleich vorweg zu nehmen: Nutzen Sie alles, was Sie als Coach können. Als Modell und Vorbild sind Sie Projektionsfläche und werden von Ihren Klienten genauestens beobachtet. Eine wichtige Intervention ist, wie Sie als Person mit dem Konfliktgeschehen umgehen, Ihr Handlungsvorbild. Gegebenenfalls wird Ihr Kunde nichts unversucht lassen, um Sie irgendwie in seinen Konflikt mit einzubeziehen. – Ist in der Anfrage z. B. die Rede von »Konflikt-Coaching«, kann es sein, dass der Kunde sich wünscht, dass Sie den Konflikt für Ihn managen. Oder Sie werden mit einer Moderation bzw. Vermittlung beauftragt, mit dem kleinen Zusatz, den Konflikt im Sinne des Auftraggebers zu lösen. Es kann Ihnen auch passieren, dass der Auftraggeber Ihnen beim Kontraktgespräch freudestrahlend erzählt, dass er zuvor leider schon zwei Kollegen vor die Türe setzen musste, die unfähig waren, sein Vertrauen zu gewinnen. – Arbeit an und mit Konflikten ist der Normalfall im Coaching, seien es latente Konflikte oder schon leicht eskalierte (Stufe 2). Konflikte bzw. Konflikte, die drohen destruktive Auswirkungen zu haben, fungieren als Indikatoren für die Störung von Kooperationsbeziehungen.

Für die Arbeit mit Konflikten in Organisationen gibt es eine Fülle von Ratgeberliteratur und Trainingsvorlagen.[15] Einige Lehrstücke und Modelle habe ich vorherigen Abschnitt kurz dargestellt. Im Folgenden werden vier Ansatzpunkte für die Arbeit mit Konflikten bzw. konfliktbezogenen Themen im Setting von Einzel- und Team-Coaching näher erläutert.

Konfliktkompetenz unterstützen und entwickeln

Die Unterstützung bei Kompetenzentwicklung und Lernen entlang des Leistungsprozesses des Kunden ist insbesondere in Bezug auf Konflikt-Coaching eine wichtige strategische Linie für einen erfolgreichen Einsatz. Nützlich für den Coach ist in diesem Kontext ein Modell für Konfliktkompetenz. »Konfliktkompetenz ist die kognitive und emotionale Handlungsfähigkeit produktive Ergebnisse von Konflikten zu maximieren und negative Wirkungen und Verletzungen zu minimieren.«[16]

> **Aufgabe**
> Entwerfen Sie eine Liste von 15 Fähigkeiten, die aus Ihrer Sicht mit einer leistungsfähigen Bearbeitung von Konflikten verbunden sind. Priorisieren Sie.

Konflikt-Coaching hat in der Regel immer auch den Aspekt der Unterstützung der Entwicklung von Konfliktkompetenz von Einzelpersonen und oder handelnden Einheiten in Organisationen. Im Unterschied zu Seminaren ist die konkrete Arbeit an Konflikten für die Kompetenzentwicklung tiefer gehend und nachhaltiger (Lernen aus Erfahrung).

Arbeitsfähigkeit herstellen und erhalten

Eskalierende Konflikte sind oft mit starken Emotionen verbunden oder auch mit einem starken Ausdruck von Emotionen. Darin unterscheiden sich auch kulturelle Kontexte. In Konflikten weniger geübte Klientinnen und Klienten sind erstaunt, verängstigt und manchmal auch von den eigenen Emotionen überwältigt. Die Dynamik der Konflikteskalation, die im Höhepunkt in der einseitigen oder auch

---

15 Neben den schon genannten empfehle ich auch Klassiker wie Macchiavellis Werk Der Fürst, wenn es um die Erarbeitung von Machtstrategien geht; oder insgesamt die Dramen von William Shakespeare.
16 Vgl. Runde/Flanagan 2010, S. 2; Übersetzung durch den Autor.

wechselseitigen Vernichtung gipfelt, folgt wahrscheinlich ziemlich archaischen Verhaltensmustern. Folgende Aspekte sind in dieser Situation für die Wiederherstellung der Arbeitsfähigkeit des Coachees hilfreich:

a. Eigene Emotionen wertzuschätzen und als Orientierung in Konflikten zu nutzen, ist eine wichtige Voraussetzung für erfolgreiche Konfliktbearbeitung.
b. Dazu gehört auch eine realistische Sicht auf den eigenen Beitrag zur Eskalation. (1) Arroganz: den anderen abwerten; (2) Sich Abschotten: keine Information zulassen; (3) Offene Feindseligkeit: Polemik, Ärger zeigen, die Haltung verlieren; (4) den anderen beweisen, dass sie falsch liegen; (5) sich selbst als »vollkommen« darstellen; (6) Verbindlichkeiten und Abmachungen hintertreiben; (7) offener Vertrauensbruch etc.
c. Kosten-Nutzen-Rechnung für die weitere Eskalation aufstellen. – Sich den Gedanken erlauben dürfen, dass eine Eskalation auch nützlich sein darf – allein das macht für Klienten schon einen Unterschied.
d. Den eigenen Konfliktstil beschreiben. In unterschiedlichen Erfahrungen haben wir in der Regel gewisse Stileigenarten entwickelt (vgl. oben 2.5), die unser Verhalten steuern. Regen Sie Ihren Klienten an, seinen eigenen Konfliktstil zu beschreiben:»Wenn Sie an die letzten 3 Monate zurückdenken, welche drei Konflikte können Sie beschreiben, an denen Sie beteiligt waren?«, »Wie haben Sie sich verhalten? – Eher (1) vermeidend, verdrängend, (2) anpassend, unterwerfend, (3) kämpfend oder (4) Zusammenarbeit und Kompromiss suchend?«, »Was denken Sie, was ist Ihr Lieblingsverhalten.«
e. Entwicklung und Stärkung der eigenen Machtbasis. Der Wunsch zur konstruktiven Konfliktbearbeitung scheitert manchmal an der realen Übermacht des Konfliktpartners. Dann muss zuerst einmal die eigene Machtbasis entwickelt und gestärkt werden (persönliche Strategie, Positionierung, Netzwerken, Verbündete gewinnen).

Alle Fragen und Werkzeuge unterstützen den Coachee, Abstand von seinen Emotionen zu gewinnen, diese ein wenig einzuordnen, um sie optimal für seine weitere Orientierung nutzen zu können.

Konfliktanalyse

Für die eigene Prozesssteuerung des Klienten (Schritt 3 Hypothesenbildung[17]) ist es jetzt entscheidend, Anhaltspunkte dafür zu finden, was einen möglichst nützlichen Verlauf des Konflikts unterstützen und befördern könnte. Analysen und damit verbundene Hypothesen stehen im pragmatischen Zusammenhang.

a. Besonders in *erhitzten*, schon eskalierten Konflikten, die viel Aufmerksamkeit auf sich ziehen und binden, ist die Erstellung einer Konfliktlandkarte, die

---

17 Vgl. die Schritte der Prozessberatung in Kapitel 1.

bildliche Darstellung von miteinander verbunden Konfliktherden, gewinnbringend: Welches ist der fokale Konflikt? – Dieser wird benannt und in die Mitte eines Blatt Papiers geschrieben. Wer und welche Themen spielen dafür eine Rolle? Welche anderen Konflikte sind damit verbunden? Warum rückt gerade dieser Konflikt in den Vordergrund? Welcher alternative Konflikt wäre sonst noch möglich?
b. Weitere Methoden für Konfliktanalyse: Welche Aspekte spielen eine Rolle (vgl. oben Abschnitt 2.4)? Auf welcher Eskalationsstufe ist der Konflikt angelangt? Wer ist beteiligt und könnte zu einer nützlichen Lösung beitragen?

Ein Konflikt kann stehen für den nächsten Schritt der Organisationsentwicklung, für strategische Mehrdeutigkeiten, für Veränderungen im Markt oder der Umwelt einer Organisation, für die Frage nach einer neuen kulturellen Identität, für eine neue Form der Kooperation etc. Im dialektischen Verständnis[18] bietet jeder Konflikt die Chance eines »Aufhebens«[19] des Widerspruchs als (1) Überwindung des Status Quo, (2) Emporheben zu etwas Neuem und (3) gleichzeitig Bewahren des Gegebenen.

Erarbeitung und Umsetzung einer Konfliktstrategie

Unterstützen Sie Ihren Klienten durch gezielte Fragen:
- »Angenommen, der Konflikt hätte aus Ihrer Sicht maximalen Nutzen entfaltet und wäre gelöst, was würden Sie in Ihrem Kontext wahrnehmen?«
- »Was würden die anderen Beteiligten wahrnehmen?«
- »Was noch?«

Den nächsten Schritt können Sie als »Lösungscoaching«[20] gestalten. Mit Skalierungsfragen kann Ihr Klient so eine persönliche Konfliktstrategie für die nächsten Umsetzungsschritte erarbeiten. Im Zusammenhang der persönlichen Gefährdung des Klienten, in seinem Konflikt auch unter die Räder zu kommen, ist es in der Regel sinnvoll, für jeden Schritt eine Alternative zu formulieren, sofern sich der Konfliktpartner nicht auf eine konstruktive Auseinandersetzung einlassen möchte.

Die Vorgehensweise bewährt sich insbesondere auch im Setting Team- und Gruppen-Coaching, wenn Konflikte innerhalb von Teams und Gruppen bearbeitet werden sollen. Die »Wunderfrage« ermöglicht dabei für die Mitglieder, eine neue Perspektive einzunehmen.

---

18 Vgl. Hegel 1978, S. 57 f.
19 Vgl. Hegel 1978, S. 57 f.
20 Vgl. das in Kapitel 2 dargestellte Vorgehen.

3.2 Destruktiver Eskalation vorbeugen, Entwicklung einer konstruktiven Konfliktkultur

Die Kultur einer Organisation verstehen wir aus systemischer Sicht als die den Mitgliedern zur Verfügung stehenden Handlungs-, Denk- und Gefühlsmuster, die den Mitgliedern für die Erhaltung und Weiterentwicklung geeignet erscheinen.[21] Bei der Kulturentwicklung anzusetzen, halte ich deshalb für weitreichend und nachhaltig, wenn es um die konstruktive Bearbeitung von Konflikten geht. Muster, welche eine konstruktive Bearbeitung von Konflikten unterstützen, nennen wir *Merkmale einer konstruktiven Konfliktkultur*:
- Positive Wertschätzung von Konflikten als Entwicklungspotenziale.
- Organisationen, die gelernt haben, Gefühle einerseits als Orientierung wertzuschätzen und zugleich konstruktiv zurückzuhalten. Gelassenheit und freundliche Beobachtung von Konflikten.
- Etablierte Regeln für die Eskalation von Konflikten in der Hierarchie oder in neue soziale Gefäße.
- Konfliktkompetenz als ausgewiesene Kernkompetenz für Führungsaufgaben.

Aufgabe
a. Was sind aus Ihrer Sicht weitere fünf Merkmale einer konstruktiven Konfliktkultur? Wie kann es gelingen diese zu gestalten?
b. Welche Muster haben Sie familiär und in Ihren Vorerfahrungen geprägt, die Sie in der konstruktiven Bearbeitung von Konflikten heute unterstützen können?

3.3 Strategische Induktion der Konflikteskalation

Strategische Induktion der Konflikteskalation kann nur dort gelingen, wo es schon einen strukturellen Konflikt unterschiedlicher Ordnungsvorstellungen und Logiken in der Organisation gibt.

Kalte Konflikte sind meistens Konflikte, die schon einmal eskaliert waren, die aber zu keiner konstruktiven Bearbeitung gelangt sind. Der Konflikt ist auf Eskalationsstufe 4 oder 5 *eingefroren*: Koalitionen, Feindbilder und oft auch schon Gesichtsverlust sind etabliert. Eine weitere Eskalation wird durch hierarchische Macht oder auch durch Einsicht der Beteiligten verhindert. Konflikte wie z. B. die Auseinandersetzung von Marketing und Vertrieb, Entwicklung und Verkauf, Zentrale und Außendienst können strategische Bedeutung bekommen, wenn es um die Weiterentwicklung der Leistungsfähigkeit der Organisation geht.

---

21 Vgl. Loebbert 2009, S. 12 f. Das ist die Kurzversion einer Definition, welche kulturelle Artefakte, Regeln und explizite Werte und implizite Annahmen mit einschließt.

Dazu zählen auch Konflikte, die für die persönliche Entwicklungs- und Positionierungsstrategie im Unternehmen wichtig sind: Konkurrenz von inhaltlichen Leistungsvorstellungen, Konkurrenz in der Gestaltung von Entscheidungsbefugnissen, Konkurrenz in der Zuordnung von Mitarbeitenden.

Konflikte und Konfliktlinien müssen in ihrer strategischen Bedeutung bewertet werden. Für eine Induktion der Eskalation genügt meistens schon eine kräftige Polemik, die durchaus Augenzwinkern und wertschätzende Zugewandtheit zu den Konfliktpartnern mit einschließen darf und sollte. Es geht darum, den Konflikt anzusprechen und damit besprechbar zu machen. Und dieser Konflikt wird aus guten Gründen für bedeutsam gehalten.

Der Coach ist für diese Vorgehensweisen Sparringspartner und Anwalt der konstruktiven Bearbeitung, um destruktive Entgleisungen möglichst zu vermeiden und den entstehenden Schaden möglichst gering zu halten. Eine strategische Konflikteskalation muss sehr sorgsam eingesetzt werden – »wer mit dem Feuer spielt ...«. Die positive Nutzenerwartung sollte den auf jeden Fall entstehenden Schaden grundsätzlich übersteigen.

Das gilt auch für weitere Ansätze, die zur *Stimulierung*[22] und Erhaltung eines positiven Konfliktniveaus in der Organisation eingesetzt werden können, z. B.:
- in der gezielten Personalauswahl auf Diversität und Pluralität achten,
- Abteilungs- und Gruppenrivalitäten gezielt, z. B. durch einen Wettbewerb, fördern,
- Spielerischen Wettbewerb, Suche nach Gegenargumenten, »Advocatus Diaboli« in Arbeitsgruppen und Teams einführen,
- Kontroversen direkt ansprechen und intern als Kontroverse kommunizieren,
- Stereotypisierung (Konfliktstufe 4) mit Überzeichnung und humorvollen Interventionen begegnen,
- Konflikte in formalen Verhandlungen rahmen und führen,
- Rollenmodelle für konstruktive Konfliktbearbeitung gestalten.

Weiterführende Literatur

Glasl, F.: Konfliktmanagement. Ein Handbuch für Führungskräfte, Beraterinnen und Berater. 10. Aufl., Stuttgart 2011.
Rosenberg, M.: Gewaltfreie Kommunikation. Paderborn 2001.
Schreyögg, A.: Konfliktcoaching – Anleitung für den Coach. Frankfurt 2002.
Simon, F. B.: Einführung in die Systemtheorie des Konflikts. Heidelberg 2010.

---

22 Vgl. Schreyögg 2002, S. 127 f.

Kapitel 13:
Coaching von Teams

Michael Loebbert

Ein Team ist ein sensibles Gefüge oft unterschiedlichster Persönlichkeiten und sehr unterschiedlicher Leistungsaspekte. Ein Team ist eine aktuelle oder auch virtuelle Gruppe[1] von Menschen, die sich auf ein gemeinsames Ziel, eine gemeinsame Aufgabe verpflichtet haben.[2] Viele Faktoren beeinflussen erfolgreiche und exzellente gemeinsame Leistungserstellung. Coaching von Teams heißt, die Entwicklung seiner jeweils entscheidenden Leistungsfaktoren zu unterstützen. Die folgenden Ausführungen entwickeln diesen Gedanken.

Aufgabe
Unsere uns zur Verfügung stehenden Handlungsmuster sind in vielfältigen Erfahrungen mit Teams und Gruppen gelernt. Welches Repertoire bringen Sie mit?
a. Für viele Menschen wird die Art der Beziehungsgestaltungen, die sie in ihrer Herkunftsfamilie erlebt haben, zu einer prägenden Erfahrung, die auch auf das jeweilige Verhalten in Teams einen Einfluss hat. Was meinen Sie, welche 3 bis 5 Verhaltensmuster Ihrer Ursprungsfamilie prägen Sie heute noch? – Denken Sie etwa an den Einfluss Ihrer Rolle in der Geschwisterfolge, an die Erfahrung von Unterstützung und Sorge, den Umgang miteinander in Konflikten, Verhaltensvorbilder in der Familie etc.
b. Was waren andere für Sie im Laufe Ihres Lebens wichtige Erfahrungen in Teams und Gruppen? Welches sind Ihre 3 wichtigsten Lernergebnisse daraus?

---

1 Ein Team verstehe ich als eine Gruppe von Menschen, die der Erfüllung einer expliziten gemeinsamen Aufgabe verpflichtet sind. Die maximal mögliche Größe von Teams, von 12 bis etwa 30 Mitgliedern, ist umstritten. Klar, es ist begrenzt, wie viele Menschen eine gemeinsame Aufgabe und die daraus folgende Kooperation wirklich teilen können. Im organisationalen Kontext von hierarchischen Organisationen spielt zudem auch die Führungsspanne eine Rolle.
2 Vgl. zu dieser Definition Dave Francis und Don Young 1982, S. 9. Dieses wegweisende Buch für Teamentwicklung ist in der sicherlich nicht letzten Auflage 2007 erschienen. Und Dave Francis geht noch weiter, indem er »Freude an der Arbeit« und »harmonische Zusammenarbeit« gleich in seine Definition einfügt.

1. Coaching als Teamentwicklung

1.1 Teamentwicklung ist Führungsaufgabe

Teams sind in modernen Unternehmen die wichtigsten Leistungsträger; Leistung und Wertschöpfung entsteht in Teamarbeit. Intelligente arbeitsteilige Leistungsprozesse basieren auf der Zusammenarbeit von Menschen in Teams. Ein Team bestimmt sich selbst, seine Grenzen und seine Mitglieder über seine Leistung, die in einzigartiger Weise nur durch dieses Team erbracht werden kann. Das gilt für das Management eines Unternehmens, die Erstellung eines Films, genau so wie für die Planungsleistung eines Ingenieurteams oder die Gestaltung einer Kundenorganisation durch ein Verkaufsteam. Die Verwirklichung einer effizienten Zusammenarbeit (Synergie) ist der Maßstab für die Größe und Zusammensetzung des Teams.

Für Tätigkeiten wie Koordination, das Verhandeln von Zielvereinbarungen, Führen und *organisationspolitische* Tätigkeiten wie Moderieren, Kommunikation nach Außen, Positionierung der gesamtbetrieblichen Interessen etc., macht es in der Regel Sinn, eine Führungsrolle funktional auszudifferenzieren und eine Führungsperson zu bestimmen.[3] Damit wird die Aufrechterhaltung, Steuerung und Weiterentwicklung der Leistungsfähigkeit des ganzen Teams zur Führungsaufgabe des Teams. Teamentwicklung ist zunächst Führungsaufgabe.

1.2 Maßstab für erfolgreiche Teamentwicklung ist die erbrachte Leistung

Die Herkunft des Konzeptes »Teamentwicklung« aus der Gruppendynamik hat in den vergangenen Jahrzehnten gelegentlich zu Missverständnissen geführt: Danach wurde zum Ansatzpunkt und Kriterium erfolgreicher Teamentwicklung, in welcher Weise es einem Team gelang, untereinander störungsfreie und emotional reife Beziehungen zu gestalten. Diese oft ausschließliche Konzentration auf die Beziehungsqualität führte zu erheblichen Akzeptanzproblemen für Investitionen in Teamentwicklung[4], und zwar nicht nur beim verantwortlichen Management, sondern auch bei den Mitarbeitern selbst. Im Unterschied dazu bezieht sich das hier vertretene Coaching-Verständnis von Teamentwicklung immer auf die *Performance*[5] des Teams. Aus diesem Verständnis werden in Bezug auf den Leistungsprozess systematisch die Erfolgsfaktoren und die Erfolgspotenziale

---

3 Die Alternative, Führungsaufgaben auf mehrere Teammitglieder zu verteilen, verlangt einen höheren Abstimmungsbedarf.

4 Aktuelle Untersuchungen weisen darauf hin, dass andere Interventionen für Teamentwicklung wie Outdoorevents oder Teamentwicklungsworkshops, welche nur das Beziehungsgeschehen fokussieren, weit weniger nachhaltig positive Effekte zeigen als Team-Coaching, vgl. Hawkins 2011, S. 1.

5 Vgl. zu dieser Sichtweise auch Thomas Bartscher und Klaus Wittkuhn 2000 sowie Allison Rossett 1999.

identifiziert und entwickelt. Die Beziehungsqualität innerhalb des Teams ist dabei nur einer, wenn auch ein wichtiger, von mehreren Faktoren.

1.3 Leistungen werden durch Handeln erreicht

Entwicklungsherausforderungen für Teams lassen sich aus vier unterschiedlichen Perspektiven darstellen: (4) Beziehungen: die Zusammenarbeit untereinander und die Gestaltung von Kundenbeziehungen, (3) Ressourcen: Fähigkeiten, materielle Ressourcen, Lernen; (2) Inhalt der Leistungsprozesse: Abläufe, Rollen, Koordination, (1) angezielter Leistungs- und Wertbeitrag. – Das gilt für Teams in Unternehmen genau so wie in sozialen und gemeinwirtschaftlichen Organisationen.

Im Mittelpunkt steht stets der Handlungserfolg. Aristoteles[6] beschreibt im 4. Jahrhundert vor Christus ein einfaches Handlungsmodell für leistungsorientierte Tätigkeit:
- Warum tust Du das? – Welches Ziel, welchen Output willst Du erreichen? (Zweck, Wertbeitrag)
- Warum tust Du das? – Aus welchem Beweggrund? Was sind Deine Treiber und Ressourcen? (Fähigkeits- und Lernperspektive)
- Warum tust Du das? – Welche Leistungsprozesse willst Du damit realisieren? (Inhalt des Handelns)

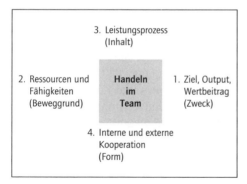

Abb. 32: Dimensionen der Teamentwicklung

---

6 Für die Unterscheidung unterschiedlicher Aspekte des Handelns gebrauche ich wie bereits in Kapitel 12 eingeführt das Handwerkermodell von Aristoteles (Phys. I 1, 184 a 10–14). Wie die Handwerker beim Bau eines Hauses unterscheiden wir (1) Zielursache, wofür das Haus gebaut wird, (2) Beweggründe, warum wir dieses Haus bauen, (3) Materialursache, welche Materialien wir nutzen, (4) Formursache, welche Form wir dabei verwirklichen wollen. Diese Vorstellung von vier Dimensionen (Vier-Ursachen-Lehre), die eine vollständige Beschreibung ermöglichen, liegt vielen Handlungsmodellen der Betriebswirtschaft (z. B. Balanced Scorecard) und der Psychologie (Kommunikation, Persönlichkeitstypen, Teamrollen etc.) zugrunde.

- Warum tust Du das? – Welche (sozialen) Beziehungen willst Du stiften? (Kooperation im Team und mit Kunden)

Dieses Handlungsmodell als Orientierungsrahmen für Teamentwicklung verbindet pragmatische Einfachheit und Verständlichkeit, gute Anknüpfung an Managementsysteme, die Möglichkeit der Beschreibung von Performance Indikatoren und eine integrative, potenzialorientierte Sichtweise für Lösungsorientierung. Für den Handlungserfolg im Kontext eines Teams können somit vier Dimensionen unterschieden werden. Wer mit einem Team Leistungen erbringen will, sollte alle vier Dimensionen der Teamentwicklung berücksichtigen und in einen Zusammenhang bringen (vgl. Abb. 32).

2. Funktionale Teamentwicklung

2.1 Team als Funktion der Organisation

Teams erbringen ihre Leistungen und Wertbeiträge heute in einem *unternehmerischen* Umfeld. Die unternehmerische Aktivität des Teams, sich selbst Ziele zu setzen und unter der Bedingung der Unsicherheit (Komplexität) zu verfolgen, strukturiert das Handeln und die Zusammenarbeit mit anderen Teams innerhalb und außerhalb der Organisation. Aus systemtheoretischer Sicht kann dieses Verhältnis sozialer Systeme und ihrer Umwelt als eine Abbildungsbeziehung (»fraktale Organisation«[7]) beschrieben werden: Leistungsfähige Systeme bilden Funktionen ihrer Umwelt in sich ab, um handlungsfähig zu sein. Merkmale der Umwelt können von einem System nur verarbeitet werden, wenn es dieses Merkmal auch selbst ausgeprägt hat. Der Funktion des Wettbewerbs entspricht die Suche nach strategischer Alleinstellung, der Funktion des Abnehmers und Konsumenten von Leistungen entspricht die Steuerung von Prozessen und Leistungsportfolios, der Funktion der Veränderung der Umwelt entspricht die Funktion der Personal- und Organisationsentwicklung, der Funktion des Kunden (Vertrauen) entspricht die innere und äußere Beziehungsfähigkeit.

Wer in komplexen Systemen erfolgreich handeln will, muss die wesentlichen Funktionen der Umwelt in sich selbst abbilden.[8] Für die Verantwortung und

---

7 Zum Argument der »fraktalen Organisation« vgl. Hans-Jürgen Warnecke 1993.
8 Die meisten Organisationen unserer modernen Gesellschaften befinden sich auf dem Weg vom Zyklus der Differenzierung zum Zyklus der Öffnung. Wir sind in der Regel nicht mehr in Anbietermärkten, sondern in Kundenmärkten tätig. Selbst die innere Ausdifferenzierung von Prozessen folgt nicht mehr der inneren Organisationslogik: Qualität ist, was der Kunde kauft oder in Anspruch nimmt. Unternehmerische Verantwortung muss daher auch auf Teamebene wahrgenommen werden. Vgl. insgesamt für die veränderte Managementherausforderung in komplexen Organisationen Sumantra Goshal und Christopher A. Barlett 1997.

Gestaltung seines eigenen Entwicklungsprozesses muss ein Team wesentliche unternehmerische Funktionen selbst darstellen: (1) Strategische Steuerung, (2) Management des Leistungsportfolios, (3) Entwicklung der Personalressourcen sowie (4) Marketing (Beziehung nach außen) und Personalführung (Beziehung untereinander). Zudem kann ein Team nur solche Management- und Führungsleistungen wirksam in seinen Leistungsprozessen umsetzen, die es selbst in seine Eigensteuerung übernehmen kann.

Damit verengt sich die Fragestellung einer *funktionalen Sicht von Teamentwicklung*. Ein Team ist die Funktion einer Organisation. Funktionale Teamentwicklung fragt nicht, ob Stimmung, Klima oder auch Leistung eines Teams stimmt oder nicht, sondern, *ob und wie viel Team es in einem bestimmten Organisationskontext braucht, um eine bestimmte Leistung zu erbringen.*

2.2 Die gemeinsame Aufgabe als Ausgangspunkt für Teamentwicklung

Organisationale Einheiten können durch ihre *zentrale gemeinsame Aufgabe* bzw. ihren Auftrag (*primary task*[9]), der sie zusammenhält, beschrieben und von ihrer organisatorischen Umwelt abgegrenzt werden. »The primary task of any group is what it must do to survive.«[10] Organisationen, die ihre Aufgabe auf Dauer nicht erfüllen, zerfallen. Teamaufgaben in Organisationen sind auf die Aufgabe der Organisation bezogen und leisten hierzu einen Beitrag. – Das lässt sich nicht immer ganz leicht beschreiben. Jeder weiß aber, wenn sich ein Team nicht mehr auf die gemeinsame Aufgabe der Organisation bezieht, und sei es als Opposition, gehört es nicht mehr dazu.

Für die optimale Erfüllung der Aufgabe *Primary Task*, die Leistung des Teams, sind alle vier Aspekte der Zusammenarbeit notwendig aufeinander angewiesen und miteinander verknüpft. Den funktionalen Aufgaben entsprechend sind in Teams verschiedene Rollen oft an die verschiedenen Mitglieder der Gruppe verteilt (vgl. Abb. 33). Viele empirisch validierte Tests zur Erhebung von Teamrollen

---

9 Das Konzept der *Primary Task* stammt ursprünglich aus der Gruppendynamik Kurt Lewins. Im Kontext der Theorie offener Systeme wurde *Primary Task* dann als Basiskonzept am Tavistock Institut weiter entwickelt. – »Open systems theory claims that every organization has at any moment a primary task, which is defined as the task it has to perform if it is to survive. The definition of the primary task of the organization illuminates the hierarchy among the various activities existing simultaneously in it – determining the dominant import-conversion-export process and consequently the important set of activities. In addition, the concept opens the possibility of considering different organizational structures based on different definitions of the primary task, and of comparing them«. Vgl. http://www.ofek-groups.org/en/index.php?option=com_content&task=view&id=19&Itemid=39 am 21.05.2011. Heute wird *Primary Task* von der Systemtheorie und insbesondere der Designtheorie *Organization Design* wieder aufgenommen.

10 Aus einem Arbeitspapier des Tavistock Instituts for Human Realtions. »The Tavistock Method«, ohne Autor und ohne Jahrgang.

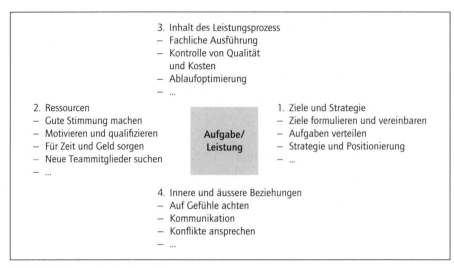

Abb. 33: Leistungsrollen in einem Team

sind danach aufgebaut.[11] Ein Mitglied kann auch mehrere und unterschiedliche Rollen übernehmen.

In leistungsfähigen Teams werden diese Rollen so ausgefüllt, dass die Produktivität und Leistung der Gruppe stetig verbessert wird. Vor allem am Anfang der Teamentwicklung ist eine Rollendifferenzierung nach Personen hilfreich. Der *formale Teamleiter* sollte sich auf die Aufgaben der Zielsetzung und Erreichung konzentrieren. Der *Experte* ist vor allem für die Aufgabenerfüllung verantwortlich. *Manager und Mutmacher* sind weitere Teamrollen, die sich den Handlungsdimensionen zuordnen lassen. Weiterentwickelte Teams zeichnen sich dadurch aus, dass die unterschiedlichen Aspekte abhängig von der Situation von verschiedenen Personen übernommen werden können.

In weniger erfolgreichen Teams werden Leistungsrollen nicht oder eher destruktiv wahrgenommen. Führung, die ihre Rolle nicht wahrnimmt, verliert ihre Akzeptanz. Experten im Elfenbeinturm, welche den Bezug zur Leistung verloren haben, werden zu Kostentreibern. Geld als Motivation korrumpiert, wenn der Sinn fehlt. Die Rolle eines Sündenbocks, der Konflikte anspricht oder auch für Konflikte verantwortlich gemacht wird, sichert zwar kurzzeitig das Überleben des Teams. Mittelfristig wird aber durch die Rolle des Sündenbocks die Bearbeitung der leistungswirksamen Konflikte vermieden.

---

11 Dazu gehören z.B. »Teamkompass«, »Hermann Dominanz Instrument«, »Belbin« oder »Insight« als Instrumente der Team- und Rollenanalyse. Hintergrund ist die Hypothese überdauernder stabiler Persönlichkeitsmerkmale, die mit einer gewissen Präferenz für die Auswahl einer bestimmten Teamrolle verbunden sind. – Ihr Einsatz im Team-Coaching kann die Arbeit an Rollenflexibilität und die wechselseitige Wahrnehmung von Stärkenprofilen in der Zusammenarbeit unterstützen.

2.3 Verbindung von Leistungsbezug und Gruppendynamik

Ein Team entsteht, wenn mehr als zwei Menschen zusammen kommen und etwas zusammen tun. Ein leistungsfähiges Team nicht unbedingt. Teambildung ist ein Prozess.

In der Gruppendynamik werden vier Phasen[12] unterschieden, die ein Team durchläuft, um seine Leistungsfähigkeit zu erlangen.

1. Die *Orientierungsphase (engl. Forming)* ist die Kennenlern- und Experimentierphase. Die Gruppenmitglieder wollen folgende Fragen klären:
- Was soll eigentlich in der Gruppe gemacht werden?
- Mit wem verstehe ich mich hier, mit wem nicht?
- An wem will ich mich orientieren?
- Welche Verhaltensformen und Normen will ich in die Gruppe einbringen?

2. In der *Kampfphase (engl. Storming)* werden die Zuordnungen von Teamrollen und Personen ausgehandelt:
- Aufgaben müssen verteilt und festgelegt werden.
- Jeder versucht seine Interessen einzubringen und wenn möglich durchzusetzen.
- Man schätzt sich und andere in Bezug auf die Gruppe ein.
- Rollen und Rangpositionen werden erkämpft, verteidigt, festgelegt.

3. Die *Organisierungsphase (engl. Norming)* ist die Phase der Teameinigung. Man zeigt sich kompromissbereit und nachgiebig, um zu einem festen Zusammenhalt zu kommen.
- Das Teamziel wird in Bezug auf eine gemeinsame Aufgabe präzisiert.
- Teilaufgaben werden in der Gruppe möglichst nach den individuellen Kenntnissen und Fähigkeiten verteilt (Synergie).
- Verhaltensweisen und Verhaltensregeln (z. B. auch: wie gehen wir mit Konflikten um?) werden festgelegt.

4. Die *Integrations- und Leistungsphase (engl. Performing)* bedeutet, dass die gedanklichen Vorstellungen und Pläne jetzt auch in die Tat umgesetzt werden bzw. die Voraussetzungen dafür geschaffen werden.
- Arbeits- und Zeitpläne werden entworfen.
- Rollen werden getestet. Die Rollen in Bezug auf Inhalt der gemeinsamen Aufgabe, Ziele, Beziehungen und Ressourcen der Gruppe werden aufeinander abgestimmt.

---

12 Das Modell der vier Phasen stammt ursprünglich von Bruce Tuckman 1965. Seither wurde es vielfältig genutzt und verändert.

- Die Gruppe sichert sowohl ihr soziales Überleben (Management des Wandels) als auch das Erreichen ihrer Ziele.
- Jetzt entsteht ein starkes »Wir-Gefühl«, einhergehend mit tatkräftiger
- Übernahme von Verantwortung füreinander und das gemeinsame Erreichen der gesetzten Ziele.

Teams in Organisationen sind in der Regel mit einem mehr oder weniger klaren Leistungsauftrag ausgestattet. Viele Führungskräfte neigen deshalb dazu, den gruppendynamischen Prozess etwas abzukürzen und gleich in die Leistungsphase einzusteigen. In der Praxis führt dieses Vorgehen immer wieder zu (manchmal teuren) Brüchen in der Leistungserstellung. Die Gründe dafür sind vielfältig: unklare Erwartungen, Missverständnisse aus unterschiedlichen Annahmen, plötzliche Eskalation von Konflikten aus unterschiedlichen Sichtweisen über Rollen und Aufgaben, Ausschluss aus dem Team/Mobbing, wenn keine Konfliktregeln vereinbart sind; Übernahme von Konkurrenz im Kontakt mit den Leistungsabnehmern und Kunden, destruktiver Machtkampf und fehlende Entscheidungen.

Manche Teamentwicklungen bleiben zwischen Phase 2 und Phase 3 stecken. – Es ist so schön, sich immer wieder über die gemeinsamen Ziele zu streiten; die monatlichen Workshops werden dafür gerne genutzt. – Das Team gewöhnt sich an diesen Entwicklungsstand und ist auch auf die Dauer damit zufrieden. Das Team arbeitet dann etwa 30 % unter seiner Leistungsmöglichkeit. Traditionen und Rituale verfestigen Muster zur Konfliktvermeidung. Konflikte werden auch dadurch vermieden, dass »Störer« aus der Gruppe ausgeschlossen werden. Wer die Wahrheit sagt, wird mit Ausschluss bestraft. So lässt es sich bequem leben. Vorteilsnahme und Korruption gedeihen mittels gegenseitiger Verpflichtungen, geheimer Absprachen und unausgesprochener Regeln, die jeder kennt.

Aufgabe
a. Machen Sie z. B. für Ihre Arbeitsgruppe eine Situationsanalyse und schätzen Sie gemeinsam Ihren Entwicklungsstand ein.
b. Was würde alles funktionieren und gut klappen, wenn Ihr Team jetzt seine volle Leistungsfähigkeit erreicht hätte?
c. Machen Sie Vorschläge und bestimmen Sie gemeinsam, welche Verbesserungen Sie ganz konkret in welcher Zeit Sie als Gruppe erreichen wollen. Vereinbaren Sie gemeinsam Schritte mit Prozess- und Erfolgskontrollen für Ihre Teamentwicklung.

3. Coaching von Leistungsteams

3.1 Themen und Herausforderungen für Leistungsteams

Teams werden als Leistungsteam verstanden. Der Coach bezieht seine Interventionen auf die Entwicklung und Verbesserung der Teamleistung: Klärung der Entwicklungsherausforderungen, Supervision von Beziehungsgestaltung, Beratung für Ressourcenentwicklung und Gestaltung von Managementrollen, Analyse und Entwicklung der Leistungsprozesse, Moderation und Beratung der strategischen Entwicklung und Positionierung. Typische Themen in diesem Kontext sind:

- *Teamentwicklung* entsprechend der Herausforderung der Leistungsprozesse *gerät ins Stocken*, kommt nicht so recht voran; wertvolle Potenziale können nicht realisiert werden.
- Ein *neues Team* soll rasch leistungsfähig werden. Hier haben die klassischen gruppendynamischen Ansätze einen wichtigen Platz. Ein erfahrener Coach kennt die sozialen Gefahren und Klippen der Teambildung, und kann das Team, sinnvoll z. B. auch mit Outdoor-Trainings, dabei unterstützen, schnell zusammenzuwachsen.
- *Führungskrise*. Hinter der Krise des Teams, deren Mittelpunkt die Führungsperson ist, steht meistens auch die Frage nach der eigenen Orientierung und dem Zweck des Teams im Unternehmen. Zudem besteht die offensichtliche Herausforderung in der Rollengestaltung von Führung.
- *Teamkonflikte*. Konflikte gehören zum täglichen Geschäft eines Teams. Lösungen für unterschiedliche Anforderungen und Interessen von unterschiedlichen Kunden, Vorgesetzten, anderen Teams, Bereichen und Abteilungen sind wichtige Wertbeiträge. Unter bestimmten Bedingungen können Konflikte nicht mehr konstruktiv bearbeitet werden und führen zu unnötigen Reibungen. Der externe Coach hilft hier, die bestehenden Konflikte möglichst schnell bearbeitbar zu machen.
- *Leistungsabfall*. Management und Kunden eines Teams beklagen sich über ungenügende Leistungen. Mangelndes Bewusstsein für die eigenen Leistungskriterien ist ein weiterer Hintergrund oft schlecht gemanagter Kundenbeziehungen. Wegen eher an dem Zusammenhang von Befehl und Ausführung (*command and control*) orientierten Sichtweisen, werden Vorgesetzte und Kollegen nicht als Kunden und Abnehmer der eigenen Leistungen erkannt. Für Qualität und Effizienz wird zu wenig Verantwortung übernommen.
- *Kündigung von Mitarbeitern, schleichende Auflösung*. Teams von Professionals arbeiten unter den Bedingungen des Personalmarkts. Oft sind Kündigungen oder auch interne Veränderungen ein Anzeichen dafür, dass die Attraktivität der bestehenden Leistungsfelder für die Bindung der Mitarbeiter nicht mehr ausreicht. Aufgaben der Teamentwicklung wurden längere Zeit vernachläs-

sigt. Hier muss, oft mit einer neuen Führungsperson, schnell gehandelt werden.
- *Veränderungsverantwortung und -umsetzung* soll entschiedener wahrgenommen werden. Der Beitrag des Teams, sei es im Management von Veränderung oder auch in der Umsetzung im eigenen Bereich, soll gestärkt werden.
- Team-Coaching kann ohne die Wahrnehmung von Leistungsmängeln und -risiken *das erreichte Leistungsniveau unterstützen und fördern*. Die Beteiligten bestimmen selbst, welche Verbesserungen sie erreichen wollen.

Coaching von Leistungsteams richtet den Fokus auf den Leistungsprozess, statt auf bloße Zufriedenheits- und Wohlfühlvorstellungen. Damit können oft schlummernde Potenziale von Teams gehoben werden. Leistungsfreude, Stolz und positive Anstrengung rücken in den Mittelpunkt.

Was machen Hochleistungsteams anders?
- Die Teamzusammenstellung und Personalauswahl wird nach dem Leistungsbeitrag entschieden.
- Lernen und Reflexion wird systematisch als Parallelprozess geführt.
- Teamgeist steht auf der Agenda der Führung.
- Die Feedbackkultur erlaubt ungeschminke Kritik, ohne die Wertschätzung zu mindern.
- Die Ziele sind herausfordernd und Erfolge werden gefeiert.

3.2 Rollengestaltung für den Team-Coach

Für die Beratungsperson stellen sich für die Erbringung von Leistungen im Team-Coaching vielfältige Herausforderungen:
- Verständnis und gegebenenfalls einzelne Kontraktierung mit den beteiligten Interessensgruppen der Teamleistung,
- Gestaltung eines Coaching-Kontrakts mit den Teammitgliedern (und zwar mit allen),
- Führung dieser komplexen Kontraktverhältnisse im Lauf des Coachingprozesses,
- Verantwortung für das Setting wird zur *Designverantwortung* für einen Teamentwicklungsprozess:
    - Wer sollte wie miteinbezogen werden *(Strukturdesign)*?
    - Zu welcher Zeit? In welchen Schritten kann die Teamentwicklung begleitet werden *(Prozessdesign)*?
    - Kontraktierung der Verantwortungsrollen mit den Teammitgliedern: Offenlegung von Störungen und möglichen Einflüssen auf das Team im Umfeld, Richtungs- und Designveränderungen in Bezug auf neue Informationen, Ergebnisse und Ergebnisssicherung.

Aufgabe

Die Standortleitung eines Automobilzulieferbetriebs fragt Sie als Coach für die »Weiterentwicklung des Managementteams« an. – Welche Fragen würden Sie sich stellen? Welche Design- und Vorgehensvorschläge würden Sie Ihrem Kunden machen?

3.3 Methodische Ansätze für Team-Coaching[13]

Kontrakt und Hypothesenbildung

Für Team-Coaching (hohe Komplexität) ist in der Regel ein umfangreicher Auftrags- und Kontraktprozess[14] notwendig: Gespräche mit der Vertretung des Auftraggebers, mit der formellen Leitungsperson, bei Konflikten sogar mit jedem einzelnen Teammitglied.

Die Aufgabe des Coachs in dieser Phase ist, sich zunächst mal selbst einen Überblick über mögliche Fragestellungen und Herausforderungen des Teams zu schaffen.

- Welche Fragen und Themen beschäftigen Sie besonders, wenn Sie an das Team denken?
- Was sind Ihre Hypothesen als Auftraggeber, Vorgesetzte oder Kunde für die von Ihnen wahrgenommenen Entwicklungspotenziale?
- Was wurde schon alles getan, um mit diesem Team zu Lösungen und Fortschritten zu kommen?
- Wer, welche Gruppe verbindet welche Zielsetzungen und Interessen mit diesem Team?

Erst im zweiten Schritt ist ein Kontrakt mit den Teammitgliedern auch einzeln möglich: In einem Teamtreffen oder einem ersten Workshop erklären Sie Ihre Rolle und Arbeit als Coach. Vereinbaren Sie Vertraulichkeit und wenige Regeln über den Umgang mit Konflikten. – Im Team-Coaching braucht es eine starke Gestaltungsrolle des Coachs für das Setting des Team-Coachings. Diese sollten Sie durchsetzen oder das Coaching abbrechen, wenn Sie keine Akzeptanz dafür bekommen.

---

13 Die dargestellten Ansätze sind beispielhaft wegen ihrer breiten Anwendungsmöglichkeit in der Praxis ausgewählt. Mit zunehmender Erfahrung erarbeitet sich der Team-Coach weitere Kompetenzen für die Moderation von Teamprozessen. Vgl. z. B. Klebert et al. 1992.

14 Um als Coach eine taugliche Landkarte an der Hand zu haben, hat sich auch das Erstellen einer *Stakeholderanalyse* bewährt: Wer, welche Gruppe verbindet welche Zielsetzungen und Interessen mit diesem Team?

Aufgabe
Was sind für Sie Merkmale der Gestaltung Ihrer eigenen Rolle als Coach?
a. Merkmale die Coachs überhaupt auszeichnen,
b. Merkmale, die Sie persönlich auszeichnen,
c. Merkmale, die in Ihrem Praxisfeld eine hohe Wertschätzung genießen?
Was bedeutet das für die Gestaltung Ihrer Kontrakte im Team-Coaching?

Erwartungsklärung

Moderne Menschen spielen in unterschiedlichen sozialen Kontexten unterschiedliche Rollen.[15] In Erweiterung der Beschreibung von Leistungsrollen in einem Team in Bezug auf eine konkrete Aufgabe, beschreibt die »Rolle« allgemeiner die Summe der Erwartungen, die meine jeweilige soziale Umgebung an mich hat. Untergründige Konflikte, das Gefühl einer spannungsgeladenen Situation, Reibungen im Team haben oft eine Ursache in ungeklärten Erwartungen und Rollen. In der Storming-Phase ist es wahrscheinlich nicht gelungen, neue Rollen zu bestimmen und zu kommunizieren. Die Klärung von Erwartungen und Rollen insgesamt funktioniert als ein übergreifendes Werkzeug zur Aktivierung aller Teamphasen am besten in Teams von vier bis maximal fünf Personen. Für größere Teams empfehlen sich Varianten mit weniger Komplexität, wenn es z. B. um nur einen Wunsch geht.

Aufgabe
1. Machen Sie Einzelinterviews (bei gutem Vertrauen und niedriger Konflikteskalation auch im Team) oder lassen Sie vorbereiten:
   (a) »Was sind Ihre Erwartungen an a, b, c?«
   (b) »Welche Erwartungen dürfen a, b, und c an Sie haben?«, »Welche wollen Sie erfüllen?«
   – Wichtig in diesem Schritt: Es geht nicht um die Korrektur von falschen Erwartungen, sondern bloß um die Aufnahme unterschiedlicher Erwartungen.
2. Führen Sie das Team zusammen:
   (a) »Bitte präsentieren Sie Ihre Erwartungen und Ihre Bereitschaft, Erwartungen zu erfüllen im Team.«
   (b) »Welche Wünsche haben Sie darüber hinaus an die anderen Teammitglieder?«
   (c) »Was können und wollen Sie dafür anbieten, weitere Erwartungen zu erfüllen?«

---

15 *Rolle* verstehen wir als die Nahtstelle von Person und Organisation; die *Rollengestaltung* als den roten Faden erfolgreicher Handlungssteuerung.

Rollenverhandeln[16]

In einer überwiegend konstruktiven Arbeitsatmosphäre kann der Coach »Rollenverhandeln« als ein systematisches Vorgehen anbieten. Begrenzt wird das Verfahren durch die zur Verfügung stehende Zeit und die Zahl der Teammitglieder. Es geht bei diesem Verfahren darum, systematisch die Wirksamkeit der Zusammenarbeit zu verbessern. In der Regel haben wir ja Wahrnehmungen und Gefühle, wenn es etwas knorzt.

Jedes Teammitglied macht zunächst für sich eine Liste möglicher Verbesserungen in der Zusammenarbeit:

(a) Es würde mir helfen meine persönliche Effizienz für das Team zu steigern, wenn Sie folgendes mehr oder besser machen würden.
(b) Es würde mir helfen meine persönliche Effizienz für das Team zu steigern, wenn Sie folgendes weniger oder nicht mehr tun würden.
(c) Mit folgenden Verhaltensweisen helfen Sie mir, meine persönliche Effizienz für das Team zu erhalten und zu steigern. Bitte behalten Sie diese auch in Zukunft bei.

Maximal empfehlen sich drei Nennungen pro Punkt. Jedes Teammitglied schreibt seine persönliche Liste für jeweils jedes andere.

Jetzt beginnt das eigentliche *Rollenverhandeln*: Was möchte ich von Dir? Was gebe ich Dir dafür? Es geht darum Übereinkünfte und Abmachungen zu treffen. – Da wir Rollenverhandeln in einer wenig angespannten Situation gebrauchen, um verborgene Effizienzpotenziale zu realisieren, darf etwas Humor an dieser Stelle nicht fehlen. – Neben der unmittelbaren Verbesserung ist ein weiteres Ziel der Intervention, die Rollenflexibilität im Team zu vergrößern: Rollen werden in Leistungsteams nicht ein und für alle Mal festgelegt, sondern sie werden mit Aufgaben und Leistungen verändert und neu gestaltet.

Die Wirkung von Rollenverhandeln wird unterstützt, wenn die Ergebnisse von Einzelabsprachen im Team veröffentlicht und auch diskutiert werden:
- Wie realistisch sind die getroffenen Vereinbarungen?
- Was bedeuten sie für die Zusammenarbeit im Team?
- Wie würden wir wahrnehmen, wenn sie erfolgreich umgesetzt würden?
- Wie wollen wir die Umsetzung gegebenenfalls mit einer Erfolgskontrolle und Evaluation unterstützen?

Am gruppendynamischen Prozess ansetzen

Wenn Ihnen berichtet wird, dass sich das Team im Kreise dreht, können Sie davon ausgehen, dass es Stockungen im Gruppenprozess gibt. Themen und Fragen

---

16 Vgl. dazu Harrison 1977.

werden immer wieder besprochen, ohne dass sich etwas ändert. Die Forming-Phase hat für die meisten Teammitglieder noch gar nicht stattgefunden; die neue Leitung hat noch gar nicht eine wirkliche Veränderung des Teams wahrgenommen. Die mit der Storming-Phase verbundenen Konflikte werden nicht geschätzt. Der Preis für eine Leistungsverbesserung, z. B. neue Rollen und Verhaltensmuster auszuprägen, scheint vielleicht manchen oder allen Teammitgliedern zu hoch.

Aufgabe
Formulieren Sie bitte für jede Prozessphase 5 Fragen, welche die Orientierung und Verarbeitung dieser Phase im Team unterstützen können. Diskutieren Sie mit Ihren Kolleginnen und Kollegen die möglichen Wirkungen.

Entscheidungscoaching: Tetralemmaaufstellung

Team-Entscheidungen sind manchmal die bessere Alternative, wenn es hohes Commitment in einer sehr komplexen Situation braucht. Schematische Moderationsverfahren nach dafür/dagegen, Stärken-Schwächen-Risiken-Chancen oder nach der Eisenhower-Matrix der Entscheidungsalternativen unterstützen ein Team in einem systematischen Entscheidungsprozess auf analytischer und rationaler Ebene.

Eine gute Verbindung von Emotionen und Denken schafft die Tetralemmaaufstellung. Sie gehört zu den abstrakten Aufstellungen. Aufgestellt werden nicht Personen, Gruppen und Organisationen, sondern Themen, logische Zusammenhänge, Fragestellungen und eben Entscheidungsalternativen. – »Tetra« bedeutet einfach »vier«. In der Logik ist die Zahl der vier Alternativen mit der Vorstellung der Vollständigkeit verbunden. Mehr Alternativen gibt es einfach nicht. Matthias Varga von Kibéd[17], einer der Begründer abstrakter Aufstellungen, kennt nicht nur unsere westliche Logik, sondern auch die indische Logik, welche den vier Möglichkeiten (1) dieses Eine, (2) das Andere, (3) Beides, (4) Keines von Beiden eine fünfte Denkmöglichkeit hinzufügt (5) All dies nicht und auch selbst das nicht. Diese Öffnung unserer europäischen Logik macht die Tetralemmaaufstellung herzlich spielerisch und vergnüglich.

In der Praxis bietet sich dieses Vorgehen vor allem dann an, wenn eine Diskussion, und sei es meine eigene mit mir selbst, um Entscheidungsalternativen etwas festgefahren ist: rechts oder links, kaufen oder nicht kaufen, eine Stelle annehmen oder nicht etc.

Besonders hilfreich für eine Klärung und die Entwicklung neuer Ideen ist die Arbeit mit dem Tetralemma, wenn die Vertreter der unterschiedlichen Meinungen mit im Raum sind.

---

17 Vgl. Sparrer/Varga von Kibéd 2000.

1. Die Position *Das Eine*.
2. Ihr Gegensatz *Das Andere*.
3. Die Position *Beides*. Sie weist auf vielleicht bisher übersehene Vereinbarkeiten der ersten Positionen hin. »Beides« kann zum Beispiel heißen,
   - es gibt einen Kompromiss: mal das Eine und mal das Andere,
   - es gibt ein neues Beides, in das Merkmale der Ausgangspositionen einfließen,
   - der Gegensatz ist vielleicht nur scheinbar, die Ausgangspositionen sind gut vereinbar.
4. Die Position *Keines von Beiden*. Hier kann z. B. der Zusammenhang angedeutet werden, in dem der Gegensatz Sinn macht. Vielleicht wurde im Gegensatz ein noch wichtiger Aspekt ausgeblendet. Oder vielleicht spielt der ursprüngliche Gegensatz auch gar keine besonders große Rolle, und es geht um etwas ganz anderes.
5. *All dies nicht und auch selbst das nicht*. Dieses spielerische Element, auch »freies Element« genannt, würzt die Aufstellungslogik. Es darf sich frei im Raum bewegen und erzählen, wie ihm zu Mute ist, oder auch nichts sagen.

Ablauf einer festen Tetralemmaaufstellung:
1. Festlegung der Rolle des Fragestellers: »Fokus«
2. Klärung von Position und Gegensatz. Das Eine oder das Andere. Beides scheint vorderhand nicht zu funktionieren. Man muss sich schon entscheiden, was man will. Aber irgendetwas hindert einen noch, die Kollegen wollen vielleicht etwas anderes oder in mir habe ich noch widersprüchliche Regungen.
3. Die Positionen 1 bis 4 können auf dem Boden bezeichnet oder von realen Personen eingenommen werden. Die Reihenfolge der Aufstellung folgt der Logik des Gegensatzes (vgl. Abb. 34).

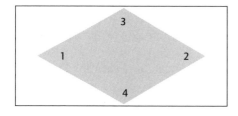

Abb. 34: Tetralemmaaufstellung

4. Die Positionen werden jeweils interviewt nach den von Ihnen wahrgenommenen Veränderungen ihrer Körperwahrnehmungen und ihrer Gedanken dazu.
5. Dann wird die Position vom Fragesteller auf das Feld gestellt. Wieder werden alle Interviewfragen durchlaufen.
6. Was hat sich durch die bisherige Aufstellung schon beim Fragesteller geändert?« Soll die Tetralemmaaufstellung noch in eine weitere Runde gehen?
7. Wenn das gewünscht wird, kann sich der Fokus der Reihe nach an alle

Positionen stellen und von dem Aufsteller, der Aufstellerin interviewen lassen.
8. Abschluss mit Feedbackrunde aller Beteiligten mit Bedankung und Entlassung des Fragestellers.

Die Tetralemmaaufstellung kann auch in »freier« Form ohne die oben geschilderten festgelegten Positionen geführt werden. Überraschende Einsichten sind möglich. Die Erhöhung der Komplexität hat allerdings den gewissen Nachteil, dass Ergebnisse schwieriger interpretierbar sind. Andererseits kann es geschehen, dass plötzlich im Raume alle wissen, was zu tun ist.

Am Leistungsprozess ansetzen: Lösungsorientierte Teamentwicklung

Lösungsorientertes Coaching (Lösungscoaching)[18] macht einen Unterschied zu den präsentierten problemorientierten Sichtweisen. Es gibt ein einvernehmliches Verständnis des Teams über ein Problem: (a) es fehlt uns an Teamgeist, (b) unsere Zusammenarbeit könnte besser sein, (c) wir haben irgendwie Sand im Getriebe, (d) wir sind nicht effizient genug, (e) unsere Kunden sind oft unzufrieden etc. – Folgende Fragen können Sie z. B. mit einer Pinnwandmoderation oder durch Mitschreiben an einem Flipchart bearbeiten.

1. »Beschreiben Sie Ihre Vorstellungen (*dreams*) und Hoffnungen[19] für die Zukunft Ihres Teams. Was würden Menschen, die mit Ihrem Team Kontakt haben, wahrnehmen und denken?«
2. »Welchen Namen, welche Überschrift wollen Sie diesem Bild, dieser gemeinsamen Vorstellung geben?«
3. »Wer würde Sie auf dem Weg zu Ihrem Ziel unterstützen? Von wem dürfen sie sich Unterstützung erhoffen?«
4. »Welche Vorteile hätte es für Sie persönlich, für das Team und seine Interessensgruppen (*stakeholders*) wenn Sie dieses Ziel erreicht hätten?«
5. »Was würde dieses Ziel gegebenenfalls noch attraktiver für die Beteiligten machen?«
6. »Auf einer Skala von 1 bis 10, wenn 10 bedeutet, Sie haben Ihr Ziel erreicht, wo stehen Sie jetzt?«
7. »Wie ist es Ihnen gelungen diesen Fortschritt schon zu erreichen? Welches waren Schritte dahin?«

---

18 »Lösungscoaching« meint hier das systematische Vorgehen in einem lösungsorientierten Coaching, von der Wunderfrage bis zu den Hausaufgaben. Zwei Programme sind dabei besonders hervorzuheben: (1) Das *Reteaming* nach Ben Furmann und Ahola Tapani 2010 und (2) der *Solution Circle* nach Daniel Meier 2004. Das hier kurz dargestellte Vorgehen lehnt sich an (1) an, da mit der Frage nach Unterstützern und möglichen Interessen der organisationale Kontext mit in den Aufmerksamkeitsfokus rückt.
19 Im Team-Coaching stelle ich die Wunderfrage meistens nicht, da sie von unterschiedlichen Menschen oft unterschiedlich verstanden wird. Das würde zu viele Erklärungen notwendig machen.

8. »Welches könnten Ihre nächsten Schritte sein?«
9. »Was spricht dagegen, dass Ihnen diese Schritte gelingen werden? Wie können sie die damit verbundenen Risiken besser steuern?«
10. »Welche möglichen Rückschläge kann es geben? Wie können Sie damit umgehen?«
11. »Was sagen Sie Ihren Unterstützern, was Sie als nächstes tun wollen?«
12. »Wie können Sie noch mehr Zuversicht gewinnen, dass Sie Ihre Ziele wirklich erreichen werden?«
13. »Wie wollen Sie Ihre Vorhaben und erreichten Erfolge dokumentieren und kommunizieren?«
14. »Mit wem wollen Sie wann die kleinen und großen Erfolge feiern?«

Diese 14 Fragen sind Beispiele, wie mehr oder weniger differenziert in Bezug auf die zur Verfügung stehende Zeit, gearbeitet werden kann. In einem ersten Treffen kann durchaus erfolgreich nur an der Lösungswelt gearbeitet werden. Schon damit stellt sich mehr Motivation ein und es gelingt eine erste positive Kooperationserfahrung mit einer Arbeit, die alle interessiert. – Voraussetzung für gelingendes Lösungscoaching in der Teamentwicklung ist die grundsätzliche Bereitschaft und Fähigkeit zur Zusammenarbeit.

> **Aufgabe**
> Die oben dargestellten 14 Fragen geben einen roten Faden für Lösungscoaching von Teams vor. Mit welchen weiteren Fragen und Interventionen können Sie Ihre Klienten unterstützen?

Weiterführende Literatur

Francis, D./Young, D.: Mehr Erfolg im Team. Essen 1982.
Heintel. P. (Hrsg.): Betrifft: TEAM, Dynamische Prozesse in Gruppen. Wiesbaden 2008.
Furmann, B./Tapani, A.: Es ist niemals zu spät, erfolgreich zu sein. Ein lösungsorientiertes Programm für Coaching von Organisationen, Teams und Einzelpersonen. Heidelberg 2010.
Meier, D.: Wege zur erfolgreichen Teamentwicklung. Basel 2004.

Kapitel 14:
Systemisches Projekt-Coaching

Katrin Welge

Aus der systemischen Perspektive stellt ein Projekt »einen sich verändernden Organismus« dar, der in ständigem Austausch mit und in Abhängigkeit von seiner Umwelt lebt. Für die Gestaltung des Projektprozesses hat dieser Ansatz eine herausragende Bedeutung, das Projektumfeld muss in die Gestaltung des Arbeitsprozesses eingebunden sein. Darüber hinaus gilt es, die verschiedenen Ebenen des Projektprozesses zu beachten und in die Gestaltung der Projektarbeit zu integrieren. Die Konzentration auf die traditionellen Prozesse – den Produktentstehungsprozess (fachliche Arbeit) und den Prozess der Planung, Steuerung und Kontrolle – reicht nicht aus. Die wiederkehrenden Fehlschläge zeigen, dass der Projektprozess um die bewusste und professionelle Gestaltung des Teamentwicklungs- und Entscheidungsprozesses zu ergänzen ist.

1. Projektprozesse gestalten und coachen

Projekte sind mit einer Vielzahl von Transformationsprozessen verbunden. In jedem von ihnen wird aus einem vorliegenden und bereits erarbeiteten Input ein Ergebnis geschaffen. Diese bestimmen insgesamt, welches Ergebnis das Projekt hat. Deshalb muss in jedem Prozessschritt ein Output, ein Wert geschaffen werden, der den Verbrauch der Projektressourcen wie Geld, Zeit, Ausstattung erklärt und rechtfertigt. Wenn Input und Output für das Projekt insgesamt sowie für jeden Teilschritt nicht geklärt sind, kommt es zu *Blindleistungen*, Schnittstellenunklarheiten und in vielen Fällen zu Zeit- und Qualitätsproblemen.

Ganzheitliches Projektmanagement unterscheidet für die Steuerung dieser Transformationsprozesse vier Ebenen (vgl. Abb. 35).
- *Produktentstehung*: Das Schaffen eines konkreten Ergebnisses, z. B. ein bestimmtes Produkt, aber auch eine neue Organisationslösung oder die Umsetzung einer Logistikaufgabe.
- *Teamentwicklung*: Auswahl und Führung der Mitglieder des Projektteams. Festlegen von Regeln und Kommunikationsformen.
- *Umweltbeziehungen*: Management der Stakeholder, der Wirkungen und Wechselwirkungen des Projektverlaufs mit seiner Umwelt.
- *Entscheiden*: Projektmanagement im engeren Sinne als systematischer Entscheidungsprozess.

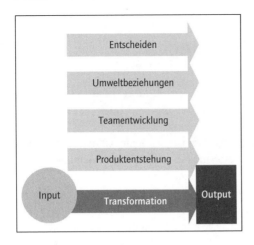

Abb. 35: Vier Ebenen des Projektmanagements

Alle vier Prozessebenen müssen bei der Führung eines Projekts gestaltet und miteinander in Einklang gebracht werden.

Hier werden große Anforderungen an die Projektleitenden gestellt: Sie müssen Fachmann bzw. Fachfrau (Produktentstehung), Teamgestalter (Teamentwicklung), Politiker (Umweltbeziehungen) und Manager (Entscheiden) zugleich sein. Das kann eine Überforderung darstellen. Es sollte deshalb überlegt werden, welche Verantwortung geteilt oder delegiert werden kann. Fachliche Unterstützung durch Experten ist in den meisten Projekten zu finden. Projektleitende sind selbst oft Spezialisten für Projektmanagement und sehen das als ihre zentrale Aufgabe.

Wenn die Projektarbeit nicht optimal läuft, liegt das oft daran, dass

- eine oder mehrere der vier Prozessebenen nicht oder nicht ausreichend beachtet wurden. So scheitern z. B. viele Projekte daran, dass der Entscheidungsprozess aus dem Auge verloren wird und nach langer mühsamer Projektarbeit Ergebnisse abgeliefert werden, die in der mittlerweile fortgeschrittenen Arbeitssituation des Kunden nicht mehr brauchbar sind. – Auf diesem Weg wurden unzählige Softwares »für die Schublade« produziert, wenn die Umwelt – in diesem Fall die Kunden – nicht genügend Beachtung fanden;
- die vier Prozessebenen zwar beachtet werden, aber nicht synchronisiert ablaufen. Viele Projektleitende können ein Lied davon singen, dass Projektpläne nur oberflächlich für ein Statusmeeting oder erst im Nachhinein differenziert und ehrlich gepflegt werden.

Die professionelle Gestaltung und Synchronisation (*Entscheiden*) aller vier Prozessebenen ist die Aufgabe der Projektleitenden, die notwendigerweise im Entscheidungsprozess *von oben*, von der Linie, unterstützt werden sollten.

Die Führung der *Umweltbeziehungen* wird oft auch unter der Überschrift *Kommunikation* zusammengefasst. Je nach Bedeutung und Größe eines Projekts hat dies für den Erfolg sehr große Wichtigkeit.

Für den *Teamentwicklungsprozess* und das Konfliktmanagement werden nach wie vor selten Spezialisten hinzugezogen – dennoch ist dies empfehlenswert. Ein guter Projekt-Coach kann dazu beitragen, alle vier Prozesse abgestimmt und mit optimaler Gewichtung zu gestalten.

Der Prozess der Produktentstehung ist die *Kernaufgabe* des Projektteams. Je nach Inhalt und Komplexität des Projekts ergeben sich daraus die Profile im Projektteam und die notwendige Ausdifferenzierung der Projektorganisation.

> Systemisches Projekt-Coaching unterstützt das Projektmanagement auf allen vier Ebenen seines Leistungsprozesses.

2. Perspektive Projekt-Coach

Ein Projekt-Coach versteht ein Projekt als soziales System und die daran beteiligten Personen als soziale Teilsysteme. Für die beteiligten Personen eines Projekts entstehen weitere Dynamiken, die sich in ihren Anliegen, Zielen und Lösungsideen widerspiegeln, z. B.:
- in psychodynamischen Wirklichkeitskonstruktionen: »Bin ich Teil des Projektsystems?«, »Wenn ja: wann, wo, wie?«, »Was ist für mich der Sinn und Wert des Projekts?«, »Wie sehe ich das Projekt?«,
- in Rollenkonflikten und -ambivalenzen: »Ich als Projektleiterin, ich als Teammitarbeiterin, ich als Führungskraft«, usw.
- in Zuständigkeits- und Verantwortungskonflikten zwischen Linien- und Projektführungskräften: Abteilungsleitung vs. Projektauftraggeber etc.
- in der Überforderung der Menschen in Projektführungsrollen, etwa in einem Arbeitsumfeld, das sich durch ausgeprägte Leistungsorientierung unter zeitlichem und ressourcenforderndem Erfolgsdruck kennzeichnet etc.

Ein Projekt-Coach kennt die Dynamiken und Charakteristiken eines Projektsystems und seiner Umwelt. Die Beleuchtung der Kompetenzen und Arbeitskontexte eines Projekt-Coachs, als prozesskompetenter Begleiter von Menschen in Projektsystemen, ermöglicht eine erfolgreiche (im Sinne *hilfreicher*) und *unterschiedsbildende* Arbeit. In der Regel ist der Projekt-Coach nicht selbst Teil des Projektsystems. Er agiert *extern*. Er verbindet Kompetenz und Erfahrung als Projektmanager mit spezifischen Coaching- und Mentoringfähigkeiten interdisziplinär.

Drei Arbeitskontexte und Rollen für systemisches Projekt-Coaching lassen sich darin abgrenzen und beschreiben:

1. Coaching für die Führungskräfte der Projektorganisation:
   - Unterstützung des Reflexions- und Lösungsfindungsprozesses
   - Der Coach bringt sein Expertenwissen – als eigenen »Erfahrungsrucksack« – in das Coaching-Gespräch als Angebot für den Kunden ein.
   - Fokus im Coaching-Gespräch ist die Entwicklung einer für den Kunden passenden Lösung, die mit dessen Ressourcen und Kompetenzen machbar ist und im Einklang mit dessen Erfahrungen steht.
   - Begleitung bei der Reflexion und dem Finden von neuen Lösungen und Perspektiven der Führungsrollen einer Projektorganisation oder eines projektorientierten Unternehmens (Projektleitende, Projektauftraggebende, Projektteam, im Projektmanagement-Office Mitarbeitende).
2. Fachlich-methodische Beratung:
   - In der Rolle des Beraters unterstützt der Coach als »Externer« mit seinem Expertenwissen, dem eigenen Erfahrungsrucksack, die Projektorganisation, meistens die Projektleitenden und/oder das gesamte Projektteam.
   - Er berät den Projektleiter und das Projektteam sowie möglicherweise den Projektauftraggeber zu Fragen der Gestaltung des Projekts.
   - Er agiert hauptsächlich »off-stage«, kann aber bei Bedarf eine beobachtende Rolle »on-stage« (d. h. auf der »Projektbühne« z. B. im Statusmeeting, in Workshops etc.) einnehmen.
   - Er ist eine hilfreiche Stütze im Hintergrund für die Projektleitenden in der Gestaltung ihrer Rolle.
3. Mentoring für Menschen in Projektführungsrollen:
   - Als Mentor übernimmt der Coach die Rolle eines Ratgebers oder erfahrenen Beraters, der die Entwicklung des Mentee fördert.
   - Er fokussiert die persönliche Entwicklung des Menschen.
   - Im Unterschied zu den anderen Rollen, die der Coach einnehmen kann, nimmt er als Mentor keine neutrale Position gegenüber der zu beratenden Person ein.
   - Im Unterschied zum Projektmanagementberater geht es um den Menschen hinter den Rollen und nicht um das Projekt und das Projektumfeld.
   - Dabei kann der Mentor hilfreich sein, z. B. als Motivator, Seelsorger, psychologisch-emotionaler Stabilisator.
   - Er kann dem Projektleiter eine Reflexion der eigenen Rolle und eine emotionale Begleitung bieten.
   - Die gemeinsame Reflexion der Beziehungsdynamiken im beruflichen Umfeld sowie die Unterstützung bei der Reflexion von persönlichen Werten und Sinndimensionen stärkt die Person des Projektleiters bei der Erfüllung des Projektauftrags.

Jeder dieser drei Arbeitskontexte und jede der damit verbundenen Rollen bedarf der Berücksichtigung verschiedener Perspektiven, rollenspezifischer Settings und der Souveränität der Prozessführung. *Systemisches Projekt-Coaching* erfordert mehr, als nur Coaching-Methoden im spezifischen Kontext anzuwenden. Es ist eine *interdisziplinäre Rollenkompetenz* gefragt, die eine differenzierte Persönlichkeit voraussetzt, die auf eine umfangreiche Projektprozesskompetenz und einen umfassenden Methodenkoffer für situationsgerechtes Reagieren zurückgreifen kann.

3. Coaching der sechs wesentlichen Projektschritte

1. Schritt: Auftragsklärung

Der Auftragsklärung besondere Aufmerksamkeit zu widmen, wird oft nicht als genügend wichtig angesehen. Der Auftrag erscheint als eindeutig. Am Ende des Projekts soll ein Arbeitsablauf neu strukturiert, ein Softwareprogramm entwickelt worden sein oder Mitarbeitende einer anderen Unternehmenseinheit sollen integriert worden sein. Was gibt es also noch lange zu klären, wenn die Zeit doch ohnehin knapp bemessen ist?

Es gibt bei den Beteiligten allerdings meist ein sehr unterschiedliches Verständnis darüber, was als Ergebnis bei einem Projekt herauskommen und wie dieses Ziel erreicht werden soll: Welche Bedingungen soll es erfüllen? Welchen Nutzen soll es schaffen? Mit welchem Aufwand soll es erreicht werden? Was darf die Entwicklung, was die Umsetzung kosten? – Ohne Auftragsklärung sind die Konflikte zwischen Auftraggeber und Projektbeteiligten nahezu vorprogrammiert.

Der Projektauftrag ist wesentlicher Referenzpunkt für den weiteren Projektverlauf. Ziele der Auftragsklärung (vgl. auch Abb. 36):
- Thema/Problem genau abgrenzen,
- Ziel des Auftraggebers festlegen,
- Überblick über Themen/Probleme der Involvierten gewinnen,
- inhaltliche Ziele klären,
- Projektteammitglieder kennenlernen,
- potenzielle Konflikte identifizieren,
- organisatorische Fragen klären,
- Rollen klären.

Zwischen Projektleitenden und Auftraggebenden können zu diesen Zielen der Auftragsklärung selbst noch unterschiedliche Vorstellungen bestehen. Auch diese Differenzen müssen im Rahmen der Auftragsklärung beseitigt werden. So ist beispielsweise zu bedenken, dass es für einen Auftraggeber unter Umständen unangenehm sein kann, das Projekt ins Leben zu rufen, wenn es auf einem Problem in seinem Verantwortungsbereich beruht.

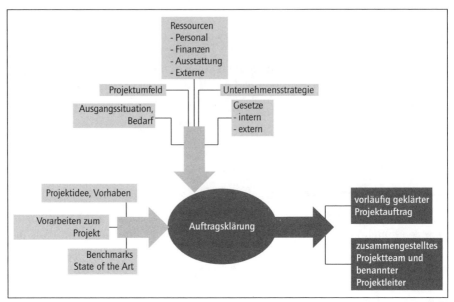

Abb. 36: Kontextualisierung der Auftragsklärung

Ist ein einmal geklärter und exakt bearbeiteter Auftrag die Garantie für ein erfolgreiches Projekt? Das Gegenteil ist der Fall, wenn die Beteiligten sich davon zu viel Stabilität erhoffen: Die zur Planung herangezogenen Rahmenbedingungen wandeln sich bei fast jedem Projekt aufgrund der sich dynamisch verändernden Umwelt ständig. Aus diesem Grund muss jeder Auftrag vor jedem neuen Projektabschnitt geprüft, verhandelt und gegebenenfalls angepasst werden. Die Herausforderung bei dieser evolutionären Auftragsklärung ist, ein Einverständnis darüber zu erlangen, dass im Laufe des Projekts neue Erkenntnisse auftreten können und ein Verfahren vereinbart werden muss, wie diese zu einer Veränderung des Projektauftrags führen können. Folglich kann die Auftragsklärung zu Beginn des Projekts nur den Charakter der Vorläufigkeit haben.

Vorgehensweise
Die Auftragsklärung erfolgt vor dem Projektstart und wird im Wesentlichen von den Projektleitenden gestaltet. Hierfür sollten sie zwei bis drei Treffen der Beteiligten einplanen. Die Beteiligten der Auftragsklärung sind der Projektleiter, der Auftraggeber – und ggf. der Projekt-Coach. Ist die Auftragsklärung Bestandteil eines Kick-off-Workshops mit dem Projektteam, tragen auch dessen Mitglieder zur Präzisierung bei sowie weitere Mitarbeitende, die in das Projektthema involviert sind.

In der Phase der Auftragsklärung sind systematisch Fragen zu Bezeichnung und Zielen des Projekts, den Schnittstellen innerhalb der Organisation und zu

anderen Projekten sowie zur Aufbauorganisation und dem Informations- und Berichtswesen zu stellen. Hier eine Auswahl unterstützender Fragen seitens des Projekt-Coachs:
- Wie sieht der Ist-Zustand aus und auf welchen Vorarbeiten kann das Projekt aufbauen?
- Wie soll das Soll aussehen, was soll durch das Projekt erreicht werden und was ist nicht Projektziel?
- Welchen Beitrag zur Unternehmensstrategie soll das Projekt leisten?
- Wozu ist das Projekt notwendig? Welche »Not« soll für wen gewendet werden? Worin besteht der tatsächliche Nutzen?
- Woran lässt sich die Qualität der Ergebnisse erkennen bzw. messen?
- Sind die Kundenwünsche realistisch? Welche Wertschöpfung verspricht sich der Kunde? Wie bereit, wie fähig ist das Kundensystem, die Wertschöpfung zu realisieren?
- Wie sehen die weiteren Rahmenbedingungen aus?
- Welcher zeitliche Ablauf ist notwendig zu planen?
- Wer ist Auftraggeber und wer ist Projektleiter? Mit welchen Qualifikationen und Kompetenzen muss der Projektleiter ausgestattet sein?
- Wer soll im Projektteam mitarbeiten, mit welchen Ressourcen?
- Wer gehört im Hinblick auf die zu treffenden Entscheidungen zum Steuerungsteam? Wer nimmt die Projektergebnisse ab?
- Wie soll im Projektteam und wie mit dem Projektleiter zusammengearbeitet werden? Soll es hierzu Regeln geben?

Ergebnis der Auftragsklärung sollte für Auftraggebende wie Projektleitende ein gemeinsames Verständnis und Klarheit über die Ziele, den grundsätzlichen Ressourcenbedarf sowie die Projektorganisation sein. Außerdem ist definiert, wie Informationen ausgetauscht werden und wie der Auftrag an die sich ändernden Rahmenbedingungen und Erkenntnisse angepasst werden kann.

2. Schritt: Projektstart

Um eine möglichst reibungslose Kommunikation zu fördern und allen dieselben Informationen zu Projektzielen, -abläufen und Spielregeln geben zu können und die Gelegenheit zu bieten, diese zu verstehen, empfiehlt es sich, alle am Projekt Beteiligten zu einem gemeinsamen Projektstart einzuladen (vgl. Abb. 37).

Ziel des Projektstarts ist, sich mit dem Projektvorhaben, seinen Zielen und den angestrebten Ergebnissen zu identifizieren und sie als notwendig und sinnvoll für das gesamte Unternehmen zu erkennen. Deshalb muss der Projektstart Klarheit und Übersicht in die unterschiedlichen Vorstellungen und Interessen aller am Projekt Beteiligten und Interessierten bringen. Üblicherweise prägt die Art und Weise, wie der Start erfolgt, den Verlauf des gesamten Projekts.

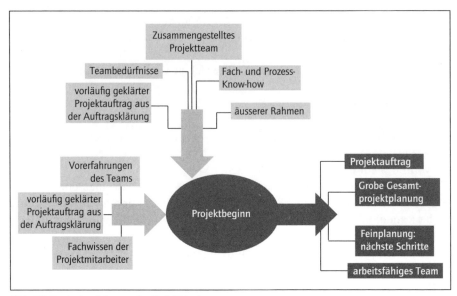

Abb. 37: Kontextualisierung des Projektstarts

Beim Kick-off-Workshop sollten folglich alle Personen und Funktionen vertreten sein, die dazu beitragen, die Ziele des Projektstarts zu erreichen. Dies sind der Auftraggeber, die späteren Nutzer oder Anwender sowie der Projektleiter und das Projektteam.

Vorgehensweise
Beim Projektstart geht es vor allem darum, alle Projektbeteiligten in das berühmte »Projektboot« zu holen. Bewährt haben sich hierzu folgende Schritte:
1. Vorstellen des vereinbarten vorläufigen Projektauftrags
2. Klären der Erwartungen, Fragen und Interessen der Projektmitarbeitenden
3. Klären der Rollen und Verantwortlichkeiten im Projekt
4. Vorstellen und Vereinbaren des Gesamtprojektplans
5. Erarbeiten der Kommunikationsregeln für das Projekt
6. Bildung des Projektteams

Kein Projekt entsteht allerdings aus dem Nichts, d.h. an dem Zustand, der als veränderungsbedürftig eingestuft wird, waren Personen beteiligt, von denen auch welche in das Projekt involviert sind und die wahrscheinlich gut wissen, welche Probleme ihre Arbeitsabläufe oder -mittel aufweisen. Wir haben mit in den Blick zu nehmen, dass der Ist-Zustand mit all seinen erkannten Unzulänglichkeiten bisher einen Beitrag zum Gelingen im Unternehmen geleistet hat. Er ist die Basis der durch das Projekt zu erzielenden Veränderungen – ohne ihn gäbe es dieses Projekt vermutlich nicht. So hat die Würdigung der bisherigen Arbeit einen großen Einfluss auf den Projektverlauf und die spätere Umsetzung der Ergebnisse. Damit ist nicht gesagt, dass die bisherige Arbeit als gut eingeschätzt werden muss, sondern dass in ihr gut erkannt werden kann, was verändert werden muss. Schätzen wir diesen Ist-Zustand wert, werden die Beteiligten bereit sein, ihr Wissen einzubringen.

Folgende Fragen seitens des Projekt-Coachs können in der Phase des Projektstarts von Relevanz sein:
- Wie sieht der äußere Rahmen des Projekts aus?
- Über welche Erkenntnisse aus der Auftragsklärung sollten die Projektmitarbeitenden informiert sein?
- Wie können die vorhandenen Kompetenzen und Fähigkeiten für das Projekt nutzbar gemacht werden? Wie können sie möglicherweise zur Erweiterung der persönlichen Fähigkeiten und Erfahrungen dienen? Welche Regeln und Vereinbarungen sind für beide Aspekte notwendig?
- Welche Teambedürfnisse haben Einfluss auf den Projektverlauf und müssen angesprochen und geklärt werden?

Ergebnis des Projektstarts ist Klarheit für alle Beteiligten in dem, was erreicht werden soll: Ziele, Ergebnisse, Nutzen, zeitlicher Verlauf und Kosten. Ein Projektplan vermittelt eine Vorstellung, welche Teilaufgaben von wem bis zu welchem Zeitpunkt zu erarbeiten sind. Eine verbindliche Feinplanung gilt für die nächsten Projektschritte. Der Projektplan ist ein Entwurf für das gesamte Projekt, er gibt Orientierung und Sicherheit.

3. Schritt: Statusmeeting

Im Hinblick auf die Projektleitung können wir bei der maritimen Metapher des Bootes bleiben. Das Leiten eines Projekts ist vergleichbar mit dem Navigieren eines Schiffes durch unruhige, unbekannte See: Das Ziel ist zwar ungefähr bekannt, aber der am Anfang gewählte Kurs muss immer wieder überprüft werden. Dieser Überprüfung – und häufig folgenden Kursänderung – dient das Statusmeeting (vgl. Abb. 38). Der Projektstatus wird festgestellt, um die weiteren Schritte verbindlich festlegen zu können. Wird innerhalb des Projektteams gemeinsam die Arbeitsqualität überprüft, werden Unstimmigkeiten und der Ressourceneinsatz analysiert, hat dies nützliche Effekte: Projektfortschritte und -risiken werden transparent, das frühzeitige Erkennen ermöglicht notwendige Kurskorrekturen und die Arbeitsleistung des Teams wird sichtbar, was die Teammitglieder motiviert und für die Teamentwicklung zuträglich ist.

Wen gilt es am Statusmeeting zu beteiligen? Einzuladen ist das Projektkernteam und zusätzlich die wesentlichen Beteiligten der jeweiligen Projektphase sowie die Personen an wichtigen Schnittstellen. Die gruppendynamische Funktion des

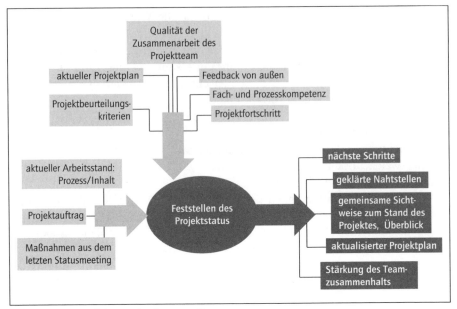

Abb. 38: Kontextualisierung des Statusmeetings

Statusmeetings sollte genutzt werden. Hier ist ein guter Ort um emotionale Bindungen aufzubauen, eine zunächst aufgrund von fachlichen Überlegungen zusammengestellte Projektgruppe zu einem Team zu entwickeln. Projektfortschritte sollten ausdrücklich gewürdigt und können auch mal gefeiert werden. Hier ist die Chance, eine gemeinsame Arbeitshaltung zu prägen: Wie gehen wir im Team miteinander um, wie mit den Beteiligten auf Kundenseite?

Insbesondere in großen Projekten mit vielen Projektmitarbeitenden und einer langen Laufzeit geben sorgfältig durchgeführte Statusmeetings Orientierung, stellen für die einzelnen Projektmitglieder den Bezug zum Gesamtauftrag her und halten das Schiff so auf Kurs.

Üblicherweise ist zu Beginn eines Projekts noch keine Detailplanung erfolgt, so dass das Statusmeeting neben der Strukturierung des Projektalltags auch dazu dient, die jeweils mögliche Feinstruktur zu erarbeiten. Regelmäßige Statusmeetings erhöhen folglich die Projektflexibilität und Unsicherheitstoleranz der Beteiligten, denn sie können sich darauf verlassen, dass die notwendige Präzisierung rechtzeitig hergestellt wird.

Vorgehensweise

Projekt-Coach und Projektleiter bereiten das Statusmeeting gemeinsam vor: Themen, Teilnehmende, Ablauf, Zeitbedarf. Die inhaltlichen Anforderungen an die Teilnehmenden müssen vorab geklärt und kommuniziert sein. Der Projektleiter lädt mit festgelegter Agenda rechtzeitig alle Teilnehmenden ein.

Folgende Fragen können in der Vorbereitung und Durchführung seitens des Projekt-Coachs von Relevanz sein:
- Was ist aus den Aufgaben geworden, die beim vergangenen Statusmeeting vereinbart wurden? Wie wird mit Unerledigtem umgegangen?
- Welche Auswirkungen hat der Stand der einzelnen Projektarbeiten auf andere bzw. auf andere Projekte? Welcher Abstimmungsbedarf resultiert hieraus, wann und wo?
- Wie sieht der Ressourcenverbrauch aus?
- Wie sieht die nächste Stufe der Feinplanung aus?
- Welche anknüpfenden Aktivitäten sind zu verabreden?

Nach einem Statusmeeting sollte die gegenwärtige Projektsituation für alle Beteiligten hinsichtlich der vereinbarten Aktivitäten, Ergebnisse und des Ressourcenverbrauchs sowie die Aufgaben und Verantwortlichkeiten bis zum nächsten Statusmeeting geklärt sein.

4. Schritt: Bilanzierung der Projektphasen

Die Bilanzierung der Projektphasen findet zur kontinuierlichen Abstimmung mit den Auftraggebenden, Kunden und gegebenenfalls weiteren Entscheidern statt (vgl. Abb. 39). Im Unterschied zum Statusmeeting, das der projektinternen Abstimmung dient, sind darin auch die externen Stakeholder eingebunden. Neben der Auftragsklärung und dem regelmäßigen persönlichen Gespräch sind diese Reviews die wichtigsten Momente zur Gestaltung eines produktiven Entscheidungsprozesses. Im Hinblick auf die Bilanzierung der Projektphasen, das Review mit dem Projekt-Steuerungsgremium, handelt es sich folglich um einen notwendigen Bestandteil der kontinuierlichen Auftragsklärung. Nur so kann sichergestellt werden, dass das in den Projektphasen Erarbeitete umsetzbar ist und Kundennutzen stiftet.

Wozu dient dieser Projektschritt? Durch das Review soll eine Bewertung der Zwischenergebnisse erfolgen und es soll möglich sein, Entscheidungen zur Fortsetzung des Projekts sowie zu weiteren Maßnahmen und Schritten zu treffen. Das Feedback der Entscheidungspersonen fördert im günstigen Fall den Lernprozess des Projektteams. Schließlich hilft die Zwischenpräsentation und Diskussion allen Projektbeteiligten, Entscheidern wie Projektmitarbeitenden, den Blick für das Machbare zu wahren. Ein gelungenes Review kann sehr motivierend wirken und dadurch auch neue Ressourcen freisetzen.

Vorgehensweise

Wer an der Zwischenbilanz beteiligt werden sollte, hängt von der jeweiligen Projektphase ab. Aktiv dabei sind auf jeden Fall die Projektleitenden und die maßgeblich beteiligten Projektmitarbeitenden sowie der Projekt-Coach, wenn

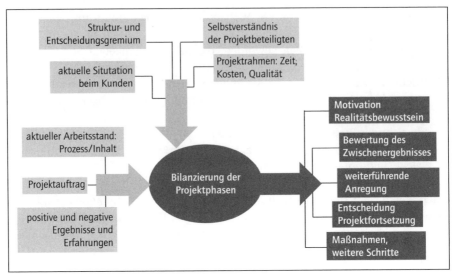

Abb. 39: Kontextualisierung der Projektphasenbilanzierung

er/sie in der Rolle des *Projektmanagmentberatenden* ist – seltener in der Rolle des *Coachs der Projektleitung*. Die Qualität der Bilanzierung ist größtenteils von der Kompetenz der Zusammensetzung, vom Selbstverständnis der beteiligten Projektpartner und der Kultur ihrer Zusammenarbeit abhängig, denn kreative Vorschläge und konstruktive Kritik werden nur bei gegenseitiger Wertschätzung und Akzeptanz geäußert. Da gerade Projektabbrüche häufig ohne Zwischenbilanz stattfinden, sollte auf regelmäßige Reviews geachtet werden. So können emotionale »Schnellschüsse« verhindert und sachlich fundierte Entscheidungen sowie Lernen aus Fehlern für die gesamte Organisation ermöglicht werden.

Für den Projekt-Coach können z. B. folgende Fragen zur Vorbereitung und Durchführung relevant sein:
- Wie gestaltet sich das derzeitige Projektergebnis?
- Was ist beim bisherigen Vorgehen gut gelaufen? Wie wurde gearbeitet? Welche Schwierigkeiten zeigen sich?
- Welche Unterschiede gibt es zwischen Auftrag und Ergebnis dieser Projektphase? Wie sind sie zu erklären?
- Gibt es Ressourcen bezogene Planabweichungen?
- Welche neuen Projekterkenntnisse gibt es?
- Worüber und wie muss der Kunde informiert werden, damit er Vertrauen zum Projekt behält?
- Was braucht das Projektteam vom Kunden in sachlicher und emotionaler Hinsicht?
- Welche neuen oder erweiterten Projektanforderungen gibt es seitens des

Kunden oder Auftraggebers? Welche Hilfe, welche Schwierigkeiten sind aus dem Projektumfeld zu erwarten?
- Auf welche Situation im Kundensystem trifft der nächste Projekt-Realisierungsschritt: zeitlich, finanziell, personell, persönlich (Auftraggeber/Kunde/Anwender)?
- Welche Risiken zeigen sich für die nächsten Projektphasen?
- Soll das Projekt weitergeführt werden?
- Welche konkreten Ziele gibt es für die nächste Projektphase?
- Was sollte der Kunde während der nächsten Projektphase beitragen?

Wichtig für die Durchführung der Bilanzierung ist, darauf zu achten, dass für die Präsentation der Ergebnisse und Entscheidungsvorlagen im Verhältnis wenig und für die Erörterung und Diskussion viel Zeit eingeplant wird. Außerdem sollten auch Schwierigkeiten, und nicht nur die positiven Ergebnisse, präsentiert werden. Die Entscheider sind aktiv nach ihrer Meinung zu fragen und um Anregungen für den weiteren Projektverlauf zu bitten.

5. Schritt: Projekt-Teamentwicklung

Oberstes Ziel einer Teamentwicklung im Rahmen eines Projekts muss eine, bezogen auf den gemeinsamen Auftrag, effiziente Zusammenarbeit sein. Auf der menschlichen Ebene sollte darauf geachtet werden, Reibungsverluste zu vermeiden und damit die Arbeitszufriedenheit im Projektteam zu fördern. Denn die Projektteamsituation ist herausfordernd: Menschen mit unterschiedlichem fachlichen und organisatorischen Hintergrund werden darauf verpflichtet, gemeinsam eine Aufgabe zu lösen und vom ersten Moment an vertrauensvoll und effizient zusammenzuarbeiten. Häufig kennen sie sich nicht und sprechen nicht immer – im direkten wie im übertragenden Sinne – eine Sprache. Explizites Investieren in die Bildung eines Projektteams und dessen Entwicklung trägt zu einer guten Zusammenarbeit bei.

In Abbildung 40 sind viele der unterschiedlichen Einflussfaktoren aufgeführt, die auf die Qualität der Teambildung und -entwicklung einwirken: soziale Kompetenzen und Projekt-Vorerfahrungen der Projektbeteiligten, Projektumfeldfaktoren, Arbeits- und Vertrauenskultur der beteiligten Organisationen, aber auch Ziel und Qualitätsanspruch des Auftrags. Um eine effiziente Zusammenarbeit mit einer entsprechenden Arbeitszufriedenheit zu erreichen, sollten die beteiligten Menschen Regeln zur Zusammenarbeit vereinbaren, die Rollen im Team klären, die bestehenden sozialen Kompetenzen und die Reflexionsfähigkeit zu sich als Person und als Teammitglied weiterentwickeln, unterschiedliche fachliche und persönliche Interessen thematisieren und den Zusammenhalt im Team fördern.

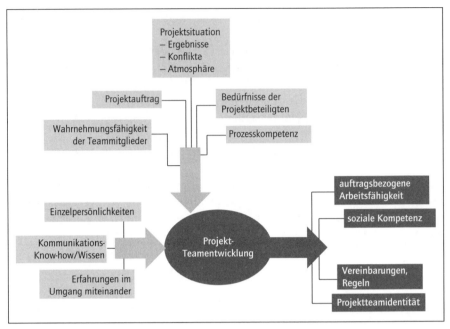

Abb. 40: Kontextualisierung der Projekt-Teamentwicklung

Vorgehensweise

Das gesamte Projektteam, einschließlich der leitenden Person, ist an der Teamentwicklung zu beteiligen. Da im Rahmen der Teamentwicklung immer mal wieder Fragen aufkommen, die nur der Auftraggeber beantworten kann, sollte dieser dann auch darauf bezogen punktuell hinzugebeten werden. Die Teamentwicklung steht in engem Zusammenhang mit den Inhalten der Projektarbeit, so dass sie mit dem Aufsetzen des Projekts beginnen sollte. In Konfliktfällen oder bei größeren personellen Veränderungen sollte man, über die zu Projektbeginn getroffenen Maßnahmen hinaus, in ein paar Stunden oder im Einzelfall für einzelne Tage explizit in die Teamentwicklung investieren.

In diesem Zusammenhang sind für den Projekt-Coach u. a. folgende Fragen von Relevanz:
- Wie stehen die einzelnen Beteiligten hinter dem Auftrag und den Zielvorgaben?
- Wie passen die persönlichen Ziele und die Teamziele zusammen?
- Wie soll und wie will in diesem Team zusammengearbeitet werden?
- Wer hat welche offiziellen und welche inoffiziellen Rollen in diesem Team?
- Welche Regeln werden für die Bearbeitung von Konflikten und die Herbeiführung von Entscheidungen vereinbart?
- Wie werden Fähigkeiten untereinander eingeschätzt?
- Wie wird der Informationsfluss gestaltet und Verbindlichkeit hergestellt?

- Wie organisiert sich das Team seinen Lernprozess und eine regelmäßige Selbstreflexion zur Zusammenarbeit?
- Wie können die Projektinteressen nach außen vertreten werden?

Um Subsysteme und Verhaltensmuster im Team zu erkennen, empfiehlt es sich für den oder die Coach, mit repräsentativen Teammitgliedern Einzelgespräche vor einem Teamentwicklungstreffen zu führen. Zum Projektgeschehen gehören vielfache Projektionen und Machtspiele bis hin zu -Machtkämpfen der Beteiligten. Insbesondere der Projektleiter ist deshalb darin zu unterstützen, sich gut bei sich auszukennen und z. B. eigene Anteile an schwierigen Gruppensituationen erkennen zu können. Es ist eine wertschätzende Haltung zu fördern, die ohne Abwertung von Personen und deren Verhaltensweisen sein sowie sich um Klarheit bemühen sollte.

6. Schritt: Nutzung und Sicherung der Erfahrungen

Es ist hilfreich, unabhängig von der Endabnahme durch den Kunden, Effizienz und Qualität der inhaltlichen Arbeit im Team zu besprechen und auszuwerten. Die hieraus zu schöpfenden positiven wie negativen Erkenntnisse für sich und andere nutzbar zu machen, ist Ziel der Erfahrungssicherung. Leider werden viele Projekte nie offiziell beendet, oder wenn, dann mit Hektik und großer Anstrengung der Beteiligten. Da es in vielen Organisationen keine Fehlerkultur gibt, ist beinahe allen Projekten gemeinsam, dass sie enden, ohne dass aus den Erfahrungen im Projekt gelernt werden dürfte. Infolgedessen wiederholen sich Fehler in der inhaltlichen Arbeit und der Gestaltung des Gruppenprozesses bei jedem neuen Projekt.

Abbildung 41 zeigt auf, dass die inhaltliche Reflexion Risiken für die Umsetzungsphase minimiert und im Sinne eines kontinuierlichen Verbesserungsprozesses auch die Qualität der Projektprodukte weiterentwickelt bzw. zu weiterführenden oder ergänzenden Projekt- oder Produktideen führt. Eine Erfahrungssicherung, die auch den Linienvorgesetzen der Teammitglieder zugänglich ist, kann einen Teil der Anerkennung leisten, den viele Projektmitarbeitende während und nach der geleisteten Projektarbeit vermissen. Nicht zuletzt ist die regelmäßige Reflexion der Zusammenarbeit auch am Ende des Projekts eine wichtige Ressource für persönliches und organisationales Lernen. Damit wird sie zu einem wichtigen Bestandteil der kulturellen Weiterentwicklung einer Organisation.

Vorgehensweise

An der Erfahrungssicherung sind das Projektteam, der Lenkungskreis, der Auftraggeber und die Nutzenden der Projektergebnisse zu beteiligen. Dies geschieht meistens in einem Workshop und kann durch Interviews oder einem Fragebogen im Vorfeld zu folgenden Aspekten erfasst werden: Ergebnisqualität, Projekt- und

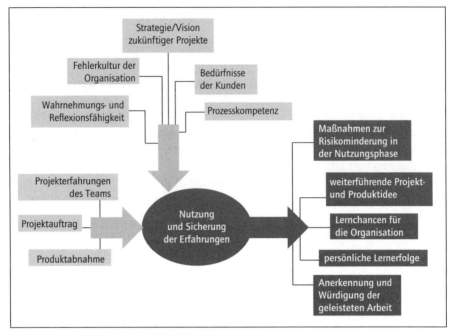

Abb. 41: Kontextualisierung der Erfahrungssicherung

Zeitplanung, Abstimmung, Schnittstellen, Zusammenarbeit im Team sowie mit dem Auftraggeber und Lenkungskreis, Rollenverteilung, Führung, Dokumentation, Controlling und Ressourcen.

Folgende Fragen können seitens des Projekt-Coachs von Relevanz sein:
- Welche positiven Erfahrungen haben die Beteiligten durch die Projektarbeit gemacht?
- Was hätte besser gemacht werden können?
- Was muss noch nachgebessert werden bzw. noch geschehen?
- Wem sollten die gemachten Projekterfahrungen weitergegeben werden, in welcher Form?

Weiterführende Literatur

Heintel. P./Krainz E.: Projektmanagement: eine Antwort auf die Hierarchiekrise. 2. Aufl., Wiesbaden 1990.
Körner, M.: Geschäftsprojekte zum Erfolg führen. Das neue Projektmanagement für Innovation und Veränderung in Unternehmen. Berlin 2007.
Klein, L.: Soziale Komplexität im Projektmanagement. White Paper http://www.systemic-excellence-group.com/de/library.
Neumann R./Bredemeier, K.: Projektmanagement von A bis Z. Frankfurt 1996.

Teil 3:
Coaching Advanced

Kapitel 15:
Angewandte Geschichten im Coaching

Michael Loebbert

> Jene Menschen, die nicht die Macht über die Geschichten haben,
> die ihr Leben bestimmen,
> die nicht die Kraft haben, sie neu zu erzählen,
> neu zu denken, zu analysieren und Witze über sie zu machen,
> sie zu ändern wie sich die Zeiten ändern,
> – jene sind wirklich machtlos.
> Salman Rushdie

»Angewandte Geschichten« meint mehr und anderes als bloss die Verwendung von Geschichten als Interventionen im Coaching. Das auch. Es geht um die Fähigkeit von Klienten ihre eigene(n) Geschichte(n) zu gestalten und zu verändern. Dafür erzählen Coachs auch spezifische und passende Geschichten. – Den narrativen Ansatz nutzt der Coach für die die Gestaltung narrativer Interventionen und als roten Faden für die Prozessgestaltung des Coachings für die »gute Geschichte« des Klienten.[1]

1. Was ist die Geschichte im Coaching?

Die Arbeit mit Geschichten im Coaching bezieht sich auf Theoriebildungen der Psychologie, der Philosophie, der Sprach- und Literaturwissenschaften und der Ethnologie. Der »narrative Ansatz« erweitert Perspektiven der Prozessberatung und systemischen Beratung um den Kontext von *Handlungssequenzen*, miteinander in Geschichten verbundenen Handlungen, und der *Entstehung von Sinn und Bedeutung*[2]: Geschichten erzählen Handlungen, die in einem Sinnzusammenhang stehen.

Für die Steuerung von Coaching geht es um Dramaturgie von Entwicklung und Veränderung und die Ermöglichung von (neuen) Sinn- und Bedeutungs-

---

1 Vgl. im Folgenden insgesamt zur Darstellung narrativen Ansatzes in der Beratung Loebbert 2003.
2 Darin folge ich der Argumentation von Karl E. Weick 1995. Er beschreibt »Sensemaking« als eine organisationale Leistung der Identitätsbildung. D. h. aus narrativer Sicht, Sinnentstehung braucht Erzählen und Hören von Geschichten im sozialen organisationalen Kontext.

gestaltungen. Damit adressiert die narrative Perspektive »Persönlichkeitsentwicklung – Entwicklung von Identität« in der persönlichkeitspsychologischen Wirkungsvorstellung, zugleich mit »Outcome – Ergebnissen« handlungspsychologischer Ansätze.[3] Für den narrativ informierten Coach bieten narrative Sichtweisen einen hilfreichen Orientierungsrahmen:
- Systemische und hirnpsychologische Vorstellungen von »Musterwechseln« werden in den Kontext von Identitätsentwicklung und Bedeutung gestellt. Lösungen und Ressourcen des Klienten stehen im dramaturgischen Spannungsbogen von Höhepunkt und Umschlag der Handlung bzw. der Handlungssequenz (vgl. Abb. 42).
- Psychologische und psychoanalytische Modelle werden im Zusammenhang von Lebenserzählung und der »Kokreation« von Geschichten durch den Coach gerahmt. Das subjektive Erleben des Klienten wird im dramatischen Spannungsbogen von Geschichten verortet: Coaching ist spannend.

Aus dieser Sicht ist alles Geschichte, hat alles Erleben die Form von Geschichten. *Was keine Geschichte ist, kann auch nicht erlebt werden.* Und was für den Klienten nicht zur »guten« Geschichte wird, hat keine Bedeutung für Lösung oder Handlungserfolg.
- »Welche Geschichte haben Sie persönlich mit Ihrer Organisation?«
- »Wie kam es, dass Sie sich ausgerechnet für diese Organisation entschieden haben?«

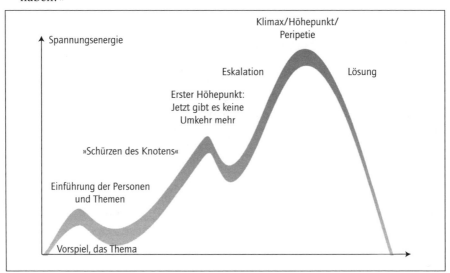

Abb. 42: Spannungsbogen einer Geschichte

---

3 Vgl. dazu auch David B. Drake 2007, S. 294. Einen guten Überblick zu »Narrative Coaching« gibt Drake auch im gleichnamigen Artikel 2010.

- »Welches sind Ihre bedeutsamsten guten Erlebnisse mit Kollegen, mit Kunden?«
- »Was muss sein, damit das zu einer guten Geschichte wird oder schon eine gute Geschichte ist?«

Angewandte Geschichten (»Narratives applied«) haben im Coaching einen nichtinstrumentellen Aspekt.[4] Im Mittelpunkt steht nicht in erster Linie das Erbringen einer bestimmten Leistung, das Erreichen eines Ziels, die Umsetzung einer Strategie, die verbesserte Zusammenarbeit in einem Team, die Realisierung einer Veränderung, der Verkauf eines Produkts oder kundenorientierte Innovation. Darum geht es auch. Und diese Sequenzen sind zugleich Episoden einer größeren Geschichte. Es geht darum, dass es insgesamt eine gute Geschichte wird! Alles andere kommt folgend und nebenbei: gute Leistung, erfolgreiche Strategie, Zusammenarbeit, Veränderung, Verkauf und Innovation. Angewandte Geschichten verbessern die logische und semantische Konsistenz und die Kohärenz der Handlungssteuerung – Überzeugungskraft, Effizienz und Umsetzung.

> **Grundannahmen der »narrativen Perspektive«**
> a. Unmittelbares Erleben ist die Basis für alle weiteren Abstraktionsleistungen wie der Konstruktion von Wissen und der Konfiguration von Theorien. Erleben ist damit auch die Basis für die Planung und Steuerung von wissensgeleitetem Handeln. – Narration (Erzählen) und Abstraktion (Denken) sind also nicht zwei völlig unterschiedliche Weisen menschlicher Wissensverarbeitung[5], sondern aufeinander bezogen: Ohne Narration keine Abstraktion.
> b. Erleben hat die Form einer Geschichte: Es gibt Hauptpersonen (z.B. ich), aus deren Interaktion Spannung entsteht; am Höhepunkt entscheidet sich, wie der Spannungsbogen gelöst wird, tragisch oder glücklich. Geschichten haben einen Anfang, einen Umschlagpunkt (Entscheidung) und ein Ende in der jeweiligen Erlebnissequenz.
> c. Geschichten werden immer in einem organisationalen Kontext erlebt und erzählt: Menschen sind in Geschichten verbunden, haben Geschichten miteinander und Geschichten, die sie miteinander teilen.
> d. Auch Organisationen sind geschichtlich, haben Geschichte und werden als Geschichten erzählt. In den Geschichten der Organisation entsteht (»emergiert«) der Sinnzusammenhang, in dem sich die Beteiligten in und mit einer Organisation verbinden: Das ist die »Basisgeschichte« der Organisation, eine oder auch mehrere Geschichten, die in besonderer Weise die Identität der Organisation erzählen, und auf die sich die Beteiligten immer wieder in ihren Geschichten beziehen.

---

4 Vgl. dazu Stelter 2012, S. 273 f.
5 Das spricht nicht gegen die berühmte These von Jerome Bruner 1986, S. 11. Seine Unterscheidung bezog sich auf die unterschiedliche kommunikative Funktion von Geschichten und Argumenten.

Für Coaching und Beratung geht es um die »gute Geschichte«. Diese zeichnet sich aus durch (1) Authentizität: Es ist meine Geschichte und daraus gewinnt sie ihre Glaubwürdigkeit für mich und andere; (2) Verständlichkeit: Einfachheit und Klarheit in der Darstellung der Hauptperson(en) und des Handlungsverlaufs, (3) Kohärenz: Sie bildet einen lebendigen Sinnzusammenhang[6] mit meinem Leben.

Ziele sind bedeutsam, sie machen Sinn. Die Steuerung des Coachs bezieht sich auf die erfolgreiche Handlungsteuerung des Klienten: *Gute und wirksame Coaching-Interventionen sind Handlungen des Coachs, die für den Klienten einen Beitrag zu seiner guten Geschichte leisten.* – Das bedeutet jetzt keine neue Theorie oder Megatheorie eines integrativen Ansatzes[7], sondern macht nur bescheiden darauf aufmerksam, dass das Erleben der Klienten und Klientinnen, was darin (systemisch) koppelt und was nicht, über die Wirksamkeit von Coaching-Interventionen entscheidet: Was nicht an den Erlebniskontext der Klienten anschließt, wirkt auch nicht. Die Geschichte im Coaching ist die Geschichte des Klienten. Sie ist der rote Faden und Bezugspunkt für alle (narrativen) Interventionen des Coachs. Die Kernfrage des Coachs ist: *Welche Intervention kann ich anbieten, damit mein Coachee eine gute Geschichte daraus machen kann?*

2. Story Coaching

2.1 Die Geschichte eines Coachings

Mit dem Eintritt in den Kontext eines Coachings beginnt im Erleben der beteiligten Personen eine neue Geschichte. Für den Kunden und Klienten treten neue Personen (Coachs) in seiner Geschichte auf, neue Motive und Handlungsstränge werden eingeführt. Der Auftritt des Coachs markiert den Einsatz einer neuen Erlebnis- und Handlungssequenz für den Kunden. Auch für den Coach fängt mit dem Eingehen einer neuen Beratungsbeziehung eine neue Geschichte an, die Geschichte dieses Coachings. Durch den Unterschied der Rollen in den jeweiligen Geschichten von Beratungsklient und Beratungsperson sind die beiden Geschichten voneinander unterschieden. Beraten bedeutet, gemeinsam zunächst unterschiedliche Geschichten zu erzählen. Wo Beratungsperson und Klient sich über den Verlauf, über Themen, Erfolge und unterschiedliche Rollen in der Beratung austauschen, kann auch eine gemeinsame Geschichte entstehen[8], oberhalb und neben den Erlebnissequenzen der Rollenträger.

---

6 Vgl. zum Kohärenzbegriff Antonovsky 1997.
7 »Integrative Ansätze« können vielleicht gute Landkarten darstellen – allerdings ist aus meiner Sicht die *Auflösung* für den jeweiligen Beratungskontext entscheidend: mit dem Shellatlas mache ich keine Alpenwanderung.
8 Vgl. Schmid/Walich 2003.

Diese Geschichte beginnt schon mit der Einführung der unterschiedlichen Rollen von Coach und Klient. Es wird spannend: Um was soll es in der Beratung gehen? Welche Ziele sollen und können erreicht werden? Welcher Weg soll eingeschlagen werden? Wie wird diese Geschichte wohl ausgehen? Der Coachingprozess wird selbst als eine Geschichte erlebt und wird als Geschichte gestaltet und inszeniert:

- Der Anfang der Geschichte ist die Einführung der Personen und des Themas.
- Die Spannungskurve steigt mit Hindernissen, Verwicklungen und Missverständnissen: Z. B. passt die ursprüngliche Fragestellung irgendwie nicht zu den tatsächlichen Herausforderungen. Die aufgenommenen Daten entsprechen nicht den Erwartungen. Die Chancen für die Verwirklichung eines Projekts sind fraglich. Vielleicht zweifeln Coach und Klient sogar am Sinn und Zweck der Beratung.
- Der Höhe- und Umschlagpunkt: Die Fragen kommen zur Klärung und über die Interpretation der Situation und ihrer Herausforderungen gibt es eine weitgehende Übereinstimmung zwischen den handelnden Personen. Ziele sind formuliert, und es ist einschätzbar, wie sie erreicht werden können.
- Der letzte Teil einer Coaching-Erzählung ist die Umsetzung, wie aus Zielen Ergebnisse werden. Coach und Klient leisten ihren vereinbarten Beitrag dazu. Erfolge sind für beide wahrnehmbar. Gewollte Resultate werden erreicht.

Aufgabe des Coachs ist es, diese Dramaturgie zu gestalten: Das umfasst die Wahl der Orte und Schauplätze, die Sorge für eine gute Atmosphäre genauso wie die Bestimmung der richtigen Zeitrhythmen für Interventionen vom Einstieg, Steigerung, Höhepunkt bis zur Lösung.[9] Es geht in erster Linie darum, dass die Beratung für den Klienten zu einer guten Geschichte wird. Nur wenn für den Klienten seine Geschichte eine gute Geschichte wird, war auch die Beratung eine gute Geschichte. Aristoteles[10] beschreibt diesen subjektiven Prozess des Erlebens oder der Ko-Kreation einer guten Geschichte als einen Prozess der Reinigung, »Katharsis«, von (falschen) Gefühlen: Im Erleben der Spannung, der Bedrohung und Unentschiedenheit zwischen Gutem und Schlechtem lasse ich ab von falschen Vorstellungen, (er-)finde neue Handlungs- und Sinnmöglichkeiten, verstehe schließlich, was das Richtige zu tun ist (Umschlagpunkt), und realisiere das auch.

---

9 Es geht um mehr als bloßes »Setting«, es geht es um die »Regieverantwortung« des Coachs für den ganzen Prozess. Vgl. meine ausführliche Darstellung der 5 Akte einer erfolgreichen Veränderungsgeschichte, Loebbert 2006.
10 Aristoteles 1991, 1449 b 27.

2.2 Die Geschichte des Klienten

Die Vorstellung der Romantik, »Autor des eigenen Lebens« (Carl Gustav Carus, Novalis) zu sein, war vielleicht etwas metaphorisch überzogen. Wie sich die Verhältnisse meines Lebens gestalten, hängt nicht allein von mir ab. Wir sind aber Autoren und Autorinnen unserer eigenen Lebensgeschichte, wie wir sie erzählen.

Meine Selbsterzählung, die Selbsterzählung meines Lebens, ist der Bezugspunkt und Rahmen meines Erlebens.[11]

> **Aufgabe**
> Erzählen Sie die Geschichte Ihres Lebens in 10 Sätzen.
> Sie sind also auf die Welt gekommen an einem bestimmten Ort, zu einem bestimmten historischen Datum, in ein bestimmtes soziales Umfeld. Wie war diese Situation aus heutiger Sicht?
> Welche Erfahrungen und Erlebnisse haben Sie besonders geprägt, sind Ihnen besonders wichtig geworden?
> Welche Schlussfolgerungen haben Sie bisher daraus gezogen?
> Wie hat sich das auf Ihre Entscheidungen und Ihr Handeln ausgewirkt?
> Welche für Ihr Leben zentralen Themen und Zwecke können Sie daraus beschreiben?

Die Lebenserzählung ist das narrative Schema, worin ich die zentralen Motive, Themen und Zwecke meines Lebens erzähle. Ich erzähle, was mir für mein Leben wichtig ist. In der Regel steht die professionelle Rolle, die ich einnehme, in engem Zusammenhang mit Motiven und Themen meiner Lebenserzählung. Oder wenn sie das nicht tut, ist dies vielleicht genau das Thema, das ansteht: dass es mir schlecht gelingt, die mit meinen Lebensthemen übereinstimmende Rolle zu finden und zu gestalten. Die Lebensgeschichte folgt wie jede Geschichte der Dramaturgie des Erzählens von der Einführung der Personen und Themen, über das Knüpfen des Spannungsknotens, das Steigern der Spannung zu einem Höhepunkt und schließlich den Umschlag als Wendepunkt zur Lösung und dem Ausklang der Geschichte. Jede Person lebt ihre eigene Geschichte in der ihr gemäßen Weise.

---

11 Für meine Lebenserzählung spielt auch die kulturelle und geschichtliche Einbettung eine Rolle. Kultur und Geschichte bleiben außerhalb der direkten Gestaltungsmöglichkeit. Für Coachs ist das Bewusstsein und die Kenntnis kultureller und geschichtlicher Einbettung allerdings nützlich, um deren Muster in der Lebenserzählung zu erkennen und gegebenenfalls mit dem Klienten zu dekonstruieren. Gleiches gilt für organisationale Erzählungen. Diese sind nur im Falle thematischer Kulturentwicklung und Kulturveränderung von Organisationen Gegenstand von Coaching und Beratung.

Eindrücklich hat das Joseph Campbell[12] dargestellt. Er beschreibt die Form der Geschichte eines menschlichen Lebens als Zyklus einer Reise von Aufbruch und Trennung zur Erneuerung und Wiederkehr. »*Der Heros verlässt die Welt des gemeinen Tages und sucht einen Bereich übernatürlicher Wunder auf, besteht dort gegen fabelartige Mächte und erringt einen entscheidenden Sieg, dann kehrt er mit der Kraft, seine Mitmenschen mit Segnungen zu versehen, von seiner geheimnisvollen Fahrt zurück*«.[13]

Die narrative Form der Selbsterzählung (Identität: Wer bin ich?) ist Ausgangspunkt aller weiteren Interpretationen und Erzählungen, die ich damit verbinde. Aus der Sicht des Klienten ist die Lebenserzählung in gewisser Weise »absolut«, d. h. losgelöst und unabhängig von allen nachfolgenden Interpretations- und Veränderungsversuchen. Sie ist Maßstab für alle anderen Zuweisungen von Sinn und Bedeutung, der Auswahl von Handlungsalternativen, die sich aus einem Beratungsprozess für mich als Klienten ergeben können.

> **Generativität: das Eigene weiter geben**
> Aus der psychologischen Forschung wissen wir, unsere Identität als Personen erschöpft sich nicht in uns selbst. Sie ist Teil der Geschichte, die wir von den Generationen vor uns aufnehmen und an die nächste weiter geben: »generative Identität«.
> Das ist nicht nur die biologische Weitergabe des Lebens. In unseren Kindern leben auch Fertigkeiten, Überzeugungen, Werte und Traditionen weiter, selbst wenn es nicht unsere leiblichen Kinder sind. Wir sprechen von »kultureller Generativität«. Wir nehmen auf und geben weiter. Wir können (in Grenzen) wählen, was wir aufnehmen und weiter geben wollen.
> Auch berufliche Identität, was es heisst einen bestimmten Beruf zu haben, in der Arbeit in einer bestimmten Organisation zur Realisierung bestimmter Zwecke beizutragen ist generativ. Der Psychologe John Kotre nennt es »die Liebe in die Zukunft tragen«.[14]
> • Welche Geschichte(n) wollen Sie, dass sie Ihre beruflichen Nachfolger über Sie erzählen und weitererzählen? – Nennen Sie drei Erlebnisse, welche Ihnen dafür besonders aussagekräftig erscheinen.

Als Klient von Professional Coaching bringe ich innerhalb meiner Lebenserzählung meine professionelle Erzählung ein: Beratung ist selbst eine Episode meiner professionellen Erzählung, im Sinne eines professionellen Instruments, bestimmte professionelle Ziele zu verwirklichen. Meine professionelle Erzählung ist geschichtlich durch bestimmte typische Erfahrungen und Erlebnisformen geprägt:
• Geschichten der Berufung: Wie ich zu einem Beruf gekommen bin, wird unterschiedlich erzählt, z. B. im Sinne *einer bewussten Vorzugswahl, dem Befol-*

---

12 Vgl. Campbell 1949.
13 Vgl. Campbell 1949, S. 30.
14 Vgl. Kotre 1996, S. 72.

gen eines elterlichen Wunsches, der Ergreifung oder auch dem Missgriff einer Zufallschance bis hin zu Vorstellungen einer inneren Stimme, einer inneren Gewissheit oder sogar der Stimme Gottes. Wie und welche Geschichte der Berufung erzählt wird, macht einen Unterschied für das Selbstverständnis professionellen Handelns wie auch für meine Bereitschaft, mich für professionelle Werte und Ziele zu engagieren.
- Geschichten der Einführung und Initiation: Wie und durch wen bin ich in den Beruf oder in meine organisationale Rolle eingeführt worden? Was war für mich ein Schlüsselerlebnis? Wie bin ich in die professionelle Gemeinschaft aufgenommen worden? – Das sind Fragen zu solchen Geschichten, die ich als Teil meines professionellen Selbstverständnisses in die Beratung mit einbringe. Bestimmte soziale Rituale wie Prüfungen und Feiern, eigene Träume, persönliche Beglaubigungen und kleine Geschichten professioneller Kompetenz können erzählt werden, die insbesondere auch die Bedeutung meiner professionellen Erzählung für meine Lebenserzählung ausdrücken.
- Geschichten über Vorbilder, professionelle Traditionen und Rituale: Führung und Management kann ich sehr gut an und mit Vorbildern lernen. Hier nehme ich wahr, was funktioniert und was nicht, wie ich es tun will und wie nicht. Berufliche Karrieren von Vorbildern, von Freunden und Kollegen geben mir Aufschluss über Chancen und Möglichkeiten, meine eigene Geschichte fortzuschreiben. An professionellen Traditionen und Ritualen kann ich erkennen, welche Muster ich einhalten oder auch verletzen will, um professionelle Entwicklungsziele zu erreichen. Muster wie »in unserem Unternehmen wurde immer der Finanzmanager der Nachfolger des CEO« bestimmen meine Möglichkeiten dazu.
- Professionelle Visionen und Werte: Meine professionellen Vorstellungen und Werte, was es bedeutet, im Beruf Erfolg zu haben, und was mir dafür wichtig und wertvoll ist, werden auch von der Geschichte dieses Berufs gespeist. Vorfahren, Vorbilder und Lehrer sind nicht nur wirksam, in dem, was sie erzählt haben, sondern auch, wie sie ihren Beruf gelebt haben. Professionelle Visionen und Werte werden als Geschichten erfahren und können auch nur in Geschichten kommuniziert werden. Die Geschichten meiner professionellen Visionen und Werte prägen meine Auffassung von meinem Beruf und davon, was es heißt, in einer bestimmten Situation professionell zu handeln.

3. Narrative Interventionen

Die narrative Vorstellung von Coaching ist in bestimmter Weise »naiv«: Coach und Klient erzählen einander Geschichten. Eingebunden sind diese Geschichten in den Kontext der beteiligten Personen, der vorsieht, dass für jede das Coaching zu einer guten Geschichte wird. Eine (gelungene) Intervention leistet einen Beitrag zur (positiven) Geschichte des Klienten. In Erweiterung zu systemischen Vorstellungen hat eine Intervention aus narrativer Sicht einen positiven Spin, leistet einen Beitrag zu positiven Sinn- und Bedeutungsvorstellungen des Coachees. Narrative Interventionen zielen direkt auf die Geschichte des Klienten. Hier folgen einige Beispiele.[15]

3.1 Vom Problem zur Geschichte

In der Entsprechung von Erleben und Erzählen in Bezug auf ihren gemeinsamen narrativen Prozess setzt der narrative Ansatz die Möglichkeit der Objektivierung und »Externalisierung«[16] von Erlebnisgeschichten voraus. Das Anliegen des Klienten ist gebunden an seine Problemgeschichte als Kontext und Text, der in gewisser Weise unabhängig von der Person des Klienten in der Differenz von Erzählung und Erzähler angeschaut werden kann.

Die Grammatik von Erzählung und Erzähler behauptet einen prinzipiellen Unterschied: Ich erzähle und erlebe zwar meine Geschichte, aber ich bin nicht meine Geschichte. Ich identifiziere mich mit meiner Geschichte oder mit der meiner Organisation, zu der ich mich zugehörig fühle. Ich bin aber nicht identisch mit dieser Geschichte. Wer eine Geschichte erzählt, kann sie auch anders erzählen. Alternativen sind möglich, andere Geschichten und Erlebnisse, ohne dass ich auch in gleicher Hinsicht ein anderer sein müsste. Meine Geschichte, die ich erzähle, hat eine gewisse Unabhängigkeit von mir. Meine Geschichte ist eine Geschichte, die ich auch anders oder in anderer Weise oder sogar als ganz andere Geschichte erzählen und erleben könnte. Dass ein Klient seine Geschichte gerade so erzählt, macht einen bestimmten Sinn für ihn. Aus dramaturgischer Sicht wird in der Fragestellung des Klienten ein »Knoten geschürzt«, der einen Spannungsbogen für seine Auflösung aufbaut. Ausgangspunkt im Coaching ist die Geschichte des Klienten (vgl. Abb. 42).

Die erste Intervention besteht darin, den (organisatorischen) Raum dafür zu bieten, dass eine Geschichte überhaupt erzählt wird. Der Klient hört seine Geschichte beim Erzählen. Der Coach hört eine Erzählung und macht in der Art seiner Zuwendung zur erzählenden Person den Unterschied, der als Unterschied für den Klienten zur Verfügung steht. Es geht um eine Geschichte: »Sie erzählen mir die Geschichte so, wie Sie sie erlebt haben«, »Ich habe noch einige Fragen zu der Geschichte, wie Sie sie erzählen«.

Mit der Erzählung einer Problemgeschichte im Coaching nutzt der Klient die

---

15 Für diesen Abschnitt habe ich einige Interventionsmöglichkeiten beispielhaft ausgewählt, die sich spezifisch auf die Form der Geschichte des Klienten beziehen. Vgl. Loebbert 2006, S. 188f.
16 Vgl. White/Epston 1989, S. 55 ff.

Möglichkeit seine Problemvorstellung zu objektivieren und zu externalisieren. Die Identifikation mit einem Problem, einer belastenden Situation, wird damit mindestens etwas aufgelöst. Eine Geschichte kann befragt, verändert und weiterentwickelt werden.

Nachfragen können die Problemerzählung erweitern und bereichern:[17]
- »Wer spielt sonst noch eine Rolle in der Geschichte?«
- »Wer alles ist von bestimmten Handlungen betroffen?«
- »Welche Ereignisse gingen den von Ihnen erzählten Handlungen voraus?«
- »Welche Ereignisse folgten?«
- »Welche Auswirkungen konnten Sie beobachten?«
- »Welche Auswirkungen auf sich selbst können Sie wahrnehmen?«

Systematisch soll die Erweiterung und Bereicherung der Problemerzählung dem Klienten ermöglichen, neue Erzählmöglichkeiten zu erkunden: »Aha, ich kann die Geschichte auch ganz anders erzählen.«, »Ah ja, diese Person, die bisher nicht vorkam, ist wirklich eine Hauptperson in meiner Geschichte.«, »Wenn ich dieses Ereignis noch mit einbeziehe, dann macht das plötzlich einen ganz anderen Sinn.«

> **Unternehmensnachfolge**
> Ein Konzernmanager will zu einem Mitbewerber wechseln, da er in seinem jetzigen Unternehmen keine weiteren Aufstiegschancen sieht. Er hat ein gutes Angebot. Sein Problem: Der Chef des Familienunternehmens hat seinen Sohn durch einen Unfall verloren und hat nicht nur berufliche, sondern auch die »private« Erwartungen an ihn, an die Stelle des Sohnes zu treten. Auf die Frage nach weiteren betroffenen Personen war schnell klar, dass der Unternehmer auch eine Tochter hat, die durchaus fähig wäre, in der Zukunft nach dem Rückzug des Vaters eine verantwortliche unternehmerische Rolle auszufüllen. Diese war bisher in den Überlegungen des Klienten nicht vorgekommen. Es wurde deutlich, dass es nicht in erster Linie um »private« Erwartungen ging, sondern um die Regelung der Nachfolge im Unternehmen. In der Folge reifte bei meinem Klienten der Plan, zunächst einmal mit der Tochter Kontakt aufzunehmen und seine Entscheidung dann von der Regelung der Unternehmensnachfolge abhängig zu machen.

3.2 Vervielfältigung der Erzählungen

Im Verhältnis zu der aktuellen Erzählung der Problemgeschichte in der Beratung hat das wirkliche Erleben des Klienten einen Überschuss an Daten und Erzähl-

---

17 Diese narrative Sicht schein zunächst im direkten Widerspruch zu Aussagen eines lösungsfokussierten Vorgehens zu stehen, die »Problemtrance« möglichst schnell aufzulösen. Tatsächlich verstehe ich die narrative Sicht als Bedeutungsrahmen für Lösungsfokussierung: Ohne Problem keine Lösung.

möglichkeiten. Die Zeit des Erlebens wird in der Präsentation der Problemgeschichte von vielleicht einem ganzen Leben oder einer zehnjährigen Geschichte mit und in einer Organisation auf ein paar Minuten zusammengedrängt. Eine Vielzahl von Eindrücken und Erlebnissen werden aus der Problemerzählung als nicht dazu gehörig ausgeklammert. Die subjektive Dramaturgie des Klienten wählt aus, schreibt Bedeutung zu, bestimmt (manchmal gegen den realen Verlauf) die Abfolge und Konsequenz von Ereignissen und Erlebnissen, wählt Anfang, Höhepunkt und Ende der Geschichte. Die individuell und kulturell gelernten Sinn- und Deutungsmuster des Klienten bewirken beim Erzählen, genauso wie beim Erleben, von Geschichten, bestimmte Stereotype der narrativen Sequenz als Handlungs- und Erlebnismuster.

Anregungen zur Vervielfältigung der Problemerzählung haben das Ziel, die Problembeschreibung flexibler, dehnbar zu machen bis dahin, dass sich die ursprüngliche Problemerzählung bei einer neuen Sichtweise in überraschender Weise wandeln kann. *Aus dem Problem rückläufiger Verkaufszahlen wird »plötzlich« das Problem voneinander abgeschnittener Verkaufs- und Produktionsprozesse.* Mit folgenden Fragen kann der Coach seinen Klienten zu einem Perspektivenwechsel anregen:

- »Erzählen Sie doch Ihre Geschichte aus der Sicht einer der anderen Beteiligten!«
- »Was geschieht mit Ihrer Geschichte, wenn Sie den Anfang ein Jahr nach vorne verlegen?«
- »Stellen sie sich vor, heute wäre die Geschichte zu Ende: Wie würden Sie dann die Geschichte erzählen?«
- »Wenn heute der Anfang einer neuen Geschichte wäre, wie würden Sie die Geschichte erzählen? Wer sind die Hauptpersonen? Um was geht es? Wie kann die Geschichte ausgehen?«

3.3 Kommentierende Interventionen

Aus narrativer Sicht gibt es viele Interventionen, die so etwas wie Kommentare zur Geschichte des Klienten sind: Die Geschichte liegt in einer objektiven Form vor, ob als Ergebnisprotokoll oder auch als mündliche Erzählung. Ziel von Kommentaren ist es, den Klienten auf kritische Punkte aufmerksam zu machen, neue Unterscheidungen einzuführen und gegebenenfalls eine Veränderung seiner Dramaturgie zu ermöglichen. Ein Kommentar ist dann wirksam möglich, wenn eine Geschichte auch aus Sicht des Klienten vorliegt. Zwischen der aktuellen Erzählung und dem Kommentar bedarf es einer für den Klienten wahrnehmbaren Unterbrechung, einen Wechsel der Zeit und/oder des Ortes.

> **Beispiel E-Mail-Intervention**
> Sehr geehrte Herren...,
> vielen Dank dafür, dass ich gestern die Moderation Ihrer Geschäftsleitungssitzung übernehmen durfte. Die Ergebniszusammenfassung und Abschrift der Plakate schicke ich anbei. Im Zentrum Ihrer Diskussion stand die Entwicklung des Geschäftsfelds »Garten«. Sie haben die Situationsanalyse bewertet, Verantwortungen geklärt, Ziele und Maßnahmen definiert. Ich habe verstanden, Sie wollen mit einer schnellen und signifikanten Vergrößerung von Verkaufsflächen sowohl ähnlichen Anstrengungen Ihrer Mitbewerber gegenhalten als auch ein beträchtliches Umsatzwachstum erzielen, das über dem Marktwachstum liegt. Dabei sind andere Maßnahmen wie Veränderungen im Sortiment in Richtung höhere Qualitäten oder Zusammenarbeit mit regionalen Handwerksbetrieben in Ihrem Umsetzungsplan etwas in den Hintergrund geraten. Mir ist nicht ganz klar geworden, welchen Stellenwert Sie diesen »qualitativen Maßnahmen« beimessen wollen und welchen Beitrag sie zur Entwicklung des Geschäftsfelds leisten sollen.

In der Moderation am Tag zuvor war der Auftrag formuliert worden, einen umsetzbaren Maßnahmenplan zu erarbeiten. Das ist gelungen mit dem Fokus, alle verfügbaren Energien darauf zu konzentrieren, die Verkaufsfläche schneller auszuweiten, als die Mitbewerber es können. Ein durchaus anspruchsvolles Vorhaben. In gewisser Weise entspricht es dem Erfolgsmuster des Unternehmens: »Mit mutigen und schnellen Investitionen eine Nasenlänge voraus!« Die Intervention, die per E-Mail gleichzeitig an alle vier Geschäftsleitungsmitglieder verschickt wurde, schlägt vor, zwischen »quantitativen« und »qualitativen« Maßnahmen zu unterscheiden. »Ausweitung der Verkaufsfläche« wird gedeutet als »quantitative Maßnahme«. – Im Ergebnis entstand daraus so etwas wie ein zweites Kapitel: erst Umsetzung der quantitativen Maßnahmen, d. h. in vier Monaten Vergrößerung um x-tausend Quadratmeter, dann die qualitativen Maßnahmen.[18]

3.4 Personalisierung und Dramatisierung von inneren Zuständen

Die Methode der Personalisierung und Externalisierung von inneren Zuständen kommt aus der Psychotherapie. Gerade in der Arbeit mit eher extrovertierten Managern ist diese Methode hilfreich: Innere Zustände treten sozusagen gleichberechtigt mit Personen und Fakten auf. Dadurch werden sie besser wahrnehmbar und als Einflüsse für die eigene Erzählung erkannt und gesteuert. Als Intervention eignet sich die Methode besonders, wenn die Beschreibung innerer Zustände oder Gefühle einen großen Raum in der Problemerzählung einnehmen.

---

18 Wieder ein Beispiel aus dem Management-Coaching. Kommentierende Interventionen führen eine »neue« Unterscheidung ein. Gerade mit solchen E-Mail-Kommentaren mache ich gute Erfahrungen. Die Unterscheidung kann damit in der Regel vom Klienten aufgegriffen werden und wird bei der nächsten Präsenzberatung diskutiert.

Herr Überarbeitung und Frau Verwaltung
Tom und Hans sind die Geschäftsführer eines Verbundes von drei Handwerksbetrieben. Sie wollten ihre Ideen in einem Sparring mit mir prüfen. Von den drei Betrieben arbeitet nur einer kostendeckend. Tom möchte die defizitären Betriebe am liebsten verkaufen, Hans ist entschieden dagegen. Angebote Richtung Organisationsanalyse und Strategieworkshop lehnen beide ab. »Keine Zeit. Wir haben sowieso schon so viel zu tun.« Irgendwie scheinen die beiden an einer Lösung ihrer Streitfrage nicht wirklich interessiert. Das scheint nicht das Problem zu sein. Auf die Frage, was sie im Moment am meisten belastet, antworten beide übereinstimmend: Überarbeitung und Verwaltung. – In der Folge bekommen die beiden Geschäftsführer einen Brief:
»Lieber Tom, lieber Hans. Aus unserem Gespräch habe ich den Eindruck mitbekommen, Eure ganzen Probleme kreisen um die Themen Überarbeitung und Verwaltung: Alle Mitarbeiter in den Betrieben sind total überarbeitet. Das Übermaß an Verwaltung zur Koordination der Betriebe hemmt jede unternehmerische Initiative. Angenommen »Überarbeitung« und »Verwaltung« wären zwei Personen, die in Eurem Unternehmen eine Rolle spielen. Bei Eurer Geschäftsleitungssitzung sitzen sie mit am Tisch. Wie sehen die beiden aus? Welche Körperhaltung nehmen sie ein? Was sagen sie? Wie viel Einfluss in Prozent, nimmt jede der beiden Gestalten auf das Unternehmen?
Herr Überarbeitung: ...
Frau Verwaltung: ...
Herzlichen Gruß und ich freue mich auf Eure Rückmeldung.«

Tatsächlich bekam ich eine Woche später eine Rückmeldung, mit einer recht detaillierten Beschreibung der beiden Personen und ihrer Aktivitäten im Unternehmen.
»Herr Überarbeitung: dicke Ringe unter den Augen, müde, geht abends nicht nach Hause, klagt über die Arbeit: Immer wenn jemand von uns etwas vorschlägt, sagt er: Geht nicht! Zuviel Arbeit!
Frau Verwaltung: schaut sehr streng, will alles unter Kontrolle haben, sagt oft: Wir haben ein ausgezeichnetes Betriebsmodell. Wenn einer von uns einen Vorschlag macht, sagt sie: Geht nicht! Viel zu kompliziert! ...«
Monate später traf ich die beiden bei einem privaten Anlass und fragte, wie es weitergegangen sei. Sie waren guter Stimmung und sagten, es sei schon viel besser geworden. Sie hätten die drei Betriebe rechtlich in einem Unternehmen zusammengefasst. Vor drei Wochen haben sie mit allen Mitarbeiterinnen und Mitarbeitern einen »Austag« genommen, um gemeinsam zu beraten, wie es weitergehen könnte. Die Ergebnisse würden sie jetzt umsetzen. Und Tom ergänzte lachend: »Herr Überarbeitung und Frau Verwaltung haben jetzt nicht mehr so viel bei uns zu sagen.«

3.5 Narrative Archetypen

Die Grundkonflikte und Grundspannungen einer Geschichte fokussieren in den narrativen Archetypen der handelnden Personen. Der kreative Fundus hierfür sind Märchen und Mythen. Beispiele: Die Konzernmutter wird zur bösen Königin, der Mitbewerber zum schwarzen Ritter, das Managementteam zu Artus' Tafelrunde. Für eine Rolle den richtigen Archetypen zu entdecken bedeutet, die in der Geschichte angelegten persönlichen Motive der Figuren und Themen zu typisieren und die darin angelegten archetypischen Grundkonflikte zu rekonstruieren: gut gegen böse, Licht gegen Dunkel, Sieg gegen Niederlage. Mit diesem Hilfsmittel gelangen wir an die Wurzel der dramatischen Spannung der Geschichte.

Oft genügt als Intervention, um diese archetypischen Verfestigungen der Erzählung ein wenig zu lösen, schon eine einfache Replik: »Das erinnert mich an die Geschichte von Siegfried aus der Nibelungensage. Nachdem er im Drachenblut gebadet hatte, war er ja unverletzbar ... bis auf die eine Stelle.« Oder: »Sie kennen ja vielleicht die Geschichte von den Weibern von Weinsberg, die zum großen Erstaunen der Belagerer ihre Männer auf den Schultern heraus trugen und retteten.«, »Selbst Schneewittchen brauchte sieben Zwerge.«

> **Königinnendrama**
> Die Bereichsleiterin eines sozialen Unternehmens hat sich eine neue Stellvertreterin ausgesucht. Viele Jahre vorher war die Zusammenarbeit mit ihr als (einfache) Mitarbeiterin völlig problemlos verlaufen. Privat verstehen sich die beiden Frauen nach wie vor gut. Doch seit der Übernahme der neuen Rolle ist die Zusammenarbeit schwierig. Wechselseitige Vorwürfe werden laut: »Du bist illoyal, hintertreibst unsere Entscheidungen, ergreifst Partei gegen mich!« – »Du triffst einsame Entscheidungen, die nicht abgestimmt sind. Verlierst den Kontakt zum Team.« Im Coaching, das sie zusammen mit ihrer Kollegin wahrnimmt, stellt die Bereichsleiterin offen eine Kündigung in Aussicht. ... »Kennen Sie die Geschichte vom Kampf der Königinnen Elisabeth I. und Maria Stuart? Schiller hat ein berühmtes Drama darüber geschrieben. Am Ende verliert Maria Stuart ihren Kopf.«

3.6 Narrative Evaluation

Vielfach wird die Evaluation als eine abgetrennte Handlungssequenz oder ein Prozessschritt verstanden, der in einer Ereigniskette »danach« kommt. Im Coaching ist die Evaluation Teil des Beratungsprozesses, der Transfer und Nachhaltigkeit sichern soll. Narrative Evaluation[19] fragt, ob und wie die Beratung

---

19 Narrative Evaluation ist aus der hier vertretenen Sicht der Königsweg für Evaluation im Coaching. Im Unterschied zu anderen (tabellarischen) Rückmeldeverfahren verbindet sie die Sicht der Prozessberatung mit der Unterstützung der narrativen Kompetenz des Klienten.

für den Klienten zu einer guten Geschichte geworden ist. Nur was schlüssig erzählt werden kann, kann auch wieder in Handlungen ausgeführt werden.
- »Wie würden Sie jetzt rückblickend die Geschichte unserer Beratungssequenz für sich erzählen? Was waren für Sie wichtige Höhe- und Wendepunkte? Was stellt sich für Sie anders da? Was war für sie ein wichtiges Lernergebnis daraus? Was denken Sie, wird auch in Zukunft für Sie wichtig daran bleiben?«
- »Wem würden Sie noch von unserem Coaching erzählen? Was würden Sie diesen Personen erzählen? Was würden Sie besonders herausheben? Was geht diese Personen vielleicht gar nichts an? Welche Wirkung versprechen Sie sich von Ihren Erzählungen auf die anderen Personen?«

Dies wird während der Coaching-Sitzung mehr oder weniger ausführlich gemacht. Gut bewährt hat sich dieses Vorgehen auch als Hausaufgabe.

4. Storytelling

4.1 Geschichten erzählen als Intervention

Da Geschichten selbst die direkten Abbilder von Handlungs- und Erlebnisvollzügen sind, ist das Erzählen einer Geschichte (»Storytelling«) auch die unmittelbarste narrative Intervention. Eine (erlebte oder erfundene) Geschichte zur Verfügung zu stellen, kann eine wirksame Intervention sein:
(a) Botschaften und Überzeugungen können mit Geschichten vermittelt werden,
(b) Geschichten beschreiben beispielhafte Lösungen und erprobte Handlungsmuster;
(c) Geschichten machen Unterschiede zu bisherigen Denk- und Handlungsroutinen. Sie öffnen den Raum für neue Deutungs- und Sinnmöglichkeiten:
(d) schließlich funktionieren Geschichten selbst als Sinn- und Bedeutungsgeber dafür, wie vielleicht im Erleben und Handeln des Klienten neuer Sinn entsteht.

Das Erzählen einer Geschichte ist eine mögliche Intervention (a) zur rhetorischen Unterstreichung von Argumenten mittels Beispielgeschichten, (b) zur Verstärkung von bereits erreichten Lösungen, (c) zur Einführung neuer narrativer Muster und Handlungsmöglichkeiten sowie (d) zur Gestaltung eines völlig neuen Bedeutungsrahmens, in dem vielleicht alte Geschichten einen völlig neuen Sinn bekommen können.

> **Der Geist aus der Flasche**
> Wahrscheinlich kennen Sie diese Geschichte aus Tausendundeine Nacht. Ich verwende sie gerne, wenn Klienten von schwierigen und ausweglos scheinenden Situationen erzählen. Ein Fischer findet eine Flasche, in der sich ein Geist befindet. Voller Neugier öffnet er die Flasche, obwohl sie versiegelt ist. Der Flaschengeist strömt heraus und seine Gestalt wächst viele Meter in die Höhe. Mit donnernder Stimme verkündet er dem Fischer: »Dein letztes Stündlein hat geschlagen, sprich dein letztes Gebet!« Der Fischer: »Wie? Was? Ich befreie dich aus der Flasche, und nun willst du mich töten?« Der Geist: »Das habe ich geschworen, ich bin ein böser Geist.« Der Fischer zu sich selbst: »Das wollen wir mal sehen! Hat Allah mir nicht meinen Verstand gegeben, und war es nicht Allahs Wille, der diesen Geist in die Flasche gebannt hat?« Der Geist: »Ich habe geschworen, den zu töten, der mich aus der Flasche befreit!« Der Fischer: »Und woher soll ich wissen, dass du aus dieser Flasche kommst? Du bist doch viel zu groß! Das musst du mir beweisen!« Sie wissen, wie es weiter gegangen ist. Der Geist verschwindet zurück in die Flasche. Deckel drauf und gut.

Eine für den Klienten hilfreiche Geschichte konzentriert seine Aufmerksamkeit auf den Höhe- und Wendepunkt, ein altes und nicht mehr nützliches Erzähl- und Handlungsmuster wird aufgegeben, und ein neues Muster erscheint: *Früher war ich von der Übermacht gebannt, verängstigt und gelähmt, jetzt ist »Macht« für mich eine ganz normale Erscheinung, mit der ich mich auseinandersetze.* Dafür eignen sich Lehrgeschichten, Fabeln und Märchen aus dem Geschichten-Schatz der Menschheit. Entscheidend für Wirkungsmöglichkeit ist die Passung des Spannungsaufbaus bis zum Höhepunkt auf die Variation des Handlungsmusters des Klienten. Passt die Geschichte nicht zur Erzählung des Klienten, ist es bestenfalls eine schöne Geschichte und unterhaltsam, hilft allerdings wenig, den Klienten zu befähigen, mit einer neuen Erzählmöglichkeit aus seiner eigenen Geschichte eine gute Geschichte zu machen. Wenn dem Coach gerade keine passende Geschichte zur Verfügung steht, kann auch eine entsprechende Geschichte erfunden werden.

- Welche Erzählung präsentiert der Klient? Was ist sein Thema? Was sind zentrale Merkmale der Hauptperson? Welchen Ausgangspunkt nimmt sie? Was ist das Ende?
- Welche Geschichte kann ich erzählen, welche das bisherige Erzählmuster variiert und einen wahrscheinlich nützlichen Unterschied macht?

> **Stammesgeschichte**
> Einige junge Männer hatten den Stamm verlassen und bildeten eine Jagdgemeinschaft. Sie waren äußerst erfolgreich beim Erlegen von Tieren; für größere Beute jagten sie zusammen, ließen sich aber auch gegenseitig viel Freiheit für die Jagd allein. Es gab Fleisch in Hülle und Fülle. Alle wurden satt. Dann wollten einige Männer Familien gründen, Frauen und Kinder

> wollten versorgt werden. Die Jagdgründe waren auch nicht mehr so reichlich wie zuvor. Es war eine Zeit der Knappheit. Da entschlossen sich die Männer, einen Stamm zu gründen, Felder und Weiden anzulegen. Auch die Frauen arbeiteten jetzt mit, und der Stamm wuchs und führte ein gutes Leben. Jeden Sommer aber gingen die Männer für zwei Wochen auf die Jagd. Wenn sie zurückkamen, gab es ein großes Fest.

Diese Geschichte einer erfolgreichen Konzernausgründung habe ich zur Zeit der »Knappheit« erzählt. Inzwischen ist das Unternehmen um das Vierfache gewachsen, die Dauer von Kundenprojekten wird heute in Jahren gezählt und nicht mehr in Wochen. Gelegentlich gibt es aber immer noch äußerst lukrative und zeitlich eng begrenzte Kurzeinsätze für Kunden.

Im Coaching werden Geschichten gerne verwendet, um Zusammenhänge zu illustrieren und deutlicher zu machen, vielleicht auch einfach um Klienten zu unterhalten, eine offene und lockere Atmosphäre zu gestalten. Das kann man tun. Der Nutzen einer Geschichte ist allerdings umso höher als es mit der Geschichte gelingt, die gewohnten Erzählmuster in Frage zu stellen und neue, womöglich erfolgreichere Muster zu ermöglichen. Im Coaching werden Geschichten des Coachs deshalb sparsam verwendet. In der Dramaturgie kann eine Geschichte den Höheund Wendepunkt der Beratung markieren und damit auch Basis für eine vielleicht langfristige Zusammenarbeit (Kontrakt) sein. Größte Wirksamkeit entfaltet eine Geschichte, die zugleich mit dem Umschlag der Deutung der Problemerzählung des Klienten, Dramaturgie und Deutung für den Coachingprozess liefern kann, wie oben die Geschichte von der Gründung eines neuen Stammes. Deshalb ist es oft am wirksamsten, eine einzige Geschichte zu erzählen. In der Praxis bedeutet das manchmal, lieber keine Geschichte zu erzählen, um aus Sicht des Coachs sich nicht die Chance zu nehmen, doch noch eine Geschichte zu finden, die das neue Deutungsmuster[20] des Klienten und das Thema der Beratung präzise trifft und für den Klienten in vielleicht unerwarteter Weise Sinn macht.

4.2 Wie Geschichten erzählt werden

Für das Erzählen von Geschichten im Coaching braucht es kein herausragendes Künstlertum. Im Gegenteil. Geschichten in der Beratung beziehen ihre Kraft und Wirkung schon aus der Tatsache »tua res agitur«, es geht um deine Sache, deine Geschichte als Klientin oder Klient. In diesem Sinne wird die Geschichte zweimal

---

20 Hier gebrauche ich die Begriffe »Erzählmuster«, »Handlungsmuster« und »Deutungsmuster« weitgehend äquivalent. Sie sind konkret immer miteinander verbunden: Ich erzähle mein Handeln oder das anderer Personen und deute es damit auch schon in seiner Absicht. In der Analyse macht es durchaus Sinn die Begriffe zu unterscheiden: Die Externalität des Erzählers wird noch mal erweitert durch die Externalität der Interpretation. Jede Externalität erhöht die Freiheitsgrade zu handeln, zu erzählen und zu deuten.

erzählt, einmal durch den Erzähler selbst und einmal durch die Zuhörerin und den Zuhörer, welche die Geschichte im Erleben ihres eigenen organisationalen Kontexts rekonstruieren. Beim Erzählen sollte man folgende Punkte beachten:
- Fassen Sie sich kurz. Nicht länger als 3 Minuten.
- Achten Sie auf Konsistenz. Sinnbrüche vermeiden.
- Nur eine oder höchstens 3 Hauptpersonen.
- Einfache Handlung.
- Happy End.
- Die Kernbotschaft muss klar sein.
- Einfacher Spannungsbogen: kleine Krise oder Konflikt, Höhepunkt, Lösung.

Folgende Fragen können Sie für die Auswahl der passenden Geschichte leiten:
1. Was ist die dominante Geschichte, die vom Klienten präsentiert wird?
2. Was wäre ein möglicher Unterschied, welcher dem Klienten ermöglichen könnte, seine Handlungsmöglichkeiten zu erweitern?
3. Wie können sie mit diesem Unterschied an die Geschichte und das Erleben Ihres Klienten koppeln?
4. Gibt es gegebenenfalls eine literarische Geschichte oder ein Märchen, das Ihnen dazu einfällt? Wie könnten Sie diese verwenden?

Welche Geschichte wollen Sie erzählen? Wollen sie überhaupt eine erzählen?

Hier einige Merkpunkte, wie Sie eine gute und wirksame Geschichte erzählen:
- Hören Sie auf die Erzählung des Klienten: Welche Bruchstellen und welche Deutungen bietet er an?
- Welche Geschichte fällt Ihnen dazu ein, die die Geschichte des Klienten mit positivem Spin variiert, in einen neuen Rahmen stellt oder transformiert?
- Prüfen Sie Ihre Geschichte auf Einfachheit, Erzählbarkeit und Glaubwürdigkeit.
- Welche Wirkung wollen Sie für Ihren Klienten erreichen? Welchen Unterschied soll die Geschichte machen?
- Welche Beglaubigung und Einleitung wollen Sie wählen, um die Aufmerksamkeit Ihres Klienten zu fesseln?
- Wie wollen Sie selbst Ihre Erzählung inszenieren? – Stimmwechsel, veränderte Körperhaltung, bedeutungsvolles Schweigen, gestische Untermalung ...?
- Erzählen Sie erst, wenn Sie das Gefühl haben, es passt.

Weiterführende Literatur

Campbell, J.: Der Heros in tausend Gestalten. Frankfurt 1999.
Drake, D. B.: Narrative Coaching. In: Elaine Cox et al. (Hrsg.): The Complete Handbook of Coaching. London 2010. S. 120–131.
Loebbert, M.: Storymanagement. Der narrative Ansatz für Management und Beratung. Stuttgart 2003.

Kapitel 16:
Coaching bei seelischen Störungen

Miriam Schlüter

Was der Unterschied zwischen Coaching und Therapie ist, wurde schon häufig in der Coaching-Literatur festgehalten. Im Wesentlichen gilt: »Coaching ist eine intensive und systematische Förderung der Reflexionen und Selbstreflexionen sowie Beratung von Personen oder Gruppen zur Verbesserung der Erreichung selbstkongruenter Ziele oder zur bewussten Selbstveränderung und Selbstentwicklung«.[1] Beim Coaching stehen die berufliche Rolle und damit zusammenhängende Anliegen des Coachees (Schwerpunkte: Leistung und Führung) im Vordergrund, jedoch sind Themen aus dem privaten Bereich nicht ausgeschlossen.[2] Ausgenommen ist die Behandlung psychischer Störungen mit Krankheitswert, die ausschließlich von approbierten Psychotherapeuten und -therapeutinnen durchgeführt werden darf:[3] »Psychotherapie ist ein bewusster und geplanter interaktioneller Prozess zur Beeinflussung von Verhaltensstörungen und Leidenszuständen.«[4] »Sie ist die Behandlung von psychischen und körperlichen (psychosomatischen) Störungen und Krankheiten.«[5]

Was erst einmal nachvollziehbar und sinnvoll klingt, ist in der Praxis alles andere als klar und offensichtlich. Sofern die Klientinnen und Klienten nicht ausdrücklich mit dem Anliegen kommen, eine diagnostizierte psychische Störung zu behandeln, wofür das Coaching klar nicht geeignet ist, sind die Grenzen meist verschwommen und überlappend.

Coaching ist nicht dafür da, Menschen unter dem Deckmantel »Coaching« zu therapieren, wenn sie klar unter einer seelischen Störung leiden, wie beispielsweise Depressionen, pathologische Ängste oder Alkohol-, Medikamenten- oder Drogensucht. Dafür gibt es gut ausgebildete, auf diese Thematiken spezialisierte therapeutische Fachkräfte. Sehr häufig bleiben psychische Störungen jedoch aus Scham der Betroffenen unbehandelt oder noch häufiger bleiben sie aus Unwissenheit unerkannt. Menschen, die bereits unter psychischen Störungen leiden, sind sich dessen nicht immer bewusst. Sie erleben möglicherweise Probleme in zwischenmenschlichen Beziehungen, mit ihrer Arbeitsleistung oder es bereitet ihnen große Mühe, sich an neue Situationen anzupassen. Kommt beispielsweise eine Führungskraft ins Coaching und berichtet von Lampenfieber mit Herzrasen, Schweißausbrüchen und Zittern sowie Versagensängsten, die sie vor wichtigen Präsentationen plagen, so ist auf den ersten Blick oft nicht klar, ob es sich hierbei um ein »normales« Coaching-Anliegen handelt. Ebenso

---

1 Vgl. Greif 2005, zitiert nach Rauen 2005, S. 15.
2 Vgl. Rauen 2005.
3 Vgl. Offenmanns 2004, zitiert nach Rauen 2005, S. 13.
4 Vgl. Strotzka 1975, S. 4, zit. nach Senf/Broda 2005.
5 Vgl. Möller et al. 2005, S. 506.

könnte der Klient unter einer Angststörung leiden. Des Weiteren gibt es Situationen, bei denen der Leidensdruck eher bei den Teammitgliedern einer Führungskraft zum Ausdruck kommt, als bei ihr selbst. Beispielsweise gibt es eine Vielzahl von Führungskräften, die ihre Mitarbeitenden penibel kontrollieren und kaum Verantwortung an sie delegieren, weil sie der Überzeugung sind, dass nur das, was sie selbst erledigen, ihren hohen Qualitätsansprüchen genügt. Haben wir es hier einfach mit jemandem zu tun, der gerne Dinge sauber und verlässlich erledigt oder möglicherweise mit einem Menschen mit einer zwanghaften Persönlichkeitsstörung? Berichtet uns eine Klientin von hohem Arbeitsdruck, nachlassender Motivation, Schlafstörungen und lässt bei ihren Kommentaren Zynismus durchschimmern – ist sie dann lediglich als eine typische Repräsentantin der Arbeitsumstände der heutigen Zeit einzuschätzen oder sind diese Signale möglicherweise Anzeichen einer manifesten Burnout-Erkrankung?

Suchen sich diese Menschen bei uns Coachs Hilfe, meistens wegen eines vordergründig ganz anderen, arbeitsbezogenen Problems, sind wir im Vorteil, wenn wir ein Basiswissen über Psychopathologie, also die Wissenschaft psychischer Störungen, haben. Hierdurch wird es uns ermöglicht, Hypothesen zu potenziellen psychischen Störungen aufzustellen, um Ideen zu denkbaren weiteren Schritten zu entwickeln. Dies kann beispielsweise die Empfehlung sein, eine psychotherapeutische Fachperson zu konsultieren. Darüber hinaus ermöglicht uns dieses Wissen aber auch in der Arbeit mit »schwierigen Persönlichkeiten« oder in schwierigen Coaching-Situationen wirkungsvoll zu sein, indem wir umfassende Hypothesen über die zugrundeliegende Beziehungsdynamik und die dahinterliegenden Bedürfnisse des Coachees aufstellen können. Damit gelingt es uns eher, auch in herausfordernden Coaching-Situationen eine vertrauensvolle Beziehung aufbauen und aufrechterhalten zu können.

1. Seelische Störungen

Psychische Störungen sind häufig. Wir alle können im Laufe unseres Lebens an einer psychischen Störung leiden. Tatsächlich ist schätzungsweise jeder zweite Mensch einmal im Verlaufe seines Lebens von ernsthaften Störungen betroffen. Hiervon haben rund 43 % sogar zwei oder mehr psychische Störungen. Die drei häufigsten sind affektive Störungen, wie beispielsweise Depressionen, sowie Angststörungen und Substanzmissbrauch, wie Alkohol-, Medikamenten- und Drogensucht. Im Gegensatz hierzu sind Schizophrenien relativ selten.[6]

Häufig sind für Laien psychische Störungen nicht direkt als solche erkennbar. Meist braucht es Jahre, bis ein psychisch gestörter Mensch die angemessene Behandlung bekommt. Gründe dafür liegen oft im ungenügenden Wissen über

---

6 Vgl. Ajdacic-Gross/Graf 2003; Jacobi et al. 2004

seelische Störungen oder in Vorurteilen gegenüber psychotherapeutischen Ansätzen und Fachkräften, im Sinne von »Ich bin doch nicht gestört!«. Es wird davon ausgegangen, dass lediglich etwa 50 % der Depressionen erkannt werden und von diesen wiederum nur etwa die Hälfte behandelt werden.[7]

1.1 Seelische Störungen – eine Übersicht

Nachfolgend werden Störungsbilder, die auch in der Arbeitswelt häufig auftreten, kurz erläutert. Anschließend wird exemplarisch vertieft auf die Symptomatik der narzisstischen Persönlichkeitsstörung eingegangen, da wir es im Coaching-Alltag sehr häufig mit narzisstisch veranlagten Führungskräften zu tun haben. Auf Basis der Annahme einer zugrundeliegenden narzisstischen Symptomatik wird auch die grundlegende Interventionsstrategie bei seelischen Störungen verdeutlicht werden.

Für eine vertiefte Auseinandersetzung mit psychischen Störungen helfen Gespräche mit psychotherapeutischen Fachpersonen. Als hilfreiche, pragmatische und verständliche Lektüre spezifisch im Arbeitskontext erweist sich das Buch »*Psychische Störungen bei Mitarbeitern*«.[8] Darüberhinaus können genaue Diagnosekriterien in den zwei internationalen Standardwerken zu psychischen Störungen nachgelesen werden: Zum einen ist das die »Internationale Klassifikation psychischer Störungen (10)«[9] und zum anderen das »Diagnostische[s] und Statistische[s] Manual Psychischer Störungen (DSM-IV-TR)«[10].

Bei den häufigsten psychischen Störungen handelt es sich um solche, bei denen die Betroffenen oft im Alltag funktionieren, auch wenn sie meist stark leiden. Ihre Störung wirkt sich am ehesten auf die zwischenmenschlichen Beziehungen, die Arbeits-, Genuss- und Anpassungsfähigkeit aus. Zum Beispiel laufen 25 % der Schweizerinnen und Schweizer in Gefahr, ein- oder mehrmals im Leben unter einer *affektiven Störung* zu leiden[11], d. h. beispielsweise einer Depression, Manie oder bipolaren Störung, welche früher als »manisch-depressive Störung« bezeichnet wurde. Wie auch bei den affektiven Störungen liegt die Wahrscheinlichkeit für Menschen in der Schweiz im Laufe ihres Lebens an einer allgemeinen Angststörung zu erkranken bei 25 %. Hierzu zählen z. B. die generalisierte Angststörung, Phobien sowie Panik- oder Zwangsstörungen.[12] Angstsyndrome wie auch Depressionen treten bei Frauen häufiger auf als bei Männern.[13] Soge-

---

7 Vgl. Möller et al. 2005.
8 Vgl. Riechert 2011.
9 Vgl. Dilling et al. 2011.
10 Vgl. Sass et al. 2003.
11 Vgl. Ajdacic-Gross/Graf 2003.
12 Vgl. Ajdacic-Gross/Graf 2003.
13 Vgl. Möller et al. 2005.

nannte »Substanzstörungen«, also z. B. Alkohol-, Drogen- oder Medikamentenabhängigkeiten, liegen in der Schweiz bei ca. 24 %.[14] Für Deutschland kommt die Dresdner Forschungsgruppe von Jacobi in ihrer großangelegten Prävalenzstudie tendenziell zu ähnlichen Ergebnissen, wenn auch die Prävalenzzahlen insgesamt niedriger ausfallen und (z. B. rund 19 % für affektive Störungen oder ca. 20 % für Substanzstörungen).[15]

Seelische Störungen, die mit »Psychosen« einhergehen, gehören zu den schwerwiegendsten psychischen Erkrankungen. Darunter fallen in den meisten Fällen Schizophrenien. Diese bieten ein sehr buntes und heterogenes Erscheinungsbild und sind durch eine Störung im Denken und in der Wahrnehmung geprägt. Diese Störungen sind zu Beginn der Krankheit oft sowohl für die Betroffenen als auch für Außenstehende nicht mehr verstehbar und nachzufühlen. Dadurch wirkt sich die Schizophrenie in besonderer Weise auf die Beziehung zum Umfeld aus. Die Krankheit beginnt mit einem beängstigenden Gefühl von Fremdheit: Die Welt fühlt sich fremd und unwirklich an. Im Versuch, für sich eine Erklärung zu finden, entsteht neben der als fremd empfundenen realen Welt eine zweite, pralle Wirklichkeit. Bei 80 % der an Schizophrenie erkrankten Menschen treten im Verlauf der Erkrankung Wahnsymptome und Halluzinationen auf.[16]

Schwierig fassbar sind »Persönlichkeitsstörungen«. Hierunter fallen Menschen mit einer extremen Ausprägung bestimmter Persönlichkeitsmerkmale, welche vor allem im zwischenmenschlichen Bereich zu Störungen und Beeinträchtigungen führen. Es handelt sich dabei um überdauernde und situationsübergreifende Persönlichkeitseigenschaften und Verhaltensweisen, die oft sehr unflexibel, unangepasst und unzweckmäßig sind. Die Betroffenen leiden meist nicht direkt unter ihrer Störung im Gegensatz zu ihren Mitmenschen. Sie gehen eher davon aus, dass sie »einfach so sind« und das zu ihrer Persönlichkeit gehört. Persönlichkeitsstörungen beginnen oft in der Kindheit und Jugend und halten bis ins Erwachsenenalter an. Beispiele hierfür sind schizoide, zwanghafte, paranoide und narzisstische Persönlichkeiten. Vor allem im Coaching von Führungskräften begegnen wir häufig Menschen mit einer Persönlichkeitsstörung oder mit einer akzentuierten Persönlichkeit.[17]

---

14 Vgl. Ajdacic-Gross/Graf 2003.
15 Vgl. Jacobi 2004
16 Vgl. Möller et al. 2005.
17 Vgl. Babiak/Hare 2006.

1.2 Die narzisstische Persönlichkeitsstörung

Menschen mit einer narzisstischen Persönlichkeitsstörung oder einer narzisstisch akzentuierten Persönlichkeit erleben häufig Probleme im zwischenmenschlichen Bereich.[18] Das kann sich auch auf die Coaching-Beziehung auswirken.

Im Folgenden geht es nicht um eine Stigmatisierung von schwierigen Persönlichkeiten oder Menschen mit einer Persönlichkeitsstörung. Vielmehr sollen die weiteren Ausführungen eine Aufmerksamkeitsschärfung auf seiten des Coachs ermöglichen. Persönlichkeitsstörungen wie die narzisstische Persönlichkeit werden als Interaktionsstörungen verstanden[19] und werden durch Laien meistens nicht erkannt. Beispielsweise gibt es narzisstische Führungskräfte, die keine Störung bei sich wahrnehmen und auch nicht darunter leiden. Ihre narzisstische Persönlichkeitsstörung wirkt sich jedoch in der Zusammenarbeit mit anderen aus, denn sie sind kaum in der Lage, sich in andere einzufühlen, ihnen zu zuhören, positives Feedback zu geben oder konstruktiv zu kooperieren. Dies hat häufig äußerst negative Auswirkungen auf das Arbeitsklima, was die Führungskräfte selten auf sich selbst beziehen.

Zur besseren Verdeutlichung der Symptomatik werden nachfolgend die Diagnosekriterien einer narzisstischen Persönlichkeitsstörung aufgeführt. Bei einem Menschen mit einer akzentuierten narzisstischen Persönlichkeit zeigt sich ein abgeschwächtes Muster der aufgeführten Kriterien.

Diagnosekriterien einer narzisstischen Persönlichkeitsstörung nach DSM IV[20]
Die narzisstische Persönlichkeitsstörung ist gekennzeichnet durch ein tiefgreifendes Muster von Großartigkeit in Fantasie oder Verhalten, dem Bedürfnis nach Bewunderung und einem Mangel an Empathie. Der Beginn liegt im frühen Erwachsenenalter und zeigt sich in verschiedenen Situationen. Mindestens fünf der folgenden Kriterien müssen erfüllt sein: Der Mensch mit einer narzisstischen Persönlichkeitsstörung:
1. hat ein grandioses Gefühl der eigenen Wirklichkeit, übertreibt etwa die eigenen Leistungen und Talente; erwartet ohne entsprechende Leistungen als überlegen anerkannt zu werden;
2. ist stark eingenommen von Fantasien grenzenlosen Erfolgs, grenzenloser Macht, Glanz, Schönheit oder idealer Liebe;
3. glaubt von sich, »besonders« und einzigartig zu sein und nur von anderen besonderen oder hochgestellten Menschen (oder Institutionen) verstanden zu werden oder mit diesen verkehren zu müssen;
4. benötigt exzessive Bewunderung;

---

18 Vgl. Kets de Vries 1990, 2006; Babiak/Hare 2006.
19 Vgl. Sachse 2001.
20 Vgl. Diagnostisches und Statistisches Manual Psychischer Störungen (Sass et al. 2003).

5. legt ein Anspruchsdenken an den Tag, d.h. hat übertriebene Erwartungen auf eine ganz besonders günstige Behandlung oder automatisches Eingehen auf die eigenen Erwartungen;
6. ist in zwischenmenschlichen Beziehungen ausbeuterisch, d.h. zieht Nutzen aus anderen, um eigene Ziele zu erreichen;
7. zeigt einen Mangel an Empathie: Ist nicht bereit, die Gefühle oder Bedürfnisse anderer zu erkennen/anzuerkennen oder sich mit ihnen zu identifizieren;
8. ist häufig neidisch auf andere oder glaubt, andere seien neidisch auf ihn/sie;
9. zeigt arrogante, hochmütige Verhaltensweisen oder Ansichten.

Im anschließenden Kapitel werden wir uns mit der Frage auseinandersetzen, wie wir uns mittels einer komplementären Beziehungsgestaltung wirkungsvoll im Coaching bei zugrundeliegenden seelischen Störungen, wie der narzisstischen Persönlichkeitsstörung, verhalten können.

2. Klienten mit seelischen Störungen coachen

Einer der wesentlichen Wirkfaktoren für ein erfolgreiches Coaching ist die positive und tragfähige Beziehung zwischen Coach und Coachee.[21] Sitzen wir einem Coachee mit einer schwierigen Persönlichkeit oder gar einer Persönlichkeitsstörung gegenüber, kann dies zu spezifischen Problemen in der Beziehung und somit zu Schwierigkeiten im Prozess und der Wirkung des Coachings führen. Meist ist die Störung, die als Beziehungs- oder Interaktionsstörung verstanden wird,[22] weder dem Coach noch dem Coachee bewusst. Persönlichkeitsgestörte Menschen können bei Coachs große Verzweiflung auslösen, wenn sie das Gefühl haben, einerseits keinen guten Draht zu ihren Klienten aufnehmen zu können. Andererseits können Klienten, die an einer Persönlichkeitsstörung leiden, grundsätzlich starke Gegenübertragungsgefühle[23] beim Coach auslösen, wie Wut, Ärger, Verzweiflung, Angst, Hoffnungslosigkeit, einem Gefühl von Inkompetenz etc. Um hier wirkungsvoll Arbeiten zu können, hat sich die Idee der komplementären Beziehungsgestaltung, die ihre Wurzel in der Schematherapie hat, als zieldienlich erwiesen.[24]

---

21 Vgl. Kilburg 2001; Mäthner et al. 2005.
22 Vgl. Sachse 2001.
23 Vgl. dazu auch Kapitel 3 in diesem Band.
24 Vgl. Young et al. 2008.

2.1 Komplementäre Beziehungsgestaltung

In der Psychologie werden Persönlichkeitsstörungen als eine Strategie zum Überleben in einer krankmachenden Umgebung betrachtet, in der Grundbedürfnisse missachtet werden.[25] Man geht von vier Grundbedürfnissen aus, nach denen wir alle streben, nämlich das Bedürfnis nach
- Bindung,
- Orientierung und Kontrolle,
- Selbstwerterhöhung und Selbstwertschutz sowie
- Lust und Vermeidung von Unlust.[26]

Bei narzisstischen Persönlichkeiten ist eine Hypothese, dass das zentrale Grundbedürfnis nach einer verlässlichen und solidarischen Bindung, geprägt von Anerkennung, Liebe und Zuwendung, in der für die Persönlichkeitsentwicklung wichtigen Kindheit nicht gestillt wurde. Stattdessen haben Menschen, die eine narzisstische Persönlichkeit ausgeprägt haben, einen Mangel an Bestätigung oder ständiges negatives Feedback erfahren.[27] Aufmerksamkeit haben sie höchstens bei außerordentlicher Leistungserbringung erhalten.[28] Hinzu kommt häufig eine tiefliegende Scham und ein unbewusstes Selbstbild, im Kern nicht liebenswert, beschädigt oder unzulänglich zu sein als Reaktion auf überkritische, abwertende und bloßstellende Interaktionsformen früherer Bezugspersonen.[29] Das Grundbedürfnis, ihren Selbstwert um jeden Preis zu schützen, ist somit von zentraler Bedeutung.

Indem wir als Coachs auf die zugrunde liegenden Bedürfnisse problematischer Verhaltensweisen unserer Klientinnen und Klienten eingehen, können wir möglicherweise vermeiden, dieses problematische Verhalten zu verstärken. Sogenanntes »komplementäres Beziehungsverhalten« seitens der Coachs soll die oft unbewussten zwischenmenschlichen Bedürfnisse der Klientinnen und Klienten befriedigen. Dies ermöglicht es ihnen, ihre hinderlichen Ersatzstrategien abzulegen und die anderen, eigentlich wichtigen Ziele zu verwirklichen.[30] Ersatzstrategien im Falle eines Coachees mit einer narzisstischen Persönlichkeit wären beispielsweise herablassende Bemerkungen über andere, wie stetige Abwertungen über deren Intelligenz, Arbeitsleistung, Einstellungen etc.

Ein Beispiel für komplementäres Coaching-Verhalten mit einer narzisstischen Führungskraft soll dies nachfolgend illustrieren.[31]

---

25 Vgl. Sachse 2001.
26 Vgl. Grawe 2000.
27 Vgl. Sachse 2002.
28 Vgl. Dieckmann 2011.
29 Vgl. Dieckmann 2011.
30 Vgl. Dieckmann 2011.
31 In Anlehnung an Znoj et al. 2003.

> **Bedürfnis nach Anerkennung**
> Herr A. betont im Gespräch seine Erfolge, überdurchschnittliche Leistungen, seine Brillanz und außerordentlichen Talente. Er kritisiert die Haltung seiner Mitarbeitenden, Kolleginnen und Kollegen sowie der Vorgesetzten, wertet deren intellektuelle Fähigkeiten, Ansprüche und Leistungen wiederholt ab. Er wirkt im Gespräch äußerst selbstsicher und stolz. Im Coaching möchte er die Kontrolle an sich reißen, kritisiert Interventionen und wertet wiederholt den Coach und seine Kompetenz ab. Vorhandene persönliche und arbeitsbezogene Schwierigkeiten thematisiert er zwar, bagatellisiert und relativiert diese jedoch im gleichen Zug.
> Er versucht (meist) unbewusst und auf indirekte Weise einen bestimmten Eindruck zu vermitteln: »Ich bin ein ganz besonderer Klient. Ich bin anspruchsvoll und begabt und kenne meine Schwierigkeiten eigentlich selber. Eigentlich bräuchte ich gar kein Coaching. Es gibt wahrscheinlich gar keinen Coach, der mir das Wasser reichen kann. Behandle mich anders als die anderen! Bei mir genügt ein kurzes Coaching! Zeige mir zuerst deine Kompetenz! Kannst du mich überhaupt verstehen?«

Als Coachs reagieren wir in dieser Situation möglicherweise innerlich mit Selbstzweifel, Ärger oder einer Abwertung des Coachees. Wir haben verschiedene Möglichkeiten, wie wir unserem Klienten in den Sitzungen begegnen. Eine oft natürliche und nachvollziehbare, jedoch nicht sehr wirkungsvolle Möglichkeit wäre, auf die Forderungen nach Übernahme von Verantwortung und voller Verfügbarkeit einzugehen, uns und unsere Kompetenz zu rechtfertigen, den Klienten zu kritisieren und uns auf ein Machtspiel einzulassen. Dies hätte sowohl für die Beziehung als auch auf das Ergebnis des Coachings fatale Folgen. Eine wirkungsvollere Reaktion wäre, Hypothesen über die unbewussten Bedürfnisse aufgrund der oben beschriebenen Grundbedürfnisse des Klienten zu stellen und unser Verhalten danach auszurichten, z. B. Wertschätzung und unbedingte Anerkennung zeigen. Dies verbessert die Beziehung und erhöht die Aufnahmebereitschaft des Klienten für die eigentlichen Themen des Coachings.

Für das Fallbeispiel bedeutete das, die Widerstände des Coachees nicht zu brechen, sondern zu akzeptieren und ihm sogar vorzuschlagen, dass er dies oder jenes wahrscheinlich nicht braucht oder es bereits kann. Dies kann dazu führen, dass der Klient erst recht eine entsprechende Intervention oder eine Alternative fordert. Wie oben erwähnt, sind bei narzisstischen Persönlichkeiten der Wunsch nach Bewunderung und Anerkennung sowie die Angst vor Kritik äußerst stark ausgeprägt, weil sie ihren Selbstwert in Gefahr sehen. Demzufolge können wir den Coachee für seine hohe Selbstreflexion loben und seine sprachlichen Fähigkeiten nutzen, ihn seine positiven Seiten, seine Fähigkeiten und Stärken erfahren und sehen lassen. Wir können ihm Anerkennung für seine Mitarbeit zeigen, ihm mit Ernst begegnen, auch wenn er mal weniger motiviert ist. Auch seine kritische Haltung kann als Chance für eine differenzierte und individualisierte Auseinandersetzung genutzt werden. Auf Erfolge können wir hinweisen und seine Intelligenz betonen. Unsere eigenen Schwächen und Fehler können wir im Sinne von Selbstöffnung zugeben, um nicht mit ihm in Konkurrenz zu treten.

2.2 Vorgehen in der komplementären Beziehungsgestaltung

Wenn wir mit den herausfordernden Verhaltensweisen und Kommunikationsangeboten von schwierigen Coachees konfrontiert werden, fällt es uns häufig schwer, die dahinter stehenden unbefriedigten Bedürfnisse zu erkennen. Es hilft, wenn man sich vergegenwärtigt, dass hinter den als manipulativ erlebten Strategien meist ein äußerst gekränkter Selbstwert steckt, der befriedigt sein will. Um sich die Illusion eines guten Selbstwertgefühls zu erhalten, bezahlen narzisstische Menschen einen hohen Preis: Sie müssen sich permanent kompetitiv verhalten. Für die Beurteilung ihrer Leistungen sind sie von anderen abhängig. Um Anerkennung und Wertschätzung zu erhalten, müssen sie aus ihrer Sicht eine Zusatzleistung erbringen.[32] Es ist nutzbringend, wenn wir uns in der Arbeit mit narzisstischen Klientinnen und Klienten bewusst machen, dass es für diese oft äußerst beschämend ist, Hilfe von anderen in Anspruch zu nehmen. Diese Erkenntnis ermöglicht es uns eher, mit unserem Mitgefühl in Kontakt zu bleiben, auch wenn sich unser Gegenüber in Angriffe und Herabwürdigungen flüchtet. Es ist zentral, dass wir eine Coaching-Beziehung eingehen können, die von Offenheit und Einfühlsamkeit geprägt ist und nicht von Neutralität und emotionaler Distanz. Gleichzeitig ist es unabdingbar, dass der Kontakt auf Augenhöhe stattfindet. »Untergebene« werden von narzisstisch strukturierten Menschen nicht geachtet.[33]

Damit wir uns gezielt auf die Herausforderung einlassen können und es vermeiden, selbst Teil eines Beziehungsspiels zu werden, hilft es, uns mittels folgender Fragen auf diese Coachings vorzubereiten.

Zieldienliche Fragen zu einer bewussten komplementären Beziehungsgestaltung:[34]
- Welche Gefühle und Eindrücke löst der Klient/die Klientin bei mir aus?
- Was will er oder sie bei mir erreichen?
- Welches Bild von sich versucht er soder sie zu vermitteln?
- Welches Bild hat er oder sie von sich selbst?
- Wie möchte der Klient/die Klientin vor sich selber erscheinen?
- Welche Reaktionen versucht er oder sie zu vermeiden?
- Welchen Eindruck möchte er oder sie vor sich und anderen auf jeden Fall vermeiden?

---

32 Vgl. Znoj et al. 2003.
33 Vgl. Dieckmann 2011.
34 In Anlehnung an Znoj 2004.

- Welches Verhalten der Umgebung würde den Klienten besonders verletzen/bedrohen?
- Wie möchte er oder sie von anderen gesehen bzw. wahrgenommen werden?
- Welches Verhalten der Umgebung würde ihn oder sie besonders freuen und bestätigen?
- Welche negativen Konsequenzen antizipiert er oder sie im Hinblick auf die kritischen Situationen?

Diese Fragen können uns darin unterstützen, Hypothesen über die interaktionellen Probleme des Klienten oder der Klientin zu bilden, um das eigene komplementäre Verhalten bewusst zu steuern. Darüberhinaus kann es sinnvoll sein, sich bestimmte Worte, Sätze, Bilder, Metaphern zu überlegen, die man für sich in der Beziehungsgestaltung nutzen möchte. So könnte man sich z. B. dem narzisstischen Klienten oder der Klientin gerade dann gezielt zuwenden, wenn er oder sie einen offen herabsetzt. Oder man könnte auf bagatellisierende Äußerungen ungestört mit absoluter Aufmerksamkeit reagieren, indem man noch einmal nachfragt oder Interesse bekundet.[35]

2.3 Fazit

Seelische Störungen sind außerordentlich häufig. Als professionelle Coachs und somit Anlaufstelle für Menschen, die in irgendeiner Form in einer Krise stecken, ist es zentral, immer wieder die eigenen Gegenübertragungsgefühle zu analysieren, um für sich zu prüfen, ob eine Klientin oder ein Klient unter einer seelischen Störung leiden könnte. Dies bewirkt, dass zieldienliche Weichen gestellt werden können und dieser Mensch im Falle einer Exploration eine wirksam Hilfe in Anspruch nehmen kann. Gegenübertragungsgefühle kommen typischerweise auch in der Arbeit mit Menschen mit einer akzentuierten Persönlichkeit oder gar einer Persönlichkeitsstörung stark zum Vorschein, wie beispielsweise Wut, Ärger, Selbstzweifel oder Hoffnungslosigkeit. Diese können effektiv dazu benutzt werden, um Hypothesen über die Grundbedürfnisse zu stellen, welche die Klientin oder Klient unbewusst zu erfüllen versucht. Dies ermöglicht es uns, uns in der Beziehung komplementär zu diesen Bedürfnissen zu verhalten, statt unseren unmittelbaren Emotionen Folge zu leisten, die meist ein Resultat der Gegenübertragung sind. Dies erfordert Geduld und gute Nerven, wirkt sich aber erwiesenermaßen äußerst zielbringend auf den Coachingprozess aus.

---

35 Vgl. Znoj et al. 2003.

3. Endstation Stress: Burnout

Burnout ist in aller Munde. Die meisten Menschen haben direkt eine Assoziation zum Thema. Beispielsweise denken viele, dass Burnout eine typische Krankheit der Erfolgreichen ist. Andere sind vom Gegenteil überzeugt, nämlich dass Burnout nur etwas für schwache Menschen ist, die nicht belastbar sind. Für manche ist »Burnout« nur ein Modebegriff, um eine Depression salonfähig zu machen. Ist Burnout denn nichts anderes, als eine Erschöpfungsdepression oder ein Nervenzusammenbruch?

Tatsächlich sind empirische Erkenntnisse zum Thema Burnout bisher relativ dürftig, obwohl das Burnout-Syndrom seit seiner Popularisierung im Jahr 1974 sehr intensiv beforscht wurde und sehr viele Forschungsdaten vorhanden sind.[36] Gegenüber diesem unbefriedigenden wissenschaftlichen Forschungsstand gibt es jedoch recht viele Praxiserfahrungen von Betroffenen und Fachleuten, die Hinweise auf die individuelle Symptombeschreibung sowie geeignete Interventionsstrategien liefern. Demzufolge ist auf jeden Fall gesichert, dass Burnout sowohl für direkt betroffene Menschen als auch für deren Angehörige und für die Arbeitgeber ein sehr schwerwiegendes und einschneidendes Thema ist. Betroffene haben meist jahrelange Anstrengungen und Quälerei hinter sich, welche in einer ernsthaften psychischen und existenziellen Krise gipfeln und häufig mit einem Zusammenbruch des Immunsystems und vielschichtigen körperlichen Beschwerden einhergehen. Für Arbeitgeber und Sozialversicherungen ist Burnout eine teure Angelegenheit. Nach Angaben der Betriebskrankenkassen in Deutschland entstehen durch psychische Störungen wie Burnout am Arbeitsplatz Gesamtkosten für Behandlung und Produktionsausfall in Höhe von 6,3 Mrd. Euro.[37] Im Schnitt sind Betroffene rund 63 Tage krankheitsbedingt abwesend vom Arbeitsplatz.[38] Eine Schweizer Studie geht bei einem prototypischen Verlauf basierend auf einem Jahreseinkommen von CHF 96.000 (ca. EUR 80.000) von ca. CHF 390.000 (ca. EUR 325.000) direkten Kosten pro Fall aus.[39] Im Einzelfall können die Kosten für den Betrieb bis zu 1.000.000 Euro ansteigen.[40]

Für von Burnoutsymptomen betroffene Menschen oder verantwortliche Stellen in Organisationen sind wir als Coachs häufig eine erste Anlaufstelle, um mit Rat und Tat zur Seite zu stehen. Hierbei stellt sich für uns die Frage, wie wir sicherstellen können, dass wir die Symptome dieser ernsten Krankheit richtig einschätzen und entsprechend des jeweiligen Schweregrads und Verlaufsstadiums sinnvoll intervenieren können.

Nachfolgend wird aufgezeigt, welche Aspekte für die Diagnose eines Burnouts

---

36 Vgl. Freudenberger 1974; Maslach 1976; Pines/Maslach 1978.
37 BKK 2009.
38 BKK 2011.
39 Vgl. Petermann/Studer 2003.
40 Vgl. Marquart 2011.

relevant sind und welche Interventionen aufgrund der Praxiserfahrung von Fachleuten als wirkungsvoll eingeschätzt werden.

3.1 Definition und Symptomatik

Der Erfolgsautor Richard Bolles sagte einst: »Burnout ist wie Pornographie – ich bin nicht sicher, ob ich es definieren kann, aber wenn ich es sehe, weiß ich, was es ist«[41]. So geht es vielen, die mit Burnout zu tun haben. Es gibt unzählige Definitionsversuche, jedoch noch keine, über die sich alle Fachexperten einigen konnten. In der Internationalen Klassifikation psychischer Störungen (ICD 10)[42] stellt das Burnout-Syndrom lediglich eine Zusatzdiagnose dar. Sie ist nicht als Krankheit, deren Behandlung von einer Krankenkasse bezahlt wird, klassifiziert. Damit die Behandlungskosten übernommen werden, müsste eine »vollwertige« Krankheit als Hauptdiagnose vorliegen, wie beispielsweise eine depressive Episode. Das Diagnostische und Statistische Manual psychischer Störungen (DSM-IV-TR)[43] als weiteres international anerkanntes Diagnoseinstrument führt Burnout aktuell nicht als psychische Störung auf.

Die Pionierin der Burnout-Forschung Christina Maslach beschreibt Burnout als »einen Verschleiß von Werten, Würde, Geist und Willen – einen Verschleiß der menschlichen Seele«[44], die sich auf drei Ebenen abbildet: Chronische Erschöpfung, Zynismus und Abgestumpftheit sowie zunehmende Ineffizienz.[45]

Mit dem Kernsymptom der *Emotionalen Erschöpfung* lassen sich die weiteren Leitsymptome in drei Kategorien gliedern: Abnahme des Engagements, Abnutzung oder Verschleiß von Gefühlen und abnehmende Passung zwischen individuellen Bedürfnissen und Anforderungen des Jobs (vgl. Abb. 43).

Kernsymptom von Burnout: Emotionale Erschöpfung	
Abnahme des Engagements für die Arbeit	Was eigentlich als bedeutsame, sinnvolle und faszinierende Arbeit begonnen hat, wird unerfreulich, nicht erfüllend und bedeutungslos.
Abnutzung oder Verschleiß von Gefühlen	Die positiven Gefühle von Enthusiasmus, Hingabe, Sicherheit und Freude verschwinden und werden ersetzt durch Ärger, Angst und Depression.
Abnehmende Passung zwischen individuellen Bedürfnissen und Anforderungen des Jobs	Individuen erleben dieses Ungleichgewicht als persönliche Krise, aber es ist eigentlich der Arbeitsplatz, der Probleme bereitet.

Abb. 43: Symptome von Burnout (Maslach/Leiter 1997)

---

41 Vgl. Forney et al.1982, S. 436; zitiert nach Burisch 2006, S. 15.
42 Vgl. Dilling et al. 2011.
43 Vgl. Sass et al. 2003.
44 Vgl. Maslach/Leiter 1997. Die Übersetzung hier und folgend durch die Verfasserin.
45 Vgl. Maslach/Leiter 1997, S. 18.

Der führende deutsche Burnout-Forscher Burisch[46] schlägt folgenden Definitionsversuch vor:

Definition Burnout (nach Burisch)
»Burnout ist ein dauerhafter, negativer, arbeitsbezogener Seelenzustand *normaler* Individuen. Er ist in erster Linie von Erschöpfung gekennzeichnet, begleitet von Unruhe und Anspannung (distress), einem Gefühl verringerter Effektivität, gesunkener Motivation und der Entwicklung dysfunktionaler Einstellungen und Verhaltensweisen bei der Arbeit. Diese psychische Verfassung entwickelt sich nach und nach, und kann dem betroffenen Menschen aber lange unbemerkt bleiben. Sie resultiert aus einer Fehlanpassung von Intentionen und Berufsrealität. Burnout erhält sich wegen ungünstiger Bewältigungsstrategien, die mit dem Syndrom zusammenhängen, oft selbst aufrecht.«[47]

3.2 Burnout-Prozess

Burnout ist kein »Zustand«, sondern in den meisten Fällen ein schleichend einsetzender und langwieriger chronischer Prozess.[48] Viele Fachleute sind sich einig, dass am Anfang eines Burnout-Prozesses stets ein Überengagement steht: »Wer ausbrennt, muss einmal gebrannt haben« – für den Beruf als Lebensinhalt, für eine Idee, ein Ziel oder eine Aufgabe. Empirische Untersuchungen haben einen Zusammenhang zwischen »Idealismus« und Burnout teilweise bestätigen können. Noch treffender wäre es, von »überhöhtem Energieeinsatz« zu sprechen. Dies muss nicht notwendigerweise in Form von endlosen Überstunden oder körperlichen Strapazen stattfinden. Es genügt, während des größten Teils der Arbeitszeit angespannt zu sein, weil jederzeit etwas Bedrohliches oder Unangenehmes erwartet wird oder, weil man in der Freizeit und in der Nacht stundenlang über eine vermeintlich oder real ausweglosen Lage grübelt. Nach der Arbeit nicht mehr abschalten zu können, ist typischerweise ein erstes Warnsignal. So können rasch Teufelskreise in Gang kommen, weil die ausgebliebene Erholung die Widerstandkraft am nächsten Morgen weiter schwächt.[49]

Es ist nicht die Arbeitsmenge, die ausschlaggebend ist, sondern die Gefühlslage, mit der die Arbeit getan wird bzw. die Zeit verbracht wird: Denn, wenn das Verhältnis von Einsatz und Ertrag, Anstrengung und Belohnung, Negativem und Positivem stimmt, so kann ein hoher Grad von Engagement jahrelang aufrecht erhalten werden. Fängt man jedoch an, am Sinn seines eigenen Tuns zu zweifeln,

---

46 Vgl. Burisch 2006.
47 Vgl. Schaufeli/Enzmann 1998, S. 36.
48 Vgl. Maslach 1997.
49 Vgl. Burisch 2006.

z. B., wegen grober Undankbarkeit, ungerechter Kritik von Vorgesetzten, ausbleibender Solidarität von Kollegen oder einer Sättigung durch »Zuviel-des-immer-Selben«, kann die anfangs ungebrochene Motivation in Demotivation und depressive Symptome kippen. Oft baut sich nach und nach ein starker Widerwille auf und eine sogenannte »Problemtrance« setzt ein, in der die Situation als ausweglos eingeschätzt wird. Entsteht daraus tatsächlich kein neuer Anfang, spürt man nur noch Erschöpfung.[50]

Burnout-Prozesse starten oft bei biografischen Zäsuren, in der sich plötzlich die Umwelt ändert. Beispiele hierfür sind ein neuer Vorgesetzter, der zu uneindeutig definierten Anpassungsleistungen zwingt oder die erste eigene Projekt- oder Führungsverantwortung, die gerade für Fachexperten oft unvermittelt Aufgaben bereit hält, zu denen diese weder die notwendige Grundmotivation aufbringen, noch die geringste Fähigkeit in sich spüren. Es können auch sehr viel subtilere Veränderung sein oder gerade das endgültige Ausbleiben einer herbeigesehnten Veränderung, wie bei der »eigentlich fälligen« Beförderung. In den meisten Fällen gelingt es den Betroffenen, ein neues Gleichgewicht oder mindestens eine erträgliche Passung zwischen den eigenen Bedürfnissen und Fähigkeiten einerseits und den externen Angeboten und Anforderungen andererseits herzustellen, oder aber abzubrechen und anderswo neu anzufangen. Gelingt das dauerhaft nicht, kann die Entwicklung in einen Burnout-Prozess eskalieren.[51]

3.3 Endstation Burnout: Depression

Oft wird Burnout als Erschöpfungsdepression bezeichnet, manche gehen auch davon aus, dass Burnout eine Modediagnose ist, um eine Depression auch im Wirtschaftsumfeld gesellschaftsfähiger zu machen. Burnout und Depressionen weisen tatsächlich ähnliche Symptome auf, wie beispielsweise ein Gefühl von Leere, Hoffnungslosigkeit, Energiemangel und Schlafprobleme. Burnout-Experten und klinische Psychologen sehen Burnout als Vorstufe einer Depression: Wird ein Burnout nicht rechtzeitig erkannt und wirkungsvoll behandelt, kann es zu einer Depression kommen. Nachfolgende Abbildung (vgl. Abb. 44: 7-Phasen-Modell vom Stress zur klinischen Depression in Anlehnung an Burisch) illustriert, welche Symptome sich typischerweise in welchem Stadium zeigen.

Gleichzeitig kann der menschliche Organismus auch mit anderen psychischen Erkrankungen auf chronischen Stress und ein nicht adäquat behandeltes Burnout reagieren, wie beispielsweise mit Schmerz- oder Angstsyndromen oder mit einer Sucht. Denn häufig wenden Menschen unter Stress Bewältigungsstrategien an,

---

50 Vgl. Burisch 2006.
51 Vgl. Burisch 2006.

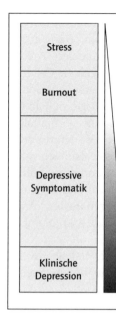

Abb. 44: 7-Phasen-Modell vom Stress zur klinischen Depression in Anlehnung an Burisch[52]

die gesundheitsschädlich sind: Sie rauchen mehr als gewöhnlich,[53] der Alkoholkonsum steigt oder ist unkontrolliert,[54] sie nehmen vermehrt Schmerz-, Beruhigungs- oder Aufputschmedikamente, essen unregelmäßig und häufig ungesund und vernachlässigen die Bewegung. Dies sind oft gutgemeinte Versuche, Zeit zu gewinnen, die Anforderungen und aufkommenden Stressgefühle in den Griff zu bekommen bzw. sie für kurze Zeit zu betäuben und zu vergessen. Langfristig taugen diese Bewältigungsversuche jedoch nicht, denn sie senken die allgemeine Belastbarkeit und erhöhen das Risiko für zahlreiche Erkrankungen.[55]

Aufgrund der körperlichen Stressreaktion sind auch physische Erkrankungen eine häufige Reaktion auf chronischen Stress. Unter Stress sorgt unser Körper nämlich für die automatische Mobilisierung von Energiereserven und für eine Reaktion im Hirn, die wachrüttelt und die Aufmerksamkeit aufs Problem lenkt, das es zu bewältigen gilt. Unser Gehirn geht von einem archaischen Notfall aus und bereitet sich auf Angriff oder Flucht vor. Stresshormone wie Kortisol, Adrenalin und Noradrenalin sorgen dafür, dass der ganze Körper blitzschnell auf Hochspannung umschaltet: Das Herz schlägt schneller, der Blutdruck schnellt empor und die Atemfrequenz beschleunigt sich etc. Alles, was im Kampf nicht

---

52 Vgl. Burisch 2006.
53 Vgl. Kouvonen et al. 2005.
54 Vgl. Kouvonen et al. 2008.
55 Vgl. Bartholdt/Schütz 2010.

unbedingt die Überlebenschancen erhöht, wird derweil unterdrückt: Sexualtrieb, Müdigkeit, Hungergefühl, Verdauung und Immunabwehr. Blase und Darm erhalten das Signal, sich schnell zu entleeren.[56] Hält der Stress über längere Zeit an und/oder treten die Stressoren immer wieder auf, kann dies erhebliche Gesundheitsrisiken zur Folge haben. Beispielsweise verliert der Körper unter Umständen allmählich die Fähigkeit zur Selbstregulation. Er ist nicht in der Lage, sich an die gleichen, wiederkehrenden Stressoren anzupassen und – wie im Normalfall – mit geringerer Aktivierung zu reagieren. Die Erholungsfähigkeit ist derart eingeschränkt, dass der Organismus auch in Phasen ohne akute Belastungen nicht mehr auf ein normales Ruheniveau zurückkehren kann. Ein chronisch erhöhter Kortisolspiegel führt zu einer nachhaltigen Schwächung der körperlichen Abwehrkräfte und macht den Körper anfälliger für Infektionskrankheiten. Auch Herzkreislauf Erkrankungen, Hörsturz, Tinnitus etc. sind typische Erkrankungen aufgrund von chronischer Stressbelastung.[57]

Abbildung 45 illustriert ein anerkanntes Krankheitsmodell, welche psychischen und physischen Störungen chronischer Stress bzw. ein unbehandeltes Burnout nach sich ziehen kann.

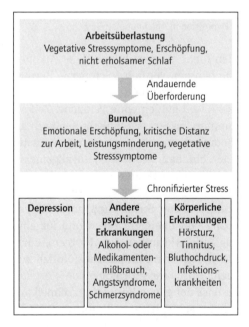

Abb. 45: Anerkanntes Krankheitsmodell, welche Krankheiten ein unbehandeltes Burnout nach sich ziehen kann.[58]

---

56 Vgl. Schmidt 2010.
57 Vgl. Bartholdt/Schütz 2010.
58 Vgl. Berger 2011, zit. nach Bartholomäus et al. 2011.

3.4 Wer ist von Burnout betroffen?

Früher herrschte die Annahme, dass nur »helfende Berufe«, wie Menschen, die in sozialen Bereichen arbeiten, von Burnout betroffen sind. Mittlerweile ist das Burnout-Syndrom bei rund 60 Berufen und Personengruppen beschrieben worden.[59] Eine im Jahr 2010 durchgeführte Studie hat gezeigt, dass wahrscheinlich ca. 21 % der Erwerbstätigen in der Schweiz Burnout-gefährdet sind oder bereits mehr oder minder in einem Burnout-Prozess stecken.[60] Im Vergleich zu einer Studie im Jahr 2000[61] ist damit ein deutlicher Anstieg zu beobachten. Eine großangelegte Studie des Robert-Koch-Institutes zur »Gesundheit Erwachsener in Deutschland« (DEGS) kommt zu dem Ergebnis, dass bei rund 4 % der Befragten ein Burnout-Syndrom durch einen Arzt oder Psychotherapeuten festgestellt wurde. Hierbei nahm das Risiko, an Burnout zu erkranken, mit der Höhe des sozioökonomischen Status der Befragten zu.[62] Einer durch das Manager Magazin und die Asklepios-Kliniken im Jahre 2011 durchgeführten Studie zufolge liegt das Burnout-Risiko für Mitarbeitende bei ausgewählten DAX Unternehmen mit bis zu über 8 % deutlich über dem vom Robert-Koch-Institut gefundenen Prävalenzzahlen.[63]

3.5 Faktoren, die Burnout begünstigen

Was genau die Ursachen für Burnout sind, ist ungeklärt. Dies ist im Übrigen auch der Fall bei anderen psychischen Störungen. Die beiden großen Klassifikationssysteme psychischer Krankheiten[64] führen praktisch durchgehend keine Ursachenzuschreibungen auf, weil kaum ein Konsens zu finden wäre. Worüber sich die Fachleute weitestgehend einig sind, ist, dass psychische Störungen immer vielschichtige Phänome sind, die sich nur unter Berücksichtigung körperlicher, psychischer und sozialer Faktoren bewerten lassen.

Nichtsdestotrotz wurden Faktoren, die Burnout begünstigen, ausgiebig beforscht. Als weitgehend gesichert gilt, dass stets eine Kombination von inneren und äußeren Faktoren dazu beiträgt, dass es zum Burnout kommt. Im Wesentlichen geht es um ein Ungleichgewicht zwischen Anforderungen und den zur Verfügung stehenden Ressourcen. Die Arbeitsbedingungen werden immer härter, die Anforderungen und der Druck seitens der Organisation nehmen ständig zu (wie etwa Arbeitsverdichtung), ständige Erreichbarkeit wird erwartet und

---

59 Vgl. Burisch 2006, S. 21.
60 Vgl. Grebner et al. 2011.
61 Vgl. Ramaciotti/Perriard 2000.
62 Vgl. Kurth 2012.
63 Vgl. Wirtschaftswoche vom 28.05.2012 »... in welchen Firmen Burnout auftritt«.
64 Vgl. Dilling 2011, Saas et al. 2004.

Verantwortlichkeiten sind unklar. Demgegenüber stehen die Ressourcen, die wiederholt gekürzt werden, der Grad der Autonomie nimmt immer weiter ab, Bedürfnisse nach Stabilität und menschlicher Nähe bleiben auf der Strecke. Dieses massive Missverhältnis kann Menschen in eine Form der Selbstausbeutung führen.[65] Abbildung 46 illustriert das Ungleichgewicht zwischen Anforderungen und Ressourcen als Erklärungsversuch, wie ein Burnout-Syndrom zustande kommen kann.

Anforderungen (»Energieverbrauch«)	Ressourcen (»Energiequellen«)
• Aufmerksamkeit und Konzentration unter Zeitdruck • Emotional belastende Situationen und Verhalten • Körperliche Anspannung und Belastung • Zunehmende Komplexität und steigende Ansprüche	• Wertschätzung und »gute« Beziehungen (zugehörigkeit) • Erfolgserlebnisse (Leistungen) und Feedback • Gestaltungsmöglichkeiten, Kreativität und Einfluss • Persönliches Wachstum, Lernen und Ethik

Abb. 46: In Anlehnung an das »The Job-Demands-Resources Model« nach Bakker[66]

Was die inneren Faktoren, also Persönlichkeitsfaktoren betrifft, die ein Zustandekommen von Burnout begünstigen sollen, so herrscht in der Forschung keine Einigkeit. Im Gegenteil, Befunde weisen sogar auf entgegengesetzte Persönlichkeitsaspekte hin: Am einen Ende des Spektrums wird von dynamischen, charismatischen und zielstrebigen Menschen gesprochen,[67] am anderen Ende von Menschen ohne Selbstvertrauen, Ehrgeiz oder Ziele.[68]

Nichtsdestotrotz berichten heute viele Fachleute, dass es sich in ihrer Erfahrung hierbei häufig um Personen handelt, die sich durch hohes Engagement, starke Leidenschaft und besondere Kompetenzen auszeichnen. Dies führt oft dazu, dass diese Menschen zwischen vielen gleichwertigen Optionen wählen können. Menschen mit vielen Optionen mit ähnlich gewichtigen Argumenten haben dann oft den Antreiber, dass sie stets die »echt wirklich richtige« Entscheidung treffen müssen, die es jedoch praktisch nie gibt. Sie zeigen eine ausgeprägte Leistungsbereitschaft, haben starke Wertehaltungen und Loyalitäten gegenüber ihrer Familie, der Organisation und den eigenen Erwartungen. Alle

---

65 Vgl. Burisch 2006.
66 Vgl. Bakker 2007.
67 Vgl. Freudenberger/Richelson 1980.
68 Vgl. Maslach 1982.

diese Bedürfnisse möchten sie besonders gut erfüllen. Dies sind ausgeprägte Loyalitätswertesysteme, die aus ihrer Sicht nicht ohne fundamentale Wertekonflikte wettzumachen sind.[69]

Darüberhinaus gibt es vier zentrale, persönlich sehr unterschiedliche, unbewusste Faktoren, die einen Burnout-Prozess aufrechterhalten können:[70]
- die scheinbare Unmöglichkeit, eine Situation weder verlassen noch verändern zu können, die als unerträglich empfunden wird;
- eine gewünschte oder ersehnte Rolle kann nicht ausgeübt werden;
- eigene, in der Regel vollkommen unbewusste Ziele nicht erreichen zu können;
- sich vom Sinn des eigenen Lebens mehr und mehr zu entfernen, statt sich ihm zu nähern.

Dem gegenüber steht der Ansatz, dass die Ursachen für Burnout nicht bei den betroffenen Personen liegen, sondern im sozialen Umfeld, in dem sie arbeiten. Die führenden Burnout-Forscherinnen und -forscher Maslach und Leiter bezeichnen dies als Diskrepanz zwischen Person und Job (Person-Job-Mismatch). Aufgrund von Studienergebnissen gehen sie von sechs Diskrepanzen aus:
1. Arbeitsüberlastung
2. fehlende Kontrolle
3. ungenügende Anerkennung
4. Zusammenbruch der Gemeinschaft
5. keine Fairness und schließlich
6. Werte, die nicht mit den eigenen übereinstimmen.[71]

3.6 Umgang mit Burnout

Burnout wird von den Betroffenen weitgehend als existenzielle Krise erlebt. In diesem Krisenerleben kommt es zu einer Problemtrance, welche die Wahrnehmung einengt und meist mit einem Gefühl von Ohnmacht einhergeht.[72] Bewährte und gutgemeinte Lösungsversuche, wie beispielsweise weniger arbeiten oder »einfach mal abschalten«, greifen nicht mehr. Deswegen erleben sich Menschen in einer Krise oft schnell als inkompetentes, schwaches, hilfloses und ausgeliefertes Opfer. Ein Gefühl von Handlungsdruck und anwachsendem Ohnmachtserleben wechselt sich stetig ab.[73] Im Coaching sollte demzufolge der Fokus darauf gelegt werden, den Betroffenen zu ermöglichen, wieder in Kontakt mit ihren Fähigkeiten zu kommen und vorhandene, aber im Moment brachliegende Ressourcen zu ak-

---
69 Vgl. Schmidt 2011.
70 Vgl. Bergner, 2010, S. 14.
71 Vgl. Maslach/Leiter 1997.
72 Vgl. Schmidt 2005.
73 Vgl. Schmidt 2010.

tivieren sowie die Wahlmöglichkeiten zu erhöhen und die Handlungsspielräume zu erweitern. Darüberhinaus ist aus der Salutogenese- und Resilienzforschung bekannt, dass Krisen als sinnvoll und die Veränderung als wünschenswert empfunden werden müssen, um diese ohne Schaden auszuhalten. Es ist nicht das Ereignis selbst, welches zum leidvollen Krisenerleben führt, sondern dessen Bewertung.[74] Daher kann im Coaching die Krise bewusst dafür genutzt werden, konstruktive und stimmige Lösungsmöglichkeiten zu finden, die mit einer zusätzlichen Stärkung einhergehen. Gunther Schmidt, der Begründer des hypnosystemischen Therapie- und Coaching-Ansatzes, weist in diesem Zusammenhang auch darauf hin, dass die Burnout-Erfahrung im Rahmen einer ressourcenorientierten Betrachtung der Symptomatik auch als »Burnout-Kompetenz« interpretiert werden kann, die als eine Chance für eine optimale Lebensbalance gesehen werden kann.[75]

3.7 Interventionsschwerpunkte: Vom Burnout zur Resilienz

Es ist oft ein langer Prozess, bis eine Burnout-Krise tatsächlich als Chance genutzt werden kann, d. h. das Leben nach den bewusst reflektierten eigenen Werten[76] und einem übergeordneten persönlichen Lebenssinn neu ausgerichtet werden kann. Dieser Prozess beginnt mit dem als meist äußerst schmerzhaft empfundenen Anerkennen, dass man tatsächlich in einem Burnout-Prozess steckt. An diesem Punkt ist es essenziell, sich einzugestehen, dass man die eigenen psychischen und physischen Grenzen erreicht hat und eine Auszeit notwendig ist. Meist geschieht dies nur durch klare Zeichen von außen, die nicht mehr zu negieren sind, wie ein klares Wort von einer Bezugsperson, eines Coachs oder eines Arztes bzw. einer Ärztin. Viel häufiger erfolgt diese Zäsur jedoch aufgrund eines physischen Einschnitts, wie einer ernsthaften Erkrankung oder eines physischen Zusammenbruchs. Daraufhin ist es kritisch, dass Betroffene von allen Anforderungen und Stressoren Abstand gewinnen, sei es durch einen privaten Rückzug oder einen Klinikaufenthalt. Dort geht es darum, sich ausschließlich auf Aktivitäten zu fokussieren, die wieder Energie geben. Danach kann eine psychische und physische Revitalisierungsphase folgen, in der einerseits das Immunsystem stabilisiert wird und mittels Achtsamkeit für das Hier und Jetzt die mentalen Ressourcen gestärkt werden. Hierfür hat sich wie empirische Studien[77] zeigen, vor allem die achtsamkeitsbasierte Stressreduktion (MBSR)[78] als höchst

---

74 Vgl. Antonovsky 1993.
75 Vgl. Schmidt 2011.
76 Vgl. dazu auch Kapitel 18 Coaching und authentische Führung.
77 Davidson et al. 2003.
78 MBSR (Mindfulness-based stress reduction) oder »achtsamkeitsbasierte Stressreduktion« ist die Kunst, in jedem Moment »geistig präsent« zu sein und somit »voll und ganz in der Gegenwart« zu leben. Es ist ein

Kapitel 16: Coaching bei seelischen Störungen

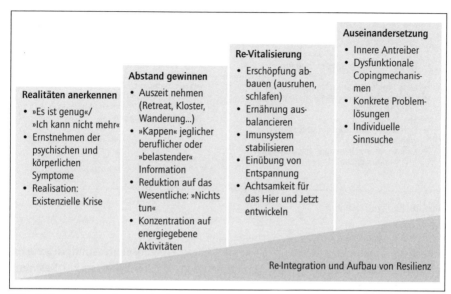

Abb. 47: Interventionsschwerpunkte in der Re-Integration und dem Aufbau von Resilienz im Burnout-Genesungsprozess

wirksam erwiesen. Erst, wenn diese Basis gelegt ist, sind Betroffene langsam bereit, sich mit der Vergangenheit und der Zukunft auseinanderzusetzen. Das erfordert einen hohen Grad an Selbstaufmerksamkeit und Selbstkenntnis.

Wie der oben beschriebene Genesungsprozess typischerweise aussieht und welche Aspekte in der jeweiligen Prozessstufe im Vordergrund stehen, illustriert Abbildung 47.

4. Resilienz-Coaching

Vor allem in der Auseinandersetzungsphase und dem bewussten Aufbau von Resilienz (vgl. Abb. 47) kann Coaching eine äußerst wirkungsvolle Intervention sein. Mit »Resilienz« ist die Fähigkeit gemeint, erfolgreich mit belastenden Lebensumständen und den negativen Folgen von Stress umzugehen. Es geht darum, Krisen mittels persönlicher und sozial vermittelter Ressourcen zu meistern und als Anlass für Entwicklung zu nutzen, ganz im Sinne von Max Frischs Zitat: »Eine Krise ist ein produktiver Zustand. Man muss ihr nur den Beigeschmack der

---

nicht-wertendes Annehmen dessen, was gerade im Augenblick wahrnehmbar ist, wie z. B. körperliche Empfindungen, Emotionen, Töne und Gedanken. Dies kann mittels achtsamkeitsbasierten Körperwahrnehmungsübungen, wie Sitzmeditationen, Gehmeditationen oder Yoga geschehen (Bays 2011).

Persönliche Ressourcen	Sozialvermittelte Ressourcen
• Wirksamer und gesunder Umgang mit Stress • Gute Problemlösungsfähigkeiten • Überzeugung, mit eigenen Emotionen umgehen können • Spiritualität • Sich selbst als »Survivor« statt »Opfer« wahrnehmen? • Einen Sinn in schwierigen traumatischen Erfahrungen finden können	• Hilfe suchen und annehmen • Unerstützung von anderen erhalten • Andere unterstützen • In Beziehung sein (Familie und Freunde) • Nahestehenden Personen eigene Probleme anvertrauen

Abb. 48: Resilienzfaktoren[79]

Katastrophe nehmen.« Resilienz ist keine Charaktereigenschaft, sondern eine erlernbare[80] Kompetenz. Folgende Abbildung zeigt, welche Faktoren zur Resilienz beitragen (vgl. Abb. 48).

Meistens geht es im Coaching mit Burnout-betroffenen oder -gefährdeten Menschen darum, dass sie sich erlauben, großzügiger, nachsichtiger und flexibler mit sich selbst und, vor allen Dingen, den Standards und Erwartungen an sich selbst, umzugehen – ganz nach dem Motto »Menschen, die fünfe grade sein lassen, haben keine Chance auf einen Burnie«.[81] Meistens sind sie Meister darin, das kompetente Wissen ihres eigenen Organismus in Form von Stresssymptomen zu ignorieren, wie beispielsweise Kopf- oder Bauchschmerzen, grippale Infekte, Schlafstörungen, Gedankenkreisen etc. Ein wichtiges Ziel des Coachings kann in diesem Zusammenhang sein, diese äußerst klaren Zeichen des eigenen Körpers als fachkundige Rückkoppelungsschleifen anzuerkennen. Darüberhinaus können neue Handlungsoptionen erarbeitet werden, wie sie in Zukunft wirkungsvoller mit ihrem Organismus kooperieren können. Als ein äußerst zieldienliches Konzept für eine gesunde und erfüllende Lebensbalance erweist sich das der *Meta-Balance*[82]. Hierbei geht es darum, sich in eine Balance einzustimmen zwischen dem Erfüllen der eigenen Anforderungen an sich selbst und der Erlaubnis, die man sich hin und wieder gibt, diesen Anforderungen nicht gerecht zu werden (vgl. Abb. 49).

---

79 In Anlehnung an Welter-Enderlin/Hildenbrand 2010.
80 Vgl. Welter-Enderlin/Hildenbrand 2010.
81 Vgl. Schmidt 2011.
82 Vgl. Schmidt 2011.

• Sich in Balance zu erleben	• Sich aus der Balance geraten sein zulassen
• Den eigenen und fremden Erwartungen gerecht zu werden	• Denen nicht gerecht zu werden
• Zufrieden mit sich zu sein	• Nicht ganz zufrieden mit sich zu sein
• Allem gerecht werden zu wollen	• Gerade nicht allem gerecht werden zu müssen
• Sich auch mal anzutreiben (gerne auch perfektionistisch)	• Liebevoll, tröstend mit sich umzugehen, wenn man nicht allem gerecht wurde

Abb. 49: Metabalance-Modell nach Schmidt[83]

Auch wenn wissenschaftlich noch nicht bei allen Aspekten von Burnout absolute Einigung herrscht, sollten wir als Coachs in der Lage sein, zu erkennen, wann bei einem Coachee Burnout-Gefahr droht und ab wann die Symptomatik bereits voll ausgeprägt ist. Coaching wird häufig nach einer burnoutbedingten Auszeit gefragt. Betroffene möchten sicherstellen, dass sie keinen Rückfall erleiden. Deshalb sollte der Fokus im Coaching darauf gelegt werden, wieder mit den eigenen Fähigkeiten in Kontakt zu kommen, Wahlmöglichkeiten zu erhöhen und Handlungsspielräume zu erweitern.

5. Zusammenfassung

Coaching ist nicht dafür da, Menschen mit seelischen Störungen unter einem anderen Deckmantel zu therapieren. Gleichzeitig ist in der Praxis der Übergang zwischen »gesund« und »krank« sowie »normal« und »gestört« fließend. Im Coaching-Alltag sitzen wir häufig Menschen mit seelischen Störungen gegenüber, ohne dass dies uns oder womöglich ihnen selbst bewusst ist. Ein Basiswissen über Psychopathologie, insbesondere im Bereich der Persönlichkeitsstörungen sowie im spezifischen über die Burnout-Symptomatik, kann uns helfen, wirkungsvoller in Coachingprozessen zu agieren. Es ermöglicht uns, umfassendere Hypothesen zu bilden und Interventionen setzen zu können sowie dafür sensibilisiert zu sein, seelische Störungen zu erkennen und möglicherweise eine Therapie vorzuschlagen. Die Ideen der komplementären Beziehungsgestaltung können bewirken, dass wir vor allem in der Arbeit mit schwierigen Persönlichkeiten eine vertrauensvolle und arbeitsfähige Beziehung aufbauen und erhalten können, die wesentlich zu einer optimalen Zielerreichung beitragen kann. Darüber hinaus wird anhand der beschriebenen Interventionen bei Burnout deutlich, dass Coaching bei seelischen Störungen sinnvollerweise immer in ein ganzheitliches

---

83 Vgl. Schmidt 2011.

Konzept integriert ist. Hierbei ist es von entscheidender Bedeutung, als Coach ressourcenaktivierend zu intervenieren, um langfristig die Resilienzerfahrung des Coachees zu fördern und somit einem Rückfall oder einer langfristigen Abhängigkeit vom Coach vorzubeugen.

Kapitel 17:
Coaching als Managemententwicklung

Markus Rettich

> Der folgende Beitrag beschreibt die Bedeutung von Coaching als Instrument der Managemententwicklung. Mit den veränderten Anforderungen an Führung braucht eine zeitgerechte Unterstützung von Führungskräften neue Formate bzw. muss bisherige Formate neu interpretieren. Diesem Thema widmet sich der erste Teil dieses Beitrags. Brennpunkt des zweiten Teils ist dann die Frage, welche Aspekte bei der Einführung von Coaching als Managemententwicklung in einem betrieblichen Kontext besonders zu berücksichtigen sind. Dies wird am Beispiel eines großen Industrieunternehmens beleuchtet.

1. Coaching in der modernen Personalentwicklung

1.1 Coaching im Spannungsfeld von Person und Organisation

Walter Conradi versteht Personalentwicklung als Summe von Maßnahmen, die »systematisch, positions- und laufbahnorientiert eine Verbesserung der Qualifikationen der Mitarbeiter zum Gegenstand haben mit der Zwecksetzung, die Zielverwirklichung der Mitarbeiter und des Unternehmens zu fördern«.[1] Personalentwicklung (PE) umfasst mehr als Aus- und Weiterbildung. Sie bezieht sich auf das Spannungsfeld von Person und Organisation und übernimmt eine Mittlerfunktion zwischen den Zielen des Unternehmens und den Zielen des Mitarbeiters.

Dieses Spannungsfeld ist in den vergangenen Jahren deutlich neu justiert worden. Das Modell der »Taylorwanne« beschreibt diese Veränderung, in der das Verhältnis von Person und Organisation neu bestimmt wird (vgl. Abb. 50).[2] Vereinfacht gesagt: die einzelnen Personen werden wieder wichtiger; Organisationen lagern Entscheidungen auf Personen aus, weil die Reaktions- und Anpassungsgeschwindigkeiten der Organisationen nicht ausreichen, um mit den Dynamiken von globalen Rohstoff-, Produktions- und Absatzmärkten, neuen Organisationsformen und Virtualisierung zurechtzukommen.

Im Kontext dieser Veränderung gewinnt Coaching als Instrument der Personalentwicklung, nicht nur von Führungskräften, eine wichtige Bedeutung.

---
1 Vgl. Conradi 1983, S. 3.
2 Vgl. Wohland/Wiemeyer 2006, S. 15.

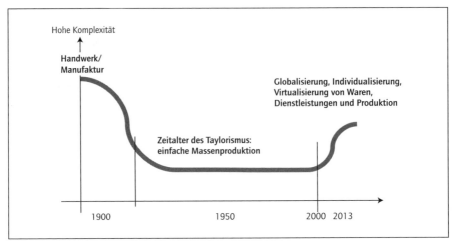

Abb. 50: Das Modell der Taylor-Wanne

Anders als in herkömmlichen Formaten wie Weiterbildung und Training geht es im Coaching um die individuelle Passung von Personen und organisationalen Herausforderungen.

1.2 Personalisierung der Personalentwicklung

Moderne Personalentwicklung nimmt vor dem geschilderten Hintergrund die Gesamtpersönlichkeit des in der Organisation tätigen Menschen in den Blick, den Aufbau und die Weiterentwicklung von Qualifikationspotenzialen und Persönlichkeitsmerkmalen, die zur Meisterung beruflicher und auch alltäglicher Situationen befähigen.

So verstanden zielt erfolgreiche Personalentwicklung auf den Ausgleich zwischen Person und Organisation, d. h. die persönlichen Entwicklungs- und Karriereziele des einzelnen Mitarbeiters müssen in die allgemeinen Ziele des Unternehmens abgestimmt werden. Dafür sollte gewährleistet sein, dass bei allen Beteiligten Klarheit über die organisational zu erreichenden Ziele besteht.

Diese Notwendigkeit zur Personalisierung von Lern- und Entwicklungsprozessen stellen implizit die Forderung nach zusätzlichen, für heutige Anforderungen geeigneteren Instrumenten zur Förderung und Weiterentwicklung von Mitarbeitern auf. Dafür bietet Coaching Lösungen an, welche – insbesondere bei sich verändernden Arbeitsbedingungen im Hinblick auf die Arbeitsinhalte bzw. den Arbeitsplatz – der Förderung der persönlichen Entwicklung der Mitarbeiter und insbesondere der von Führungskräften im Unternehmen dienen.

Somit sind die jeweiligen Fachabteilungen innerhalb des Personalressorts gefordert, die Rahmenbedingungen für die Entwicklung und den Einsatz von Coaching zu entwickeln.

2. Führungskräfte-Coaching in einem Großunternehmen

Am Beispiel eines großen Unternehmens in der Mobilitätsindustrie werden die wesentlichen Fragen aufgezeigt, die im Zuge der Einführung von Coaching zu stellen und beantworten waren.

2.1 Wie wird Coaching verstanden und was soll damit erreicht werden?

Die Anzahl möglicher Definitionen, was Coaching ist oder (nicht zuletzt im Unterschied zu Einzelsupervision) nicht ist, hat in den letzten Jahren in dem Maße zugenommen, wie Akteure am Markt damit Unterscheidbarkeit für sich und ihre Coaching-Leistung produziert haben. Auf eine der vielen möglichen Listen mit Definitionen sei an dieser Stelle verzichtet. Nichts desto trotz hat die Frage im Zuge der Einführung im Unternehmen einen große Berechtigung, geht es doch darum zu klären, welche (neuen) Leistungen durch Coaching erbracht werden und wofür Coachs eine Rechnung stellen können.

Das hier betrachtete Unternehmen hat sich für eine dreistufige Definition entschieden.

(1) Zunächst eine formale Definition, in der Coaching beschrieben wird als *eine individualisierte, partnerschaftliche und zeitlich begrenzte Einzelberatung* mit dem Ziel, *Manager bei der Reflexion und Gestaltung ihrer Führungsrolle* zu unterstützen. Coaching soll die Wirksamkeit der jeweiligen Managementaufgaben erhöhen. Der Bezugsrahmen für Coaching ist also der Kontext der beruflichen Rolle.

(2) Zweitens wird auf die Zusammenarbeit mit dem Coach hingewiesen: *Gemeinsam mit einem professionellen Coach werden in zeitlich aufeinander abgestimmten Einzelgesprächen aktuelle und zukünftige Managementherausforderungen analysiert und zielgerichtet Lösungsmöglichkeiten erarbeitet.*

(3) Als dritte Ebene, quasi als erstes Orientierungsraster für Themen und Fragestellungen im Coaching, wird das, vom Center for Creative Leadership (CCL)[3] verwendete Handlungsraster herangezogen: Coaching professionalisiert bei individuellen Jobanforderungen im Kontext von »Leading others«, »Leading the Business« und »Leading yourself«.

---

3 Vgl. die Website von www.ccl.org.

Die voliegende Definiton ermöglicht somit eine strukturierte Kommunikation mit internen wie externen Stakeholdern darüber, wann von Coaching als »Personalentwicklungsmaßnahme« die Rede sein soll.

Zusammengefasst lässt sich das vorliegende Coaching-Verständnis wie folgt beschreiben:

Coaching als Personalentwicklungsmaßnahme
- bietet einen professionellen Reflexionsrahmen außerhalb des Tagesgeschäfts,
- bietet neue Sichtweisen und Impulse,
- schafft zusätzliche Handlungsoptionen und alternative Lösungsmöglichkeiten,
- mobilisiert gezielt persönliche Ressourcen,
- verschafft dem Coachee Klarheit über seinen Standort und den eigenen Weg und
- leistet damit einen wirkungsvollen Beitrag zur Entwicklung als Führungskraft.

2.2 Wie wird das Feld der möglichen Anlässe segmentiert?

Wie bereits oben skizziert, bietet sich Coaching gerade dort als Managemententwicklung an, wo andere Maßnahmen zu unspezifisch, langsam und unpersönlich sind. Um das Angebot von Coaching unternehmensintern kommunizierbar zu gestalten, ist jedoch eine präzisere Beschreibung möglicher Coaching-Felder und -anlässe notwendig. Ansonsten droht (und dies wird weiter unten noch sichtbar) Coaching zu einer Allzweckwaffe mit beliebigem Einsatzfeld zu werden. Unterschiedliche Herausforderungen erfordern unterschiedliche Themenschwerpunkte.

Die nachfolgende Coaching-Landkarte ist eine Übersicht über mögliche Ansatzpunkte und Zielrichtungen im Coaching und ermöglicht so eine gemeinsame interne Coaching-Sprache (vgl. Abb. 51). Die Bereiche sind nicht trennscharf, bieten jedoch in ihrer Kernprägnanz einen pragmatischen Orientierungs- und Handlungsrahmen. Zu jedem Bereich lassen sich beispielhaft Themen und Methoden ergänzen:

Anlässe für Coaching können unterschiedliche sein:
- ein vertikaler oder horizontaler Positionswechsel, d. h. Beförderung, eine neue Aufgabe auf derselben Ebene, ein Wechsel ins Ausland etc.,
- das jährliche Entwicklungsgespräch und der individuelle Entwicklungsplan,
- plötzliche Verhaltensänderung oder ein aktueller Konflikt.

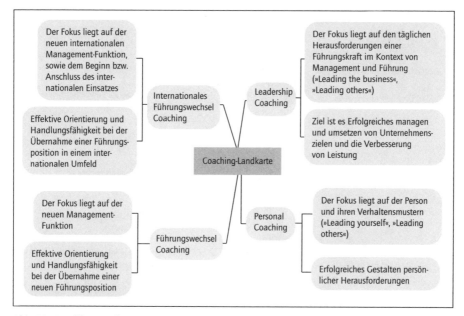

Abb. 51: Coaching-Landkarte

2.3 Wer ist für Coaching verantwortlich?

Neben der inhaltlichen Klärung, was Coaching ist und welches Ziel das Unternehmen damit verbindet, ist auch der organisatorische Prozess zu gestalten: Wer ist verantwortlich für das interne Marketing, die Auswahl von Coachs, die Vertragsgestaltung, die Beauftragung von Coachs, deren Bezahlung, die Qualitätssicherung etc.

Das vorliegende Unternehmen hat sich für das in Abbildung 52 dargestellte Modell der Aufgaben- und Verantwortungsteilung entschieden.

Geht man von der Führungskraft aus, die ein Coaching-Interesse anmeldet, so ist im Regelfall erster Ansprechpartner die eigene Führungskaft bzw. der eigene Vorgesetzte. Auf diese Weise wird sichergestellt, dass Coaching als Investition des Unternehmens ernstgenommen wird und nicht zur *Nice-to-have-Angelegenheit* wird. Kehrseite eines solchen Einlasskanals sind mögliche Zurückhaltungen bei Führungskräften, ihr Coaching-Interesse bzw. ihren Bedarf anzumelden (»Damit kann ich doch nicht zu meinem Chef gehen, da bin ich ja gleich weg!«). Je weiter oben Führungskräfte in der Hierarchie angesiedelt sind, desto häufiger wird der Coaching-Bedarf ohne aktive Einbindung des Vorgesetzten realisiert. Dazu bieten andere PE-Formate, in deren Verlauf z. B. Coaching eingebunden ist, den Rahmen. Ebenfalls suchen sich Führungskräfte »ihren« Coach extern.

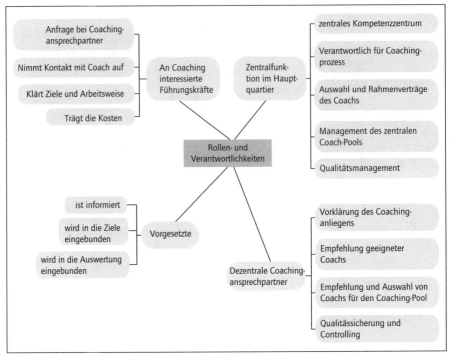

Abb. 52: Organisationale Rollen und Verantwortlichkeiten für Coaching

In einem größeren Unternehmen mit diversen dezentralen Einheiten stellt sich die Frage, welche Themen im Bereich Coaching einheitlich zu regeln sind und welche je nach lokaler Sitte, Bedarf oder Präferenz der Beteiligten organisiert werden.

Das vorliegende Beispiel hat in einem mehrjährigen Prozess der Zusammenführung eine funktionierende Arbeitsteilung eingeübt.

Dezentrale Ansprechpartner (in Werken, Bereichen, Regionen) unterstützen die Führungskräfte bei der Auswahl geeigneter Coachs, kennen die lokalen Spezifika für den Prozess, wirken mit bei der Erweiterung bzw. Pflege des zentralen Coach-Pools und sind Verantwortlich für die Qualitässicherung vor Ort.

Eine zentrale Einheit im Headquarter sorgt für die funktionierende Infrastruktur des Coach-Pools, der Regeln und Verträge, sichert das Qualitätsmanagement und das zentrale Marketing.

Regelmäßige Sichtung des Coaching-Feldes, Professionalsierung, Innovationen etc. sind Aufgaben einer Trägerschaft.

2.4 Wer kommt auf die interne Coach-Liste? Wann rechnet sich Coaching? – Ein betriebswirtschaftliches Kalkül für Coaching

Coaching gilt dann als erfolgreich, wenn bei dem Klienten eine innere Auseinandersetzung mit Themen angestoßen werden konnte und er die Eigenarbeit an für ihn relevanten Aspekten lernt. Wolfgang Looss[4] sieht als Erfolg das Ausmaß der Zielerreichung hinsichtlich Vertrag und Arbeitsbündnis an. Ein Merkmal guten Coachings ist, wenn die Problemsicht selbst eine andere geworden ist. Typischerweise sind am Ende des Coachingprozesses nicht alle Probleme gelöst. Wenn das Coaching ein Erfolg sein soll, muss es aber wesentliche Probleme bearbeitet und verbessert oder gelöst haben. Coaching wirkt vor allem klärungsorientiert und weniger verhaltensorientiert.

Der Coach ist zunächst und vor allem Zuhörer und verständnisvoller Gesprächspartner. Er nimmt nicht nur Inhalte auf, sondern auch die darin mitschwingenden Selbstoffenbarungen, Gefühle, Wünsche und Appelle. Er lässt sich nicht leicht in kommunikative Spiele verwickeln, sondern bleibt klar und angstfrei. Im Kontakt teilt er seine Reaktionen mit, ermöglicht ungewohnte Gedankengänge, unterstützt, fragt nach, regt an, macht Vorschläge.

Neben der Zufriedenheit des Coachees müssen darüber hinausgehende Kriterien ermittelt werden, woran die Effizienz und Effektivität von Coaching gemessen werden soll. Es ist jedoch nicht einfach, die Effekte einzelner Methoden zu erfassen, da diese nur mikroskopische Veränderungen im Gesamtprozess des Coachings zur Folge haben. Insbesondere scheint eine eindeutige Ursachenzuschreibung nicht plausibel, da die gleiche Vorgehensweise bei einem Coachee zu einem »Erfolg« führt, bei einem anderen jedoch scheitert. Trotz einer Reihe von möglichen Fragen, die für eine qualitative und quantitative Evaluation dienen können, lassen sich so nur Teilaspekte einem Coachingprozess zurechnen. Eine streng kausale Ursache-Wirkungs-Kette lässt sich daraus nicht ableiten, da neben dem Coachingprozess stets eine Reihe von anderen Wirkfaktoren Einfluss auf Verhaltensänderungen haben.

Die Unterscheidung von trivialen vs. nicht-trivialen Maschinen[5] ist an dieser Stelle eine hilfreiche Leitidee (vgl. Abb. 53).

Und dennoch – die Verantwortlichen für den Coachingprozess bleiben aufgefordert, bessere Nachweise (und d. h. vor allem quantifizierbare) für die Wirksamkeit von Coaching zu erbringen. Gerade in Zeiten knapper Budgets tendieren Entscheider dazu, den qualitativen Begründungszusammenhängen weniger argumentative Wirkung zuzuschreiben.

An dieser Stelle zwei Beispiele, die derzeit in der Erprobung sind, um

---

4 Vgl. Looss 1997.
5 Die Unterscheidung geht auf Heinz von Foerster zurück und wurde von ihm an vielen Stellen ausgeführt, vgl. z. B. Foerster 1997, S. 41.

Abb. 53: Unterscheidung von trivialen versus nicht-trivialen Maschinen

Coaching-Erfolge messbar zu machen, ohne durch Trivialisierung die gewünschten Effekte zu verlieren.

Return on Investment – ROI

Um den ROI, den Return on Investment für Coaching[6] sichtbar zu machen, wird zu Beginn und am Ende eines Coachings folgende Tabelle gemeinsam erarbeitet:

Thema	Geschätzter Wert, der im Lauf des Jahres entstanden ist (1)	Anteil, den das Coaching daran hat	Wahrscheinlichkeit für diesen Anteil	Wertbeitrag des Coachings
(1) dieser Wert kann sich auf individuelle oder kollektive Produktivitätssteigerung beziehen, Verringerung der Kosten für Garantie, Reduzierung von Beschwerden etc.				

Abb. 54: Vorlage ROI-Tabelle

Für einen Direktor im Vertrieb sah die Tabelle wie folgt aus: Er hatte zwei Themen im Coaching, die er unmittelbar mit einem ökonomischen Effekt beziffern konnte:

Thema	Geschätzter Wert, der im Lauf des Jahres entstanden ist (1)	Anteil, den das Coaching daran hat	Wahrscheinlichkeit für diesen Anteil	Wertbeitrag des Coachings
Steigerung der Teamleistung (Umsatz)	800 T€	25 % = 200.000 €	100 %	200.000 €
Verringerung Krankenstand	Um 2 % = 100.000 €	10 % = 10.000 €	50 %	5.000 €
			SUMME	205.000 €

Abb. 55: Beispiel für ROI-Tabelle

---

6 Inspiriert von Dembkowski et al. 2006, S.178 f.

Sicherlich sind die Zahlen mit einer gewissen Unsicherheit behaftet, jedoch hat die Managementforschung gezeigt, dass erfahrene Manager gute Schätzer sind.

Um nun zum ROI zu gelangen, sind vom Wertbeitrag die Kosten für das Coaching zu subtrahieren (Honorar, Opportunitätskosten der Führungskraft, Reise-, Material- und Raumkosten), hier im Beispiel:

Werteitrag	205.000 €
Kosten	20.000 €
ROI (Wertbeitrag-Kosten/Kosten) x 100	925 %

Abb. 56: Einschätzung des ROI für Coaching

Net-Promoter-Score

Ein weiterer Ansatz, um evidenzbasiert Aussagen zum Erfolg von Coaching treffen zu können, auf der Ebene eines Coach-Pools, stellt der Net-Promoter-Score (NPS)[7] dar. Beim NPS wird die Differenz zwischen Promotoren und Detraktoren ermittelt, indem alle Coachees eines Coachs die Frage beantworten: »Wie wahrscheinlich ist es, dass Sie Coach X einem Freund oder Kollegen weiterempfehlen werden?« Gemessen werden die Antworten auf einer Skala von 0 (unwahrscheinlich) bis 10 (äußerst wahrscheinlich). Als Promotoren werden die Coachees bezeichnet, die mit 9 oder 10 antworten, Detraktoren diejenigen, die mit 0 bis 6 antworten. Coachees, die mit 7 oder 8 antworten, gelten als »Indifferente« und werden bei der Berechnung des NPS nicht berücksichtigt. Der Net-Promoter-Score wird nach folgender Formel berechnet: NPS = Promotoren (%) – Detraktoren (%)

Der Wertebereich des NPS liegt damit zwischen plus 100 und minus 100.

Der Vorteil des NPS liegt in seiner Einfachheit. Mit der nachgeschalteten »Warum-Frage« im Rahmen von Einzelinterviews oder Fokusgruppen wird dann ermittelt, wo die tatsächlichen Ursachen für eine hohe oder geringe Weiterempfehlung liegen.

3. Coaching als kollegiale Beratung

Eine recht häufige Spielart des Coachings im Rahmen von Personalentwicklungsmaßnahmen ist das Peer Coaching (aus pragmatischen Gründen hier synonym mit kollegialer Beratung, Peer Consultation, Intervision, Case Clinic etc.) mit oder ohne professionellen Coach. Die Dynamik der Märkte, Produkt- und Prozessinnovationen, organisationale Veränderungsprozesse, die Vermehrung von Wissen und die Forderung nach Flexibilität und Innovationen stellen hohe

---

7 Vgl. Reichheld 2003.

Ansprüche an Führungskräfte und ihre Fähigkeiten vorauszuschauen und im Augenblick zu handeln und zu entscheiden.

Die Anforderungsspirale an Führungskräfte (und Mitarbeiter) dreht sich weiter. Hieraus entstehen neue Ansprüche an Führungskräfte und ihr individuelles, aber auch kollektives und organisationales Lernen. Folgende Beschreibungen von Trends wollen nur schlaglichthaft einige Veränderungen für den Bereich Leadership Development markieren:

- *Globalisierung und Virtualisierung*: Von welchen Leadership- und Managementvorstellungen sind Mitarbeiter in verschiedenen Kulturen geprägt? Wie lässt sich eine Team-Identität über Kultur, Zeit und Zugehörigkeitsgrenzen hinweg aufbauen und erhalten? Wie gelingt es, technische, soziale und interkulturelle Dimensionen gut zu balancieren und Vertrauen zu entwickeln? Wie kann Kommunikation geplant und realisiert werden, wenn die Mitarbeiter über die ganze Welt verstreut sind?
- *Neue Technologien*: Mittlerweile gibt es mehr Accounts für Social Networking (Facebook, Linked in, Xing, QQ, ...) als E-Mail-Adressen. Wie nutzen Führungskräfte die neuen Medien, die in der sogenannten »Generation Y« meist schon inkulturierter Standard sind? Was hat die *Blackberry-Führung* noch mit klassischen Führungskonzepten zu tun? Welche Konsequenzen ergeben sich für Organisationen etc.?
- *Selbstentwicklung wird zur Normalität*: Das Paradigma der Selbstorganisation bedeutet, dass Führungskräfte ihre berufliche Kompetenzentwicklung und ihre Lernprozesse zunehmend selbst organisieren und steuern müssen.
- *Neurobiologische Erkenntnisse*: Dass auch Erwachsene zum Lernen Gefühle brauchen, dass Motivation zuerst Selbstmotivation ist, dass Stress »dumm« macht, dass Innovation und Kreativität Freiräume benötigen, dass Multitasking wahrscheinlich nur eine schöne Idee ist ...
- *Burnout*: Vielfach bereits als Modediagnose verschrien, nimmt doch die Anzahl von Führungskräften signifikant zu, die sich ausgepowert und überfordert fühlen bzw. Mitarbeiter führen, die an der Grenze sind. In einem Workshop-Paper bringen dies Barbara Heitger u. a. folgendermaßen auf den Punkt: »Die Schöpfer sind erschöpft!«
- *Der qualitative und quantitative Lernbedarf* für Führungskräfte ist groß, und traditionelle Lehrformen wie klassische Weiterbildungsveranstaltungen, im Sinne eines organisierten Lernen, stoßen deutlich an ihre Grenzen. Es sind Lernformen gefordert, die arbeitsnahes, selbstgesteuertes und kollektives Lernen unterstützen, um so die persönliche und berufliche Kompetenzentwicklung im Unternehmen zu befördern. Genau das ist der Ansatzpunkt für die Einführung von Peer Coaching.

Peer Coaching (Fallarbeit mit konkreten Teilnehmeranliegen) findet so seinen Platz als ein Format, das hoch situationsspezifisch und damit kontextuell ist und den Erwerb von Prozess- und Problemlösewissen in den Vordergrund stellt, statt vorgefertigtes Faktenwissen. Dies ermöglicht eine schnelle Entwicklung von Lösungen, die unmittelbar für die Situation passen und nicht erst zeitaufwendig transferiert werden müssen.

Formal geht es im Peer Coaching »um die gegenseitige Beratung bei beruflichen Problemen, in einer Gruppe von Gleichrangigen, die innerhalb einer gemeinsam festgelegten Struktur, zielgerichtet Lösungen zu finden versuchen, in einem autonomen, an Erfahrung orientierten Lernprozess«.[8] Das notwendige Vertrauen ist häufig eine Qualität, die sich im Laufe des gemeinsamen Arbeitsprozesses entwickelt und kann nicht bereits vorausgesetzt werden. Da sich aufgrund der beschriebenen Veränderungsdynamiken in Organisationen vertraute institutionelle Szenarien zunehmend auflösen, langjährige Netzwerke, Teamzusammenhänge und vertraute Bezugspersonen verloren gehen, ist das Herstellen einer emotionalen Bindung und von Vertrauen ein grundlegender Kernprozess für das Peer Coaching. Die Schaffung einer solchen vertrauensvollen Arbeitsbeziehung stellt für Führungskräfte eine große Lernchance dar: die richtige Offenheit und eine konstruktive Balance zwischen Kooperation und Konkurrenz zu finden und zu entdecken, dass viele der eigenen Themen häufig gar nicht so einzigartig sind.

Der typische Ablauf kollegialer Beratung folgt einem Vierschritt (siehe Abb. 57), wobei die einzelnen Schritte bisweilen noch untergliedert werden.

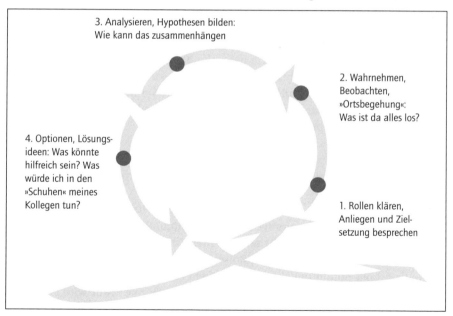

Abb. 57: Systemische Schleife in der kollegialen Beratung

---

8 Vgl. Hendriksen 2011, S. 15.

3.1 Tempo – Lernen als Boxenstop

Die oben beschriebenen Dynamiken, in denen Führungskräfte stehen, machen ihre Zeit und Aufmerksamkeit zu einem raren und teuren Gut. Lernen muss deshalb ökonomisch ein gutes Preis-Leistungs-Verhältnis haben. Die Metapher des »Boxenstops« aus dem Rennsport, insbesondere der Formel 1, macht dies deutlich: Kurz von der Piste abfahren, frische Reifen, neuer Treibstoff, das Visier gereinigt und dann wieder ab, zurück ins Rennen.

Peer Coaching bietet durch das Format des »Boxenstops« für Führungskräfte einen hohen Nutzwert. Oder in anderen Worten ausgedrückt: »Development today means providing people opportunities to learn from their work, rather than taking them away from their work to learn.«[9]

In einem Zeitraum von 3 Stunden bis zwei Tagen, mit einer kleinen Gruppen von 4–8 Führungskräften (auch als Untergruppen einer größeren Einheit) und einem erfahrenen Coach oder Moderator, der den Arbeitsprozess lenkt – zumindest in der Einübephase des methodischen Vorgehens –, schaffen es die Teilnehmer, konkrete Problem- und Fragestellungen aus dem eigenen beruflichen Kontext aufzuschlüsseln. Im Weiteren werden diese dann fokussiert bearbeitet und so zunächst ein breiteres Verständnis der eigenen Denk- und Verhaltensweisen und deren Einfluss auf die eigene Performance und Rolle entwickelt (Schritt 1 bis 3). Im handlungsorientierten zweiten Teil (Schritt 4) entwerfen die beratenden Kollegen für den Fallgeber alternative Denk-, Sicht- und Vorgehensweisen, d. h. es entsteht zu den unmittelbar verwertbaren Lösungsansätzen ein »Überschuss« an Lösungen, mit denen die persönliche Handlungskompetenz zunehmend erweitert wird. Gerade die systematische Mehrperspektivigkeit hat sich als starkes Hilfsmittel in der Bearbeitung von Paradoxien und Dilemmata bewährt. Als Arbeitschiffre hat sich der Begriff *Refl'Action*® herausgebildet, der die Verbindung von Reflexion und Aktion deutlich macht.

3.2 Wirksam Führen durch Kontakt und Kommunikation

Die oben beschriebenen Beschleunigungs-, Rollenvielfalts- und Verdichtungserfahrungen erhöhen die Anforderungen im kommunikativen Bereich erheblich: Wie trete ich mit meinen Mitarbeitern, meinem Chef, wichtigen Stakeholdern so in Kontakt, dass meine inhaltlichen Botschaften wirksam ankommen?

Häufig erfolgt Kommunikation unter hohem Erfolgsdruck, sie muss beim ersten Mal gelingen. Wiederholen, diskursiv Klären, Zuhören, dafür wird keine Zeit eingeräumt. Um die Wahrscheinlichkeit gelingender Kommunikation zu erhöhen, benötigen Führungskräfte Fähigkeiten, die sie im Rahmen der kollegialen

---

9 Vgl. Hernez-Broome/Hughes 2004, S. 27.

Beratung trainieren, stärken und ausbauen können. Häufig wird bereits im Rahmen der Fallschilderung (Schritt 1) ein Teil der Problemstellung sichtbar: starker Fokus auf den Inhalt, wenig Berücksichtigung der emotionalen Situation anderer Beteiligter etc. Die in vielen Ablaufmodellen des Peer Coachings an dieser Stelle vorgesehene Rückmeldung unmittelbarer emotionaler Wirkungen zum Berichteten, bietet dem Fallgeber ein erstes wertvolles Feedback. Auch wenn das spezifische Anliegen nicht eine konkrete Kommunikationssituation als Auslöser hat, ist neben dem *Was?* meist das *Wie?* ein Schlüssel zur Lösung.

Als »Effektivitätsbeschleuniger« identifiziert Sabine Dembkowski u. a.[10] fünf kommunikative »Kernfähigkeiten«, die sich gezielt erlernen und üben lassen: (1) Rapport/Beziehungsgestaltung, (2) Tiefes Zuhören, (3) Fragen stellen, (4) Offenes und ehrliches Feedback, (5) Einsatz von Intuition. Führung und Coaching verbinden sich derart unter dem Gesichtspunkt kommunikativer Wirksamkeit. Coaching-Kompetenz wird zur Führungskompetenz.

Zusammengefasst wird deutlich, dass im Rahmen der kollegialen Beratung die persönliche Führungspräsenz reflektiert und bewusster gestaltet werden kann. Das individuelle Handlungsrepertoire wird anwendungsorientiert – quasi als Doppeldecker zum inhaltlichen Anliegen – erweitert. Durch kollegiales Feedback entsteht ein Lernraum von hoher Dichte und Wirksamkeit.

3.3 »Mehr-Hirn-Denken«[11]

Im Peer Coaching lernt das Individuum etwas, was so im Einzelcoaching nicht möglich wäre: das Einüben von Mehr-Hirn-Denken als gemeinsames Nachdenken von Kolleginnen und Kollegen.

Durch den offenen und non-direktiven Beratungsprozess der Kollegen, durch das »Möglicherweise« des Hypothetisierens kann sich der Fallgeber (und, in einer empathischen Identifikation, die übrigen Kollegen) *dosiert* mit eigenen Vorstellungen, Bedeutungszuschreibungen und Annahmen über die Wirklichkeit, Illusionierungen und Desillusionierungen vertraut machen. Erfahrungen, denen noch keine Bedeutungen zugewiesen werden können, werden von den Peers aufgenommen, in Gefühle verwandelt und zurückgespiegelt. Der Fallgeber lernt, die ambivalente innere Welt »in symbolisierter Form zu halten«.

Bisweilen erlebt der Fallgeber, das »Theaterstück«, das bislang nur im eigenen Kopf abgelaufen ist, wie auf eine Bühne gebracht. Die Unterstützung der Kollegen

---

10 Vgl. Dembkowski et al. 2006, S. 22 ff.
11 Der Ausdruck wurde gelegentlich eines Interviews (Focus Online 09/2008) von Fritz B. Simon geprägt: »Kommunikation ist ja so etwas wie Mehr-Hirn-Denken. Sie koppelt Gehirne aneinander. Jeder denkt den Gedanken eines anderen weiter. Was da an Kreativitätspotenzial eröffnet wird, ist unheimlich.«

erlaubt es ihm, quasi wie ein Regisseur das Ganze dissoziiert und wie von außen zu betrachten. Der Fallgeber kann einschätzen, welche strukturellen Einflussfaktoren in welcher Weise in der Problemsituation zusammenspielen, kann erkennen, welche bisher nicht genutzten Handlungsspielräume in der Situation liegen, und genauso, welche bisher nicht anerkannten Grenzen die Problemsituation aufweist. Er kann in einer Art »innerem Probehandeln« die vorgeschlagenen Umsetzungsschritte betrachten und eine Nutzen/Preis-Einschätzung vornehmen. Er profitiert in hohem Ausmaß von dem fachlichen und Feldwissen der Kollegen, was den Lösungsoptionen hohe Bodenhaftung gibt.

Für die Kollegen, die in die Beraterrolle gehen, besteht die Herausforderung darin, zu Beginn den managerial wohl eingeübten Mechanismus von wenn-dann sowie von schnellen Bewertungen und Schlussfolgerungen zu unterbrechen, den Prozess zu verlangsamen, um durch Erkunden und Wahrnehmen von zirkulären Wirkungszusammenhängen für sich selber und für den zu beratenden Kollegen eine neue Tiefenschärfe zu entwickeln.

Nach einer Explorationsphase wird in der Lösungsfindungsphase der qualitative Unterschied zwischen gewohnten Schnellschüssen und Lösungsalternativen deutlich, und zwar in Form von reichhaltigeren und unterschiedsreicheren Alternativen und Vorschlägen.

Folgende gemeinschaftsstabilisierenden Aspekte und Fähigkeiten für Mehr-Hirn-Denken werden in der kollegialen Beratung erlebt, geübt und routinisiert:

- Vertrauen entwickeln, in dem sich der Fallgeber öffnet, in gewisser Weise verwundbar zeigt, und die Kollegen darauf konstruktiv, hilfreich und emotional unterstützend reagieren.
- Laut denken, d. h. allein aufgrund eines Gefühls oder eines halbklaren Gedankens zu sprechen beginnen und dabei auf Heinrich Kleists Überlegung über »die Vervollständigung der Gedanken beim Reden« vertrauen.
- Die Wahrnehmung, wie eng Gefühl und Denken zusammenliegen und welche Qualität in Gedanken liegen kann; sowohl der »Logik des Denkens« wie auch der »Logik der Emotionen« Raum einräumen.
- Erleben, wie fruchtbar es ist, Abschied zu nehmen von der analytischen Suche nach der einen besten Lösung und stattdessen Gedanken und Hypothesen von anderen aufzunehmen, weiterzudenken, damit zu spielen. Robert Musil bringt die Haltung, die damit eingeübt werden kann, schön zum Ausdruck: »Ich bin nicht nur überzeugt, dass das, was ich sage falsch ist, sondern auch das, was man dagegen sagen wird. Trotzdem muss man anfangen davon zu reden. Die Wahrheit liegt bei einem solchen Gegenstand nicht in der Mitte, sondern rundherum wie ein Sack, der mit jeder neuen Meinung, die man hineinstopft seine Form ändert, aber immer fester wird.«
- Mehr-Hirn-Denken (d. h. neben der Qualität des Redens auch und vor allem die des Zuhörens, des Verstehenwollens und die Qualität, sich durch Gedanken von anderen zu eigenem Denken und Sprechen anregen zu lassen) wird als

zukunftsweisendes Handlungskonzept dem heroischen Einzelkämpfer gegenüber gestellt, Kocreation wird unmittelbar konkret erlebbar!

Tempo, Präsenz und Mehr-Hirn-Denken – dies sind drei Qualitäten, die das Lernformat des Peer Coachings zu einem echten Multitalent für Führungskräfteentwicklung und -beratung machen. Ein Format, das gerade auch außerhalb des klassischen Seminarraums seine Wirkung entfaltet.

Weiterführende Literatur

De Haan, E.: Relational Coaching – Journeys Towards Mastering one-To-One Learning. Sussex 2008.
Backhausen W./Thommen J.-P.: Coaching. Durch systemisches Denken zu innovativer Personalentwicklung. 3. Aufl., Wiesbaden 2006.
Looss, W.: Unter vier Augen. Coaching für Manager. Landsberg 1997.
Schmid, B./Messmer, A.: Systemische Personal-, Organisations- und Kulturentwicklung. Köln 2005.

Kapitel 18:
Coaching und authentische Führung

Miriam Schlüter

Mit dem Aufkommen verstärkter Veränderungsanforderungen an die Unternehmen und der Notwendigkeit, diese Veränderungsprozesse systematisch zu managen, ist seit den 1990er-Jahren immer stärker die Frage in den Vordergrund gerückt, wie Führung diesen Transformationsprozess unterstützen und wie die Führungskraft als Katalysator für einen Veränderungsprozess agieren kann.[1] Im Zuge dieser Diskussion und der damit zusammenhängenden Debatte um die sogenannte »charismatische Führungspersönlichkeit« erlangte die Frage der Glaubwürdigkeit und Authentizität einer Führungskraft für ihren Erfolg gerade in Zeiten von grundlegendem Wandel größere Aufmerksamkeit.

Authentische Führung stellt hierbei sehr hohe Anforderungen an eine Führungskraft, da sie von Seiten der Organisation oft widersprüchliche Erwartungen zu erfüllen hat, wie beispielsweise spezifische Rollenerwartungen von unterschiedlichen Stakeholder-Gruppen sowie Anforderungen aufgrund von Kompetenzprofilen und Führungsgrundsätzen. Darüber hinaus richten viele Führungskräfte ihr Leben und ihre Arbeit bewusst oder unbewusst nach den überlieferten Werten der Eltern oder anderer Bezugspersonen aus, statt nach den eigenen Werten, die sie aufgrund eines Reflexionsprozesses erkannt haben. Beispielsweise harren viele Führungskräfte in ihren Funktionen aus, weil sie von ihren Eltern übermittelt bekommen haben: »Man muss alles immer zu Ende führen, was man einmal begonnen hat«; somit auch einen Job, in dem man eigentlich sehr unglücklich und unzufrieden ist. Oder sie erschöpfen sich im Arbeitsalltag, weil sie gelernt haben, dass sie nur dann Anerkennung und Liebe verdienen und erfolgreich sind, wenn sie es immer allen recht machen, stets alles perfekt, gründlich und fehlerfrei erledigen. Orientiert sich das Handeln im Arbeitsalltag an diesen überzogenen und unreflektierten Wertehaltungen, kann dies langfristig für die einzelne Führungskraft schwerwiegende Folgen haben, wie Freud- und Lustlosigkeit, Demotivation, Entfremdung von sich selbst bis hin zu ernsten seelischen Störungen wie Burnout und Depression.

Um Gesundheit, Leistungsfähigkeit und Zufriedenheit mit dem eigenen Leben und der Arbeit langfristig und nachhaltig zu fördern, ist es demzufolge zentral, dass sich Führungskräfte einerseits ihrer eigenen persönlichen Wertehaltungen bewusst werden. Andererseits ist es wichtig, dass sie ihr Leben auch entsprechend dieser Wertehaltungen ausrichten. Gelingt ihnen diese Herausforderung, spricht man in der Psychologie von Authentizität, im Falle einer Führungskraft von »authentischer Führung«. Eine authentische Führungskraft zeichnet sich im Rahmen dieses Konzepts u a. durch eine hohe Selbsterkenntnis, offene und transparente Beziehungsgestaltung sowie reflektierte und integrierte Moralvorstellungen aus.

---

1 Vgl. Bass 2008.

Das Konzept der authentischen Führung hat eine Vielzahl von positiven Auswirkungen zur Folge und zwar sowohl auf die Führungskraft selbst als auch auf ihre Mitarbeitenden sowie die Organisation, in der sie arbeitet. Bei ihr selbst führt es unter anderem zu psychologischem Wohlbefinden, Lebenszufriedenheit und einem hohen Selbstwert- und Selbstwirksamkeitsgefühl. Wird eine Führungskraft von ihren Mitarbeitenden als authentisch wahrgenommen, löst das bei diesen positive Emotionen aus, und sie erfahren eine Stärkung ihres Kompetenzgefühls sowie ihrer Selbstwirksamkeit. Authentische Führung fördert die Arbeitszufriedenheit und -leistung und sorgt für ein positives Arbeitsklima.

Nachfolgend soll aufgezeigt werden, welche Aspekte das Konzept authentische Führung umfasst und welche Auswirkungen es hat, damit wir als Coachs bewusst unseren Fokus darauf legen können.

1. Authentische Führung

Die Idee der authentischen Führung ist ein relativ neues Konstrukt in der Führungsforschung und wird vor allem im angelsächsischen Sprachraum vorangetrieben. Es stützt sich auf Konzepte der Positiven Psychologie, welche die Frage untersucht, wie Gesundheit und psychisches Wohlbefinden gefördert werden können. Ziel ist dabei, bestehende Ressourcen bewusst zu machen und Kompetenzen zu stärken bzw. weiterzuentwickeln. Für die Entwicklung von Führungskräften bedeutet das, dass sie ihre Stärken optimal einsetzen lernen, anstatt wie bisher hauptsächlich daran arbeiten, ihre Schwächen zu beseitigen.[2]

Empirische Studien haben gezeigt, dass es einen positiven Zusammenhang zwischen authentischer Führung und psychologischem Wohlbefinden, Lebenszufriedenheit sowie einem hohem Selbstwertgefühl gibt.[3]

1.1 Definition »authentische Führung«

Gemäß Wörterbuch[4] ist Authentizität dem Begriff »Echtheit« gleichgestellt und stammt vom griechischen Wort *authentikós* ab, was »eigenhändig« bedeutet. Eine Person ist authentisch, wenn ihre Gefühlsäußerungen mit dem inneren Erleben übereinstimmen, so dass diese nicht wie eine aufgesetzte Maske oder eine höfliche Form ohne inneren Gehalt wahrgenommen werden. Darauf basierend ist eine authentische Führungskraft eine Person, die sich selbst treu ist,

---

2 Vgl. Luthans/Youssef 2009.
3 Vgl. Walumbwa et al. 2010.
4 Vgl. Brockhaus 2008.

Authentizität durch Verhaltensweisen beweist, die Mitarbeitende als Rollenmodell nutzen können, damit sie selbst auch authentische Führungskräfte werden. Sie ist aktiv und positiv in der Art, wie sie sich verhält und mit anderen interagiert.

Dimension	Kernfrage	Operationalisierung
Hohe Selbstreflexionsfähigkeit	In welchem Ausmaß ist sich eine Führungskraft ihrer Stärken, Einschränkungen und darüber, wie sie auf andere wirkt, bewusst?	• versteht, wie jemand die Welt wahrnimmt und wie dieser Wahrnehmungsprozess das eigene Selbstbild über die Zeit beeinflusst • zeigt Verständnis für eigene Stärken und Schwächen und die Vielfältigkeit des Selbst. Dies beinhaltet, Selbsterkenntnis durch die Auseinandersetzung mit anderen und das Bewusstsein der eigenen Wirkung auf andere zu fördern • Bewusstheit der eigenen Motive, Gefühle, Wünsche und selbst-relevanten Gedanken und Vertrauen in diese • eigene Stärken, Schwächen, Persönlichkeitsmerkmale und Emotionen kennen • Bewusstsein, dass das Selbst vielfältige Aspekte beinhaltet. Bewusstes Einsetzen dieser Erkenntnis in der Beziehung mit anderen und der Umwelt
Offene und transparente Beziehungsgestaltung	In welchem Ausmaß vergrößert eine Führungskraft den Grad an Offenheit gegenüber anderen, was ihnen die Möglichkeit bietet, ihre eigenen Ideen, Herausforderungen und Meinungen zu offenbaren?	• sein authentisches Selbst offenbaren (im Gegensatz zum falschen oder verzerrten Selbst) • offener Umgang mit Informationen und Ausdruck eigener wahrer Gedanken und Gefühle, was Vertrauen fördert • die Wichtigkeit erkennen, dass Menschen, die einem nahe stehen, das wahre Ich zu sehen bekommen, sowohl die positiven als auch die negativen Aspekte • selektiver Prozess der Selbstoffenbarung und der Entwicklung gegenseitigen Vertrauens und Intimität • wahre Absichten und Wünsche kommunizieren, genau das sagen, was man meint
Reflektierte und integrierte Wertvorstellungen	In welchem Ausmaß setzt eine Führungskraft hohe Standards für moralisches und ethisches Verhalten?	• verinnerlichte und integrierte Form von Selbst-Regulation. Diese Selbst-Regulation ist gesteuert von inneren moralischen Standards und Werten vs. von außen abgeleiteten Standards, wie z. B. solche von sozialen Gruppen, Arbeitsorganisationen oder der sozialen Gesellschaft, in der jemand aktuell lebt. • ethische und moralische Verhaltensweisen widerspiegeln die eigenen Entscheidungsfindungen und stimmen mit den verinnerlichten Werten überein
Ausgewogenes Entscheidungsverhalten	In welchem Ausmaß erfragt eine Führungskraft genügend Meinungen und Ansichten von anderen, bevor sie eine wichtige Entscheidung trifft, damit sie fair und gerecht erscheint?	• sorgfältige objektive Analyse aller relevanten Informationen, bevor eine Entscheidung getroffen wird; auch Ansichten, die die eigene feste Meinung hinterfragen, werden berücksichtigt • Fähigkeit, Beiträge von diversen Gesichtspunkten zu berücksichtigen und Prüfung, wie diese Sichtweisen die eigene Interpretation und Entscheidungsfindung fair und objektiv beeinflussen können

Abb. 58: Dimensionen des Authentic Leadership Questionnaires (ALQ)[5]

---

5 Vgl. Avolio et al. 2007; Übersetzung durch die Verfasserin.

Das wissenschaftlich fundierte Konzept der authentischen Führung wird in vier wesentliche Aspekte zusammengefasst: Hohe Selbstreflexionsfähigkeit, Offenheit und Transparenz in der Beziehungsgestaltung, reflektierte und integrierte Wertvorstellungen sowie ausgewogenes Entscheidungsverhalten. Im Coaching können diese Dimensionen mittels des Fragebogens *Authentic Leadership Questionnaire*[6] (ALQ) eruiert werden (vgl. Abb. 58).

1.2 Auswirkungen von authentischer Führung

Dass die Möglichkeit, im Alltag sein wahres Selbst ausdrücken zu können, positive Auswirkungen hat, ist gut nachvollziehbar und wird gleichzeitig auch durch viele empirische Studien, die im Folgenden ausführlicher dargestellt werden, belegt. Die positiven Auswirkungen von authentischer Führung auf die Führungskräfte selbst, auf deren Mitarbeitende sowie auf die Organisation werden nachfolgend aufgeführt.

1.3 Auswirkungen auf die Führungskraft

Untersuchungsergebnisse[7] weisen darauf hin, dass es einen positiven Zusammenhang zwischen authentischer Führung und psychologischem Wohlbefinden, Lebenszufriedenheit sowie einem hohen Selbstwertgefühl gibt. Hohe Authentizität soll auch zu mehr Achtsamkeit[8] und weniger verbalem Abwehrwehrverhalten aufgrund von Abwehrmechanismen[9] führen.[10] Sie soll eine positive Wirkung auf die persönliche Ausdruckskraft, Selbstverwirklichung und -entwicklung, Flow-Erfahrung[11] sowie auf das Selbstwirksamkeits- und Selbstwertgefühl der Führungskraft haben.[12]

1.4 Auswirkungen auf die Mitarbeitenden

Authentische Führung beeinflusst den Selbsterkenntnisprozess und die Persönlichkeitsentwicklung sowohl auf Seiten der Führungskraft als auch auf Seiten der

---

6 Vgl. Avolio et al. 2007.
7 Vgl. Walumbwa et al. 2010.
8 Vgl. dazu Kapitel 16, Abschnitt 3.7: Interventionsschwerpunkte: Vom Burnout zur Resilienz.
9 Vgl. dazu Kapitel 3, Abschnitt 3: Das Konzept der Übertragung in der Beratungsbeziehung.
10 Vgl. Lakey et al. 2008.
11 Vgl. Csikszentmihalyi 2004.
12 Vgl. Ilies et al. 2005.

Mitarbeitenden positiv.[13] Darüber hinaus wird ein authentischer Führungsstil als ein wesentlicher Prädiktor für positive Leistung und Arbeitseinstellung von Mitarbeitenden gesehen.[14]

Authentische Führungskräfte sind klar damit assoziiert, dass sie positive Gefühle bei ihren Teammitgliedern hervorrufen und negative Gefühle verhindern. Sie erwirken ein Gefühl von Hoffnung, Optimismus und Zuversicht, fördern Kompetenzgefühle und stärken die Resilienz. Es gelingt ihnen typischerweise auch, pessimistische Mitarbeitende in optimistische zu transformieren. Authentische Führungskräfte haben einen klaren positiven Einfluss auf das Selbstkonzept ihrer Mitarbeitenden.[15] Dies kann beispielsweise durch die Art der Personalentwicklungsstrategie, die die Führungskraft vertritt, geschehen: Verfolgt sie einen ressourcenorientierten Entwicklungsansatz, d. h. Teammitglieder sollen Tätigkeits- und Verantwortungsbereiche übernehmen, die ihren Stärken am besten entsprechen und sich gegenseitig unterstützen, kann die Führungskraft das Augenmerk der einzelnen mit großer Wahrscheinlichkeit verschieben: Weg von der Angst, etwas nicht zu können, hin zu einem expliziten Fokus auf ihre Stärken und den weiteren Ausbau von Kompetenzen, die sie bereits beherrschen.

1.5 Auswirkungen auf die Organisation

Empirische Untersuchungen belegen eine signifikante Beziehung zwischen authentischer Führung und Arbeitszufriedenheit sowie einer positiven Arbeitsleistung und einem positiven Arbeitsklima.[16] Authentische Führungskräfte entwickeln sogenannte »*Authentic Followers*« (authentische Mitarbeitende)[17], die parallele Qualitäten zeigen, wie die ihrer Vorgesetzten. Zusammen entwickeln sie ein höchst positives und an ethischen Grundsätzen orientiertes Arbeitsklima, das von starkem Engagement der einzelnen geprägt ist.[18]

1.6 Zusammenfassung der Auswirkungen von authentischer Führung

Abbildung 59 stellt die aufgeführten Auswirkungen authentischer Führung auf die Führungspersonen, Mitarbeitenden und Organisationen grafisch dar.

---

13 Vgl. Ilies et al. 2005.
14 Vgl. Gardner et al. 2005.
15 Vgl. Avolio et al. 2010.
16 Vgl. Walumbwa et al. 2008.
17 Vgl. Gardner et al. 2005.
18 Vgl. Avolio et al. 2010.

Charakterisierung einer Authentischen Führungskraft	Auswirkungen auf Führungskraft	Auswirkungen auf Mitarbeitende	Auswirkungen auf die Organisation
• Zuversicht und Hoffnung • Optimismus und Resilienz • Zukunftsorientierung • Ist sich selbst und den eigenen tiefen Werten treu • Entwicklung der Mitarbeiten den zu künftigen Leadern • Hohe Selbstreflexionsfähigkeit • Offenheit und Transparenz gegenüber anderen • Reflektierte und integrierte Wertvorstellung • Ausgewogenes Entscheidungsverhalten	• psychologisches Wohlbefinden • Lebenszufriedenheit • hohes Selbstwertgefühl • Achtsamkeit (Mindfulness) • Selbstregulierende Verhaltensweisen • Selbstverwirklichung und persönliche Entwicklung • positive persönliche Ausdruckskraft und weniger verbale Abwehr • Flow-Erfahrung • Hohes Selbstwirksamkeitsgefühl	• Positive Emotionen wie z.B. Hoffnung, Optimismus und Zuversicht • Stärkung des Kompetenzgefühls • Selbstwirksamkeitserleben • Vertrauen • Positives Selbstkonzept • Selbsterkenntnis und Persönlichkeitsentwicklung • Selbstregulierende Verhaltensweisen • Hohe Arbeitszufriedenheit, positive Arbeitseinstellung • Positive Arbeitsleistung • Positives Arbeitsklima	• Positives und ethisches Arbeitsklima geprägt von starkem Engagement und Zufriedenheit mit den Führungskräften • Führungskräfte und Mitarbeitende entwickeln sich gegenseitig bezüglich Selbsterkenntnis, Transparenz, positiver Einstellung sowie ethischem Denken und ausgewogenem Entscheidungsprozess • Beschleunigung der Entwicklung authentischer Führung • Organisational Citizenship Behavior (OCB)

Abb. 59: Zusammenfassung der Auswirkungen von authentischer Führung

2. Schwerpunkte im Coaching

Authentische Führung stellt sehr hohe Anforderungen an eine Führungskraft, da sie von Seiten der Organisation oft widersprüchliche Erwartungen zu erfüllen hat. Belohnungsstrukturen und Faktoren, die in einer Unternehmung zum Erfolg führen, wie beispielsweise Gründe für Gehaltserhöhungen, Aktienbeteiligungen, Beförderungen und Boni, erzwingen oft Verhaltensweisen und Einstellungen, die zwar mit den Unternehmenswerten und der -kultur im Einklang sind, mit den eigenen Wertvorstellungen jedoch möglicherweise im Widerspruch stehen.

Um wirkungsvoll und zieldienlich zu sein, sollte der Coachingprozess demzufolge der Führungskraft ermöglichen, zu reflektieren, inwiefern die eigenen Werte mit jenen der Organisation und den jeweiligen Anforderungen der Führungsrolle übereinstimmen.[19] Ziel ist es hierbei, herauszufinden, wie sie mit den sich hieraus ergebenden möglichen Widersprüchen und Dilemmata umgehen kann. In der Regel geht es darum, einen wirkungsvollen Weg zu finden, wie die Führungskraft möglichst authentisch im gegebenen Umfeld agieren kann. Ist die-

---

19 Vgl. Endrissat et al. 2007.

ses nicht möglich, ist als letzte Konsequenz auch zu erwägen, die Organisation oder den bisherigen Tätigkeitsbereich zu wechseln und ein mehr den eigenen Wertvorstellungen und Präferenzen entsprechendes Arbeitsumfeld zu finden.

Der durch den Coachingprozess angestoßene Weg der Selbsterkenntnis kann für die Führungskraft durchaus schmerzvoll sein, da sie sich mit tiefverankerten und automatisierten Verhaltensmustern und Wertvorstellungen auseinandersetzen muss. Dies kann häufig zu einer Desillusionierung und Frustration über bisher als normal erlebte Verhaltensweisen und Einstellungen führen. Darüberhinaus kann ein mehr authentisches Verhalten bei anderen Missfallen auslösen. Sich anderen gegenüber zu öffnen, kann einen verletzlich machen und die Angst auslösen, auf Ablehnung zu stoßen oder gar verraten zu werden.[20] Sich authentisch zu verhalten braucht manchmal Mut, vor allem, wenn die persönlichen Einstellungen im Konflikt mit denjenigen der Kolleginnen und Kollegen oder Vorgesetzten stehen.[21]

Eine mögliche Antwort im Coachingprozess für den Umgang mit den beschriebenen Dilemmata kann das von Ruth Cohn bereits in den 1970er-Jahren entwickelte Konzept der *Selektiven Authentizität sein*: Es geht darum, den Grad des gegenüber anderen offenbarten authentischen Verhaltens von der eigenen Befindlichkeit, der jeweiligen Situation, der Beziehung zum Gesprächspartner oder der Gesprächspartnerin und dessen/deren Persönlichkeit abhängig zu machen. Offenheit und Authentizität können demzufolge nur schrittweise entwickelt werden, wenn sie effektiv sein sollen. Das Prinzip der selektiven Authentizität folgt hierbei dem von Cohn geprägten Grundsatz: »Nicht alles, was echt ist, will ich sagen, doch was ich sage, soll echt sein«.[22] Sie spricht von einer »optimalen Authentizität«, die immer einen selektiven Charakter hat, im Gegensatz zu einer »maximalen Authentizität«, d. h. absolute Aufrichtigkeit, die Beziehungen zerstören kann. Als Führungskraft bedarf es einer dynamischen Balance zwischen sinnvollem Schweigen und guter Mitteilung.[23]

Des Weiteren soll eine Führungskraft über so viel Selbsterkenntnis verfügen, dass ihr bewusst ist, welches ihre persönlichen Wertvorstellungen sind, und dass sie in der Lage ist, diese von solchen, die sie von anderen unbewusst überliefert und unhinterfragt übernommen hat, abzugrenzen. Eine Herausforderung im Coachingprozess ist hierbei die Frage, wie sich ein Mensch sicher sein kann, dass die vertretenen Wertvorstellungen wirklich die reflektierten eigenen sind und nicht die unbewusst überlieferten. Dies setzt eine sehr differenzierte und reife Identität voraus – also Entwicklungsstufen der Selbstentwicklung, die nicht unbedingt alle Menschen erreichen.[24] Viele Menschen, die diesen Reifegrad der

---

20 Vgl. Kernis/Goldman 2006.
21 Vgl. Deci/Ryan 1995.
22 Zitiert nach Schulz von Thun 2010, S. 120.
23 Vgl. Schulz von Thun 2010.
24 Vgl. Kegan 1986; Kroger 2004.

Selbsterkenntnis und -reflektion noch nicht erreicht haben, laufen hier Gefahr, unbewusst und unreflektiert übernommene Werte, beispielsweise ihrer Eltern, als »authentisch« zu erleben und somit einen pseudoauthentischen Führungsstil zu entwickeln.[25] Darüber hinaus können unbewusste Persönlichkeitsstörungen zu einer falschen Selbstwahrnehmung führen.[26] Insbesondere bei narzisstischen Führungskräften kann es hier zu gravierenden Fehleinschätzungen in Bezug auf ihre eigene Authentizität kommen.

Für Führungskräfte und Organisationen, die »authentische Führung« entwickeln wollen, ist Coaching die geeignete Maßnahme. Die Zielmerkmale von Coaching und die Merkmale einer authentischen Führungskraft sind nahezu deckungsgleich: Selbsterkennnis und Selbstreflexion[27] sind unterscheidende und zugleich gemeinsame Prozessmerkmale von authentischer Führung und Coaching.

---

25 Wenn eine Person nicht fähig oder unmotiviert ist, eine genaue und kontrollierte Selbsteinschätzung vorzunehmen und gezielt ein verzerrtes Bild von sich vorgibt, wird von »Pseudoauthentizität« oder »unauthentischem Verhalten« gesprochen. Unauthentisches Verhalten ist charakterisiert durch eine selbstzentrierte Motivation, die das Ziel hat, die Mitarbeitenden zur Erreichung eigennütziger Zwecke zu manipulieren.
26 Vgl. Kets de Vries/Engellau 2010.
27 Vgl. Greif 2008.

Kapitel 19:
Coachingkultur

Stefan M. Adam

Der Begriff »Coaching Culture« gehört mittlerweile zum Fachvokabular eines Coachs. Doch was ist konkret damit gemeint? Wie unterscheiden sich die Begriffe Organisations- und Coachingkultur voneinander? Ist die Unterscheidung überhaupt relevant für die Coaching-Praxis? All diese Fragen spitzen sich vor dem Hintergrund einer kritischen Bemerkung von Luhmann zu, der meinte, mit dem Begriff »Kultur« könne jeder jedes begründen, weshalb er für Erklärungen unbrauchbar sei.[1] Man sieht: die Frage nach dem Nutzen des Begriffs für die Coaching-Praxis ist berechtigt. Dieses Kapitel wendet sich an Coachs, die sich über den Stand der Diskussion zum Thema Coachingkultur orientieren wollen. Dementsprechend setzt sich ein erster Abschnitt mit dem Begriff »Organisationskultur« auseinander, um dann in einem zweiten Abschnitt den Begriff »Coaching Culture« gegenüberstellen zu können. Ein dritter Abschnitt reflektiert die aktuelle Relevanz der Coachingkultur-Debatte innerhalb der Coaching Community und schließt mit einem Fazit ab.

1. Organisationskultur

Der Begriff Organisationskultur erschließt sich am besten, wenn man sich den historischen Ursprung der Wortschöpfung vergegenwärtigt. Der Begriff *Kultur* stammt ursprünglich aus der Ethnologie.[2] Aufgrund der ersten ethnologischen Forschungen hat sich bis in jüngste Zeit vor allem ein statisches Kulturverständnis – im Gegensatz zu den neueren dynamischen Kulturansätzen[3] – etabliert.[4] Dieses statische Verständnis geht auf den Weimarer Schriftsteller und Kulturphilosophen Johann Gottfried von Herder (1744–1803) zurück und besagt, dass man Volksgruppen anhand von konstanten Werten, Normen und Denkmustern unterscheiden könne.[5] Dieses traditionelle, westliche Kulturverständnis wurde von der betriebswirtschaftlichen Organisationlehre aufgenommen und durch die Wort-

---

1 Vgl. Burkhart/Runkel 2004.
2 Vgl. Schreyögg 2008.
3 Zu den neueren Ansätzen gehören der »Diversity Management«-Ansatz oder der transkulturelle Ansatz. Vgl. Barth 2001.
4 Vgl. Kroeber/Kluckhohn 1952.
5 Vgl. Herder 1774.

schöpfung *Organisationskultur* verbreitet.[6] In diesem Sinn bedeutet Organisationskultur, dass die Menschen in einer Organisation eigene Wert- und Denkvorstellungen entwickeln und somit eigene Kulturgemeinschaften darstellen.[7] Auf der Grundlage dieses Begriffsverständnisses entwickelte die Organisationslehre Ansätze, um Organisationskulturen beschreiben und analysieren zu können.

Beschreiben
Edgar H. Schein hat als einer der ersten versucht, den inneren Aufbau einer Organisationskultur zu beschreiben. Sein »Kulturebenmodell« ist dafür bis heute richtungsweisend (vgl. Abb. 60).

Kulturebene	Merkmale	Erkennbarkeit
Symbolebene	Sprache, Rituale, Kleidung, Umgangsformen, Artefakte	sichtbar
Normen- und Werteebene	Verhaltensvorschriften, Regeln, Verbote, Richtlinien, Tabus	teils sichtbar in Artefakten, teils unsichtbar
Paradigmenebene	Nicht hinterfragte Meinungen über Personen, Verhaltensweisen, soziale Beziehungen	unsichtbar, meist unbewusst

Abb. 60: Modell der Kulturebenen nach Schein[8]

Das Modell beschreibt Organisationskultur anhand von drei Ebenen. Demnach sind sichtbare kulturelle Ausprägungen einer Organisation allgemeiner Art am ehesten auf der Symbolebene zu erkennen. Der Kern einer Organisationskultur – die Paradigmenebene – ist den Menschen selbst oftmals nicht bewusst und vor allem über verbale und nonverbale Ausdrucksformen wahrnehmbar. Zwischen der symbolischen und paradigmatischen Ebene sind Normen und Werte angesiedelt, die als internalisierte Regeln und Tabus oft unsichtbar sind, jedoch verkörpert in Form von Gegenständen (z. B. Kleidung) klar ersichtlich sind.

Analysieren
Ausgehend von Scheins Modell stellten sich Kulturforscher die Frage, wie man sich den Kern einer Organisationskultur, die verinnerlichten Paradigmen einer Organisationskultur, erschließen könne. Es zeigte sich, dass dies am ehesten gelingt, wenn Mitglieder einer Organisation mit Hilfe eines »Organizational Web«[9] gemeinsam über die kulturellen Aspekte reflektieren, welche die Organisationskultur bestimmen (vgl. Abb. 61):

---

6 Vgl. Schreyögg 2008, S. 364.
7 Vgl. Schreyögg 2008, S. 364.
8 Vgl. Schein 1984. Siehe auch im Kapitel 9.
9 Vgl. Johnson et al. 2005.

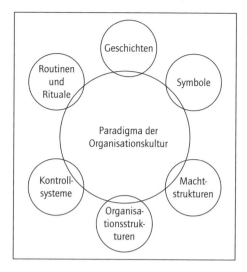

Abb. 61: Das Organizational Web[10] der Kultur

Die Reflexion erfolgt in vier Schritten:[11] In einem ersten Schritt gibt es einen strukturierten Fragenkatalog zu den einzelnen Aspekten wie z. B.: Welche Geschichten erzählen andere über die Organisation? Welche Symbole, welche Vergleiche, bringen den Kern der Kultur auf den Punkt? Welche formellen und informellen Machtstrukturen zeichnen die Organisationskultur aus? etc. In einem zweiten Schritt wird versucht, die Antworten in maximal vier Kernaussagen zusammenzufassen. Beim dritten Schritt werden die Kernaussagen zu einer einzigen Aussage über das dominierende Paradigma umformuliert. Schließlich soll ein letzter Schritt klären, wie die Teilnehmenden die Veränderbarkeit dieses »Organisationskulturparadigmas« einschätzen.

Verändern

Der letzte Schritt der eben beschriebenen Organisationskulturanalyse ist für die Diskussion über die Entwicklung einer Coachingkultur nicht unerheblich. Denn die Frage, ob eine Organisationskultur zielgerichtet verändert werden kann, wird äußerst kontrovers diskutiert.[12] Dabei können »Organisationskulturarchitekten« von den »Organisationskulturanthropologen« unterschieden werden. Die »Architekten« gehen davon aus, dass eine Organisationskultur geplant, entwickelt und gezielt verändert werden kann.[13] Die »Kulturanthropologen« hingegen betonen, dass Organisationskultur ein sich emergent und kontinuierlich entwickelndes Orientierungs- und Handlungssystem darstellt, welches nicht linear geplant und

---

10 Vgl. Johnson et al. 2005.
11 Siehe dazu ausführlich: Johnson et al. 2005, S. 203f.
12 Vgl. Sackmann 2002 und Burnes 2004.
13 Vgl. Keuning 1989.

gezielt herbeigeführt werden kann.[14] Zwischen den beiden gegensätzlichen Sichtweisen hat sich der Ansatz der »Gemäßigten« herausgebildet.[15] Auf der Grundlage einer Organisationskulturanalyse betonen sie eher die Einzelaspekte der Organisationskultur, die eine Korrektur benötigen.

2. Coaching Culture

Eine kritische Literaturrecherche zeigt, dass die Literatur kaum eindeutige Definitionsbeschreibungen zum Begriff »Coaching Culture« kennt.[16] Coaching Culture wird beispielsweise als ein spezielles *angstfreies* Betriebsklima verstanden.[17] An anderer Stelle wird Coaching Culture umschrieben als »a culture where people coach each other all the time as a natural part of meetings, reviews and one-to-one discussions of all kinds«.[18] Andere Quellen heben hervor, dass das Vorhandensein einer Coachingkultur zu einer offenen Kommunikation sowie zu einer bewussten Förderung von Talenten führe und an Vorgesetzten sichtbar sei, die sich leidenschaftlich für ihre Mitarbeitenden einsetzen.[19] Schließlich werden sogar unterschiedliche Formen der Coachingkulturentwicklung unterschieden: Eine sehr hochentwickelte Coachingkultur zeichnet sich aus durch: »the predominant style of managing and working together, and where a commitment to grow the organsation is embedded in a parallel commitment to grow the people in the organisation«.[20]

Die weiteren Ergebnisse der umfassenden Literaturrecherche können wie folgt zusammengefasst werden: *erstens*, der Begriff Coachingkultur ist relativ jung. Erst seit 2000 ist eine Häufung des Begriffs in der Fachliteratur zu verzeichnen.[21] Dies macht, *zweitens*, verständlich, weshalb der Begriff noch beliebig interpretiert bzw. definiert wird. Eine eigentliche Coachingkultur-Forschung und -Debatte ist erst im Werden begriffen, so dass empirisch fundierte Beiträge hierzu nicht in naher Zukunft zu erwarten sind. *Drittens*, betrachtet man den jährlich vom Gallup Institut veröffentlichten internationalen Index über die Zufriedenheit der Mitarbeitenden, dann fällt die hohe Unzufriedenheitsquote in den Organisationen auf, in denen eine Coachingkultur fehlt.[22] Dies zeigt, dass Organisa-

---

14 Vgl. Schein 1985 und Hatch 1997.
15 Vgl. Bate 1997.
16 Vgl. Adam 20011.
17 Vgl. Jarvis et al. 2006.
18 Vgl. Hardingham 2004, S. 135.
19 Vgl. Sherman/Freas 2004.
20 Vgl. Clutterbuck/Megginson 2005.
21 Vgl. Adam 2011.
22 Vgl. Gallup Engagement Index 2011. URL: http://eu.gallup.com/Berlin/118645/Gallup-Engagement-Index.aspx, 20.3.2012

tionskultur und Coachingkultur als unterschiedliche – aber sich ergänzende – Konzepte zu verstehen sind.[23] Allerdings wird bis anhin, *viertens*, weder in der Literatur zur Organisationskultur noch in der Literatur zur Coachingkultur auf das jeweils andere Konzept Bezug genommen.[24] Schließlich unterscheidet sich die Literatur zur Coachingkultur – analog zur Diskussion der Organisationskultur – in der Frage der *Messbarkeit* und *Planbarkeit*. Für die einen stellt Coachingkultur einen nicht steuerbaren Prozess dar. Coachingkultur sei erst ab einem bestimmten Reifegrad am Verhalten der Mitarbeitenden erkennbar.[25] Für andere ist Coachingkultur das Ergebnis eines plan-, steuerbaren und messbaren Prozesses.[26]

Aufgrund dieser Sachlage haben Clutterbuck und Megginson als eine der ersten versucht, das Konzept »Coaching Culture« für die Coaching-Praxis anwendungsorientiert zu gestalten.[27] Ihr Coaching-Culture-Modell ist auf der Grundlage empirischer Forschung erarbeitet und bietet Grundlagen für die Entwicklung einer Coachingkultur in der Praxis an.

Ausgangspunkt für die Entwicklung einer Coachingkultur ist eine Organisationskultur, die »offen« ist für Coaching-Angebote im Sinne von Personalentwicklungsmaßnahmen. In einem weiteren Entwicklungsschritt erfolgt ein »Bekenntnis« zur Förderung von Coaching als Personalentwicklungsmaßnahme auf der strategischen Ebene, um so in einem dritten Entwicklungsschritt die Grundlage für die Durchführung standardisierter interner oder externer Aus- und Weiterbildungen zu legen. Der vierte Schritt stellt sowohl einen weiteren Entwicklungsschritt sowie bereits ein Ergebnis der vorhergehenden Schritte dar: die Nutzung von Coaching als Maßnahme zur Beseitigung von Inkongruenzen im beruflichen Kontext wird anerkannt und gefördert. Schließlich wird Coaching in unterschiedlichen Ausprägungen so selbstverständlich, dass auf der strategischen Ebene Überlegungen zum Erhalt und Pflege der Coachingkultur erfolgen.

Diese abstrakte Beschreibung des Coaching-Modells (vgl. Abb. 62) wird von Clutterbuck und Megginson anhand eines Messinstruments konkretisiert.[28] Dieses kann zum einen zur Analyse der Bereitschaft zur Coachingkulturentwicklung oder zum anderen zur Überprüfung des Entwicklungsstands in einer Organisation verwendet werden. In diesem Zusammenhang heben die beiden Verfasser die Bedeutung des fortlaufenden Prozesses von »Entwicklung« und »Evaluation« für die Entwicklung eines Coachingkultur-Bewusstseins hervor.

Die Messergebnisse können dann anhand einer 4-Stufen-Skala interpretiert werden. Zum besseren Verständnis werden beispielhaft die 4 Stufen auf ihrer obersten groben Ebene beschrieben:

---

23 Vgl. Peel 2006.
24 Vgl. Adam 2011.
25 Vgl. Sherman/Freas 2004.
26 Vgl. Clutterbuck/Megginson 2005.
27 Vgl. zum Folgenden ausführlich: Clutterbuck/Megginson 2005.
28 Vgl. zum Folgenden ausführlich: Clutterbuck/Megginson 2005, S. 99–101.

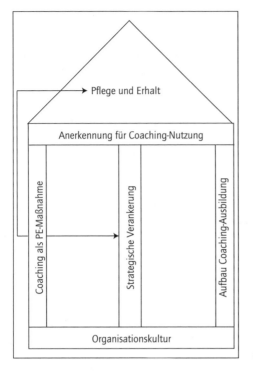

Abb. 62: Coachingkultur-Modell[29]

Stufe 1: Keimstadium
Die Organisation zeigt kaum bzw. kein Interesse an der Entwicklung einer Coachingkultur. Es kann hier und da Coaching-Maßnahmen geben, aber sie wirken im hohen Grade inkonsistent sowohl hinsichtlich der Häufigkeit, Regelmäßigkeit als auch der Qualität. Die Vorgesetzten bzw. Personalverantwortlichen setzen Coaching meist bei sogenannten »Problemfällen« ein und haben bei der Vermittlung eines Coachs keine geklärten Kriterien. In der Zusammenarbeit der Mitarbeitenden fällt meist auf, dass eine offene Kommunikation über Fehler tabuisiert wird. Die Organisationskultur zeichnet sich auf dieser Stufe oft durch Einzelkämpfertum aus.

Stufe 2: Wachstumsstadium
Die Organisation zeigt Interesse an der Entwicklung einer Coachingkultur, ohne zu wissen, was das konkret bedeutet. Die Geschäftsleitung delegiert die Verantwortlichkeit dafür an das Human-Resources (HR) Management. Vielfach werden daraufhin Personalentwicklungsinstrumente, wie z. B. das 360°-Feedback und Coaching-Angebote, implementiert, ohne dass konkrete Bezüge zwischen den Instrumenten und Angeboten hergestellt werden.

---

29 Eigene Darstellung in Anlehnung an Clutterbuck/Megginson 2005.

Stufe 3: Mittleres Wachstumsstadium
Coaching wird als Personalentwicklungsmaßnahme anerkannt und gefördert. Ein Netz von professionellen Coachs wird aufgebaut. Der Nutzen und die Wirkung von Coaching wird durch »Storytelling« im Unternehmen verbreitet. Eine systematische Auswertung findet in der Regel aber aus Kostengründen nicht statt. Es kommen auf der strategischen Ebene Pläne auf, Coaching *irgendwie* mit dem Portfolio des HR-Managements zu verlinken. Die Personalabteilung setzt die strategische Entscheidung *mechanisch* um und sorgt so für die maßgeblichen Rahmenbedingungen einer Coachingkultur.

Stufe 4: Coachingkultur-Stadium
Mitarbeitende aller Stufen nutzen Coaching. Coaching ist nicht mehr eine Maßnahme für Problemfälle, sondern wird als Maßnahme zur Potenzialförderung und -entfaltung angesehen. Formales und informelles Coaching ist ein sichtbares Element der Organisationskultur und wird von den Mitarbeitenden für *selbstverständlich* erachtet. Es hat sich eine offene Kommunikation über Fehler etabliert. Kontroverse Themen können offen und angstfrei angesprochen und diskutiert werden. Das HR-Management hat bestehende Personalmanagementinstrumente auf Coaching-Maßnahmen abgestimmt und prüft neue Instrumente hinsichtlich des Nutzens für die bestehende Coachingkultur. Das Management anerkennt die Bedeutung von Coaching für den Betriebserfolg und überlegt mit dem HR-Management Maßnahmen zur Pflege und zum Erhalt der Coachingkultur.

3. Relevanz und Fazit

Die Frage nach der Relevanz des Begriffs Coachingkultur stellt sich, wenn man sich vergegenwärtigt, dass die Coaching-Community für die Wirkung eines Coachings vor allem die Beziehung von Coach und Klienten als relevant betrachtet.[30] Dies bedeutet, dass das Thema *Coachingkultur* und die Rolle des Coachs bei der Entwicklung einer solchen aktuell eher ein Nebenthema darstellen. Erst durch Clutterbucks und Megginsons Frage nach der Bedeutung der Coachingkultur für die Coaching-Praxis erhält das Thema etwas mehr Aufmerksamkeit von der Coaching-Community.[31]

Clutterbuck und Megginson gebrauchen eine Analogie aus der Entwicklungspsychologie, um zu erklären, weshalb Coaching Culture aktuell eher noch ein Randthema darstellt. Sie vergleichen den derzeitigen starken Fokus auf die

---

30 Vgl. Greif 2008a. Siehe hier besonders das Theorie geleitete Wirkungsmodell auf S. 74. Darüber hinaus vgl. Stober 2006, Grant 2006.
31 Vgl. Clutterbuck/Megginson 2005, S. 21.

Coaching-Beziehung mit der Phase von *Teenagern*, die obsessiv von etwas begeistert sind, ohne sich für den weiteren Kontext einer Organisation bzw. der Gesellschaft zu interessieren. Nach ihrer Auffassung würden sich Coachs erst mit dem Eintritt in die Phase des *jungen Erwachsenseins* mit dem Gegenstand der Coachingkultur auseinandersetzen.

Inzwischen wird diese Analogie von verschiedenen Verfassern unterstützt. Es gibt Stimmen, die sogar noch weiter gehen als Clutterbuck und Megginson. Sie betonen, dass sich Coachs nicht weiter entwickeln und quasi in der *Teenagerphase* verharren.[32] Aus diesem Grund erhalten andere Professionen, wie zum Beispiel HR-Verantwortliche, immer mehr Entscheidungsmacht über die Art und Weise, wie Coachs rekrutiert werden, und über welche Ausbildung sie verfügen sollten. Damit gerät das Kompetenzprofil von Coachs in ein zunehmendes Dilemma: andere Professionen erlernen Kompetenzen in der Coachingkulturentwicklung, während gleichzeitig Coaching-Weiterbildungen das Thema Coachingkultur und die Rolle des Coachs in der Coachingkulturentwicklung vernachlässigen. Aus diesem Grund betont eine explorative Studie die Bedeutung von Coachingkultur-Aspekten in der Aus- und Weiterbildung. Demnach sollten angehende Coachs in einem ersten Schritt lernen, Organisationskulturen zu »lesen« (im Sinne von Beschreiben und Analysieren).[33] In einem zweiten Schritt sollte dann die Rolle des Coachs in der Coachingkulturentwicklung anhand des »Coaching Culture Developmental Model« von Clutterbuck und Megginson reflektiert werden. Darüber hinaus sollte die Möglichkeit geboten werden, dass erfahrene Coachs Trainees in der Kulturentwicklung einer Organisation begleiten und sie somit vor Ort lernen können, den *Reifegrad* einer Coachingkultur zu bestimmen.

Fazit
Coachingkultur ist bis dahin ein Begriffscontainer für unterschiedliche Ansätze und Sichtweisen. Das Konzept spielt in der Praxis aktuell eine untergeordnete Rolle. Gerade aus diesem Grund ist es wichtig, dass sich Ausbildungsinstitutionen verstärkt mit dem Konzept auseinandersetzen und in ihren Curricula Theorie und Praxis der Coachingkulturentwicklung berücksichtigen. Darüber sollte differenziert darüber nachgedacht werden, welche Rolle Coachs – im Zusammenspiel mit anderen Professionen (HR-Manager, Consultants) – hierbei zukommt. Ohne diese kritische Auseinandersetzung werden andere Professionen sich vermehrt Kompetenzen diesbezüglich aneignen mit der Konsequenz, dass die Tätigkeit eines professionellen Coachs zunehmend fremdbestimmt erfolgen wird.

---

32 Vgl. Fietze 2011.
33 Vgl. Adam 2011.

Kapitel 20:
Remote Coaching

Sylvia Becker-Hill

Kollege zu Kollege: »Was, Du hast einen Coach, der mit Dir am Telefon arbeitet? Ist das so etwas wie Telefonseelsorge für gestresste Manager?«
Eingefleischter Coach: »Coaching braucht die persönliche Präsenz. Coaching am Telefon ist Quatsch, geht gar nicht.«
Top-Executive auf dem Weg von New York nach Singapur mit Zwischenstopp in Dubai: »Mein Coach steht mir dank Telefon an jedem Ort der Welt in allen Zeitzonen auch kurzfristig vor wichtigen Meetings zur Verfügung. Er hilft mir die Komplexität meiner Aufgaben und Funktion auf einem managbaren Niveau zu halten und stets einen klaren Fokus zu behalten!«
Coach, der seine Kunden in Tim Ferrischer[1] Manier weltweit via Skype aus der Hängematte unter Palmen betreut: »Es funktioniert. Die Kunden sind begeistert. Ich verdiene viel Geld damit... Selber schuld, wenn Du es nicht nutzt.«

Die Bandbreite der Stimmen zum Thema »Remote Coaching« oder »Coaching via Telefon« ist groß. Und während im deutschsprachigen Raum immer noch gerne skeptisch debattiert wird, ist Telefon-Coaching im eher pragmatisch orientierten angloamerikanischen Raum seit 20 Jahren fest etabliert. Besonders in großflächigen Ländern wie den USA[2] und Australien werden dank Coaching via Telefon zeitfressende Reisen vermieden und Kosten gespart.
Wie im Coaching am Anfang einer Sitzung nach Kontaktherstellung erst einmal die Agenda und das Sitzungsziel mit dem Kunden »fest gezurrt« wird, möchte ich Ihnen zu Beginn dieses Kapitels gleich reinen Wein einschenken: Ich bin nicht objektiv, was das Telefon-Coaching betrifft. Warum nicht? Weil ich 1997 als erster deutscher Coach, der ausschließlich mit Coaching am Telefon arbeitet, meine Karriere gestartet habe. Weil in nun fast mehr als 15 Jahren meine Kunden viele erstaunliche Resultate, Wachstum und nachhaltige Transformation zu Stande gebracht haben. Weil ich Coaching am Telefon leidenschaftlich liebe und davon überzeugt bin, dass seine Möglichkeiten und transformatorische Kraft niemandem vorenthalten werden sollten.
Daher ganz schlicht: Das Ziel dieses Kapitels ist, Sie ebenfalls für Coaching via Telefon zu begeistern, oder, falls dies nicht gelingt, Sie zumindest so neugierig und positiv gestimmt zu machen, dass Sie es ausprobieren.

---

1 Vgl. Ferris 2008.
2 Der Sitz meiner Coaching-Firma ist in den Vereinigten Staaten.

1. Was spricht gegen Telefon-Coaching?

Im Folgenden Stimmen der Advocati Diaboli, damit die Gegenargumente gleich auf dem Tisch sind, um sie entweder zu widerlegen oder als berechtigt zu würdigen.

»*Ohne den Gebrauch des Sehsinns bekommt der Coach nicht genügend Informationen vom Kunden durch Köpersprache, Mimik und Gestik.*«

Das Gegenteil ist der Fall! In unserer den Sehsinn überflutenden und überbewertenden Kultur findet bei der physischen Begegnung im Coaching viel neurophysiologische Ablenkung statt. Das Gehirn des Klienten ist mit Sehsinn-Input beschäftigt, der zum großen Teil überhaupt nichts mit dem Coaching zu tun hat: Welche Bücher hat der Coach im Regal? Wie ist das Gegenüber angezogen und was sagt das aus? Was bedeutet dieses Zucken der linken Augenbraue? – Veränderungen der Körpersprache, die als Informationen im Coaching in der Tat wichtig sind, muss der Coach nicht sehen, weil diese sich immer auch als Veränderung der Stimme und des Atmens zeigen. Das kommt am Telefon meist deutlicher rüber, als in der sehend abgelenkten Begegnung. Schließt der Coach beim Telefon-Coaching seine Augen, nutzt er die Fähigkeit seines Gehirns, das Sehen durch Verstärkung des Hörens zu kompensieren. Dieses Phänomen ist schon lang aus der Sinnesphysiologie bekannt. Am Telefon können trainierte Coachs sogar hörend Dinge über ihren Kunden erfahren, die ihnen in der sehenden Begegnung entgehen würden.[3]

Besonders empathie- und intuitionsbegabte Coachs berichten, dass auch ihre Kontaktfähigkeit und ihr Einfühlungsfähigkeit am Telefon durch den Wegfall des ablenkenden Sehsinns viel kraftvoller ist. Klienten profitieren also beim Telefon-Coaching von einem Coach, der eine feinere und vielfältigere Wahrnehmung von ihnen bekommt und damit auch tiefer gehendes Feedback geben kann.

»*Vertrauensaufbau ohne körperliche und visuelle Begegnung ist schwierig.*«

In der Tat gibt es manchmal Kunden, die zumindest für die erste Begegnung, den Chemie-Check oder die erste Sitzung, aufgrund ihrer Erfahrungen und Konditionierungen auf eine physische Begegnung bestehen. Doch spätestens danach macht es keinen Unterschied, ob die weiteren Sitzungen Face-to-Face oder am Telefon statt finden.[4] Ein trainierter Telefon-Coach weiß, wie er von seiner Seite Vertrauen durch das Medium aufbauen kann, und auch, wie er dem Kunden helfen kann, Vertrauen zu ihm zu gewinnen. Kraftvolle, tief gehende Fragen, au-

---

3 Vgl. Borlinghaus 2011, S. 44 ff.
4 Vgl. Becker-Hill 2003.

thentisches mutiges Feedback, exzellenter Service, Klarheit im Prozessdesign und Transparenz ... all dies ermöglicht auch am Telefon, tiefes Vertrauen entstehen zu lassen.

»Stabiler Beziehungsaufbau rein am Telefon ist nicht möglich. Irgendwann will jeder Kunde seinen Coach auch persönlich treffen.«

Die Stabilität der Beziehung entscheidet sich nicht an dem Medium, sondern am Vertrauen (siehe oben) und an der Qualität des Coachingprozesses, daran welche Fortschritte der Kunde macht und welche Ergebnisse er produziert. Bei besonders herzlichen und intensiven Beziehungen kann es in der Tat vorkommen, dass Kunde und Coach ein immer stärker werdendes Bedürfnis nach physischer Begegnung haben, doch das hat nichts mit dem eigentlichen Coaching zu tun, sondern ist ein schlicht menschliches Bedürfnis, geboren aus Neugierde, dem Wunsch nach Nähe und einem Ausdruck von Wertschätzung. Wenn Ressourcen von Budget und Zeit es erlauben, spricht ja nichts dagegen, zum Beispiel die feiernde und evaluierende Abschlusssitzung z. B. an einem gemeinsamen Ort zu begehen.

»Kunden öffnen sich nicht am Telefon.«

Hier kommt der berühmte »Tresen-Effekt« zum Tragen: So wie manch ein Reisender abends dem fremden Barkeeper im Hotel die größten Geheimnisse anvertraut, so erzählen oft auch Kunden dem Coach schneller tiefer gehende Dinge, als sie es in einer Begegnung im gleichen Raum tun würden. Immer wieder bestätigen Kunden dies erstaunt von selbst: »Frau Becker-Hill, dass ist ja interessant. Was ich gerade sagte, habe ich noch niemandem sonst erzählt.«

»Kunden können am Telefon leichter lügen.«

Wenn ein Mensch lügt, verändert sich seine Stimme in Klang oder Volumen oder Tonlage und sein Atmen stockt oder wird schneller. Ein geschulter Coach bekommt dies am Telefon sofort mit! Meist schneller als in der Begegnung im gleichen Raum. Darüber hinaus bekommen viele Kunden-Egos durch die am Telefon leichter mögliche Gesichtswahrung viel weniger den Impuls zu lügen. Am Telefon ist es schlicht weg weniger peinlich über heikle Dinge zu sprechen, als wenn man jemandem gegenüber sitzt.

»Kunden können im Remote Coaching leichter flüchten und tiefe Verbindlichkeit vermeiden.«

Sich regelmäßig, meist enger getaktet am Telefon, pünktlich zu treffen, braucht je nach Arbeitssituation des Kunden ein genauso starkes oder sogar höheres Commitment, als sich seltener, jedoch mit Fahrzeit eingeplant, persönlich zu treffen.

»*Dem Coach steht ein viel kleineres Repertoire an Methoden und Techniken zur Verfügung und damit weniger Werkzeuge dem Kunden zu helfen.*«

Es stimmt, dass nicht alle Methoden – zum Beispiel analoges Arbeiten mit Materialien wie Sand (»Sandkasten-Arbeit«) – am Telefon einsetzbar sind. Doch diese Zahl ist gering und betrifft nicht den Kern von Coaching-Methoden, der auf verbaler Kommunikation basiert. Die Mannigfaltigkeit des Methodeneinsatzes am Telefon hängt stark ab von der Tiefe und Breite der Ausbildung des Coachs, seiner Kreativität und von seinem Mut, »Face-to-Face-Methoden« auf die Arbeit am Telefon zu übertragen. Zum Beispiel »Arbeit mit Bodenankern«, »Stuhlarbeit«, »Lösungsspaziergang«, »Rituale«, »Visualisierungen«, »Phantasie-Reisen«, ... all dies und noch mehr ist sehr leicht am Telefon machbar. Es braucht eine etwas bewusstere, eindeutigere und klarere Anweisung seitens des Coachs, so dass der Kunde sich sicher fühlt und weiß, was er tun soll. Doch das ist alles. Es gibt auch großartige Software, die sogar die im deutschsprachigen Raum sehr beliebte Strukturaufstellungsarbeit am PC-Bildschirm in Echtzeit ermöglicht.

»*Der Coach ist am Telefon eingeschränkt in seiner Kunst.*«

Schlicht weg: Nein! Er ist anders – manchmal mehr – gefordert aber nicht eingeschränkt. – Wenn man von dem menschlichen, jedoch unprofessionellen und nicht erfüllbaren Wunsch, manche festgefahrenen Kunden manchmal physisch schütteln zu wollen, einmal absieht.

»*Coaching am Telefon fördert Unverbindlichkeit seitens des Coachs und des Kunden.*«

Vertrauensaufbau, Beziehungsfestigkeit, Auftragsklärung und Commitment-Abgabe, formeller und informeller Vertrag... all dies ist notwendig, unabhängig vom Medium bzw. der Form des Coachings. Email-Unterstützung mit Erinnerungen, vorbereitenden und nachbereitenden Sitzungsfragebögen, Online-Assessments, Empowerment durch Text-Messages, physische Geschenke wie ein Coaching-Journal, Rituale ... all dies sind Hilfsmittel, Unverbindlichkeit erst gar nicht entstehen zu lassen.

»*Technik erzeugt eine Barriere zwischen Coach und Kunde.*«

Das kann leider – wenn auch selten – vorkommen, wenn z.B. der Kunde das Telefon oder weiteren Technikeinsatz wie Email oder bestimmte Software ablehnt oder wenn die eingesetzte Technik schlicht schlecht ist. Die Stimmen sollten möglichst deutlich und unverzerrt hörbar sein. Technische Fragen sollten die Aufmerksamkeit des Klienten möglichst wenig binden. Eine gute Telefonverbindung, einfache Bedienung am PC, unkomplizierte Abrechnung von Übertragungskosten sind wichtige Zutaten für erfolgreiches Telefon-Coaching.

»Auf Grund des Mediums Telefon sind nur kürzere Einheiten von maximal einer Stunde möglich, was für viele Coaching-Themen nicht ausreichend Zeit für eine Sitzung ist.«

Es stimmt, dass das Remote Coaching eine höhere Konzentrationsfähigkeit abverlangt als das Coaching von Angesicht zu Angesicht. Doch auch wie bei längeren Vor-Ort-Sitzungen Bio-, Kaffee- und Streckpausen einzuplanen sind, geht dies auch am Telefon. Nichts spricht dagegen, das Gespräch an der richtigen Stelle zu beenden und sich in zehn Minuten wieder neu anzurufen.

Da Telefon-Coaching eine höhere Effektivität und Effizienz aufweist als In-Person-Coaching und wegen seiner leichteren Integrierbarkeit in den beruflichen Alltag der Kunden meist häufiger getaktet ist, macht es Sinn, sich für kürzere Einheiten von 30 bis 60 Minuten zu treffen. Bei persönlichen Treffen wäre dafür der Aufwand unangemessen. Das ist der Grund, weshalb In-Person-Sitzungen meist länger sind – nicht weil das Telefon-Coaching nicht so lange ginge, sondern weil sich der Aufwand bei In-Person-Sitzungen nicht rentieren würde.

»Coaching am Telefon ist zu anstrengend für den Coach und seine Stimme.«

Telefon-Coaching wird von den meisten Coachs als anstrengend wahrgenommen, weniger für die Stimme als viel mehr für die Aufmerksamkeit und Konzentration. Die Verantwortung für die eigene Ressourcenfähigkeit ist hier besonders gefragt. Ebenso wie das Kennen der eigenen Grenzen (Zumutbarkeit von Anzahl von Sitzungen pro Tag) als auch der eigenen Erholungsnotwendigkeiten (Pausenmanagement und Aktivitätstaktung über den Tag verteilt.)

»Coaching am Telefon überfordert die Konzentrationsfähigkeit des Kunden.«

Der Coach ist beim Remote Coaching mehr als beim In-Person-Coaching gefordert, es dem Kunden so leicht wie möglich zu machen, durch:
- eindeutige Prozess-Transparenz,
- klare Anweisungen,
- Zeit zum Notizen machen geben,
- Verschnauf- und Schweige-Pausen zu lassen,
- auf Ungestörtheit und Wasser zum Trinken hinweisen,
- durch Emails mit Fragebögen vorbereiten,
- mit Hand-outs unterstützen,
- die Aufmerksamkeit des Kunden fein wahrnehmen und steuern,
- etwaige Grenzen und Erschöpfung des Kunden vorweg erspüren können und ansprechen,
- flexibel sein,
- inhaltlich, intellektuell oder fachsprachlich nicht überfordern.

All diese präventiven Maßnahmen seitens des Coachs verhindern, dass die Konzentrationsfähigkeit des Kunden erschöpft wird. – Ist sie es doch, könnte es sich auch im Einzelfall um ein typisches Widerstandsmuster des Kunden gegen den eigenen Veränderungsprozess handeln und muss in diesem Kontext thematisiert werden. Eventuell verbirgt sich in der scheinbaren Erschöpfung ein wichtiger Hinweis, der den Schlüssel zum nächsten Durchbruch zeigt!

»*Männer telefonieren nicht gerne.*«

Die dies mag im Teenage-Alter und für späte Abendstunden zutreffen, doch im beruflichen Kontext ist das Medium Telefon als das meist genutzte Kommunikationsmittel (manchmal industrieabhängig abgelöst von E-Mails) anerkannt und auch genutzt. Männliche Kunden müssen in dieser Hinsicht nicht geschont werden!

»*Frauen telefonieren zu gerne und quatschen zu viel am Telefon.*«

Ich warne hier vor Gender-Stereotypen! Ja, Frauen telefonieren als Teenagerinnen und in späten Abendstunden zur Freundschaftspflege statistisch lieber als Männer. Doch im beruflichen Kontext sind die Geschlechter sich da gleich. »Viel-Rederei« oder »Um-den-heißen Brei-Rederei« oder »Von-Hölzchen-auf-Stöckchen-Rederei« sind eher charakterlich bedingt oder können ebenfalls eine Vermeidungsstrategie des Kunden sein, wenn das Coaching sich auf einen *heißen*, sprich wichtigen Punkt, hin bewegt. Dies in unabhängig vom Geschlecht!

Coachs sind hier gefordert respektvoll und mutig zu unterbrechen, zu spiegeln und dem Kunden zu helfen, sich zu fokussieren. Coaching ist zielführend. Es geht beim Coaching nicht darum Zeit füllend sich einmal endlich alles von der Seele zu reden. Psychohygiene ist ein anderer Service als Coaching! (Es sei denn diese ist im Einzelfall Teil der Coaching-Vereinbarung.)

»*Die internationalen Telefonkosten sind zu hoch.*«

Das Argument stimmte vor 20 Jahren, als Coaching am Telefon anfing. Dank der fortschreitenden Entwicklung von Telefonservice-Anbietern, Billig-Vorwahlnummern und internationalen Abkommen ist dies nicht mehr der Fall. Im Coaching-Vertrag sollte klar geregelt sein, wer wen anruft. Für beide Varianten, Kunde oder Coach, gibt es Pro-Argumente. Wichtig ist, dass es klar geregelt ist. Falls der Coach anruft, wird dies meist nicht mehr in Rechnung gestellt, da mittlerweile die Verwaltung dieser Gebühren mehr kostet als das Telefonieren selber und der Coach die Telefonkosten als Betriebskosten von der Steuer absetzen kann.

»*Coaching am Telefon ist anrüchig und hat in Deutschland einen schlechten Ruf. Das wird sich im Bereich Executive Coaching nie durchsetzen können.*«

Dank astrologischer Beratung, Tarot-Legen und Sex-Services hatte Coaching am Telefon Ende der 1990er-Jahre noch einen schlechten Ruf. Doch seit dem hat sich

Coaching auch im deutschsprachigen Raum als professionelle Unterstützung etabliert und jegliche Anrüchigkeit verloren. Die Fakten zeigen, dass sich Telefon-Coaching weltweit bereits durchgesetzt hat.

Gerade im von Zeitknappheit geplagten, oft reiseintensiven Leben von Führungskräften erfreut sich Coaching am Telefon extrem hoher Beliebtheit: Es ist zeitlich flexibel, leicht in einen vollen, sich ständig verändernden Terminkalender integrierbar und geographisch flexibel von überall auf der Welt durchführbar: in Hotels, auf Konferenzen, in verschiedenen Firmenstandorten, auf Jachten ...

Aufgrund seiner kurzen Segmentlänge ist es auch vom Prozessdesign her extrem flexibel, vom fünfminütigen Klärungsgespräch im Flur auf dem Weg zur Aufsichtsratssitzung, über die zehnminütige Fokussierung vor der Pressekonferenz, bis hin zu neunzigminütigem intensiven Ringen und Forschen spät Abends in der Hotelsuite.

Kein professioneller Leistungsförderungs- oder Entlastungsservice passt so gut zum Leben und den Herausforderungen des beruflichen Alltags eines Executives wie Coaching am Telefon!

»*Telefon-Coaching mag vielleicht funktionieren, doch dafür gibt es keinen Markt.*«

Doch! Wegen der Beschleunigung der alle Lebensbereiche und Arbeitswelten betreffenden Veränderungsgeschwindigkeit und exponentiell ansteigenden Komplexität unserer systemischen Zusammenhänge suchen immer mehr Privatpersonen wie Unternehmen professionelle Hilfe durch trainierte Coachs am Telefon. Kaum ein anderer Service-Bereich boomt und wächst weltweit so stark wie Coaching!

Nachdem wir nun den Stimmen der Advocati Diaboli wohl – hoffentlich auch in Ihrer Wahrnehmung – den Wind aus den Segeln genommen haben, lassen Sie uns einen Blick auf die Argumente für Coaching werfen:

2. Vorteile von Telefon-Coaching

Vorteile für die Coachkunden:
- Sie verlieren keine Aufmerksamkeit durch Reaktionen auf äußerliche Merkmale Ihres Coachs.
- Sie bleiben im Kontakt körperlich anonym und diese Sicherheit und Gesichtswahrung führt oft zu einer größeren Offenheit. Ihr Selbstausdruck ist freier, weil Sie unbewusst nicht nach bestätigenden Reaktionen von Ihrem Coach Ausschau halten.
- Vielen Kunden fällt es am Telefon leichter sich für kurze Zeitstrecken stärker zu konzentrieren und in größere thematische oder seelische Tiefen vorzustoßen. Ihre Bereitschaft zu Ihrer Wahrheit vorzudringen ist größer.
- Sie sind geographisch unabhängig. Sie sind zeitlich flexibler. Die Integration

von den Coaching-Terminen in Ihren Alltag ist leichter. Sie sparen Zeit und Geld, da keine Anreise anfällt.
- »Coaching goes green« und gefällt Kunden mit grünem Bewusstsein.

... für externe Coachs und Trainer:
- Erweiterung ihrer Angebotspalette um ein zeitgemäßes und für Kunden vorteilreiches Coaching-Produkt.
- Dadurch Stärkung Ihrer Marktpositionierung. Telefon-Coaching ist zu 100 % von einem Homeoffice machbar.
- Die Kosten für ein repräsentatives Kunden Empfangsbüro entfällt für »reine« Telefon-Coachs.
- Ebenso die Kosten für professionelle, teure Business-Kleidung.
- Der Wegfall von Reisetätigkeit bringt mehr Bequemlichkeit in den beruflichen Alltag.
- Der Wegfall von Wegezeiten erhöht die Zeiteffizienz.
- Dies fördert die Work-Life-Balance und
- Ermöglicht ideal Teil-Zeit-Arbeitsmodelle und
- Ermöglicht neue Lebens-Arbeitskonzepte z. B. für Coachs/Trainer mit Kindern oder z. B. für Coachs mit weiteren beruflichen Tätigkeiten oder z. B. für Projektorientiertes Leben u. Arbeiten.
- Dank moderner Kommunikationsmöglichkeiten (z. B. Rufnummernübernahme und Rufweiterschaltungen) ist Telefon-Coaching Orts unabhängig und Umzugs erleichternd und fördert dadurch moderne Lebensentwürfe für Coachs/Trainer, die an mehreren Orten/in mehreren Ländern leben und arbeiten.
- Serviceerweiterung im Vorfeld von Trainings, welche zu einer Nachhaltigkeit steigernden Vorbereitung auf die Trainings führt.
- Effektiver Transfersicherung generierender Service nach Trainings, der sowohl die Nachhaltigkeit steigert als auch die Kundenbindung über längere Zeiträume nach Trainings ermöglicht.

Vorteile für interne Coachs und Personalentwickler:
- Spart dem Unternehmen die Reisekosten des Coachs oder Personalentwicklers.
- Ist auch in kurzen Sequenzen von 5 bis 10 Minuten sinnvoll einsetzbar und zeitlich leicht sowohl in den Alltag eines Personalentwicklers als auch in den von Zeitmangel geprägten Alltag von Führungskräften integrierbar.
- Das Medium Telefon senkt systembedingte Hemmschwellen, Coaching in Anspruch zu nehmen.
- Ist aufgrund obiger Vorteile für den Personalentwickler leichter intern zu verkaufen.
- Ist eine ideale Unterstützung und transfer- und nachhaltigkeitssichernde Maßnahme von internen Trainingsmaßnahmen und Organisationsentwicklungsprozessen.

3. Wann ist Telefon-Coaching nicht geeignet?

- Kunden, die die An- und Abreise zum Coach für sich selbst bereits als Teil des Coachings ansehen – raus aus ihrem (Berufs-)Alltag, Puffer-/Entspannungs-/Reflexions-/Kontemplationszeit – und die sich dies zeitlich und budgetmäßig leisten können, sollten sich Face-to-Face mit ihrem Coach treffen.
- Kunden, die ein Thema oder Ziel verfolgen, bei dem Entschleunigung Teil des Weges oder das Ziel ist, sollten ebenfalls in Erwägung ziehen, sich mit ihrem Coach an *besonderen Orten* persönlich zu treffen.
- Kunden, die der Arbeit am Telefon nicht vertrauen wollen oder sich, weil sie bereits viel telefonieren, die Begegnung mit ihrem Coach in einem Raum als angenehmen Luxus gönnen wollen.
- Sollten Ziele oder Themen verfolgt werden, die eine Mischung von Coaching mit anderen individuellen Entwicklungsdienstleistungen erfordern, z. B. Training, Beratung, Mentoring oder Therapie, kann eine Mischung aus Face-to-Face- mit Remote Coaching oder reines In-Person-Coaching besser geeignet sein.

4. Welche Voraussetzungen braucht ein Telefon-Coach?

Neben den Voraussetzungen, die auch ein Coach mit zu bringen hat, der Face-to-Face arbeitet: hohe Konzentrationsfähigkeit, gutes Hören, professionellen und angemessenen Umgangston am Telefon (letzterer u. U. interkulturell gebildet), Kreativität und Mut althergebrachte In-Person-Methoden auf das Medium Telefon zu übersetzen, überdurchschnittlich klare Ansage- und Instruktionsfähigkeit, Bereitschaft sich bzgl. technischer Weiterentwicklungen und Trends auf dem Laufenden zu halten, Bereitschaft in herausragende Telekommunikationstechnik zu investieren.

5. Welche Paket- und Strukturformen gibt es?

Sehr viele unterschiedliche! Firmen mit einem Coaching-Konzept vergeben gerne Stunden-Rahmenverträge an externe Coachs und überlassen es dann Coach und Kunden, diese flexibel zu nutzen. Oft wird dann zu Beginn enger getaktet telefoniert, mit längeren Sitzungen zu Beginn, und später, dann in größeren Abständen, mit kürzeren Sitzungen das Coaching langsam beendet.

Weitverbreitet ist auch die Variante der sogenannten »Monatspakete«, in denen ein Coach im Vertrag oder via Webseite sein Servicepaket über einen Monat hin beschreibt – z. B. zwei Telefonate à 60 Minuten plus Vor- und Nachbereitung via Email – und der Kunde dann wählt, wie viele Monate er dieses Paket bucht. Viele Coachs bieten auch Mindestlaufzeiten von typischerweise 3, 6 und 12 Monaten an.

Es gibt auch die Variante einer »Hotline«, bei der der Kunde dafür bezahlt, den Coach je nach Bedarf rund um die Uhr flexibel anrufen zu können. Dies ist normalerweise sehr teuer, da seriöse Coachs nur wenige solcher *Exklusiv-Kunden mit direktem Zugang* in einem jeweiligen Zeitraum bedienen können.

Billigvarianten sind neue Versuche von Großanbietern, Coachs mit Hotline-Nummern minutenweise anrufen und nutzen zu können. Da ich »etwas oberflächliches Coaching« besser finde als gar kein Coaching und es für jeden Bedarf von Menschen eine Antwort geben darf, warum nicht auch dies?

An der fast unübersehbaren Vielfalt von Strukturformen, Preiskonzepten, Themen- und Zielgruppenfokussierung kann man erahnen, dass es auch, was Qualität, Tiefgang und Reichweite von Telefon Coaching angeht, eine enorme Vielfalt gibt.

6. Welchen Einfluss haben Web 2.0 und Social Media?

In einer Zeit, in der wir alle mehr und mehr zu Cyborgs mutieren, mit Smart Phones, mit denen wir Dank Headset oder Stimmkommando mehr verbunden sind, als mit unseren nächsten Familienangehörigen, macht die Technik natürlich auch nicht davor Halt, ihren Einfluss auf eine so technikgeprägte Serviceleistung wie Coaching am Telefon geltend zu machen.

Mehr und mehr Coachs nutzen soziale Netzwerke für Kundengewinnung durch Online-Networking. Facebook-Gruppen werden als Austauschforen für Coaching-Gruppenprogramme eingerichtet, Webinar-Trainingseinheiten mit Slide-Shows oder Shared Screen wechseln sich mit kleinen Gruppen-Coaching-Einheiten via Telefonkonferenz oder Einzelcoaching ab. Firmen bieten ihren Mitarbeitern Intranet-Coaching-Plattformen an. Text-Messages erinnern auf dem Smart Phone an die nächste Coaching-Sitzung in zwei Stunden oder daran, dass der Coach den vorbereitenden Fragebogen noch nicht ausgefüllt zurück bekommen hat. Die Anzahl von Software und Apps für Coachs zum Kundenmanagement, Session-Management und für die Honorarabwicklung steigt monatlich. Die Apps für sogenanntes »Selbst-Coaching« boomen.

An all dies passt sich Telefon-Coaching evolvierend an und bietet Telefoncoachs einen der jeweiligen Zielgruppe angepassten technischen Service-Mix an.

7. Trends für die Zukunft von Remote Coaching

Remote Coaching, im Moment noch neu und ungewohnt, wird sich auch im deutschsprachigen Raum mehr und mehr verbreiten.[5] Es fördert eine Demokratisierung im beruflichen Weiterbildungsmarkt, die es nicht nur Top-Verdienern erlaubt, sich einen professionellen Leistungsförderer, Sparringspartner und Zielerreichungsunterstützer zu leisten. Starkes Wachstum gibt es auch im sogenannten »Life Coaching« für die Gestaltung des eigenen Lebens und die Verbesserung von Lebensqualität überhaupt: Privatpersonen, etwa der frustrierte Single, der verstehen will, was er anders denken und tun muss, um Glück in einer Partnerschaft zu erleben; oder die gestresste Mutter von 3 Kindern, die mehr Gelassenheit im Alltag erreichen will; der Rentner mit 68, der sich zu fit fürs Nichtstun fühlt und noch eine Firma gründen will; die Abiturientin, die sich nicht für ein Studium entscheiden kann ... Jeder, der sich verändern will und sich professionelle Unterstützung dafür gönnen will, wird sie finden und auch finanzieren können. Telefon-Coaching wird in ein paar Jahren ein völlig etablierter Service sein.

---

5 Vgl. insgesamt zu dieser Einschätzung den von Harald Geißler schon 2006 herausgegebenen Sammelband zum »E-Coaching«.

Kapitel 21:
Coachingforschung

Robert Wegener

Bevor wir uns mit der Coachingforschung befassen, werfen wir in Abschnitt 1 zunächst einen Blick in die Geschichte des Coachings und zeichnen dessen zunehmende Bedeutung nach. Die Frage nach der Rolle und den Funktionen von Forschung für die weitere Professionalisierung von Coaching sind Inhalte von Abschnitt 2. Anschließend werden die Verbreitung von Coachingforschung, der Zugang zu ihren Ergebnissen und die Forschungsmethodik (Abschnitt 3) sowie die aktuelle Coachinforschung selbst (Abschnitt 4) thematisiert. Bei der Darstellung der Coachingforschung wird ein orientierendes Rahmenmodell mit relevanten Coaching-Variablen eingeführt, entlang dessen auch die Anforderungen an die künftige Forschung formuliert werden. Abschließend werden praktische Entwicklungen am Coaching-Horizont skizziert, die auch für die Zukunft der Coachingforschung interessant erscheinen (Abschnitt 5).

Für eine erste begriffliche Bestimmung von Coaching wird auf Kapitel 1 »Coaching als Beratung« von Wilmes und Loebbert verwiesen, in dem eine interessante Perspektive von Coaching aufgegriffen wird. Ein weiterer Eindruck, was sich hinter dem Begriff »Coaching« verbirgt, wird im folgenden Abschnitt »Zur Geschichte des Coachings« vermittelt. In der Praxis und der Wissenschaft kursieren aktuell viele verschiedene Definitionen von Coaching. Einen Konsens, was Coaching ist oder sein sollte, gibt es nicht. Eine Aufgabe der künftigen Coachingforschung wird deshalb darin bestehen, sich dieser Verständnisvielfalt anzunehmen und auf der Grundlage empirischer Untersuchungen Vorschläge zu entwickeln, wie ein minimaler gemeinsamer Nenner aussehen könnte.[1] Da ein solches gemeinsames Verständnis noch nicht in Sicht ist, bietet sich bei der Erkundung von Coaching wie auch der Coachingforschung eine offene Haltung an, in der, basierend auf einer gesunden kritischen Distanz, verschiedene Sichtweisen zugelassen werden.

---

1 Ein solcher müsste einerseits genügend präzise sein, um Coaching von anderen Formen der Beratung abgrenzen und den Kern von Coaching wiedergeben zu können. Gleichzeitig sollte er offen genug sein, um verschiedene subjektive Auslegungen und Sichtweisen, v. a. auch hinsichtlich spezifischer Coaching-Formate (z. B. Executive Coaching, Job-Coaching, Gesundheits-Coaching usw.), einzubeziehen. Ob dies gelingen wird, wird die Zukunft weisen.

1. Zur Geschichte des Coachings

1.1 Zu den Ursprüngen von Coaching

Ideengeschichtlich[2] reichen die Wurzeln des Coachings[3] weit in die Menschheitsgeschichte zurück, je nach Autorin oder Autor gar bis in die Steinzeit[4]. Grundlage ist die Vorstellung, dass Menschen sich seit jeher im »Besserwerden« (z. B. beim Werfen von Steinen oder beim Herstellen von Äxten) unterstützt haben. Der hier erkennbare Leistungsbezug ist auch für diejenigen Autoren charakteristisch, welche die Ursprünge von Coaching im 19. Jahrhundert und im Sport sehen.[5]

Sprachlich verweist der Begriff »Coach« auf die ungarische Ortschaft Kocsi, in der spezielle Pferdefuhrwerke hergestellt wurden.[6] Aus den »Wagen von Kocsi« wurden die »Kocsi« und dann, durch ungarische Emigranten verbreitet, die deutsche *Kutsche*, die französische *coche* und der englische *coach*. »Coaching« als Substantiv taucht erstmals 1849 in Thackerays »History of Pendennis« auf, einem vielbändigen Roman über einen englischen Gentleman. In einem Gespräch während einer Kutschenfahrt, das im ersten Teil des Werks wiedergegeben wird, taucht der Begriff »Coaching« in doppelter Bedeutung auf – als Job des Kutschers, der die Pferde sicher und schnell ans Ziel führt, und als Aufgabe des akademischen Begleiters, der (angehende) Studierende auf universitäre Zulassungsprüfungen vorbereitet.[7]

Seit dem Ende des 19. Jahrhunderts wird in England und den USA in unterschiedlichen Zusammenhängen – z. B. bezogen auf den Erwerb von Erziehungskompetenzen oder die Verbesserung im Rudern oder Segeln – von »Coaching« gesprochen.[8] Diese Bedeutung wurde dann durch den Spitzensport auch im deutschen Sprachraum einer breiten Öffentlichkeit bekannt.[9]

1.2 Die Verbreitung von Coaching im beruflichen Kontext seit den 1980er-Jahren

Coaching als Instrument der modernen Führungs- und Personalentwicklung hat seine Ursprünge in den 1970er-Jahren in den USA und ab Mitte der 1980er-

---

2 Für eine ideengeschichtliche Darstellung des modernen Coachings vgl. Geißler 2005.
3 Vgl. Garvey 2011, S. 66.
4 Vgl. z. B. Zeus/Skiffington 2000, S. 555.
5 Vgl. z. B. Starr 2002.
6 Vgl. z. B. Hartmann 2004; Tonhäuser 2010.
7 Vgl. Garvey 2011, S. 65; Lippmann 2009, S. 12.
8 Vgl. Garvey 2011, S. 65.
9 Vgl. Lippmann 2009, S. 12.

Jahre in Deutschland.[10] Geißler siedelt die Anfänge in der selben Zeitspanne an, eingebettet in spezifische sozio-ökonomische Kontextveränderungen, die er als »globalisierungsbedingten Flexibilisierungs-, Innovations-, Kosten- und Qualitätsdruck privatwirtschaftlicher und öffentlicher Organisationen [...] auf die Individualisierung der Gesellschaft sowie auf die Resubjektivierung der Arbeit« umschreibt.[11] Dass sich Coaching als neues Beratungsformat im beruflichen Kontext durchsetzen konnte, liegt gemäß Geißler an seinem spezifischen Setting, das er mit Verweis auf Looss[12] als ein strikt verschwiegenes Vieraugengespräch für Führungskräfte zu beruflichen Themen beschreibt. Es handelt sich also um weit mehr als eine neue Beratungsmethode.

In den USA bedeutet Coaching in seinen Anfängen zunächst die zielgerichtete und entwicklungsorientierte Mitarbeitendenführung durch Vorgesetzte und die Förderung von Nachwuchsführungskräften durch hochpositionierte Manager und Managerinnen.[13] Zeitlich verzögert, erscheint Coaching in Deutschland dann als Begleitung des Topmanagements durch firmen*externe* Consultants zu verschiedenen Themen (z.B. Konflikte auf Topmanagement-Ebene, Führungsprobleme, Eheprobleme). Externe Coachs wurden in den USA erst in den frühen 1990er-Jahren eingesetzt. Führungskräfte der unteren und mittleren Ebene wurden im Anschluss zunehmend ebenfalls durch organisationsinterne Coachs (meist Personalentwickler) gecoacht, das Topmanagement hingegen von organisations*externen* Coachs.

Die bis heute anhaltende Verbreitung und Popularität von Coaching wird nicht nur positiv gewertet, sondern auch als Ausdruck eines inflationären Wortgebrauchs interpretiert.[14] Coaching verkommt mehr und mehr zum Container-Begriff[15], der allem Platz bietet. Fachberatungen, angereichert mit ein wenig Feedback, werden zu Coachings, und wer die Besonderheit der eigenen Beratung betonen will, wird zum EDV-, TV-, Dance-, Krisen-, Lifestyle- oder Astrologie-Coach.[16] Die Gefahr, dass Coaching als Begriff ausbrennt, scheint akut.[17] Zugleich sprechen aber immer mehr Anzeichen für eine zunehmende Professionalisierung von Coaching. Böning/Fritschle wollen gar eine vertiefte Professionalisierung erkennen, die seit der Jahrtausendwende eingesetzt habe: Verschiedene Akteursgruppen (Verbände, Organisationen, Ausbildungsinstitutionen/Hochschulen usw.) bezweckten mit unterschiedlichen Initiativen die Stärkung von Coaching.[18]

---

10 Vgl. Böning 2005, S. 26–27.
11 Vgl. Geißler 2009, S. 93.
12 Vgl. Looss 1997.
13 Vgl. Böning 2005, S. 27.
14 Vgl. z.B. Böning 2005; Fietze 2011, S. 24.
15 Vgl. Geißler 2009, S. 93.
16 Vgl. Böning 2005, S. 30.
17 Vgl. Geißler 2009, S. 93.
18 Vgl. Böning/Fritschle 2005, S. 22–25.

1.3 Die Mehrdeutigkeit von Coaching, das Scharlatanerie-Problem und die zunehmende Präsenz der Forschung im Professionalisierungsdiskurs

In der Diskussion um die weitere Zukunft von Coaching stehen folgende Fragen im Zentrum: Soll Coaching eine ungeschützte Professionsbezeichnung und ein allein vom Markt reguliertes Dienstleistungsangebot bleiben? Oder soll es sich verstärkt als gesellschaftlich anerkannte professionelle Dienstleistung etablieren, soll es sich am Ende gar zu einer Profession entwickeln?[19] Tatsache ist, dass Coaching – was immer alles darunter fallen mag – laut Marktforschung[20] boomt. Greif nutzt als weitere Belege für diese Entwicklung steigende Teilnehmendenzahlen an Coaching-Kongressen sowie die Mitgliederzahlen der International Coach Federation (ca. 10.000 im Jahr 2006)[21], des größten Coaching-Verbands weltweit.[22] Ein spezifisches, allgemein akzeptiertes Coaching-Konzept ist aber gleichzeitig weit und breit (noch) nicht in Sicht.[23] Das belegt auch eine aktuelle Studie, die deutlich macht, dass es keine »Kohäsion im Feld« gibt: »Die Analyse der Zugangsvoraussetzungen zur Profession Coaching, der Kompetenzmodelle, der Qualifizierungskonzepte, der Ansätze zur Zertifizierung sowie der formulierten Standards hat z. B. gezeigt, dass es unterschiedliche […] Ansätze gibt, diese aber eher die Heterogenität und die Vielfalt des Feldes verdeutlichen«.[24] Zu einem ähnlichen Fazit kommen auch englischsprachige Forschende mit der empirisch begründeten Erkenntnis, dass Definition und Identität von Coaching nach wie vor ungeklärt bleiben.[25]

Eine zentrale Gefahr im Zusammenhang mit dieser Vielfalt ist das sogenannte »Scharlatanerie-Problem«[26]. Dieses besagt, dass es aufgrund fehlender einheitlicher, verbindlicher und sanktionsfähiger Standards nicht möglich ist, sich kollektiv darauf zu einigen, wer ein Scharlatan ist, geschweige denn, Scharlatane vom Markt zu entfernen. Je nach Standard sind die Scharlatane jeweils auch wieder andere. Und weil es keine allgemein anerkannten Standards gibt, ist die Chance groß, dass sich im Coaching-Feld Personen tummeln, die sich als Coachs ausgeben, jedoch weder eine seriöse Ausbildung haben noch den Coachees bei der Umsetzung ihrer Anliegen wirklich helfen. Es steht die Vermutung im Raum,

---

19 Zur Vertiefung der Auseinandersetzung zum Spannungsfeld »Professionalität im Coaching versus Coaching als Profession« vgl. den Artikel von (Kühl 2008), »Die Professionalisierung der Professionalisierer?«.
20 Vgl. Gross/Stephan 2012.
21 Vgl. Greif 2008, S. 52.
22 Gemäß offiziellen Angaben auf der Website von ICF Schweiz sind es 2012 bereits 19.200 Verbandsmitglieder (vgl. http://www.coachfederation.ch/, Stand 13.7.2012).
23 Vgl. Fietze 2011, S. 24.
24 Vgl. Fritsch 2010, S. 48.
25 Vgl. Bachkirova et al. 2011, S. 24.
26 Vgl. Kühl 2008, S. 264–265.

dass Klienten deshalb sogar in Gefahr sind, da es im Coaching, ähnlich wie in der Therapie, um sehr persönliche Themen gehen kann und psychische Prozesse in Gang gesetzt werden können, die ohne professionelles Gegenüber das Wohl der Klienten gefährden können.[27] Mit anderen Worten: Die Vielfalt und zunehmende Unschärfe im Coaching wird für die gesamte Coaching-Landschaft auch immer mehr zum Problem. Gleichwohl scheint Coaching als modernes Beratungsformat im 21. Jahrhundert den Nerv der Zeit zu treffen, weil es wertvolle und passende Antworten auf reale Herausforderungen und Probleme zu bieten scheint. Wäre dem nicht so, könnte Coaching wohl kaum auf eine so einzigartige Entwicklung und Verbreitung zurückblicken.

Ob es gelingen wird, in der Öffentlichkeit ein verbindliches Verständnis von Coaching zu etablieren, wird die Zukunft zeigen. Bemühungen wie jene des Roundtables der Coaching-Verbände, der seit 2005 zweimal jährlich tagt und sich als Förderer der Professionalisierung von Coaching versteht, sind in diesem Zusammenhang von großer Bedeutung.[28] Der Erfolg hängt aber auch davon ab, ob weiterführende Kooperationsformen entstehen, in denen sich alle relevanten Akteursgruppen (Verbände, Organisationen, Hochschulen usw.) an einen Tisch setzen und über eine gemeinsame Zukunft von Coaching befinden. Die Tatsache, dass immer mehr Organisationen eigene Coach-Pools gründen und damit Einfluss auf professionalisierungsrelevante Aspekte nehmen (Preisgestaltung, Bestimmung von Coaching-Anlässen, Bestimmung von Coach-Anforderungen usw.), lässt erkennen, dass die Verbände (Anbieterseite) immer mehr an Definitionsmacht verlieren.[29] Wie eine aktuelle Studie belegt, spielt die Verbandsmitgliedschaft bei der Aufnahme in organisationale Coach-Pools keine signifikante Rolle.[30] Es scheint, als entstehe zunehmend ein Ungleichgewicht zwischen Angebots- und Nachfrageseite.

Auffallend ist nun, dass sich die Wissenschaft und Forschung seit Anfang 2000 verstärkt in die aktuelle Debatte einbringt, was unter anderem an einer deutlichen Zunahme wissenschaftlicher Publikationen zu erkennen ist.[31] Folgt man der einschlägigen Professionalisierungsliteratur[32], so wird deutlich, dass der Wissenschaft in der Professionalisierung von Coaching, unabhängig von deren Stand, eine pro-

---

27 Mit Bezugnahme auf die »quasi-therapeutische Situation« unterstreicht Kühl (2008, S. 269) verschiedene Gefahren. Ähnlich wie eine Therapie birgt Coaching die Gefahr, einen sogenannten »Überweisungsfall« (z. B. bei psychischer Erkrankung) nicht zu erkennen. Eine zweite Gefahr liegt darin, dass sich beim Klienten durch die Eigendynamik des Beratungsprozesses eine Selbstmordneigung manifestieren kann. Abschließend und ebenfalls in Analogie zur Therapiesituation beschreibt Kühl, dass Coaching von Sekten als Einfallstor genutzt werden kann, was gerne im Kontext von Unternehmen als Begründung der Maßnahmen für Qualitätssicherung (z. B. Coach-Pools) genannt wird.
28 Vgl. Roundtable_der_Coachingverbände 2012.
29 Vgl. Fietze 2011, S. 29; Kühl 2008.
30 Vgl. Gross et al., in prep.
31 Vgl. Fietze 2011, S. 25.
32 Vgl. z. B. Bennett 2006; Birgmeier 2011; Böning 2005; Fietze 2011; Kühl 2008; Meuser 2005.

minente Rolle zukommt: Professionalität definiert und legitimiert sich geradezu durch die Bezugnahme auf wissenschaftlich begründetes Wissen.[33]

2. Funktionen der Coachingforschung

Coachingforschung versteht sich als eigenständiges Feld, das sich in der Schnittmenge verschiedener Disziplinen wie der Psychologie, der Erziehungswissenschaften, der Betriebswirtschaftslehre, der Linguistik und der Sozialwissenschaften zu konstituieren beginnt.[34]

In Anlehnung an die Ausführungen von Fietze[35] und Greif[36] erkennen wir in der Coachingforschung drei wesentliche Funktionen: *die Orientierungsfunktion* (Was sind Coaching-Forschungsfragen? Was ist Coaching? Wie wirkt Coaching?), *die Innovationsfunktion* (Wie kann Coaching optimiert werden?) und *die Legitimationsfunktion* (Wirkt Coaching wirklich? Nützt es auch?).

2.1 Orientierungsfunktion der Coachingforschung

Relevante Coaching-Forschungsfragen

Anders als beispielsweise die Psychotherapie-Forschung ist das Feld der Coachingforschung erst im Begriff, sich zu etablieren. Dies ist daran erkennbar, dass öffentlich und durchaus kontrovers bedeutsame Fragen diskutiert werden, z. B. in Bezug auf die gesellschaftlichen Rahmenbedingungen, die dazu beitragen, dass Coaching zu einer immer häufiger nachgefragten Beratungsform wird[37] oder was unter Coaching überhaupt alles verstanden wird. Der so in der Wissenschaft entstehende Diskurs über Coaching führt dazu, dass die Aufmerksamkeit auf Coaching auch außerhalb der Wissenschaft weiter steigt.

Was ist Coaching?

Wie bereits deutlich zum Ausdruck gebracht wurde, gibt es noch kein verbindliches Coaching-Beratungskonzept. Der Blick in Studien, die kursierende Coaching-Verständnisse analysieren[38] respektive als »Coaching« deklarierte Interventionen

---

33 Vgl. Meuser 2005.
34 Vgl. Fietze 2011, S. 28.
35 Vgl. Fietze 2011.
36 Vgl. Greif 2011a.
37 Vgl. Fietze 2011, S. 26.
38 Vgl. z. B. Fritsch 2010.

untersuchen,[39] zeigt, dass es noch kein verbindliches Coaching-Verständnis gibt. Interessant ist, dass die Coachingforschung bereits selbst unterschiedliche Akzente setzt und unterschiedliche Interventionen als Coaching betrachtet. Um nicht Äpfel mit Birnen zu vergleichen, plädiert auch Greif dafür, dass die Forschung Standards definiert: »Eine schulenübergreifende Evaluationsforschung braucht eine gemeinsame Coaching-Definition und Qualitätsprüfung der Coaching-Konzepte und Coachs.«[40] Ähnliche Kritik äußern auch die Forscherinnen Möller und Kotte.[41]

Fietze[42] empfiehlt auf dem Weg zu einem einheitlichen Verständnis, einen exklusiven Zuständigkeitsanspruch[43] von Coaching zu bestimmen, der sich wiederum auf einen spezifischen Problemtypus[44] bezieht. Die Akteure der Coaching-Landschaft sollten den Blick also auf das richten, worauf Coaching eine Antwort sein kann. Fietze verweist in diesem Zusammenhang auf das Beispiel klassischer Professionen wie die der Rechtsanwälte, die sich um Rechtsfragen (Problemtypus) kümmern und gleichzeitig das Rechtssystem pflegen (gesellschaftlicher Nutzen), oder die Profession der Ärzte, die Experten sind für Gesundheitsfragen und gleichzeitig durch ihr Handeln einen Beitrag zur Pflege des Gesundheitssystems erbringen.

Wie wirkt Coaching?

Fietze beschreibt die Coaching-Wirksamkeitsforschung als dritte Ebene, die sich der Orientierungsfunktion der Forschung zuordnen lässt, und betont, dass diese vor allem für die Coachs häufig als die wichtigste Forschungskomponente betrachtet wird. Die Wirksamkeitsforschung[45], in Anlehnung an Greif[46] auch »Evaluationsforschung« genannt, untersucht Coaching als Intervention anhand der Wirkung (sichtbar an den Coaching-Ergebnissen) und die dieser zugrunde liegenden Wirkfaktoren und Wirkmechanismen (Details dazu in Abschnitt 4).

Ihren praktischen Wert erhält die Wirksamkeitsforschung über ihre handlungs-orientierende Funktion. Wenn bekannt ist, wie Coaching wirkt, kann man auch das eigene Handeln als Coach entsprechend ausrichten. Dies ist hilfreich, z. B. in Bezug auf die Minimierung von Risiken bei der Intervention wie auch der Verbesserung der eigenen Leistung: »Wirkungsforschung soll Licht bringen in die Blackbox des Beratungsprozesses und v. a. jene Aspekte beleuchten, die durch professionelles Handeln beeinflusst werden […] können.«[47]

---

39 Vgl. z. B. Bachkirova/Kauffman 2008.
40 Vgl. Greif 2008, S. 274.
41 Vgl. Möller/Kotte 2011.
42 Vgl. Fietze 2011.
43 Vgl. Abbott 1988.
44 Vgl. de Sombre/Mieg 2005.
45 Vgl. z. B. Künzli 2009b; Künzli/Seiger 2011b.
46 Vgl. Greif 2008.
47 Vgl. Fietze 2011, S. 28.

Evidenzbasiertes Coaching

Der von Stober und Grant programmatisch geforderte evidenzbasierte Coaching-Ansatz[48] kann vor dem Hintergrund der Orientierungsfunktion von Coachingforschung als Verschränkung wissenschaftlicher Erkenntnis und praktischer Erfahrung sowie professioneller Handlung verstanden werden. Ob praktische Konzepte und Methoden angewendet werden, muss auf der Basis wissenschaftlich gesicherter Erkenntnisse entschieden werden. Gleichermaßen soll routinemäßig und nach wissenschaftlichen Methodenstandards die Anwendung von (neuen) Konzepten evaluiert werden. Die so gewonnenen Erkenntnisse sollen breit diskutiert und durch Aus- und Weiterbildung allen Praktikern und Praktikerinnen sowie Entscheidern und Entscheiderinnen vermittelt werden.[49] Im Sinne eines Ideals beschreiben Künzli und Seiger evidenzbasiertes Coaching als »bewussten, ausdrücklichen und wohlüberlegten Gebrauch des jeweils besten Wissens für Entscheidungen bei der Begleitung eines individuellen Klienten«.[50] Die grundlegenden Wissenskategorien sind dabei forschungsbasierte Belege (Ergebnisse der Wirksamkeitsforschung), die praktische Expertise der bzw. des Coachs sowie die Präferenzen des Klienten, die es zu integrieren gilt.

2.2 Innovationsfunktion von Coachingforschung

Die Forschung kann nicht nur Ergebnisse und Wirkmechanismen bzw. Wirkfaktoren im Coaching nachweisen, sondern dort, wo die Praxis stagniert oder wo Verbesserungspotenzial besteht, auch einen entsprechende Beitrag leisten. Dies kann sie z. B. durch die gezielte Entwicklung effizienterer und/oder effektiverer Interventionen,[51] die beispielsweise in Kooperation von Forschenden und Coachs entwickelt und wissenschaftlich getestet werden.

Weitere Formen einer auf Innovation ausgerichteten Coachingforschung sind noch wenig in Sicht. Es scheint, als wäre die aktuelle Coachingforschung noch völlig darauf ausgerichtet, Orientierung, Transparenz (vgl. oben) und Legitimation (vgl. unten) zu schaffen. Einige wenige innovationsfokussierte Forschungsansätze sind am Horizont jedoch erkennbar, etwa die forschungsgestützte Coaching-Eingangsdiagnostik[52], die sich in Entwicklung befindet, oder der individuumsorientierte Forschungsansatz[53] (siehe unten).

Durchaus lohnenswert wäre möglicherweise auch der Blick in andere Disziplinen und entsprechende Bemühungen wie z. B. auf den Practice Optimisation

---

48 Vgl. Stober/Grant 2006.
49 Vgl. Greif 2011a, S. 34.
50 Vgl. Künzli/Seiger 2011b, S. 23.
51 Vgl. Greif 2011a.
52 Vgl. Möller/Kotte 2011, S. 453.
53 Vgl. Künzli/Stulz 2009.

Cycle[54] in der Sozialen Arbeit und weitere Ansätze der forschungsbasierten (Weiter-)Entwicklung von Interventionen.

2.3 Legitimationsfunktion von Coachingforschung

Die Legitimation der Praxis über die wissenschaftliche Verankerung ihres Tuns ist aus Sicht von Fietze für die weitere Professionalisierung von Coaching von zentraler Bedeutung und soll auch dazu beitragen, die soziale Autorität (gesellschaftliche Anerkennung) und den Autonomieanspruch von Coaching zu erhöhen.[55] Es geht in diesem Zusammenhang vor allem auch darum, die Öffentlichkeit vom individuellen, aber auch gesellschaftlichen Nutzen von Coaching zu überzeugen. Dazu braucht es, wie angedeutet, verbindliche Aussagen darüber, für welchen Problemtypus Coaching eine Antwort darstellt. Gleichermaßen braucht es aber auch Nachweise dafür, dass Coaching seine Versprechungen hält und dass die Qualität gesichert respektive regelmäßiger Gegenstand wissenschaftlicher Untersuchungen ist (vgl. evidenzbasiertes Coaching). Gerade Dritten gegenüber kann dies nur mithilfe entsprechender empirischer Wirkungsnachweise geschehen. Weiter haben Forschungserkenntnisse dann eine legitimierende Funktion, wenn sie von Forschenden stammen, die eine gesunde Skepsis gegenüber dem Nutzen von Coaching haben und die sich auch für die Grenzen und negativen Effekte von Coaching interessieren.[56] Erfolgen auch von diesen skeptischen Vertretern der Forschung nachvollziehbare Nachweise über den Nutzen respektive die Wirksamkeit von Coaching, so steigen auch die Chancen, dass sich Coaching nachhaltig in der Gesellschaft etabliert.

3. Verbreitung von Coachingforschung, Zugang zu Forschungsergebnissen, Forschungsmethodik

3.1 Indiz für die Verbreitung

Insgesamt ist seit der Jahrtausendwende eine signifikante Zunahme von wissenschaftlichen Veröffentlichungen zum Coaching festzustellen (vgl. oben). Seit 2000 bis zum 1. Januar 2011 sind im englischsprachigen Raum 634 peer-reviewte Beiträge (vgl. Abb. 63) erschienen.[57] 231 dieser Beiträge enthalten empirische

---

54 Vgl. Gredig 2011.
55 Vgl. Fietze 2011, S. 29.
56 Vgl. Timulak 2008, S. 3.
57 Vgl. zum Folgenden ausführlich Grant 2011.

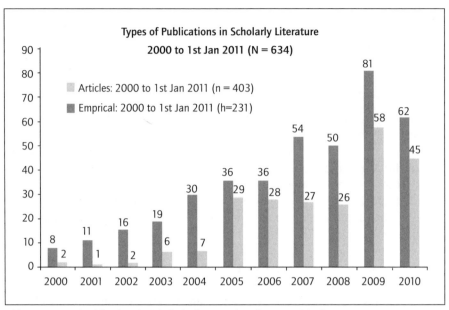

Abb. 63: Types of Publications in Scholarly Literature (Quelle: Grant 2011)

Daten. Die restlichen Artikel bezeichnet Grant als theoriebezogene Diskussionsartikel. Unter den empirischen Beiträgen finden sich auch 14 randomisierte Kontrollstudien, die sich mit den Ergebnissen von Coaching beschäftigen. Eine vergleichbare Auswertung der Fachliteratur im deutschsprachigen Raum liegt nicht vor.

3.2 Zugang

Fachzeitschriften, in denen theoretische und empirische Beiträge über Coaching publiziert werden, gibt es vor allem im englischsprachigen Raum. Eine für den deutschsprachigen Raum wichtige Publikation ist die Zeitschrift »Organisationsberatung – Supervision – Coaching« (OSC). Eine Übersicht über die vorhandenen Publikationen zeigt die folgende Tabelle (vgl. Abb. 64).

Die regelmäßig aktualisierte Übersicht von Christopher Rauen (www.coaching-literatur.de/) bietet auch einen guten Einblick in die deutschsprachige Fachliteratur. Eher praktisch orientierte Zeitschriften, die sich exklusiv dem Coaching widmen, sind das deutschsprachige »Coaching Magazin« (http://www.coaching-magazin.de/) und das englischsprachige »Coaching at Work« (http://www.coaching-at-work.com/).

Zeitschrift (alphabetisch)	Internet
Coaching: An International Journal of Theory, Research and Practice	http://www.tandfonline.com/toc/rcoa20/current
Consulting Psychology Journal: Practice and Research	http://www.apa.org/pubs/journals/cpb/index.aspx
International Coaching Psychology Review	http://www.sgcp.org.uk/publications/international-coaching-psychology-review/international-coaching-psychology-review_home.cfm
International Journal of Coaching in Organizations	http://www.ijco.info/
International Journal of Evidence Based Coaching and Mentoring	http://business.brookes.ac.uk/research/areas/coaching-mentoring/ijebcm/
International Journal of Mentoring and Coaching	http://old.emccouncil.org/eu/public/international_journal_of_mentoring_and_coaching/volume_vii_issue_2_extract/index.html
Organisationsberatung – Coaching – Supervision	www.osc-digital.de/
The Coaching Psychologist	http://www.sgcp.org.uk/publications/the-coaching-psychologist/the-coaching-psychologist_home.cfm
The Journal of Positive Psychology	http://www.tandfonline.com/toc/rpos20/current

Abb. 64: Übersicht der Coaching-Fachzeitschriften im englisch- und deutschsprachigen Raum (eigene Zusammenstellung)

3.3 Forschungsmethodik

Die Produktion zuverlässiger wissenschaftlicher Erkenntnis ist sehr aufwendig und muss sich an methodischen Forschungsstandards orientierten. Im Sinne einer nicht abschließenden Empfehlung weiterführender Literatur sei auf den Beitrag von Greif verwiesen, der speziell für Coaching eine Unterscheidung von qualitativen und quantitativen Forschungsmethoden vornimmt.[58] Ebenfalls interessant zur Beurteilung verschiedener Forschungszugänge ist die Publikation von Künzli und Seiger.[59] Weitere mögliche Zugänge sind herkömmliche Lehrbücher zur qualitativen[60] oder quantitativen[61] Sozialforschung. Selbstverständlich zählen analog zu diesen Lehrbüchern auch solche aus den weiteren Disziplinen, die als Teil der Coachingforschung (siehe oben: Linguistik, Betriebswirtschaftslehre, Psychologie etc.) betrachtet werden können.

Weiterführende Inspirationsquellen, wie Coaching auch noch beforscht werden könnte, sind Lehrbücher und Überblickswerke aus verwandten Gebieten wie

---

58 Vgl. Gref 201 b.
59 Vgl. Künzli/Seiger 2011 b.
60 Vgl. z. B. Flick 2010, Flick et al. 2010, Friebertshäuser et al. 2010, Lamnek 2010.
61 Vgl. z. B. Diekmann 2011, Schnell et al. 2011.

der Psychotherapie- und Beratungsforschung[62], der Supervisionsforschung[63] sowie der Wirksamkeitsforschung respektive der Forschung zur evidenzbasierten Sozialen Arbeit[64].

3.4 Literaturübersichten

Mittlerweile gibt es eine Fülle von Literaturübersichten zur Coachingforschung (*literature review*[65]). Diese versuchen, den jeweiligen Stand der Erkenntnis abzubilden und Ausblick auf anstehende Herausforderungen zu geben. Eine Liste neuerer Übersichtsarbeiten sei hier präsentiert.

Coaching-Literatur seit 2000

Bennett, J. L. (2006): An Agenda for Coaching-Related Research. A Challenge for Researchers. In: Consulting Psychology Journal: Practice and Research. 58. Jg., 2006, (4), S. 240–249.

Campone, F. (2011): Current Research on Coaching. In: Wildflower, Leni/Brennan, Diane (Hrsg.): The handbook of knowledge-based coaching: from theory to practice. San Francisco 2011.

Douglas, C. A./Morley, W. H. (2000): Executive coaching: An annotated bibliography. North Carolina: Center for Creative Leadership 2000.

Ellam-Dyson, V./Palmer, S. (2008): The challenges of researching executive coaching. In: The Coaching Psychologist. 4. Jg., 2008, (2), S. 79–84.

Ely, K./Boyce, L. A./Nelson, J. K./Zaccaro, S. J./Hernez-Broome, G./Thymann, W. (2010): Evaluating leadership coaching: A review and integrated framework. In: The Leadership Quarterly. 21. Jg., 2010, S. 585–599.

Feldman, D. C./Lankau, M. J. (2005): Executive coaching: a review and agenda for future research. In: Journal of Management. 31. Jg., 2005, (6), S. 829–848.

Fillery-Travis, A./Lane, D. (2007): Research: Does Coaching work. In: Palmer, S./Whybrow, A. (Hrsg.): Handbook of Coaching Psychology. New York: Routledge 2007, S. 57–69.

Garvey, R./Stokes, P./Megginson, D. (2006): Researching Coaching and Mentoring. In: R. Garvey, /P. Stokes/D. Megginson (Hrsg.): Coaching and Mentoring. Theory and Practice. London 2006, S. 28–52.

Greif, S. (2008a): Stand der Evaluationsforschung. In: S. Greif (Hrsg.): Coaching und ergebnisorientierte Selbstreflexion. Göttingen: Hogrefe 2008, S. 212–286.

Grant, A. (2011): Workplace, Executive and Life Coaching: An Annotated Bibliography from the Behavioural Science and Business Literature (1st Jan 2011). Sydney: Coaching Psychology Unit, University of Sydney, Australia.

Grant, A./Cavanagh, M./Parker, H./Passmore, J. (2010): The state of Play in Coaching

---

62 Vgl. z. B. McLeod 2010; McLeod 2011; Timulak 2008.
63 Vgl. z. B. Haubl/Hausinger 2009; Petzold et al. 2003.
64 Vgl. z. B. Baumgartner/Sommerfeld 2010; Dahmen 2011; Eppler et al. 2011; Gredig 2011; Sommerfeld 2005; Sommerfeld/Hüttemann 2007.
65 Für eine vertiefende Lektüre zum Thema »Literature Review« vgl. Boote/Beile 2005.

Today: A Comprehensive Review of the Field. In: International Review of Industrial and Organizational Psychology. 25. Jg., 2010, S. 125–167.
Joo, B.-K. (2005): Executive Coaching: A Conceptual Framework From an Integrative Review of Practice and Research. In: Human Resource Development Review. 4. Jg., 2005, (4), S. 462–488.
Kampa-Kokesh, S./Anderson, M. Z. (2005): Executive Coaching. A Comprehensive Review. In: Consulting Psychology Journal: Practice and Research. 53. Jg., 2005, (4), S. 205–228.
Künzli, H. (2009b): Wirksamkeitsforschung im Führungskräfte-Coaching. In: Organisationsberatung – Supervision – Coaching. 16. Jg., 2009, (1), S. 4–16.
Künzli, H./Seiger, C. (2011): Evidence-based Coaching und Wirksamkeit. Hamburg: Europäische Fernfachhochschule 2011.
Latham, G. P. (2007): Theory and research on coaching practices. In: Australian Psychologist. 42. Jg., 2007, (4), S. 268–270
Linley, P. A. (2006): Coaching Research: Who? What? Where? When? Why? In: International Journal of Evidence Based Coaching and Mentoring. 4. Jg., 2006, (2), S. 17.
Möller, H./Kotte, S.(2011): Die Zukunft der Coachingforschung. In: Organisationsberatung – Supervision – Coaching. 18. Jg., 2011, S. 445–456.
Newnham-Kanas, C./Gorczynski, P./Morrow, D./Irwin, J. D. (2009): Annotated Bibliography of Life Coaching and Health Research. In: International Journal of Evidence Based Coaching and Mentoring. 7. Jg., 2009, (1), S. 39–103.
Passmore, J./Gibbes, C. (2007): The state of executive coaching research: What does the current literature tell us and what's next for coaching Research? In: International Coaching Psychology Review. 2. Jg., 2007, (2), S. 116–128.
Passmore, J./Fillery-Travis, A. (2011): A critical review of executive coaching research: a decade of progress and what's to come. In: Coaching: An international Journal of Theory, Research and Practice. 4. Jg., 2011, (2), S. 70–88.

Weitere Einstiegsmöglichkeiten in den fachlichen Coaching-Diskurs finden sich in deutschsprachigen Sammelbänden mit theoretischen und empirischen Beiträgen[66] sowie Coaching-Lehr- und -handbüchern[67].

---

66 Vgl. Wegener et al. 2012.
67 Vgl. z. B. Cox et al. 2010; Garvey et al. 2009b; Lippmann 2009; Moore/Tschannen-Moran 2009; Palmer/Whybrow 2008; Passmore et al., in prep.; Peltier 2010; Rauen 2005; Stober/Grant 2006; Wildflower/Brennan 2011.

4. Stand der Coachingforschung: Dimensionen und Ergebnisse

4.1 Strukturierende Rahmenmodelle

Möller/Kotte vergleichen die aktuelle Coachingforschung mit einem Flickenteppich und verdeutlichen damit, dass diese alles andere ist als weit fortgeschritten.[68] Mängel und Verbesserungsvorschläge gibt es derer sehr viele (vgl. unten), angefangen bei der noch fehlenden einheitlichen Definition von Coaching.

Wer sich nun mit der aktuellen Coaching-Forschungslandschaft beschäftigt, kommt aber nicht darum herum, irgendwo zu beginnen und sich am besten entlang eines Rahmenmodells zu orientieren, in dem mögliche relevante Dimensionen von Coaching und damit verbundene Forschungsperspektiven abgebildet werden. Die Wahl eines Modells bedeutet aber auch Eingrenzung auf eine subjektive Coaching-Perspektive, die gegebenenfalls durch neue Forschungserkenntnisse und weitere Aushandlungsprozesse darüber, was Coaching ist, revidiert werden muss.

Eines der prominentesten und am weitesten verbreiteten Modelle im deutschsprachigen Raum stammt von Greif. Wie der Autor selbst betont, handelt es sich dabei nicht um ein vollständig empirisch validiertes Modell, da nur für gewisse Dimensionen entsprechende Belege vorliegen. Dennoch ist Greif der Meinung, dass Wissenschaft auch ohne vollständig abgesicherte Grundlagen mutige Wege beschreiten soll: »Wissenschaft sollte [...] auch das Risiko eingehen, mögliche Wege durch unsicheres Terrain aufzuzeigen, und die dafür vorhandenen Informationen nutzen. Allerdings dürfen dabei nicht bestätigte Annahmen nicht als ›empirisch abgesichert‹ ausgegeben werden«.[69]

4.2 Strukturmodell der Wirkungen nach Greif

Im Folgenden wird das von Greif 2008 veröffentliche Strukturmodell beschrieben (vgl. Abb. 65).[70] Dieses unterscheidet Voraussetzungen (Coachs/Klienten), Erfolgsfaktoren sowie spezifische und allgemeine Erfolgskriterien. Parallel zur Darstellung des Modells im Sinne einer Orientierungshilfe wird auf der Grundlage primär dreier Übersichtsarbeiten und der darin beschriebenen Studien der Stand der aktuellen Forschungsergebnisse berichtet.[71]

---

68 Vgl. Möller/Kotte 2011.
69 Vgl. Greif 2008, S. 275.
70 Vgl. zum Folgenden ausführlich Greif 2008.
71 Vgl. Greif 2008; Künzli/Seiger 2011b; Möller/Kotte 2011.

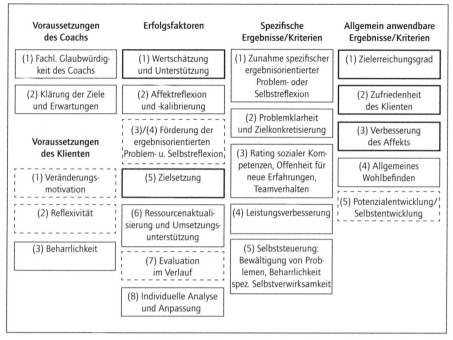

Abb. 65: Strukturmodell der Wirkungen beim ergebnisorientierten Einzelcoaching (Quelle: Greif 2008, S. 277)[72]

Voraussetzungen

Unter »Voraussetzungen« versteht Greif die von Coach und Klient ins Coaching mitgebrachten, für einen Erfolg förderlichen Merkmale.

Fachliche Glaubwürdigkeit des Coachs

Empirische Befunde belegen, dass die wahrgenommene Glaubwürdigkeit des Coachs einen Einfluss auf den Coaching-Erfolg hat.[73] Auch Künzli und Seiger verweisen in ihrer Publikation[74] auf eine entsprechende Studie[75]. Es wird erwartet, dass sich Glaubwürdigkeit positiv auf die Erfolgserwartungen der Klienten auswirkt.[76] Als Grundlage für die Glaubwürdigkeit werden verschiedene Elemente ge-

---

72 Die fett umrandeten Variablen sind mehrfach mit Studien belegt, die einfach umrandeten Variablen mit nur einer Studie. Die gestrichelt umrandeten Kästchen weisen auf hypothetisch relevante Variablen hin, die sich auf qualitative Befragungen abstützen.
73 Vgl. Sue-Chan/Latham 2004.
74 Vgl. Künzli/Seiger 2011b.
75 Vgl. Schmidt 2003.
76 Vgl. Künzli/Seiger 2011b, S. 48.

nannt, wie z. B. Ausbildung, Coaching-Kompetenzen, Feldkompetenz, Branchenkenntnisse, Berufs- und Führungserfahrung.[77]

Klärung der Ziele und Erwartungen des Klienten durch den Coach

Ebenfalls belegt wurde, dass vorgängig definierte Ziele und Erwartungen im Coaching mit der Zielerreichung und der Zufriedenheit der Klienten korrelieren.[78] Die Vermutung liegt nahe, dass damit unrealistischen Zielvorstellungen vorgebeugt werden kann oder allzu problematische Coaching-Anfragen rechtzeitig erkannt und auch abgelehnt werden können.

Veränderungsbereitschaft und Motivation des Klienten

Menschen ohne Veränderungsbereitschaft und Motivation erfolgreich im Coaching zu begleiten, erscheint als unmögliches Unterfangen. Dies wurde auch aus einer entsprechenden Befragung deutlich.[79] Künzli und Seiger argumentieren, dass aber auch eine zu ausgeprägte Motivation problematisch sein könnte, da der Coach dadurch stark unter Druck gesetzt werden kann und bei ausbleibender Veränderung die Motivation des Klienten wieder einbricht.[80]

Reflexivität der Klienten

Durchaus plausibel werden Misserfolge im Coaching auch auf fehlende Reflexivität (vgl. weiter unten für eine detaillierte Beschreibung) der Klienten und Klientinnen zurückgeführt.[81] Entsprechende empirische Belege liegen aber noch nicht vor.[82]

Beharrlichkeit der Klienten

Es wurde empirisch belegt, dass Beharrlichkeit bei der Zielverfolgung eine Eigenschaft ist, die mit dem Zielerreichungsgrad korreliert.[83] Künzli und Seiger verweisen darauf, dass die Voraussetzung für die Beharrlichkeit von der Wünsch- und Realisierbarkeit eines Ziels abhängt.[84] Je mehr diese beiden Komponenten erfüllt sind, desto eher wird auch bei Hindernissen weiter am Ziel gearbeitet.

---

77 Vgl. Greif 2008, S. 276; Künzli/Seiger 2011b, S. 48.
78 Vgl. Runde/Bastians 2005.
79 Vgl. Mäthner et al. 2005.
80 Vgl. Künzli/Seiger 2011b, S. 49.
81 Vgl. Krebs 2007.
82 Vgl. Greif 2008, S. 276.
83 Vgl. Wilms 2004; Greif 2008, S. 276.
84 Vgl. Künzli/Seiger 2011b, S. 50.

Erfolgskriterien

Unter »Erfolgsfaktoren« versteht Greif Merkmale, die in der Interaktion zwischen Klient, Coach und beider Umgebung realisiert werden müssen, um Coaching erfolgreich zu gestalten. Im Überblick sind dies:
- Wertschätzung und emotionale Unterstützung
- Affektreflexion und -kalibrierung,
- ergebnisorientierte Problemreflexion,
- ergebnisorientierte Selbstreflexion,
- Zielklärung,
- Ressourcenaktivierung und Umsetzungsunterstützung,
- Evaluation der Fortschritte im Verlauf,
- individuelle Anpassung und Analyse.

Im Zusammenhang mit diesen Variablen wird auch vom eigentlichen »Coachingprozess« respektive von »Prozessforschung« sowie von »Wirkfaktoren« gesprochen.[85]

Wertschätzung und emotionale Unterstützung

Wie dies schon für die Psychotherapie nachgewiesen wurde,[86] wird auch im Coaching die Beziehungsqualität als relevante Stellgröße betrachtet, wenn nicht gar als einer der wichtigsten Faktoren überhaupt.[87] Die Klienten sollen sich angenommen und ermutigt fühlen, indem der Coach z. B. Anteilnahme ausdrückt und ihnen konstruktives Feedback gibt. Für die Bedeutung von Wertschätzung und emotionaler Unterstützung liegen bereits erste empirische Belege vor.[88]

Affektreflexion und -kalibrierung

Sehr positive und sehr negative Emotionen führen dazu, dass sich eine Person nur noch auf die den Affekt auslösende Situation konzentriert und der ganzheitliche und umfassende Zugang zu sich selbst drastisch beeinträchtigt ist.[89] Entsprechend negativ ist der Effekt auf die ergebnisorientierte Selbst-/Problemreflexion (vgl. unten). Mittels Affektreflexion und -kalibrierung, basierend auf entsprechenden Techniken, soll solch starken Emotionen entgegengewirkt werden, was wiederum einen positiven Einfluss auf die Wirksamkeit von Coaching hat.[90] Entsprechende Studien dazu liegen noch nicht vor.

---

85 Vgl. z. B. Greif in prep.; Künzli/Seiger 2011 b; Möller/Kotte 2011.
86 Vgl. Künzli/Seiger 2011 b, S. 51.
87 Vgl. Möller/Kotte 2011, S. 453.
88 Vgl. Mäthner et al. 2005; Runde/Bastians 2005.
89 Vgl. Kuhl 2001.
90 Vgl. für eine detaillierte Ausführung Greif, S. 99 ff.

Aktivierung von Problem- und Selbstreflexion

Auch im Coachingprozess selbst, nicht nur als Voraussetzung bei den Klientinnen und Klienten, werden die ergebnisorientierte Selbst- und Problemreflexion respektive deren Aktivierung durch den Coach als Qualitätsmerkmale für professionelle Coachings postuliert.[91] Aber was ist unter ergebnisorientierter Selbst- und Problemreflexion eigentlich zu verstehen?

»Probleme« sind gegeben, wenn eine Person, Gruppe oder Organisation sich in einem unerwünschten Ausgangszustand befindet und einen wünschenswerten Ziel- und Endzustand erreichen will.[92] Gleichzeitig sind ihr im Moment aber die Möglichkeiten oder Mittel zur Zielerreichung nicht verfügbar. Bei der *Problemreflexion* fördert der Coach den Klienten, sich aktiv mit dem Problem auseinanderzusetzen, es aus einer anderen Perspektive zu betrachten und Folgerungen für dessen Lösung abzuleiten (= ergebnisorientierte Problemreflexion). Klassische Techniken dabei sind offene Fragen und Moderationskarten zum Beschreiben der Probleme und Rollenspiele.[93] *Ergebnisorientierte Selbstreflexion ist ein Untertypus der Problemreflexion.* Der Gegenstand ist nicht ein externes Problem, sondern das aktuelle und das angestrebte Selbst des Klienten sowie damit verbundene Aspekte wie Werte, Normen, Stärken, Schwächen, Bedürfnisse und Motive. Im allerbesten Fall führen die systematisch geführte Selbstreflexion sowie die ergebnisorientierte Problemreflexion zu einem praktisch verwertbaren Ergebnis: »Im Idealfall denkt die Person systematisch über eigene Handlungen oder typische Merkmale (reales Selbstkonzept) im Vergleich zu angestrebten Zielen oder Merkmalen (ideales Selbstkonzept) nach und kommt zu praktischen Ergebnissen, die sie sich als Orientierung für künftige Handlungen oder Reflexionen einprägen«.[94]

Die Hypothese, dass im Coaching ergebnisorientierte Problem- und Selbstreflexion auftritt und diese für den Erfolg des Coachings von Bedeutung ist, wurde bis dato noch nicht empirisch nachgewiesen. Geißler und Geißler, Kurmann und Metz weisen aber in einer empirischen Studie zum Sprechverhalten von Coach und Coachee darauf hin, dass zu den häufigsten Aktivitäten der Coachs das Fragen zählt.[95] Dies wiederum ist ein Hinweis auf die Korrektheit der Vermutung, dass Reflexion im Coaching von zentraler Bedeutung ist.

---

91 Vgl. Greif 2008, S. 278.
92 Vgl. Dörner 1979.
93 Vgl. Greif et al. 2010, S. 5.
94 Vgl. Greif 2008, S. 37.
95 Vgl. Geißler et al. 2012.

Zielklärung

Verschiedene Studien haben die Zielklärung zu Beginn und auch im weiteren Verlauf des Coachings als relevant für die Zielerreichung nachgewiesen.[96] Eine genaue Zieldefinition erhöht den Grad der Zielerreichung und der Zielzufriedenheit des Klienten.[97] Es ist wichtig, sich bei der Zielformulierung die entsprechende Zeit zu nehmen und auch das Problem oder den Ist-Zustand vorher sorgfältig zu analysieren.[98] Andernfalls besteht die Gefahr, dass sich der Klient nicht verstanden fühlt. Ziele sind vor allem dann nützlich, wenn sie in Anlehnung an die Erkenntnisse der Zielsetzungstheorie von Locke und Latham *smart* formuliert werden: *specific* (spezifisch), *measurable* (messbar), *attractive* (attraktiv), *realistic* (realistisch) und *terminated* (terminiert).[99] Wenn es im Coaching erklärtes Ziel ist, neue Ziele zu entwickeln, kann es sinnvoll sein, erst eine grobe Richtung zu bestimmen und ein »smartes« Ziel als Ergebnis des Coachings anzuvisieren.[100]

Ressourcenaktivierung

Unter Ressourcenaktivierung wird in Anlehnung an den Psychotherapie-Forscher Grawe[101] unterschieden zwischen internen Ressourcen (z. B. Aspekte der Motivation und Persönlichkeit, Fähigkeiten, Kompetenzen, Potenziale) und externen Ressourcen (Expertenwissen, emotionale Unterstützung, konkrete Hilfe von Familie und Freunden und Unterstützung von Menschen aus dem beruflichen Umfeld). Diese Ressourcen kann der Klient, unter anderem mit Hilfe des Therapeuten, aktivieren. Zahlreiche Studien belegen bereits die Relevanz der Ressourcenaktivierung in der Psychotherapie.[102] Mittlerweile liegen nun auch schon erste empirische Belege vor, welche die Bedeutung der Ressourcenaktivierung für die Zielerreichung im Coaching belegen.[103]

Umsetzungsunterstützung

Bei der Umsetzungsunterstützung fokussieren Greif et al. auf Maßnahmen, die den Praxistransfer (außerhalb der Coaching-Sitzung) unterstützen.[104] Als mögliche Technik wird das *Shadowing* beschrieben. Der Kerngedanke besteht darin, die Klienten entweder physisch präsent oder via Telefon in die Praxis zu begleiten respektive gleich im Anschluss an den erfolgten Praxistransfer über

---

96 Vgl. Brauer 2006; Mäthner et al. 2005; Wilms 2004.
97 Vgl. Greif 2007.
98 Vgl. Künzli/Seiger 2011b, S. 53.
99 Vgl. Locke/Latham 1990.
100 Vgl. Künzli/Seiger 2011a, S. 55.
101 Vgl. Grawe 2004.
102 Vgl. Künzli/Seiger 2011a, S. 55.
103 Vgl. Behrendt 2004.
104 Vgl. Greif et al. 2010.

Schwierigkeiten und mögliche Lösungen zu sprechen. Erste Forschungsergebnisse scheinen den praktischen Wert dieser Maßnahme zu belegen.[105]

Evaluation im Verlauf des Coachingprozesses

Wie bereits in der Psychotherapie-Forschung deutlich wurde,[106] verlaufen Therapien, deren Verlauf regelmäßig über die Rückmeldungen der Klienten evaluiert werden, insgesamt besser. Greif vermutet, dass das aktive Einholen von Feedbacks der Klienten auch im Coaching wertvoll ist. Auf diesem Weg erkannte Prozessverbesserungen können damit eingeleitet werden, sie können einen positiven Einfluss auf die Erfolgschancen des Coachings haben.[107] Entsprechende Studien liegen nicht vor.

Individuelle Anpassung

Jeder Klient, jede Klientin erfüllt die oben genannten Voraussetzungen anders. Klienten unterscheiden sich auch in ihrer Persönlichkeit, ihren Fähigkeiten und Handlungskompetenzen. Gleichermaßen wechselt von Coaching zu Coaching auch der soziale Kontext. Auf dieser Grundlage wird vermutet, dass der Coaching-Erfolg von der Fähigkeit des Coachs abhängt, seine Analysen und sein methodisches Vorgehen dem jeweiligen Klienten und der Spezifität des Einzelfalls anzupassen. Eine erste Studie bestätigt, dass diese individuelle Anpassung ein Wirkfaktor ist, durch den der Zielerreichungsgrad und die Zufriedenheit der Klienten vorhergesagt werden kann.[108]

Allgemein anwendbare Erfolgskriterien

Allgemeine Erfolgskriterien sind in den meisten Coachings anwendbar. Mit anderen Worten: In der Regel ist es möglich, Coaching-Ergebnisse dazu zu untersuchen. Greif unterscheidet auf der Grundlage verschiedener Studien zwischen Zielerreichung, Zufriedenheit, positivem Affekt, Wohlbefinden und Potenzialentwicklung.[109]

Zielerreichung und Zufriedenheit

In vielen Coaching-Studien[110] wird gefragt, ob Klienten und Klientinnen mit dem Coaching zufrieden seien und ob sie ihre Ziele erreicht hätten. Insgesamt entsteht der Eindruck, dass Klienten oft mit dem Coaching zufrieden sind und auch

---

105 Vgl. Kaufel et al. 2006.
106 Vgl. Lambert et al. 2005.
107 Vgl. Greif 2008, S. 279.
108 Vgl. Runde/Bastians 2005.
109 Vgl. Greif 2008, S. 283.
110 Vgl. diverse Beispiele in Greif 2008, S. 215.

die Zielerreichung generell als gut eingestuft wird. Kritisch ist aber anzumerken, dass Zufriedenheit nicht immer mit wirklichem Erfolg korreliert. Tatsächlich gibt es Belege dafür, dass Zufriedenheit sogar nur in geringem Maße mit tatsächlich erzielten Lernergebnissen korreliert.[111] Die Zufriedenheit allein ist also kein zuverlässiger Indikator für die Zielerreichung.

Besonders auffallend sind nun Erkenntnisse aus Studien zu verschiedenen Coaching-Ansätzen (Einzel-, Gruppen- und Selbst-Coaching), bei denen in experimentellen Untersuchungen die Coaching-Gruppen hinsichtlich Zufriedenheit und Zielerreichung konsistent besser abschneiden als die Kontrollgruppen ohne Coaching.[112] Gerade auch vor dem Hintergrund der unterschiedlichen Professionalität der in den Studien berücksichtigten Coachs (halbtägige Qualifizierung bis hin zu erfahrenen Business-Coachs) und Klienten (Studierende bis Führungskräfte) überrascht dies besonders.[113] Sogar Selbst-Coaching zeigt auf der Ebene der Zielerreichung positivere Werte, schließt jedoch im Vergleich mit Einzel-Coaching bei der Zufriedenheit deutlich schlechter ab.[114]

Verbesserung von Affekt und Wohlbefinden

Die Ergebnisse verschiedener Studien zeigen, dass durch Coaching sich sowohl der positive Affekt als Verbesserung des allgemeinen psychischen Befindens[115] als auch das Wohlbefinden[116], das neben emotionalen zusätzlich kognitive Anteile umfasst, positiv beeinflusst werden kann.

Potenzialentwicklung

Auf die Frage, wofür Coaching nützlich ist, nennen Coachs und Personalfachleute u. a. Potenzialentwicklung.[117] Diese wird in der Psychologie als Selbstentwicklung beschrieben und könnte im Coaching ebenfalls als allgemein anwendbares Erfolgskriterium verwendet werden. Untersuchungen zu diesen Zusammenhängen gibt es aber noch keine.[118]

Spezifische Erfolgskriterien

Spezifische Erfolgskriterien berücksichtigen den Umstand, dass jedes Coaching etwas Einmaliges ist. Sie können nur in einer Teilmenge von Coachingprozessen angewendet werden. Auf der Grundlage verschiedener experimenteller

---

111 Vgl. Arthur et al. 2003.
112 Vgl. diverse Beispiele in Greif 2008, S. 221.
113 Vgl. Möller/Kotte 2011, S. 447.
114 Vgl. Offermanns 2004; Sue-Chan/Latham 2004.
115 Vgl. Offermanns 2004; Spence/Grant 2005; Steinmetz 2005.
116 Vgl. Green et al. 2005.
117 Vgl. Böning/Fritschle 2005.
118 Vgl. Greif 2008, S. 283.

Vergleichsuntersuchungen hat Greif fünf Gruppen spezifischer Ergebnisse entwickelt:[119]
- Zunahme spezifischer ergebnisorientierter Problem- oder Selbstreflexion,
- Problemklarheit und Zielkonkretisierung,
- Rating sozialer Kompetenzen, Offenheit für neue Erfahrungen, Teamverhalten,
- Leistungsverbesserungen,
- Selbststeuerung: Bewältigung von Problemen, Beharrlichkeit, spezifische Selbstwirksamkeit.

Zunahme spezifischer ergebnisorientierter Problem- oder Selbstreflexion

Coaching hat zum Ziel, die spezifische, ergebnisorientierte Problem- respektive Selbstreflexion beim Klienten zu aktivieren. Dabei liegt die Folgerung auf der Hand, dass die Aktivierung auch über das Coaching hinaus wirkt (wenn sie gelingt), zumindest so lange, bis sie durch Alltägliches überlagert wird.[120] Entsprechende Belege lagen 2008 noch nicht vor.

Problemklarheit und Zielkonkretisierung

Es konnte nachgewiesen werden, dass Coaching eine größere Problemklarheit[121] bewirkt und die Zielvergegenwärtigung[122] und Konkretheit der Ziele besser ist als in der Kontrollgruppe.

Rating sozialer Kompetenzen, Offenheit für neue Erfahrungen, Teamverhalten und Leistungsverbesserung

Die Verbesserung der Interaktion mit anderen Personen durch Coaching konnte auf verschiedenen Ebenen belegt werden. So weist z. B. die Studie von Finn, Mason und Griffin nach, dass durch Coaching soziale Kompetenzen respektive die Fähigkeit, Probleme im sozialen Kontext zu lösen, gestärkt wurde.[123] Spence und Grant wiesen ihrerseits nach, dass Coaching zu einer Zunahme der Offenheit für neue Erfahrungen führt.[124] Eine beobachtbare Verbesserung des Teamverhaltens wird durch die Studie von Sue-Chan/Latham belegt.[125] Die gleiche Studie belegt auch den positiven Effekt auf die Leistungserbringung.

---

119 Vgl. Greif 2008, S. 280 ff.
120 Vgl. Greif 2008, S. 281.
121 Vgl. Offermanns 2004.
122 Vgl. Wilms 2004.
123 Vgl. Finn et al. 2006.
124 Vgl. Spence/Grant 2005.
125 Vgl. Sue-Chan/Latham 2004.

Selbststeuerung

Diese fünfte Merkmalsgruppe umfasst verschiedene, spezifische Verbesserungen im Bereich der Selbststeuerung.[126] Beispielsweise haben Green, Oades und Grant (in einer Studie mit einer Kontrollgruppe ohne Coaching) gezeigt, dass Coaching die Bewältigung von Problemen und Hindernissen fördert.[127] Wilms konnte 2004 eine größere Beharrlichkeit bei der Zielverfolgung durch Coaching nachweisen.[128] Die Studie von Steinmetz verdeutlicht, dass Coaching helfen kann, Situationen besser zu kontrollieren und verhaltensorientierte Strategien zur Selbstbeeinflussung zu fördern.[129] Insgesamt scheint Coaching auch einen positiven Effekt auf Selbstwirksamkeitsüberzeugungen hinsichtlich der anvisierten Ziele zu haben.[130]

4.3 Neue Wirkfaktoren und Wirkebenen am Horizont

Seit 2008 ist manches passiert, und es gibt bereits nennenswerte Weiterentwicklungen und weiterführende Differenzierungen sowohl in Bezug auf die Wirkfaktoren als auch auf die Ebenen, auf denen Coaching wirkt.[131]

Künzli und Seiger plädieren beispielsweise im Kontext ihres generischen Modells der Wirksamkeit von Coaching dafür, auf der Ebene der individuellen, spezifischen Ergebnisse auch die *physiologischen Wirkungen* (z. B. Veränderung des Stressmarkers Cortisol) sowie *Nebenwirkungen* von Coaching (z. B. Abhängigkeit des Coachees vom Coach, Verschlechterung der Beziehungen im sozialen Umfeld) zu berücksichtigen.[132] Entsprechende wissenschaftliche Belege gibt es noch keine. Die Veränderung der erlebten *Inkongruenz* (Verhältnis von erwünschter und effektiv erfolgter Befriedigung spezifischer Bedürfnisse) führen Künzli und Seiger als weiteres allgemeines Kriterium auf individueller Ebene an, wozu auch erste Belege existieren.[133] Weiter führen sie als neue Ergebnisebenen auch die *soziale* (Teamklima, Teamproduktivität) und die *ökonomische Ebene* (Rendite, Produktivität) ein. Die Bedeutsamkeit des sozialen Kontexts in der Entstehung von Wirkung beim Coachee sollte ebenfalls verstärkt untersucht werden (z. B. Zuweisungskontext, Unterstützung durch Vorgesetzte/privates Umfeld, Organisationskultur). Damit nehmen Künzli und Seiger Bezug auf systemische

---

126 Vgl. Greif 2008, S. 282.
127 Vgl. Green et al. 2005.
128 Vgl. Wilms 2004.
129 Vgl. Steinmetz 2005.
130 Vgl. Baron/Morin 2010; Evers et al. 2006.
131 Vgl. Greif in prep.; Künzli/Seiger 2011a; Möller/Kotte 2011.
132 Vgl. Künzli und Seiger 2011a; Künzli/Seiger 2011b, S. 68.
133 Vgl. Seiger/Jost 2010.

Ansätze, in denen das Verhalten einer Person immer auch durch die Verhaltensweisen der Personen in ihrer Umgebung bestimmt wird und umgekehrt.

Auch Möller und Kotte unterstreichen in Anlehnung unter anderem an einen Bericht der Global Coaching Community (GCC 2008) die Relevanz des organisationalen Kontexts.[134] Dies auch deshalb, weil damit Coaching deutlich von Psychotherapie abgegrenzt wird. Die Autorinnen gehen davon aus, dass vor allem methodische und inhaltliche Elemente der Ausbildungs-, Trainings- und Transferforschung[135] hier nützlich sein können und zu einer Differenzierung der Ergebnisvariablen (z. B. Führungsverhalten) wie auch der Prozess- bzw. der moderierenden Variablen (z. B. Freiwilligkeit, Unterstützung durch Vorgesetze, Organisationsklima) führen können, die entsprechend in der Forschung berücksichtigt werden sollten.

Greif selbst hat in einer aktuellen Publikation sein eigenes Modell bereits weiterentwickelt und greift darin einige der genannten Kriterien und neue auf.[136]

4.4 Künftige Ansprüche an die Coachingforschung

Möller und Kotte[137] vergleichen die aktuelle Coachingforschung wie bereits zitiert mit einem Flickenteppich, der aus teils voneinander losgelösten Ansätzen besteht. Insbesondere kritisieren sie die heterogene Qualität, die schwache theoretische Fundierung, die uneinheitlichen Definitionen, die kaum definierten Qualitätsanforderungen und die wenig standardisierten Methoden.

Die Autorinnen treten ein für die Bildung von Forschungsgruppen, die eine systematische, aufeinander aufbauende Coachingforschung vorantreiben. Ausgewählte Optimierungspunkte, die sich aus ihren Ausführungen für die künftige Coachingforschung ableiten lassen, sind:

- mehr Untersuchungen »echter« Coachings mit professionell ausgebildeten, berufstätigen Coachs und »echten« Coachees (Führungskräfte respektive Arbeitnehmer/innen und nicht nur Studierende),
- systematische Untersuchung aller relevanten Coaching-Variablen: Coach, Klient, Beziehung, Kontext, Prozess, Ergebnisse und theoretische Grundlagen,
- theoriegeleitete Coachingforschung, in der Erkenntnisse und Theorien verschiedener Disziplinen (Psychologie, BWL, Managementforschung und Soziologie usw.) zur Bildung und Prüfung von Hypothesen genutzt werden;
- Einsatz anspruchsvoller qualitativer (z. B. differenzierte Prozessanalysen) sowie quantitativer Ansätze (große Fallzahlen, Kontrollgruppen-Studien usw.) und vermehrte Durchführung von Langzeitstudien,

---

134 Vgl. Möller/Kotte 2011.
135 Vgl. z. B. Kauffeld 2010.
136 Vgl. Greif in prep.
137 Vgl. zum Folgenden ausführlich Möller/Kotte 2011.

- spezielle Fokussierung der Coach-Klient-Beziehung (Was ist eine hilfreiche Beziehung? Wie entsteht sie? Unter welcher Bedingung?) und des Coachingprozesses (Was passiert im Coaching? Zielfindung, Emotionsregulierung, Problembearbeitung usw.) sowie Nutzung der entsprechenden Erkenntnisse in der Etablierung einer Coaching-Eignungsdiagnostik,
- Integration der Interessen von Forschung und Praxis,
- Berücksichtigung der Interessen der Praxis in der weiteren Coachingforschung,
- Öffnung der Coaching-Praxis für die Coachingforschung,
- Verbreitung der Coaching-Forschungserkenntnisse in Tagungen, gut lesbaren und öffentlich zugänglichen Zusammenfassungen,
- systematische Verschränkung der Coaching-Forschungserkenntnisse mit der Aus- und Weiterbildung von Coachs,
- neue Kooperationsformen zur Verschränkung von Interessen verschiedener Akteursgruppen (Coachs, Klienten, Klientenorganisationen, Coaching-Organisationen, Hochschulen).

Gemäß Greif bewegt sich die Coachingforschung insgesamt noch auf sehr unsicherem Terrain: »Methods applied in today's generation of coaching [...] research are in my view a bit like poking around with a rod in the fog«.[138] Seine Empfehlungen liegen deshalb auch auf der Entwicklung angemessener Methoden zur Untersuchung weiterer spezifischer Coaching-Ergebnisse (z. B. spezifische Selbstwirksamkeitsüberzeugung oder die Fähigkeit zur Perspektivenübernahme).

Künzli und Stulz schlagen vor, vermehrt *individuumsorientierte Coachingforschung* zu betreiben. Die Überlegung geht dahin, den Klienten selbst direkt zu dienen. Dazu werden Informationen, die aus dem Monitoring des Beratungsverlaufs gewonnen wurden, für die Optimierung der laufenden Coachings genutzt.[139]

5. Neue Coaching-Themen

Neben den dargestellten Differenzierungen auf Ergebnis- und Prozessebene sowie der notwendigen Fokussierung des organisationalen Kontexts gibt es auch praktische Coaching-Entwicklungen, die entsprechend weitere Herausforderungen für die Coachingforschung zutage fördern. Drei mögliche Stoßrichtungen, die im Folgenden skizziert werden, sind:
- Differenzierung von Coaching-Praxisfeldern,
- Etablierung von Coaching-Programmen,
- Einsatz moderner Medien im Coaching.

---

138 Vgl. Greif in prep., S. 18.
139 Vgl. Künzli 2009a, Künzli/Stulz 2009.

5.1 Coaching-Praxisfelder

Coaching existiert längst nicht mehr nur im Sport[140] oder in der Führungs- und Personalentwicklung profitorientierter Unternehmungen[141], sondern mittlerweile auch in neuen gesellschaftlichen Handlungsfeldern wie beispielsweise der Politik[142], der Wissenschaft[143] sowie im Sozial-, Pflege und Gesundheitswesen[144] und weiteren mehr. Es sind auch nicht mehr nur Führungskräfte, die Coaching in Anspruch nehmen, sondern auch Fachkräfte und Projektverantwortliche in Unternehmen[145], Wissenschaftlerinnen und Wissenschaftler[146] sowie Jugendliche[147], Erwerbslose[148] und viele weitere mehr.

Diese Entwicklungen und verschiedene Beiträge am zweiten internationalen Coaching-Forschungskongress (www.coaching-meets-research.ch), der im Sommer 2012 stattfand, legen nahe, dass immer mehr Coaching-Praxisfelder erkennbar werden und sich etablieren.[149]

Vorausgesetzt, diese horizontale Verbreitung und Differenzierung von Coaching in Form entsprechender Praxisfelder hält weiter an – wofür es erste empirische Belege gibt[150] –, ist auch anzunehmen, dass ein entsprechender Forschungsbedarf nicht ausbleiben wird und Fragen beispielsweise nach den Gemeinsamkeiten und Unterschieden von Coaching im Kontext der verschiedenen Coaching-Praxisfelder immer mehr in den Fokus rücken.

5.2 Coaching-Programme

Immer wieder ist von den sogenannten »Coaching-Programmen« die Rede.[151] Besonders interessant erscheinen hier Entwicklungen sehr innovativer Unternehmen im englischsprachigen Raum. Kernidee dabei ist, dass Coaching systematisch über entsprechende Coaching-Programme angeboten wird, in denen die strategischen Ziele der Organisation mit den Potenzialen der anvisierten Zielgruppe (z. B. *High Potentials*) optimal verschränkt werden.[152] Offensichtlich ge-

---

140 Vgl. z. B. Lyle/Cushion 2010; McMorris/Hale 2006.
141 Vgl. z. B. Böning/Fritschle 2005; Tonhäuser 2010.
142 Vgl. z. B. Dietze 2008; Esders 2011.
143 Vgl. Ebner 2009; Frohnen 2009; Hubrath 2009; Klinkhammer 2009; Klinkhammer 2011.
144 Vgl. z. B. Birgmeier 2006; Birgmeier 2010; Krczizek/Kühl 2008.
145 Vgl. Tonhäuser 2010.
146 Vgl. z. B. Klinkhammer 2011.
147 Vgl. z. B. Wiethoff 2011.
148 Vgl. z. B. Schmidt 2011.
149 Vgl. Wegener et al. in prep.
150 Vgl. Seiger/Künzli 2012.
151 Vgl. z. B. Bresser 2010; Carter/Peterson 2010; Rauen 2004.
152 Vgl. Peterson/Little 2008; Rock/Donde 2008; Stomski et al. 2011.

winnt Coaching über solche Initiativen an strategischer Bedeutung. Die anvisierten Ziele reichen weit über die Verbesserung der Leistung einzelner Mitarbeitender hinaus: »Leading-edge organisations are moving beyond reactive, one-leader-at-a-time coaching to launch coaching programmes focused on developing key groups of leaders [...] systemic coaching creates a much greater return on investment for the organization«.[153]

Sollten solche Coaching-Programme – die im Übrigen in angepasster Form auch von der öffentlichen Hand angeboten werden, z. B. als Programme für Erwerbslose[154] – sich weiter etablieren, werden auch hier Forschungsbedarf und entsprechende Forschungsfragen in den Fokus rücken (z. B. Unterscheidung erfolgreicher und nicht erfolgreicher Coaching-Programme, Erfolgsfaktoren bei deren Implementierung).

5.3 Moderne Medien im Coaching

Das Face-to-Face-Coaching ist bisher noch immer eines der am weitestverbreiteten und akzeptierten Coaching-Formate. Es gibt auch empirische Belege dafür, dass der Einsatz moderner Medien wie Telefon, Skype, E-Mail und Chat im Coaching immer selbstverständlicher wird.[155] Es scheint, als würden durch den Einsatz moderner Medien gar vorhandene Anwendungsbarrieren überwunden. Entsprechend positiv fällt auch die Einschätzung des Marktpotenzials für das sogenannte »E-Coaching« aus.[156] Fachpublikationen[157] dazu gibt es immer mehr, empirische Studien aber noch kaum. Deshalb ist es denkbar, dass die Coachingforschung sich verstärkt auch auf diese Entwicklung konzentrieren und der Praxis des *E-Coachings* entsprechende Unterstützung bieten wird.[158]

5.4 Fazit

Die Coachingforschung ist alles andere als abgeschlossen. Viele Fragen, darunter beispielsweise auch jene nach der Klärung des Coaching-Konzepts selbst, sind noch nicht geklärt. Viele weitere Fragen werden zudem im künftigen Wissenschaftsdiskurs erst noch auftauchen. Gleichermaßen scheint es so, als dass die Coachingforschung zunehmend auf das Parket der »Professionalisierungsakteure«

---

153 Vgl. Peterson/Little 2008, S. 44.
154 Vgl. z. B. Schmidt 2011.
155 Vgl. Corbett et al. 2008; Seiger/Künzli 2012.
156 Vgl. Gross/Stephan 2012, S. 336.
157 Vgl. z. B. Boyce/Clutterbuck 2011; Clutterbuck/Hussain 2010; Garvey et al. 2009a; Geißler 2008; Geißler/Metz 2012.
158 Vgl. Boyce/Clutterbuck 2011, S. 309.

tritt und die Zukunft von Coaching mitgestalten möchte. Ob sich der aktuelle Flickenteppich zu einem hochwertigen, handgeknüpften Perserteppich entwickeln wird, wird die Zukunft weisen.

Literatur

Abbott, A. (1988): The Systems of Professions. An Essay on the Division of Expert Labor. Chicago, London: The University of Chicago Press 1988.

Arthur, W./Bennett, Wi./Edens, P./Bell, S. (2003): Effectiveness of training in organizations: A meta-analysis of design and evaluation features. In: Journal of Applied Psychology. 88. Jg., 2003, (2), S. 234–245.

Bachkirova, T./Kauffman, C. (2008): Many ways of knowing: How to make sense of different research perspectives in studies of coaching. In: Coaching: An International Journal of Theory, Research and Practice. 1. Jg., 2008, (2), S. 107–113.

Bachkirova, T./Sibley, J./Myers, A. (2011): Final progress report on the research project: Development of an instrument for microanalysis of coaching sessions. USA: Institute for Coaching, McLean Hospital 2011.

Baron, L./Morin, L. (2010): The impact of executive coaching on self-efficacy related to management soft-skills. In: Leadership & Organization Development Journal. 31. Jg., 2010, (1), S. 18-38.

Baumgartner, E./Sommerfeld, P. (2010): Evaluation und evidenzbasierte Praxis. In: W. Thole (Hrsg.): Grundriss Soziale Arbeit. Ein einführendes Handbuch. 3., überarb. und erw. Aufl., Wiesbaden: VS Verlag für Sozialwissenschaften 2010, S. 1163–1175.

Behrendt, P. (2004): Wirkfaktoren im Coaching. Diplomarbeit. Universität Freiburg 2004.

Bennett, J. L. (2006): An Agenda for Coaching-Related Research. A Challenge for Researchers. In: Consulting Psychology Journal: Practice and Research. 58. Jg., 2006, (4), S. 240–249.

Birgmeier, B. (2006): Coaching und Soziale Arbeit: Grundlagen einer Theorie sozialpädagogischen Coachings. Weinheim: Juventa 2006.

Birgmeier, B. (2010): Sozialpädagogisches Coaching. Weinheim: Juventa 2010.

Birgmeier, B. (2011): (Hrsg.): Coachingwissen. 2 Aufl., Wiesbaden: VS Verlag für Sozialwissenschaften 2011.

Böning, U. (2005): Coaching: Der Siegeszug eines Personalentwicklungsinstruments. Eine 15-Jahres-Bilanz. In: C. Rauen, C. (Hrsg.): Handbuch Coaching. 3. Aufl., Göttingen: Hogrefe. 2005, S. 21–43.

Böning, U./Fritschle, B. (2005): Coaching fürs Business. Was Coachs, Personaler und Manager über Coaching wissen müssen. Bonn: ManagerSeminare 2005.

Boote, D. N./Beile, P. (2005): Scholars Before Researchers: On the Centrality of the Dissertation. Literature Review in Research Preparation. In: Educational Researcher. 34. Jg., 2005, (6), S. 3–15.

Boyce, L. A./Clutterbuck, D. (2011): E-Coaching. Accept It, It's Here, and It's Evolving! In: G. Hernez-Broome/L. A. Boyce (Hrsg.): Advancing Executive Coaching. San Francisco: Wiley 2011, S. 285-315.

Brauer, Y. (2006): Zielvereinbarungen beim Coaching. Eine empirische Untersuchung aus Kundensicht. Düsseldorf: VDM 2006.

Bresser, F. (2010): The Global Business Guide for the successful use of Coaching in Organisations. Frank Bresser Publishing. URL: http://www.bresser-consulting.com/businessguide.html.

Carter, A./Peterson, D. (2010) (Hrsg.): Evaluating coaching programmes. 2. Aufl., London: Kogan Page 2010.

Clutterbuck, D./Hussain, Z. (Hrsg.) (2010): Virtual Coach, Virtual Mentor. Charlotte, NC: Information Age Publishing 2010.
Corbett, B./Corbett, K./Colemon, J. (2008): The 2008 Sherpa executive coaching survey. West Chester, OH: Sherpa Coaching. URL: http://www.coachxp.es/docs/SherpaExecutiveCoachingSurvey2008.pdf.
Cox, E./Bachkirova, T./Clutterbuck, D. A. (2010) (Hrsg.): The complete handbook of coaching. London: Sage 2010.
Dahmen, S. (2011): Evidenzbasierte soziale Arbeit? Zur Rolle wissenschaftlichen Wissens für sozialarbeiterisches Handeln. Baltmannsweiler: Schneider-Verlag Hohengehren 2011.
de Sombre, S./Mieg, H. A. (2005): Professionelles Handeln aus der Perspektive der kognitiven Professionssoziologie. In: M. Pfadenhauer (Hrsg.). Professionelles Handeln. Wiesbaden: VS Verlag für Sozialwissenschaften 2005, S. 55–66.
Diekmann, A. (2011): Empirische Sozialforschung: Grundlagen, Methoden, Anwendungen Reinbek bei Hamburg: Rowohlt 2011.
Dietze, A. (2008): Coaching im Wahlkampf. In: Zeitschrift für Politikberatung. 9. Jg., 2008, S. 558–571.
Dörner, D. (1979): Problemlösen als Informationsverarbeitung. Stuttgart: Kohlhammer 1979.
Ebner, K. (2009): Entwicklung der Studierfähigkeit als Aufgabe der Universität: Coaching studentischer Selbstmanagementkompetenzen. In: Zeitschrift für Hochschulentwicklung. 4. Jg., 2009, (3), S. 37–52.
Eppler, N./Miethe, I./Scheider, A. (Hrsg.) (2011): Qualitative und quantitative Wirkungsforschung: Ansätze, Beispiele, Perspektiven. Opladen: Barbara Budrich 2011.
Esders, E. (2011): Nachhaltig denken und handeln: Coaching für Politiker. Göttingen: Vandenhoeck & Ruprecht 2011.
Evers, W. J. G. /Brouwers, A./Tomic, W. (2006): A quasi-experimental study on management coaching effectiveness. In: Consulting Psychology Journal: Practice and Research. 58. Jg., 2006, (3), S. 174–182.
Fietze, B. (2011): Chancen und Risiken der Coachingforschung – eine professionssoziologische Perspektive. In: R. Wegener/A. Fritze/M. Loebbert (Hrsg.): Coaching entwickeln. Forschung und Praxis im Dialog. Wiesbaden: VS Verlag für Sozialwissenschaften 2011, S. 24–33.
Finn, F. A./Mason, C./Griffin, M. (2006): Investigating change over time – The effects of executive coaching on leaders' psychological states and behaviour. 26th International Congress of Applied Psychology. July 16-21. Athens, Greece 2006.
Flick, U. (2010): Qualitative Sozialforschung. Eine Einführung. 3. Aufl., Reinbek bei Hamburg: Rowohlt 2010.
Flick, U./von Kardorff, E./Steinke, I. (Hrsg.) (2010): Qualitative Forschung: Ein Handbuch. 8. Aufl., Reinbek bei Hamburg: Rowohlt 2010.
Friebertshäuser, B./Langer, A./Prengel, A. (2010) (Hrsg.): Handbuch qualitative Forschungsmethoden in der Erziehungswissenschaft. 3., vollständig überarbeitete Aufl., Weinheim: Juventa 2010.
Fritsch, M. (2010): Professionalität im Coaching. Beiträge der Coachingverbände zur Professionsbildung und Professionalisierung in Deutschland. Münster: MV-Wissenschaft 2010.
Frohnen, Anja (2009): Promotionserfolgsteams. Mit Peer Coachingkompetenz zur individuellen Leistungssteigerung. In: Organisationsberatung Supervision Coaching. 2. Jg., 2009, S. 150–165.
Garvey, B. (2011): Researching Coaching: An Eclectic Mix or Common Ground? A Critical Perspective. In: Wegener, Robert/Fritze, Agnès/Loebbert, Michael (Hrsg.):

Coaching entwickeln. Forschung und Praxis im Dialog. Wiesbaden: VS Verlag für Sozialwissenschaften 2011, S. 65–76.

Garvey, R./Stokes, P./Megginson, D. (2009a): E-development. In: R. Garvey/P. Stokes/ D. Megginson (Hrsg.): Coaching and Mentoring. Theory and Practice. London: Sage 2009, S. 140–150.

Garvey, R./Stokes, P./Megginson, D. (2009b) (Hrsg.): Coaching and Mentoring. Theory and Practice. London: Sage 2009.

GCC, Global Coaching Community (2008): A research agenda for the development of the field. White paper von der global convention on coaching, September. Dublin, Ireland 2008.

Geißler, H. (2005): Was kommt nach der Coaching-Euphorie? – Perspektiven für eine zukunftsweisende Entwicklung. URL: http://www.coach-gutachten.de/aufsaetze/Coaching_Euphorie_Aufsatz.pdf.

Geißler, H. (2009): Die inhaltsanalytische »Vermessung« von Coachingprozessen. In: Birgmeier, Bernd (Hrsg.): Coachingwissen – Denn sie wissen nicht, was sie tun? Wiesbaden: VS Verlag 2009, S. 93–128.

Geißler, H. (2008)(Hrsg.): E-Coaching. Baltmannsweiler: Schneider-Verlag Hohengehren 2008.

Geißler, H./Kurzmann, C./Metz, M. (2012): Coaching und Beratung mit und ohne moderne Medien – ein empirischer Vergleich. In: H. Geißler/M. Metz (Hrsg.): E-Coaching und Online-Beratung. Formate, Konzepte, Diskussionen. Wiesbaden 2012.

Geißler, H./Metz, M. (2012) (Hrsg.): E-Coaching und Online-Beratung. Formate, Konzepte, Diskussionen. Wiesbaden 2012.

Graf, E.-M./Rettinger, S. /Pick, I./Aksu, Y. (2011) (Hrsg.): Beratung, Coaching, Supervision. Multidisziplinäre Perspektiven vernetzt. Wiesbaden: VS Verlag für Sozialwissenschaften 2011.

Grant, A. (2011): Workplace, Executive and Life Coaching: An Annotated Bibliography from the Behavioural Science and Business Literature (1st Jan 2011). Sydney: Coaching Psychology Unit, University of Sydney, Australia.

Grawe, K. (2004) (Hrsg.): Neuropsychologie. Göttingen: Hogrefe 2004.

Gredig, D. (2011): From Research to Practice: Research-based Intervention Development in Social Work. Developing practice through cooperative knowledge production. In: European Journal of Social Work. 14. Jg., 2011, (1), S. 53–70.

Green, L.S./Oades, L.G./Grant, A.M. (2005): An evaluation of a life-coaching group programm: Initital findings from a waitlist control study. In: M. Cavanagh/A.M. Grant/T. Kemp (Hrsg.): Evidence-based coaching, Vol. 1: Theory, research and practice from the behavioural sciences. Bowen Hills: Australian Academic Press 2005, S. 127–141.

Greif, S. (2007): Advances in research on coaching outcomes. In: International Coaching Psychology Review. 2. Jg., 2007, (3), S. 222–249.

Greif, S. (2008): Coaching und ergebnisorientierte Selbstreflexion. Göttingen: Hogrefe 2008.

Greif, S. (2011a): Die wichtigsten Erkenntnisse der Coachingforschung für die Praxis aufbereitet. In: R. Wegener/A. Fritze/M. Loebbert (Hrsg.): Coaching entwickeln. Forschung und Praxis im Dialog. Wiesbaden 2011, S. 34–43.

Greif, S. (2011b): Qualitative oder quantitative Methoden in der Coachingforschung. Methodenstreit zwischen unversöhnlichen Wissenschaftsauffassungen. In: E.-M. Graf/Y. Aksu/I. Pick/S. Rettinger (Hrsg.): Beratung, Coaching, Supervision. Wiesbaden 2011, S. 37–52.

Greif, S. (in prep.): Conducting organizational based evaluations of coaching and mentoring programs. In: J: Passmore/D.B.Peterson/T. Freire (Hrsg.): Handbook of

Coaching & Mentoring Psychology. Chichester: Wiley Blackwell. URL: http://www.home.uni-osnabrueck.de/sgreif/downloads/Eval_Coaching.pdf.

Greif, S./Schmidt, F./Thamm, A. (2010): The Rating of Eight Coaching Success Factors – Observation Manual Universität Osnabrück 2010.

Gross, P.-P./Stephan, M./Toker, S. (in prep.): How much would you pay your executive coach? An investigation of knowledge-intensive business services pricing.

Gross, P.-P./Stephan, M. (2012): Die Entwicklung des deutschen Coaching-Marktes und das Marktpotential von Coaching mit neuen Medien – eine ökonomische Analyse. In: Geißler, Harald/Metz, Maren (Hrsg.): E-Coaching und Online-Beratung. Formate, Konzepte, Diskussionen. Wiesbaden 2012, S. 319-338.

Hartmann, M.(2004): Coaching als Grundform pädagogischer Beratung. Verortung und Grundlegung. Doktorat. Ludwig-Maximilians-Universität München. München 2004.

Haubl, R./Hausinger, B. (Hrsg.) (2009): Supervisionsforschung: Einblicke und Ausblicke. Göttingen: Vandenhoeck & Ruprecht 2009.

Hubrath, M. (2009): Coaching für neu berufene Professor/innen. In: Organisationsberatung Supervision Coaching. 2. Jg., 2009, S. 202–211.

Kaufel, S./Scherer, S./Scherm, M./Sauer, M. (2006): Führungbegleitung in der Bundeswehr – Coaching für militärische Führungskräfte. In: W. Backhausen/J. P. Thommsen (Hrsg.): Coaching. Durch systemisches Denken zur innovativen Personalentwicklung. Wiesbaden 2006, S. 419–438.

Kauffeld, S. (2010): Nachhaltige Weiterbildung: Betriebliche Seminare und Trainings entwickeln, Erfolge messen, Transfer sichern. Berlin 2010.

Klinkhammer, M. (2009): Angebot und Nachfrage von Coaching für Wissenschaftler/innen. In: Organisationsberatung, Supervision, Coaching. 2. Jg., 2009, S. 122–123.

Klinkhammer, M. (2011): Life-Coaching von Wissenschaftler/innen in der Praxis. In: C. Schmidt-Lellek/F. Buer (Hrsg.): Life-Coaching in der Praxis. Göttingen 2011, S. 251–270.

Krczizek, R./Kühl, W. (2008): Coaching für Führungskräfte in der sozialen Arbeit. Eine empirische Bedarfsanalyse. In: Organisationsberatung, Supervision, Coaching. 15. Jg., 2008, S. 56–69.

Krebs, K. (2007): Erfolg beim Coaching – Pilotuntersuchung zur Erprobung eines neuen Instruments zur summativen Evaluation von Coaching. Diplomarbeit. Osnabrück 2007.

Kuhl, J. (2001): Motivation und Persönlichkeit. Interaktionen psychischer Systeme. Göttingen 2001.

Kühl, S. (2008): Die Professionalisierung der Professionalisierer? Das Scharlanerieproblem im Coaching und der Supervision und die Konflikte um die Professionsbildung. In: Organisationsberatung Supervision Coaching. 15. Jg., 2008, (3), S. 260–294.

Künzli, H. (2009a): Wirksamkeitsforschung im Führungskräfte-Coaching. In: Organisationsberatung Supervision Coaching. 16. Jg., 2009, (1), S. 4–16.

Künzli, H. (2009b): Wirksamkeitsforschung im Führungskräftecoaching. In: E. Lippmann (Hrsg.): Coaching. Angewandte Psychologie für die Beratungspraxis. Heidelberg 2009, S. 280–294.

Künzli, H./Stulz, N. (2009): Individuumsorientierte Coaching-Forschung. In: Birgmeier, Bernd (Hrsg.): Coachingwissen. Denn Sie wissen nicht, was sie tun? Wiesbaden 2009, S. 159–169.

Künzli, H./Seiger, C. (2011a): Evidence-based Coaching und Wirksamkeit. Hamburg: Europäische Fernfachhochschule 2011.

Künzli, H./Seiger, C. (2011b): Evidence-based Coaching und Wirksamkeit. Hamburg: Europäische Fernfachhochschule 2011.

Lambert, M. J./Hawkins, E. J./Vermeersch, D. A./Whipple, J. L. (2005): Die Auswirkung eines Rückmeldesystems zur Erfassung des Therapiefortschritts von Klienten. Eine Zusammenfassung von vier, im klinischen Alltag furchgeführten Studien. In: J. Korsfelder/J. Michalak/S. Vocks/U. Willutzki (Hrsg.): Fortschritte der Psychotherapieforschung. Göttingen 2005, S. 309-337.

Lamnek, S. (2010) (Hrsg.): Qualitative Sozialforschung: Lehrbuch., 5. Aufl., Weinheim 2010.

Lippmann, E. (2009) (Hrsg.): Coaching: Angewandte Psychologie für die Beratungspraxis. 2. Aufl., Heidelberg 2009.

Locke, E. A./Lathman, G. P. (1990): A theory of goal setting & task performance. Englewood Cliffs: Prentice Hall 1990.

Looss, W. (1991): Coaching für Manager. Problembewältigung unter vier Augen. Landsberg/Lech: Verlag Moderne Industrie 1991.

Lyle, J./Cushion, C. (2010): Sports coaching: professionalisation and practice. Edinburgh: Churchill Livingstone 2010.

Mäthner, E./Jansen, A./Bachmann, T. (2005): Wirksamkeit und Wirkung von Coaching. In: C. Rauen (Hrsg.): Handbuch Coaching. 3. Aufl., Göttingen 2005, S. 55-76.

McLeod, J. (2010): Case study research: in counselling and psychotherapy. London: Sage 2010.

McLeod, J. (2011): Qualitative Research in counselling and psychotherapy. 2. Aufl., Los Angeles: Sage 2011.

McMorris, T./Hale, T. (2006): Coaching science: theory into practice. Chichester: John Wiley & Sons 2006.

Meuser, M. (2005): Professionelles Handeln ohne Profession. In: M. Pfadenhauer (Hrsg.): Professionelles Handeln. Wiesbaden 2005, S. 253-264.

Möller, H./Kotte, S. (2011): Die Zukunft der Coachingforschung. In: Organisationsberatung Supervision Coaching. 18. Jg., 2011, S. 445-456.

Moore, M./Tschannen-Moran, B. (2009): Coaching psychology manual. Philadelphia: Wolters Kluwer/Lippincott Williams & Wilkins 2009.

Offermanns, M. (2004): Braucht Coaching einen Coach? Eine evaluative Pilotstudie. Stuttgart 2004.

Palmer, S./Whybrow, A. (2008) (Hrsg.): Handbook of coaching psychology: a guide for practitioners. London: Routledge 2008.

Passmore, J./Peterson, D./Freire, T. (Hrsg.) (in prep.) The Wiley-Blackwell Handbook of the Psychology of Coaching and Mentoring. Wiley-Blackwell.

Peltier, B. (2010): The psychology of executive coaching: theory and application. New York: Routledge 2010.

Peterson, D./Little, B. (2008): Growth market: The rise of systemic coaching. In: Coaching at Work. 3. Jg., 2008, (1), S. 44-47.

Petzold, H./Schigl, B./Firscher, M./Höfner, C. (2003) (Hrsg.): Supervision auf dem Prüfstand. Wirksamkeit Forschung Anwendungsfelder Innovation. Opladen 2003.

Rauen, C. (2004): Implementierung von organisationsinternen Coaching-Programmen. In: Organisationsberatung Supervision Coaching. 11. Jg., 2004, (3), S. 209-220.

Rauen, C. (2005) (Hrsg.): Handbuch Coaching. Göttingen 2005.

Rock, D./Donde, R. (2008): Driving organizational change with internal coaching programs: part one. In: Industrial and Commercial Training. 40. Jg., 2008, (1), S. 10-18.

Roundtable_der_Coachingverbände (2012): Information zum Expertenkreis »Roundtable der Coachingverbände«. 2. Internationaler Coaching-Forschungskongress im deutschsprachigen Raum. URL: http://www.coaching-meets-research.ch/Partner/roundtable_Coachingverbaende.pdf.

Runde, B./Bastians, F. (2005): Internes Coaching bei der Polizei NRW – eine multimethodale Evaluationsstudie. Coaching-Kongress 4.–5.3.2005. Frankfurt/M. 2005.
Schmidt, M. (2011): Bridges – Ein theoriegeleitetes Interventionsprogramm zur Förderung der Beschäftigungsfähigkeit Arbeitsloser: Gesundheitsförderung durch Vermittlungscoaching In: S. Mühlpfordt/G. Mohr/P. Richter (Hrsg.): Erwerbslosigkeit: Handlungsansätze zur Gesundheitsförderung. Legerich: Pabst Science Publishers 2011.
Schmidt, T. (2003): Coaching. Eine empirische Studie zu Erfolgsfaktoren bei Einzelcoaching Universität Berlin 2003.
Schnell, R./Hill, P.B./Esser, E. (2011): Methoden der empirischen Sozialforschung. 9. Aufl., München 2011.
Seiger, C./Jost, S./Künzli, H. (2010): Wirkfaktoren und Kongruenzerleben im Coaching. In: BSO Journal. 3. Jg., 2010, S. 20–21.
Seiger, C./Künzli, H. (2012): Der Schweizerische Coachingmarkt 2011 aus der Sicht von Coachs. ZHAW Onlinepublikation: Zürcher Hochschule für Angwandte Wissenschaften 2012.
Sommerfeld, P. (2005) (Hrsg.): Evidence-based social work – towards a new professionalism. Bern 2005.
Sommerfeld, P./Hüttemann, M. (2007) (Hrsg.): Evidenzbasierte Soziale Arbeit: Nutzung von Forschung in der Praxis. Baltmannsweiler 2007.
Spence, G.B./Grant, A.M. (2005): Individual and group life coaching: Initial findings from a randomised, controlled trial. Bowen Hills: Australian Academic Press 2005.
Starr, J. (2002): The Coaching Manual: The Definitive Guide to the Process and Skills of Personal Coaching. Harlow, England: Prentice Hall 2002.
Steinmetz, B. (2005): Stressmanagement für Führungskräfte. Hamburg 2005.
Stober, D.R./Grant, A.M. (2006) (Hrsg.): Evidence based coaching handbook: putting best practices to work for your clients. Hoboken, N.J.: Wiley 2006.
Stomski, L./Ward, J./Battista, M. (2011): Coaching Programs. In: Hernez-Broome, Gina/Boyce, Lisa A. (Hrsg.): Advancing Executive Coaching. Setting the Course for Successful Leadership Coaching. San Francisco: Wiley 2011.
Sue-Chan, C./Latham, G.P. (2004): The relative effectiveness of external, peer, and self-coaches. In: Applied Psychology: An International Review. 53. Jg., 2004, (2), S. 260–278.
Timulak, L. (2008): Research in Psychotherapy and Counselling. Los Angeles, London, New Dehli, Singapore, Washington: Sage 2008.
Tonhäuser, C. (2010): Implementierung von Coaching als Instrument der Personalentwicklung in deutschen Grossunternehmen. Frankfurt am Main 2010.
Wegener, R./Fritze, A./Loebbert, M. (2012) (Hrsg.): Coaching entwickeln. Forschung und Praxis im Dialog. 2 Aufl., Wiesbaden 2012.
Wegener, R./Fritze, A./Loebbert, M. (Hrsg.) (in prep.): Coaching-Praxisfelder. Forschung und Praxis im Dialog. Wiesbaden.
Wiethoff, C. (2011): Übergangscoaching mit Jugendlichen: Wirkfaktoren aus Sicht der Coachingnehmer beim Übergang von der Schule in die Ausbildung. Wiesbaden 2011.
Wildflower, L./Brennan, D. (2011) (Hrsg.): The handbook of knowledge-based coaching: from theory to practice. San-Francisco: Jossey-Bass 2011.
Wilms, J.-F. (2004): Coaching zur Umsetzung persönlicher Ziele. Entwicklung, Durchführung und Evaluation. Diplomarbeit. Osnabrück 2004.

Literatur

A

Aristoteles (1998): Über die Seele. Hamburg 1998.
Aristoteles (1991): Poetik. Ditzingen 1991.
Aristoteles (1988): Aristotels' Physik – Vorlesungen über Natur. Hamburg 1988.
Adam, S. M. (2011): The Coach's Role in creating a Coaching Culture. Master Thesis an der Sheffield Hallam University. Sheffield 2011.
Adizes, I. (1999): Managing Corporate Life Cycles. Paramus 1999.
Ajdacic-Gross, V./Graf, M. (2003): Bestandesaufnahme und Daten zur psychiatrischen Epidemiologie. Informationen über die Schweiz. In: P. C. Meyer/K. Meyer/P. Camenzind, (Hrsg.): Schweizerisches Gesundheitsobservatorium. Neuchatel 2003.
AG Soziologie (1996): Denkweisen und Grundbegriffe der Soziologie. Eine Einführung. Frankfurt 1996.
Alwart, S. (2003): Coachingerfolge messbar machen. In: Wirtschaft und Weiterbildung 1/2003, S. 32–35.
Anderson, M. C. (2002): Executive Briefing: Case Study on the Return on Investment of Executive Coaching. www.metrix-global.net; 2002.
Anscombe, E. (2010): Absicht. Frankfurt 2010.
Antonovsky, A. (1997): Salutogenese. Zur Entmystifizierung der Gesundheit. Tübingen 1997.
Antonowsky, A. (1993): Gesundheitsforschung versus Krankheitsforschung. In: A. Franke/ M. Broda (Hrsg.): Psychosomatische Gesundheit. Versuch einer Abkehr vom Pathogenese-Prozess. Tübingen 1993, S. 34–59.
Avolio, B. J./Griffith, J./Wernsing, T. S./Walumbwa, F. O. (2010): What is Authentic Leadership Development? In: P. A. Linley/S. Harrington/ N. Garcea (Hrsg.): Oxford Handbook of Positive Psychology and Work. Oxford 2010, S. 39–51.
Avolio, B. J./Gardner, W. L./Walumbwa, F. O. (2007): Authentic Leadership Questionnaire (ALQ) Multirater Report. Menlo Park CA 2007.

B

Babiak, P./Hare, R. D. (2006): Snake in Suits. When Psychopaths go to Work. New York 2006.
Backhausen W./Thommen J.-P. (2006): Coaching. Durch systemisches Denken zu innovativer Personalentwicklung. 3. Aufl., Wiesbaden 2006.
Bakker, A. (2007): The Job Demands-Resources Model: State of the Art. In: Journal of Managerial Psychology, 23/2007, S. 309–328.
Bamberger, G. (2009): Lösungsorientierte Beratung. 5. Aufl., Weinheim 2009.
Bandura, A. (1991): Sozial-kognitive Lerntheorie. Stuttgart 1991.
Barlett, C. A./Goshal, G. (1997): The individualized Corporation. A fundamentally new Approach to Management. New York 1997.
Barth, D. (2001): Von der Abstammung zur Wahlverwandtschaft. Entkoppelung von Region, Herkunft und Alltagspraxen im Kulturbegriff interkultureller Kulturarbeit. In: Zeitschrift für internationale Bildungsforschung und Entwicklungspädagogik, 4/01 2001, S. 2–5.
Bartscher, T./Wittkuhn, K. (2000): Performance Improvement. Neuwied 2000.
Bartholomäus, U./Hollweg, P./Latos, M./Mayer, K.-M./Pantle, C./Siefer. W./Thielike, R. (2011): Erschöpft oder schon depressiv? Focus. Was ist Burnout? Was sind Depressionen? 48/2011, S. 79–86.
Bartholdt, L./Schütz, A. (2010): Stress im Arbeitskontext. Ursachen, Bewältigung und Prävention. Landsberg 2010.

Bass, B. M. (2008): The Bass Handbook of Leadership. Theory, Research, and Managerial Applications. New York 2008.
Bate, P. (1997): Cultural Change. Strategien zur Änderung der Unternehmenskultur. München 1997.
Bateson, G. (1981): Ökologie des Geistes. Anthropologische, psychologische, biologische und epistemologische Perspektiven. Frankfurt 1981.
Bays, J. C. (2011): What is Mindfulness? In: B. Boyce (Hrsg.): The Mindfulness Revolution. Boston 2011.
Beck, D. E./Cowan, Ch. C. (2007): Spiral Dynamics – Leadership, Werte und Wandel. Eine Landkarte für das Business, Politik und Gesellschaft im 21. Jahrhundert. Bielefeld 2007.
Becker-Hill, S. (2003): Zwischen vier Ohren. In: Manager Seminare 66/2003, S. 70–77.
Bennis, W./Thomas, W. (2002): Geeks and Geezers: How Era, Values and Defining Moments Shape Leaders. London 2002.
Bennis, W. G. (1972): Entwicklungsmuster der T-Gruppe. In: L. P. Bradford,/J. R. Gibb/ K. D. Benne (1972): T-Gruppentheorie und Laboratoriumsmethode. Stuttgart 1972. S. 270–300.
Berg, I. K./Szabo, P. (2005): Brief Coaching for Lasting Solutions. New York, London 2005.
Berger, P. L./Luckmann, T. (1987): Die gesellschaftliche Konstruktion der Wirklichkeit. Eine Theorie der Wissenssoziologie. Frankfurt 1987.
Bergner, T. M. H. (2010): Burnout-Prävention: Das 12-Stufen-Programm zur Selbsthilfe. 2. Aufl., Stuttgart 2010.
Borlinghaus, R. (2011): Die neue Dimension des Coachings. In: R. Borlinghaus (Hrsg): Coaching 2.0. Handbuch Telecoaching. Konstanz 2011, S. 44–54.
Brocher, T. (1999): Gruppenberatung und Gruppendynamik. Leonberg 1999.
Brockhaus (2008): Der Brockhaus Psychologie. Fühlen, Denken und Verhalten verstehen. 2. Aufl., Gütersloh 2008.
Burisch, M. (2006): Das Burnout-Syndrom. Theorie der inneren Erschöpfung. 3. Aufl., Heidelberg 2006.
Bieber, S. (2011): Reisen ins Land der Seele. Darmstadt 2011.
Block, P. (1997): Erfolgreiches Consulting. Frankfurt 1997.
Boltanski, L./Chiapello, E. (2003): Der neue Geist des Kapitalismus. Konstanz 2003.
Bourdieu P. (1983): Ökonomisches Kapital – Kulturelles Kapital – Soziales Kapital. In: R. Kreckel (Hrsg.): Soziale Ungleichheiten. Göttingen 1983, S. 183–198.
Bourdieu, P. (1974): Zur Soziologie der symbolischen Formen. Frankfurt 1974.
Bresser, F. (2010): The Global Business Guide for the Successfull Use of Coaching in Organisations. Köln 2010.
Brendan Reddy, W.(1997): Prozessberatung von Kleingruppen, Leonberg 1998.
Bridges, W. (1980): Transitions. Cambridge (MA) 1980.
Brinkmann, R. (2002): Intervision – Ein Trainingsbuch der kollegialen Beratung für die betriebliche Praxis. Heidelberg 2002.
Brocher, T. (1999): Gruppenberatung und Gruppendynamik. Leonberg 1999.
Bruner, J. (1986): Actual Minds – Possible Worlds. London 1986.
Burkhart, G /Runkel, G. (Hrsg.) (2004): Luhmann und die Kulturtheorie. Frankfurt 2004.
Burnes, B. (2004): Managing Change. 4. Aufl., Upper Saddle River 2004.

C

Campbell, J. (1999): Der Heros in tausend Gestalten. Frankfurt 1999.
Ciompi, L. (2002): Gefühle, Affekte, Affektlogik. Wien 2002.
Ciompi, L.(1982): Affektlogik – Über die Struktur der Psyche und ihre Entwicklung. Stuttgart 1982.
Clutterbuck, D./Megginson, D. (2005): Making Coaching Work. London 2005.
Cohn, R. (2009): Von der Psychoanalyse zur Themenzentrierten Interaktion. Stuttgart 2009.

Coleman, J.S. (1991): Grundlagen der Sozialtheorie. Band 1. München 1991.
Collins, J. (2001): Good to Great. New York 2001.
Conradi, W. (1983): Personalentwicklung. Stuttgart 1983.
Creusen, U./Müller-Seitz (2010): Das Positive-Leadership-Grid. Eine Analyse aus Sicht des Positiven Managements. Wiesbaden 2010.
Csikszentmihalyi, M. (2004): Flow im Beruf. Das Geheimnis des Glücks am Arbeitsplatz. 2. Aufl., Stuttgart 2004.

D

Davidson, R.J./Kabat-Zinn, J./Schumaker, J./Rosenkranz, M./Muller, D./Santorelli, S. et al. (2010): Alterations in brain and immune function produced by mindfulness meditation. In: D. McCown/ D. Reibel/M.S. Micozzi (2010): Teaching Mindfulness. A Practical Guide for Clinicians and Educators. New York 2010, S. 564–570.
Dahrendorf, R. (2000): Homo Sociologicus. Wiesbaden 2000.
Deci, E.L./Ryan, R.M. (2000): The »what« and »why« of goal pursuits: Human needs and the self-determination of behavior. In: Psychological Inquiry 11/2000, S. 227–268.
Deci, E.L./Ryan, R.M. (1995): Human agency. The basis for true self-esteem. In: M.H. Kernis (Hrsg.): Efficacy, agency, and self-esteem. New York 1995, S. 31–55.
De Haan, E. (2008): Relational Coaching – Journeys Towards Mastering one-To-One Learning. Sussex 2008.
De Haan, E./Burger, Y. (2005): Coaching with Colleagues. An action guide for one-to-one learning. Houndsmills 2005.
De Haan, E. (2004): Learning with Colleagues: An Action Guide for Peer Consultation. Houndsmills 2004.
Della Mirandola, P. (1990): De Hominis Dignitate. Über die Würde des Menschen. Hamburg 1990.
De Shazer, S. (1996): Worte waren ursprünglich Zauber – lösungsorientierte Therapie in Theorie und Praxis. Dortmund 1996.
Dembkowski, S./Eldrige, F./Hunter I. (2006): The seven steps of effective executive coaching. London 2006.
Dieckmann, E. (2011): Die narzisstische Persönlichkeitsstörung mit Schematherapie behandeln. Stuttgart 2011.
Dilling, H./Mombour, W./Schmidt, M.H. (2011): Internationale Klassifikation psychischer Störungen: ICD-10 Kapitel V (F). Klinisch-diagnostische Leitlinien. 8. Aufl. Bern 2011.
Dilts, R.B. (2005): Professionelles Coaching mit NLP – Mit dem NLP Werkzeugkasten geniale Lösungen ansteuern. Paderborn 2005.
Dilts, R./Grinder, J./Bandler, R. (1994): Strukturen subjektiver Erfahrung – Ihre Erforschung und Veränderung durch NLP. Paderborn 1994.
Doppler, K./Lauterburg, C. (2008): Changemanagement. Den Unternehmenswandel gestalten. Frankfurt 2008.
Drake, D.B. (2010): Narrative Coaching. In: E. Cox et al. (Hrsg.): The Complete Handbook of Coaching. London 2010. S. 120–131.
Drake, D.B. (2007): The Art of Thinking Narratively: Implications for Coaching Psychology and Practice. In: the Australian Psychologist 4/2007, S. 283–294.
Drucker, P. (2004): The Effective Executive. 5. Aufl., New York 2004.

E

Eberling, W. et al. (1998): Kurzgefasst. Zum Stand der lösungsorientierten Praxis in Europa. Dortmund 1998.
Eberling, W./Heyer, D. (2005): Die Kristall-Kugel-Technik. http://ebookbrowse.com/wolfgang-eberling-kristallkugel-pdf-d89986317; 2005.

Eck, C. D. (1990): Rollencoaching als Supervision – Arbeit an und mit Rollen in Organisationen. In: G. Fatzer/ C. D. Eck (Hrsg.): Supervision und Beratung. Köln 1990, S. 209–276.
Endrissat, N./Müller, W. R./Kaudela-Baum, S. (2007): En route to an empirically-based understanding of Authentic Leadership. In: European Management Journal 25/2007, S. 207–220.
Erikson, E. H. (1999): Kindheit und Gesellschaft. Stuttgart 1999.
Erikson, E. H. (1976): Identität und Lebenszyklus. Frankfurt 1976.

F

Ferris, T. (2008): Die 4-Stunden-Woche: mehr Zeit, mehr Geld, mehr Leben. Berlin 2008.
Fiedler, R. (2010): Organisation kompakt. München 2010.
Fietze, B. (2011): Chancen und Risiken der Coachingforschung – eine professionssoziologische Perspektive. In: R. Wegener/A. Fritze/M. Loebbert (Hrsg.): Coaching entwickeln – Forschung und Praxis im Dialog. Frankfurt 2011, S. 24–33.
Fischer-Epe, M. (2002): Coaching. Miteinander Ziele erreichen. Reinbek bei Hamburg 2002.
Forney, D. S./Wallace-Schutzman, F./Wiggers, T. T. (1982): Burnout among Career Development professionals. Preliminary Findings and Implications. In: Personal and Guidance Journal 60/1982, S. 435–439.
Francis, D./Young, D. (1982): Mehr Erfolg im Team. Essen 1982.
Franz, H. W./Kopp, R. (2003): Kollegiale Fallberatung – State of the Art und organisationale Praxis. Köln 2003.
Freud, S. (2009): Der psychische Apparat. In: S. Freud: Abriss der Psychoanalyse. Einführende Darstellungen. Frankfurt 2009.
Freud, S. (1975): Zur Dynamik der Übertragung. In: Studienausgabe. Ergänzungsband Frankfurt 1975, S.157–168.
Freudenberger, H. J. (1974): Staff Burn-Out. In: Journal of Social Issues 30/1974, S. 159–165.
Freudenberger, H. J./Richelson, G. (1980): Burn-Out. The High Cost of High Achievement. Garden City 1980.
Friedli, C. (2005): Kommunikation. In Friedli, C.: Wörter. Begriffe. Bedeutungen. Ein Glossar zur Sozialen Arbeit. Brugg 2005.
Furmann, B./Tapani, A. (2010): Es ist niemals zu spät, erfolgreich zu sein. Ein lösungsorientiertes Programm für Coaching von Organisationen, Teams und Einzelpersonen. Heidelberg 2010.

G

Gage, N. L./Berliner, D. C. (1979): Pädagogische Psychologie. München 1979.
Gallese, V./Goldman, A. (1998): Mirror Neurons and the Simulation Theory of Mind Reading. In: Trends in Cognitive Sciences 12/1998, S. 493–501.
Gallwey, W. T. (2010): Inner Game Coaching. Warum Erfahrungen der beste Lehrmeister sind. Staufen 2010.
Gallwey, W. T. (1974): The Inner Game of Tennis. New York 1974.
Gardner, W. L./Avolio, B. J./Luthans, F./May, D. R./Walumbwa, F. O. (2005): »Can you see the real me?« A self-based Model of authentic Leader and Follower Development. In: The Leadership Quarterly 16/2005, S. 343–372.
Geißler, H. (2006): E-Coaching. Baltmannsweiler 2008.
Geißler, K. A. (1989): Anfangssituationen. Weinheim 1989.
Geißler, K. A. (1992): Schlusssituationen. Weinheim 1992.
Geißler, K. A. (1995): Lernprozesse steuern. Weinheim 1995.
Geramanis, O. (2006): Unentscheidbares Vertrauen. In: Gruppenpsychotherapie und Gruppendynamik. Beiträge zur Sozialpsychologie und therapeutischen Praxis 3/2006, S. 248– 265.

Geramanis, O. (2002): Vertrauen – die Entdeckung einer sozialen Ressource. Stuttgart 2002.
Giddens, A. (1996): Konsequenzen der Moderne. Frankfurt 1996
Glasl, F. (2011): Konfliktmanagement. Ein Handbuch für Führungskräfte, Beraterinnen und Berater. 10. Aufl., Stuttgart 2011.
Glasl, F./Lievegoed, B. (1993): Dynamische Unternehmensentwicklung. Stuttgart 1993.
Glasl, F./Weeks, D. (2008): Die Kernkompetenzen für Mediation und Konfliktmanagement. Stuttgart 2008.
Götz, K. (Hrsg.) (2006): Vertrauen in Organisationen. München 2006.
Goffman, E. (1959): Wir alle spielen Theater. München 2010.
Goldsmith, M. (2007): Was Sie hierher gebracht hat, wird Sie nicht weiter bringen. Wie Erfolgreiche noch erfolgreicher werden. München 2007.
Goldsmith, M. (2000): Coaching for Behavioral Change. In: M. Goldsmith/L. Lyons/A. Freas/R. Witherspoon (Hrsg.): Coaching for Leadership – How the World's Greatest Coaches Help Leaders Learn. San Francisco 2000. S. 21–26.
Grant, A. M. (2006): Workplace, Executive and Life Coaching: An annoted Bibliography from the Behavioural Science Literature. Coaching Psychology Unit, University of Sydney. Sydney 2006.
Grawe, K. (2005): Empirisch validierte Wirkfaktoren statt Therapiemethoden. In: Report Psychologie 8/2005, S. 297–311.
Grawe, K (2000): Psychologische Therapie. 2. Aufl., Göttingen 2000.
Grawe, K. (1995): Grundriss einer Allgemeinen Psychotherapie. In: Psychotherapeut 40/1995, S.130–145.
Grebner, S./Berlowitz, I./Alvarado, V./Cassina, M. (2011): Stressstudie 2010. Stress bei Schweizer Erwerbstätigen. Zusammenhänge zwischen Arbeitsbedingungen, Personenmerkmalen, Befinden und Gesundheit. Staatssekretariat für Wirtschaft SECO. Bern 2011.
Greif, S. (2008): Coaching und ergebnisorientierte Selbstreflexion. Göttingen 2008.
Greif, S. (2008a): Coaching and result-oriented Self-reflection. Theory, Research and Practice of Individual and Team Coaching. Göttingen 2008.

H
Haken, H./Schiepek, G. (2010): Synergetik in der Psychologie. Selbstorganisation verstehen und gestalten. Göttingen 2010.
Hardingham, A. (2004): The Coach's Coach. Personal Development for personal Developers. London 2004.
Harrison, R. (1977): Rollenverhandeln: Ein harter Ansatz zur Team-Entwicklung. In: B. Sievers (Hrsg.): Organisationsentwicklung als Problem. Stuttgart 1977. S. 116–133.
Harter, S. (2002): Authenticity. In: C. R. Snyder/S. J. Lopez (Hrsg): Handbook of positive Psychology. London 2002, S. 382–394.
Hatch, M. J. (1997): Organization Theory. Modern, Symbolic and Postmodern Perspectives. Oxford 1997.
Haubl, R./Molt, W./Weidenfeller, G./Wimmer, P. (1986): Struktur und Dynamik der Person. Einführung in die Persönlichkeitspsychologie. Opladen 1986.
Hawkins, P. (2011): Leadership Team Coaching. London 2011.
Heath, C./Heath, D. (2010): Switch – How to Change Things when Change is hard. San Francisco 2010.
Heckhausen, H./Heckhausen J. (2010): Motivation und Handeln. Hamburg 2010.
Hegel, G. F. W. (1969): Die objektive Logik. In: Werke in zwanzig Bänden, Band 5., Hamburg 1969, S. 13–69.
Heintel. P. (Hrsg.) (2008): Betrifft: TEAM, Dynamische Prozesse in Gruppen. Wiesbaden 2008.
Heintel. P./Krainz E. (1990): Projektmanagement: eine Antwort auf die Hierarchiekrise. 2. Aufl., Wiesbaden 1990.

Heitger, B. et al. (2011): Strategie Wandel Führung – reloaded. Workshop-Paper. Stuttgart 2011.
Hendriksen, J. (2011): Kollegiale Beratung in sozialer Arbeit und Schule. München 2011.
Herder, J. G. (1994): Auch eine Philosophie der Geschichte zur Bildung der Menschheit. In: J. Brummack/M. Bollacher (Hrsg): Herder Werke. Schriften zu Philosophie, Literatur, Kunst und Altertum 1774-1787. Frankfurt 1994, S. 9-107.
Hernez-Broome, J./Hughes, R. L. (2004): Leadership Development. Past, Present and Future. In: HR. Human Resource Planning 2004; S. 24-32.
Hüther, G. (2006): Die Strukturierung des Gehirns durch Erziehung und Sozialisation. In: E.-M. Kranich/M. Kolleijn,/R. Benedikter/A. Neider (Hrsg.): Wer strukturiert dass menschliche Gehirn? Stuttgart 2006, S. 11-26.
Hüther, G. (2004): Die Macht der inneren Bilder. Wie Visionen das Gehirn, den Menschen und die Welt verändern. Göttingen 2004.

I

Ilies, R./Morgeson, F. P./Nahrgang, J. D. (2005): Authentic Leadership and eudaemonic Well-Being: understanding Leader-Follower Outcomes. In: The Leadership Quarterly 16/2005, S. 373- 394.

J

Jacobi, F./Wittchen, H.-U./Hölting, C./Höfler, M./Pfister, H./Müller, N./Lieb, R. (2004): Prevalence, Co-morbidity and Correlates of mental Disorders in the general Population. Results from the German Health Interview and Examination Survey (GHS). In: Psychological Medicine, 2004, 34, S. 1-15.
Jacobi, M. (1992): Therapeuten sind auch Menschen. Übertragung und menschliche Beziehung in der Jungschen Praxis. Zürich 1992.
Jäger, R. (2001): Praxisbuch Coaching. Erfolg durch Business-Coaching, Offenbach 2001.
Jarvis, J./Lane, D./Fillery-Travis, A (2006): The Case for Coaching – Making evidence based Decisions on Coaching. London 2006.
Johnson, G./Scholes, K./Whittington, R. (2005): Exploring Corporate Strategy. 7. Aufl., Upper Saddle River 2005.
Jones, G. R./Bouncken, R. B. (2008): Organisation. Theorie, Design und Wandel. 5. Aufl., München 2008.
Jung, C. G. (1994a): Psychologische Typen. In: Gesammelte Werke. Band 6. Ostfildern 1994.
Jung, C. G. (1994b): Psychologie der Übertragung. In: Gesammelte Werke. Band 20. Ostfildern 1994.

K

Kegan, R. (1986): Die Entwicklungsstufen des Selbst. Fortschritte und Krisen im menschlichen Leben. München 1986.
Kernis, M. H./Goldman, B. M. (2006): A Multicomponent Conceptualization of Authenticity. Theory and Research. In: M.P. Zane (Hrsg.): Advances in Experimental Social Psychology 38/2006. San Diego, S. 284-357.
Kersting, H. J./Neumann-Wirsig, H. (Hrsg.) (2004): Supervision intelligenter Systeme, Aachen 2004.
Kets de Vries, M. F. R. (2006): The Leader on the Couch. A clinical Approach to changing People and Organisations. Chichester 2006.
Kets de Vries, M. F. R. (1990): Chef Typen. Zwischen Charisma, Chaos, Erfolg und Versagen. Wiesbaden 1990.
Kets de Vries, M. F. R./Engellau, M. (2010): A clinical Approach to the Dynamics of Leadership and Executive Transformation. In: N. Nohria/R. Khurana (Hrsg.): Handbook of Leadership Theory and Practice. Boston 2010, S. 132-160.

Keuning, D. (1989): Management: a contemporary Approach. London 1989.
Kieser A./Walgenbach, P. (2007): Organisation. 5. Aufl., Stuttgart 2007.
Kilburg, R. R. (2001): Facilitating Intervention Adherence. In: Executive Coaching. A Model and Methods. Consulting Psychology Journal – Practice and Research, 53/4/2001, S. 251–267.
Klein, L. (2011): Soziale Komplexität im Projektmanagement. White Paper http://www.systemic-excellence-group.com/de/library.
Klebert, K./Schrader, E./Straub, W. G. (1992): Winning Group Results. Hamburg 1992.
Klein, S. (2007): 50 Praxistools für Trainer, Berater, Coachs. Offenbach 2007.
Knierim, A. (2011): Intuition trifft Intuition im »magischen Moment«. In: M. Stephan/P. Gross (Hrsg.): Organisation und Marketing von Coaching, Wiesbaden 2011, S. 138–162.
König, E./Vollmer, G. (2002): Systemisches Coaching. Handbuch für Führungskräfte, Berater und Trainer. Weinheim 2002.
König, O./Schattenhofer, K. (2006): Einführung in die Gruppendynamik. Heidelberg 2006.
Königshauser, R./Exner, A. (1998): Systemische Intervention. Architekturen und Designs für Berater und Veränderungsmanager. Stuttgart 1998.
Königswieser, R./Hillebrand, M. (2004): Einführung in die systemische Organisationsberatung. Heidelberg 2004.
Körner, M. (2007): Geschäftsprojekte zum Erfolg führen. Das neue Projektmanagement für Innovation und Veränderung in Unternehmen. Berlin 2007.
Kotre, J. (1996): Outliving the Self. How We live on in Future Generations. Baltimore 1996.
Kouvonen, A./Kivinäki, M./Virpanen, M./Pentti, J./Vahtera, J. (2005): Work Stress, Smoking Status and Smoking Intensity. In: Journal of Epidemiology and Community Health, 59/2005, S. 63–69.
Kouvonen, A./Kivinäki, M./Elovainio, M./Väänanen, A./DeVogli, R./Heponiemir, R. et al. (2008): Low Organisational Justice. Journal of Occupational and Enviromental Medicine 65/2008, S. 44–50.
Kroeber, A./Kluckhohn, C. (1952): Culture. A Critical Review of Concepts and Definitions. New York 1952.
Kühl, S. (2008): Coaching und Supervision. Zur personenorientierten Beratung in Organisationen. Frankfurt 2008.
Kuhl, J. (2009): Lehrbuch der Persönlichkeitspsychologie: Motivation, Emotion und Selbststeuerung. Göttingen 2009.
Kuhn, T. S. (1973): Die Struktur wissenschaftlicher Revolutionen. Frankfurt 1973.
Kübler-Ross, E. (1972): Interviews mit Sterbenden. Gütersloh 1972.
Kurth, B. M. (2012): Erste Ergebnisse aus der »Studie zur Gesundheit Erwachsener in Deutschland« (DEGS). In: Forschung aktuell. Bundesgesundheitsblatt 2012, 55, S. 980–990.

L
Lakey, C. E./Kernis, M. H./Heppner, W. L./Lance, C. E. (2008): Individual Differences in Authenticity and Mindfulness as Predictors of verbal Defensiveness. In: Journal of Research in Personality, 42/2008, S. 230–238.
Lehky, M. (2011): Leadership 2.0. Frankfurt 2011.
Lewin, K. (1953): Die Lösung sozialer Konflikte. Bad Nauheim 1953.
Lewin, K. (1947): Group Decision and Social Change. In: T. M. Neweomb/E. L. Hartley (Hrsg.): Readings in Social Psychology. Boston 1947, S. 340–44.
Lippitt, G. und R. (2006): Beratung als Prozess. Leonberg 2006.
Lippmann, E. (Hrsg.) (2009a): Coaching – angewandte Psychologie für die Beratungspraxis. Berlin 2009.
Lippmann, E. (2009b): Intervision – Kollegiales Coaching professionell gestalten. Berlin 2009.

Loebbert, M. (2010): Coaching Wissen zwischen Forschung und Kunstlehre. In: R. Wegener/ A. Fritze/M. Loebbert (Hrsg.): Coaching entwickeln. Forschung und Praxis im Dialog. Frankfurt 2010, S. 89-95.
Loebbert, M. (2009): Kultur entscheidet. Kulturelle Muster in Unternehmen erkennen und verändern. Leonberg 2009.
Loebbert, M. (2006): The Art of Change. Von der Kunst Veränderungen in Organisationen und Unternehmen zu führen. Leonberg 2006.
Loebbert, M. (2003): Storymanagement. Der narrative Ansatz für Management und Beratung. Stuttgart 2003.
Looss, W. (1997): Unter vier Augen. Coaching für Manager. Landsberg 1997.
Ludeman, K./Erlandson, E. (2006): Alpha Male Syndrome. Boston 2006.
Ludeman, K./Erlandson, E. (2004): Coaching the Alpha Male. Boston 2004.
Luhmann, N. (2000): Organisation und Entscheidung. Wiesbaden 2000.
Luhmann, N. (1989): Vertrauen. Ein Mechanismus der Reduktion sozialer Komplexität. Stuttgart 1989.
Luthans, F.L./Youssef, C.M. (2009): Positive Workplaces. In: S.J. Lopez/C.R. Snyder (Hrsg.): Oxford Handbook of Positive Psychology. Oxford 2009, S. 579-588.

M

Maccoby, M. (2003): The productive Narcissist. The Promise and Peril of visionary Leadership. New York 2003.
Mäthner, E./Jansen, A./Bachmann, Th. (2005): Wirksamkeit und Wirkfaktoren von Coaching. In: C. Rauen (Hrsg.): Handbuch Coaching. 2. Aufl., Göttingen 2005, S. 55-75.
March, J. (1991): Exploration and Exploitation in organizational Learning. In: Organization Science 2/1991, S. 71-87.
Maslach, J. (1976): Burned out. In: Human Behaviour 5/1976, S. 16-22.
Maslach, C./Leiter, M.P. (1997): The Truth about Burnout. How Organizations cause personal Stress and what to do about it. San Francisco 1997.
Maslach, C. (1982): Burnout. The Cost of Caring. Engelwood Cliffs 1982.
Maslow, A.H. (1977): Motivation und Persönlichkeit. Olten 1977.
Masurek, I. (2002): Coaching. Weiterbildender Masterstudiengang Arbeits- und Organisationspsychologie (Kurs 77363, Fernuniversität). Hagen 2002.
Maturana, H.R./Varela, F.J. (1987): Der Baum der Erkenntnis. Die biologischen Wurzeln des menschlichen Erkennens. Bern 1987.
Meier, D.(2004): Wege zur erfolgreichen Teamentwicklung. Basel 2004.
Meier, D./Szabo, P. (2008): Coaching erfrischend einfach – Einführung ins lösungsorientierte Kurzzeitcoaching. Bern 2008.
Müller, G. (2003): Systemisches Coaching. Weinheim 2003.
Möller, H.J./Laux, G./Deister, A. (2005): Psychiatrie und Psychotherapie. 3. Aufl., Stuttgart 2005.

N

Nagel, R. (2009): Organisationsarchitekturen und ihre besonderen Führungsherausforderungen. In: R. Wimmer/J.O. Meissner/P. Wolf (Hrsg.) (2009): Praktische Organisationswissenschaft. Heidelberg 2009.
Neubauer, W. (2004): Organisationskultur. Stuttgart 2004.
Neumann R./Bredemeier, K. (1996): Projektmanagement von A bis Z. Frankfurt 1996.
Nevis, E.C. (1988): Organisationsberatung. Köln 1988.

O

Orlinsky, D. E./Ronnestad, M. H./Willutzki, U. (2004): Fifty Years of Psychotherapy

Process-Outcome Research: Continuity and Change. In: M. J. Lambert (Hrsg.): Berg and Garfield's Handbook of Psychotherapy and Behavior Change. New York, S. 307-390.

Osterloh, M./Frost, J. (2006): Prozessmanagement als Kernkompetenz. Wie Sie Business Reengineering strategisch nutzen können. 5. Aufl., Wiesbaden 2006.

P

Peel, D. (2006): An Analysis of the Impact of SME organisational Culture on Coaching and Mentoring. In: International Journal of Evidence Based Coaching and Mentoring, 1/2006, S. 9-19.

Peirce, Ch. S. (1968): Über die Klarheit unserer Gedanken. Frankfurt 1968.

Perls, F. S./Hefferline, R. F./Goodman, P. (1988): Gestalt-Therapie – Lebensfreude und Persönlichkeitsentfaltung. Stuttgart 1988.

Petermann, F. Th./Studer, D. (2003): Burnout – Herausforderung an die anwaltliche Beratung. In: Aktuelle Juristische Praxis 7/2003, S. 761-767.

Pines, A./Maslach, C. (1978): Characteristics of staff burnout in mental health settings. In: Hospital and Community Psychiatry 29/1978, S. 233-237.

Platon (1986): Theätet. Stuttgart 1986.

Porter, M. E. (1998): On Competition. Boston 1998.

Prottas, J. M. (1979): People Processing. The street-level Bureaucrat in public Service Bureaucracies. London 1979.

R

Radatz, S. (2003): Beratung ohne Ratschlag. Systemisches Coaching für Führungskräfte und Beraterinnen. Wien 2003.

Ramaciotti, D./Perriard, J. (2000): Die Kosten von Stress in der Schweiz. Staatssekretariat für Wirtschaft SECO. Bern 2000.

Rauen, C. (2005): Handbuch Coaching. 3. Aufl., Göttingen 2005.

Rechtien, W. (1999): Angewandte Gruppendynamik. Weinheim 1999.

Reichheld, F. (2003): The Number one you need to grow. In: Harvard Business Review, 12/2003, S. 47-54.

Reinlassöder, R./Furmann, B. (2010): Lösungsorientiertes Selbstcoaching. Heidelberg 2010.

Riechert, I. (2011): Psychische Störungen bei Mitarbeitern. Ein Leitfaden für Führungskräfte und Personalverantwortliche. Hamburg 2011.

Rogers, C. (1972): Die nicht direktive Beratung. München 1972.

Rohmert, E./Schmid E. W. (2003): Coaching ist messbar. In: New Management, 1-2/2003, S. 46-53.

Rosenberg, M. (2001): Gewaltfreie Kommunikation. Paderborn 2001.

Rossett, A. (1999): First Things Fast. A Handbook for Performance Analysis. San Francisco 1999.

Runde, C. E./Flanagan, T. A. (2010): Developing your Conflict Competence: A Hands-On Guide for Leaders, Managers, Facilitators, and Teams. San Francisco 2010.

Rüttinger, B./Neuberger, O./Pfützner, R. (1989): Konflikte als Chance. München 1989.

S

Sachse, R. (2002): Historische und Narzisstische Persönlichkeitsstörungen. Göttingen 2002.

Sachse, R. (2001): Psychologische Psychotherapie der Persönlichkeitsstörungen. Göttingen 2001.

Sackmann, S. (2002): Unternehmenskultur. Erkennen, Entwickeln, Verändern. Neuwied 2002.

Sader, M. (1991): Psychologie der Gruppe. Weinheim 1991.

Sass, H./Wittchen, H. U./Zaudig. M. (2003): Diagnostisches und Statistisches Manual Psychischer Störungen. (DSM-IV-TR). Göttingen 2003.

Schaufeli, W. B./Enzmann, D. (1998): The Burnout Companion to Study and Practice. London 1998.
Schein, E. H. (2010a): Prozess und Philosophie des Helfens: Grundlagen und Formen der helfenden Beziehung für Einzelberatung, Teamberatung und Organisationsentwicklung. Köln 2010.
Schein, E. H. (2010b): Prozessberatung für die Organisation der Zukunft. Zum Aufbau einer helfenden Beziehung. Köln 2010.
Schein, E. H. (2009): Helping – How to Offer and Give and Receive Help. San Francisco 2009.
Schein, E. H. (2003): Prozessberatung für die Organisation der Zukunft. Köln 2003.
Schein, E. H. (1995): Unternehmenskultur – Ein Handbuch für Führungskräfte. Frankfurt 1995.
Schein, E. H. (1984): Coming to a new Awareness of organizational Culture. In: Sloan Management Review, 2/1984, S. 3–16.
Schiepek, G./Schönfelder, V. (2007): Musterhafter Wandel. In: Gehirn & Geist, 10/2007, S. 53–62.
Schiepek, G./Tominschek I. (2007): Zwangsstörungen. Ein systemisch-integratives Behandlungskonzept. Göttingen 2007.
Schinzilarz, C. (2008): Gerechtes Sprechen. Ich sage, was ich meine. Weinheim 2008.
Schinzilarz, C./Friedli, Ch. (2013): Humor in Coaching, Beratung und Training. Weinheim 2013.
Schinzilarz, C./Friedli, Ch. (2010): Trainingsunterlagen Humorvolle Methoden. Seminarskript Olten/Zürich 2010.
Schlüter, M. (2010): Authentische Führung (Authentic Leadership). Definition und Auswirkungen des Konzepts. Unveröffentlichte Seminararbeit. Zürich 2010.
Schmid, B. (2009): Kulturverantwortung in Unternehmen. In: Perspektive Blau, April 2009, S. 1–5.
Schmid, B./Messmer, A. (2005): Systemische Personal-, Organisations- und Kulturentwicklung. Köln 2005.
Schmid, B./Veith, Th./Weidner, I. (2009): Einführung in kollegiale Beratung. Heidelberg 2009.
Schmid, B. (2004): Systemisches Coaching und Persönlichkeitsberatung. Köln 2004.
Schmid, B./Walich, Stephan (2003): Beratung als kulturorientierte und sinnschöpfende Kommunikation. In: Coaching-Magazin http://www.coaching-magazin.de/artikel.htm.
Schmid, B. (o. J.): Professionelle Begegnung. Studienschriften 42. www.systemische-professionalitaet.de.
Schmid, B. (1989): Die wirklichkeitskonstruktive Perspektive – Systemisches Denken und Professionalität von morgen. In: ZOE, 2/1989, S. 49–65.
Schmidbauer, W. (1992): Hilflose Helfer – über die seelische Problematik der helfenden Berufe. Hamburg 1992.
Schmidt, F. (2002): Die Methode der »Kollegialen Beratung«: Die Aktivierung des Selbstlernens als Reflexion der pädagogischen Praxis. Bonn 2002.
Schmidt, G. (2011): Von Stress und Burn-out zur optimalen Lebensbalance. DVD. Müllheim 2011.
Schmidt, G. (2010a): Hypnosystemische Krisenberatung. Wie Opfer-Erleben zu Empowerment und konstruktiver Lösungsentwicklung transformiert wird. In: G. Schmidt/A. Dollinger/B. Müller-Kathoff (Hrsg.): Gut beraten in der Krise. Konzepte und Werkzeuge für ganz alltägliche Ausnahmesituationen. Bonn 2010, S. 21–64.
Schmidt, G. (2010b): Hypnosystemische Beratung und Therapie. Heidelberg 2010.
Schmidt, G. (2005): Einführung in die hypnosystemische Therapie und Beratung. Heidelberg 2005.
Schreyögg, A. (2002): Konfliktcoaching – Anleitung für den Coach. Frankfurt 2002.
Schreyögg, G. (2012): Grundlagen der Organisation. Basiswissen für Studium und Praxis. Wiesbaden 2012.

Schreyögg, G. (2008): Organisation. Grundlagen moderner Organisationsentwicklung. 5. Aufl., Wiesbaden 2008.
Schulz von Thun, F. (2010): Miteinander reden 1: Störungen und Klärungen. Allgemeine Psychologie der Kommunikation. 48. Aufl., Reinbeck 2010.
Schutz, W. (1958): FIRO: A Three-Dimensional Theory of interpersonal Behavior. New York 1958.
Schwarz, G. (1990): Konfliktmanagement. Frankfurt 1990.
Scott-Morgan, P. (2008): Die heimlichen Spielregeln. Die Macht der ungeschriebenen Gesetze im Unternehmen. Frankfurt 2008.
Seligman, M. (2005): Der Glücksfaktor. Warum Optimisten länger leben. Köln 2005.
Seligman, M. (2003): Authentic Happiness: Using the new Positive Psychology to realize your Potential for lasting Fulfillment. San Francisco 2003.
Seligman, M. (1979): Erlernte Hilflosigkeit. München 1979.
Selvini Palazzoli, M./ Boscolo, L./Cecchin G./Prata G. (1981): Hypothetisieren-Zirkularität-Neutralität. Drei Richtlinien für den Leiter der Sitzung. In: Familiendynamik 6/1981, S. 123–139.
Senf, W./Broda, M. (2005): Praxis der Psychotherapie. 3. Aufl., Stuttgart 2005.
Simon, F. B. (2010): Einführung in die Systemtheorie des Konflikts. Heidelberg 2010.
Simon, F. B. (2008): Kommunikation durch Mehrhirndenken. In: Focus Online, 27.09.2008.
Simon, F. B. (2006): Einführung in Systemtheorie und Konstruktivismus. Heidelberg 2006.
Senge, P. M. (1990): Die Fünfte Disziplin. Stuttgart 1996.
Selvini Palazzoli, M. et al. (1981): Hypothetisieren-Zirkularität-Neutralität. Drei Richtlinien für den Leiter der Sitzung. In: Familiendynamik, 6/1981, S. 123–139.
Sherman, S./Freas, A. (2004): The Wild West of Executive Coaching. In: Harvard Business Review, 11/2004, S. 82–90.
Spangler, G. (2005): Kollegiale Beratung. Das Heilbronner Modell. Nürnberg 2005.
Sparrer, I./Varga von Kibéd, M. (2000): Ganz im Gegenteil. Tetralemmaarbeit und andere Grundformen systemischer Strukturaufstellung. Heidelberg 2000.
Stahl, E. (2002): Dynamik in Gruppen. Handbuch der Gruppenleitung. Weinheim 2002.
Stahl, T./Schmidt-Tanger M. (2005): Change Talk. Coaching Lernen! Coaching Können bis zur Meisterschaft. Paderborn 2005.
Stelter R. (2012): Narrative Coaching. In: J. Passmore et al. (Hrsg.) (2012): Handbook of the Psychology of Coaching and Mentoring. Baltimore 2012, S. 273–301.
Stober, D. R./Grant, A. M. (2006): Evidence Based Coaching Handbook. Hoboken 2006.
Storch, M./Krause, F. (2010): Selbstmanagement ressourcenorientiert. Bern 2010.

T
Tavistock Institut for Human Relations (o. J.): The Tavistock Method. London.
Tietze, K. O. (2003): Kollegiale Beratung – Problemlösungen gemeinsam entwickeln. Reinbek 2003.
Tuckman, B. (1965): Developmental Sequence in small Groups. In: Psychological Bulletin, 63/1965, S. 384–399.

V
Vahs, D. (2009): Organisation. Ein Lehr und Managementbuch. 7. Aufl., Stuttgart 2009.
Von Foerster, H. (1997): Aufbau und Abbau. In: F. B. Simon (Hrsg.): Lebende Systeme. Wirklichkeitskonstruktionen in der Systemischen Therapie. Frankfurt 1997, S. 32–52.
Von Foerster, H./Pörksen, B. (2011): Wahrheit ist die Erfindung eines Lügners. Gespräche für Skeptiker. 9. Aufl., Heidelberg 2011.
Von Schlippe, A./Schweitzer, J. (2010): Systemische Interventionen. Göttingen 2010.
Von Schlippe, A./Schweitzer, J. (1996): Lehrbuch der systemischen Beratung und Therapie. Göttingen 1996.

Von Senger, H. (2003): 36 Strategeme für Manager. Frankfurt 2003.
Von Sichart, A. (2007): Was dem Einzelnen nützt, ist auch für das Unternehmen ein Gewinn. Hör-CD. Müllheim 2007.

W

Walumbwa, F.O./Avolio, B.J./Gardner, W./Wernsing, T./Peterson, S. (2008): Authentic Leadership. Development and Validation of a theory-based Measure. In: Journal of Management 34/2008, S. 89–126.
Walumbwa, F.O./Wang, P./Wang, H./Schaubroeck, J./Avolio, B.J. (2010): Psychological processes linking authentic Leadership to Follower Behaviors. In: The Leadership Quarterly 21/2010, S. 901–914.
Warnecke, H.-J. (1993): Revolution der Unternehmenskultur. Das fraktale Unternehmen. 2. Aufl., Berlin 1993.
Weick, K.E. (1995): Sensemaking in Organizations. San Francisco 1995.
Welter-Enderlin, R./Hildenbrand, B. (2010): Resilienz. Gedeihen trotz widriger Umstände. Heidelberg 2010.
White, M./Epston, D. (2002): Die Zähmung der Monster. Der narrative Ansatz in der Familientherapie. Heidelberg 2002.
Whitmore, J. (1994): Coaching für die Praxis. Frankfurt 1994.
Wild, B. (2012): Humor in Psychiatrie und Psychotherapie. Stuttgart 2012.
Willke, H. (1988): Systemisches Wissensmanagement. Stuttgart 1988.
Wohland, G./Wiemeyer, M. (2006): Denkwerkzeuge für Dynamische Märkte. Münster 2006.
Wunderer, R./Dick, P. (2002): Personalmanagement 2010. Herausforderungen und Konzepte, In: K. Schuchow/J. Gutmann (Hrsg.) (2002): Jahrbuch Personalentwicklung und Weiterbildung 2003, S. 3–10.

Y

Young, J.E./Klosko, J.S./Weishaar, M.E. (2008): Schematherapie. Ein praxisorientiertes Handbuch. 2. Aufl., Paderborn 2008.

Z

Zülsdorf, R.-G. (2007): Strukturelle Konflikte in Unternehmen. Strategien für das Erkennen, Lösen, Vorbeugen. Wiesbaden 2007.
Znoj, H. (2004): Die therapeutische Beziehung aus verhaltenstherapeutischer Sicht. In: W. Roessler (Hrsg): Die therapeutische Beziehung. Berlin 2004.
Znoj, H./Regli, D./Ülsmann, D. (2003): Beziehungsgestaltung als gezielte Intervention bei narzisstischer Persönlichkeitsstörung in der allgemeinen Psychotherapie. In: Psychotherapie im Dialog, 3/2003, S. 1–5.

Beitragende

Die beitragenden Autorinnen und Autoren sind als Dozierende in den Coaching Studies der Fachhochschule Nordwestschweiz (FHNW) tätig.

Stefan Adam ist Professor an der Hochschule für Soziale Arbeit FHNW und im Vorstand der Schweizer Sektion des European Mentoring and Coaching Council.
Sylvia Becker-Hill ist Inhaberin eines amerikanischen Coaching-Unternehmens, Expertin und Ausbilderin für Remote Coaching.
Steffen Dörhöfer, Dr. phil., ist wissenschaftlicher Mitarbeiter an der Hochschule für Wirtschaft FHNW.
Wolfgang Eberling, Dr. phil., ist Professor an der Hochschule für Wirtschaft FHNW und Inhaber eines Beratungsunternehmens.
Charlotte Friedli ist Professorin an der Hochschule für Soziale Arbeit FHNW, freiberufliche Coach und Supervisorin.
Olaf Geramanis, Dr. phil., ist Professor an der Hochschule für Soziale Arbeit FHNW und freiberuflich als Coach, Supervisor und Leiter von gruppendynamischen Seminaren tätig.
Erika Götz ist Professorin an der Hochschule für Soziale Arbeit FHNW und freiberuflich als Supervisorin und Coach tätig.
Michael Loebbert, Dr. phil., ist Programmleiter der Coaching Studies FHNW, freiberuflicher Coach und Organisationsberater.
Markus Rettich ist Executive Coach und interner Managementberater in einem Konzern.
Miriam Schlüter ist Inhaberin eines Coaching-Unternehmens, Executive Coach und Managementberaterin.
Robert Wegener ist wissenschaftlicher Mitarbeiter an der Hochschule für Soziale Arbeit FHNW.
Katrin Welge ist Dozentin an der Hochschule für Angewandte Psychologie FHNW, Managementberaterin und Coach für Führungskräfte.
Christa Wilmes ist Geschäftsführerin eines Beratungsunternehmens für Leadership Development, Organisationsentwicklung und Coaching.